教育部经济管理类核心课程教材

高等院校经济学管理学核心课教材

名家

U1009171

保险学原理

第五版

许谨良 编著

PRINCIPLES OF INSURANCE

上海财经大学出版社
SHANGHAI UNIVERSITY OF FINANCE & ECONOMICS PRESS

图书在版编目(CIP)数据

保险学原理/许谨良编著．—5版．—上海：上海财经大学出版社，2017.8

教育部经济管理类核心课程教材

高等院校经济学管理学核心课教材

ISBN 978-7-5642-2788-3/F·2788

Ⅰ.①保… Ⅱ.①许… Ⅲ.①保险学-高等学校-教材
Ⅳ.①F840

中国版本图书馆 CIP 数据核字(2017)第161387号

□ 责任编辑　吴晓群
□ 封面设计　钱宇辰

BAOXIANXUE YUANLI

保 险 学 原 理

（第五版）

许谨良　编著

上海财经大学出版社出版发行

（上海市中山北一路369号　邮编200083）

网　　址：http://www.sufep.com

电子邮箱：webmaster @ sufep.com

全国新华书店经销

上海叶大印务发展有限公司印刷装订

2017年8月第5版　2017年8月第1次印刷

787mm×1092mm　1/16　23.25印张(插页:1)　656千字

印数:32 001—37 000　定价:45.00元

第五版前言

近代保险是从海上保险发展而来的。从 16 世纪中期至 19 世纪初，海上保险著作不断问世，主要研究有关海上保险的法律问题，从而形成了“海上保险”这门学科，并成为海商法的一个重要组成部分。英国对海上保险的研究做出了突出贡献。17～18 世纪，欧洲一些国家的数学家开始运用概率论和统计学来研究生命表，这为现代人寿保险奠定了数理基础，并在此基础上逐渐形成了一门以生命表和利息理论为中心内容的人寿保险精算学科。19 世纪，保险业务在世界范围内迅速发展。进入 20 世纪后，新的险种不断出现，保险在社会和经济生活中的重要性逐渐为人们所认识，保险学的研究和保险教育得到许多国家重视。

由于历史原因，我国保险业不够发达，保险理论和学术研究开展得不够，保险教育也比较落后。中华人民共和国成立前，只有个别院校讲授保险学。1946 年秋，上海财经大学的前身——国立上海商学院，建立了中国高等院校第一个保险系。中华人民共和国成立初期，我国保险教育主要是学习苏联的经验，翻译了《苏联国家保险》。1958～1978 年，国内保险业务被取消，直到 1979 年恢复以后，保险学的理论研究才空前活跃起来，保险教育也得到高度重视。目前，全国已有近百所院校招收保险学专业学生，不少院校还招收研究生，并且陆续出版了一些保险学教材，但从我国保险事业发展的需要来看，这还远远不够。

保险学与其他经济学科相比较，有其独特之处，主要表现在以下四个方面：

(1)多属性。多属性是指保险学所研究的内容既有社会科学方面的，也有自然科学方面的，它是一门社会科学和自然科学相互交叉的综合管理科学。

(2)广泛性。广泛性是指保险学所研究的内容涉及面非常广泛。因为保险的对象具有广泛性，社会生产的各个环节、各行各业都需要保险。保险工作人员要与各种自然灾害和意外事故打交道，还要配合各部门搞好防灾防损工作。此外，保险参与国民收入再分配，具有融通资金的职能；保险与国家财政和金融的关系也十分密切。因此，保险工作人员要具有广泛的知识，保险机构需要各种专业人才。

(3)法律性。保险合同的订立和履行都以民法和合同法为依据，涉外的保险业务还与国际私法、国际商法和海商法有着密切关系。因此，保险学中包含了不少法律内容。

(4)实践性。保险学主要是一门应用学科，其中相当一部分内容是实务，要通过实践才能熟悉和掌握。因此，国内外保险教育都非常注重理论与实践相结合，聘请有丰富实践经验的教师讲课，学生在学习期间也要多次去保险公司实习。

保险学研究的内容大致可分为以下四个组成部分：

(1)保险基础理论。保险基础理论包括风险和保险的基本概念、保险发展的历史、保险基金理论、保险的职能和作用、保险的种类、保险合同等。

(2)保险数学和统计。保险数学和统计又称精算科学，主要研究如何收集和整理各种灾害和事故的统计资料，并根据这些数据计算各种保险的费率和准备金。从事这项工作的专业人员在国际上被称为精算师，他们是接受过高等数学训练的保险数学家。

(3)保险经营和管理。保险经营和管理包括风险管理、保险组织、保险品种设计、保险展业、承保、费率厘定、理赔、保险会计和财务、投资、信息管理等。

(4)保险分论。保险分论主要论述各种保险的具体合同条款和实务，主要课程有财产保险、人身保险、海上保险、责任保险、社会保险、再保险。

在保险业发达的国家，保险教育分得很细，偏重职业教育，并设有多种保险和精算从业人员资格考试。例如，精算学是一门单独的专业，它还可分为寿险精算和非寿险精算。学生分别攻读海上保险、财产保险、人身保险、精算学和保险法律。保险公司的有些经营管理工作也由其他专业的毕业生担任，如保险数据处理、保险财务、损失管理。为了适应保险专业和其他专业保险教育的需要，本书内容共分为三大部分，即保险基础理论、保险分论和保险经营，对保险学原理做了比较系统的论述。对于保险专业学生，这是一门保险学的入门课程；对于其他专业学生，可以对保险学有一个总括了解。教学时，可根据专业特点有所侧重。

本书自 1997 年 7 月初版以来，曾多次再版，颇受广大读者欢迎。鉴于我国保险市场和保险业务在近二十年里发生了重大变化，《保险学原理》原版的部分内容已显得陈旧和过时，编者在保持原书体系结构和篇幅基本不变的前提下做了多次局部修订，删除了一些不适时的内容，增补了一些新内容。鉴于在 2014 年我国颁布了《国务院关于加快发展现代保险服务业的若干意见》，2016 年 8 月 31 日中国保监会印发了《中国保险业发展"十三五"规划纲要》，明确了今后 5 年保险业发展的目标、任务和举措，并且为贯彻落实中共中央关于供给侧结构性改革要求而采取了多项重大举措，保险业务获得迅速发展且保费收入规模名列世界第三位，在《财富》(中文版)发布的 2016 年度中国 500 强榜单中共有 7 家中资保险公司上榜，编者近期又做了一次修订，删除了一些陈旧内容，增添了一些新内容，并更新和增补了一些险种和数据。

本书在编写和修订过程中参考了国内多本保险学著作，并尽可能汲取国内保险理论研究的新成果。此外，编者还有选择地借用了国外保险学教科书中的部分内容。由于编者水平有限，错误和不当之处在所难免，望读者批评指正，以便今后再次修订。

编者

2017 年 9 月

目　录

第一章 风险和保险的基本概念

第一节 风险及其对策

风险(risk)的基本含义是损失的不确定性(uncertainty)。如果损失的概率是0或1,就不存在不确定性,也就没有风险。风险的含义非常接近于损失的可能性或事件出现的概率,即根据一些基本条件不变和进行无限次观察的假设所得出的一种事件出现的长期的相对频率。

与风险概念有关的两个术语是损失的原因(peril)和引起及增加损失可能性的条件(hazard)。火灾是一种财产损失的原因,引起及增加可能性损失的条件分为三类:物质上的、道德上的和心理上的条件。物质上的条件或危险因素(physical hazard),如易爆物品、灭火装置失灵,是引起及增加损失可能性的客观条件。个人不诚实的品质,如纵火,是道德上的条件或危险因素(moral hazard)。心理上的条件或危险因素(morale hazard),一般是指个人和企业因有了保险而对防损工作疏忽。

一、风险的分类

(一)纯粹风险和投机性风险

风险可以分为纯粹风险(pure risk)和投机性风险(speculative risk)。纯粹风险是一种只有损失可能性的风险,如未老身故、责任事故的诉讼;投机性风险则具有盈利和受损两种可能性,如购买股票。大数法则适用于纯粹风险,因而只有纯粹风险才具有可保性。纯粹风险对个人和经济单位造成了风险负担(burden of risk)。风险成本是由下列成本组成的:(1)潜在损失的筹资成本;(2)未获得补偿的损失的成本;(3)减少风险的支出;(4)因风险考虑而放弃活动的机会成本。

纯粹风险和投机性风险会相互发生交叉影响。例如,购置土地是一项投机性风险决策,但购置后发现面临环境污染这一纯粹风险。

(二)静态风险和动态风险

风险还可以分为静态风险(static risk)和动态风险(dynamic risk)。静态风险是一种在经济条件没有发生变化情况下的一些不规则的自然行为和人们的失当行为形成的损失可能性;动态风险则是与一个变化的经济相联系的风险。大多数静态风险是纯粹风险,而动态风险总是投机性风险。静态风险与动态风险是相关的,动态风险会增加静态风险。例如,过度的工业化造成环境污染,进而影响全球气候。

(三)客观风险和主观风险

风险可分为客观风险(objective risk)和主观风险(subjective risk)。客观风险可以定义为实际的损失与预期的损失之间的相对差异,随着风险单位的数量增加,客观风险就会减少。主观风险则是一种由精神和心理状态所引起的不确定性。一种解释是:面临相同情况的人会得出不同的决策。

(四)重大风险和特定风险

风险可分为重大风险(fundamental risk)和个人与单位遭遇的特定风险(particular risk)。为了对付重大风险,如双位数的通货膨胀、经济衰退、洪水,政府必须以社会和政府保险方式加以资助,如由政府办理失业保险。特定风险是指只影响个人和单位而不影响整个社团和国家的风险,如偷窃。

二、纯粹风险的种类

给个人和经济单位造成财务困难及经济没有保障的主要纯粹风险有以下三种:

(一)人身风险

人身风险包括未老身故、年老、疾病、失业,或称人寿、健康和收入损失风险。

(二)财产风险

与财产风险相联系的损失有直接损失、间接损失和额外的费用开支。

(三)责任风险

按照法律规定,如果一个人的过失行为造成他人伤亡和财产损失,过失人必须负有法律上的损害赔偿责任。责任风险的极端重要性首先表现为其造成损失的金额没有上限。其次,如果没有责任保险或保险金额不足,个人或单位就要用自己的财产或将来的收入来支付法院判定的损害赔偿金。美国的一些外科医生每年要花费10万美元购买医疗职业责任保险,当然这些费用会转嫁到病人身上。

三、风险的衡量

如前所述,风险可分为客观风险和主观风险。对主观风险难以衡量,而客观风险较易观察。与客观风险衡量有关的两个重要概念是:

(一)损失机会

损失机会(chance of loss)可定义为损失发生的长期相对频率,可表示为给定的大量事件中在一定时期内可能发生的损失次数与事件数的一个比率。例如,根据以往经验,某地区1万栋建筑物在1年内遭遇飓风损失的有200栋建筑物,那么,飓风的损失机会是2%。

(二)风险程度

风险程度(degree of risk)是客观风险的量,是实际损失偏离预期损失的变差,可以用下式表示:

$$\text{客观风险}=\frac{\text{实际损失偏离预期损失的变差}}{\text{预期损失}}$$

风险程度可用下面一个例子说明:甲、乙两个地区都有10万栋建筑物,每一地区每年的火灾损失都是100次。据历史数据统计分析,甲地区下一年度实际火灾损失次数可能介于95～105次的范围,而乙地区则为80～120次。甲、乙两个地区火灾损失的风险程度可计算如下:

$$\text{风险程度(甲地区)}=\frac{105-95}{100}=10\%$$

$$\text{风险程度(乙地区)}=\frac{120-80}{100}=40\%$$

尽管两个地区的损失机会是相同的,但乙地区的风险程度是甲地区的4倍。

关于风险程度,还须做以下三点说明:(1)假如实际损失偏离预期损失为零,那么,风险程度也为零;(2)如果损失肯定不会发生,那么,风险程度为零;(3)在衡量风险程度时,如果事件数很少,不足以进行统计分析,那么,其风险程度衡量不具有实际意义。

四、对付风险的方法

(一)避免风险

例如,建立一家新的化工厂会给周围环境造成严重污染,取消这一建厂计划就能避免污染的风险。但事实上,并不是所有风险都能避免和应该避免,避免风险(risk avoidance)方法的可行性是有限的。

(二)保留风险

保留风险(risk retention)方法一般只适用于那些损失频数高而损失程度轻微的风险。

(三)非保险方式的转移风险

采用合同、套期保值交易和股份有限公司的组织形式,能把风险转移(risk transfer)给他人。

(四)损失管理

损失管理(loss control)分为两个阶段:防损和减损。防损旨在减少损失发生的频数,减损能减轻损失的危害程度。

(五)保险

保险(insurance)也是一种转移风险的办法,它把少数人的损失分摊给同险种的所有投保人。当其他风险管理方法不足以对付风险时,保险是一种最终的对付风险的方法。

保险是一种分担风险和分摊意外损失的方法。它把风险转移给保险人,一旦发生意外损失,保险人就补偿被保险人的损失。分摊损失是保险的重要职能。由于少数投保人遭受的损失被同险种的所有投保人所分担,所有投保人的平均损失就代替了个别投保人的实际损失。而且,分担损失意味着保险公司集合了大量同质的风险,从而可以运用大数法则对将来的损失做较为精确的预测。

五、可保风险的条件

保险人一般承保纯粹风险,然而,并非所有的纯粹风险都具有可保性。可保风险(insurable risk)要满足以下条件:

第一,大量同质的风险存在。据此,保险人能比较精确地预测损失的平均频率和程度。

第二,损失必须是意外的。如果故意制造的损失能得到赔偿,则道德上的危险因素会明显增加,保险费就会相应提高,大数法则也会失灵。

第三,损失必须是确定的或可以测定的。具体地说,损失的原因、时间、地点和金额具有确定性。例如,死亡就具有这种确定性。

第四,保险对象的大多数不能在同时遭受损失。如果保险对象的大多数在同时遭受损失,保险分摊损失的职能就会丧失。但实际情况并不尽如人意,洪水、飓风、地震等自然灾害经常造成巨灾损失。保险公司可采用两种方法来对付这种损失:一是再保险;二是把保险业务分散在广大地域,从而避免风险集中。

第五,保险费必须合理,被保险人在经济上能承担得起。因此,最大可能损失的规模较大、损失概率较小的风险,才能使保险费经济合理。只有保险费经济合理,保险公司才能拓展业务。

根据上述条件,人身、财产和责任风险均能为保险公司所承保,而市场、生产、财务和政治风险一般均不能为保险公司所承保。

第二节　保险的定义

自然灾害,如台风、雷击、地震、海啸、洪水等,会给社会的生命和财产带来严重损失,如人员伤亡、财产毁坏、生产中断等。人们根据长期的实践经验和科学研究,对自然灾害采取种种预防措施。

例如,植树造林、兴修水利能防止洪灾发生,加强地震预报的研究能减轻地震造成的损失。然而,自然灾害和其他意外事故具有不确定性,人们还不能通过预防把一切灾害事故都消灭,有许多灾害事故是无法防止的。因此,灾后抢救也是减少损失的重要对策,如消防队灭火、海上救助和打捞沉船。此外,为了维持社会生产的正常进行,保持人们的生活安定,对灾害事故造成的生命和财产损失必须进行经济补偿,如补偿车祸受害者的医疗费用开支、收入损失和汽车修理或置换费用。保险就是这种经济补偿的一种方式,其他经济补偿办法包括动用个人储蓄、组织社会救济、自保等。补偿的形式有物质后备和资金后备两种形式,保险属于资金后备形式。

我们在日常生活中一般把"保险"一词理解为稳妥或有把握的意思。但在保险学中,保险有其特定、深刻和复杂的含义,"保险"一词是从英文"assurance"或"insurance"翻译而来的。据考证,先由日本人意译为保险,后来我们借用了这个译名。1835 年英国人在广东开设了第一家保险公司后,当地人们习惯称保险为"燕梳"(音译)。关于保险的定义,众说纷纭。保险起初在英语中的含义是"safeguard against loss in return for regular payment",即以缴付保费为代价来取得损失补偿,这样的说法作为保险的定义很不完整。后来,各国保险学者给保险下了各种定义,仁者见仁,智者见智,迄今尚无举世公认的保险定义。现代保险学者一般从两个方面解释保险的定义:从经济角度上说,保险是分摊灾害事故损失的一种财务安排。许多人把损失风险转移给保险组织,由于保险组织集中了大量同质的风险,所以能借助大数法则来正确预见损失发生的金额,并据此厘定保险费率,通过向所有成员收取保险费来补偿少数成员遭受的灾害事故损失。因此,少数不幸成员的损失由包括受损者在内的所有成员分担。从法律意义上讲,保险是一方同意补偿另一方损失的合同安排,同意赔偿损失的一方是保险人,被赔偿损失的另一方是被保险人。保险合同就是保险单,被保险人通过购买保险单把损失风险转移给保险人。这样对保险释义是比较完整的,因为它至少揭示了保险的三个最基本特点:

(1)保险具有互助性质,这是就分摊损失而言。

(2)保险是一种合同行为,这是指保险双方订立合同。

(3)保险是对灾害事故损失进行经济补偿,这是保险的目的,也是保险合同的主要内容。

《中华人民共和国保险法》把保险的定义表述为:"本法所称保险,是指投保人根据合同约定,向保险人支付保险费,保险人对于合同约定的可能发生的事故因其发生所造成的财产损失承担赔偿保险金责任,或者当被保险人死亡、伤残、疾病或者达到合同约定的年龄、期限时承担给付保险金责任的商业保险行为。"

第三节　保险学说

如上所述,各国保险学者对保险的定义持有不同的见解,表述方法各有千秋。国内学者对此也有争论。日本保险学者园乾治把历史上关于保险性质的学说归纳为三种流派:损失说、非损失说和二元说。① 了解这方面的内容,对我们理解保险的各种含义颇有裨益。

一、损失说

损失说以损失概念为保险的核心,分为损失赔偿说、损失分摊说和风险转移说三种。

(一)损失赔偿说

损失赔偿说以英国的马歇尔和德国的马修斯为代表,他们的基本观点可概括为:保险是赔偿损失的合同。这种观点显然与起初保险业务局限于海上保险和火灾保险有关。人寿保险业务发展

① [日]园乾治:《保险总论》,中国金融出版社 1983 年版,第 2 章。

后，这种观点就显得太狭隘，因为有些人寿保险具有储蓄性质，而且人的生命价值不能以货币估值和赔偿。

（二）损失分摊说

损失分摊说强调在损失赔偿中众多人互助合作、共同分摊损失的事实，并认为此说适用于各种保险。德国的华格纳首倡此说，对后世有很大影响。当代许多美国保险学者都强调保险具有分摊损失这一特殊职能。华格纳从经济学角度阐明保险的这种机制作用，被认为是对保险学的一大贡献。但对分摊损失是否是保险最本质的属性这一点，仍有很大争议。

（三）风险转移说

风险转移说源于美国。魏兰脱和休勃纳等人强调损失赔偿是通过众多人把风险转嫁给保险组织来实现的。换言之，保险是一种转移风险的方法。此说着重阐述保险组织在损失赔偿中的地位和作用，是对损失分摊说的一种补充，也具有与损失分摊说相同的缺陷。

二、非损失说

非损失说论者力图摆脱损失概念来解释保险性质。这种学说主要有技术说、欲望满足说和相互金融机构说三种。

（一）技术说

技术说主张以保险的技术特性作为保险性质。意大利的商法学者费芳德根据保险基金是通过收取保险费建立，而保险费的多少又是根据事件发生的概率来确定，把保险的性质归结为这种技术要素。这种学说只重视保险的数理基础，而不考虑保险的经济价值和职能，是相当片面的。

（二）欲望满足说

欲望满足说以保险能满足经济需要或金钱欲望来解释保险的性质。被保险人以缴付少量保险费为代价，在灾害事故发生后能取得全部或部分损失补偿，保费缴付和损失赔偿的金额并不对等，体现了保险的经济保障作用。主张欲望满足说的戈比、马纳斯等人只是极其含糊地表达了上述见解，而且字里行间充满唯心主义和功利主义色彩。

（三）相互金融机构说

日本的米谷隆三是相互金融机构说的一个代表人物。他把保险视作在互助合作基础上的金融机构，与银行、信用社一样起着融通资金的作用。诚然，保险机构是金融市场上的重要成员，保险具有融通资金和投资的职能，但把保险性质与其一个职能等量齐观是片面的。

三、二元说

由于损失概念不能阐明人寿保险的性质，因此有些学者认为人寿保险不是保险，而是一种储蓄和投资，这种见解被称为否认人寿保险说。二元说又称择一说，它并不同意否认人寿保险说的观点，确认人寿保险是保险，但又认为财产保险和人寿保险不能进行统一解释，应该分别给予不同的定义。主张二元说的德国保险法学者爱伦贝堡认为，“保险合同不是损失赔偿的合同，就是以给付一定金额为目的的合同”，两者只能择其一。德国、日本、法国、瑞士等国家的保险合同法均分别对损失保险和人寿保险进行不同的定义。但很多学者认为，损失保险与人寿保险之间具有共性，应该有一个统一的定义。

上述各种保险学说都没有对保险的全貌做准确和高度的概括，均有顾此失彼之嫌。相比之下，损失说比较流行。由于风险管理已经成为一门管理科学，保险作为对付损失风险的重要对策已得到公认，因此，以损失概念解释保险的定义较为普遍地为人们所接受。虽然目前保险学者对保险的定义和性质仍有争论，而且表述各异，但在认识上已逐渐趋向统一。

第四节　保险的特性

前面已对保险的含义做了概述,为了加深对保险特性的理解,以下再把与保险有相似之处的制度或行为进行简单的比较。

一、保险与赌博

保险与赌博确有一点相似之处:被保险人缴付的保险费与其赔偿所得并不保持等价交换关系,有赖于偶然因素。许多被保险人长年缴付保险费而没有得到一点赔偿,而个别被保险人刚缴付保险费就得到巨额赔偿,碰了好运气。然而,保险与赌博有着本质区别:赌博产生一种新的投机性风险,而保险是对付纯粹风险的一种办法;赌博是非生产性的,赢者以输者的损失为代价,而保险人和被保险人在防损方面有着共同利益。

二、保险与投机

保险与投机也不同:保险包含可保风险的转移,而投机是对付不可保风险的一种办法;保险能减少风险,而投机却不能减少任何风险。

三、保险与救济

保险与救济都是补偿灾害事故损失的经济制度。保险高度体现了互助合作性质,许多面临类似损失风险的人联合起来分担灾害事故的损失后果,即使以营利为目的的私营股份保险公司客观上也起着这样的作用。救济也能减轻人们遭受灾害事故损失的负担,政府、团体、个人都能实行救济。两者的区别是:保险是一种合同行为,要受合同约束,而救济是施舍行为,任何一方都不受约束;保险是以被保险人缴付保险费为前提,双方有着对价交易,保险人承诺赔偿责任,被保险人要遵守合同条件,而救济是单方面行为,双方没有对价作为基础。

四、保险与储蓄

保险与储蓄都体现了有备无患的思想,尤其是有些人寿保险带有长期储蓄性质,但两者还是有不同的经济范畴。首先,保险是以众人的储蓄补偿少数人的损失,体现互助合作性质;而储蓄总是使用本金加利息的公式,对每个储户保持这种对等关系,它是一种自助行为。其次,保险的目的是对付意外灾害事故损失;储蓄也可用来对付不测事故,但储户的心理主要是把存款用于预计的费用支出。

保险与自保、保证、社会保险等也有一定的区别,但它们均属于广义的保险范围,这在以后章节中将会提及。

第五节　概率论和大数法则在保险中的意义

计算保险费要应用概率原理分析以往的经验数据。在人寿保险中,生命表体现了把概率原理应用于以往的经验数据。火灾保险要把概率原理应用于以往火灾损失的经验数据。保险费通常以费率表示,即每单位保障或损失风险的保险费数额,如人寿保险以每千元保障(保险金额)来报价,火灾保险和海上运输保险以每百元保障来报价。损失概率是以一个分数表示。在保险上,由于损失的规模不尽相同,分子通常是损失金额,分母是损失风险(保障)金额。把概率原理应用于以往经验数据能得到事件将来出现的概率。为了使结论可信,必须符合两个基本条件:首先,必须考虑足够大的事件数，才能得到一个可靠的平均数；其次，将来的条件要与以往的条件保持一致，但实际上将来的条件很少与过去的条件一样，因此，必须对可能的变化做一些调整。由此可见，承保不单靠数学技术，还需要主观判断。

为了了解大数法则在保险中的意义，首先要区别事件出现的概率和与事件相关的风险（不确定性）。保险的职能以减少不确定性为主，减少事件出现的概率为辅。如果损失概率从为数有限的损失风险单位取得，如由雷击造成的住宅损坏的概率可能很小，但不确定性却很大，则损失概率不可信。根据大数法则，当试验次数不断增加，事件发生的频率趋近于某一个常数时，其差额接近于零。例如，假定每10 000人中间平均每年死亡 10 人，概率是 1‰。然而，这个数字每年会有些变化，比如，某年死亡 7 人，另一年死亡 13 人，其变化范围是 7～13 人，与平均数的变差是 3，风险（不确定性）程度可以用$\frac{3}{10\ 000}$表示。假定有 100 万人投保，死亡概率仍是 1‰，但死亡人数的变化范围会相对减少许多，可能只是 970～1 030人，变差为 30，风险程度是$\frac{30}{1\ 000\ 000}$，不确定性明显减少。保险的一个职能是集合大量损失风险单位来减少这种风险和不确定性程度。换言之，对一组损失风险单位比对单个损失风险单位能做出更准确的预测。大数法则的重要意义是，风险单位数量越多，实际损失的结果会越接近从无限风险单位数量得出的预期损失可能的结果。正如随意丢掷一枚硬币 1 万次，硬币正面出现的次数会接近其一半数一样。据此，保险公司能使在保险期内收取的保险费与损失赔偿及其他费用开支相平衡。大数法则在保险中的应用有一个必要前提，即损失必须是意外的。换言之，损失发生是随机事件。

复习思考题

1. 试解释下列名词：风险、纯粹风险、投机性风险、责任风险、风险程度、保险费率、大数法则。
2. 简述引起和增加损失可能性的三种条件。
3. 简述风险的分类及其对策。
4. 根据可保风险的条件分析为何人身风险、财产风险和责任风险属于可保风险。
5. 解释保险的定义。
6. 评价各种保险学说的基本观点。
7. 保险与赌博、投机、救济、储蓄有何本质区别？
8. 概率论和大数法则在保险中的主要意义是什么？

第二章
保险的起源与发展

第一节　商品生产是保险产生和发展的经济基础

自然灾害和意外事故的客观存在是保险产生的前提，但保险的产生还有赖于商品生产和商品交换，而且随着商品生产的发展和商品交换的扩大，保险的发展日益趋于完备。

在原始社会里，生产力水平十分低下，人们的劳动成果最多只能勉强维持生计，基本上没有剩余产品。虽然氏族公社偶尔也进行产品交换，但交换的品种和数量极其有限，并不是为交换而生产，在这种情况下，不存在产生保险的经济基础。即使到了原始社会后期，完成了畜牧业和农业、手工业和农业两次社会大分工，商品生产和商品交换业已产生，但因为商品经济极为薄弱，也不具备形成保险补偿制度的经济基础。

到了奴隶社会，商品生产有了一些发展，出现了社会第三次大分工，即出现了专门从事商品交换的商人，作为交换媒介的货币也较多地被使用。在这样的社会条件下，在一些经济比较发达的国家或地区有了建立资金后备的可能，出现了保险萌芽和救济后备制度，但它们还不具备现代保险制度的基本特点。

在封建社会，由于生产工具和技术有了明显改进，商品交换频繁进行，陆续出现了以手工业和商业为中心的城市，运输业和贸易也有了一定的发展，逐渐具备了建立资金后备的基础，相继出现了互助合作性质的保险组织。在封建社会后期，还出现了近代商业性保险。但由于封建社会的生产是以自给自足经济为主体，资金后备也只能以经济单位自留形式为主，因此，商业性保险只局限于海上保险。

资本主义生产方式的产生和发展给保险发展带来了极大生机。资本主义经济是商品生产高度发展的经济，商品流通超越了国界，形成了庞大的世界市场。由于对外贸易的发展，运输业也开始兴旺发达起来。与此同时，随着科学技术的大量发明和应用，产生了许多新的危险因素。由于社会财富集中在少数资本家手中，为了保障生产资料私有制和获取的巨额利润，他们对保险的需要非常迫切。虽然资本主义制度本身缺乏对广大劳动人们的经济保障，但私营商业性保险能弥补这方面的一些缺陷。随着经济发展和生活改善，普通百姓对保险的需求日益增加，这为保险开辟了广阔的市场。所有这些使得保险在资本主义社会有了充分发展的余地，资本主义保险主要通过私营的保险公司形式集中保险基金来补偿各种灾害事故损失。在现代发达的资本主义国家里，保险已成为社会经济和生活中不可缺少的重要组成部分。保险对促进资本主义经济发展和维持资本主义社会制度起了重要作用。

在社会主义社会，保险作为一种灾害事故的经济补偿制度仍是必要的，而且有着广泛开展保险业务的前景。保险既是对付一切社会形态都存在的灾害事故的重要方法，也是发展社会主义市场经济的重要手段。社会主义保险与资本主义保险在经营的目的、方法和效果上存在重要差别，但都是补偿灾害事故的有效经济手段，而且我们还可以从资本主义的保险经营管理中借鉴一些有益的经验。

第二节 古代保险思想和原始形态保险

人类社会从一开始就遇到自然灾害和意外事故的侵扰，所以，在古代社会就萌生了对付灾害事故的保险思想和原始形态的保险方法，这在中外历史上均有记载。回顾历史有助于我们掌握保险产生和发展的规律，加深对现代保险制度的认识。

一、我国古代保险思想和救济后备制度

据国外一些保险书籍记载，远在公元前3000年，中国一些商人在扬子江的危险水域运输货物时就采用了一种分散风险的办法，即把每人的货分装在几条船上，以免货物装在一条船上有遭受全部损失的风险，这是水险起源的最早实例。① 这种分散风险的方法体现了现代保险和风险管理的一些基本原理。

公元前500年，我国《礼记·礼运》中有这样一段话："大道之行也，天下为公；选贤与能，讲信修睦，故人不独亲其亲，不独子其子；使老有所终，壮有所用，幼有所长；矜(同鳏)、寡、孤、独、废疾者皆有所养。"②这一记载足以证明我国古代早有谋求经济生活安定的强烈愿望，实为最古老的社会保险思想。

我国历代有着储粮备荒以赈济灾民的传统制度，如春秋战国时代的"委积"制度、汉朝的"常平仓"制度、隋唐的"义仓"制度。这些都是实物形式的救济后备制度，由政府统筹，带有强制性质。此外，宋朝和明朝还出现了民间的"社仓"制度，它属于相互保险形式；在宋朝还有专门赡养老幼贫病不能自我生存的"广惠仓"，这可以说是原始形态的人身救济后备制度。

尽管我国保险思想和救济后备制度产生很早，但因为中央集权的封建制度和重农抑商的传统观念，商品经济发展缓慢，缺乏经常性的海上贸易，所以，在中国古代社会没有产生商业性的保险。

二、国外古代保险思想和原始形态保险

国外最早产生保险思想的并不是现代保险业发达的资本主义大国，而是处在东西方贸易要道上的文明古国，如古巴比伦、古埃及以及欧洲的古希腊和古罗马。据英国学者托兰纳利论证，"保险思想起源于巴比伦，传至腓尼基(今黎巴嫩境内)，再传入希腊"。③ 在公元前2000多年的古巴比伦的汉谟拉比法典中有这样一条规定：商人可以雇用一个销货员去外国港口销售货物，当这个销货员航行归来，商人可收取一半的销货利润；如果销货员未归，或者回来时既无货也无利润，商人可以没收其财产，甚至可以把他的老婆孩子作为债务奴隶；但如果货物是被强盗劫夺，则可以免除销货员的债务。据说这是海上保险的一种起源。这部法典中还有火灾保险的规定：古巴比伦国王命令僧侣、官员和村长向居民征税，以筹集火灾救济基金。该法典还记载，沙漠商队根据合同规定要对运输货物负绝对责任，对没有把货物运到目的地的承运人处以没收财产、扣押亲属，甚至要判处死刑；但在遇到强盗、原始人和半自治地区王子抢劫时，承运人对货物被盗可不承担责任。这可以说是运输保险的雏形，后来传到腓尼基和希腊，广泛用于海上贸易。

---

① [英]维克托·多弗：《海上保险手册》，1975年版，第3页。
② 陈绍闻：《中国古代经济文选》(上册)，上海人民出版社1988年版，第56页。
③ 施哲明：《保险发展史简介(一)》，《保险研究》1982年第2期。

公元前4500年,古埃及的一项文件中记载:当时石匠中盛行一种互助基金组织,通过收缴会费来支付会员死亡后的丧葬费用。

在古希腊,一些政治哲学或宗教组织由会员摊提形成一笔公共基金,专门用于意外情况下的救济补偿。在古罗马历史上曾出现丧葬互助会,还出现过一种缴付会费的士兵团体,在士兵调职或退役时发给旅费,在死亡时发给继承人抚恤金。上述这些都是人身保险的原始形态。

到了中世纪,欧洲各国城市中陆续出现各种行会组织,这些行会具有互助性质,其共同出资救济的互助范围包括死亡、疾病、伤残、年老、火灾、盗窃、沉船、监禁、诉讼等不幸的人身和财产损失事故,但互助救济活动只是行会众多活动中的一种。这种行会或基尔特制度在13～16世纪特别盛行,并在此基础上产生了相互合作的保险组织。

欧洲中世纪是宗教统治的黑暗年代,许多高级教会人士反对保险方式的安排。在他们看来,任何天灾都是天罚,减轻灾难和不幸是违反上帝的意志。教会势力无疑对保险的发展起了阻碍作用。

第三节　海上保险的起源与发展

海上保险是一种最古老的保险,近代保险首先也是从海上保险发展而来的。

一、共同海损是海上保险的萌芽

公元前2000年,地中海一带就有了广泛的海上贸易活动。当时船舶构造非常简单,航海是一种风险很大的冒险活动。要使船舶在海上遭风浪时不致沉没,一种最有效的抢救办法是抛弃部分货物,以减轻载重量。为了使被抛弃的货物能从其他受益方获得补偿,当时的航海商提出了一条共同遵循的原则:“一人为众,众为一人。”这个原则后来被公元前916年的罗地安海商法所采用,并正式规定为:“凡因减轻船只载重投弃入海的货物,如为全体利益而损失的,须由全体分摊归还”,这就是著名的“共同海损”基本原则。它可以说是海上保险的萌芽。但共同海损是船主与货主分摊损失的方法,而非保险补偿,对它是否属于海上保险的起源尚有争议。

二、船舶和货物抵押借款是海上保险的雏形

这种借款在公元前800年至公元前700年间很流行,而且从希腊、罗马传到意大利,在中世纪也盛行一时。船舶抵押借款契约(bottomry bond),又称冒险借贷,是指船主把船舶作为抵押品向放款人取得航海资金的借款。如果船舶安全完成航行,则船主归还借款,并支付较高的利率;如果船舶中途沉没,则债权即告结束,船主不必偿还本金和利息。船货抵押借款契约(respondentia bond)是向货主放款的类似安排,不同之处是把货物作为抵押品。

这种方式的借款实际上是最早形式的海上保险。放款人相当于保险人,借款人相当于被保险人,船舶或货物是保险对象,高出普通利息的差额(溢价)相当于保险费。公元533年,东罗马皇帝查士丁尼在法典中把这种利息率限制在12%,而当时普通放款利率一般为6%。如果船舶沉没,借款就等于预付的赔款。由此可见,船舶和货物抵押借款具有保险的一些基本特征,作为海上保险的起源已成为定论。这两种借款至今仍存在,但与古代的做法不同,它们是作为船长在发生紧急情况下筹措资金的最后手段。有趣的是,今日放款人可以购买保险来保护自己在抵押船舶中的利益。

船舶和货物抵押借款后因利息过高,被罗马教皇九世格雷戈里禁止,当时利息高达本金的四分之一甚至三分之一。由于航海需要保险作为支柱,后来出现了“无偿借贷”制度。在航海之前,由资本所有人以借款人的地位向贸易商借得一笔款项,如果船舶和货物安全抵达目的港,资本所有人则不再偿还借款(相当于收取保险费);反之,如果船舶和货物中途沉没和损毁,资本所有人就有偿债责任(相当于赔款)。这与上述船舶抵押借款的顺序正好相反,与现代海上保险的含义更为接近。

三、意大利是近代海上保险的发源地

11世纪后期，十字军东侵以后，意大利商人曾控制了东西方的中介贸易。14世纪中期，经济繁荣的意大利北部出现了类似现代形式的海上保险。意大利的伦巴第商人因代教会征收和汇划各地缴纳的税款而控制了欧洲大陆的金融枢纽，他们还从事海上贸易，并在1250年左右开始经营海上保险。起初，海上保险是口头缔约的，后来出现了书面合同。现在世界上发现的最古老的保险单是一个名叫乔治·勒克维伦的热那亚商人在1347年10月23日出立的一张承保从热那亚到马乔卡的船舶保险单，这张保险单现在仍保存在热那亚国立博物馆。保单的措辞类似虚设的借款，即上面提及的"无偿借贷"，规定船舶安全到达目的地后契约无效，如中途发生损失，合同成立，由资本所有人(保险人)支付一定金额，保险费是在契约订立时以定金名义缴付给资本所有人，并规定，船舶变更航道使契约无效。但是，保单没有订明保险人所承保的风险，它还不具有现代保险单的基本形式。至于最早的纯粹保险单是一组保险人在1384年3月24日为四大包纺织品出立的从意大利城市比萨到沙弗纳的保险单。到1393年，在佛罗伦萨出立的保险单已有承保"海上灾害、天灾、火灾、抛弃、王子的禁止、捕捉"等字样，开始具有现代保险形式。

当时的保险单与其他商业契约一样，是由专业的撰状人草拟的。13世纪中期，在热那亚一地就有200名这样的撰状人。据一位意大利律师调查，1393年在热那亚的一位撰状人就草拟了80份保险单，可见当时意大利的海上保险已相当发达。莎士比亚在《威尼斯商人》中就写到海上保险及其种类。第一家海上保险公司于1424年在热那亚出现。

随着海上保险的发展，保险纠纷相应增多，这要求国家制定法令加以管理。1468年，威尼斯制定了关于法院如何保证保险单实施及防止欺诈的法令。1523年，佛罗伦萨制定了一部比较完整的条例，并规定了标准保险单的格式。

善于经商的伦巴第人后来移居到英国，继续从事海上贸易，并操纵了伦敦的金融市场，而且把海上保险也带入了英国。今日伦敦的保险中心伦巴第街就是因当时意大利伦巴第商人聚居该处而得名的。

四、英国海上保险的发展

发现美洲新大陆之后，英国的对外贸易获得了迅速发展，保险中心逐渐转移到英国。1568年12月22日，经伦敦市市长批准，开设了第一家皇家交易所，为海上保险提供了交易所，取代了从伦巴第商人沿袭下来的一日两次在露天广场交易的习惯。1575年，由英国女王特许，在伦敦皇家交易所内设立保险商会，办理保险单登记及制定标准保单和条款。当时在伦敦签发的所有保险单必须在一个名叫坎德勒的人那里登记，并缴付手续费。1601年，伊丽莎白一世女王颁布了第一部有关海上保险的法律，规定在保险商会内设立仲裁法庭，解决日益增多的海上保险纠纷案件。但是，该法庭的裁决可能被大法官法庭的诉讼推翻，因此，取得最终裁决可能要等待很长时间。

17世纪的英国资产阶级革命为资本主义发展扫清了道路，大规模的殖民掠夺使英国逐渐成为世界贸易、航海和保险中心。1720年成立的伦敦保险公司和皇家交易保险公司因各向英国政府捐款30万英镑而取得了专营海上保险的特权，这为英国开展世界性的海上保险提供了有利条件。从1756年到1778年，首席法官曼斯菲尔德收集了大量海上保险案例，编制了一部海上保险法案。

当今世界上最大的保险组织之一伦敦劳合社是从劳埃德咖啡馆演变而来的，其演变史可以成为英国海上保险发展的一个缩影。1683年，一个名叫爱德华·劳埃德的人在伦敦泰晤士河畔开设了一家咖啡馆，该处逐渐成为经营远洋航海的船东、船长、商人、经纪人和银行高利贷者聚会的场所。1691年，劳埃德咖啡馆从伦敦塔街迁至伦巴第街，不久成为船舶、货物和海上保险交易的中心。当时的海上保险交易只是在一张纸上写明保险的船舶和货物以及保险金额，由咖啡馆内的承保人接受保险的份额,并在底下署名。劳埃德咖啡馆在1696年出版了每周三次的《劳埃德新闻》,着重报道海事航运消息,并登载在咖啡馆内进行的船舶拍卖的广告。劳埃德死于1713年,之后由他的女婿接管咖啡馆。在1734年,又出版了《劳合社动态》。据说,除了官方的《伦敦公报》外,《劳合社动态》是英国现存历史最悠久的报纸。随着海上保险业务的发展,在咖啡馆内进行保险交易已变得不方便了。1771年,由79个劳埃德咖啡馆的顾客每人出资100英镑,另觅新址,专门经营海上保险。这笔资金由经过无记名投票选出来的一个委员会管理,它是第一个劳合社委员会。但直到1871年,经议会通过法案,劳合社才正式成为一个社团组织。1774年,劳合社迁至皇家交易所,从而成为英国海上保险交易的中心。起初的法令规定劳合社的成员只能经营海上保险,1911年的法令取消了这个限制,允许其成员经营一切保险业务。1906年英国国会通过的《海上保险法》规定了一个标准的保单格式和条款,该保单又称劳合社船舶与货物标准保单。

由上述可见,劳合社不是一个保险公司,而是一个社团,更确切地说,它是一个保险市场。它与纽约证券交易所相似,只是向其成员提供交易场所和有关的服务,本身并不承保业务。在劳合社,保险是向该市场的承保人投保,并由经纪人代找承保人。一般由经纪人填一份要保单,递交给从事某种保险业务的承保组合,再由一个牵头的承保人确定费率,并承保一个份额,其余份额由同一组合中的其他成员承保。经纪人还可与其他承保组合联系,直到承保人认足份额后,再送签单部签单。因此,劳合社市场由劳合社社员、承保组合、管理代理人、劳合社经纪人构成。

2011年12月,中国再保险集团加入劳合社,设立中再辛迪加(承保组合)2088,2012财政年度实现保费收入5 000万英镑。2015年11月末,中国太平保险集团旗下的太平再保险有限公司获得劳合社成员公司资格,12月初太平再保险顾问有限公司获得劳合社经纪人资格。中再辛迪加已转为常规辛迪加,更多的中国保险机构也在申请成为劳合社的成员。管理代理人管理承保组合,通过聘用承保小组代表承保组合承保风险。劳合社经纪人必须在劳合社理事会注册,在专业知识、道德品质和财务状况方面须符合理事会的要求。法人社员要将其经营保费的50%或更多上缴劳合社作为保证金,并且保证金不少于80万美元,这相对于个人社员所要求的25%的比例要高得多。据统计,劳合社2015年的总保险费收入达到408亿美元,实现税前利润31亿美元。① 劳合社约有40%的保险费收入来自美国。

劳合社以前规定每个社员要对其承保的业务承担无限赔偿责任,即要把他们的动产作为赔付的抵押。但由于劳合社有几年累计亏损80亿英镑,故无限赔偿责任已改为有限赔偿责任。1993年罗兰接任劳合社主席后,对劳合社的业务经营和管理进行了整顿和改革,于1995年5月提出了一项"重建和恢复计划"。根据该计划,劳合社将允许接受有限责任的法人组织作为社员,并允许个人社员退社,或合并转成有限责任的社员。因此,今后劳合社的个人承保和无限责任的特色将逐渐淡薄。另外,劳合社计划成立一家名为EQUITAS的再保险公司,由其接管和处理劳合社1993年前签发保单的16亿英镑的亏损。

劳合社有一套独特的财务安全管理制度,以保护保单持有人的利益。第一层是保费信托基金,最初缴付的所有保费由承保组合的代理人管理,只能用来支付赔款、再保险费和承保费用,在3年之后才能进行利润分配。第二层是劳合社基金,它由劳合社社员的财产组成。第三层是劳合社中央基金,它由社员缴纳的年度会费组成,在社员不能承担承保责任的情况下,才能动用该基金支付赔款。

劳合社由其社员选举产生的一个理事会管理,下设理赔、出版、签单、会计、法律等部,并在100多个国家设有办事处。劳合社最早的大厅长110米、宽40米,使用的是狄更斯时代的长椅子、大桌子和高高的书架。1986年4月24日,劳合社迁至新的大楼。新大楼从设计到落成历时8年,耗资

---

① 引自《中国保险报》2016年3月24日报导。

1.64 亿英镑，共有 15 层，并专设了供人参观的长廊。在历史上，劳合社设计了第一张盗窃保险单，为第一辆汽车和第一架飞机出立保单，近年又是计算机犯罪保险、石油能源保险、卫星保险和互联网保险的先驱。劳合社承保的业务十分广泛，简直无所不保，包括钢琴家的手指、芭蕾舞演员的双脚、赛马优胜者的腿、演员的性命，但在海上保险和再保险方面起了尤为重要的作用。

五、其他国家海上保险的发展

14 世纪中期，海上保险已是每个海运国家的商业特征之一。发现美洲新大陆之后，西班牙、法国也进入对外贸易迅速发展的阶段。早在 1435 年，西班牙就公布了有关海上保险的承保规则及损失赔偿手续的法令。1563 年，西班牙国王菲利浦二世制定了安特卫普（地处比利时，当时为西班牙属地）法典，它分为两个部分：第一部分是航海法令，第二部分是海上保险及保险单格式法令，后为欧洲各国所采用。1681 年法国国王路易十四颁布的海上条例中也有海上保险的规定。此外，荷兰、德国也颁布了海损及保险条例。海上保险法规的出现，标志着这些国家的海上保险有了进一步发展。

美国的海上保险发展较迟。在殖民地时代，美国没有独立的海上保险市场，商人被迫在伦敦投保。1721 年 5 月 25 日，美国出现了第一家海上保险组织，由约翰·科普森在费城市场街自己的寓所里开设了一个承保船舶和货物的保险所。独立战争后不久，1792 年 12 月 15 日，美国成立了第一家股份保险公司——北美洲保险公司，该公司出售 6 万股份，每股 10 美元，虽然计划承保人寿、火灾和海上保险等业务，但最初只办理海上保险业务。1798 年，纽约保险公司成立。到 1845 年，美国约有 75 家经营海上保险的公司。1845～1860 年，美国海上保险业务发展迅速，该时期船舶总吨位增加了 3 倍。为了扩大纽约的海上保险市场，1882 年，美国成立了类似劳合社的组织，由 100 多个成员组成纽约海上保险承保人组织。

第四节　其他保险的发展

继海上保险发展之后，其他各种保险也随经济发展而脱离了其原始形态。这里仅介绍历史较为悠久的火灾保险和人寿保险发展的历史，其他险种由于出现的历史不长，一般是在第二次世界大战后获得迅速发展，将在本书第六章和其他章节中提及。

一、火灾保险

火灾保险是财产保险的前身，在海上保险中也包括了火险。如前所述，中世纪的行会对成员遭受的火灾损失给予补偿。15 世纪，德国一些城市出现了专门承保火灾损失的相互保险组织（火灾基尔特）。到 1676 年，由 46 个相互保险组织合并成立了汉堡火灾保险社。

1666 年 9 月 2 日，在英国伦敦发生了一场大火，烧毁了全城一半的建筑，起因是皇家面包店的烘炉过热。火灾持续了 5 天，有13 000幢房屋和 90 座教堂被烧毁，20 万人无家可归，造成了不可估量的财产损失。这场特大火灾促使人们重视火灾保险。次年，一个名叫尼古拉斯·巴蓬的牙科医生独资开办了一家专门承保火险的营业所，开创了私营火灾保险的先例。由于业务不断发展，他于 1680 年邀集了 3 个人，集资 4 万英镑，设立了一个火灾保险合伙组织。保险费根据房屋的租金和结构计算，砖石建筑的费率定为 2.5%的年房租，木屋的费率为 5%。正因为使用了差别费率，所以，巴蓬有“现代保险之父”的称号。

18 世纪末到 19 世纪中期，英国、法国、德国、美国等国相继完成了工业革命，大机器生产代替了原先的手工操作，物质财富大量集中，对火灾保险的需求也变得更为迫切。这个时期火灾保险的发展异常迅速，而且火灾保险组织以股份公司形式为主。最早的股份公司形式的保险组织是 1710

年由英国查尔斯·波文创办的"太阳保险公司",它不仅承保不动产保险,而且把承保业务扩大到动产保险,营业范围遍及全国,是英国迄今仍存在的最古老的保险公司之一(后合并为皇家太阳联合保险公司)。英国在1714年出现了联合火灾保险公司,它是一个相互保险组织,费率计算除了考虑建筑物结构外,还考虑建筑物的场所、用途和财产种类,即采用分类法计算费率,是火灾保险的一大进步。

1752年,本杰明·富兰克林在费城创办了美国第一家火灾保险社。这位多才多艺的发明家、科学家和政治活动家还在1736年建立了美国第一家消防组织。1792年建立的北美洲保险公司在两年后开始承办火险业务,在该公司的博物馆里陈列了当时的消防设备和驾着马车去救火场面的油画。

到19世纪,欧美的火灾保险公司如雨后春笋般涌现,承保能力大为提高。1871年,芝加哥一场大火造成1.5亿美元损失,其中1亿美元损失是保了险的。而且,火灾保险从过去只保建筑物损失扩大到其他财产,承保的责任也从单一的火灾扩展到风暴、地震、暴动等。为了控制同业间的竞争,保险同业公会相继成立,共同制定火灾保险统一费率。在美国的火灾保险早期,保险人各自设计自己使用的保单,合同冗长且缺乏统一性。1873年,马萨诸塞成为美国首先使用标准火险单的州;纽约州在1886年也通过了类似的法律。标准火险单的使用减少了损失理算的麻烦和法院解释的困难,也是火灾保险的一大进步。为了消化吸收的火灾保险业务,再保险也开始发展,由原保险公司设立一个子公司或部门经营分保业务。世界上最早独立经营分保业务的再保险公司是德国于1846年设立的科仑再保险公司。到1926年,各国共建立了156家再保险公司,其中德国的再保险公司数目最多。①

二、人寿保险

如前所述,人寿保险起源于欧洲中世纪的基尔特制度。起初,行会对其成员的人身伤亡或丧失劳动能力给予补偿,后来有些行会逐渐转化为专门以相互保险为目的的"友爱社",对保险责任和缴费有了比较明确的规定。这种相互保险组织形式对以后人寿保险的发展影响很大。美国最大的人寿保险公司——美国保德信(Prudential)保险公司就是相互保险公司,它的前身是1873年建立的"孤寡友爱社"。

海上保险也包括人身保险。15世纪后期,奴隶贩子把贩运的奴隶作为货物投保,后来船长和船员也可以保险。到16世纪,安特卫普的海上保险对乘客也进行保险。

1551年,德国纽伦堡市长博尔茨创立了一种儿童强制保险,规定父母在子女一出生后每年必须缴存1塔来尔(古普鲁士银币),当子女达到结婚年龄时,可以取得3倍于本金的给付。

到17世纪中期,洛伦·佟蒂在任法国宰相秘书时提出了一种不偿还本金的募集国债计划,但遭到议会反对。时隔30年以后,法国国王路易十四为了筹集战争经费,于1689年采用了"佟蒂法",以每人缴纳300法郎筹集到140万法郎资金。"佟蒂法"是养老年金的一种起源。它规定在一定时期以后开始每年支付利息,把认购人按年龄分为14个群,对年龄高的群多付利息。认购人死亡后,利息总额在该群生存者中平均分配。如果该群认购人全部死亡,就停止付息。由于这种办法不偿还本金,并引起了相互残杀,后被禁止。但是,"佟蒂法"引起了人们对生命统计研究的重视。

英国数学家和天文学家埃德蒙·哈雷于1693年根据德国布雷斯劳市1687～1691年间市民按年龄分类的死亡统计资料,编制了第一张生命表,为现代人寿保险奠定了数理基础。1762年,由英国人辛浦逊和道森发起的人寿及遗属公平保险社(简称"老公平"),首次将生命表用于计算人寿保险的费率,标志着现代人寿保险的开始。

① [英]R. L. 卡特:《再保险》,1979年版,第19页。

工业革命以后，机器的大量使用以及各种交通工具的发明和推广使人身职业伤亡和意外伤害事故增多，这为广泛开展人寿保险业务开辟了市场。另外，人寿保险带有储蓄性质，年金能提供养老收入，准备金能用于投资，这就加速了人寿保险的发展。据美籍华裔保险学教授段开龄对美国人寿保险发展历史的研究，美国人寿保险发展史可分为三个阶段。第一阶段为1843年以前，人寿保险起初从属于海上保险，到19世纪初才出现人寿保险公司，其业务主要是满足少数特权阶层的需要，如商人和官员，缺乏广泛的经济基础。第二个阶段是1843年至1945年，随着工业的发展，人口和国民收入迅速增加，人寿保险也进入迅速发展时期。1843年，美国开设了两家相互人寿保险公司；到1869年，美国共有110家人寿保险公司，绝大多数是相互保险组织，并通过代理人展业。但此时人寿保险业务的主要对象是中产阶级。1875年，美国保德信保险公司和大都会人寿保险公司开始办理简易人身险，以满足低收入工人的需要。到1910年，有25家公司经营简易人身险，有效保单有2 500万份，保险金额达32亿美元；当时普通寿险保单有700万份，保险金额为132亿美元。由于简易人身险的被保险人死亡率高，保险金额少，而且每周由代理人上门收取保险费，所以其价格相对较高。1912年，美国公平人寿保险会社开始采用团体人寿保险办法，以后团体寿险业务发展迅速，被誉为美国对保险营销的一大革新。第三个阶段是在第二次世界大战以后，人寿保险的覆盖率进一步扩大，大多数家庭有了人寿保险，而且人寿保险种类繁多。人寿保险业务与金融市场的投资紧密结合，人寿保险公司已成为仅次于商业银行的投资机构。① 虽然美国人寿保险起步较晚，但后来发展极为迅速，它大体上能反映主要资本主义国家人寿保险发展的过程。

据瑞士再保险公司 *Sigma* 杂志统计，2012年世界各国保费收入排名前五位的国家是：美元12 710亿美元，日本6 540亿美元，英国3 110亿美元，中国2 460亿美元，法国2 420亿美元。2014年，全球名义保费达不欢而散47 610亿美元，比上年增长了3%。② 从2014年看，中国保费收入首次突破2万亿元大关，世界排名上升到第三位。2014年，全球名义保费达到47 610亿美元，比上年增长了3%。

复习思考题

1. 试解释下列名词：基尔特制度、共同海损、伦巴第商人、安特卫普法典、友爱社、佟蒂法。
2. 为什么商品生产是保险产生和发展的经济基础？
3. 简述我国古代保险思想和救济后备制度，分析我国封建社会没有自发产生近代保险制度的原因。
4. 为什么说古巴比伦是外国保险思想的发源地？
5. 船舶和货物抵押借款在哪些方面具有保险的一些基本特征？
6. 简述劳合社的性质和经营方式。
7. 英国的巴蓬和哈雷对现代保险开创的主要贡献是什么？
8. 19世纪火灾保险取得了哪些重要进展？
9. 美国人寿保险发展史可分为哪几个阶段？

① 段开龄：《人寿保险发展之阶段》，格里菲保险教育基金会。
② 转引自《中国保险报》2014年2月20日第5版。

第三章 我国保险发展简史

第一节 1949 年前我国的保险业

我国现代形式的保险是随着英帝国主义的经济入侵而输入的。1835 年，英商首先在香港开设友宁保险公司（Union Insurance Society of Canton Ltd.），又称保安保险公司；次年又在广州增设了广东保险公司，专门承保船舶和运输保险。① 第一次鸦片战争结束后，1842 年，英国强迫清政府签订了不平等的《南京条约》，强行割占香港，把广州、福州、厦门、宁波、上海列为通商口岸。1846 年，英商又在上海设立永福和大东方人寿保险公司。1848 年上海英租界区域划定后，外国商人纷纷从香港和广州到上海设立办事处，上海逐渐成为中国的外贸中心。1870 年后，英商陆续在上海设立扬子江、太阳等保险公司，怡和和太古洋行也设立了保险部，代理许多英国保险公司业务。

当时受西方经济和文化影响的中国知识分子也开始宣传保险的作用。太平天国的洪仁玕曾在香港生活过一段时期，1859 年他在《资政新篇》中写道："外国有兴保人物之例，凡屋宇人命货物船等有防于水火者，先与保人议订，每年纳银若干，有失者保人赔其所值，无失则赢其所奉。若失命，则父母妻子有赖，失物则己不致尽亏。"②至于在中国最早传播西方保险制度的人并非洪仁玕，而是魏源。魏源在 1852 年刊行的 100 卷本《海国图志》中有两处介绍了英国的近代保险。③

1949 年前我国的保险业可划分为下列时期：

一、民族保险业创办时期（1885～1914 年）

19 世纪中期，上海已成为远东第一大商埠，海运业日趋发达。当时，外商普遍使用轮机船运输货物，而且有保险保障，而我国仍使用落后的船舶，无法与外商竞争。为此，1872 年，洋务派首领李鸿章派浙江漕运督办朱其昂在上海设立轮船招商局，购置轮船承接运输业务。当时中国没有自己的保险公司，只得向英商在上海的保险公司投保。英商保险公司为了配合英商轮船公司，先借口中国船只悬挂龙旗拒绝承保，后又用提高费率、缩短保险期、降低保险金额来百般刁难。最后只好直接向设在国外的外国保险公司投保，但年费率高达 10%。因此，李鸿章主张"须华商自立公司，自建行栈，自筹保险"④。1885 年，由轮船招商局拨银 20 万两，在上海创办了"仁和""济和"两家保险

---

① 关于英商何时在中国何地开设第一家保险公司有不同说法。有一种说法是，英商 1805 年就在广州设立了怡和洋行、宝顺洋行和"谏当保安行"，直到 1835 年宝顺洋行宣布退出，怡和洋行易名为"谏当保险公司"，又名广东保险公司。参见王珏麟：《嘉庆与西方"舶来品"保险在中国的萌芽》，《中国保险报》，2015 年 5 月 8 日。

② 赵靖、易梦虹：《中国近代经济思想资料选辑》，中华书局 1982 年版，第 286 页。

③ 叶奕德、吴越、朱元仁主编：《中国保险史》，中国金融出版社 1998 年版，第 29～31 页。

④ 《李文忠公全集》奏稿卷十九，第 50 页。

公司，后合并为“仁济和保险公司”，承保招商局所有轮船、货栈及运输货物。这是我国第一家民族保险企业，标志着中国民族保险业的开创。1985 年，中国保险学会和上海市保险学会联合在上海隆重举行了中国民族保险业创办一百周年的纪念活动。① 然而，根据新的考证，中国第一家民族保险企业是 1865 年的上海义和公司保险行。② 但随后产生的数十家“保险行”实际上是我国最早的保险中介机构。

起初洋务派独占了民族保险领域，到了清末才出现了华兴、华安、华仁等民营保险公司，1905 年由九家民营保险公司在上海成立了华商火险公会。1912 年 6 月成立的华安合群保寿公司是我国第一家实力较为雄厚的人寿保险公司。该公司创始人吕岳泉原先在英商永年人寿保险公司任职，后来担任南京分公司的总经理。1911 年辛亥革命成功后，他毅然辞职，在黎元洪、冯国璋、端方等官僚的赞助下，筹集股金 20 万银两，创办了华安合群保寿公司。

二、民族保险业发展时期（1914～1937 年）

第一次世界大战期间，帝国主义国家忙于战争，暂时放松了对中国的经济侵略，使中国的民族工商业有了迅速发展的机会。“五四运动”后，民族反帝斗争情绪高涨，爱国工商业者转向华商保险公司投保，在这种有利形势下，我国民族保险业初步形成，从 1911 年到 1917 年的 6 年内，每年都有新的保险公司设立。到 1917 年，华商火险公会已有会员 14 家，其中兼营水险的有 12 家，于是改名为华商水火险公会；1928 年，又改名为上海保险公会。

第一次世界大战结束后，帝国主义国家卷土重来，又有许多外商来华开设保险公司。美国人斯塔尔于 1919 年在上海南京路两间小办公室开设了美亚保险代理公司，业务发展迅速，斯塔尔不久成为百万富翁。这个在上海发迹的公司现已成为世界上著名的国际保险集团，即美国国际集团（AIG），2002 年底资产高达5 612亿美元，在 100 多个国家和地区开展业务，约有7 400万份保险单。从 2007 年夏天开始，美国的次贷危机演变为一场国际金融危机。美国国际集团在 2008 年第四季度预计亏损 600 亿美元，其股票价格在一年内下跌 99%，美国政府曾多次出手拯救，美国国际集团获得总计1 823亿美元财政部金融救援资金。经过收缩战线、剥离不良资产，2012 年 12 月 11 日，AIG 正式对外宣布，美国政府出清其所持有的 AIG 所有股票，美国政府还赚得 227 亿美元收益。美国最老的股份保险公司北美洲保险公司、日本的东京海上火灾保险公司也在上海设立了分公司。其时，在上海的英商保险公司多达数十家。当时的保险市场被外商保险公会所操纵，保险条款、费率均由外商规定，而且规定不得与华商保险公司共保和分保。后因华商保险公会开展分保业务，自己制定费率，并使用中文保险单，迫使外商保险公会做了让步，保险单上中、英文并列，但在有争议时仍以英文条款为准。

20 世纪 20 年代后期，第一次国内革命战争掀起，内地富豪聚集上海，游资充斥，银行为了吸收更多资金，竞相开设保险公司。交通、中南、国华、东莱四家银行合股开办了安平保险公司，四明银行开办了四明保险公司，金城银行独资开办了太平水火保险公司。当时银行发放抵押贷款都要求客户提供保险单。各保险公司锐意改革，力求创新，网罗人才，派员赴欧美考察，以改善经营。例如，华安合群保寿公司起初聘英国人为精算师，后来自己培养精算人才，并聘用刚从美国回来、已取得美国寿险精算学会会员资格的陈思度。由于业务蒸蒸日上，该公司费银 70 万两建造了华安大厦（现为上海金门大酒店）。1927 年 8 月，美国寿险权威休勃纳博士来华访问，华安公司予以隆重接待。1935 年，美国人寿保险学会聘吕岳泉为远东地区顾问。此外，华安还在广州、汉口、南京等地

① 据吴越和曹旭光考证，中国第一家保险企业应是 1875 年轮船招商局自办的保险招商局。参见《保险研究》，1983 年第 6 期。

② 叶奕德、吴越、朱元仁：《中国保险史》，中国金融出版社 1998 年版，第 40 页。据《中国保险报》2008 年 10 月 10 日所刊载钱聪《中国保险中介起源——华商保险行》一文介绍，义和公司保险行实际上是中国第一家保险代理机构。

和华侨集中的印度尼西亚开设分支机构。① 又如,太平水火保险公司在1933年联合大陆、盐业、交通、国华、中南等银行,并合并安平、丰盛、中国天一保险公司,组成了太平保险公司(集团),资本增加到1 000万元,专门设立了太平人寿保险公司,并与瑞士再保险公司订立再保险合同。②

20世纪30年代是中华人民共和国成立前保险业的鼎盛时期。1931年,以国民党官僚资本为后盾的中国银行开办了中国保险公司。1935年,中央信托局成立了保险部。经酝酿,由多家保险公司发起,1935年8月2日,在上海成立了中国保险学会,出版刊物,并与上海保险公会联合举办保险教育。外商保险公司看到中国民族保险业阵营不断壮大,不得不改变策略,与华商大搞合作经营与分保。例如,英国太古洋行与上海商业储蓄银行合股开设宝丰保险公司,美亚保险公司与浙江兴业银行合股开设泰山保险公司,伦敦保险市场和美国再保险公司与中央信托局保险部、中国保险公司建立了分保关系。外商保险公会原来不准与华商保险公司发生再保险关系的规定实际上已被取消。但是,大部分中国民族保险公司资本微薄,难以与外商公司竞争,要依靠外商保险公司分保。据1935年《中国保险年鉴》统计,当时全国华商保险公司有48家,外商保险公司有166家,分属16个国家,每年保险费总收入的80%左右流入外商保险公司。大部分华商保险公司实际上沦为外商保险公司的代理公司,而大部分外商公司也是总部设在国外的外国保险公司在中国的分支机构或代理公司。

在保险立法方面,国民党政府曾于1929年颁布《保险法》,1935年又颁布了《保险业法》,但由于外商保险公司群起反对,无法实施。只有1935年4月26日颁布的《简易人寿保险法》得到实施,它指定邮政局负责办理这项业务,取缔了以满足低薪阶层需要的人寿小保险业务,有30余家中国小型人寿保险公司遭殃。

三、抗日战争时期的民族保险业(1937～1945年)

1937年抗日战争爆发,"八・一三"事变后,在上海的中央信托局保险部迁往重庆,中国、太平、宝丰、四明这几家规模大的保险公司也把业务重心转移到重庆,有的还在香港和新加坡设立分支机构。随着国民党政府迁都重庆,重庆逐渐成为该时期的保险中心。官僚资本的中国农业银行于1941年1月成立了中国农业保险公司,国家资源委员会于1943年7月成立了保险事务所,交通银行于1943年12月成立了太平洋保险公司,这样国民党官僚资本的四大银行都有了保险机构。当时,重庆有华商保险公司50余家,其中新设立的有20余家。

因一大批工矿企业内迁,中央信托局受国民党政府财政部委托,举办了运输兵险和陆地兵险,又称战争险。当时在上海保险界招聘了13人办理陆地兵险,这13人中有林震峰、唐雄俊、包玉刚、赵镇圭、茅之嘉、沈尔元、胡肇忠等。由于后方城市屡遭空袭,重庆、昆明、贵阳等城市都开展了这项保险业务,工商企业投保十分踊跃。据估计,保险费收入除去赔款支出后略有盈余。陆地兵险对工矿企业内迁和恢复生产曾起到了较好的作用。③

1941年12月太平洋战争爆发,日军进驻上海租界。英国、美国、法国等国的保险公司纷纷停业。日本便在上海和其他沦陷区开设保险公司,大部分是人寿保险公司。敌伪政权也开设了一些保险公司。在敌伪统治时期,上海又出现了不少新的华商保险公司,但大部分是利用保险吸收的资金进行投机。该时期上海保险公司与欧洲的分保关系曾中断,华商保险公司又不愿与日商保险公司建立分保关系,于是自己建立了太平、久联、大上海、中保和华商联合五个分保集团。中共地下党员谢寿天同志在上海组织开设了大安保险公司,在重庆有地下党投资开办的民安保险公司。在上

---

① 龚汇百:《华安合群保寿公司创业史》,《保险研究》1984年第1期。

② 陶听轩:《关于太平保险公司的回忆》,上海市保险学会,《中国民族保险业创办一百周年纪念专集》。

③ 姚达人、赵镇圭:《关于抗日战争时期陆地兵险的回忆》,上海市保险学会,《中国民族保险业创办一百周年纪念专集》。

海，地下党还领导保险界人士于1938年7月1日成立了上海保险业业余联谊会（简称“保联”），以“联络感情，交换知识，调剂业余生活，促进保险业之发展”为宗旨，团结保险业中上层人士和广大职工，支持抗战，并举办保险理论和实务讲座。

四、民族保险业虚假繁荣时期(1945～1949年)

抗战胜利后，国民党官僚资本保险公司纷纷将其总公司迁往上海，并对日伪保险公司进行了接管，外商保险公司也在上海复业，上海又成为中国的保险业中心。当时，外商中的美亚保险公司捷足先登，首先在上海复业，并取代了英商在中国保险市场的垄断地位。据估计，美亚保险公司在1946年至1949年间共攫取保费1 000多万美元。该时期投机性保险公司不断出现，上海一地的保险公司曾多达300余家，一时出现虚假的繁荣。1948年，开往台湾的太平轮沉没后，发生了承保该轮的华泰保险公司资本家逃跑事件。

国民党政权行将覆灭之前，经济面临全面崩溃，并发生恶性通货膨胀，保险公司无法正常经营。部分保险公司签发外币保险单，以图保值，大部分华商公司处境艰难，奄奄一息。1949年4月20日中国人民解放军胜利渡过长江，先后解放了南京和上海，宣告了中国半殖民地的保险业结束。

第二节 1949年后我国保险事业的创立与发展

中华人民共和国的诞生开创了中国历史的新纪元，从而也揭开了中国保险史的新篇章，使保险事业发展纳入社会主义轨道，为社会主义建设事业和人民福利服务。

一、整顿改造旧的保险业，建立人民保险事业

1949年5月上海在上海市军管会财政经济接管委员会金融处下设立了一个保险组，专门负责接管官僚资本的保险机构和管理私营保险公司。林震峰、孙文敏以军代表身份出任保险组的组长、副组长，以吴越、施哲明、姚洁忱为代表的17名来自各家保险公司的地下党员为保险组的成员。当时共接管了官僚资本保险机构21家，实行监理的有2家。对私营保险业实行重新登记，并缴存规定的保证金，经批准后复业。当时复业的华商保险公司有63家，外商保险公司有42家。与中华人民共和国成立前比较，华商保险公司减少了2/3，外商保险公司减少了1/3，淘汰了不少投机性保险公司。为了迅速恢复国民经济，接管后的中国保险公司首先复业，并规定由该公司单独办理对外分保业务，这是因为中国保险公司内部组织和制度比较健全，保险技术力量较强，并设有多个海外机构。对外商保险公司先不采取行政取缔办法，而是切断其业务来源。对私营华商保险公司则采取促进他们联合经营的方法，有47家公司参加了“民联分保交换处”（于1949年7月20日成立），这样就割断了它们与外商公司的分保关系。随着国营外贸系统和新的海关建立，对外贸易由国家专营，外商保险公司招揽不到业务，纷纷申请停业，到1952年底全部撤离。1951年末至1952年初，有28家私营公司合并组成公私合营的太平和新丰保险公司；1956年，这两家保险公司又合并成太平保险公司，专营海外保险业务。

在中华人民共和国成立后，其他城市在原有私营保险公司的基础上，由当地国营银行出资建立了一些国营或公私合营的保险公司，如哈尔滨的公私合营新华保险公司、沈阳的国营东北保险公司。北京、天津、汉口等地的原中国保险公司分公司在中国人民银行的支持下也恢复办理保险业务。

1949年8月，陈云同志在上海主持召开了第一次全国财经会议，在这次会议上，各人民银行区行负责人提议建立中国人民保险公司。后经中央人民政府政务院批准，中国人民保险公司于1949年10月20日正式成立，总公司设在北京，在各大区设立区分公司，由中国人民银行总行直接领导。

在正式成立前召开的第一次全国保险工作会议上，确定了以“保护国家财产、保障生产安全、促进物资交流、增进人民福利”为社会主义保险事业的基本方针。

二、人民保险事业的蓬勃发展

中国人民保险公司刚设立后主要经营的业务是火灾保险与运输保险，沿海口岸还承保运输兵险，并强调保险必须与防灾相结合。与此同时，对旧的保险制度做了一系列改革，修改了保险单，扩大了保险责任范围，降低了费率和简化手续。1951 年 2 月 3 日，中央人民政府政务院正式颁布了《关于国家机关、国营企业、合作社财产强制保险及旅客强制保险的决定》。在国民经济恢复时期，中国人民保险公司相继开办了团体和个人人寿保险、国家机关和国有企业财产强制保险、旅客意外伤害保险、物资运输保险和运输工具保险等业务，并试办了农村牲畜保险和棉花收获保险。到 1952 年底，中国人民保险公司共有分支机构1 300余个，代理处 3 000 余个，其中大部分是人民银行的代理处；全国保险干部增加到 4 万人，保险公司由银行划归财政部领导。

进入第一个“五年计划”后，中国人民保险公司在机构方面做了整顿和精简，并贯彻自愿原则办理农业保险业务，停办了部分强制保险，并在巩固业务基础上试办了一些新的业务。全国保险系统在 1954 年学习苏联学者康辛所著的《国家保险》一书，这次学习使保险从业人员了解了马克思的保险基金理论，但由于没有很好地结合中国实际，也产生了一些消极影响，把保险纯粹作为财政后备和吸收资金的工具。

1958 年 1 月召开的第六次全国保险工作会议决定:“农村保险要积极办理牲畜保险，扩大办理养猪保险，重点试办农作物保险。城市业务要积极发展人身保险和公民财产保险，继续办理国有企业财产强制保险(确实需要不大的可以不保)和运输险。”当时还决定，国内保险业务除强制旅客保险外，全部下放给省、市独立经营，自负盈亏。

据统计，从 1949 年到 1958 年的 10 年期间，各种保险费收入总计 16 亿元，共支付赔款 3.8 亿元，上缴国库 5 亿元，积累保险资金 4 亿元，拨付防灾费用 2 300 万元，结余的资金都存入银行作为信贷资金使用。在这个时期，社会主义保险事业取得了可喜的成就，完成了对私营保险业的社会主义改造任务，在全国范围内建立了比较完整的社会主义保险体系，普遍设立了保险机构，制定了新的规章制度，恢复和开办了许多业务，培养了一大批保险干部，并与世界上大部分国家和地区建立了直接和间接的分保关系和货损、船损检验的代理关系。但由于创办社会主义保险事业的经验不足，在开展保险业务过程中出现了一些失误，如贯彻保险自愿原则不够，为了完成业务高指标，一度在农村出现强迫保险现象，后经中央制止才加以纠正。

三、国内保险业务中断

由于对保险的积极作用认识不足，在 1958 年全国人民公社化的高潮中，错误地认为，“一大二公”以后，生老病残和灾害事故统统可以由国家和集体包下来，保险在中国已完成了历史使命。1958 年 10 月在西安召开的全国财贸工作会议决定停办国内保险业务，对外保险业务转入中国人民银行总行国外局办理，编制人数只定为 30 人。旅客人身意外保险分别交给铁路、民航和交通部门自保。但实际上有些大城市的国内保险业务没有完全停办，上海市的国内保险业务一直延续到 20 世纪 60 年代才被迫停办，这说明企业和群众确实需要保险。国内保险业务在全国范围内停办 20 年的结果是人员和资料大量散失，拉大了与国外的差距，以致后来再恢复国内保险业务时，保险成为一门需要抢救的学科。国内保险业务长期停办的原因是多方面的:客观的历史原因是当时的经济管理体制及“左”的经济方针；主观的原因是没有深入研究社会主义保险理论，从理论上弄清社会主义保险的性质、地位和作用。

第三节 我国保险事业发展的新阶段

党的十一届三中全会以后，经过拨乱反正，1979 年的全国人民银行分行长会议提出恢复国内保险机构和业务。经国务院批准，国内保险业务从 1980 年起开始恢复，这使我国保险事业获得了新生。国务院在 1982 年批转中国人民银行《关于国内保险业务恢复情况和今后发展意见的报告》的通知中，肯定保险是“一种利国利民的好事，是国民经济中不可缺少的一环”。根据“为生产服务、为群众服务和自愿的原则”，开办了企业财产保险、家庭财产保险和汽车保险等业务。根据国务院规定，中国人民保险公司自 1984 年 1 月 1 日起从中国人民银行分离出来，单独作为国务院直属的局级经济实体。各省、市的保险公司也被批准为局级单位。

1985 年，党的十二届四中全会通过的《中共中央关于制定国民经济和社会发展第七个五年计划的建议》中把建立各种保险制度提高到“是保证经济体制改革顺利进行和取得成功的重要条件，也是社会安定和国家长治久安的根本大计”，这充分显示了社会主义的中国保险事业有着强大的生命力和广阔的发展前景，各级党政领导也越来越重视和支持保险事业的发展。1985 年，国务院颁布了《保险企业管理暂行条例》，对中国人民保险公司的性质和业务活动做了规定，并对建立一个多层次保险体系做了规定。

自从国内保险业务恢复以来，国内和涉外保险业务都有了迅速发展。为了配合“四化”建设和经济改革、对外开放政策，陆续开办了许多新险种，如建筑工程一切险、安装工程一切险、海洋石油开发险、涉外财产保险、履约保证保险、政治风险保险、产品责任险、卫星发射保险、核电站保险等，新的险种有百余种。1980 年到 1985 年的累计保险费收入 85 亿元，其中赔款支出 33 亿元，税收 18.8 亿元，积累各种准备金 28 亿元；中国人民保险公司分支机构共有2 300个，职工人数42 000人。在这个时期，涉外保险费收入 11.7 亿美元，除去赔款等支出外，积余 4.6 亿美元；出口货物参加保险的约占 50%，进口货物约占 90%。其时，我国已与 120 个国家和地区建立了分保和代理关系。

1986 年 10 月恢复组建的我国第一家股份制综合性银行——交通银行，在开业后不久由其上海分行开展保险业务，从而打破了我国保险市场上独家经营保险业务的局面。1991 年 4 月，交通银行保险业务部按分业管理的要求分离出来，组建了中国太平洋保险公司，将其总部设在上海，它是我国第一家全国性、综合性的股份制保险公司。

1988 年 3 月，经中国人民银行批准，由深圳蛇口工业区招商局等单位合资创办了我国第一家股份制保险企业——平安保险公司，总公司设在深圳市。1992 年 9 月，该公司更名为中国平安保险公司，经营区域扩大至全国，遂成为我国第三家全国性、综合性的保险公司。

1992 年，邓小平同志视察南方的谈话使我国的改革开放出现了崭新局面，保险业也开始对外开放。美国国际集团的子公司美国友邦保险公司（AIA）于同年 9 月经中国人民银行批准，在上海开设分公司。之后，日本的东京海上火灾保险公司经批准于 1994 年 11 月在上海开设了分公司。这标志着我国保险市场迈出了国际化的第一步。与此同时，中国天安保险有限公司和大众保险有限公司这两家区域性保险公司分别于 1994 年 12 月和 1995 年 1 月在上海成立。

1995 年 6 月《中华人民共和国保险法》的颁布，为规范我国保险市场提供了有力的法律依据，也为发展我国保险市场创造了良好的法律环境。按照《中华人民共和国保险法》财产保险业务和人身保险业务分业经营的要求，中国人民保险公司于 1996 年 7 月 23 日改制为中国人民保险（集团）公司，下设三家专业保险公司：中保财产保险有限公司、中保人寿保险有限公司、中保再保险有限公司。原有的 80 多家海外机构将作为独立的经济实体直属中保集团，继续经营海外业务。中保集团直接对国务院负责，其财务管理由财政部负责。中保集团及其三个专业子公司均为企业法人，中保集团以控股公司的形式对其子公司投资并实施领导、管理和监督。同年，中国人民银行又批准成立五家中资保险公司,其中三家是总部设在北京的全国性保险公司——华泰财产保险股份有限公司、泰康人寿保险股份有限公司、新华人寿保险股份有限公司,另外两家是总部分别设在西安和深圳的区域性保险公司——永安保险股份有限公司、华安保险股份有限公司。该年11月和12月,中国第一家中外合资的寿险公司——中宏人寿保险有限公司在上海成立,第一家获准在华开业的欧洲保险公司——瑞士丰泰保险集团在上海开始筹备分公司。此后,又相继批准了多家外资财产保险公司和再保险公司在华设立分公司,以及批准多家中外合资人寿保险公司筹建。这标志着我国保险市场加大了改革和开放的力度。

1998年11月18日,中国保险监督管理委员会正式成立,中国保险业从此有了独立的监管机构,保险监管开始走向专业化和规范化的道路。2001年12月11日,中国成为世界贸易组织(WTO)正式成员。"入世"后,我国保险业既面临着重大改革的机遇,又面临着继续扩大开发的严峻挑战。

1999年7月7日,经国务院批准,原中保集团又改制为中国人民保险公司、中国人寿保险公司、中国再保险公司和中国保险(集团)公司四家独立公司。中国太平洋保险股份有限公司和中国平安保险股份有限公司也先后变更为中国太平洋保险(集团)股份有限公司和中国平安保险(集团)股份有限公司。2003年,中国人民保险公司、中国人寿保险公司和中国再保险公司先后完成股份制改造,其中中国人民财产保险公司在香港上市,中国人寿保险公司在纽约和香港上市,这三家公司均改组成保险集团或控股公司。2004年6月,中国平安保险(集团)股份有限公司整体在香港上市。2009年,中国人民保险集团公司整体改制,中国太平洋保险集团在香港发行H股。2011年12月,新华人寿保险公司H股、A股相继在香港联交所和上海证券交易所挂牌上市。2012年12月7日,中国人民保险集团H股在香港上市。2013年6月6日,中国太平保险集团有限责任公司在北京成立。2015年10月26日,中国再保险集团成功在香港上市。

改革开放以来,特别是1986年之后,随着保险市场供给主体不断增加和有竞争的保险市场体系初步形成,保险业务获得迅速发展。2015年,全国保险费收入2.4万余亿元,财产险原保费收入8 423.26亿元,人身险原保费收入15 859.13亿元。截至2016年6月,全国共有200家保险机构,其中保险集团公司11家,保险公司163家,保险资产管理公司22家,其他公司4家。保险公司中,产险公司78家,寿险公司76家,再保险公司9家。人员方面,保险业职工人数105.73万人,保险代理人员564.92万人。《中国保险业发展"十三五"规划纲要》在具体目标方面,提出了保费规模、保险深度、保险密度、保险业总资产等4个定量指标:"到2020年,全国保费收入争取达到4.5万亿元,保险深度达到5%,保险密度达到3 500元/人,保险业总资产达到25万亿元。"2016年1~9月,全国保险费收入破2.5万亿元,超过去年全年水平。

中国(上海)自由贸易试验区已于2013年9月29日挂牌,保险行业参与自贸区的试点内容主要是:试点设立外资专业健康医疗保险机构;支持开展跨境人民币再保险业务,培育发展再保险市场;鼓励企业充分利用境内境外两种资源、两个市场,实现跨境融资自由化;鼓励金融市场产品创新。2016年6月12日,上海保险交易所正式揭牌运营。

复习思考题

1. 试解释下列名词:仁济和保险公司、华安合群保寿公司、美亚保险公司、陆地兵险、太平保险公司、保联、中国人民保险公司、中国太平洋保险公司、中国平安保险公司。

2. 简述1949年前我国保险业发展的几个阶段,阐明其半殖民地性质。

3. 简述1949年后我国保险事业创立与发展的过程和取得的主要成就。这一过程中有什么经验教训?

4. 评述当前我国保险业发展的形势及其原因。

第四章
保险基金的形式和规律

第一节　马克思关于保险基金的理论

保险基金是一种补偿灾害事故损失的资金后备。马克思在论述保险基金时把保险基金作为后备基金的同义词,保险基金或后备基金有多种形式,我们不能把保险基金的含义仅仅理解为保险公司积累的基金。马克思关于保险基金的理论是其再生产理论的一个重要组成部分,不仅适用于资本主义经济,而且也是社会主义保险理论的基础。

一、建立保险基金的必要性

马克思指出:“如果我们把‘劳动所得’这个用语首先理解为劳动的产品,那么,集体的劳动所得就是社会总产品。

现在从它里面应该扣除:

第一,用来补偿消费掉的生产资料的部分;

第二,用来扩大生产的追加部分;

第三,用来应付不幸事故、自然灾害等的后备基金或保险基金。

从‘不折不扣的劳动所得’里扣除这些部分,在经济上是必要的,至于扣除多少,应当根据现有的资料和力量来确定,部分地应当根据概率论来确定,但是这些扣除根据公平原则无论如何是不能计算的。”①

马克思还预见到,在资本主义制度推翻之后,在社会主义社会里保险基金仍然有存在的必要。他指出:“这也是在剩余价值、剩余产品,从而在剩余劳动中,除了用来积累,即用来扩大再生产过程的部分以外,甚至在资本主义生产方式消灭之后,也必须继续存在的惟一部分。”②尽管社会主义再生产与资本主义再生产在生产关系方面有着本质区别,但两者都存在自然灾害和意外事故造成的损失,社会主义社会也有必要建立保险基金。

二、保险基金是剩余产品的一种扣除

马克思在谈到资本主义社会里保险基金来源时说:“对于由异常的自然现象如火灾、水灾等引起的破坏所作的保险,和损耗的补偿及维修劳动完全不同。保险必须由剩余价值补偿,是剩余价值的一种扣除。或者,从整个社会的观点来看,必须不断地有超额生产,也就是说,生产必须按大于单

① 《马克思恩格斯选集》第3卷,人民出版社1972年版,第9页。
② 《马克思恩格斯全集》第25卷,人民出版社1976年版,第958页。

纯补偿和再生产现有财富所必要的规模进行——完全撇开人口的增长不说——以便掌握一批生产资料,来消除偶然事件和自然力所造成的异乎寻常的破坏。"①他又说:"这个不变资本在再生产过程中,从物质方面来看,总是处在各种会使它遭到损失的意外和危险中。(此外,从价值方面来看,由于劳动生产力的变化,这个不变资本也可能贬值;但这种情况只与单个资本家有关。)因此,利润的一部分,即剩余价值的一部分,从而只体现新追加劳动的剩余产品(从价值方面来看)的一部分,必须充当保险基金。在这里,这个保险基金是不是由保险公司作为一种单独的业务来管理,这丝毫不会改变问题的实质。这种基金是收入中既不作为收入来消费也不一定用作积累基金的惟一部分。它是否事实上用作积累基金,或者只是用来补偿再生产上的短缺,取决于偶然情况。"②虽然马克思谈的是在资本主义再生产过程中保险基金是剩余价值或剩余产品的一种扣除,但对社会主义社会如何运用保险基金也具有指导意义。保险基金是一种具有专门用途的补偿基金,在一般情况下,它既不能用作消费基金,也不能用作积累基金。保险公司所积累的基金在理论上也应该按同样原则处理。

三、资本主义的保险公司既为整个资本家阶级平均分摊损失,又分享剩余价值

马克思指出:"……补偿风险的保险费,只是把资本家的损失平均分摊,或者说,更普遍地在整个资本家阶级中分摊。从这个平均分摊的损失中,必须扣除保险公司的利润,即扣除投在保险事业中并担负这种平均分摊职能的资本的利润。这些保险公司以和商业资本家或货币资本家同样的方式取得一部分剩余价值,而不直接参加剩余价值的生产。"③马克思在写作《资本论》时,资本主义的保险公司还处在初步发展时期,当时财产保险是主要的保险业务,保险服务对象主要是资产阶级,他指出了资本主义保险公司具有为整个资本家阶级平均分摊损失的职能,而且它又是追逐利润的新方式。

第二节 保险基金的主要形式

一、集中的国家财政后备基金

集中的国家财政后备基金是国家预算中设置的一种货币资金。我国的财政后备基金由国家预算总预备费、预算周转金和年终结余组成,专门用于应付意外支出和国民经济计划执行中的特殊需要,如特大自然灾害的救济、外敌入侵、国民经济计划的失误等。财政后备基金是通过税收等非保险的方法筹集,不能随便动用。我国财政部已明确规定,企业亏损和意外事故损失不再作为财政支出项目。因此,这种后备基金不能对个别单位和个人遭受的灾害事故损失进行经济补偿。

二、专业保险组织

专业保险组织是通常所说的保险形式,由保险公司和其他保险组织通过收取保险费的办法来筹集保险基金,用于补偿被保险单位和个人遭受灾害事故的损失。这是一种用经济手段补偿经济损失的方法,通过订立合同这一商业行为进行经济补偿具有自愿投保、缴费和赔付确定、补偿及时等优点。

---

① 《马克思恩格斯全集》第24卷,人民出版社1976年版,第198页。
② 《马克思恩格斯全集》第25卷,人民出版社1976年版,第958页。
③ 《马克思恩格斯全集》第26卷(Ⅲ),人民出版社1976年版,第393～394页。

三、社会保障基金

社会保障作为国家的一项社会政策，旨在为公民提供一系列基本生活保障，公民在年老、患病、失业、遭受灾难和丧失劳动能力等情况下，有从国家和社会获得物质帮助的权利。社会保障一般包括社会保险、社会福利和社会救济等内容。

社会保险是社会保障体系的重要组成部分，对参加社会保险者在年老、患病、失业、遭受灾难和丧失劳动能力等情况下，按照保险原则给予物质帮助。我国曾经长期实行的劳动保险是社会保险的一部分，但劳动保险的对象仅限于机关团体和国有企业职工。1951 年宣布实行的《中华人民共和国劳动保险条例》提供的保障项目包括发给退休金、离休金，实行免费医疗，发给各种抚恤费、补助费，举办疗养院等。其基金来自企业支付和各级财政预算拨款。我国实行的劳动保险制度对于国有企事业的干部和职工的年老、患病和丧失劳动能力提供了有力的经济保障，受到广大人民欢迎。中华人民共和国在成立初期就实行了这一制度，这充分体现了社会主义制度的优越性。但是劳动保险不能适应多种经济形式长期并存的需要，只有部分集体所有制经济单位参照了劳动保险制度，广大农民和许多集体经济单位和私营经济单位的职工以及个体劳动者还没有享受同等待遇。

近二十多年来，我国正在对社会保障制度进行重大改革，目标是建立多层次的社会保障体系。例如，1991 年 6 月开始实行的城镇企业职工养老保险制度改革方案是逐步建立基本养老保险、企业补充养老保险和个人储蓄养老保险相结合的多层次养老保险制度。基本养老保险的资金由单位和个人共同负担，实行社会统筹和个人账户相结合的办法。企业缴费一般不超过企业工资总额的 20%，个人按本人工资的 8%缴费。基本养老金主要由基础养老金和个人账户养老金组成。基础养老金月标准相当于当地上年度职工月平均工资的 20%，个人账户养老金月标准为本人个人账户累计储存额的 1/120。到 20 世纪末，基本养老保险的实施范围已扩大到城镇各类企业及其离退休人员，并逐步扩大到私营企业主和个体劳动者。同时，对社会保险中的医疗保险、生育保险、失业保险、工伤保险制度也进行了改革，实行基本医疗保险制度城乡全覆盖，并启动新农保试点。对于城镇职工五项社会保险，用人单位应承担的费率合计约占本单位职工工资总额的 30%，个人应承担的费率占本人工资的 11%。十八届三中全会审议通过的《中共中央关于全面深化改革若干重大问题的决定》中明确提出，整合城乡居民基本养老保险制度、基本医疗保险制度，养老金全国统筹势在必行，并从根本上解决机关事业单位与企业的养老金“双轨制”，取消公费医疗，与职工基本医疗保险制度并轨也是大势所趋。到 2015 年底，全国城镇职工参加基本养老保险人数达到 35 361 万人，全国城乡居民基本养老保险参保人数达 50 742 万人；职工基本医疗保险参保人数达 28 893 万人，城镇居民基本医疗保险参保人数达 37 689 万人，其中农民工参保 5 166 万人。全国基本医疗保险参保率超过 95%，覆盖人口超过 13 亿人。此外，对社会保障行政管理和社会保险基金经营实行分离原则。社会保障管理机构主要行使行政管理职能。社会保险基金经办机构，在保证基金正常支付的前提下，可把社会保险基金主要用于购买国家债券，以确保基金保值和增值。2000 年我国政府还建立了全国社会保障基金，作为各项社会保障得以实施的重要财力储备。① 截至 2015 年 12 月 31 日，全国社会保障基金资产总额达到 1.509 万亿元，基金成立以来的 16 年时间里，年均投资收益率达 9%，2015 年社保基金投资收益率更高达 15.19%。2015 年末，全国各项社会保险基金累计结余 5.89 万亿元，其中基本养老保险基金累计结余 39 937 亿元，基本医疗保险基金累计结余13 439亿元。

我国的社会保障制度还包括各种社会福利和社会救济事业。例如，由国家财政拨款的粮食补贴、房租补贴等生活补贴；由国家民政部门举办的各种社会救济，如灾害救济、老弱残幼无生活来源的生活困难救济。

---

① 国务院新闻办公室：《中国的社会保障状况和政策》白皮书，2004 年 9 月 7 日。

在资本主义国家,随着经济的发展,并经过广大劳动人民的斗争,社会保障制度在20世纪30年代的资本主义经济大危机以后也取得较为明显的改善,社会保障项目增多,社会保险的范围扩大。例如,美国从1937年实施社会保障计划以来,保障的项目逐渐增多,从原来的单一退休金项目增加了遗属金、残疾金和老年人的医疗照顾与穷人医疗救助等多个项目,保障的范围也从原来单一的工商企业雇员扩大到自营业主、地方政府雇员、农场雇员等,目前参加该计划的人数已占工作人数的90%以上。由雇员和雇主分别按工资基数的6.2%的薪金税率向社会保险基金缴纳工薪税。对老年人的医疗照顾项目另按所有赚得的收入向雇员和雇主分别征收1.45%的税。又如,英国在1942年公布了贝弗里奇报告后,逐步实行了综合的国民养老金保险制度。

四、自保

自保不完全等同于风险自担,它要求经济单位自己筹集保险基金,自行补偿灾害事故损失。在当今社会化大生产条件下,一个经济单位若完全采用这种方式是不能达到有效补偿目的的。这是因为灾害事故具有不确定性,而一个经济单位的自保基金毕竟有限,万一遭受巨灾就难以补偿自己的损失。

我国有些中央企业也采取自保办法。如中国石油化工总公司经国务院批准于1984年7月13日开始试行"安全生产保证基金",规定所属企业每年按财产价值的2‰提取"自保基金"(1997年调整到4‰),并制定了一套管理办法,设立了组织机构。

国际上从20世纪70年代开始盛行一种名为专业自保公司(captive insurer)的自保组织,起源于美国,后来传播到西欧等地。70年代中期美国财产和意外保险业发生历史上最为严重的承保亏损,证券市场行情不佳,投资收入不足以弥补承保亏损,于是大的垄断企业竞相设立专业自保公司,为母公司及其子公司提供保险。由于美国内税局裁定,专业自保公司不是保险企业,母公司不能把付给专业自保公司的保险费作为税前列支的营业费用,于是专业自保公司后来又向其他企业提供保险业务。因此,专业自保公司实际上已成为以自保为主的保险企业。与我国的"安全生产保证基金"比较,专业自保公司普遍采用再保险来分散自己的承保风险,这是值得借鉴的经验。

继2002年中海油在中国香港注册成立一家自保公司,即中海石油保险有限公司之后,2012年10月,中国保监会批准中石油建立自保公司,注册资本金为50亿元,注册地为新疆克拉玛依市,并于2013年12月24日获准开业。中国保监会印发《关于自保公司监管有关问题的通知》,于2013年12月2日起实施,以规范大型企业设立自保公司。2014年初,保监会又同意中石化在香港设立自保公司,承保中石化在境外的项目。注册在香港的中广核保险自保公司于2015年3月开始运行。2015年7月1日,中国保监会又批准中国铁路财产保险自保有限公司开业,它成为中国内地第二家专业自保公司。上述自保公司在2015年承保利润均有不错表现。

第三节　保险资金运动的一般规律

为了避免概念的混淆,这里把专业保险组织的保险基金称为保险资金,与财政资金、信贷资金相对称。保险资金运动有其自身的特点。

一、保险资金的运动过程

保险资金的运动不同于财政资金和信贷资金的运动。财政资金分配是通过预算形式安排,它是无偿的;信贷资金主要来自各种存款,它是有偿的。保险资金是一种介于财政资金和信贷资金之间的特殊货币资金,既非无偿,也非有偿,而是一种根据保险合同的有条件返还。保险资金运动大体上经过以下三个阶段:

（一）保险费收取

保险费率的厘定明显不同于其他商品的价格决定，其他商品出售时，企业预先知道产品的生产成本，因而能确定一个能补偿所有成本和企业利润的价格。然而，保险公司并不能事先知道其实际成本如何，收取的保险费也许不足以支付保险期内所有索赔和费用，只有到保险期满后才能确定其实际损失和费用开支。因此，保险公司要根据灾害事故发生的概率来厘定费率，然后再向投保的单位和个人收取保险费。社会上分散的各投保单位和个人缴付的少量保险费能汇集成数额可观的保险资金。保险资金的来源与财政资金和信贷资金一样具有广泛的社会性，但保险费收取是以灾害事故发生的概率为基础。

（二）准备金的积累和运用

鉴于保险费是预付的，保险赔偿责任要在整个保险期内履行。加上损失发生与赔付之间存在间隔、历年赔付率波动、巨灾损失的可能性等因素，保险公司要提留各种准备金。保险公司当年的保险费收入减去赔付、税金和各种费用开支后的结余并不是当年的利润，它还要扣除各种准备金。运用暂时闲置的大量准备金是保险资金运动的重要一环，投资能增加收益和增强赔付能力，使保险资金运动进入良性循环。保险资金的运用与信贷资金的运用相似，但投资只是保险资金运动过程中的派生职能。

（三）经济补偿

经济补偿是保险资金运动的终点，体现了保险资金的返还性，但它在被保险人遭到保险责任范围内的损失时才返还，而且根据受损程度确定返还额，是一种以经济补偿为目的的有条件返还。保险资金的返还与信贷资金的本息偿还在性质上是不同的。

二、保险资金总体运动与社会生产、分配和消费的关系

首先，企业缴付保险费意味着成本增加，在价格不变的情况下要减少利润，但一旦遭受灾害事故损失就能得到及时赔偿，使企业保持经营的稳定。虽然灾害事故对个别企业来说是偶然的，但从整个社会生产来看是必然的，企业的保险费开支是保持简单再生产的必要条件，是一项必要支出。

其次，保险资金运动参与了国民收入的再分配，保险费收取会减少财政收入，但是保险的经济补偿又能减轻财政负担，有利于财政收支平衡。保险费收取也有可能减少银行的信贷资金来源，但从整个金融市场来看，投资资金并不会明显减少，保险公司独立自主地运用资金能促进资金融通，有利于商品生产和流通。

最后，个人和家庭缴付保险费会减少一点消费，但一旦遭受灾害事故损失后能得到及时补偿，使他们的消费水平保持相对稳定。大部分人寿保险还具有储蓄和投资性质，从长期来看并不会降低消费水平。此外，保险组织需要配备各种人员和设施，有各种营业费用开支，这为社会提供了就业机会和需求，从而增加社会集团消费和个人消费。

复习思考题

1. 试解释下列名词：保险基金、财政后备基金、社会保障、社会保险、专业自保公司。
2. 阐述建立保险基金的必要性。
3. 解释马克思关于“保险基金是剩余产品的一种扣除”这一论述对社会主义保险具有何种指导意义。
4. 简述保险基金的主要形式及其特点。
5. 概述保险资金运动的过程，并与财政和信贷资金的运动相比较。
6. 保险费缴付和保险赔付对社会生产、分配和消费有哪些影响？

第五章
保险的职能和作用

第一节　保险的基本职能

对保险职能的探讨关系到保险的性质、地位、作用，以及保险经营的指导思想和业务方针。我国保险界曾经对保险职能持有不同见解，有主张单一经济补偿职能，也有主张保险具有分摊损失和补偿损失双重职能，还有主张多功能。分歧的原因在很大程度上与怎样理解和解释职能和作用这两个概念有关。职能和作用是两个既有联系又有区别的概念。一般而言，职能是事物本质的体现，而作用是职能履行过程中的具体效果。本书采用保险多功能说，因为单一的职能不能体现保险这一复杂机制的本质，但为了使主次分明，这里把保险职能区分为基本职能和派生职能。保险的基本职能可概述为用收取保险费的方法来分摊灾害事故损失，以实现经济补偿的目的。分摊损失和经济补偿是保险机制不可分割的两个方面。我们知道财政后备基金拨付也是一种经济补偿行为，单一的经济补偿职能不能把保险与其他经济补偿方法明确区分。

一、分摊损失或分担风险

第一章已解释了保险是一种分担风险的方法。这种分摊损失是建立在灾害事故的偶然性和必然性这种矛盾对立统一基础上。对个别投保单位和个人来说，灾害事故发生是偶然的和不确定的，但对所有投保单位和个人来说，灾害事故发生却是必然的和确定的。保险机制之所以能运转自如，是因为被保险人愿意以缴付小额确定的保险费来换取大额不确定的损失的补偿。保险组织通过向众多的投保成员收取保险费来分摊其中少数不幸成员遭受的损失。用一个简单例子就可以说明保险分摊损失的职能。

［**例 5—1**］　假定由 1 000 个农民联合组成一个火灾保险社，再假设每个农民的住宅价值为 30 000元，以往的年平均火灾损失总额为 1%的财产价值，由此可知：

住宅价值总额＝30 000×1 000＝30 000 000(元)

预计的损失总额＝30 000 000×1%＝300 000(元)

$$每个农民分摊的损失额=\frac{300\ 000}{1\ 000}=300(元)$$

$$\begin{array}{c}每百元财产价值分\\摊的损失额(费率)\end{array}=\frac{损失总额}{以每百元财产价值表示的损失风险单位数}=\frac{300\ 000}{300\ 000}=1(元)$$

换言之，由 1 000 个农民每人缴付 300 元来分摊预计的300 000元火灾损失。如果每栋住宅的价值不同，每个农民可按每百元财产价值分摊保险费 1 元来缴付保费从而分摊预计的 300 000 元火灾损失。

虽然上述例子是不现实的，它假定没有费用支出，实际损失等于预计损失，没有投资收入，但也能说明保险分摊损失的职能。若考虑其他因素，费率构成要素大致如下：

预计的损失赔付＋经营费用＋意外损失准备金－投资收益

保险分摊损失职能的关键是预计损失，运用大数法则可以掌握灾害事故发生的规律，从而使保险分摊损失成为可能。大数法则是保险合理分摊损失的数理基础。

大数法则在保险经营中的意义可用基本的概率分布和统计学概念解释。为此，有必要了解以下三种基本的概率分布：

(1)一定时期内全部损失金额的概率分布。

(2)一定时期内意外事故或损失发生次数的概率分布(索赔频数分布)。

(3)每次意外事故造成的损失金额的概率分布(索赔金额分布)。

在一定时期内，全部损失金额(纯保费)是每次损失金额的总和。因此，从索赔频数和索赔金额的分布可求得全部损失金额的分布，即纯保费分布。设在一定时期内一个风险单位可能受损的次数为 Z，可能的每次损失金额为 Y，再以 X 表示可能的全部损失金额。这些随机变量的期望值分别以 $\mathrm{E}(Z)$、$\mathrm{E}(Y)$和 $\mathrm{E}(X)$表示，与这些随机变量相联系的方差分别以 $\mathrm{V}(Z)$、$\mathrm{V}(Y)$和 $\mathrm{V}(X)$表示，可以得出下列两个公式①：

$$\mathrm{E}(X)=\mathrm{E}(Z)\cdot\mathrm{E}(Y)$$

$$\mathrm{V}(X)=\mathrm{V}(Z)\cdot\mathrm{E}(Y)^2+\mathrm{V}(Y)\cdot\mathrm{E}(Z)$$

下面用一个简单的例子对上述两个公式的应用加以说明。

［**例 5—2**］ 假设由1 000个农民组成一个相互火险社，火灾损失由所有社员共同分担。再假设这 1 000 个农民的房屋遭遇火灾损失的次数服从二项分布。

$$Pn(Z)=\frac{n!}{Z!\ (n-Z)!}P^Z(1-P)^{n-Z}$$

式中，Z 表示一年内 1 000 个农民遭受火灾损失的次数(其数值范围为 0～1 000)；n 为 1 000 (农民的房屋数)；P 为$\frac{1}{1\ 000}$(单个农民房屋遭受火灾损失的概率，即假设每年一栋房屋因遭火灾而毁坏)；$Pn(Z)$为 Z的概率。

假设单个农民受损次数服从一个全损 P 概率和毫无损失$(1-P)$概率的贝努里概率分布，即：

$$P(Z)=P^Z\cdot(1-P)^{1-Z}$$

式中，Z 表示 0 或 1；P 表示 $P(Z=1)$；$1-P$ 表示 $P(Z=0)$。

因此，在一年内单个农民受损次数的期望值也等于 P。

$$\begin{aligned}\mathrm{E}(Z)&=\sum_{Z=0}^{1}Z\cdot P(Z)=0\cdot P(Z=0)+1\cdot P(Z=1)\\&=0\cdot(1-P)+1\cdot P=P=\frac{1}{1\ 000}\end{aligned}$$

单个农民受损次数的方差为：

$$\begin{aligned}\mathrm{V}(Z)&=\sum_{Z=0}^{1}[Z-\mathrm{E}(Z)]^2\cdot P(Z)\\&=(0-P)^2\cdot P(Z=0)+(1-P)^2\cdot P(Z=1)\\&=P^2\cdot(1-P)+(1-P)^2\cdot P\end{aligned}$$

① 有关这两个公式的详细论证，可参见[美]罗伯特・C. 威特：《汽车保险的定价和承保风险：一种概率论观点》，《风险和保险杂志》1973 年 12 月，第 509～531 页。

$$=P(1-P)\cdot[P+(1-P)]$$

$$=P(1-P)=\frac{1}{1\ 000}\times\left(1-\frac{1}{1\ 000}\right)$$

$$=\frac{999}{(1\ 000)^2}$$

1 000 个农民受损次数的期望值和方差分别为：

$$\mathrm{E}n(Z)=\sum_{Z=0}^{1\ 000}Z\cdot Pn(Z)=n\cdot P=1\ 000\times\frac{1}{1\ 000}=1$$

$$\mathrm{V}n(Z)=\sum_{Z=0}^{1\ 000}[Z-\mathrm{E}n(Z)]^2\cdot Pn(Z)=n\cdot P\cdot(1-P)$$

$$=1\ 000\times\frac{1}{1\ 000}\times\frac{999}{1\ 000}=\frac{999}{1\ 000}$$

假定每次火灾会烧毁整栋房屋，全损的金额为 75 000 元，即 $\mathrm{E}(Y)=75\ 000$，则每个农民分担损失金额的期望值为：

$$\mathrm{E}(X)=\mathrm{E}(Z)\cdot\mathrm{E}(Y)=P\cdot\mathrm{E}(Y)=\frac{1}{1\ 000}\times75\ 000=75(\text{元})$$

1 000 个农民总的损失金额的期望值为：

$$\mathrm{E}n(X)=n\cdot\mathrm{E}(X)=1\ 000\times75=75\ 000(\text{元})$$

必须指出，$\mathrm{E}(X)$和 $\mathrm{E}n(X)$只是期望值，实际的损失金额可能明显偏离期望值，保险经营必须考虑这种可能性。

单个农民全损金额的方差为：

$$\mathrm{V}(X)=\mathrm{V}(Z)\cdot\mathrm{E}(Y)^2+\mathrm{V}(Y)\cdot\mathrm{E}(Z)$$

$$=\frac{999}{1\ 000^2}\times75\ 000^2+0\times\frac{1}{1\ 000}$$

$$=999\times75^2=2\ 370.52^2$$

因每次火灾损失均为全损，$\mathrm{V}(Y)=0$。其他数字均是前面计算的结果。方差的方根，即标准差 σ_x 是离中趋势的适当度量。单个农民全部损失金额的标准差是：

$$\sigma_x=\sqrt{\mathrm{V}(X)}=\sqrt{2\ 370.52^2}=2\ 370.52$$

总之，单个农民全部损失金额分布的期望值 $\mathrm{E}(X)=75$，其标准差 $\sigma_x=2\ 370.52$。由于火灾损失的随机性质，实际的损失金额可能明显偏离期望值。

中心极限定理表明，当样本数目足够大时，随机变量平均值的分布将近似地服从一个正态分布，平均损失分布的中值 $\mathrm{E}(\overline{X})$接近母体的中值 $\mathrm{E}(X)$。与可能的平均损失相联系的方差是：

$$\mathrm{V}(\overline{X})=\frac{\mathrm{V}(X)}{n}$$

平均损失的标准差是：

$$\sigma_{\bar{x}}=\frac{\sigma_x}{\sqrt{n}}$$

沿用前面的数例，在由 1 000 个农民组成的一个相互火险社的情况下，平均损失的标准差是：

$$\sigma_{\bar{x}}=\frac{2\ 370.52}{\sqrt{1\ 000}}=74.96$$

如果参加相互火险社的农民人数增至 10 000 个，则：

$$\sigma_{\bar{x}}=\frac{2\ 370.52}{\sqrt{10\ 000}}=23.71$$

这有力地说明了大数法则在保险经营中的重要意义。既然单个农民的 σ_x 是固定的，当风险单位增加时，平均损失的标准差 $\sigma_{\bar{x}}$ 会减少。

保险人是使用样本平均损失 $\bar{X}$ 对纯保费做出估计，但他还必须考虑承保的风险。平均损失的标准差可作为承保风险的度量，承保风险与其他费用开支一样要纳入保险费。但当风险单位增加时，平均损失的标准差 $\sigma_{\bar{x}}$ 会减少。

$$\text{当 } n \to \infty \text{ 时}, \sigma_{\bar{x}} = \frac{\sigma_x}{\sqrt{n}} \to 0$$

预期的损失将变为没有偏差的必然事件，$U=\mathrm{E}(X)$。这也意味着保险人对保险费的估计变得精确，个别和少数保险标的受损的不确定性变为多数保险标的可预见的损失，从而使保险人对每个被保险人的承保风险减少，即减少损失的不确定性，但保险人总的承保风险随保险标的的增加而增加。

以上为了简化和方便起见，做了一些不现实的假设，如所有保险标的都是同质的，每次火灾损失均是全损，一次火灾损失只有一次索赔。但这些假设并不妨碍我们用一些基本的统计学概念说明大数法则在保险经营中的重要意义。

二、补偿损失

按照保险合同对遭受灾害事故损失的单位和个人进行经济补偿是保险的目的，分摊损失是经济补偿的一种手段，没有分摊损失就无法进行保险补偿，两者相互依存。保险的产生和发展都是为了满足补偿灾害事故损失的需要，积累资金并不是保险的目的，而是保险赔偿或给付的条件。

需要补充说明的一点是，补偿损失职能主要是就财产和责任保险而言，人身保险存在非补偿成分，因为人的生命价值不能以货币表示；另外，许多种人身保险具有返还的储蓄性质，人身保险的补偿一般称为给付保险金。

第二节 保险的派生职能

保险的职能还应加入运用资金（投资）和防灾防损，它们虽不是保险特有的职能，但受保险资金特殊运动规律支配，是由保险机制的内在动力产生的，并非是外部力量所强加的。

一、投资职能

基于本书第四章第三节“保险资金运动的一般规律”中已解释了保险的投资职能是如何形成的，这里不再重复。事实证明，保险业务越是发展，投资职能越显得重要。把投资列为保险职能之一，正是强调了投资业务在保险经营中的重要性。从国外经验来看，投资在保险经营中的重要地位表现在以下几个方面：

（一）投资是保险经营的主要业务之一

保险公司的资本和各种准备金都可用于投资，世界上一些大保险公司都设有投资公司或集团。例如，美国最大的商业性保险公司之一的信诺保险集团（CIGNA），在 20 世纪 80 年代是由四个经营集团组成，每个集团由一名公司执行副总裁负责。这四个经营集团是雇员福利和财务服务集团、财产和意外保险集团、投资集团、联属企业集团。投资集团为本公司以及外界提供广泛的投资和资产管理服务，包括股票、债券、抵押放款、房地产和共同基金的投资和管理。此外，该集团还在非传统的投资领域寻找投资机会，如向石油和天然气开发和专门从事高技术的新办企业提供合营资本。

（二）投资是保险公司收益的重要来源

多年来，美国财产和意外保险业经常发生承保亏损，然而，投资收入弥补了承保亏损，使财产和意外保险业保持盈利。同样,2013 年我国人保财险、平安产险、太平洋产险、太平财险等上市保险公司也靠投资收益弥补了承保利润下滑。美国人寿保险公司的巨额资产绝大部分用于各种投资,它既是美国金融市场资金的重要来源,也是人寿保险公司收入和利润的重要来源。据美国 2010 年人寿保险公司资产负债表,人寿保险公司的投资的资产组合情况如下①:

(1)债券。债券是最大的资产项目,占全部资产的 51.7%。自从 20 世纪 30 年代以来,人寿保险公司一直是公司债券市场的主要投资者。

(2)公司股票。人寿保险公司持有的公司股票占全部资产的 29.6%。法律对人寿保险公司的股票投资曾有严格限制,后来因出现了变额寿险单等新业务后才有所放松。寿险公司一般账户持有较多固定收益类资产,而独立账户则将较多的资产配置在普通股等权益类资产。

(3)抵押放款和不动产。抵押放款和不动产占全部资产的 6.7%。在 20 世纪 50 年代和 60 年代,住宅抵押占其抵押放款总额的大部分,但从 70 年代以来,人寿保险公司向非居住抵押市场投资,主要的抵押财产是购物中心、商业办公大楼、工厂和医院。除少量不动产为自己使用外,其余均用于商业和居住性的不动产投资。

(4)其他资产,包括保险单质押贷款、现金等。其他资产项目的金额占其资产的 12%。

美国财产险公司可投资范围较广,对其投资监管较为宽松,其所持有的股票资产高于寿险公司的一般账户,但低于独立账户。保险公司是美国公司债券市场第一大机构投资者,是股票市场上第四大机构投资者。由此可见,投资能为保险公司增加收益,从而降低保险费率,吸引更多的人购买保险,这是美国保险业发达的一个重要原因。

(三)投资是扩大保险的社会影响的重要手段

保险公司从广大保户中吸收资金,再把聚集的巨额资金投入经济,能促进社会生产和公共福利事业的发展,从而在公众心目中树立了良好形象。例如,美国保险业的投资与城市建设发展有着密切关系。保险公司乐于向资金周转快、收益高的第三产业投资。财产和意外保险公司资产中最大的项目是市政建设债券。人寿保险公司资产中最大的项目是公司债券,公司债券投资包括购买公用事业部门发行的债券。抵押放款是人寿保险公司资产中的第三大项目,它促进了房地产开发。人寿保险公司还直接经营公寓大楼和购物中心,有不少公司筹建多用途的摩天大楼。

以上是以美国保险业为例说明投资职能在国外保险经营中的重要性,英国、日本等其他西方国家的情况也大抵如此,但也各有特色,英国保险投资股权投资和海外投资的比例较高,而日本寿险资金股权投资的比例较低,国债和海外债券投资占比高。

二、防灾防损职能

从广义上说,防灾防损是社会的共同任务,社会上还有不少专职的防灾防损部门,如公安消防、交通安全、生产安全、劳动保护、防震、防汛和防洪部门。但防灾防损也是保险经营的重要手段,保险公司参与防灾防损工作的特点是积极配合所有防灾防损主管部门和单位搞好这项工作,这是由保险经营的特点所决定的。首先,保险公司的日常业务,从承保、计算费率到理赔都是与灾害事故打交道,掌握了财产的设置分布和各种灾害事故损失的统计资料,对灾害事故的原因进行分析和研究,从而积累了丰富的防灾防损工作经验,保险公司有积极参与各种防灾防损工作的社会责任。其次,减少灾害事故损失能相应减少保险的赔付,从而增加保险资金积累和降低费率,保险公司从自身的经营利益出发也会加强防灾防损工作,并乐于花费资金宣传防灾防损和向防灾防损部门投资。最后,保险公司可以通过业务经营来促使投保单位和个人重视防灾防损工作。例如,我国财产保险基本险和综合险条款中规定了被保险人义务之一是:“被保险人应当遵守国家有关部门制定的保护

---

① 转引自《中国保险报》,2014 年 3 月 20 日,第 5 版。

财产安全的各项规定，对安全检查中发现的各种灾害事故隐患，在接到安全主管部门或保险人提出的整改通知书后，必须认真付诸实施。”除了保险合同条款外，保险公司还可以在费率上鼓励投保单位和个人加强防灾防损工作。

把防灾防损列为保险职能之一，有助于把防灾防损放到保险经营中的重要位置，使保险和防灾防损紧密结合。保险赔偿只是分摊灾害事故损失，但整个社会仍受到危害，只有防灾防损才能减少灾害事故给社会带来的损失。因此，保险经营不能仅着眼于“赔”字，以赔诱保，而且要在“防”字上下大功夫，保户参加保险的心理只是以防万一，他们宁可保险费白缴，也不希望灾害事故发生。保险公司既管“赔”又抓“防”，有助于改变有些人对保险公司的偏见，使社会公认保险公司是防灾防损工作中不可缺少的一个综合部门。

从国外经验来看，保险的防灾防损职能随着保险业务的发展日益受到重视。美国财产和意外保险公司资助了“全国安全委员会”“承保人实验所”“公路安全保险协会”等防损组织和研究机构。人寿保险公司也资助了医学院、医药和保健研究项目。一些大的保险公司配备了大批工程技术人员来调查意外事故的原因并开展防损工作。由于保险公司加强防损工作，以及严格的政府法规、道路和汽车安全设计的改进，大多数汽车驾驶者变得谨慎起来，美国每万辆汽车造成的车祸死亡率一直在下降。在保险业发达的国家里，一些大保险公司除了经营传统的承保、投资业务外，还向投保的企业提供损失管理服务。据说，美国企业购买保险的一个重要原因是从保险公司取得损失管理服务。

正因为保险还具有投资和防灾防损这两种派生职能，所以对保险公司人员要求的知识密集程度要高于其他行业，而且它在提供多种多样的就业机会方面也胜过其他行业，除了传统的推销、承保、理赔工作外，该行业还能向数学家、医生、护士、电脑专家、工程师、工业卫生学家、生物学家、化学家、生产和技术设备安全调研人员、建筑物和汽车安全设计人员、律师、会计师、投资专家和经济学家等提供就职机会，从而使保险业成为最吸引人的职业之一。

第三节　我国保险的作用

保险的作用在不同社会制度和不同历史时期并不完全相同。当前我国经济体制改革正在深入进行，保险作为经济改革的一项配套工程正在发挥越来越大的作用。目前，我国保险的作用主要表现在以下几个方面：

一、改变国家统包的行政补偿办法，及时补偿灾害事故损失，恢复社会生产经营

应该说，对付特大自然灾害，如唐山大地震，动用财政后备基金，动员社会各方面救灾不仅是必要的，而且是一种行之有效的补偿灾害损失的办法。但与保险补偿相比较，以往的财政补偿有不足之处：

一方面，财政不能对国有企事业单位平时发生的灾害事故损失进行及时和有效的补偿，以往经常采用冲账核销的办法来解决，这不利于受灾单位迅速恢复生产和经营，从而间接影响财政收入。保险公司是个专职机构，积聚了大量资金，配备了专业理赔人员，赔偿工作力求主动、迅速，在理赔工作结束之前能预付部分赔款，保险补偿有利于受灾单位迅速恢复生产和经营。

另一方面，原来的财政补偿对象只限于国有企业，集体经济单位得不到法定补偿。党的十一届三中全会后，城乡集体所有制企业如雨后春笋般涌现，还出现了不少个体经济单位、私营企业、中外合资企业和外资企业，这些经济单位也需要保险公司作为后盾。而保险补偿能减轻财政负担，有利于财政收支平衡，保障社会再生产持续进行。

我国是个农业大国，农业是国民经济的基础。农业生产与自然条件密切有关，受自然灾害严重

威胁。据统计,我国每年约有4亿亩农田受到各种自然灾害侵袭,而且我国农村大部分地区还不富裕,抗灾能力差,资金薄弱,国家发放的救济资金也有限。因此,保险公司开展各种农业保险业务对补偿广大农村灾害损失和促进农业生产发展具有十分重要的意义。我国农业保险正在兴起,将会对灾后恢复农业生产发挥重要作用。

二、促进经济体制改革顺利进行,完善经济核算制

中共中央在关于"七五"计划建议中指出:"进一步增强企业特别是全民所有制大中型企业的活力,使它们真正成为相对独立的,自主经营、自负盈亏的社会主义商品生产者和经营者。"企业自主权的扩大相应地增加了企业承担风险的责任,要对其生产经营和安全负责,实行责、权、利三者相结合的制度。1984年国务院规定取消企业的非常损失科目,财政不再拨款或核销国营企业因灾害事故造成的非常损失。因此,企业参加保险能得到灾害事故损失的财务安全保障,解除扩权后这方面的后顾之忧。根据《国营企业成本管理条例》,企业可以把保险费支出列入成本,这样有利于企业正确核算成本,使企业财务收支保持平衡,不因遭受灾害事故损失而出现剧烈波动。保险还是实行《企业破产法》的一项重要条件,实行破产制度后,企业依靠财政弥补各种经济损失的幻想不复存在,只有通过保险来对付所面临的灾害事故损失风险。因此,在国有企业从传统的计划经济体制向社会主义市场经济体制转变和建立现代企业制度的过程中,保险是经济改革的一项配套工程。

三、安定人民生活,增进社会福利

集体经济和非公有制企业是我国社会主义经济的重要组成部分。党的十一届三中全会以来,城乡集体经济事业有了迅猛发展,城市和乡镇集体工业企业以及个体经济单位和私营企业星罗棋布。但广大农民、大部分集体企业和非公有制企业职工并没有享受到城镇企业职工的社会保险待遇。保险公司积极开展农民、集体企业和非公有制企业职工养老和医疗保险,能帮助他们解除生活上的后顾之忧,扶植集体经济事业和非公有制企业的发展。农村商品经济的发展也为开展农村保险业务奠定了基础,广大农民收入增加,掀起了建房热,添置高档生活资料的农民增多,不少人还购置了汽车、拖拉机,农民家庭财产保险满足了农民对个人财产安全保障的需要。

对于享有社会保险待遇的职工来说,各种人身保险也可成为社会保险制度的补充。保险公司在城市普遍开展了个人和团体人身保险、中小学生平安保险业务,这给居民家庭增加了一道经济保障。城市居民的家庭财产保险业务发展也较快,起到了安定人民生活、增进社会福利的作用。各种责任保险有利于保障受害人的经济利益和民事纠纷的解决。

四、促进防灾防损,减少灾害事故损失

各家保险公司在防灾防损方面贯彻"积极、主动、参与、配合"的指导方针,做了不少工作,取得了一定成绩和经验,减少了人身伤亡和财产损失。它们所做的工作主要有以下几个方面:

第一,进行防灾防损宣传,提高投保人对防灾防损重要性的认识。各家公司配合公安、消防、交通、水电、农牧渔业、地震、气象等部门,开展了防火、防洪、防台风、防震和防止交通事故等宣传工作,编印了防灾防损的宣传材料,组织观看防灾防损电影,开展安全行驶竞赛活动。

第二,参加各种安全组织,搞好部门间的防灾防损工作协作。许多公司参加了当地安全委员会和消防协会活动,做到互通信息,分担了防灾防损任务。

第三,参加安全检查,消除灾害事故隐患。各家公司参加了由主管部门组织的地区性或行业性安全联合检查、冬春两季防火检查和夏秋两季防汛检查。

第四,结合承保、理赔工作帮助企业搞好安全管理,提出整改建议。保险公司把防灾防损检查转向服务型,聘请专家查明事故原因,为投保企业提供防灾防损服务,赢得保户好评;保险公司会同

有关部门在投保企业中实行“安全防火包保责任制”，采取奖罚现金办法来加强防火安全工作。

第五，拨付防灾补助费，增强社会抗灾能力。各家保险公司拨付防灾补助费，用于防灾防损专职部门添置设备、防灾宣传，以及资助投保户修建防灾防损设施等。

五、组织、积聚社会闲散资金，构成银行信贷和资本市场资金来源

目前，保险公司积聚的资金相当部分存入银行和用于债券和股票投资，随着我国保险资金运用渠道不断拓宽，保险资金已构成银行信贷和资本市场资金重要来源之一，支援了国家经济建设。

六、适应对外开放需要，促进对外贸易和经济合作，增加外汇收入

保险是对外贸易和经济交往的不可缺少环节。在国际贸易中，无论进出口商品都必须办理货物运输保险，保险费用、商品成本和运费是国际贸易商品价格的三个主要组成部分。我国进口商品应由我国办理保险，出口商品应争取在我国投保，这既节约了外汇支出，也增加了外汇收入。随着贯彻和执行对外开放政策，我国与外国的经济交往日益增多，除了商品进出口贸易外，技术引进、劳务输出、合资企业、旅游事业等也需有保险保障。保险公司在有关部门的密切配合下，积极开展涉外保险业务，不仅为对外经济贸易提供了保险保障，有利于对外经济合作和技术交流，有利于增进同世界各国人民的友好交往，也使我国现代化建设所需外汇得以增加。

正是保险具有上述职能和作用，原中国保监会吴定富主席提出了“保险三功能说”，即保险具有经济补偿、资金融通和社会管理三大功能。保险的社会管理功能归结为四个方面：社会保障管理、社会风险管理、社会关系管理、社会信用管理。①

第四节 西方保险学者关于保险的社会效益和社会代价的论述

本节先摘译美国一本保险学原理教科书中关于保险的社会效益和社会代价的若干论述②，看一下西方保险学者是如何认识保险的作用的。

保险的主要社会效益有以下几个方面：

(1)损失补偿。损失补偿是保险向社会提供的最重要效益，它有助于家庭生活安定和企业经营稳定。这一作用在汽车保险业务中得到了充分体现。美国约有1.5亿人持有汽车驾驶执照，车祸是一个十分严重的社会问题。如果没有汽车保险，后果将不堪设想。

(2)投资的重要来源。保险费收取的时间是在损失发生之前，这笔巨额的闲置资金可用来投资。

(3)防损。保险公司积极参与各种防损工作，并聘用各种专业人员，包括职业、生产和设备安全的工程技术人员，防火、健康和产品责任方面的专家。财产和意外保险公司资助的防损项目有高速公路的安全、防火、侦查纵火、预防锅炉爆炸、减少工伤事故等。

(4)信用的基础。保险公司承保了抵押品，从而减少了借款人的信用风险。例如，当消费者购买住宅时，信贷机构通常要求购屋者在抵押贷款发放之前购买住宅财产保险。又如，如果受押人意外死亡，信用人寿保险的保险人会偿还贷款。再如，企业购买存贷保险也是获得贷款的一项条件。

保险的主要社会代价有以下几个方面：

(1)营业费用。财产和意外保险公司的销售和管理费用约占保险费的27%，人寿保险公司约

---

① 详见吴定富主席在“中国保险业改革论坛暨现代保险功能研讨会”上的讲话(2003年12月13日)。

② [美]乔治·E. 雷歇德:《保险学原理》,斯科特·福雷斯曼出版公司1982年版,第34～37页。

占 17%。美国保险业雇用了 200 多万名工作人员。

(2)欺诈性的索赔。最明显的例子是,纵火造成的损失持续增加。此外,有些人谎报自己的珍贵财产被窃,有组织的犯罪集团以得到保险公司赔偿为目的而盗窃汽车。简言之,保险促使一些人有意制造损失和进行欺诈性的索赔。

(3)漫天要价。保险使一些职业者索价过高。例如,原告的律师在重大责任事故的诉讼案件中的索价经常超过原告的真实经济损失。又如,医生因病人有了医疗保险而收取高额费用。

总之,保险给社会带来了很大效益,也使社会付出了相当大的代价,但其社会效益大于社会代价,这种代价是社会为获得保险效益而必须做出的一种牺牲。

美国的其他一些保险学教科书提到保险是资源最优配置的一种方法。保险公司作为金融中介从人们的储蓄中吸收资金再投入经济,企业一般不喜欢零星资金的个人投资者,而乐于接受保险公司这样有组织的机构投资者,长期的人寿保险因能提供退休收入而能起到鼓励储蓄的作用。而且,人寿保险是遗产计划(estate planning)的一项重要工具,因为人寿保险的死亡给付金能为缴纳被保险人的遗产税及遗产处理费用提供一大笔现金。此外,按照西方经济学观点,保险能增加资产的边际效用,向投保人收取的保险费是边际效用最低的最终美元,而向受损者的赔付则是提供边际效用最高的最初美元。为什么一些人愿意为取得一份保险合同缴付高于预期损失值(纯保费)的总保费?其答案在于货币边际效用递减法则起了作用。按照这一法则,随着财富或收入单位的增加,从这些增加单位获得的效用递减。但是,货币边际效用递减法则适用于风险回避者,而大多数人是风险回避者。

以上论述中有两点值得注意:其一,保险是信用基础,这个作用在信用经济发达的国家甚为明显。以往,我国银行重视贷款的"物资保证",而忽视"信用保证",没有采取保险办法来保障信贷资金的安全。随着国内信用事业的发展,保险的这一作用将会逐渐体现。其二,以上论述既强调了保险的社会效益,又指出了保险的副作用。由于道德危险因素和心理危险因素,保险有可能使某些人进行欺诈性索赔,使有些企业对防损工作疏忽。在西方资本主义国家,保险欺诈案屡见不鲜,纵火成了美国财产保险业伤透脑筋的大问题。在我国,心理危险因素比道德危险因素更具有广泛性,"躺在保险上睡觉""着火不救"不乏其例,故意制造损失,以达到保险赔偿目的的欺诈案也时有所闻,这就要求在保险条款和费率上加以防范。

复习思考题

1. 保险是怎样分摊损失的?为什么说大数法则是保险合理分摊损失的数理基础?
2. 根据国外经验论述投资职能在保险经营中的重要性。
3. 试用保险经营的特点说明保险能促进防灾防损工作。
4. 概述保险的职能。它们的相互关系如何?
5. 保险补偿与财政补偿相比有哪些优点?
6. 为什么说保险是经济改革的一项配套工程?
7. 简述我国保险的作用。
8. 试评保险的社会管理功能。
9. 你对美国保险学者关于保险的社会效益和社会代价的论述有何评价?

第六章
保险的种类

第一节　保险的一般分类

随着生产的发展和科技的进步，保险的领域不断扩大，险种日益增多，保险的分类还没有形成一个固定的原则和统一的标准。对现代名目繁多的保险业务大致上有以下几种分类：

一、按实施形式分类

（一）法定保险和自愿保险

法定保险又称强制保险，顾名思义，它是通过法律规定强制实行的保险。社会保险属于法定保险，但法定保险并不局限于社会保险，如中华人民共和国成立初期曾实行国有企业财产强制保险，许多国家把汽车第三者责任险作为法定保险。法定保险具有以下两个明显特征：

(1)全面性。凡是属于法律规定的保险对象都必须参加保险，因而法定保险能避免“逆选择”(adverse selection)，而自愿保险则容易出现这类问题，那些损失概率高于平均水平的人会急于购买保险，如在人身保险中可能出现健康的与不健康的被保险人的比例失调。

(2)保险金额由法律规定。例如，美国宾夕法尼亚州的汽车保险法规定了被保险人购买第三者责任险的最低和最高保险金额。自愿保险允许投保人在较大程度上选择保险金额，保险费缴付与保险金额挂钩。

自愿保险是由单位和个人自由决定是否参加保险，保险双方采取自愿方式签订保险合同，保险人可根据情况决定是否承保，被保险人也可以中途退保。

（二）社会保险和普通保险

关于社会保险的定义在本书第四章已做说明。普通保险是社会保险的对称，它是除了社会保险以外的所有保险，也包括一些法定保险。这里以美国为例解释社会保险的一些基本特征。与私营的商业性保险不同，美国的社会保险带有强制性质，它是法定的政府保险，即通过法律对公民的死亡、年老、失业、残疾提供一定的经济保障。尽管美国有非常发达的商业性保险业，社会保险仍被认为是不可缺少的。其原因主要有三点。首先，20世纪30年代资本主义经济大危机时期出现的大量失业和普遍贫困的社会问题迫使资本主义政府直接干预国家经济，并不得不考虑如何解决社会保障的问题。大危机过后不久，美国国会便通过了《社会保障法》(1935年)，开始实施社会保障计划，以维持资本主义秩序。其次，有些社会风险是一般私营保险公司难以承保的，如失业就不符合商业性保险公司可保风险的条件，只能采取社会保险的办法来对付。最后，实施社会保险能为大多数人提供一定的经济保障，对那些已有个人保险和储蓄的人来说也增加了一层保障。

二、按法律分类

(一)财产保险和人身保险

我国《保险法》第95条把保险公司的业务分为两大类:一是财产保险业务,包括财产损失保险、责任保险、信用保险、保证保险等;二是人身保险业务,包括人寿保险、健康保险、意外伤害险等。我国《保险法》规定:"保险人不得兼营人身保险业务和财产保险业务。但是,经营财产保险业务的保险公司经保险监督管理机构核定,可以经营短期健康保险业务和意外伤害保险业务。"

(二)损害保险和人寿保险

在日本的商法第三编第十章中,把保险分为损害保险和人寿保险。日本的保险业法有禁止兼营损害保险和人寿保险的规定。损害保险是就保险事故的结果而言,人寿保险是指保险事故的形态(生存或死亡)。[①] 日本的这种分类方法是从德国引进的,并且沿用了很长一段时间。直到日本于1996年4月1日起正式实施的新修订的保险业法把保险分为非寿险和寿险两大类,并分别允许寿险公司和非寿险公司收购或拥有50%以上股份的非寿险子公司和寿险子公司。

(三)财产和意外保险与人寿和健康保险

美国各州的保险法现在一般把私营保险业分为两大类:财产和意外保险与人寿和健康保险。保险业的统计资料也是按这种分类汇编的。这里需要说明两点:一是意外保险(casualty insurance,英国称 accident insurance),它包括责任保险、玻璃保险、犯罪保险、锅炉和机器保险、航空保险等,许多意外保险人也经营保证保险。[②] 换言之,意外保险除了包括责任保险外,还包括在严格意义上既不属于人寿保险也不属于财产和责任保险的各种其他保险。二是人寿保险,它有广义和狭义之分。广义的人寿保险包括健康保险,许多人寿保险公司兼营健康保险。

三、按保障主体分类

(一)企业保险和个人保险

企业保险是以企业作为保障主体的。企业除了面临生产和经营风险外,还面临着各种财产、营业中断、责任和人员损失风险,需要各种保险来保障。企业可以使用一揽子保险单来满足自己的保险需要,也可以分别购买不同险种的保单,如企业财产保险、公众责任险、产品责任险。

个人保险是以家庭和个人为保障主体,家庭财产保险、私用汽车保险和个人退休年金等都属于个人保险。

(二)团体保险和个人保险

团体保险是保险的一种方式,一般用于人身保险。团体保险使用一份总合同(master contract)向一个团体的许多成员提供保险,费率低于个人保险。团体人身保险通常不要求体检,发给每个成员一份保险证。团体人身保险的种类很多,如团体人寿保险、团体健康保险、团体养老保险、团体年金等。美国人寿保险公司经营的人身保险业务分为两大类:普通寿险和团体寿险。普通寿险是指个人为满足自己和家庭需要而购买的人身保险。团体寿险是指由雇主、工会和其他团体为雇员和成员购买的人身保险。团体寿险的业务增长很快,在1952年,团体寿险的保险金额只占总额的22.7%,到2000年已上升到40%。其主要原因是经过广大劳动人民的长期斗争,美国国会先后通过了几项有关雇员退休金的重要法律,使团体寿险逐渐成为雇员福利计划中的重要项目。近些年美国有些企业的雇员福利计划还有团体的财产和责任保险项目,一般是团体的私用汽车保险和房

---

① [中国台湾]袁宗蔚:《保险学》(增订第26版),台湾三民书局,第126页。

② [美]托马斯·E. 格林等:《保险术语汇编》,梅里特出版公司1980年版,第29页。

主保险。[①] 我国保险公司也以团体保险方式大力开展人身保险业务，如团体人身保险、团体人身意外伤害保险、企业养老金保险和医疗保险等。

四、按经营方式分类

（一）国营保险和私营保险

按经营的主体和所有权，可将保险分为国营保险和私营保险。

在社会主义国家，国营保险曾经占主导地位。在我国，原来的国有独资保险公司已进行股份制改造，但国有资本仍占控股地位。不少发展中国家的保险也由国家经营。例如，阿尔及利亚在1965年就实行保险国有化；印度在1973年实行保险国有化，把107个非寿险公司合并为四个国家保险公司。2000年，印度保险业进入自由竞争时代，出现了12家经营非寿险业务的民营公司，但国有非寿险公司的市场份额仍占据半壁江山。

在经济发达的资本主义国家，保险主要由私营保险组织经营，像挪威、瑞典、芬兰、瑞士等国家都有几十家或几百家私营保险公司。资本主义国家的社会保险一般由政府部门经营。例如，美国主要的社会保险项目有"老年、遗属、残疾和健康保险"、失业保险和劳工保险，前两项分别由联邦和州政府经营。此外，美国政府机构还经营一些私营保险公司不能全部承担的保险，如洪水、农作物、犯罪和政治风险保险，并与私营核保险集团联合经营核电站保险。因此，美国的保险也可分为私营保险和国营保险两大类。

（二）营利保险和相互合作保险

按经营的目的，可将保险分为营利保险和相互合作保险。资本主义国家的私营保险公司一般分为两大类：股份保险公司（stock company）和相互保险公司（mutual company）。私营的股份保险公司一般以营利为目的。相互保险公司是一种非营利公司，它没有股东，由保险单持有人选举产生董事会。相互人寿保险公司一般出售参与分红的人寿保险单，而股份人寿保险公司一般出售不参与分红的人寿保险单。2004年11月16日中国保监会批准筹建中国第一家相互制保险公司，即黑龙江的阳光农业相互保险公司。此外，在许多国家还有非营利的合作保险，如美国的蓝十字会医疗保险组织、日本的农业合作社、中国总工会组织的职工保障互助会等。

五、按保险对象分类

按保险对象分类，或者说，按保险标的或个人和经济单位所面临的纯粹风险的类型分类，这是一种最常见的分类法。

（一）财产保险

财产保险的对象是被保险人的财产，它是以灾害事故造成的财产损失为保险标的的。被保险的财产分为有形财产和无形财产两种，前者如厂房、设备、运输工具和货物，后者如专利、版权、预期利润。

（二）责任保险

责任保险是以被保险人的民事损害赔偿责任为保险标的的保险，这种赔偿责任包括对他人的人身和财产损害，是由被保险人的过失造成的。

（三）人身保险

人身保险是以人的寿命和身体为保险标的的一种保险，一旦被保险人遭受人身伤害或死亡，或者生存到保险期满之后，保险人承担给付保险金的责任。

---

① ［美］C. 阿瑟·小威廉斯和理查德·M. 海因斯：《风险管理和保险》（第4版），麦格劳—希尔出版公司出版1981年版，第429页。

六、按业务承保方式分类

(一)原保险

原保险是保险人与投保人最初达成的保险。

(二)再保险

再保险是一个保险人把原承保的部分或全部保险转让给另外一个保险人。最初承保业务的公司称为分出公司或原保险人,接受分出公司保险的公司称为再保险人。有些国家保险公司为数甚多,在这些国家内也形成了规模相当大的再保险市场。保险公司设立再保险子公司或部门,也有专门经营再保险业务的公司。伦敦劳合社就是经营国际再保险的重要场所。

(三)重复保险

数家保险公司承保了被保险人的相同保险利益,或者说,一个保险标的有几份保险单或被保险人的几份保险单有同一保险责任。这种现象在有些资本主义国家比较常见,如企业购买了火灾保险,又购买了企业综合保险。对重复保险的赔偿有几种不同方法,将在以后章节中介绍。

(四)共同保险

共同保险是指保险人和被保险人共同分担损失。共同保险在财产保险和健康保险中的含义并不相同。共同保险在健康保险中是指保险双方按比例分担损失,如医疗保险规定,被保险人自负30%费用,保险公司负责报销其余70%费用。财产保险中的共同保险的含义较为复杂,将在后面章节中解释。

七、按保险单承保的危险或风险的种数分类

(一)单一保险

单一保险是指保险合同只规定对某一种损失原因造成的损失给予赔偿,或对某一种类型的风险提供保障,如地震保险只对地震灾害损失予以赔偿。

(二)综合保险

综合保险是指保险合同规定对数种损失原因造成的损失给予赔偿,或对不同类型的风险提供保障。在20世纪50年代以前,美国的保险公司不能在同一份保险单中提供私人住宅和个人责任保险,后来由于通过了综合险法律(multiple-line laws),单份保险单可包括这两种保险责任。综合保险能以一份保险单满足被保险人的基本需要,并使保险费减少。

第二节 保险的险种

保险的险种是在按保险对象分类的基础上对保险业务所做的进一步分类。

一、财产保险

财产保险是以财产及其有关利益为保险标的的保险,它主要有以下险种:

(一)火灾保险

保险人对不动产和动产因火灾、雷击造成的直接损失以及搬迁财产损失负赔偿责任,并能扩展保险责任,附加间接损失保险,如营业中断、额外居住费用、租金损失保险。1943年的纽约标准火险单曾为美国大多数州采用,但它是一种保险责任范围不完全的合同,必须加上适当的附属保单和批单,以适合个人和企业对不同财产的保险需要,能纳入标准火险单的附属保单和批单的种类多达200种以上。但近年来标准火险单作为一种单独保险合同的作用正在消失,取而代之的是综合保险单。我国开办的企业财产保险、家庭财产保险均以火灾保险为基础。

（二）海洋运输保险

保险人对船舶及其运输货物因特定的损失原因，如恶劣气候、碰撞、沉没、搁浅、投弃、船长或船员的恶意行为，所造成的损失负赔偿责任，它还包括运费保险和责任保险。海上运输保险被认为是古老的险种，并涉及许多国家、不同的语言和贸易惯例。

（三）内陆运输保险

内陆运输保险是随着海洋运输保险的发展而产生的，各国对内陆运输的含义解释不同。美国采用广义解释，内陆运输保险承保国内所有运输业装运的货物，包括陆上卡车、铁路运输、沿海船舶运输和航空运输，以及运输设施，如桥梁、隧道、管道，并包括受托人责任保险。日本采用狭义解释，仅指陆上货物运输保险。

（四）盗窃保险

盗窃保险是指保险人赔偿因抢劫和偷窃所造成的财产破坏或失踪的损失，包括货币和证券损失。盗窃保险现在一般包括在一揽子保险单中。盗窃保险可分为商业盗窃保险、银行盗窃保险和个人盗窃保险，有零售商店盗窃、保险箱盗窃、抢劫等多种保险单。盗窃保险是犯罪保险的一种，犯罪保险还包括伪造保险，如伪造货币和信用卡、涂改支票的姓名和金额。

（五）忠诚保证保险

忠诚保证保险是对雇主因雇员的不诚实行为，如贪污、挪用公款和诈骗等，所遭受的损失提供保障。

（六）确实保证保险

确实保证保险是赔偿承保合同一方没有履约而造成另一方的经济损失。确实保证保险与一般保险有以下几点区别：

（1）一般的保险合同中只有双方，而保证保险合同中有三方：①履行特定义务的人（principal），即要保人；②权利人（obligee），即得到补偿的人；③保证人（surety），可以是一家保险公司。

（2）在保险中，保险费反映可能的损失赔偿；在保证中，保险费只是一项服务收费，保证人预计损失不会发生。

（3）保险人一般没有权利从被保险人处取得损失补偿；而保证人有法定权利从违约方取得损失补偿。

（4）保险人旨在补偿被保险人不可控制的损失；而保证人保证要保人的品质、诚实和履约能力，这些均属于可以控制的损失。

（5）保险合同通常可以被任何一方解约，而在保证中，不论要保人是否违约，保证人都要对权利人负责。

确实保证保险种类繁多，最常用的是履约保证保险，即保证被保证人履行所有合同责任，如工程按合同规定必须按时完成时，如果一栋建筑物没有按时完工，保证人要对项目完成和雇用另一个承包商的额外费用负责。另外还有支付保证、维修保证等。许可证保证、政府官员保证、司法保证等也属于确实保证。

（七）喷水设备渗漏保险

美国火灾保险公司以降低费率为手段鼓励投保人安装自动喷水灭火设备，这种设备可能因保养不善、水管破裂、水箱倒坍等原因漏水，而标准火险单不保这些损失，要求单独投保，这便产生了喷水设备渗漏保险。

（八）水患保险

保险人承保除了自动喷水灭火设备以外的专门贮水器和水管的泄漏所造成的财产损失。

（九）锅炉和机器保险

保险人承保锅炉和其他一些机械装置因爆炸和机器故障等原因对企业财产造成的直接损失和

间接损失。企业购买锅炉和机器保险的一个重要原因是取得保险公司提供的防损服务，如派安全工程师定期检查锅炉和其他机械上的缺陷。

(十)玻璃保险

由于建筑和装饰的需要，建筑玻璃的使用量剧增。综合的玻璃保险单以一切险为原则补偿玻璃破损，只有少数几种损失原因除外，如火灾、战争、原子能等。这种保险一般以实物补偿为特征，由保险公司负责配换破损玻璃。

(十一)电子数据处理保险

由于企业广泛使用电子数据处理设备，保险公司开办了电子数据处理保险这一保险业务。这种保险专门承保电脑设备、磁带、卡片和作为媒体的磁鼓损失，以及损失发生后的额外费用支出和操作中断的经济损失，以一切险为补偿原则。

(十二)地震保险

鉴于某些地区易受地震巨灾损失，地震保险可以单独承保，也可以作为附加险。日本的地震保险由私营保险公司经营，但政府提供再保险。我国的财产保险已把地震作为除外责任之一，正在试点开办地震保险。

(十三)农作物保险

保险人承保雹灾和其他自然灾害造成的农作物损失，如冰冻、旱涝、病虫害等。各种农作物保险的共同特征是，保险责任在农作物出土后生效，保险责任限额以每单位农田面积表示，保险金额一般等于生产成本，有时也包括部分预期利润。在国外，农作物保险一般都得到政府资助，或由政府部门直接经营。

(十四)信用保险

信用保险是以被保险人的信用为保险标的的一种保险，承保债权人因债务人不偿付债务而遭受的损失，如承保出口商因收不到进口商的货款而遭受损失。在信用业发达的国家里，信用保险种类也不少，这里列举美国的几种信用保险。

1. 国内非常信用损失保险

美国有少数保险公司提供非常信用损失保险，对企业因客户破产、无偿付力和过期账款所造成的财务损失进行补偿，但一般不向零售商提供这种信用保险。所谓非常信用损失，是指超过正常信用损失的部分；而正常信用损失根据类似企业坏账损失数据计算，以年净销售额的百分比表示。保险公司根据债务人的信用级别对每个账户的信用损失赔偿规定了限额，对每个投保企业在保险期内赔偿总额也规定了最高额度。

2. 对外信用保险

美国对外信用保险协会(FCIA)建立于1961年，是由50家保险公司和再保险公司组成的一个非股份制公司形式的保险组织，与作为联邦政府机构的进出口银行密切配合，专门提供出口信用保险。进出口银行向对外信用保险协会提供再保险。出口信用保险的保险责任范围包括资信报告延迟、外国进口商破产、无力清偿债务、违约和欺诈等。这种信用保险使出口商易于从商业银行和其他金融机构取得贷款，有助于扩大出口业务。金融机构也可以自己的名义为国外进口商投保信用保险。

3. 信用人寿保险

商业银行、储蓄和放款协会不仅要求住宅购买者在抵押贷款发放之前购买住宅保险，而且要求债务人取得信用人寿保险。倘若借款人身故，保险公司赔偿未偿贷款金额。放款机构既是保单所有人又是受益人，但由借款人缴付保险费。信用人寿保险一般采用定期寿险方式，保险金额受贷款金额限制，并随贷款偿还而减少，贷款全部清偿后，保险也就终止。

4. 住宅抵押贷款保险

美国联邦住宅管理局提供住宅抵押贷款保险，保险费为贷款余额的 0.5%。退伍军人管理局也担保向退伍军人发放住宅抵押贷款。为了取得这类保险，住宅抵押贷款必须符合某些规定，如最高贷款金额、最高利率限额等。一些私营保险公司也经营住宅抵押贷款保险，但规定的投保条件较严格，最高保险金额一般为贷款金额的 20%，而且只赔偿贷款发放 10 年以后的拖欠贷款损失。

5. 证券投资者保障公司

根据 1970 年证券投资者保障法建立的证券投资者保障公司，向证券经纪人和经营商的客户提供一定的经济保障。几乎所有全国性证券交易所的成员都是该公司的成员，通过成员按证券业务收入缴款形成一笔保险基金，政府也拨款加以资助。该公司负责赔偿其成员因管理不善、投机、欺诈导致破产，而使客户遭受的经济损失，对每位客户最高的赔偿限额为 50 万美元，现金赔偿限额为 10 万美元，但不赔偿因证券行市的波动给投资者造成的损失。2005 年 9 月 29 日，我国也正式成立了“中国证券投资者保护基金有限责任公司”。2007 年 4 月，中国证监会颁布了《证券公司缴纳证券投资者保护基金实施办法(试行)》，要求所有在中国境内注册的证券公司从 2007 年 1 月 1 日起按其营业收入的 0.5%～5%向保护基金公司缴纳保护基金。

6. 联邦存款保险公司

美国联邦存款保险公司是根据 1933 年银行法建立的一个政府保险机构，它向国民银行和大多数州银行提供存款保险，一些外国银行在美国的分行也参加了存款保险，成员银行按存款额缴付保险费。大多数储蓄和放款协会参加了另一个政府机构联邦储蓄和放款保险公司组织的存款保险。全国信用社管理局则向大多数信用社提供存款保险。根据规定，如果被保险的银行破产，联邦存款保险公司迅速赔偿存款人的损失，每个存款人的基本保险金额为 25 万美元，这适用于银行的每种存款账户，同一个人在同一家银行可以以不同的权益开设数种被保险的存款账户。因此，一家四口(夫妇及两个子女)的家庭通过使用个人账户、联合账户和可撤销的信托账户在同一家银行可取得最高的存款保险金额为 350 万美元。从 2015 年 5 月 1 日起，我国正式实施国务院发布的《存款保险条例》。储户在同一家银行的 50 万元以内存款及利息由存款保险全赔，超出部分能赔多少，看银行最后的财产清算情况而定。

(十五)政治风险保险

政治风险保险又称投资保险，它承保投资者在国外的投资因政治变动、内战、暴乱、政府没收、汇兑限制等因素而遭受的经济损失，但也规定了不少除外责任。美国进出口银行和一些大的私营保险公司、英国劳合社均办理这项保险业务。为适应对外开放需要，中国人民保险公司和中国出口信用保险公司先后也开办了这项业务。

(十六)产权证书保险

保险人承保财产所有人因产权证明文件上的法律缺陷而遭受的经济损失。例如，一个人购买了一栋住宅的产权，但出售者欠了一个债权人大笔款项，而且这个债权人已取得了法院判决，并发出了财产扣押令。虽然购买者不知道这个判决，但如果债权人行使扣押财产偿还债务的权利，这个购买者就蒙受损失，而产权证书保险能赔偿这种损失。产权证明文件上的缺陷包括不合格的留置权和抵押权、伪造契据、误述、无效的遗嘱。产权证书保险的保险费只需缴付一次，保险单有效直至产权转让。在美国，抵押放款机构不仅要求住宅购买者购买房主保险，而且也要求他们购买产权证书保险。这种保险有利于房地产交易和借款。

上述诸项险种属于广义的财产保险，包括一些属于意外保险的险种，如盗窃、玻璃、锅炉和机器、信用和产权证书保险。有些是与火灾保险有关的险种，如喷水灭火设备渗漏、水患、地震保险。当然，财产保险远不止上述这些，还有许多附属险种和新险种，如应收账款保险、重要文件保险、气候保险、绑票保险、计算机犯罪保险等。汽车保险等重要险种将作为财产保险和责任保险两者相结合的险种介绍。

二、责任保险

责任保险虽起源于19世纪,但由于近几十年来各种责任诉讼案件明显增加,责任风险问题显得格外重要,各种责任保险业务才迅速发展起来。责任保险的发展与一个国家的法律制度有着密切关系。责任保险的种类很多,大致上可分为以下几种:

(一)普通责任保险(general liability insurance)

普通责任是指由企业经营而产生的法律赔偿责任,不包括汽车驾驶、航空和雇员伤害的责任。这些责任是因企业经营场所的所有权以及维修和保养、电梯和自动楼梯、产品和工程的缺陷、合同责任、承包、环境污染、人身侵害等引起的。例如,一个顾客在商店破损的地面摔倒或因屋顶倒塌而受到伤害,商店要对此负赔偿责任。又如,制造商和销售商要对生产和销售质量有缺陷的产品造成消费者或用户的人身伤亡和财产损失负赔偿责任。再如,公路的承包商要对完工后留下的路坑造成过路汽车驾驶人的伤害承担法律责任。美国的综合普通责任保险单能承保企业面临的大多数责任风险。

(二)受托人责任保险(bailee's liability insurance)

受托人是暂时占有属于他人所有财产的人。例如,洗衣店对顾客的衣服损失负有赔偿责任。受托人保险单加上不同的附属保单可以承保各种服务性企业的责任风险。

(三)职业责任保险(professional liability insurance)

该险种承保医生、律师、会计师、建筑设计师等专业人员因工作过失而造成他人人身伤亡和财产损失的赔偿责任。

1. 医疗事故责任保险(medical malpractice insurance)

医疗事故责任是医疗行为的过失,它是一个理智和谨慎的医生在相同情况下不会做的,或者是应该做而没有做到的。例如,不恰当的外科手术使病人在手术后瘫痪,则该外科医生要承担法律赔偿责任。医疗事故的伤害包括肉体、精神伤害,以及侵犯隐私权、诽谤等。这种保险的主要特征是,保险公司未经被保险人的书面同意不能理赔,因为它牵涉到医生的职业名誉。医疗事故责任保险分为内科医师、外科医师、牙科医师和医院责任保险。但多年来,美国医疗事故责任保险业务情况不佳,索赔数和平均索赔额迅速上升。在1974~1975年的医疗事故责任保险发生危机之后,有些主要承保人决定放弃这项业务,而由医生和医院组成的职业性医疗事故责任保险机构在全国大部分州出现,它们占全部承保业务一半以上的份额。近年来,我国一些保险公司也先后开办了医疗职业责任保险。

2. 错误和疏忽保险(errors and omissions insurance)

保险人承保律师、会计师、建筑设计师、工程师、房地产经纪人、证券经纪人、顾问、旅行社、保险代理人和经纪人因工作错误或失职给客户造成损失的赔偿责任。这里以一个保险代理人为例,如果保险代理人没有为保户续保一份财产保险,使保单逾期,随后发生了一次财产损失,保户因不能获得赔偿会对这个保险代理人提出要求赔偿的起诉。这种保险单就能为该保险代理人提供保障。

(四)劳工保险和雇主责任保险(workers compensation and employer liability insurance)

根据法律规定,雇主对雇员因与工作有关的伤亡事故负有法律赔偿责任,包括医疗费、工资损失、抚恤金等。资本主义国家的企业和公司一般通过向保险公司购买保险来履行这种法律责任。劳工保险既是一种社会保险计划也是一种责任保险,它是20世纪主要资本主义国家工业意外事故和职业伤害事故频繁发生,并经过广大工人斗争的结果。在19世纪和20世纪初,美国因工伤亡的工人或家属要得到雇主的赔偿金极其困难,需要克服重重的法律障碍,残疾的工人很少能得到适当的补偿。现阶段的美国各州的劳工保险法律规定,雇主对工人所受的职业伤害或疾病承担绝对责任，而不考虑谁的过失，工伤者不必对雇主提出起诉，雇主要按照法律规定的补偿计划向工伤者进行赔偿，劳工保险的费用作为生产费用摊入成本。美国的劳工保险和雇主责任保险单把保险责任分为两大部分：在第一部分劳工保险中，保险人根据州法律规定的赔偿金额给付；在第二部分雇主责任保险中，保险人赔付雇主在法律上对因工伤亡者应承担的赔偿金，但在保险人赔付之前，雇员或家属必须提出起诉，并证明雇主过失。在我国，劳工保险称为工伤保险，属于社会保险，雇主责任保险属于商业保险。

（五）个人责任保险（personal liability insurance）

保险人承保个人和家庭成员的过失行为造成他人人身伤亡和财产损失的赔偿责任，但营业、职业和汽车驾驶责任除外。例如，一个行人在你家门口前结冰的人行道上滑倒，你养的狗咬伤了他人，一个儿童跌进农场主的池塘被淹死。保险公司替被保险人支付损害赔偿金和医疗费用，并提供法律辩护。美国的个人责任保险可以作为一份单独保单出售，也可以由房主保险单提供。在美国，对企业和个人的责任诉讼有时能达到巨灾损失水平，它会超过一般责任保险单的赔付限额。因此，企业和富有的个人需要购买超额责任保险单（umbrella liability policy），个人超额责任保险单的保险金额范围为 100 万～1 000 万美元。

三、财产和责任综合保险

现代保险业务出现综合化的趋势，使用一揽子保单能承保多种类型的损失风险，财产和责任综合保险就是最重要的例子。下列重要险种很难单独归类在财产保险或责任保险中：

（一）汽车保险

自从 1769 年法国的焦瑟夫·克尼约发明蒸汽汽车以来，汽车已有 200 多年历史，汽油汽车制造成功也有 100 多年历史。今日汽车已成为人类最重要的交通运输工具之一，全世界的汽车数以亿计。汽车的发明并非完全造福于人类，除了武器以外，它比人类的其他发明伤害了更多的人。据调查，近几年全世界每年由于交通事故所造成的死亡人数约 50 万人，重伤数百万人，其中汽车肇事占绝大多数。汽车保险始于 19 世纪末，随着汽车的普及，不少国家的汽车保险业务占财产和责任保险中的第一位。汽车保险根据汽车使用性质的不同，可分为私人用车和商业用车两种，但保险责任基本相同。主要分为车损险和第三者责任险两大部分，其中责任险的意义更为重大。

1. 第三者责任保险

保险人承保被保险人因汽车事故对第三者的人身伤害和财产损失应负的法律赔偿责任。保险人按保险单载明的限额支付第三者人身伤害赔偿金。第三者包括过路行人，对方汽车驾驶人和乘客，以及被保险人汽车的乘客。保险人还提供法律辩护和支付有关费用。财产损失多半是其他汽车，也包括建筑物、电线杆等损失，保险人也按保单载明限额赔付第三者财产损失。各国对第三者责任大多实行强制保险。

2. 被保险人的汽车损失保险

保险人承保被保险人的汽车因碰撞、盗窃和其他原因造成的损失，如火灾、爆炸、地震、洪水、暴动、与动物相撞等。它分为碰撞保险和综合保险两种。各国对车损险一般实行自愿保险。

此外，被保险人的医疗费用可以作为汽车保险的一部分或附加险。在美国汽车保险中还有未投保和保险金额不足的驾驶人保险责任，保险公司赔付被保险人由这两种驾驶人造成的伤害损失。近年来，美国许多州实行了无过失汽车保险（no-fault automobile insurance），这是指汽车意外事故发生后各方向自己的保险人索赔，在赔付之前不必证明谁有过失，如果伤害超过一定金额，受害人仍有起诉权。

（二）航空保险

世界上第一架飞机于 1903 年在美国试飞成功，1912～1918 年间英国和美国首先开办了航空保险。飞机的数量远不及汽车的数量，但航空事故包含着巨灾损失的可能性。与汽车保险一样，航空保险也分为财产保险和责任保险两部分，即机身险和责任险。

1. 机身险

机身险分为飞行险和地面险两大类，可以同时承保这两种风险。保险公司一般以一切险为原则赔偿因飞机坠毁和碰撞等造成的机身损失。

2. 责任险

责任险包括飞机乘客人身伤亡、除了乘客以外的公众人身伤亡和财产损失三种。对乘客和公众可使用不同的责任限额。此外，保险公司一般还支付事故发生后医疗急救和事故调查费用。

航空保险的市场不限于商业客机，还包括航空货物运输、企业和个人拥有的飞机、飞行学校、飞机制造商等。航空保险种类还包括机场责任险、产品责任险、飞机库保管人员责任险等。

(三)建筑和安装工程保险

建筑和安装工程保险是工程保险中的最主要险种。建筑工程一切险和安装工程一切险的保险项目分为物质损失的保险项目和第三者责任险两大类。物质损失的保险项目承保各种自然灾害、意外事故及外来原因和人为过失造成的损失。第三者责任险承保因发生意外事故造成工地及邻近地区第三者人身伤亡和财产损失被保险人依法承担的赔偿责任。

(四)核电站保险

20 世纪 50 年代初期，人们发现原子能可用来发电。1955 年英国成立了原子能保险委员会。美国国会于 1957 年通过的普赖斯—安德森法规定核反应堆经营者每次核事故责任的最高限额为 5.6 亿美元。随着核电站工业的迅速发展，核电逐渐成为重要能源之一，人们对核电站潜伏的巨大风险也有了深入了解。1979 年 3 月 28 日在美国宾夕法尼亚州哈里斯柏格附近发生的三里岛核电站事件造成了 3 亿多美元损失。1986 年 4 月 26 日在苏联乌克兰北部的切尔诺贝利核电站 4 号反应堆爆炸事故曾是核电史上最严重的事故，直接损失达 20 亿卢布。2011 年 3 月 11 日 9 级大地震引发的日本福岛核事故，预计东京电力将支付赔偿金额 500 亿美元，加上后续的去污处理，最后的赔付金额将会超过 1 000 亿美元。

核电站保险也分为责任保险和财产保险两大部分。

1. 责任保险

保险人赔偿核事故对公众的人身伤害和财产损失，以及核裂变过程产生的放射物外泄给周围地区的居民和财产带来核污染，从而造成的严重的人身伤害和财产损失。责任保险又分为核设施经营者和核材料设备供货商及运输商责任保险两种。

2. 财产保险

保险人赔偿核危险和通常损失原因如火灾、爆炸、风灾，造成核电站在建筑安装和运转时期的财产损失，以及核材料和设备在运输过程中的损失。财产保险可分为核电站建造、经营、运输和营业中断险等。

核设施昂贵且责任风险巨大，许多国家建立了核保险集团，并通过再保险来分散巨额风险，国际上各核电站保险集团还进行业务和技术合作。美国的核电站保险是由三个私营保险公司组成的核保险集团提供，它们是美国核保险人、相互原子能责任承保人和相互原子能再保险集团。私营核保险集团在 20 世纪 80 年代初的责任保险承保能力只有每次事故 1.6 亿美元，对超过这个限额的损失采取向每个核电站经营者追收最高限额为 500 万美元的保险费来分摊损失，最后由核管理委员会负责赔偿最高限额为 5.6 亿美元的其余损失。这实际上是国家和私营核保险集团合作经营核电站保险。目前，国际上核损害赔偿限额大幅度提高，核电站营运者对每次核事故的赔偿限额普遍提高到 7 亿欧元以上。

中国核保险共同体于 1999 年 9 月 3 日成立，其业务范围是向在中国境内的核电站、其他商业民用核设施提供核物质损失险、责任险等，并参与国际市场核物质损失险和责任险的分保。各成员公司在该核保险共同体国内外业务中占有的每一笔份额最高不得超过其资本金和公积金之和的5%。成员公司已从最初5家发展到目前25家，境内外业务每一风险单位承保能力分别由成立初期的4 650万美元和1 500万美元，提高到目前的8.98亿美元和3.67亿美元。中再集团是中国核保险共同体的管理公司和理事公司。

（五）企业财产和责任综合保险

国际上越来越多地使用多种险的一揽子保险单来满足企业基本的保险需求。一揽子保单(a package policy)是把多个保险合同放入一份保单，同时提供财产保险和责任保险。例如，美国从1986年开始使用的商业一揽子保险单(CPP)，保险责任范围涵盖七种：商业财产、责任、犯罪、锅炉和机器、商业汽车、内陆运输、农场。被保险人可从中选择投保，只有劳工赔偿保险和海洋运输险需另行投保，使用批单还可投保建筑工程险和营业中断保险。又如，美国盛行的特种多种险保险单(special multi-peril policy)能承保大多数企业的财产和责任风险，也适用于承保教堂和学校这样的机构，但劳工保险、汽车保险和保证保险除外。这种保单有一个基本保单，再加上适当的附属保单和批单能满足企业的特殊需要。基本的保险责任分为财产保险、责任保险、犯罪保险、锅炉和机器保险四大部分，后两部分是可供选择的。

在我国，美亚保险公司已经推出专门针对中小企业的"工商通保"综合保险，提供包括财产损失、盗窃或抢劫损失、租金损失、现金和有价证券损失、公众责任及人身意外在内的一揽子保险。随后，平安财产保险公司也推出了"恒利达"企业定额综合保险，把财产损失险、公众责任险和雇主责任险"三合一"。

（六）家庭财产和责任综合保险

家庭财产和责任综合保险也是一种一揽子保险单，除了用于私人住宅和动产保险外，还可用于个人责任保险。例如，美国保险事务所设计的新的房主保险单(homeowner policy)为大多数州采用，最终将代替所有旧的房主保险单。这种房主保险单分为两个部分：第一部分承保住宅、其他建筑物、动产、额外生活费用支出和房租收入损失，第二部分提供个人责任保险及受害人的医疗费用保险。

四、人身保险

人寿保险这个概念的使用有广义和狭义之分，有时它是一个总称，包括年金保险和健康保险，我国习惯上称它为人身保险。这里在具体论述时区分了人寿保险和健康保险，并把年金保险排除在狭义的人寿保险之外。人身保险种类繁多，大致上分为以下几大类：

（一）人寿保险

人寿保险(life insurance)的必要性在于家庭中受赡养的成员要依靠有收入的户主，一旦户主过早死亡或退休，其遗属、配偶、未成年子女就会失去原分享的收入份额。人们购买人寿保险主要是为了使自己的家庭获得一定的经济保障，一旦户主死亡，人寿保险公司就会给付受益人保险金。人寿保险的基本种类如下：

1. 定期寿险

定期寿险(term insurance)提供确定时期的保障，如1年、5年、10年，或者到被保险人达到一个确定的年龄，如65岁或70岁。如果被保险人在保险期内死亡，保险人给付受益人保险金。如果期满后被保险人仍生存，保险人不承担给付责任。定期寿险又称死亡保险，适合于低收入或暂时需要保险的个人。

2. 终身寿险

终身寿险(whole life insurance)是提供终身保障的长期性保险，一般到100岁为止。如果被保险人到100岁时仍生存,保险人仍给付保险金。终身寿险有两种主要形式:一是普通终身寿险,是指被保险人终身缴付保险费,保险费是均衡的,不随着年龄增加而增加。这种保险适合于需要终身保障和乐于增加额外储蓄的个人。二是限期缴清保费终身寿险,是指被保险人在有限时期内缴清保费,如10年、20年,或者在65岁或70岁时缴清。

3. 两全保险

两全保险(endowment insurance)又称储蓄保险或养老保险。如果被保险人在保险期内死亡,保险人给付受益人保险金;如果被保险人在保险期满后仍生存,保险人给付被保险人保险金。两全保险是死亡保险和生存保险的综合,与终身保险的区别是保障有期限且具有投资性质,可以作为个人储蓄和退休金计划。

4. 其他寿险

大多数其他寿险是定期寿险和终身寿险两者的结合。这里列举几种新的寿险单:

(1)变额寿险单。保险公司为保险单持有人分立账户,把资金用于股权资本投资,死亡给付金随投资收入而增减,但规定了一个保证给付的最低金额。

(2)可调整的寿险单。保险公司允许保险单持有人把终身寿险转为定期寿险,并在一定的限额内可增减保险金额和保险费缴付,还可延长或缩短保险期。

(3)可变保费寿险单。可变保费寿险单主要用来对付通货膨胀。在通货膨胀加剧、利息率和投资收入增加的情况下,保险费可相应减少。

(4)万能寿险单。万能寿险单在美国1979年首次使用,它允许保险单持有人随时改变死亡给付金、保险费及其缴付时间。保险费收入记入单独账户,利息收入根据市场利率变化加以调整,并考虑死亡率变化的因素。

目前这些新的寿险产品已占西方国家寿险业务的主要部分;发展迅速,引人注目。

(二)年金保险

年金是收付款项的一种方法,在规定的时期或终身按年、季度或其他间隔时间支付款项。年金保险(annuity)是用年金方法给付保险金。年金保险可定义为保险人在被保险人或年金受领者的生存期或特定时期按约定的金额作定期给付,可提供他们退休收入。典型的年金保险与人寿保险的情况正好有些相反(如表6—1所示)。

表6—1　　年金保险与人寿保险的比较

年金保险	人寿保险
保险公司承担长寿的风险,但这种损失可由短寿的年金受领者分摊	保险公司承担短寿的风险,但这种损失由长寿的被保险人分摊
保险公司预计每年年金受领者的生存人数,确定年金的保险费	保险公司预计每年被保险人的死亡人数,确定保险费
年金保险金给付来自保险费收入、利息收入和没有偿还短寿者的本金	人寿保险金给付来自保险费收入和利息收入
使用最高年龄为115岁的生命表	使用最高年龄为100岁的生命表

年金保险的基本种类如下:

1. 纯粹终身年金

纯粹终身年金(straight life annuity),是指年金受领者只有在生存期可领取年金,死亡后停止给付,不退还没有使用的年金保费,这是上面与人寿保险进行比较的那种年金。

2. 偿还式年金

偿还式年金(refund annuity),是指年金受领者死亡后,剩余的年金继续给付受益人。这种年金又有多种形式，如保证分期偿还年金、分期偿还式年金、一次性现金偿还年金。

3. 即期给付年金

即期给付年金(immediate annuity)，是指以一次性缴费方式购入，在隔了一个给付间隔期后，如月、季、半年、一年，作第一次给付。

4. 延期给付年金

延期给付年金(deferred annuity)，是指购入年金后隔一定时期或达到某年龄时开始给付年金，可以以一次性缴费或分期缴费方式购买。一种广泛使用的延期给付年金是退休年金，从退休年龄开始给付，年金受领者可以选择给付方式，如纯粹终身年金、分期偿还年金、一次性现金偿还年金。

5. 联合和最后生存者年金

联合和最后生存者年金(joint and last survivor annuity)是两个或两个以上的年金受领者的联合年金，如夫妇、兄弟姐妹，年金给付到最后一个年金受领者死亡为止。

6. 变额年金

变额年金(variable annuity)是一种终身年金，定期的给付额随普通股的价格水平变动，这是根据长期的生活费用与普通股价格存在相应变动关系的假设。因此，这种年金能保持定期给付年金的实际购买力，以应付通货膨胀。

以上主要是以给付方式对年金保险加以分类。若以主体分类，我国年金保险可以分为个人养老年金、团体养老年金和企业年金、职业年金。企业年金和职业年金是企业补充养老保险和机关事业单位补充养老保险，由单位和职工共同出资，专业养老保险公司和保险资产管理公司可以获得企业年金和职业年金基金受托人、账户管理人、投资管理人的资格。

(三)健康保险

健康保险(health insurance)是以疾病或人体伤害损失为保险标的的保险。健康保险现在一般包括意外伤害保险和医疗保险。① 据中国保监会2006年8月颁布的《健康保险管理办法》规定，健康保险是指保险公司通过疾病保险、医疗保险、失能收入损失保险和护理保险等方式对因健康原因导致的损失给付保险金的保险。除了人身意外伤害保险之外，它还可以细分为以下几种保险：

1. 住院费用保险

住院费用保险是保险人给付被保险人在住院期的病房和膳食费用，以及医药费和杂费。一般规定住院保险期，并对医药费规定最高限额，或采取共同保险。

2. 外科费用保险

外科费用保险可以作为住院费用保险单的一项附加险。保险金给付通常根据外科手术费用表，该表列明各种外科手术及其给付的最高金额。保险金给付的另一种办法是使用相对价值表(relative value schedule)，该表根据复杂程度对每种外科手术分配一个单位数，实际给付额等于该单位数乘以在保险单中规定的单位价值。

3. 普通医疗费用保险

普通医疗费用保险只报销非外科的门诊医疗费用，一般规定门诊次数和每次门诊费用报销的最高金额。

4. 重大疾病保险

当被保险人在初次被诊断罹患保险合同规定的重大疾病时，由保险人给付保险金。这些重大疾病主要包括心肌梗死、癌症、脑中风、冠状动脉绕道手术等。

5. 丧失工作能力的收入保险

当被保险人因疾病或伤害不能从事正常工作时，保险人给付收入保险金。大多数保险单只对

---

① [美]托马斯·E. 格林等：《保险术语汇编》，梅里特出版公司1980年版，第86页。

完全丧失工作能力的被保险人定期给付收入保险金,并免缴保险费,甚至提供康复费用保险金。

6. 长期护理保险

由保险人支付被保险人在护理所或自己家里的护理费用,可以采用护理费用报销或直接提供护理服务方式。

7. 管理型医疗保险计划

所谓管理型医疗保险计划,是把医疗服务的筹资和提供结合起来的一种方法,用来管理医疗服务的成本、质量和取得。如今,美国绝大多数医疗保险属于管理型医疗保险计划,所占市场份额高达97%。

第三节　我国已开办的主要保险业务

我国的保险业务分为国内保险和涉外保险两大部分,本节从这两方面简述我国已开办的主要保险业务。对一些主要保险业务和新型险种将在以后章节中详细介绍。

一、国内保险业务

国内保险业务分财产保险和人身保险两大类,主要险种如下:

(一)企业财产保险

企业财产保险是国内财产保险的骨干险种之一,是从20世纪50年代的火灾保险和财产强制保险演变而来的。凡是全民所有制企业或集体所有制企业都可以投保,国家机关、事业单位、人民团体也可以依照《企业财产保险条款》的规定投保。企业财产保险的保险责任非常广泛,除了火灾、爆炸损失原因外,还包括各种自然灾害,甚至包括洪水、地震这样的巨灾损失。保险财产的保险金额按账面金额确定,固定资产可以按原值加成或重置重建价值确定。流动资产按最近的账面余额或最近12个月的账面平均余额确定。保险有效期以不超过1年为限,到期续保,另办手续。保险费是按年计算,费率按财产占用性质分类,从0.5‰到7‰不等。这一险种还可以附加商业盗窃保险、第三者责任保险、机器设备损坏保险等。

然而,由中国人民银行总行于1996年5月30日颁布的财产保险条款对原来的《企业财产保险条款》做了重大修订,把财产保险分为基本险和综合险两种,并且把地震列为除外责任,对保险金额确定的方法、赔偿处理和费率表都做了调整。这将在第九章“财产保险”中加以详述。

(二)家庭财产保险

家庭财产保险以城乡居民的家庭财产为保险对象,其保险责任与企业财产保险基本相同,但可以附加盗窃保险。保险金额由被保险人根据保险财产的实际价值分项列明。保险期限定为1年,费率为1‰,附加盗窃险的家庭财产保险的费率为2‰,也有按房屋的建筑结构区分费率。这一险种又可分为普通家财保险、两全家财保险和特种家财保险等。另有金银饰品、现金、有价证券盗窃保险、家庭第三者责任、额外生活费用等附加险。这一险种既可以个人投保,也可以集体投保;既有定额保单,也有可以自由选择的保单;既有1年期保单,也有5年期还本保单。

(三)货物运输保险

货物运输保险以沿海、陆上、江河和航空的各种运输工具在运输过程的各类货物为保险对象,补偿运输货物因自然灾害或意外事故遭受的损失。意外事故如船舶沉没、火车出轨、飞机坠落等。保险金额可按起运地的货价投保,也可按货价加运件费计算。保险责任从货物离开起运地点的仓库或储存处时生效,到目的地收货人的仓库或储存处时终止。

(四)机动车辆保险

机动车辆包括汽车、摩托车、拖拉机,以及各种特别车辆,如压路机、起重机,主要是汽车。保险责任分车辆损失险和第三者责任险两大部分。

1. 车辆损失险

保险公司负责赔偿保险车辆在行驶或停放中由于碰撞、倾覆、火灾、爆炸等意外事故和多种自然灾害所造成的损失。

2. 第三者责任险

被保险人允许的合格驾驶人员在使用保险车辆过程中发生意外事故，致使第三者遭受人身伤亡或财产直接损毁，保险公司按保险条款有关规定负责赔偿依法应当由被保险人支付的赔偿金额，但由事故产生的善后工作均由被保险人负责处理。

（五）船舶保险

船舶保险以各种机动或非机动船舶为保险对象，并对机动船舶兼保碰撞责任，分为普通船舶保险，农民、联户船舶保险，国内渔船保险。费率一般按船舶的种类、吨位、船龄、航行区域确定。经中国人民银行核准颁布，并于 1996 年 11 月 1 日起在全国范围内统一执行的、新的《沿海内河船舶保险条款》和费率，对原《国内船舶保险条款》和费率做了修订，主要特点是减轻了承保责任，提高了费率。

（六）农业保险

农业保险一般包括种植业保险和养殖业保险两大类，以生产中的栽培植物和饲养的牲畜、家禽为保险对象。全国各地正在大力发展农业保险。种植业保险方面已有各种农作物及经济作物保险、森林保险等；养殖业保险方面已有生猪保险、牲畜保险、淡水养鱼保险等。

（七）各种责任保险

原先在涉外保险业务中开办的雇主责任保险、公众责任保险和产品责任保险等相继也在国内业务中开办，另外还开办了医师、律师、会计师、设计师、美容师、保险经纪人、保险公估人等职业责任保险。

（八）简易人身保险

简易人身保险是国内人身保险业务中恢复最早的重要险种，是一种生死都可以得到保障的两全保险，兼有保险和储蓄双重性质。如果被保险人在保险有效期内身故或因意外伤害事故而致残，保险公司负有给付全部或部分保险金的责任。如果被保险人生存到保险期满，保险公司仍给付全部保险金。保险期限分 5 年期、10 年期、15 年期、20 年期和 30 年期五种，起保年龄从 16 岁到 65 岁，凡身体健康、能正常劳动和正常工作的人都能投保。保险金额和保险费按份数计算，每一份保险金额是按投保时的年龄和保险期限确定的，可以投保多份。保险单满期的最高年龄为 70 岁。另规定，被保险人如有需要可凭保险单借款，如果不愿意继续参加保险也可以申请退保。

（九）团体人寿保险

团体人寿保险是一种团体保险方式的生存与死亡的两全保险。保险费可以全部由投保单位负担，也可以由投保单位与被保险人共同负担，这种保险可以作为企业单位职工福利的一项补充。

（十）团体人身保险

团体人身保险是一种团体保险方式的死亡和残废定期保险。如果被保险人在保险期限内因疾病或意外伤害事故致残或身故，保险公司给付部分或全部保险金。保险期限为 1 年，投保单位可以在一定限度内选择保险金额，费率按单位人员全部投保或部分投保，以及年龄、行业因素确定。

（十一）团体人身意外伤害保险

团体人身意外伤害保险是一种团体保险方式的定期意外伤害保险。如果被保险人在保险期限内因意外伤害事故致残或死亡，保险公司根据死亡以及伤残程度给付全部或部分保险金。保险期限为 1 年，期满可续保。投保单位可在较大限度内选择保险金额，费率按行业（工种）和工作性质确定。

(十二)航空旅客人身意外伤害保险

从被保险人持机票通过机场安全检查时开始，至被保险人抵达目的港走出机舱时止，被保险人因遭受意外伤害，自伤害发生起180日内身故或残疾，保险公司按残疾程度与保险金给付比例表一次性给付保险金。每份保单保险金额40万元，保险费20元，可以购买多份，同一被保险人最高保险金额200万元。2007年9月，中国保监会下发通知，将航意险产品开发权和定价权全交给保险公司。

(十三)企业职工养老金保险

企业职工养老金保险是一种以解决企业职工退休养老生活费用为目的的保险。保险费按约定的标准按月缴付，可以增加或减少缴付保费的标准。保险公司负责在被保险人退休后按月给付养老金，直到被保险人身故，被保险人在在职或养老期间死亡，其家属可以领取丧葬费，保险责任便告终止。

(十四)个人养老金保险

个人养老金保险是一种能满足广大城乡居民需要和适应个体和私营经济发展的养老金保险，凡是年龄在16周岁以上的城乡居民均可自愿参加，享受退休金待遇的国营企事业的职工可以把它作为养老费用的重要补充。保险费可按月、季、半年、一年缴付，可以变更缴费标准，可以缓缴，开始领取养老金的年龄定为50、55、60、65周岁四档，被保险人可以选择。保险公司保证给付10年固定年金，如果被保险人在领取固定年金时期内身故，其受益人或法定继承人可以继续领取，直至领满10年为止。若被保险人在领满10年后仍健在，可以继续领取养老金，直到身故为止。若被保险人在缴费期内身故，保险公司给付死亡退保金。保险费缴满15年而且达到约定领取养老金年龄的被保险人可按月领取固定年金，月领金额由投保时年龄、领取时年龄和性别确定。被保险人缴费不满15年或中途退保，则按规定领取一次性退保金。

(十五)子女教育、婚嫁保险

子女教育、婚嫁保险在上海称为儿童保险，是为了协助家长替其子女积累教育费用和婚嫁费用而开办的，它是一种由生存保险、死亡保险和意外伤害保险组成的综合保险。凡年满21至50周岁的身体健康和能正常工作或劳动的人，均可替其1至15周岁的身体健康的子女或有抚养关系的儿童投保。被保险人(子女)在保险有效期内考入境内全日制高等院校的本科生和大专生时，保险人每年给付约定的教育金。被保险人生存至保险期满，保险人给付婚嫁金。被保险人在保险有效期内因意外事故伤残，保险人按伤残程度给付全部或部分保险金。如被保险人意外死亡则给付全部保险金，同时给付死亡退保金。如被保险人因疾病死亡，只给付死亡退保金。

(十六)大额疾病医疗保险

中国人民保险公司北京市分公司在1994年推出大额疾病医疗保险。该险种的保险责任是：被保险人在指定医院就医所支付的超过免赔额的医疗费用由保险人按合同规定给付保险金。团体被保险人绝对免赔额为1 000元，个人被保险人为2 000元，并规定了初次投保者有90天的观察期，保险期限为1年，期满后另办续保手续。按保险金给付金额规定递减的共同保险比例，保险费也按年龄档次递增。由于使用了免赔额、观察期和共同保险方法，并规定多种除外责任，这一险种具有一定的生命力。

(十七)分期支取储蓄终身寿险

美国友邦保险公司上海分公司在开业后推出了多种寿险品种，其中分期支取储蓄终身寿险(增值红利)尤其令人注目。该种终身缴费的终身寿险单规定：被保险人每隔5年仍生存，向保单所有人给付15%保险金额的生存保险金，并且每年分派红利。如果被保险人在60岁以前残废，免缴保险费。该保单中还规定了不可没收现金价值的选择权、保险品种变换、保险单转让等条款。

(十八)一生平安人身保险

中国人民保险公司上海市分公司在上海个人寿险市场上面临激烈竞争的形势下，迅速推出了一生平安人身保险这一大额寿险新品种。这是一种生存保险和死亡保险综合的两全保险，并附加人身意外伤害和残疾保险，而且高度残疾保险金是死亡保险金的双倍，但生存保险金较低。

(十九)老来福终身寿险

中国太平洋保险公司开办的老来福终身寿险属于限期缴清保费的终身寿险。保险人除了负有死亡保险金给付责任以外，并附加人身意外伤害保险和生存保险。当被保险人生存至缴费期满后，保险人按保险金额的12%给付生存年金，直至被保险人身故。

(二十)递增养老年金保险

中国平安保险公司推出的递增养老年金保险是一种限期缴清保费的延期终身年金保险，并附加死亡保险和残废保险。该保险以份为单位。被保险人生存至约定领取年龄，首年每月可领取一笔养老金，以后每年在上年基础上按5%的幅度增长。被保险人在约定的领取年龄前死后或在缴费期内因意外事故致残，保险人给付死亡保险金或残废保险金。

(二十一)国寿安居定期保险

国寿安居定期保险的保险金额逐年减少。首年的保险金额为贷款人向被保险人提供的个人住房贷款本金，以后各年递减的保险金额由合同规定。保险期限与被保险人和贷款人签订的个人住房贷款合同期限相同。

(二十二)平安个人住院费用保险

平安个人住院费用保险适合没有任何医疗保障的人群。对被保险人每次住院所发生的费用，在各项费用限额内给付80%。给付的住院费用项目包括床位费、药费、治疗费、护理费、检查费、手术费等，以及器官移植费和相关门诊费。

(二十三)平安世纪理财投资连接保险

平安世纪理财投资连接保险在性质上是一种两全保险，但集保险保障和投资理财于一体。所缴保险费一部分用于保险保障，其余部分转入专门的投资账户，改变了传统寿险产品以固定利率为基础的做法，使保险公司的投资收益与保险金给付直接挂钩，做到了利益共享、风险共担。

(二十四)分红保险

2000年3月，中宏、友邦和中国人寿先后推出国内首批分红保单。按照分红保单的规定，保险公司在每个会计年度结束后，将上一会计年度该保险的可分配盈余按70%的比例分配给保户。红利发放方式包括派发现金、抵缴保费及留存保险公司生息等。

(二十五)太平盛世一长发两全保险

太平盛世一长发两全保险是中国太平洋保险公司于2000年8月8日在国内首创的万能型寿险产品。它集保险保障和专家理财于一体。经保险人审核同意，投保人可申请增加或减少保险金额，并可以定期或不定期、定额或不定额地缴付保险费。保险人为被保险人建立个人账户，并承诺最低保证利率。

二、涉外保险业务

我国的涉外保险业务一直未曾中断，随着对外开放政策的贯彻执行，涉外保险业务有了迅速发展，险种不断增多，有些险种也适用于国内保险业务，主要险种如下：

(一)进出口货物运输保险

进出口货物运输保险是办理时间较长的涉外保险业务，主要有以下四个险种：

1. 海洋运输货物保险

海洋运输货物保险是承保货物在海洋运输过程中因自然灾害或意外事故所遭受的损失，以及由货主承担的共同海损和救助费用。保险责任分为平安险、水渍险和一切险,并有战争附加险等。为了争取货物运输保险在国内办理,我国进口的货物应尽量采用离岸价(FOB)或成本加运费(C&F)价格条件成交,我国出口的货物应尽量采用到岸价(CIF)价格条件成交。

2. 陆上运输货物保险

陆上运输货物保险是承保货物在火车和汽车运输过程中因自然灾害或意外事故所遭受的损失,它分为陆运险、一切险、战争附加险。

3. 航空运输货物保险

航空运输货物保险是承保货物在空中运输过程中因遭受雷击、火灾、爆炸或由于飞机遭受恶劣气候或其他危难事故而被抛弃,或由于飞机遭受碰撞、倾覆、坠落或失踪等意外事故所造成的全部或部分损失,并有一切险和战争附加险。

4. 邮包运输保险

邮包运输保险是承保邮包在邮运途中因自然灾害或运输工具发生意外事故,以及失火、爆炸所遭受的损失,并有一切险和战争附加险。

(二)海洋船舶保险

海洋船舶保险是承保航行在国际航线上的远洋船舶,它包括全损险、综合险、油污和其他保赔保险。中国远洋运输公司于 1984 年成立了中国保赔协会,这是一家专业自保公司,国际保赔协会于 1986 年决定接受中国船的分保。①

(三)飞机保险

飞机保险是承保航行在国际航线上的客机和运输机,它包括机身险、第三者责任险和旅客法定责任险等。目前,人保财险作为首席承保人,为中国民航联合保险机队包括 30 余家航空公司共计 1 300 架飞机提供保险保障,保险价值超过 550 亿美元。

(四)涉外财产保险

涉外财产保险是承保各国驻华机构、外资企业、中外合资企业,以及来料加工、补偿贸易的财产损失,分为财产保险、财产一切险、来料加工装配业务一揽子保险等险种,并可以附加营业中断保险等。

(五)工程保险

工程保险是承保建筑和安装工程因各种自然灾害、意外事故、外来原因和人为过失所遭受的物质损失,并可以附加第三者责任险,目前开办了建筑工程一切险和安装工程一切险等。

(六)机器损坏保险

机器损坏保险是承保机器及其附属设备由于设计、制造、安装等缺陷和操作、使用不善等过失,以及其他技术原因造成的意外物质损失,保险公司可以选择现金、重置和修理赔偿方式。

(七)各种责任保险

为适应外资企业、中外合资企业的需要和促进商品出口贸易,我国保险公司先后开办了雇主责任保险、公众责任保险、产品责任保险和董事及高级管理人员责任保险等。

(八)履约保证保险

履约保证保险是承保工程合同中被保证的一方不履行合同致使另一方遭受的经济损失。

(九)投资保险

投资保险是对于中国企业在海外的投资或外国投资者在国内的投资由于战争、暴动、征用、没收和汇总限制等原因造成的损失给予赔偿。

---

① 中国人民保险公司保险研究所编:《国际保险消息》,1987 年第 3 期。经国务院批准,交通部筹建的“中国船东互保协会”于 1984 年 1 月 1 日正式成立,这是一个不营利的民间互助组织,为会员提供保赔保险,具体参见《保险研究》,1984 年第 2 期。

（十）船舶建造保险

船舶建造保险是承保船舶在船厂建造、试航和交船过程中由于自然灾害或意外事故以及机件缺陷等造成的损失，对共同海损和救助费用也负责赔偿。

（十一）海上石油开发保险

海上石油开发保险分为钻井船、钻井平台、平台钻井机、井喷控制费用、渗漏污染、重新钻井费用、第三者综合责任、油管、海上工程建造等保险。为了适应对外合作开发海上石油的需要，我国保险公司在采用和吸收国际同行承保此类业务的经验基础上开办了这项综合性保险业务。

（十二）核电站保险

我国保险公司在外国保险顾问公司的协助下，与合营公司及其承包商谈判 20 余次，7 易其稿，完成了核电站保险单的起草工作，并于 1986 年承保了投资总额近 40 亿元的广东大亚湾核电站。以后又相继承保了秦山等核电站。目前中国核共体承保了我国投入运营的 19 座核反应堆。

（十三）卫星保险

我国航天部门的长城公司已与美国等国的卫星公司签署了多项代为发射通信卫星的合同。我国保险公司在成功地承保了我国发射卫星的基础上，正在进入国际空间保险市场。卫星保险包括运输保险、发射前保险、发射保险、第三者责任保险等阶段的保险。

（十四）出口信用保险

出口信用保险是由中国出口信用保险公司经营的一项政策性保险业务，分为短期出口信用综合保险、中长期出口信用保险和特约出口信用保险等险种。短期出口信用综合保险适用于被保险人按付款交单、承兑交单或赊账等一切以商业信用付款条件，产品全部或部分在中国制造，信用期不超过 180 天的出口合同，一般是大批量的、持续性的消费性货物出口。保险责任范围分为商业信用风险和政治风险两大类。

复习思考题

1. 试解释下列名词：法定保险、逆选择、意外保险、团体保险、相互保险公司、重复保险、单一保险、综合保险、火灾保险、海洋运输保险、忠诚保证保险、信用保险、政治风险保险、产权证书保险、受托人责任保险、职业责任保险、劳工保险、个人责任保险、中国核保险共同体、房主保险单、定期寿险、终身寿险、两全保险、变额寿险单、万能寿险单、年金保险、健康保险、重大疾病保险、长期护理保险、管理型医疗保险计划、简易人身保险、子女教育/婚嫁保险、履约保证保险。

2. 列举保险的五种一般分类方法。

3. 美国的社会保险有哪些基本特征？

4. 以保险对象分类有哪几种保险？它们的定义是什么？

5. 保证保险与一般保险有哪些区别？试举例说明。

6. 为什么说汽车保险是一种财产和责任综合保险？

7. 典型的年金保险与人寿保险有哪些区别？

8. 根据年金保险的基本种类分析我国开办的个人养老金保险的特点。

9. 近期在我国境内的保险公司推出了哪些新的寿险品种？与传统的寿险品种相比较，它们主要的特色是什么？

10. 为了适应对外开放和对外经济合作的需要，我国涉外保险开办了哪些新险种？

第七章
保险合同(一)

第一节　保险合同的基本原则

保险合同是投保人与保险人约定保险权利义务关系的协议,是保险关系双方订立的一种在法律上具有约束力的协议。协议一方支付对方保险费,另一方在保险标的发生约定事故时,或者约定的期限到达时,承担经济补偿责任或履行给付保险金义务。保险合同是反映法律通则的复杂的法律文件。本节首先探析体现在保险合同中的一些基本原则。

一、补偿原则

补偿原则(principle of indemnity)是保险合同最重要的原则。大多数财产保险合同是补偿性合同。补偿性合同具体规定了被保险人不应该取得多于损失的实际现金价值(actual cash value)的赔偿。规定补偿原则有两个基本目的:一是防止被保险人从保险中赢利。如果发生一次损失,只应该使被保险人大致恢复到与损失发生之前相同的财务状况。二是减少道德危险因素。如果不诚实的被保险人能从损失中赢利,他们就会以骗取保险赔偿为目的故意制造损失。因此,如果损失赔偿不超过损失的实际现金价值,道德危险因素就会减少。

我国《保险法》第 55 条规定:“保险标的发生损失时,以约定的保险价值为赔偿计算标准。投保人和保险人未约定保险标的的保险价值的,保险标的发生损失时,以保险事故发生时保险标的的实际价值为赔偿计算标准。”

(一)实际现金价值

实际现金价值概念是补偿原则的基础。在财产保险中,补偿被保险人的标准方法是根据损失发生时受损财产的实际现金价值。其计算方法如下:

实际现金价值=重置成本-折旧

这种方法考虑了通货膨胀和财产折旧因素。但重置成本减去折旧并不是确定损失金额的唯一方法,在有些情况下,可以使用合理市价(fair market value)作为确定损失金额的基础。一栋建筑物的合理市价可能低于其实际现金价值,这是由于建筑物所在的地段不好,或者由于式样陈旧过时。其他险种也使用不同的补偿方法。在责任保险中,赔偿金额是被保险人在法律上有责任赔偿的实际损害。在营业中断险中,赔偿金额通常是根据利润损失加上企业停产或停业时照常需要的开支而定的。在人寿保险中,死亡给付金是根据保险单的面额而定的。

(二)补偿原则的例外情况

1. 定值保险单

定值保险单(valued policy)偏离补偿原则,如果发生一次全部损失,定值保险单只赔偿保险单的面额而不考虑实际现金价值。定值保险单一般用于承保古董、珍贵的艺术品和祖传动产遗产。因为有些财产难以确定其损失时的实际现金价值，被保险人和保险人在订立保险合同时就要商定财产的价值。然而，定值保险单已逐渐失去重要性，这是因为通货膨胀已使财产超额保险的非常罕见。如今保险金额不足则是一个较大问题，它导致保险人的保险费收入减少和对被保险人保障不足。尽管定值保险单已逐渐失去重要性，但它也能导致超额保险和增加道德危险因素。大多数建筑物在保险之前没有进行实地检查，如在超额保险的情况下，被保险人有可能对防损工作毫不在乎，甚至故意制造损失。

2. 重置成本保险

重置成本反映了通货膨胀因素。重置成本保险（replacement cost insurance）是指在损失赔偿时不扣除折旧而是按重置成本确定损失金额。这是因为按实际现金价值确定赔偿金额仍然会使被保险人遭受明显的损失，很少有个人会对自己的财产做折旧预算。对住宅、建筑物、个人和企业财产，都可以采用重置成本保险的方法。

3. 人寿保险

人寿保险合同是一种定额的保险单，在被保险人死亡时，它向受益人给付一笔约定的金额。补偿原则很难应用于人寿保险，这是因为实际现金价值原则在确定人的生命价值时毫无意义。

二、保险利益原则

保险利益（insurable interest）存在是保险合同的必要条件，也是保险学的一个基本原理。早期的海上保险法和人寿保险法就禁止签发保险单给没有保险利益的人。保险利益原则规定，投保人对保险标的要具有法律上承认的利益，否则保险合同无效。换言之，如果损失发生，被保险人必须在经济上遭受损失，或者必须遭受其他种类的损害。例如，你对你所拥有的一辆汽车具有保险利益，如果你的汽车被损坏或盗窃，你在经济上就遭受了损失。

（一）规定保险利益的目的

鉴于下列原因，保险合同必须要求有保险利益：

第一，防止赌博。如果不要求保险利益，保险合同就会变成一个赌博合同。例如，你就能为他人财产投保，并希望早日发生损失。规定保险利益显示了保险合同与赌博的区别。

第二，减少道德危险因素。在人寿保险中，保险利益的规定减少了以取得保险金为目的谋杀被保险人的动机，这是对被保险人的保护。

第三，衡量损失。在财产保险中，大多数合同是补偿性合同，赔偿的一个尺度是被保险人的保险利益，你绝不能获得多于保险利益的赔偿金，因为这违反了补偿原则。

（二）各类保险中的保险利益

区分在财产、责任和人寿保险中的保险利益有助于我们加深对这一原则的理解。

1. 在财产和责任保险中的保险利益

财产所有权之所以能代表保险利益，是因为，如果财产遭受损坏，财产所有人将蒙受经济损失。可能的法律责任也能表示一种保险利益。例如，一家洗衣店对顾客的财产具有保险利益，因为这家商店要对本身的过失所造成的顾客衣服损坏负法律赔偿责任。一家发放不动产抵押贷款的金融机构对抵押财产具有保险利益，因为财产是作为抵押贷款的担保品，如果该建筑物被损毁，贷款的偿还就没有保证。向企业发放存货贷款的银行对库存商品也具有保险利益。

2. 在人寿保险中的保险利益

当你为自己投保人寿保险时，无疑你具有保险利益。如果你希望为他人投保人寿保险，你必须对这个人的生命具有保险利益，即预期被保险人死亡会给自己带来损失。在人寿保险中，婚姻、血缘关系符合保险利益原则的要求。例如，夫妇之间可以相互投保人寿保险。又如，祖父母能为孙子孙女投保人寿保险。然而,远亲关系不能代表保险利益。如果涉及经济利益为他人投保人寿保险,这也符合保险利益的规定。例如,一家公司能为外出的推销员投保人身意外伤害险,如果这位推销员意外死亡,这家公司的利润就可能减少。同样一个非抵押贷款的债权人对债务人具有保险利益,这是因为,一旦债务人身故,贷款就无法偿还。

按照我国《保险法》第31条规定,投保人对下列人员具有保险利益:(1)本人;(2)配偶、子女、父母;(3)前项以外与投保人有抚养、赡养或者扶养关系的家庭其他成员、近亲属;(4)与投保人有劳动关系的劳动者。

除前款规定外,被保险人同意投保人为其订立合同的,视为投保人对被保险人具有保险利益。

我国《保险法》第34条还规定:"以死亡为给付保险金条件的合同,未经被保险人同意并认可保险金额的,合同无效。按照以死亡为给付保险金条件的合同所签发的保险单,未经被保险人书面同意,不得转让或者质押。父母为其未成年子女投保的人身保险,不受本条第一款规定限制。"

(三)在何时保险利益必须存在

在财产保险中,保险利益必须在损失发生时存在。有些财产保险合同允许在合同订立时被保险人可以对财产没有保险利益,但必须预期在将来对它具有保险利益,英国《1906年海上保险法》就做了这样的规定。在海洋货物运输保险中,因货物所有权可以转移,所以允许在保险利益尚未确定前先投保。相反,在人寿保险中,保险利益的要求只要在保险单出立时满足就行,而不要求在被保险人死亡时具有保险利益,因为人寿保险单不是补偿性合同,而是一种定额保险单或投资合同,而且可以转让。

三、代位求偿权原则

代位求偿权(subrogation)是从补偿原则得出,指保险人取代被保险人向第三者索赔的地位。换言之,保险人有权从对保险标的的损害而造成保险事故的第三者取得对被保险人赔偿的补偿。我国《保险法》第60条规定:"因第三者对保险标的的损害而造成保险事故的,保险人自向被保险人赔偿保险金之日起,在赔偿范围内代位行使被保险人对第三者请求赔偿的权利。"例如,一位鲁莽的汽车驾驶员在红灯时没有刹车,撞坏了你的汽车,如果你有汽车保险,你的保险公司会赔偿车损,然后设法从那位过失的驾驶员处取得补偿。保险人在没有做出赔偿之前不能行使代位求偿权,只有在损失已赔偿的情况下,被保险人才给予保险人从过失的第三者取得补偿的法定权利。

(一)规定代位求偿权的目的

第一,代位求偿权防止被保险人在同一次损失中取得重复赔偿。在没有代位求偿权的情况下,被保险人从保险人和过失方取得重复赔偿是有可能的,但这违反了补偿原则。

第二,代位求偿权使肇事者对损失负有赔偿责任,通过行使代位求偿权,保险人从过失方取得补偿,从而也降低了费率。

(二)对行使代位求偿权的几点说明

第一,只有当被保险人获得全部赔偿后,保险人才能保留通过代位求偿权所取得的补偿金额。有些被保险人由于保险金额不足免赔额和法律费用,所以在损失发生后不能获得全额赔偿。例如,在汽车保险中,如果保险人从过失的第三者取得全部补偿,还会再赔付被保险人自担的免赔额。

第二,被保险人不能损害保险人的代位求偿权。例如,如果被保险人放弃对过失方起诉的权利,他也就自动放弃了从保险人处获得损失赔偿的权利。

第三,保险人能放弃代位求偿权。为了满足有些被保险人的特殊需要,保险公司可以使用合同条款放弃代位求偿权。例如,为了出租一套公寓住宅,房东可以同意房客对房屋损坏不负责任。如果房东的保险人在保险合同中放弃了代位求偿权,一旦房客不小心引起了一场火灾,保险人要赔偿房东的火灾损失,但不能向房客追偿损失。保险公司也能在损失发生后决定不行使代位求偿权,这是因为法律费用可能超过可能获得的补偿额,或者因为保险公司希望与公众保持良好关系。

第四,代位求偿权不适用于人寿保险和大多数个人健康保险。如果被保险人在车祸中受伤,他既能从个人健康保险中获得医疗费用报销,也能对过失的驾驶员提起诉讼。

第五,保险人不能对自己的被保险人行使代位求偿权。如果允许保险公司这样做,就会丧失保险的意义,这是不言而喻的。

第六,保险人赔偿保险金时,可以相应扣减被保险人从第三者已取得的赔偿金额,但不影响被保险人就未取得赔偿的部分向第三者请求赔偿的权利。

四、最大诚信原则

保险合同是建立在最大诚信原则(principle of utmost good faith)的基础上的。保险合同双方应向对方提供影响对方做出签约决定的全部真实情况。与其他合同比较,保险合同的双方必须表现高度诚实。这一原则在海上保险有其历史渊源。承保人对投保人有关运输货物的陈述赋予极大信任,对被保险的货物可能没有进行实地检查,合同也可能在远离货物和船舶的地点订立。因此,最大诚信原则也是建立在保险市场信息不对称的基础上的,即被保险人比保险人对保险标的更为了解。最大诚信原则由三条重要的法理组成。

(一)陈述或告知

陈述(representations)是指投保人的陈述。其法律意义在于,如果陈述隐瞒了重要事实或虚报情况,保险人便能宣布保险合同无效。这是因为,如果保险人知道了事实的真相就不会或者按不同的条件订立合同。例如,一个被另外一个保险人解约的汽车保险投保人声称,他从来没有被其他保险人解除过保险合同,这一陈述既是虚报又是隐瞒重要事实,即使保险单已出立,保险人也能拒绝他的索赔。但如果一个投保人陈述了以后变为错误的观点,保险人在终止保险合同之前必须证实投保人的陈述是欺诈和故意隐瞒。非故意的错误陈述一件重要事实也准许保险人宣布保险单无效,法院中大多数人持有这种观点。我国《保险法》第 16 条规定:“订立保险合同,保险人就保险标的或者被保险人的有关情况提出询问的,投保人应当如实告知。投保人故意或者因重大过失未履行前款规定的如实告知义务,足以影响保险人决定是否同意承保或者提高费率的,保险人有权解除合同。”

(二)隐瞒

隐瞒(concealment)是投保人没有向保险人揭示重要事实。换言之,投保人对重要事实保持沉默和故意不予泄露,故意隐瞒重要事实则构成了欺诈。对重要事实隐瞒的法律后果与一次错误陈述相同,保险人有解除合同的选择权。2004 年 1 月,香港媒体报道:香港歌星梅艳芳有一份一年多前投保的保单,保额为 1 000 万港元,因其投保时隐瞒了患有子宫癌的病情而被保险公司拒赔,但向其母亲退还了一年多的保费。而梅艳芳在 1990 年投保的一份保额为 2 000 万港元的保险则进入正常理赔程序。[①] 为保险人所知的常识和事实,投保人可以不予以披露。

(三)保证

保证原则也反映了最大诚信原则。保证(warranty)是保险合同中的一项条款,它规定了一种影响风险的事实存在作为保险责任的一项条件。例如,作为减少保险费的条件,一家银行要保证每天 24 小时都有一个警卫值勤。根据习惯法,保证是最严格的法律原则,任何违反保证的行为,即使是未成年人或非重要的保证,都准许保险人解除合同。但法院已修改了严格的保证原则,除了海上运输保险例外,大多数美国法院已不遵循严格的习惯法。保证一般是明示保证,在海上保险中明示保证一般与除外责任有关。在海上保险中也有若干默示保证,如具有适航能力、不改变航道和航程

---

① “天下保险”专题报道,《国际金融报》2004 年 1 月 14 日。

合法性。

2015 年 2 月 12 日,英国议会通过了《2015 年保险法》,该保险法从三个方面进行了改革:投保人、被保险人的告知义务,保证,欺诈性索赔。只有当被保险人出于故意或轻率违反告知义务,保险人才能自始解除合同并不退还保费;被保险人一旦违反保证条款,保险人的赔付责任暂时"中止",直到该违反被改正,保险人对欺诈性索赔不承担责任,且有权追回已支付的对欺诈性索赔的赔款。第一项针对商业保险合同和其他非消费者保险公司,消费者合同已由《2012 年消费者保险(披露和陈述)法案》规范,后两项同时适用于消费者保险合同和非消费者保险合同。

第二节 保险合同的法律要求

保险合同是根据合同法制定的,为了使保险合同在法律上能强调执行,保险合同必须合乎以下四项基本要求:

一、要约和承诺

对一个有约束力的保险合同的第一个要求是,必须有对合同条件的要约(offer)和承诺(acceptance)。一般规则是,投保人提出要约,保险公司接受或拒绝要约;保险代理人只征求或邀请投保人提出要约。

在财产保险和责任保险中,要约和承诺可以是口头的或书面的。但实际上,大多数财产和责任保险合同是书面形式。投保人填具投保单并缴付第一次保险费(或者答应缴付第一次保险费)就构成了要约;然后,保险代理人代表保险公司接受要约。在财产和责任保险中,代理人一般被授予订约的权力,因此,保险合同能立即生效,这在个人财产和责任保险中属于正常程序。然而,在有些情况下,投保单必须送交保险公司批准。

在人寿保险中,要约和承诺的程序有明显不同。人寿保险的代理人一般没有被授予订约的权力,投保单必须得到公司的批准。在投保人提出要约后,代理人给予投保人一张附有条件的暂保收据。人寿保险的投保人必须缴付首期保险费,否则要约无效。如果按照公司的承保标准接受投保,人寿保险单从投保日或体检日起生效。

二、对价

对价(consideration)是指合同每方要给予对方的报酬或价值。被保险人的对价是缴付第一次保险费(或者答应缴付)和同意遵守保险单具体规定的条件。保险人的对价是承诺履行合同中规定的责任,这包括赔偿属于保险责任范围的损失,提供防损服务,在责任诉讼中为被保险人辩护等。

三、有法定资格的当事人

保险合同的当事人必须有订立具有约束力的合同的法定权利和能力。大多数成年人具有订约的法定资格(legal capacity),但也有一些例外,如精神病患者、酗酒的人不能订立保险合同,未成年人一般也没有订约的法定资格。

四、合法的目的

鼓励或促进非法或不道德行为的保险合同是不可执行的保险合同。例如,在街头贩卖海洛因和其他毒品的人不能购买承保警察没收毒品的财产保险单。

第三节　保险合同的特点

保险合同具有区别于其他合同的如下特点：

一、以侥幸为目的的合同

保险合同是侥幸或碰运气的合同，又称射幸合同(aleatory contract)，而不是等价交换的合同。保险合同有赖于机会，一方的获益可以与其付出的代价完全不成比例。相反，其他合同是交换的合同，交换的合同是指双方交换的价值在理论上是相等的。虽然射幸合同在本质上是机会，或者是一些偶然事件的发生，但保险合同不是赌博合同，赌博合同会产生交易前并不存在的投机风险。

二、单务合同

单务合同(unilateral contract)是指只有一方要做出在法律上要强制执行的允诺。在保险合同中，只有保险人向被保险人做出在法律上要强制执行的赔付或提供其他服务的许诺。虽然被保险人必须缴付保险费，但在法律上不能强制他们缴付。相反，大多数商业性合同在性质上是双务合同，每方要对另一方做出在法律上要强制执行的允诺。如果一方没有履行许诺，另一方可以坚持要求对方履行，或者能起诉要求赔偿损失。

三、有条件的合同

有条件的合同(conditional contract)是指保险人的赔付责任取决于被保险人或受益人是否遵守保险单上的条件。条件是保险单中的条款，它逐条陈述了双方的权利和责任。例如，在火险单中规定，被保险人必须立即给予保险人书面的损失通知，如果被保险人不合理地拖延报告损失的时间，保险公司可以根据违反保险单条件拒绝赔偿。有鉴于此，有的保险教科书上称保险合同为“双务合同”。

四、属人的合同

财产保险单是属人的合同(personal contract)，也就是说，它是被保险人和保险人之间的合同。严格地说，财产保险合同并不承保财产，而是承保财产所有人的损失。既然合同是属人的，投保人必须得到保险公司认可，必须符合有关品质、道德和信用的承保标准。正因为财产保险合同是属人的合同，所以未经保险人同意不准把它转让给他人。如果财产出售给他人，新的财产所有人有可能不符合保险人的承保标准。相反，人寿保险单不必经保险人同意就可以自由地转让给任何人。财产保险人的损失赔偿可以不必经保险人同意由被保险人转让给他人，但可以规定被保险人要通知保险人。

五、要式合同

要式合同(contract of adhesion)是指被保险人必须全盘接受合同的条件，没有与保险人讨价还价的余地，而大多数商业性合同允许商谈合同条件。保险人拟订和印制保险单，被保险人必须接受全部单证，不能要求增加或删除某些条款。为了补救这种事实上存在的不公平，法院在裁决合同中任何含糊和不确定的措辞和条款时要做出有利于被保险人的解释。因此，中国保监会于2004年4月下发了《推进人身保险条款通俗化工作指导意见》，要求保险条款语言流畅、文字浅显易懂，便于消费者理解。对条款中的专业术语应以非专业语言进行释义。

第四节 代理法和保险代理人

保险合同多半是由代表保险人的代理人出售。

一、代理的性质和代理关系的产生

(一)代理的性质

代理(agency)这个术语用来表示一个人代表另一个人与第三者进行交易。在现代经济生活中,个人和单位都必须利用他人提供的服务来完成自己的工作。代理是一种信托关系,一方(委托人)授权另一方(代理人)代表自己与第三者进行交易。这种关系之所以是信托关系,是因为它包含了高度的信任,法律对它规定了比一般事务更高的行为标准。代理人代表委托人同第三者订立合同,该委托人将受合同的约束,就像合同是由委托人自己订立的一样。

(二)代理关系的产生

在许多情况下,代理关系的产生必须有书面证据。产生代理关系的一般方法是明示授权,由委托人签署一份授权书,授予代理人一定的权力。我国《保险法》第126条规定:"保险人委托保险代理人代为办理保险业务,应当与保险代理人签订委托代理协议,依法约定双方的权利和义务。"

二、代理的通则

管理代理人的行为和他们与保险人和被保险人关系的重要法律原则有以下几条:

(一)代理关系必须存在一些有形的证据

例如,一个冒充保险代理人的人骗取保险费后潜逃,保险人在法律上对这个骗子是不负责任的。然而,如果一个人有职业名片、费率手册和空白的投保单,他就能被推定为保险代理人。

(二)必须授予代理人代表委托人的权力

代理人必须有约束委托人的权力。代理人的权力主要有以下三种:

1. 明示权力

明示权力(expressed powers)是委托人明确指示代理人做某件事情的权力,包括执行指示的附带行为的权力。明示权力一般在代理合同中载明,如承保的种类和限额。保险人在代理合同中也可以拒绝授予代理人某些权力,如拒绝授予代理人修改保险合同条款的权力。保险人对代理人的权力通常都加以限制,但要使这些限制对被保险人具有约束力,必须通知被保险人。通知被保险人的方法是把这种限制作为保险单的一项条款,或者在投保单上予以说明。

2. 默示权力

默示权力(implied powers)主要来自习惯,代理人可以行使与一般习惯相符的权力,即能做处在代理人职位上一般都能做的事情,除非委托人有不同的指示。在发生未预料到的紧急情况下,倘若代理人无法与委托人及时取得联系,为了保护委托人的利益,代理人有权采取行动,甚至可以违背委托人原来的指示。

3. 表意权力

我国《保险法》第127条规定:"保险代理人没有代理权、超越代理权或者代理权终止后以保险人名义订立合同,使投保人有理由相信其有代理权的,该代理行为有效。保险人可以依法追究越权的保险代理人的责任。"表意权力(apparent authority)并不是委托人授予代理人的权力,而是第三者合理地相信代理人应该有的权力。代理人已行使表意权力,但保险人没有加以阻止,表意权力对保险人具有约束力。例如,汽车保险的代理人经常允许被保险人推迟保险费的缴付时间,如果保险公司没有给予代理人这种权力,也没有对这种越权行为采取任何行动,以后保险公司就不能以代理人没有推迟保险费缴付时间的权力为理由拒绝承担赔偿责任。表意权力一般是由两种情况引起的:一种是委托人授予代理人的权力小于该行业代理人一般被授予的权力,另一种是委托人的经营方法不同于同行业的其他企业。

(三)委托人要对代理人的行为负责

当代理人在其职权范围内执行代理任务时,委托人要对代理人的所有行为负责。委托人的责任包括代理人的欺诈行为、疏忽和错误陈述。我国《保险法》第 127 条规定:"保险代理人根据保险人的授权代为办理保险业务的行为,由保险人承担责任。"

(四)通知代理人等于通知委托人

在代理人的职权范围内,通知代理人或代理人所了解的情况被推定为委托人也知情。这一推定的依据是,代理人是完全替委托人的利益办事的,代理人应该向委托人提供自己所知道的重要情况。例如,人寿保险代理人知道投保人酗酒,这一认识可以转达给保险人,让保险人也知情。因此,如果保险人出立了保单,以后就不能以投保人隐瞒这个重要事实为理由解除保险合同。但是,如果代理人和第三者有串通,这一推定就不成立。

(五)代理人的责任

代理合同规定了委托人和代理人双方的责任。除了这些合同责任外,法律也规定了其他责任。其中代理人的责任分为对委托人的责任和对第三者的责任等。

1. 代理人对委托人的责任

(1)忠诚。忠诚责任是指在处理委托人事务时,代理人不可暗中为自己或第三者谋利。忠诚责任也禁止代理人为自己目的使用或泄露在代理过程中获得的商业秘密。忠诚责任并不意味着代理人有义务对委托人的不法或不诚实行为给予庇护。

(2)服从。代理人有服从委托人合法指令的责任。假如委托人发出含糊的指示,代理人有权凭自己的判断来进行解释。

(3)注意。代理人要注意履行自己的职责,注意的标准是一个理智和谨慎的人在同样或类似的情况下所注意的程度或表现的技能,否则被看作过失。

(4)会计。代理人必须把委托人的财产和资金与自己的分开,并向委托人提供财务报告,委托人有权检查代理人的账册。

(5)提供信息。既然通知代理人被推定为通知委托人,法律也规定了代理人向委托人提供同受托事务有关的所有重要信息的责任。

当代理人因没有履行上述责任而使委托人的利益受到损害时,即使代理合同中没有提到这些责任,代理人也要承担损害赔偿责任。同样,委托人对代理人也负有责任,诸如按合同规定继续聘用,提供报酬,报销代理费用,补偿代理人并非因自己过失而遭受的损失。代理人对委托人的违约、侵权也可以提起诉讼。

2. 代理人对第三者的责任

代理人一般对代表委托人签订的合同不承担责任,而是由委托人来承担责任。但是,如果代理人超越其权力范围,他仍要对自己的行为造成的第三者的损失承担责任。在没有委托人追认或表意权力的情况下,不可把这一责任转嫁到委托人身上。

3. 保险代理人的责任

保险代理人负有与其他行业代理人对委托人相同的责任。

(1)对保险人的责任。保险代理人向保险人错误申报了保险标的的风险特征,越权承保了不准承保的风险,知道危险大量增加而未通知保险人,这些都是不履行职责的表现,保险代理人要对保险人因此所遭受的损失承担赔偿责任。

(2)对被保险人的责任。在有些情况下,保险代理人处在双重代理的地位。在替被保险人取得保险这一方面,保险代理人是被保险人的代理人。因此,保险代理人不认真履行职责,致使被保险人遭受损失的,被保险人可以提起要求损害赔偿金的诉讼。例如,保险代理人未及时通知投保人关于保险人不接受他的汽车保险投保申请,致使投保人失去了及时从他处取得保险的机会,保险代理人要对投保人在这段时期内发生的汽车意外事故损失承担赔偿责任。又如,保险代理人对保险责任范围解释不正确,如果被保险人相信了保险代理人的不正确说明,保险代理人要对被保险人因此遭受的损失承担责任。

(3)对第三者的责任。如前所述,代理人通常对第三者不承担责任,但也有例外。对保险代理人的一个例外是,当第三者是受益人。例如,保险代理人向人寿保险单的受益人给错了保险金,保险代理人应该承担责任。

三、自动弃权和禁止反言

自动弃权和禁止反言(waiver and estoppel)原则与代理法和保险代理人的权力有着直接关系。自动弃权被定义为合同一方自愿放弃一项合同权利。如果保险人自愿放弃一项合同权利,以后保险人不能以这项合同权利被违背为理由拒绝被保险人的索赔。例如,火险单中规定被保险人要立即给予保险人书面的损失通知,但大多数人在损失发生后会通过打电话给保险代理人来通知保险人损失已发生。保险人不能以没有给予书面的损失通知为理由拒绝赔偿损失。实际上,保险代理人接受被保险人打电话的做法,并且保险人没有加以阻止,就表明保险人自动放弃了书面的损失通知这项合同权利。

禁止反言的法律术语起源于英国习惯法。这个法律原则旨在防止人们随便改变主意去损害他方。相对自动弃权而言,禁止反言是指合同一方既然自动放弃了一项合同权利,将来就不能反悔并重新主张这项权利。从法律意义上解释,一个人对他人所做的陈述已被他人合理地相信,允许这个人推翻过去所做的陈述将会是不公正的。例如,被保险人打电话给他的汽车保险代理人要求延期缴付保险费,代理人答复他保险公司对逾期保险费有 10 天的宽限期,而实际上保险公司没有这项规定。如果被保险人在所谓的宽限期内发生车祸,保险公司不能以没有按时缴付保险费为理由来拒绝赔偿损失。这是因为被保险人已合理地相信代理人的陈述,保险公司要对代理人的行为负责,不能随便改变代理人的主意去损害被保险人的利益。

自动弃权和禁止反言原则主要适用于保险代理人和被保险人之间的关系,但也适用于保险合同双方。我国《保险法》第 16 条规定:“保险人在合同订立时已经知道投保人未如实告知的情况的,保险人不得解除合同;发生保险事故的,保险人应当承担赔偿或者给付保险金的责任。”最大诚信原则主要针对投保人或被保险人而言,为了保持合同的公平原则,后来才产生了对保险人具有约束力的自动弃权和禁止反言原则。

第五节　保险合同的基本组成部分

一、声明事项

声明事项(declarations)是保险合同的第一部分。它对被保险的财产或生命情况提供陈述,用来识别被保险的财产或生命,并作为承保和费率制定的依据。在财产保险中,它包括保险人的身份、被保险人的姓名、财产所在的地点、保险期、共同保险的比例、免赔额和其他有关的信息。人寿保险单的第一页一般有以下内容:被保险人的姓名和年龄、保险的种类和金额、保险费、出单日期和保险单的编号。

二、保险协议

保险协议(insuring agreement)是保险合同的核心部分。该部分总括了保险人的承诺,例如,赔偿属于保险责任范围的损失,提供防损服务,同意在责任诉讼中为被保险人辩护。在保险协议中也载明了损失赔偿的条件。保险协议有两种基本形式:一种是指定保险责任范围。在指定险保单(named-perils policy)中,只有具体规定的损失原因以及损失才属于补偿范围。另一种是一切险保险责任范围。在一切险保单(all-risk policy)中,除了那些具体排除的损失原因及损失外,其他损失都属于补偿范围。虽然一切险保单的费率较高,但它优于指定险保单,因为其保险责任范围广泛。但真正的一切险保单并不存在,人寿保险单近似于一切险保单,除了自杀身亡、战争等少数原因以外,所有其他死亡原因都属于保险责任范围。

三、除外责任

除外责任(exclusions)大致可分为四类:除外的损失原因、除外的损失、除外的财产和除外的场所。除外责任之所以必要,是出于以下原因:

第一,不可保的风险。有些损失明显不符合保险人的可保风险的规定,它们可能造成不可估量的巨灾损失;也有一些是被保险人能直接控制的损失,或者是可预料到的价值下降所造成的损失,因而它们也是不可保的风险。例如,大多数财产和责任保险合同排除了战争、核辐射之类的巨灾损失原因,在健康保险合同中把故意的自我伤害列为除外责任,财产折旧和磨损也是不可保的损失。

第二,增加损失可能性的特殊条件的存在(presence of extraordinary hazards)。保险的损失分摊技术是基于这样一种假设:每个风险单位缴付的保险费要精确地反映长期的损失机会。因此,如果某个风险单位面临特殊的损失风险,它就不能与其他风险单位分摊损失,对它收取相同的保险费也就显得过低。例如,私用汽车责任保险的保险费制定是根据汽车一般为私人或娱乐使用这样的前提,如果作为出租汽车使用,意外事故的可能性就大为增加。为了避免这一特殊损失风险,出租汽车被列为另一种费率制定的项目,驾驶出租汽车造成的损失在私用汽车保险单中属于除外责任。

第三,避免重复保险。例如,财产保险单排除了汽车保险,因为汽车是由汽车保险单承保。

第四,减少道德危险因素。如果对货币无限额地承保,欺诈性的索赔将会增加。

四、条件事项

条件事项(conditions)部分规定了合同双方的权利和责任。实际上,该部分主要规定了被保险人的责任,如果被保险人不履行这些责任,保险人将拒绝赔偿。保险合同的共同条件事项包括损后财产保护、填报损失证据、在责任诉讼中与保险公司合作等。

五、各种其他条款

各种其他条款(miscellaneous provisions)处理被保险人和保险人之间的关系,以及保险人同第三方的关系。这些条款也规定了执行合同的程序。例如,在财产和责任保险单中,这类条款包括解约、代位求偿权、保险单转让等。在人寿和健康保险单中有保险费缴付宽限期、失效保险单复效、误报年龄等条款。

第六节 保险合同中的重要条款

在保险合同中有名目繁多的条款,这里仅对一些具有共性的重要条款做一简释。

一、被保险人的定义

保险合同一般要对被保险人释义。保险单中的被保险人可能只有一个人。例如,在许多人寿和健康保险单中只指定一个被保险人。保险单中也可能有一个指定的被保险人(named insured)的定义,指定的被保险人是在保险单声明事项中载明的人。保险单中还可能有附加的被保险人(additional insured)。例如,在汽车保险单中,除了指定的被保险人外,任何经指定的被保险人许可使用汽车的人也属于保险责任范围,他们被称为附加的被保险人。

二、批单和附加特约

保险合同经常附有批单(endorsements)或附加特约(riders),这两个术语经常交换使用,意思相同。批单是一项书面条款,用来增添、取消或修改原保险合同中的条款。附加特约也是用来修改原保险单的一种文件。在财产和责任保险中,批单可用来扩大保险责任范围。在人寿和健康保险中,附加特约可用来增加保险金给付、放弃原保险单中的保险条件。

三、免赔额

免赔额(deductibles)是常见的保险条款之一。免赔额条款规定,在保险人根据保险的条件做出赔付之前,被保险人先要自己承担一部分损失。免赔额条款在财产、健康和汽车保险中得到了广泛使用。因为被保险人的死亡总是一种全部损失,在人寿保险中不使用免赔额。在责任保险中,保险人为了尽可能减少最终的责任赔偿,从一开始就介入诉讼,为被保险人提供辩护。因此,责任保险也不普遍使用免赔额条款。

(一)免赔额的作用

1. 消除小额索赔

相对来说,小额索赔的理赔费用高,处理20元的索赔也许要花费50元的理赔费用。因为免赔额能消除许多小额索赔,损失理赔费用就大为减少。

2. 减少保险费

既然免赔额能消除小额索赔,保险费收入中的较大比例将能用于赔付大额损失。保险并不是一种补偿小额损失的恰当方法,小额损失要用个人和企业收入的预算办法来解决。如果使用了免赔额,购买保险就更为经济,在其他因素相同的情况下,免赔额越大,保险费也就越便宜。

3. 促进防损工作

因为被保险人要自己负担一部分损失,就不会因有了保险而高枕无忧,这势必使保险人注意财产保护和防损工作。

(二)免赔额的种类

1. 绝对免赔额

绝对免赔额(straight deductible)是指在保险人做出赔付之前,被保险人要自担一定的损失金额,一般来说,这种免赔额应用于每次损失。

2. 总计免赔额

总计免赔额(aggregate deductible)是把保险期内所有属于保险责任范围的损失加计在一起,如果这全部损失低于总计免赔额,保险人将不做任何赔付。一旦全部损失超过总计免赔额,则保险人对所有超额部分的损失予以赔付。健康保险中经常使用一种日历年度的总计免赔额,把日历年度内所有合乎规定的医疗费用累计在一起,一旦累计超过一定金额,保险人再根据合同支付医疗保险金。

3. 相对免赔额

相对免赔额(franchise deductible)是一种在海上运输保险中经常使用的免赔额,免赔额以一个百分比或一定金额表示。如果损失低于规定的比例或金额,则保险人不承担赔偿责任;如果损失高于规定的比例或金额,保险人将赔偿全部损失。海上运输保险之所以使用相对免赔额,是因为托运人能预料到由于恶劣气候、船舶持续航行和货物经常搬动至少会造成一些小额损失,还因为财产由承运人占有,相对免赔额能使他们减少夸大损失的动机。

4. 消失的免赔额

根据消失的免赔额(disappearing deductible),免赔额随损失增加而减少。这实际上是对小额损失不予赔付,对大额损失全部赔偿。

[**例 7—1**] 假定 500 元是消失的免赔额的起点,保险人对超过 500 元以上的索赔金额以 111%的比例赔偿,当损失达到5 000元时,免赔额全部消失。免赔额的消失过程如表 7—1 所示。

表 7—1 **免赔额的消失过程** 单位:元

损失金额	赔付金额	免赔额
500	0	500
2 500	2 220	280
5 000	5 000	0

损失按下式理算:

$$P=(L-D)\times(1+R)$$

式中:P 表示赔付款,L 表示损失,D 表示免赔额,R 表示回收系数。

5. 等待期

等待期(waiting period)是一种变相的免赔额,在损失发生后的一段规定时期内,保险人不给付保险金。健康保险和丧失工作能力的收入保险普遍使用等待期。

四、共同保险

在财产保险中,对工商企业的财产保险可以使用共同保险(coinsurance)条款。共同保险条款规定,在损失发生时,被保险人的财产保险金额要等于财产实际现金价值的一个规定比例。如果被保险人在损失发生时没有遵守共同保险的这项规定,就要作为一个共同保险人分担损失,以此作为惩罚。共同保险条款的实质是在保险人和被保险人之间按比例分摊部分损失,该比例是保险金额与共同保险条款所规定的保险金额比例。确定损失赔偿金额的共同保险公式如下:

$$\text{保险金额}=\frac{\text{保险金额}}{\text{规定的保险金额}}\times\text{损失金额}$$

[**例 7—2**] 假定一栋建筑物的实际现金价值为500 000元,但它的所有人只投保了300 000元,如果保险单共同保险条款规定的比例是 80%,即规定的保险金额是400 000元。假定发生一次损失,损失金额为10 000元,则赔偿金额的计算如下:

$$\frac{300\ 000}{400\ 000}\times 10\ 000=7\ 500(\text{元})$$

如果投保的金额等于或超过规定的保险金额,就不会有共同保险的惩罚。

[**例 7—3**] 假定一栋建筑物的实际现金价值为700 000元,共同保险比例是 80%,所投保的金额为600 000元,损失金额为100 000元,由于规定的保险金额是560 000元(700 000×0.80),小于投保金额,符合共同保险比例规定,所以可获得100 000元赔偿。

共同保险的基本目的是实现费率上的公正。由于大多数财产损失是部分损失,所以,投保人为了节省保费支出,倾向于不足额保险。如果大多数投保人都投保部分损失,每100元的保险费率势必要提高,这对那些希望全值投保的被保险人在费率上就显得不公正。

[例7—4] 假定有10 000幢住宅,每幢价值为75 000元,所有住宅都以全值投保,总的保险金额为7.5亿元,再假定发生下列火灾损失:

两次全部损失	150 000
三十次部分损失	300 000
全部火损	450 000

$$纯费率(每100元保险费)=\frac{450\ 000}{750\ 000\ 000}\times 100=0.06(元)$$

如果每幢住宅都以其一半价值投保,总的保险金额为3.75亿元。

两次全部损失	75 000
三十次部分损失	300 000
全部火损	375 000

$$纯费率(每100元保险费)=\frac{375\ 000}{375\ 000\ 000}\times 100=0.10(元)$$

由此可见,如果每人只投保部分损失,火险费率就要从每100元的6分增加到10分,否则,保险人会发生亏损。

使用共同保险条款也会增加一些麻烦。一方面,如果保险金额没有随通货膨胀定期增加,则被保险人会受到共同保险的惩罚。这是因为价格的迅速上涨促使财产的重置成本剧增,从而增加了财产的实际现金价值。在保险单生效时,被保险人也许遵守了共同保险的比例规定,而到损失发生时,被保险人的保险金额则会低于保险人所规定的保险金额。因此,共同保险条款要求被保险人定期评估保险金额,以确定是否符合共同保险的比例规定。另一方面,如果财产价值在保险期内波动很大,被保险人也可能遭受共同保险的惩罚。例如,因未预料到的运输货物到达,存货价值大量增加,如果发生严重损失,被保险人就没有足够的保险金额来避免共同保险的惩罚。

保险人对使用高比例的共同保险条款的投保人给予费率优惠;反之,则保险人提高费率,以实现费率上的公正。例如,使用90%共同保险比例的较之80%共同保险比例的费率降低5%,对选择100%共同保险比例的费率降低10%。

五、他保条款

他保条款(other insurance provisions)的目的是在重复保险的情况下建立各保险人分摊赔偿责任的程序。我国《保险法》第56条规定:"重复保险是指投保人对同一保险标的、同一保险利益、同一保险事故分别与两个以上保险人订立保险合同,且保险金额总和超过保险价值的保险。"若无他保条款,被保险人可以获得多于其损失的赔偿,从而会产生道德危险因素。人寿保险合同没有这种条款,因为它不是补偿性合同。在财产和责任保险单中,重要的他保条款包括以下三种:

(一)按比例分摊赔偿责任条款

当数家保险公司承保财产中的相同保险利益时,每家公司可根据各自的保险金额与总保险金额的比例分摊赔偿责任。该条款的基本目的是维护补偿原则,防止被保险人从保险中盈利。

当其中一个保险人破产或因某种原因拒绝分摊赔偿责任时,其他保险人仍按原比例分摊,由被保险人承担该项损失。

(二)按相同份额分摊赔偿责任

在责任保险中,当数家保险公司赔偿同一责任损失时,每家公司一般按相同份额分摊赔偿责任，当一家公司的赔偿达到保险单限额时，其余公司继续按相同份额分摊赔偿责任，直到全部赔偿完毕或每家公司的保险单限额用完为止。

(三)基本保险单和超额保险单

当数份保险单赔偿同一损失时，可由基本保险人首先赔付损失，在保险单限额赔付完毕后，再由超额保险人赔付，即按顺序责任分摊赔偿责任。汽车责任保险单就是一例。假定某人租一辆汽车度假，他有自己的汽车责任保险单，出租汽车公司也购买了汽车责任保险。如果他驾车不慎伤害了他人，这两份保险单要赔偿同一损失，一般规则是，出租汽车责任保险单是基本的保险单，他自己的保险单是超额保险单。

复习思考题

1. 试解释下列名词：保险合同、实际现金价值、定值保险单、重置成本保险、代位求偿权、陈述或告知、保证、要约和承诺、对价、自动弃权和禁止反言、批单和附加特约、免赔额、共同保险。

2. 财产保险合同的补偿原则的特定含义是什么？为什么人寿保险合同是非补偿性合同？

3. 解释保险合同规定保险利益的目的，以及各类保险中的保险利益。

4. 试用一个保险原则说明下列两个英国案例中保险人胜诉的原因：

案例1：道生公司对劳合社承保人博宁火险案(1922年)

被保险人投保了卡车的火险和第三者责任险，申请书中有一项要求被保险人"写明卡车通常停放的详细地点"，被保险人无意识地将卡车的存放地点填写成他的公司所在地格拉斯哥市中心，而实际上该车经常存放在郊区。虽然卡车停放在郊区的危险性比停放在市中心的危险性小得多，但由于保单上列有下述保证条款："保证填报各项属实，申请书作为合同的基础。"所以当某日卡车在郊区停车场失火，被保险人提出索赔后，保险人因其陈述错误而拒赔。尽管被保险人称此项属错填，对保险人拒赔不服上告到最高法院，但法院认为，即使不正确的回答不是主要的，保险人也可以解除保险单。因为停车场的填报地点不实，且保单上的保证条款是合同的基础，所填具的申报影响陈述事实的真实性。

案例2：哥德弗瑞对不列颠保险有限公司案(1963年)

医生警告被保险人可能患有肾病，而且经过X光检查，证实被保险人患有肺病，另外被保险人还时常受咽炎的折磨，但是在投保人寿保险时，他未将上述重要事实申报给保险人。在保单签发后不久，被保险人即死亡。被保险人的受益人遂向保险人申请给付保险金，保险人以未申报事实为理由拒绝给付。法庭经过调查，判保险人胜诉。

5. 保险合同有哪些特点？

6. 保险代理人有哪些权力和责任？

7. 保险合同有哪些基本组成部分？

8. 保险合同的免赔额条款对保险经营有何重要意义？

9. 计算下列两题：

(1)一幢办公大楼的实际现金价值为1 000万元，房主购买的保险金额是600万元，保险单中规定的共同保险比例是80%。如果一次火灾后的损失金额是200万元，计算保险公司应赔偿的金额。

(2)假定一个代理人把一项价值2 000万元的财产安排给A、B、C三家保险公司承保，这三家保险公司的保险金额分别是1 000万元、500万元、500万元。再假定发生了1 000万元损失。根据按比例分摊赔偿责任条款，每家保险公司的赔偿额各是多少？

第八章
保险合同(二)

第一节　保险合同的民事法律关系

合同是为了达到一定的民事、经济方面的目的,在有关当事人之间产生、变更、消灭一定权利义务关系的协议。保险合同是一种经济合同,即为了实现一定的经济目的而订立的一种合同。保险合同具有合同的基本特征:它是双方的法律行为,而且是合法的行为;它是当事人有意识行为的结果,能产生民事法律效果。

民事法律关系是国家用民法来调整一定范围内的财产关系和人身非财产关系的,任何民事法律关系都有主体、客体和内容三要素,保险合同的民事法律关系也由这三部分组成。保险合同的主体是保险合同的参加者,即保险合同的当事人和关系人,可以是自然人(公民),也可以是法人。保险合同的客体是保险标的,即合同当事人权利义务所共同指向的对象。保险保障的标的可以是物、人身或责任,但"投保人对保险标的具有利益"是构成保险合同客体的不可分割的要素,也有称保险合同的客体就是保险利益。保险合同的内容是指保险合同主体之间由法律确认的权利和义务,这些内容以保险条款形式载明。

保险关系的调整包括保险关系的产生、变更、消灭。保险关系的产生是指保险合同主体之间形成权利义务关系,即订立保险合同。我国《保险法》第 11 条规定:"订立保险合同,应当协商一致,遵循公平原则确定各方的权利和义务。"保险关系的变更是指保险合同的主体或客体的变更,如人寿保险单的受益人变换,财产保险的保险金额改变。保险关系的消灭是指保险合同主体之间的权利义务关系不再存在。例如,财产所有权转移,被保险人已得到足额赔偿,保险期限已满等,都能消除保险关系。

第二节　保险合同的当事人和关系人

一、保险合同的当事人

(一)保险人

保险人又称承保人,是收取保险费并按照保险合同约定承担赔偿损失或履行给付保险金义务的人,通常是经营保险的各种组织。为了保护被保险人、受益人和社会利益,各国都有专门管理保险人的法律。

(二)投保人

投保人又称要保人,是与保险人订立保险合同并负有缴付保险费义务的人,可以是法人,也可以是自然人。在保险合同生效后,投保人通常就成为被保险人,但人寿保险的投保人可以是被保险人,也可以是对被保险人具有保险利益的其他人。投保人应具有权利能力和行为能力。根据我国宪法,年满 18 周岁的公民具有完全行为能力。但我国的劳动法规规定,年满 16 周岁的公民有参加劳动的权利。因此,我国简易人身保险条款把投保人的年龄降低到 16 周岁。

(三)被保险人

被保险人是受保险合同保障的人,也就是指保险事故发生时,或保险期满时,有权按照保险合同向保险人要求赔偿损失或给付保险金的人。在财产保险合同中,投保人与被保险人合二为一。在人寿保险合同中,投保人与被保险人可以分离,在这种情况下,被保险人可以当作保险合同的关系人。

二、保险合同的关系人

(一)受益人

受益人一般见于人身保险合同,是指享有保险金请求权的人。受益人应由投保人或被保险人指定,并在保险合同中载明,投保人或被保险人有权更换受益人,受益人不一定要对被保险人具有保险利益。在未指定受益人的情况下,被保险人的法定继承人就是受益人。受益人领取的保险金不列为死者遗产,不得用来清偿死者生前的债务。

(二)保险代理人

我国《保险法》第 117 条规定:"保险代理人是根据保险人的委托,向保险人收取佣金,并在保险人授权的范围内代为办理保险业务的机构或者个人。"在保险业发达的国家,保险人广泛使用代理人招揽和销售保险业务。在美国,财产和责任保险代理人与人寿保险代理人有一个重要区别。人寿保险代理人通常没有约束保险人的权力,只是招揽业务的代理人,投保单一般要经保险人审批。财产和责任保险代理人对有些险种有立即约束保险人的权力,这种权力通过出立暂保单行使。美国财产和责任保险的代理制度分为独立代理制度(independent agency system)和专属代理制度(exclusive agency system)。独立代理人是代表多家保险公司的代理人,拥有终止保险和续保的权力,并代为理算小额索赔。专属代理人只代表一家保险公司,通常不拥有终止保险和续保权力。美国人寿保险一般使用总代理制度(general agency system),总代理人只代表一家保险公司,负责一个地区的业务,并聘用和训练分代理人。

我国保险公司也采用保险代理制度来开展业务,如委托货运、客运和外贸部门、银行、旅行社兼职代办一些保险业务。近年来,在城市还开始建立了一些保险专业代理机构,而且,各寿险公司还广泛招聘个人代理人推销寿险业务。我国《保险法》把保险代理人分为保险专业代理机构、兼业代理机构和个人代理人,并规定个人保险代理人、保险代理机构的代理从业人员、保险经纪人的经纪从业人员,应当具备监管机构规定的资格条件,取得监管机构颁发的资格证书。

(三)保险经纪人

保险经纪人是投保人或被保险人的代理人,是独立于保险人的保险中介人,他受投保人或被保险人的委托,代办投保、续保、交付保险费、索赔,以及保险档案管理等手续。因此,保险经纪人一般没有约束保险人的权力。我国《保险法》第 118 条规定:"保险经纪人是基于投保人的利益,为投保人与保险人订立保险合同提供中介服务,并依法收取佣金的机构。"

保险经纪人可以分为销售财产和意外保险的经纪人以及销售人寿保险的经纪人两大类。

1. 财产和意外保险的经纪人

在美国,所谓独立代理人,一般领有 15 家以上保险公司的代理执照,他们有时也被称为经纪人。另有一种经纪人是全国性或地区性的保险经纪公司,这些经纪公司的规模大,在地区、全国乃至世界范围内从事保险经纪业务,其客户一般是大的工商企业。美国最大的保险经纪公司达信

(Marsh)和怡安(AON)保险经纪公司，在国内主要城市均设有分支机构，并在国外设立了子公司和合资企业，有雇员数万余人，年度营业收入数十亿美元。其主要业务是提供各种保险方案、再保险安排、承保组合管理、风险管理咨询、专业自保公司管理、养老金计划管理和精算等服务，甚至从事承保业务。

2. 人寿保险的经纪人

在美国人寿保险业中的大多数经纪人本身就是保险代理人，他们之所以被称为经纪人是因为他们把业务安排给多家保险公司。

国外保险业发达的国家对保险经纪人和保险代理人都有注册和领取执照的规定，并实行申请执照的资格考试制度。

保险经纪人按照最大诚信原则来经营业务。保险经纪人作为投保人或被保险人的代理人，应根据他们的需要，按照偿付能力、信誉、保险责任范围、服务质量、保险费率等标准，选择最好的保险人和保险品种。保险经纪人的佣金一般按保险费收入计收，通常由保险人支付，佣金率由保险人和保险经纪人按业务种类和所花费的劳务协商确定，一般在10%～20%的比率。保险人也可以根据保险经纪人提供的业务质量和赔付率支付利润分享佣金。如果保险经纪人只为被保险人代办索赔手续，可以由被保险人支付其酬金。保险经纪人向客户提供风险管理咨询服务，应由客户支付其咨询费。

我国在1949年前曾有过保险经纪人制度，1949年后在涉外保险业务中仍使用外国保险经纪人来开展业务。为了开拓保险市场，建立和完善保险中介制度，我国《保险法》和《保险经纪人管理规定(试行)》对重新建立我国保险经纪人制度做出了规定，中国保监会并于1999年5月15日组织了首次保险经纪人资格考试。中国保监会首先批准的北京江泰、广州长城、上海东大三家全国性保险经纪公司分别于2000年6月和7月正式开业。2004年初，中国保监会批准的中粮集团与美国怡安保险集团筹建的第一家中外合资保险经纪公司在上海正式开业。2006年，美国达信(Marsh)保险经纪公司成为中国第一家外商独资的保险经纪公司。

(四)保险公估人

保险公估人和保险代理人、保险经纪人一起构成保险中介市场的“三大支柱”。2001年中国保监会颁布的《保险公估机构管理规定》中指出，保险公估机构是指接受保险当事人委托，专门从事保险标的的评估、勘验、鉴定、估损、理算等业务的单位。我国《保险法》第129条规定：“保险活动当事人可以委托保险公估机构等依法设立的独立评估机构或者具有相关专业知识的人员，对保险事故进行评估或鉴定。”保险理赔是一项专业性很强的工作。保险公估人站在客观公正的立场上，凭借其专业知识做出评价，有助于赔案的合理解决。2000年12月23日中国保监会在全国举行了第一次保险公估人资格考试，并在年底批准了首批三家保险公估公司筹建。2003年初，中国保监会又批准了世界上最大的保险公估公司——英国GAB罗便士公司在华设立独资子公司。

第三节　保险合同的凭证

一、保险合同凭证的种类

保险合同的订立是经历了投保人提出要约并得到保险人的承诺来完成的。投保人提出要约要以填具投保单形式来表示，保险人的承诺是以签发投保单、暂保单或保险单为证。我国《保险法》第13条规定：“投保人提出保险要求，经保险人同意承保，保险合同成立。保险人应当及时向投保人签发保险单或者其他保险凭证。”“依法成立的保险合同，自成立时生效。投保人和保险人可以对合同的效力约定附条件或者附期限。”

保险合同的凭证就是订立保险合同的书面证明，包括订立正式合同之前的预备文件，大致有以下四种凭证：

(一)投保单

投保单又称要保书，是投保人申请保险的一种单证，由保险人印制，具有统一格式，投保人按所列项目逐一填写，即向保险人陈述有关保险的事项，保险人据此决定是否接受投保。在财产保险的投保单中有营业性质、财产所在地、周围环境、建筑物结构等项目。在人寿保险的投保单中有被保险人姓名、职业、健康状况、受益人等项目。如果投保单填写不实或者有隐瞒和欺诈行为，这将影响保险合同的效力。

(二)暂保单

暂保单(binder)又称临时保险单。暂保单的出立不是订立保险合同的必经程序，一般在下列情况下使用暂保单：(1)保险代理人在争取到业务，还未向保险人办妥正式手续时先给投保人开出一张保险证明；(2)保险公司的分支机构在接受投保后还未得到总公司批准时先出立一张保险证明；(3)保险合同双方在没有完全谈妥条件时，保险人给予被保险人一张保险证明。

暂保单的法律效力与保险单相同，但有效期较短，一般只有30天。当正式保险单出立后，暂保单就自动失效。在正式保险单出立之前，保险人有权终止暂保单的效力，但必须事先通知投保人。暂保单一般用于财产保险，人寿保险的代理人在收到第一次保险费时开出一张暂保收据(binding receipt)。暂保单的内容比较简单，只载明被保险人、保险标的、保险金额等重要事项。有关保险双方的权利和义务均以以后出立的保险单为准。

(三)保险单

保险单是保险人和投保人订立保险合同的一种正式书面证明，详细列明保险合同的全部内容。上一章概述的“保险合同的基本组成部分”也就是保险单的基本内容。虽然各国保险单的格式和条款文字不相同，各种保险业务的承保标的和保险责任也不相同，但保险单的基本内容还是一致的。随着保险业的发展，保险单的格式也趋于标准化，在国际上通行劳合社标准格式保险单，在国内通过保险同业公会或法规，使各家保险公司出立的同险种保单的格式和条款比较一致。

虽然保险单是保险合同的证明，但只要投保人提出的要约一经保险人承诺，合同即告成立，即使保险人尚未出立保险单，也要承担保险责任，投保单和暂保单也是订立保险合同的书面证明。

(四)保险凭证

保险凭证也是保险合同的书面证明，实际上是一种简化的保险单，只在少数几种业务中使用。

二、保险条款的类型

保险条款是保险单中的主要内容，规定了保险合同双方的权利和义务以及合同履行程序等事项，是当事人履行合同和承担法律责任的依据。保险条款名目繁多，一般分为以下几种类型：

(一)基本条款

基本条款是保险单上载明的统一条款，都事先印在保险单上，被保险人无选择余地。

(二)附加条款

附加条款是按照被保险人的需要而增加的条款，也称为批单或附加特约，可以对基本条款进行修正。

(三)法定条款

法定条款按照法律规定载入保险单的条款。

(四)选择条款

选择条款是保险人根据业务需要载入保险单的条款，可供被保险人选择。

上一章概述了一些基本的保险条款，在以后几章中将具体地解释各种专门保险条款。

三、保险合同声明事项中的若干重要术语

(一)保险金额

保险金额是保险合同双方确定的最高赔偿金额或给付金额。财产保险的保险金额是保险事故发生时保险人承担赔偿责任的最高限额,可以按照保险财产的实际现金价值、重置成本、估价等方式确定。人身保险的保险金额是保险事故发生或保险期满时保险人履行给付保险金责任的最高限额,可由保险合同双方根据被保险人的实际需要和缴付保险费的能力来确定,并受法律或保险公司的限制。

(二)保险费

保险费是保险人因承担赔偿或给付责任而向投保人或被保险人收取的费用。保险费按保险金额和保险费率确定,财产保险的保险费一般按年缴付,人身保险的保险费可按年、半年、季、月缴付或一次缴付。

(三)保险期限

保险期限是保险合同的有效期,即保险合同从生效到终止的时间,也是保险合同双方履行权利和义务的起讫期限。保险期限有下列三种计算方式:

1. 按时间计算

我国的企业财产保险、家庭财产保险和人身保险的保险期限都按时间计算,企业财产保险的期限不超过1年,家庭财产保险的期限为1年,人身保险的期限长短不一,并规定,保险责任从双方约定的起保日的零时开始到期满日的24时为止。

2. 按航程计算

货物运输保险的保险期限按运输的航程计算,即从货物的起运地开始到目的地为止。我国的陆上和海上运输险的保险期限扩展为从发货仓库起运时开始,在到达目的地收货人仓库时终止。

3. 按工程计算

建筑工程保险和安装工程保险的保险期限按工程期计算,从工程施工日起到竣工验收日止。

第四节　保险合同的变更和终止

一、保险合同的变更

保险合同订立后,双方必须全面履行合同的权利和义务,任何一方无权擅自变更或解除合同。但是,在保险合同有效期内,由于实际情况发生变化,会产生变更合同的要求。各国保险法律都允许保险合同有所变更。我国《保险法》第20条规定:"投保人和保险人可以协商变更合同内容。变更保险合同的,应当由保险人在保险单或者其他保险凭证上批注或者附贴批单,或者由投保人和保险人订立变更的书面协议。"保险合同的变更可分为主体变更和内容变更两种。

(一)主体变更

保险合同的主体变更是指保险合同的当事人和关系人的变更,主要是指投保人或被保险人的变更。保险合同主体的变更涉及保险单的转让。财产保险单不因财产所有权的转移而转让。我国《保险法》第49条规定:"保险标的转让的,被保险人或者受让人应当及时通知保险人,但货物运输保险合同和另有约定的合同除外。"财产保险单之所以不能自动转让是因为保险人承担的风险与被保险人的个人因素有关,保险人的承保要考虑被保险人的安全管理、道德品质、财务状况等因素。货物运输保险单之所以可以随货权转让,是因为在运输过程中的货物不是由被保险人直接控制,而是由承运人保管。人寿保险单的转让无须得到保险方的同意,但转让前要书面通知保险人,这种转

让并非因被保险人变更引起，而是由受让人承担缴付保险费义务或享受领取保险金给付的权利。

(二)内容变更

保险合同的主体不变，而其他保险事项发生变更也是经常有的。例如，财产保险的财产数量、价值、存放地点、占用性质发生变化要求保险合同内容相应变更。如果要求变更保险合同内容，投保人或被保险人应向保险人申请办理批改手续，保险人应在原保险单或保险凭证上批注或加贴批单，并按规定加收或减退保险费。

二、保险合同的终止

保险合同的终止是指合同确定的权利和义务消灭。保险合同订立后，有多种原因能使合同失效而告终止。保险合同的终止可分为以下几种：

(一)自然终止

保险合同一般都规定了一定的保险期限，当保险期已满，保险人的保险责任即告终止，保险单到期以后的续保是新的保险合同开始。

(二)合同已履行而终止

根据保险合同条款的规定，保险人在已履行赔偿或给付全部保险金额以后，保险合同即告终止。例如，终身人寿保险的被保险人死亡后，如果保险人给付了全部保险金，合同即告失效。又如，企业财产保险保险期内的全部赔款已总计达到保险金额，合同即告终止。但船舶保险的船舶连续发生数次部分损失，而每次损失都在保险金额限度内，即使赔款总额已超过保险金额，保险人仍要承担赔偿责任，直到保险期满为止。

(三)协议注销

保险合同在订立时可以规定在自然终止前随时注销合同的条件。例如，我国船舶战争险条款规定：对于船舶定期保险，保险人“有权在任何时候向被保险人发出注销战争险责任的通知，在发出通知后 14 天期满时终止战争险责任”。我国《保险法》第 15 条规定：“本法另有规定或者保险合同另有约定外，保险合同成立后，投保人可以解除合同，保险人不得解除合同。”该法第 50 条规定：“货物运输保险合同和运输工具保险合同，保险责任开始后，合同当事人不得解除合同。”

(四)违约失效

如果被保险人违反合同的基本条件，保险人有权解除合同。例如，被保险人不缴付保险费，违反保证条款和未告知危险增加，保险人有权自违约日起终止保险合同。但如果违约仅与保险赔偿责任有关，保险人只有权拒绝赔偿，而合同仍继续有效。保险合同中止并非终止，只是保险期内由于某种原因而使合同效力中断，在一定条件下可以使合同复效。我国人身保险合同规定：“被保险人如果在规定期间内没有交付保险费，保险合同就失去效力，保险公司不负给付保险金责任。”“在保险合同失效后两年之内，如果被保险人身体健康并能正常劳动和正常工作，可以申请复效，经保险公司同意并由被保险人补交失效期间的保险费后，保险合同即恢复生效。”

(五)合同自始失效

若被保险人以欺骗、捏造或隐瞒重要事实等不诚实手段骗取保险人订立合同，一旦真相暴露，保险合同应从其开始时就视作失效。如果保险人已支付赔款或给付保险金，可以要求对方归还。

第五节 保险合同的解释原则与争议处理

一、保险合同的解释原则

保险合同的订立应该按照有关法律要求做到条款齐全、文字准确，使之成为保险合同双方履行权利和义务的可靠法律依据。但实际情况错综复杂、千变万化,保险条款不可能把所有细节一一列明,只能在原则上加以规定。保险合同双方往往在主张权利和履行义务时发生争议,这种争议相当一部分是由于双方对合同条款的解释不同而引起的。在这种情况下,保险合同应按下列原则解释:

(一)文义解释

合同中的用词应按该词通常的文字含义并结合上下文来解释。在一个合同内出现的同一个词,对它的解释应该是同一的。在合同中所用的专门术语应按所属的该行业通用的含义来解释。

(二)意图解释

合同是根据双方当事人自由意志的结合而订立的,在解释时必须尊重双方在订约时的真实意图。这种意图要根据合同的文字、订约时的背景、客观实际情况来分析和推定。意图解释只适用于文义不清、用词混乱和含糊的情况。

(三)解释应有利于非起草人

由于多数保险合同的条款都是由保险人事先拟订的,即是要式合同(格式条款),因此,当双方对这些条款发生争议时,人民法院或者仲裁机关应当做出有利于非起草人(被保险人和受益人)的解释。

二、保险合同的争议处理

当保险合同双方发生争议时,首先应该由双方通过协商解决,双方都做出一定的让步,在可以共同接受的基础上达成和解协议,消除纠纷。协商解决的好处是,可以省去仲裁和诉讼的费用和麻烦,而且气氛一般比较友好,灵活性也较大,有利于合同继续执行。如果协商不成,可以向仲裁机关申请调解和仲裁。调解是在双方自愿的基础上进行的,调解也不是仲裁的必经程序。国外的仲裁机构也越来越重视调解的作用。我国在处理经济合同纠纷时,坚持先行调解原则,在调解不成时,仲裁机关可做出裁决。

在我国《仲裁法》实施后,仲裁委员会则独立于行政机关,与行政机关不再有隶属关系。今后将会逐步取消一些原有的仲裁机构,而不是按行政区域去设置一些新的仲裁机构。仲裁机构是指当事人自主选择用来解决他们之间可能发生或业已发生的纠纷的民间性团体。根据我国《仲裁法》的规定,设立仲裁机构须经省、自治区、直辖市司法行政部门登记。

仲裁是由合同双方当事人在争议发生前后达成书面协议,愿意把他们之间的争议交给双方所同意的第三者进行裁决。仲裁员以裁判者的身份而不是以调解员的身份对双方争议作出裁决。仲裁庭一般由一个首席仲裁员和两个仲裁员组成,双方当事人各指定一人为仲裁员,然后由该两名仲裁员推选一人为首席仲裁员。对裁决后能否提起上诉,各国法律有不同的规定。我国《民事诉讼法(试行)》第193条规定:“经中华人民共和国的涉外仲裁机构裁决的案件,当事人不得向人民法院起诉。”因此,我国涉外仲裁机构对保险合同争议的裁决是终局性和有约束力的。目前,我国对一般合同的争议实行二级仲裁,如果当事人仍不服,可以在接到二级仲裁决定书之日起15天内向人民法院提起诉讼,由法院做出审判裁决。

目前,国内保险合同纠纷多数采用诉讼方式解决,主要是因为保险条款中没有仲裁条款或者在纠纷发生后没有订立仲裁协议。许多保险条款中虽然有在发生争议时“提交仲裁或向人民法院起诉”的字样,但这不是仲裁条款,仅提示争议处理的方式。仲裁条款或仲裁协议要订明仲裁机构和仲裁地点。

自我国《保险法》于1995年出台以后,经过20年的发展,目前,以《保险法》为基础和核心,以行政法规和规章为主干以及相关司法解释为补充的保险法制体系已经初步构建。《保险法》先后经历了三次修订。最高人民法院先后出台了《关于适用〈中华人民共和国保险法〉若干问题的解释(一)》和《解释(二)》、《解释(三)》。《解释(一)》和《解释(二)》主要解决新旧《保险法》衔接适用以及“保险合同”章一般规定部分适用中存在的问题。《解释(三)》着重解决“保险合同”章人身保险部分在适用中存在的问题。为解决《保险法》“保险合同”章财产保险部分在适用中存在的争议,《〈保险法〉司法解释(四)》正在制定中。

复习思考题

1. 试解释下列名词:受益人、保险代理人、独立代理制度、专属代理制度、总代理制度、保险经纪人、保险公估人、附加条款、保险金额、仲裁。

2. 简述保险合同的民事法律关系。

3. 保险合同的当事人包括哪些人?财产保险合同与人寿保险合同的被保险人在合同中的地位可能有什么不同?

4. 保险经纪人如何开展业务?请说明其经营业务的种类和报酬。

5. 简述保险合同凭证的种类及其在订立保险合同过程中的用途。

6. 为什么财产保险单一般不能随财产所有权转移而自动转让?为什么货物运输保险单是例外情况?

7. 哪些原因会导致保险合同终止?

8. 保险合同双方当事人应如何处理争议?

9. 根据第七章和本章的内容指出财产保险合同与人寿保险合同的基本区别。

第九章 财产保险

第一节　财产保险概述

一、财产保险业务的范围

我国《保险法》第 95 条把财产保险业务的范围规定为“包括财产损失保险、责任保险、信用保险、保证保险等保险业务”。这里的财产保险是广义的财产保险，所谓财产损失保险，是指赔偿有形财产的直接损失的保险。由于在广义上把除人身保险以外的所有其他各种保险均纳入了财产保险范畴，因此，海上保险、国内运输保险、机动车辆保险、农业保险、责任保险等保险也属于财产保险。

财产保险的可保财产可以是动产，也可以是不动产；可以是处于静止状态的，也可以是流动的。财产保险的保险标的不仅包括有形财产，而且包括无形财产或有关利益。前者指房屋、设备、家具、汽车、船舶、货物等，后者则指各种费用、预期利润、产权、信用、赔偿责任等。

本章所要阐述的财产保险业务，主要是针对处在相对静止状态的、有形财产的直接损失以及相关的间接损失提供经济补偿的保险业务。

二、财产损失风险

（一）财产本身的损失

财产可能会遭受由于火灾、风暴、冰雹、地震、爆炸、烟尘、水渍、水管爆裂、自动喷淋器渗漏、航空器或其他运载工具坠落等损失原因引起的损失。

（二）使用价值的丧失和额外费用支出

使用价值的丧失和额外费用支出是密切相关的。例如，某一家庭的房屋被火灾烧毁，或因其他原因致使房屋倒塌而不能居住，在修复或重建之前必须租房居住，因此需要支付额外且昂贵的租金。此外，还可能要支付食物、交通方面的额外费用。

（三）间接损失

财产损失能引起收入损失。例如，如果出租给他人的财产受损，出租的收益就可能丧失。如果制成品受损，就要失去利润。如果火灾发生后企业中断生产经营，那就会丧失利润。在分析财产损失风险时，营业或生产中断引起的利润损失是一个值得重视的风险。

三、财产保险的承保方式和赔偿方式

由于财产保险的承保方式有多种，因此损失赔偿方式也有多种。

(一)第一损失保险和赔偿方式

第一损失保险又称第一危险保险。保险人在承保时把责任或损失分为两部分:第一部分是小于或等于保险金额的损失,也称第一损失;第二部分是大于保险金额的损失,也称第二损失。保险人仅对第一部分的损失承担赔偿责任,第二部分损失不在保险责任范围内,应由被保险人自己负责。在这种承保条件下保险人采用的赔偿方式就是第一损失赔偿方式。

这种赔偿方式在计算赔款时不考虑保险金额与财产的实际价值之间的比例,损失只要在保险金额限度内,保险人就按实际损失金额予以赔付,其特点是赔偿金额等于损失金额,但以不超过保险金额为限。

第一损失赔偿方式适用于传统的家庭财产保险,它可以避免烦琐的计算方法,提高办事效率,在某种程度上这种赔偿方式对被保险人更有利些。

(二)不定值保险和比例赔偿方式

不定值保险在保险单上不列明保险标的的实际价值,只列明保险金额作为最高赔偿金额。当被保险人的保险金额低于损失发生时财产的实际价值时,即$\frac{\text{保险金额}}{\text{保险价值}}<1$,可视为不足额投保或保险不足,出现这种情况,未投保部分应由被保险人自保,保险人按比例赔偿损失。其计算公式是:

$$\text{赔款}=\frac{\text{保险金额}}{\text{损失发生时财产的实际价值}}\times\text{损失}$$

[**例 9—1**] 某企业投保财产保险,保险金额为 800 000 元,在保险有效期内发生责任范围内的损失约合 10 000 元,事后保险人对保险财产的估价是 1 000 000 元,则保险人应支付的赔款金额是$\frac{800\ 000}{1\ 000\ 000}\times 10\ 000=8\ 000$(元)。倘若受损标的还有残值 500 元,也应按比例分摊,并从赔款中予以扣除,计算方式如下:

$$8\ 000-\frac{800\ 000}{1\ 000\ 000}\times 500=7\ 600\text{(元)}$$

如果被保险人在损失发生后对保险标的进行了抢救,由此支付了 300 元的施救费,那么,同样要按比例责任计算施救费,计算方式如下:

$$\frac{800\ 000}{1\ 000\ 000}\times 300=240\text{(元)}$$

最后,保险人实际支付的赔偿金加上施救费共计 7 840 元(7 600+24)。

对于不足额投保采用比例赔偿方式是合理的。

(三)定值保险和赔偿方式

定值保险就是保险单中列明当事人双方事先约定的保险标的价值的一种保险,此约定价值即保险价值。如果将标的的约定价值作为保险金额,则在保险期限内发生保险事故造成标的损失时,只要是全部损失,保险人就按全部保险金额赔偿,而不必考虑该财产损失时的实际价值如何。若发生部分损失,要先确定受损程度,然后按保险标的损失程度赔付。赔偿的计算公式是:

$$\text{赔款}=\text{保险金额}\times\text{损失程度}$$

$$\text{损失程度}=\frac{\text{合理市价}-\text{残值}}{\text{合理市价}}$$

我国保险公司办理的海洋运输货物保险和船舶保险均采用定值保险赔偿方式。财产保险中的有些标的,如高档工艺品、名贵书画、古玩等,往往也使用此种赔偿方式。

(四)重置价值保险和赔偿方式

重置价值保险是指保险双方按保险标的的重置价值确定保险金额。当发生保险责任范围内的损失时,如果保险金额高于或等于损失发生时保险标的的重置价值,保险人应按重置价值赔偿,但以损失发生时保险标的的重置价值为限。如果保险金额低于损失发生时保险标的的重置价值，保险人仅负比例赔偿责任。赔偿的计算公式是：

$$赔款=\frac{保险金额}{损失发生时保险标的的重置价值}\times 损失$$

重置价值的含义是：以同一或类似的材料和质量重新置换的价值或费用。重置价值保险适用于我国企业财产保险和工程保险中的一些保险项目。

第二节　企业财产保险

企业财产保险是我国财产保险的主要险种。企业财产保险是以企业存放在固定地点的财产为对象的保险业务，即保险财产的存放地点相对固定且处于相对静止的状态。它具有一般财产保险的性质，许多适用于其他财产保险的原则同样也适用于企业财产保险。以下主要根据中国人民银行 1996 年颁布的"财产保险基本险"和"财产保险综合险"的条款、费率及条款解释(1996 年 7 月)的规定加以说明。

一、企业财产保险的适用范围

(一)哪些法人、团体可以投保企业财产保险

一是任何形式的全民所有制和集体所有制企业，以及民营企业，包括经济联合体、农场、实行经济核算制的部队企业等。

二是国家机关、事业单位和人民团体。

除上述法人和团体外，与全民所有制、集体所有制企业和事业单位等有来料加工、装配、代销、代修商品业务的个体工商户，由于按合同规定他们对有关的商品负有责任，所以这类个体工商户也可以投保企业财产保险。

(二)哪些法人不能投保企业财产保险

一是接受国外来料加工的企业，外国、外侨独资经营的企业，中外合资经营和合作经营的企业，以及通过补偿贸易、引进技术和设备等方法进行的工程和项目。

二是军事机关和部队。

二、企业财产保险的保险标的及保险金额

企业财产保险的保险财产范围包括属于被保险人所有或与他人共有而由被保险人负责的财产、由被保险人经营管理或替他人保管的财产、其他具有法律上承认的与被保险人有经济利害关系的财产。

(一)保险标的的范围

1. 可保财产

可保财产是指为保险人所接受的财产。这类财产通常可用两种不同的方式加以反映。第一，用会计科目来反映。例如，固定资产、流动资产、专用基金开支、专项物资和工程支出、账外财产。第二，以企业财产项目类别来反映。例如，房屋、建筑物和装修设备、机器及附属设备、交通运输工具、通信设备和器材、仪器仪表、器具、工具、用具和家具、成品、半成品、在制品、原材料等。

2. 特保财产

特保财产亦称特约保险财产，即与一般可保财产不同，经保险双方特别约定后在保险单中载明的保险财产。特保财产有两种。一种是不增加费率的特保财产，其特点是：市场价格变化较大或无固定的价格，或受某些风险的影响较小。这类财产有金银、首饰、珠宝、古玩、古画、古书、邮票、艺术

品、稀有金属和其他珍贵财物，以及堤堰、水闸、铁路、道路、涵洞、桥梁、码头等。另一种是增加费率的特保财产，如矿井、矿坑内的设备和物资。将这些财产作为特保财产予以承保主要是为了适应或满足部分行业的特殊需要。

3. 不保财产

不保财产即保险人不予承保的财产。保险单中规定若干财产不能投保，其原因有下列数种：有些财产不属于一般生产资料或商品，它们中有的要么不易遭受损失，要么风险极大；有些财产缺乏价值依据或很难鉴定其价值；有些财产承保后会产生副作用或与政府的有关法律法令相抵触。不能投保的财产还有其他由于种种原因暂时还不能承保的财产、必然会发生危险的财产、可以由其他险种承保的财产。具体来说，不保财产有：土地、矿藏、矿井、矿坑、森林、水产资源及未经收割和收割后尚未入库的农作物，货币、票证、有价证券、文件、账册、图表、技术资料、电脑资料、枪支弹药以及无法鉴定价值的财产，违章建筑、危险建筑、非法占用的财产，在运输过程中的物资等。

（二）保险金额和保险价值

企业财产保险的保险金额根据财产的种类不同、企业财务制度的健全与否分别采用不同的方法加以确定。

1. 账面计算法

账面计算法适用于经营管理正常、财务制度健全的法人团体。保险人和投保人在协商的基础上，对固定资产可以按账面原值确定保险金额，也可以按原值加成数或当时的重置价值或其他方式确定保险金额。固定资产的保险价值是出险时的重置价值。对于流动资产可以按最近12个月任意月份的账面余额确定或由被保险人自行确定保险金额。流动资产的保险价值是出险时的账面余额。

2. 估价计算法

账外财产和代保管财产可以由被保险人自行估价或按重置价值确定保险金额。账外财产和代保管财产的保险价值是出险时的重置价值或账面余额。账外财产和代保管财产应在保险单上分项列明。

对保险价值可以理解为保险人规定保险标的足额投保的金额。

三、企业财产保险的责任范围

（一）基本险责任

保险人承担的保险责任包括以下三个方面：

第一，因自然灾害或意外事故而导致的损失。前一种是指不可抗力造成的损失，属于保险责任的有雷击等。后一种是指不可预料、非被保险人的故意行为造成的损失，属于保险责任的有火灾、爆炸、飞行物体及其他空中运行物体坠落等。

第二，被保险人拥有财产所有权的自用供电、供水、供气设备因保险事故遭受损坏，以及由于这些设备损坏引起停电、停水、停气而造成的机器设备、在产品和贮藏品的损坏或报废。保险人承担这部分的责任是有条件的：其一，必须是被保险人自有或与他人共有的供电、供水、供气设备因保险事故遭受损失引起“三停”所导致的损失；其二，必须是赔偿范围仅限于被保险人的机器设备、在产品和贮藏品等保险标的的直接损失。

第三，被保险人为了避免或减轻财产损失而造成保险标的的损失和支付的费用。在这方面，保险人要承担的责任有两种：其一，必须是因为发生自然灾害或意外事故时，被保险人为避免和减轻财产损失采取必要措施而导致的保险财产损失。被保险人采取的措施应符合两个要求：必须是在保险事故发生的当时采取的施救措施；必须是为了防止灾害蔓延和减少财产损失而采取的施救措施。其二，由于发生保险事故，被保险人为避免或减少财产损失，采取施救、保护、整理等措施而产生的费用。保险人负责的这部分费用必须符合"必要"和"合理"的原则:首先,这些费用应该是为了减少保险财产的损失而支付的;其次,应该是在保险事故发生的当时和以后一定时间内支付的;最后,所有支付的费用应该是合理的。

(二)除外责任

财产保险基本险条款将以下原因造成的损失列为除外责任,对此保险人不予承担:

(1)战争、敌对行为、军事行动、武装冲突、罢工、暴动。

(2)被保险人及其代表的故意行为或纵容所致。

(3)核反应、核子辐射和放射性污染。

(4)地震、暴雨、洪水、台风、暴风、龙卷风、雪灾、雹灾、冰凌、泥石流、崖崩、滑坡、水暖管爆裂、抢劫、盗窃。

(5)保险标的遭受保险事故引起的各种间接损失。

(6)保险标的本身缺陷、保管不善导致的损毁,保险标的的变质、霉烂、受潮、虫咬、自然磨损、自然损耗、自燃、烘焙所造成的损失。

(7)由于行政行为或执法行为所致的损失。

(8)其他不属于保险责任范围的损失和费用。

(三)综合险责任

财产保险综合险条款在基本险的基础上把保险责任范围扩展到包括下列原因造成保险标的的损失:暴雨、洪水、台风、暴风、龙卷风、雪灾、雹灾、冰凌、泥石流、崖崩、突发性滑坡、地面下陷下沉。在除外责任中特别列明了由于地震所造成的一切损失,堆放在露天或罩棚下的保险标的以及罩棚,由于暴风、暴雨造成的损失,保险人不负责赔偿。

四、企业财产保险的赔偿处理

(一)固定资产

1. 全部损失

受损财产的保险金额等于或高于出险时重置价值时,其赔偿金额以不超过出险时重置价值为限;受损财产的保险金额低于出险时重置价值时,其赔款不得超过该项财产的保险金额。

2. 部分损失

受损财产的保险金额等于或高于出险时重置价值时,按实际损失计算赔偿金额;受损财产保险金额低于出险时重置价值时,应按下列公式计算赔偿金额:

$$\text{赔款}=\frac{\text{保险金额}}{\text{出险时重置价值}}\times\text{实际损失或受损财产恢复原状所需修复费用}$$

(二)流动资产(存货)

1. 全部损失

受损财产的保险金额等于或高于出险时账面余额时,其赔偿金额以不超过出险时账面余额为限;受损财产的保险金额低于出险时账面余额时,其赔款不得超过到该项财产的保险金额。

2. 部分损失

受损财产的保险金额等于或高于出险时账面余额时,按实际损失计算赔偿金额;受损财产的保险金额低于出险时账面余额时,应按下列公式计算赔偿金额:

$$\text{赔款}=\frac{\text{保险金额}}{\text{出险时账面余额}}\times\text{实际损失或受损财产恢复原状所需修复费用}$$

(三)账外财产和代保管财产

1. 全部损失

受损财产的保险金额等于或高于出险时重置价值或账面余额时,其赔偿金额以不超过出险时重置价值或账面余额为限;受损财产的保险金额低于出险时重置价值或账面余额时,其赔款不得超过该项财产的保险金额。

2. 部分损失

受损财产的保险金额等于或高于出险时重置价值或账面余额时,按实际损失计算赔偿金额;受损财产的保险金额低于出险时重置价值或账面余额时,应按下列公式计算赔偿金额:

$$\text{赔款}=\frac{\text{保险金额}}{\text{出险时重置价值或账面余额}}\times\text{实际损失或受损财产恢复原状所需修复费用}$$

以上赔款计算公式所遵循的原则是一致的,如果保险金额低于规定的保险价值,应使用比例赔偿方法。

此外,关于施救、抢救、保护费用的赔偿要与保险标的的损失赔偿分别计算,即可以按两个保险金额计算,均以不超过保险金额为限。如果保险标的的损失是按比例赔偿,施救、抢救、保护费用也应按比例赔偿。保险标的受损后的残值须经协议作价折归被保险人,保险人应在支付赔款时扣除残值。

保险标的遭受部分损失经赔偿后,保险人应出具批单,注明保险金额减去赔偿金额后尚余的有效保险金额。如果被保险人需要恢复保险金额,应补交保险费,由保险人出具批单注明。

被保险人向保险人索赔时,应当提供保险单、财产损失清单、技术鉴定证明、事故报告书、救护费用发票以及必要的账簿、单据和有关部门的证明。

五、财产保险被保险人的义务

财产保险基本险和综合险条款中规定的投保人或被保险人应尽的义务如下:

第一,投保人应当在保险合同生效前按约定交付保险费。

第二,被保险人应当履行如实告知义务,如实回答保险人就保险标的或者被保险人的有关情况提出的询问。

第三,被保险人应当遵照国家有关部门制定的保护财产安全的各项规定,对安全检查中发现的各种灾害事故隐患,在接到安全主管部门或保险人提出的整改通知书后,必须认真付诸实施。

第四,在保险合同有效期内,如有被保险人名称变更、保险标的占用性质改变、保险标的地址变动、保险标的危险程度增加、保险标的的权利转让等情况,被保险人应当事先书面通知保险人,并根据保险人的有关规定办理批改手续。

第五,保险标的遭受损失时,被保险人应当积极抢救,使损失减少至最低程度,同时保护现场,并立即通知保险人,协助查勘。

第六,被保险人如果不履行上述约定的各项义务,保险人有权拒绝赔偿,或从解约通知书送达15日后终止保险合同。

六、财产保险费率

财产保险基本险和综合险中的年保险费率分为三大类、13个号次。

(一)工业类(1至6号次)

主要根据工业企业使用的原材料、主要产品(占用性质)把工业险费率划分为六个级别,一级工业危险程度最小、费率最低,如钢铁、机器制造、耐火材料等工业企业。六级工业危险程度最大、费率最高,如以特别危险品及其他爆炸品为主要原材料进行生产的企业,染料工业企业。

由于工业险费率的厘定还兼顾到企业工艺流程和设备现代化程度,故在实际厘定费率时也应予以区别对待。

(二)仓储类(7至10号次)

主要根据仓储商品和物资的性质和危险程度把仓储险费率划分为四个级别:一般物资、危险品、特别危险品和金属材料、粮食专储。

(三)普通类(11至13号次)

主要适用于工业险费率和仓储险费率中不包括的各类企事业单位,如社会团体、机关、事业单位,商业企业,交通运输业,邮政、电信,体育场所、文化娱乐场所,其中,社会团体、机关、事业单位费率最低,石油化工商店、文化娱乐场所、加油站等单位费率最高。

财产保险年费率表分为基本险和综合险两种,综合险的年费率高于基本险,费率按保险金额每千元计算。此外,综合险年费率又分为两种:一种适用于华东、中南、西南地区,另一种适用于东北、华北、西北地区。前者费率一般高于后者。另有财产保险短期基本险、综合险费率表,对保险期不足一年的分别按年费率的一定百分比计收保险费,如保险期为半年,按年费率的60%计收保险费。

第三节　人保2005年版财产保险条款

由于我国企业财产保险长期并存着国内业务和涉外业务产品两大体系,各家产险公司使用的财产保险产品基本相同,加上我国企业财产保险产品单一、粗犷的模式已经难以适应日益开放的市场和客户多样化的需求,因此,中国人民财产保险股份有限公司于2004年启动了企业财产保险产品改造项目。项目组开发人员对英国ABI条款、美国ISO商业财产保险体系进行了深入研究,参考和借鉴了英美等国家和我国台湾地区商业财产保险产品设计理念和相关技术,在广泛调研和充分论证的基础上,对现行企业财产保险产品进行了全面改造和升级,并最终形成了一套以3个主险条款和91个附加险条款(中英文)组成的全新财产保险产品体系——2005年版财产保险条款,在完成了向中国保监会的备案后,已在部分省市分公司试点推行。①

人保2005年版财产保险条款采用了"小主险、多附加"的设计思路,对原来保险责任相对宽广的主险条款进行了"瘦身",同时针对不同类型客户的需求开发了大量标准化的附加险条款作为"零配件",形成了差异化的组合型产品体系。下面先介绍三项主险条款。

人保2005年版财产保险条款分为财产基本险、综合险和一切险三种主险条款。

一、财产基本险

(一)保险标的

1. 可保财产

在保险合同中列明的,投保人、被保险人具有保险利益的财产为保险标的。

2. 特保财产

下列财产未经本保险合同双方特别约定,不属于本保险合同的保险标的:

(1)金银、珠宝、钻石、玉器、首饰、古币、古玩、古书、古画、邮票、字画、艺术品、稀有金属等珍贵财物;

(2)堤堰、水闸、铁路、道路、涵洞、隧道、桥梁、码头;

(3)矿井(坑)内的设备和物资;

(4)便携式通讯装置、便携式计算机设备、便携式照相摄像器材以及其他便携式装置、设备;

(5)尚未交付使用或验收的工程。

3. 不保财产

下列财产不属于本保险合同的保险标的:

(1)土地、矿藏、水资源及其他自然资源;

---

① 详见王和:《为科学和规范经营奠定良好的基础》,《保险研究》,2006年第3期。

(2)矿井、矿坑;

(3)货币、票证、有价证券以及有现金价值的磁卡、集成电路(IC)卡等卡类;

(4)文件、账册、图表、技术资料、计算机软件、计算机数据资料等无法鉴定价值的财产;

(5)枪支弹药;

(6)违章建筑、危险建筑、非法占用的财产;

(7)领取公共行驶执照的机动车辆;

(8)动物、植物、农作物。

(二)保险责任

在保险期间内,由于下列原因造成保险标的直接物质损坏或灭失(以下简称"损失"),保险人按照本保险合同的约定负责赔偿:

(1)火灾。

(2)爆炸。

(3)保险事故发生后,为抢救保险标的或防止灾害蔓延,采取必要的、合理的措施而造成保险标的的损失,保险人按照本保险合同的约定负责赔偿。

(4)保险事故发生后,被保险人为防止或减少保险标的的损失所支付的必要的、合理的费用,保险人按照本保险合同的约定负责赔偿。

(三)责任免除

其一,下列原因造成的损失、费用,保险人不负责赔偿:

(1)投保人、被保险人的故意或重大过失行为;

(2)行政行为或司法行为;

(3)战争、类似战争行为、敌对行动、军事行动、武装冲突、罢工、骚乱、暴动、政变、谋反、恐怖活动;

(4)地震、海啸;

(5)核辐射、核裂变、核聚变、核污染及其他放射性污染;

(6)大气污染、土地污染、水污染及其他非放射性污染,但因保险事故造成的非放射性污染不在此限。

其二,下列损失、费用,保险人也不负责赔偿:

(1)贬值、丧失市场或使用价值、停产、停业等各种间接损失;

(2)锅炉及压力容器爆炸造成其本身的损失;

(3)水箱、水管爆裂造成的任何损失和费用;

(4)任何原因导致供电、供水、供气及其他能源供应中断造成的损失和费用;

(5)本保险合同中载明的保险标的地址内的自燃引起的任何损失和费用;

(6)本保险合同中载明的免赔额。

其三,其他不属于保险责任范围内的损失和费用,保险人不负责赔偿。

(四)保险价值、保险金额与免赔额

其一,保险标的的保险价值可以为出险时的重置价值、出险时的账面余额、出险时的市场价值或其他价值,由投保人与保险人协商确定,并在本保险合同中载明。

其二,保险金额由投保人参照保险价值自行确定,并在本保险合同中载明。

其三,每次事故免赔额由投保人与保险人协商确定,并在本保险合同中载明。

(五)保险期间

除另有约定外,保险期间为1年,以本保险合同中载明的起讫时间为准。

(六)保险人的义务

在新版的财产保险条款中,各家财产保险公司均根据 2009 年新的《保险法》在"投保人、被保险人义务"之前增加了"保险人义务"条款。其主要内容如下:

第一,对保险合同中免除保险人责任的条款,保险人在订立合同时应当做出提示或明确说明;未做提示或明确说明的,该条款不产生效力。

第二,保险人的合同解除权,自保险人知道有解除事由之日起,超过 30 天不行使而消失。自合同成立之日起超过 2 年的,保险人不得解除合同。

第三,保险人在合同订立时已经知道投保人未如实告知的情况的,保险人不得解除合同;发生保险事故的,保险人应当承担赔偿保险金的责任。

(七)投保人、被保险人的义务

第一,投保人应履行如实告知义务,如实回答保险人就保险标的或被保险人的有关情况提出的询问,并如实填写投保单。

第二,除另有约定外,投保人应在本保险合同成立时一次性支付全部保险费。保险费交付前发生的保险事故,保险人不承担赔偿责任。

第三,被保险人应当遵守国家有关消防、安全、生产操作等方面的相关法律、法规及规定,维护保险标的安全。

第四,在保险期间内,如果保险标的占用与使用性质、保险标的地址及其他可能导致保险标的危险程度增加的重要事项发生变更,被保险人应及时书面通知保险人,保险人有权要求增加保险费或者解除合同。保险人要求解除保险合同的,保险人按照保险责任开始之日起至合同解除之日止期间与保险期间的日比例计收保险费,并退还剩余部分保险费。

第五,发生保险责任范围内的事故,被保险人应该:

一是尽力采取必要、合理的措施,防止或减少损失,否则,对因此扩大的损失,保险人不承担赔偿责任。

二是立即通知保险人,并书面说明事故发生的原因、经过和损失情况;对因未立即通知导致保险人无法认定事故原因的,保险人不承担赔偿责任;对因未立即通知导致保险人无法核实损失情况的,保险人对无法核实部分不承担赔偿责任。

三是保护事故现场,允许并且协助保险人进行事故调查;对于拒绝或者妨碍保险人进行事故调查导致无法认定事故原因或核实损失情况的,保险人不承担赔偿责任。

第六,保险事故发生后,依照本保险合同请求保险人赔偿时,投保人、被保险人应提交保险单、索赔申请、财产损失清单、有关部门的损失证明以及保险人合理要求的作为请求赔偿依据的其他证明和资料。

第七,被保险人在请求赔偿时应当如实向保险人说明与受损标的有关的其他保险合同的情况。对未如实说明导致保险人多支付保险金的,保险人有权向被保险人追回多支付的部分。

第八,发生保险责任范围内的损失,应由有关责任方负责赔偿的,被保险人应行使或者保留向该责任方请求赔偿的权利。

(八)赔偿处理

第一,保险标的发生保险责任范围内的损失,保险人有权选择下列方式赔偿:

(1)货币赔偿,即以支付保险金的方式赔偿。

(2)实物赔偿,即以实物替换受损标的的方式赔偿。

(3)实际修复,即以修理修复受损标的的方式赔偿。

第二,保险标的遭受损失后,如果有残余价值,应由双方协商确定其金额,并在核定实际损失时作相应扣除。

第三，保险标的发生保险责任范围内的损失，保险人按以下方式计算赔偿：

(1)保险金额等于或高于保险价值时，按实际损失计算赔偿，最高不超过保险价值；

(2)保险金额低于保险价值时，按保险金额与保险价值的比例乘以实际损失计算赔偿，最高不超过保险金额；

(3)若本保险合同所列标的不止一项时，应分项按照本条约定计算赔偿。

第四，保险事故发生后，被保险人为防止或减少保险标的的损失所支付的必要的、合理的费用，保险人在保险标的损失赔偿金额之外按以下方式另行计算赔偿：

(1)保险金额等于或高于保险价值时，按实际支出计算赔偿，最高不超过被施救保险标的的保险价值；

(2)保险金额低于保险价值时，按保险金额与保险价值的比例乘以实际支出计算赔偿，最高不超过被施救保险标的的保险金额。

第五，保险人的赔偿金额为扣除每次事故免赔额后的金额。

第六，保险事故发生时，如果存在重复保险，保险人按照本保险合同的相应保险金额与所有有关保险合同的相应保险金额总和的比例承担赔偿责任。

第七，保险人收到被保险人的赔偿请求后，应当及时做出核定，并将核定结果通知被保险人；对属于保险责任的，在与被保险人达成有关赔偿金额的协议后 10 日内，履行赔偿义务。

第八，保险标的发生部分损失，保险人履行赔偿义务后，本保险合同的保险金额自损失发生之日起按保险人的赔偿金额相应减少，保险人不退还保险金额减少部分的保险费。如投保人请求恢复至原保险金额，应按原约定的保险费率另行支付恢复部分从投保人请求的恢复日期起至保险期间届满之日止，按日比例计算的保险费。

第九，被保险人对保险人请求赔偿的权利，自其知道保险事故发生之日起 2 年不行使而消灭。

(九)争议处理

因履行本保险合同发生的争议，由当事人协商解决，协商不成的，提交本保险合同中载明的仲裁机构仲裁；本保险合同未载明仲裁机构或者争议发生后未达成仲裁协议的，可向人民法院起诉。

(十)其他事项

(1)保险责任开始后，投保人要求解除本保险合同的，自通知保险人之日起，本保险合同解除，保险人按照短期费率计收自保险责任开始之日至合同解除之日期间的保险费，并退还剩余部分保险费。

(2)保险标的发生全部损失，属于保险责任的，保险人在履行赔偿义务后，本保险合同终止；不属于保险责任的，本保险合同终止，保险人按短期费率计收自保险责任开始之日至损失发生之日期间的保险费，并退还剩余部分保险费。

(3)保险标的发生部分损失，在保险人赔偿后 30 日内，保险人可以终止本保险合同。保险人终止本保险合同的，应当提前 15 日通知投保人，并将保险标的未受损部分的保险费，扣除自保险责任开始之日起至终止合同之日止期间的应收部分后，退还投保人。

对照上一节所述的中国人民银行在 1996 年颁布的财产保险基本险条款，人保 2005 年版财产保险财产基本险条款在以下几方面做了重大改造：

第一，缩小了保险责任范围，将“三停”损失、雷击、飞行物体及其他空中运行物体坠落从保险责任范围中剔除，使基本险成为一种真正意义上的火灾保险，扩大了基本险和综合险在保险责任范围上的差别。

第二，取消了两个相同保险金额的做法，即被保险人为防止或减少保险标的的损失所支付的必要的、合理的费用赔偿不适用于全部保险标的的相同保险金额，而以被施救保险标的的保险价值或保险金额为限。

第三,明确了保险价值多种确定方式,改变了以往单一的以出险时重置价值、出险时的账面余额确定保险价值的方式,增加以出险时的市场价值或其他价值的确定方式,赔偿处理的计算方式也做了相应调整,不区分全部损失和部分损失,而是区分足额保险和不足额保险两种赔偿计算方式。此外,保险财产也不区分固定资产和流动资产两大类,基本险和综合险都实行了免赔额。

第四,详尽规定了总则、投保人、被保险人义务、争议处理和其他事项,并对保险合同中涉及的术语做了释义,使保险合同条款更为严谨,具有可操作性。

二、财产综合险和一切险

(一)财产综合险

财产综合险条款和基本险条款的差异在于保险责任和责任免除这两个方面,其他内容都是一致的,毋庸赘述。

1. 保险责任

在保险责任方面,在基本险的责任范围基础上扩大了下列责任:(1)雷电、暴雨、洪水、暴风、龙卷风、冰雹、台风、飓风、暴雪、冰凌;(2)突发性滑坡、崩塌、泥石流;(3)飞行物体及其他空中运行物体坠落;(4)水箱、水管爆裂。

2. 责任免除

在责任免除方面,在基本险责任免除的基础上仅增加了两项:

(1)保险标的的内在或潜在缺陷、自然磨损、自然损耗,大气(气候或气温)变化、正常水位变化或其他渐变原因,物质本身变化、霉烂、受潮、鼠咬、虫蛀、鸟啄、氧化、锈蚀、渗漏、烘焙,但因此导致的火灾、爆炸不在此列。

(2)广告牌、天线、霓虹灯、太阳能装置等建筑物外部附属设施,存放于露天或简易建筑物内部保险标的以及简易建筑本身,由于雷电、暴雨、洪水、暴风、龙卷风、冰雹、台风、飓风、暴雪、冰凌造成的损失。

在责任免除中取消了基本险中的"其他不属于保险责任范围内的损失和费用"一项。

财产综合险条款的保险责任和责任免除与上一节所述的财产保险综合险基本一致,但增加了水箱、水管爆裂的责任,删除了地面下陷下沉的责任,在责任免除方面增加了上述两项。

(二)财产一切险

财产一切险条款和综合险条款的差异在于对保险责任不是一一列明,而是对责任免除详细列明,其他内容都是相同的。

1. 保险责任

在保险期间内,由于自然灾害或意外事故造成保险标的直接物质损坏或灭失,保险人按照保险合同的约定负责赔偿。在保险合同的"释义"中对"自然灾害"的释义是:"指雷电、暴雨、洪水、暴风、龙卷风、冰雹、台风、飓风、沙尘暴、暴雪、冰凌、突发性滑坡、崩塌、泥石流、地面突然下陷下沉及其他人力不可抗的破坏力强大的自然现象。"对"意外事故"释义是:"指不可预料的以及被保险人无法控制并造成物质损失的突发性事件,包括火灾和爆炸。"

2. 责任免除

在责任免除方面,在综合险责任免除的基础上再增加了以下几项:(1)盗窃、抢劫;(2)设计错误、原材料缺陷或工艺不善造成保险标的本身的损失;(3)非外力造成机械或电器设备本身的损失;(4)被保险人及其雇员操作不当、技术缺陷造成被操作的机械或电器设备的损失;(5)盘点时发现的短缺。

在责任免除中取消了基本险和综合险中"自然损失"一项。

财产一切险条款的保险责任和责任免除与原来的涉外财产保险业务的财产一切险条款相似,

但新条款中的责任免除增加了盗窃、抢劫。

综上所述，人保 2005 年版财产保险条款中三个主险条款统一，在保险标的、承保方式和理赔方式以及投保人、被保险人义务等方面都保持一致。差别主要在于保险责任和责任免除方面，并且实现了财产保险国内业务与涉外业务并轨。

三、附加险

近年来，随着保险市场的不断成熟，保险中介尤其是保险经纪业在发展，投保人在保险合同中的谈判能力逐渐提高，市场对保险产品的差异化要求也越来越强烈，原有可供选择的附加条款数量太少，不能满足需求。我国的一些三资企业纷纷要求使用一些国际保险市场通用的附加条款，以满足解决保险方案个性化的需求。同时保险经纪人尤其是国际保险经纪人也引入大量国际保险市场上使用的附加条款，而且大多数是英文条款。一些保险从业人员一时难以熟悉和掌握，而为了获得业务，往往不得不被动和盲目接受这些条款，为日后的理赔纠纷埋下隐患。在这种形势下，原来的企业财产保险的国内业务和涉外业务的附加条款(国内业务 17 个附加条款，涉外业务 19 个附加条款)显然不敷使用。为了克服附加险使用混乱的状况，中国人民财产保险股份有限公司项目组开发人员收集了国内外保险市场各家保险公司和国际保险经纪公司经常使用的附加条款，加以整理和规范，并结合国情，在原有附加条款基础上一举设计开发了一整套共计 91 个附加条款。该系列附加条款共分为三类，即扩展类、限制类和规范类，分别适用于基本险、综合险和一切险，或者同时适用两种或三种主险。以下择要介绍这三类附加险，标题后括号内 1 表示适用基本险、2 表示适用于综合险、3 表示适用于一切险。

(一)扩展类附加条款

扩展类附加条款共有 62 个条款，又分为一般扩展责任、特定标的扩展责任、扩展费用、扩展标的地点、扩展标的、扩展赔偿基础。

一般扩展责任条款有：暴风雨，台风、飓风，龙卷风，洪水，冰雹，雷电，暴雪、冰凌，沙尘暴，泥石流、崩塌、突发性滑坡，地面突然下陷下沉，地震，飞行物体及其他空中运行物体坠落，水箱、水管爆裂，自燃，盗窃、抢劫，罢工、暴乱及民众骚乱，恶意破坏，自动喷淋系统水损，碰撞，供应中断，烟熏，恐怖活动。

特定标的扩展责任条款有：油气管道损坏，玻璃破碎，建筑物外部附属设施，露天存放及简易建筑内财产，冷库，锅炉、压力容器，铁路机车车辆，起重、运输机械，建筑物变动。

扩展费用条款有：复制费用、灭火费用、消防队灭火费用、临时保护措施、清理残骸费用、专业费用、特别费用、空运费、公共当局、建筑物未受损部分额外费用。

扩展标的地点条款有厂区间临时移动、车辆装载物、临时移动、委托加工、内陆运输。

扩展标的条款有增加资产、便携式设备、雇员个人物品、其他物品。

扩展赔偿基础条款有自动升值、合同价格、85%、放弃代位追偿。

1. 洪水扩展条款(1)

由于洪水造成保险标的的损失，保险人按照本保险合同的约定负责赔偿。但下列损失，保险人不负责赔偿：

(1)因规律性的涨潮、地下渗水或水库、运河、堤坝在正常水位线以下的排水或渗漏造成保险标的的损失；

(2)广告牌、天线、太阳能装置、霓虹灯等建筑物外部附属设施、存放于露天或简易建筑内的保险标的以及简易建筑本身的损失，但本保险合同另有约定的不在此限；

(3)地下建筑及其内部存放的保险标的的损失；

(4)自动灭火设施漏水或水管、水箱爆裂造成保险标的的损失，但本保险合同另有约定的不在此限。

2. 地震扩展条款(1.2.3)

由于烈度达到或超过保险标的所在地抗震设防标准的地震或由此引起的海啸、火灾、爆炸造成保险标的的损失,保险人按照本保险合同的约定负责赔偿。但由于建筑物未达到国家建筑质量要求(包括抗震设防标准)造成保险标的的损失,保险人不负责赔偿。保险标的因连续 72 小时内遭受一次或多次地震(余震)所致损失视为一次事故。本附加条款项下每次事故赔偿限额不超过主险保险金额的 80%。本附加条款项下每次事故免赔额不低于人民币 40 万元或损失金额的 5%,两者以高者为准。

3. 水箱、水管爆裂扩展条款(1)

由于水箱、水管因雷电、飞行物体及其他空中运行物体坠落、高压、碰撞、严寒、高温造成爆裂,致使其本身损失以及由此引起的其他保险标的的损失,保险人按照本保险合同的约定负责赔偿。但由于下列原因造成保险标的的损失,保险人不负责赔偿:(1)水箱或水管安装、检修、试水、试压;(2)水箱、水管年久失修以及未采取必要的防护措施;(3)水箱、水管本身的质量缺陷;(4)临时性管道的爆裂。

4. 盗窃、抢劫扩展条款(1.2.3)

由于使用暴力手段进出保险标的的坐落地址或被电子监测系统记录的,并经公安部门证明确系盗窃或抢劫行为造成保险标的的损失,保险人按照本保险合同的约定负责赔偿。但下列损失保险人不负责赔偿:

(1)被保险人雇员、家庭成员及寄宿人员直接或间接参与盗窃及内外串通、故意纵容他人盗窃或抢劫所致的损失;

(2)放置在室外的保险标的遭受的盗窃损失;

(3)保险标的的坐落地址发生火灾、爆炸时保险标的遭受的盗窃损失;

(4)无合格的防盗措施、无专人看管或无详细记录情况下发生的损失;

(5)营业或工作期间、进出库过程中发生的盗窃损失;

(6)盘点时发现的短缺。

5. 罢工、暴乱及民众骚乱扩展条款(1.2.3)

在罢工、暴乱或民众骚动期间,由于参与罢工、暴乱或民众骚动的人员造成保险标的的损失,以及因发生抢劫造成保险标的的损失,保险人按照本保险合同的约定负责赔偿。但由于国家有关部门的命令、没收、征用或拆毁造成的损失以及因参与人员或其他人故意纵火造成的损失,保险人不负责赔偿。

6. 恶意破坏扩展条款(1.2)

由于第三者恶意破坏行为造成保险标的的损失,保险人按照本保险合同的约定负责赔偿。但除另有约定外,对作为建筑物组成部分的玻璃破碎损失,以及盗窃、抢劫导致的损失,保险人不负责赔偿。

7. 自动喷淋系统水损扩展条款(1.2)

由于自动喷淋系统的突然破裂、失灵造成保险标的的损失,保险人按照本保险合同的约定负责赔偿。但下列损失,保险人不负责赔偿:(1)自动喷淋系统本身的损失;(2)严寒致使自动喷淋系统的破裂造成的损失;(3)自动喷淋系统未处于工作状态或废弃期间发生的损失。

8. 碰撞扩展条款(1.2)

由于非被保险人及其雇员所有的或管控的动物、车辆及船舶等交通工具的碰撞造成保险标的的损失,保险人按照本保险合同的约定负责赔偿。

9. 供应中断扩展条款 B(1.2.3)

由于本保险合同中载明的保险标的地址内供应电、水、气及其他能源的设备，或本保险合同中载明的保险标的地址外，被保险人所有的上述设备遭受保险事故致使供应中断造成保险标的的损失，保险人按照本保险合同的约定负责赔偿。

10. 烟熏扩展条款(1.2.3)

由于意外事故引起烟熏造成保险标的的直接物质损失或清除污迹的费用，保险人按照本保险合同的约定负责赔偿。

11. 恐怖活动扩展条款(1.2.3)

由于恐怖活动引起火灾、爆炸而造成保险标的的损失，保险人按照本保险合同的约定负责赔偿。但对下列损失不负责赔偿：(1)公共当局没收、临时或永久征用所致的损失；(2)由于建筑物临时或永久被非法占据所致的损失；(3)由于核辐射、核爆炸、核污染及其他放射性污染所致的损失。

12. 建筑物外部附属设施扩展条款 B(1.2.3)

由于暴风、暴雨、龙卷风、台风、飓风、雷电、冰雹、暴雪、冰凌、洪水造成被保险建筑物外部的广告牌、天线、太阳能装置、霓虹灯的直接物质损失，保险人按照本保险合同的约定负责赔偿。

13. 露天存放及简易建筑内财产扩展条款 A(1.2.3)

由于暴风、暴雨造成的存放于露天或简易建筑内的保险标的的损失，保险人按照本保险合同的约定负责赔偿。

14. 冷库扩展条款(1.2.3)

由于冷库或冷柜发生保险责任范围内的损失而导致冷库、冷柜内温度变化，造成存放其内的保险标的变质或腐烂，保险人按照本保险合同的约定负责赔偿。

15. 锅炉、压力容器扩展条款(1.2.3)

在保险合同中载明的保险标的地址内，被保险人所有的或管控的锅炉、压力容器在正常使用过程中，由于下列原因造成自身的损失，保险人按照本保险合同的约定负责赔偿：(1)操作不当；(2)爆炸。

但存在下列情形时发生的损失，保险人不负责赔偿：(1)未按规定和技术规程进行维护保养、检修或违规运行及给水水质不良；(2)操作人员无政府有关部门签发的操作上岗证进行操作；(3)锅炉未取得政府有关部门颁发的使用登记证或年检合格证。

16. 建筑物变动扩展条款(1.2.3)

保险合同中载明的保险标的地址内的建筑物进行扩建、改建、维修、装修过程中发生保险责任范围内的损失，保险人按照本保险合同的约定负责赔偿，但被保险人须以书面形式提前通知保险人并恪守职责防止损失发生。

17. 复制费用扩展条款(1.2.3)

保险事故造成被保险人所有的或管控的文件、账册、图表、技术资料、计算机软件及资料发生损失，保险人按照本保险合同的约定负责赔偿上述财产的载体材料价值和书写、拷贝或重新绘制的人工费用，不包括其内含信息对于被保险人的价值。

18. 灭火费用扩展条款 B(1.2.3)

被保险人为扑灭本保险合同中载明的保险标的地址内的火灾而发生的下列必要及合理的费用，保险人按照本保险合同的约定负责赔偿：(1)雇员(不包括正常上班的雇员及属于被保险人专职消防队的雇员)协助灭火而产生的加班费用；(2)对在灭火过程中使用过的灭火器材重新填充的费用；(3)被保险人的雇员在灭火过程中直接损毁的个人物品。

19. 消防队灭火费用扩展条款(1.2.3)

消防队为扑灭保险责任范围内的火灾而依法收取的灭火费用，保险人按照本保险合同的约定负责赔偿。上述消防队不包括被保险人自有的消防部门。

20. 清理残骸费用扩展条款(1.2.3)

因发生保险责任范围内的损失而产生的清除、拆除或支撑受损保险标的的费用，保险人按照本保险合同的约定负责赔偿。

21. 专业费用扩展条款(1.2.3)

发生保险责任范围内的损失后，在恢复受损保险标的过程中发生的必要、合理的设计师、检验师及工程咨询人费用，保险人按照本保险合同的约定负责赔偿，但被保险人为准备索赔或估损所发生的任何费用，保险人不负责赔偿。

22. 公共当局扩展条款(1.2.3)

因保险事故造成保险标的损失，在重建或修复时，由于必须执行公共当局的有关法律、法令、法规产生的额外费用，保险人按照本保险合同的约定负责赔偿。

23. 建筑物未受损部分额外费用扩展条款(1.2.3)

被保险建筑物部分损失时，若根据有关法律、法令、法规及其附则，该受损保险标的必须在其他地点重建，由此而必须废弃的建筑物未受损部分，保险人按照本保险合同的约定负责赔偿。但发生损失前被保险人已接到有关当局关于移址的通知的，保险人不负责赔偿。

24. 委托加工扩展条款(1.2.3)

被保险人向外委托加工的保险标的，在经保险人同意的加工场所内，因保险事故造成的损失，保险人按照本保险合同的约定负责赔偿。但依据委托加工合同应由被委托加工方承担的赔偿责任，保险人不负责赔偿。

25. 内陆运输扩展条款 A(1.2.3)

在保险合同约定的地域范围内，保险标的在除水运和空运以外的内陆运输途中(包括装卸过程中，但不包括临时存放期间)，因保险责任范围内的事故造成的损失，保险人按照保险合同的约定负责赔偿，但保险标的的运输必须有合适的包装及装载。

26. 增加资产扩展条款 B(1.2.3)

保险合同生效后，被保险人在中华人民共和国境内新增加的资产，但不包括财产本身的升值及存货，保险人按照保险合同的约定承担保险责任，但在保险期间内新增加资产的金额应不超过本保险合同中载明的相应限额，且被保险人须每季度末 10 日内申报增加资产的价值。

27. 雇员个人物品扩展条款(1.2.3)

由于保险事故造成被保险人雇员的个人物品损失，保险人按照保险合同的约定负责赔偿。但对货币、票证、有价证券、有现金价值的磁卡、集成电路(IC)卡等卡类、金银、珠宝、钻石、玉器、首饰、古币、古玩、古书、古画、邮票、字画、艺术品、稀有金属的损失，保险人不负责赔偿。

28. 其他物品扩展条款(1.2.3)

由于保险事故造成其他物品的损失，保险人按照本保险合同的约定负责赔偿。本附加条款所称“其他物品”是指下列被保险人所有的或管控的物品：

(1)单证、手稿、商务账册、计算机软件及资料，但仅限于其载体材料的价值以及为恢复原有数据及资料而发生的费用，保险人在该项下的赔偿责任以本保险合同中载明的相应赔偿限额为限；

(2)被保险人未另投保的模板、模具、模型、设计图纸的重新制作费用，但不包括设计费用；

(3)被保险人雇员的衣物及其他个人物品，保险人对每一雇员的赔偿责任以本保险合同中载明的相应赔偿限额为限。

29. 自动升值扩展条款(1.2.3)

保险合同项下双方约定自动升值的保险标的(存货除外)的保险金额在保险期间内每天以本保险合同中载明的保险金额升值率的 1/365 增加，计算公式如下：

保险金额每天升值金额＝本保险合同中载明的保险金额×升值率×1/365

30. 合同价格扩展条款(1.2.3)

当保险标的已经售出但尚未交付而存放于本保险合同中载明的保险标的地址内，因发生保险事故造成该保险标的损毁，导致该销售合同被注销，则保险人对上述受损保险标的的赔偿按销售合同单价为基础计算。

31. 85%扩展条款(1.2.3)

保险事故发生时，若保险金额达到保险价值的85%，保险人在保险金额以内按实际损失计算赔偿；若保险金额不足保险价值的85%，保险人按保险金额与保险价值的比例计算赔偿。本保险合同所列标的不止一项时，应分项按照本附加条款约定计算赔偿。

32. 放弃代位追偿扩展条款(1.2.3)

保险人同意放弃对下列各方可能拥有的代位请求赔偿的权利：(1)被保险人的关联或联营公司；(2)被保险人的子公司或控股公司；(3)被保险人的董事、合伙人；(4)被保险人的雇员。但上述各方的故意行为造成保险事故的，保险人保留代位请求赔偿的权利。

(二)限制类附加条款

限制类附加条款共有7个：暴风雨除外，台风、飓风除外，龙卷风除外，洪水除外，沙尘暴除外，碰撞除外，自燃除外，以便投保综合险或一切险的投保人取消某些保险责任，以适合保险财产所在地气候条件和地理状况及保险财产的特点。

(三)规范类附加条款

规范类附加条款共有22个，主要用来调整承保方式和条件。该类附加条款有仓储财产申报、自动恢复保险金额、重置价值、定值保险、错误和遗漏、不受控制、不使失效、违反条件、成对或成套设备、72小时、赔款接受人、抵押权、指定公估人、预付赔款、索赔单据、紧急抢险、50/50、分期付费、消防保证、防洪保证。

1. 仓储财产申报条款

投保人、被保险人已支付的本保险合同中载明的仓储财产的保险费为预付保险费，保险人将根据有关约定进行调整：

(1)被保险人应在每季度结束后30天内向保险人申报该季度最后一天的库存价值，若被保险人没有按期申报或申报金额高于保险金额，本保险合同中载明的保险金额将视作当期的申报库存价值；

(2)发生损失时，若保险仓储财产的实际库存价值超过保险金额，保险人按照保险金额与仓储财产实际库存价值的比例计算赔偿；

(3)保险期间届满时，保险费将根据申报库存价值的平均数作调整，但退还的保险费不得超过预付保险费的50%；

(4)发生损失后，保险金额将自动恢复，但被保险人应支付自损失发生之日起至本保险合同保险期间届满之日止期间的保险费。

2. 自动恢复保险金额条款

发生保险责任范围内的损失时，各项受损保险标的的保险金额自动恢复，但被保险人应按日比例支付恢复部分自损失发生之日起至本保险合同保险期间届满之日止期间的保险费。

3. 重置价值条款

若投保人与保险人约定保险价值为出险时的重置价值，则适用下列约定：

(1)发生保险事故后，被保险人应对受损保险标的进行重置。

(2)若遇下列情况，保险价值变更为出险时的市场价值：被保险人没有合理的原因和理由而推迟、延误重置工作；被保险人没有对受损保险标的进行重置；发生损失时，若存在重复保险且其他保险合同没有按重置价值承保。

4. 定值保险条款

保险合同项下特约保险标的中双方约定适用于定值保险的保险标的的保险价值为投保时约定并于保险合同中载明的价值。约定保险价值为定值的保险标的发生保险责任范围内的损失时,保险人按照保险标的的损失程度计算赔偿。

5. 错误和遗漏条款

投保人、被保险人因过失而延迟、错误或遗漏向保险人告知或通知保险标的所占用的场地或价值的变更、保险标的危险程度增加或其他重要事项,被保险人在本保险合同项下的权益不受影响。但投保人、被保险人一旦发现其延迟、错误或遗漏,应立即通知保险人上述事项,并支付从风险增加之日起至保险期间届满之日止期间可能的额外保险费,否则保险人不承担保险责任。

6. 不受控制条款

被保险人在无法控制或不存在过错的情况下违反本保险合同的条件和保证,本保险合同的保障不受影响。

7. 不使失效条款

在投保人、被保险人完全不知情的情况下,本保险合同不因保险标的所占用场地或价值的变更、保险标的危险程度的增加或其他重要事项的变化而失效。但投保人、被保险人一旦知道该情况,应立即通知保险人,并支付从风险增加之日至保险期间届满之日期间可能的额外保险费,否则保险人不承担保险责任。

8. 违反条件条款

被保险人违反了保险合同约定的条件和保证时,仅使这些违反的条件和保证所对应的保障失效,而不影响其他保障的效力。

9. 成对或成套设备条款

保险合同项下承保的属于成对或成套的机器设备的组件发生损失时,保险人按受损组件的价值在所属整对或整套设备中所占的合理比例计算赔偿;但若修理或替换受损组件均不能使该成对或成套设备恢复到同类设备基本相同的使用状况,按受损组件所属整对或整套设备的全部价值计算赔偿。

10. 72 小时条款

保险合同项下保险标的在连续 72 小时内遭受暴风雨、台风、洪水或地震所致损失应视为一单独事件,在计算赔偿时视为一次保险事故。被保险人可自行决定 72 小时的起始时间,但若在连续数个 72 小时时间内发生损失,任何两个或两个以上 72 小时期限不得重叠。

11. 赔款接受人条款

按照被保险人的要求,保险人将本保险合同项下的保险金优先支付给本保险合同中载明的赔款接受人。如被保险人增加或变更赔款接受人,应书面方式通知保险人。

12. 抵押权条款

发生保险责任范围内的损失后,保险人可以按照有关法律规定或被保险人与抵押权人的约定,将保险金在抵押权人的抵押权益范围内优先支付给抵押权人,并视为保险人已将保险金支付给被保险人。抵押权人在抵押权益范围内所享有的权利,不因投保人或被保险人违反告知义务或通知义务或因抵押标的物所有权变更而受影响;但投保人或被保险人未按约定支付保险费或因抵押标的物所有权变更而可能增加的保险费,抵押权人应在接到保险人通知 15 日内支付,否则抵押权人的本项权益即告丧失。

13. 指定公估人条款

当发生保险责任范围内的损失,估损金额超过本保险合同中载明的相应金额时,可以指定双方认可的有合法执业资格的机构作为公估人，公估费用由保险人承担。

14. 预付赔款条款 A

当发生保险责任范围内的损失，经保险人或保险人委托的公估人理算后，损失金额已确定部分的赔款可预付给被保险人，该部分预付赔款应从总赔款金额中扣除。

15. 50/50 条款

对于从外部运抵本保险合同中载明的保险标的地址的保险标的，被保险人应立即检验其可能发生的损失，若存在以下任何情况，保险人不承担赔偿责任：(1)裸装货物损失明显；(2)货物外包装有明显货损迹象；(3)货物外包装无货损迹象且运抵至开箱期间未发生任何事故，直至货物开箱时才发现损失。但有明显证据证明损失确系发生在运输终止后的，保险人按照本保险合同的约定承担赔偿责任。无明显证据确定损失的发生时间的，保险人按照本保险合同的约定承担50%的赔偿责任。

16. 分期付费条款 B

保险合同项下保险费可以按照约定的分期支付日期和金额支付。若投保人未按约定支付保险费，从应付之日起至实际支付之日止的期间内发生保险责任范围内的损失的，保险人按损失发生时已交保险费与本保险合同约定的总保险费的比例承担赔偿责任。投保人在付清本保险合同项下全部保险费之前，如保险标的发生损失，保险人应支付的赔偿金额超过投保人未支付的保险费时，保险人有权在赔偿金额中扣除投保人尚未支付的保险费。

17. 消防保证条款

保险人仅在被保险人做到并符合下列各项要求后，对被保险人因火灾、爆炸直接引起的损失负责赔偿：

(1)保险标的所在地应始终配备足够的和有效的消防设备以及充足容量的灭火用具，并使之处于随时可用的状态；

(2)保证足够的人员受到使用该消防设备的训练，并能随时进行灭火工作；

(3)所有易燃液体、气体及固体的放置地应远离任何明火作业区；

(4)易燃物附近动用明火，或进行烧焊、切割作业时必须至少有一名受到消防训练并配备灭火器材的人员在场。

18. 防洪保证条款

保险人仅在被保险人做到合理的安全保护措施的情况后，对被保险人因暴雨、洪水直接引起的损失负责赔偿。合理的安全保护措施是指在整个保险期间内，根据气象部门提供的数据，被保险人在保险标的所在地点采取能够预防当地20年一遇的降雨、洪水的措施。由于被保险人没有及时清理保险标的所在地内的沟渠中的障碍物保持水流畅通而造成的损失、损坏或由此而产生的责任，保险人不负责赔偿。

由上述可见，我国企业财产保险承保方式已开始变为主险条款加上适合投保人需要和保险财产特点的附加险方式。

第四节 营业中断保险

营业中断保险又称利润损失保险，本节介绍的是平安财产保险公司营业中断保险条款(2009年版)的主要内容和规定。

一、保险责任

营业中断保险是依附于财产保险或机器损坏保险上的一种扩大责任的保险。它承保被保险人在保险期间内因物质损失保险合同主险条款所承保的风险造成营业所使用的物质财产遭受损失导致被保险人营业受到干扰或中断所致赔偿期间内的毛利润损失。本保险合同所称毛利润是指按照下述公式计算的金额:

$$毛利润=营业利润+约定的维持费用$$

或

$$毛利润=约定的维持费用-营业亏损\times\frac{约定的维持费用}{全部的维持费用}$$

维持费用是指被保险人为维持正常营业活动而发生的、不随被保险人营业收入的减少而成正比例减少的成本或费用。

必要时还可增加因第三者受灾带来的营业中断损失,如供应商、销售商、电厂、水厂等受灾造成保险企业营业中断。由此可见,我国的营业中断保险是一种综合的间接损失保险。

营业中断保险的保险责任范围与基本保单是一致的,即只有当基本保单所承保的物质财产遭受了责任范围内的损失后,保险公司才负责赔偿营业中断损失。对经营不善、违反法令、市场竞争等引起的利润损失,保险公司不予负责,营业中断保险只赔偿企业合法的和合理的间接损失。

二、责任免除

保险人不负责赔偿下列损失:

(1)投保人、被保险人的故意或重大过失行为产生或扩大的任何损失;

(2)由于物质损失保险合同主险条款责任范围以外的原因产生或扩大的损失;

(3)地震、海啸及其次生灾害产生或扩大的损失;

(4)由于政府对受损财产的修建或修复的限制而产生或扩大的损失;

(5)恐怖主义活动产生或扩大的损失;

(6)保险合同载明的免赔额或约定的免赔期内的损失。

三、赔偿期

营业中断保险是赔偿企业如果不遭受灾害事故在正常生产或营业条件下本来能够实现的收益。为了确定赔偿金额,被保险人必须与保险公司事先商定一个最大赔偿期,即估计企业财产受损后为恢复生产或营业达到原有水平所需要的时间,可能发生的营业中断期限可以以月为计算单位表示,如 3 个月、6 个月、12 个月等,从财产受灾之日起算。保险公司负责赔偿该赔偿期间内因营业中断造成的毛利润损失。赔偿期间是指自物质保险损失发生之日起,被保险人的营业结果因该物质保险损失而受到影响的期间,但该期间最长不得超过本保险合同约定的最大赔偿期。该毛利润损失是根据企业上年度实现的毛利润加上对本年度的业务发展趋势的估计经公证会计师核查后确定。赔偿期间与保险期间是两个不同的概念,保险期间仍是财产保险的期间。

四、保险金额

毛利润损失保险金额由投保人自行确定并在保险合同中载明。保险金额是根据企业上年度账册中的销售额或营业额加上对本年度业务发展的趋势和通货膨胀因素的估计所得出的本年度预期毛利润金额来确定的。如果最大赔偿期少于 12 个月,一般以本年度预期毛利润来确定。如果最大赔偿期超过 12 个月,保险金额应按比例增加。至于扩展责任的保险金额,如果企业完全依靠一个供应商或一个销售商,那么,保险金额应与毛利润损失保险金额相同。如果有数个供应商或销售商,那么,保险金额可以相应减少,因为一个供应商或销售商出险不会使被保险人全部停产,只会减产或减少部分营业额。

五、赔偿计算

赔偿期间内的毛利润损失为分别按照营业收入的减少和经营费用的增加计算的损失之和，扣除在赔偿期间内被保险人因保险事故的发生而从毛利润中减少或停止支付的费用。

计算毛利润损失的公式是：

毛利润损失＝（标准营业收入－赔偿期间内的营业收入）×毛利润率

式中，标准营业收入是指发生物质保险损失之日前12个月中与赔偿期间对应的日历期间的营业收入，毛利润率是指发生物质保险损失之日前最近一个完整的会计年度内的毛利润与营业收入的比率。

［**例9－2**］ 某百货商场年营业额为1 000 000元，其中营业成本是700 000元，维持费100 000元，净利润为200 000元，则毛利润为300 000元(1 000 000－700 000)。维持费是指管理人员的薪水、租金、董事费、利息、广告费、保险费等在营业中断期一般仍需要支付的费用，所以也列入保险范围。折旧费用也可以包括在维持费内投保，预计营业中断期间不再支付或减少支付的维持费用，可以在投保时扣除。

$$毛利润率=\frac{300\ 000}{1\ 000\ 000}\times 100\%=30\%$$

再假设该商场于2009年2月1日发生火灾，直到7月31日才全部恢复营业，营业中断保险最大赔偿期也正好是6个月。赔偿期间内的实际营业额是100 000元，2008年2月1日至7月31日的标准营业收入是500 000元，那么应赔偿的毛利润损失是：

(500 000－100 000)×30%＝120 000(元)

该商场营业减少额是400 000元，减去保险公司的赔款120 000元后的差额280 000元是营业成本，此项费用在营业中断期间已免于支出。

企业在投保营业中断保险时，还可根据本年度的业务发展趋势和通货膨胀因素对营业额、毛利润指标做必要的调整。沿用上例，估计2009年的营业额比2008年增长10%，另因通货膨胀因素而增加的营业额也是10%，保险公司应赔偿该商场的毛利润损失是：

(500 000×120%－100 000)×30%＝150 000(元)

除了赔偿上述毛利润损失外，保险公司还负责赔偿为避免或减少赔偿期间内营业收入的减少而额外支出的必要的、合理的经营费用，如商场发生火灾后为了继续营业而租用他人地方的租金，但增加的费用不能超过不支出该项费用而造成的毛利润损失数额。为了缩短赔偿期间而支付的额外费用，也按同样原则处理。此外，由于企业在索赔时提供的财务报告和账册需经会计师审查、公证后才有效，因此，会计师费用也可在保险金额范围内赔偿。如果保险金额不足，保险公司可以实行按比例赔偿。

六、费率

营业中断保险的费率是以财产保险的费率为基础费率，再根据最大赔偿期长短等因素进行调整。例如，最大赔偿期为6个月的费率是基础费率的100%，最大赔偿期为12个月的费率是基础费率的150%，最大赔偿期少于6个月或多于12个月的，费率可适当减少或增加。至于扩展责任的费率，如果企业完全依靠一个供应商或一个销售商，加费率可高达100%的营业中断保险费率。如果有数个供应商或销售商，加费率可相应减少，通常是营业中断保险费率的50%。免赔额高低也是影响费率的一个因素。

七、免赔额

免赔额可以用金额或时间表示。如果用时间表示，免赔天数至少是3天。

［**例 9－3**］ 假定某企业在受灾后 6 个月赔偿期限内的毛利润损失为 30 000 元，免赔天数是 7 天，那么，赔偿金额应是：

$$30\ 000\times\frac{173}{180}=28\ 800(\text{元})$$

第五节 建筑工程一切险

一、工程保险的沿革

建筑工程保险和安装工程保险是工程保险的主要险种，工程保险在财产保险中属于较新的一个险种，只有七十多年的历史。工程保险最初起源于英国保险市场。第二次世界大战期间，欧洲大陆许多城市不同程度地遭到了飞机的轰炸和炮击。战后，为了医治战争创伤、重建家园，各国政府相继开始实施各种经济方案，如重建和新建住房、医院、学校、商店、旅馆、厂房、公路、桥梁、车站、码头、机场。但是，在建设过程中的工程项目可能遭受人为或自然因素所造成的损失。因此，客观上需要保险提供保障，工程保险便应运而生，并首先在欧洲得到迅速发展。

自党的十一届三中全会以来，我国打破了闭关自守的局面，执行了对外开放的政策。全国各地已有不少中外合资和独资建设项目，国内还有许多耗资巨额的重点建设项目，为了满足经济形势发展的要求，我国保险公司也已开办了工程保险业务，目前已有建筑工程一切险(contractor's all risks)、安装工程一切险(erection all risks)、机器损坏保险等险种。2015 年初，首台(套)重大技术装备保险补偿机制正式建立，这是我国专门针对首台(套)重大技术装备提供的创新型综合保险产品，主要承保质量风险和责任风险。2016 年 2 月，《中共中央、国务院关于进一步加强城市规划建设管理工作的若干意见》指出，实行施工企业银行保函和工程质量责任保险制度，同时鼓励大型公共建筑、地铁等按市场化原则向保险公司投保重大工程保险。本节只介绍建筑工程一切险。

二、建筑工程一切险的主要内容

(一)被保险人

工程保险与其他财产保险的不同之处是，被保险人可以不只是一方，可以把对工程项目具有保险利益及在工程建设期间需承担一定风险的有关各方都包括在内。因此，建筑工程一切险的保险单中可能的被保险人如下：(1)所有人(业主)；(2)承包商(承建单位)和分包商；(3)工程项目所有人聘请的建筑设计师、工程师及其他专业顾问。

此外，在安装工程保险中被保险人通常还有机器设备的供货商或制造商。工程项目的债权人(银行及其他投资者)也可以成为被保险人。

由于工程保险中所涉及的被保险人有数方，因此，具体由谁出面投保、谁为保险合同中的被保险人，应根据工程合同中各关系方不同的权利和义务关系加以确定。国际上有标准工程合同，如国际土木工程师和承包建筑工程师组织制定的承包土木建筑的合同，这种合同明确规定了由谁投保工程保险。近年来，国际工程保险市场的发展趋势是：工程项目的保险由一个控制方统一组织安排，并为项目的业主、总承包商、分包商等参与方提供一揽子保险保障，由项目的保险人在工程现场派驻安全管理顾问，这种运作方式称为可控保险计划(controlled insurance program，简称 CIP)。可控保险计划又分为业主控制的保险计划(OCIP)和承包商控制的保险计划(CCIP)。我国目前的实际做法是，建筑工程一切险一般由所有人或承包人投保，安装工程一切险由国内(买方)责任方和国外(卖方)责任方分别投保，也可以共同投保。我国在大型工程保险项目中，也开始采用业主控制的保险计划。例如，上海地铁建设工程项目。

（二）承保项目

（1）建筑工程一切险的主要承保项目是合同所规定的建筑工程主体，同时还可包括建筑物内的装修设施、与建筑配套的道路、桥梁、水电设施等土木建筑项目、存放在施工场地的建筑材料、设备和临时工程建筑等。安装工程一切险的主要承保项目包括安装的机器设备、安装费用等。

（2）工程所使用的机器设备、装置、附属工具和物料等。

（3）工程项目的所有人在工地上的原有财产。例如，工程项目所有人原有的厂房或其他建筑物和设备，可能会因合同中的工程项目的实施而遭受损失。

（4）场地清理费。场地清理费是指工程项目在施工中发生灾害或事故后，为了继续履行工程合同，需要清理施工现场而产生的费用。

上述第（2）～（4）项要经保险合同双方特别约定才属于保险标的。

（5）第三者责任。建筑工程一切险除了上述保险项目外，还可附加第三者责任险。第三者责任险主要是指在工程保险期限内因被保险人的原因造成第三者（如工地附近的居民、行人及外来人员）的人身伤亡、致残或财产损毁而应由被保险人承担的民事赔偿责任，此外，它还包括因此类事件的发生而引起的诉讼费和约定的其他费用。

（三）保险责任范围

由于按一切险方式承保，保险责任范围比较广泛，不易一一列明，因此采取用除外责任来限定保险责任范围。

对物质损失的责任范围如下：

（1）在保险期限内，若本保险单明细表中分项列明的保险财产在列明的工地范围内，因本保险单除外责任以外的任何自然灾害或意外事故造成的物质损坏或灭失。

（2）保险单列明的因发生上述损失所产生的有关费用。

（3）对每一保险项目的赔偿责任均不得超过分项保险金额以及约定的其他赔偿限额。对物质损失的最高赔偿责任不得超过总保险金额。

（四）除外责任

除外责任主要有以下几项：

（1）设计错误引起的损失和费用。

（2）自然磨损、内在或潜在缺陷、自燃、氧化、锈蚀、渗漏、虫蛀、天气变化等渐变原因造成的损失和费用。

（3）因原材料缺陷或工艺不善引起的损失和费用以及为换置、修理或矫正这些缺点错误所支付的费用。

（4）非外力引起的机械或电器装置的本身损失，或施工用机具、设备、机械装置失灵造成的本身损失。

（5）档案、文件、账簿、票据、现金、各种有价证券、图表资料等。

（6）盘点时发现的短缺。

2016 年 6 月，上海已经正式推出住宅建筑工程质量潜在缺陷保险制度，并将这项保险应用于其他工程建设领域。

此外，还有对物质损失的保险项目和第三者责任保险均适用的除外责任，诸如战争和类似战争行为、被保险人的故意行为或重大过失、核辐射及放射性污染、间接损失和后果损失等。

（五）保险金额、免赔额和特种危险赔偿限额

1. 保险金额

（1）建筑工程的保险金额应不低于承包工程建筑完成时总价值，其中应包括工程的设计费、施

工费、安装费、运费、保险费、杂费、税金和其他有关的费用。鉴于建筑工程的特点，一般先按工程的预算确定保险金额，待工程完工后再按工程的决算调整工程的保险金额，所以保险费也按调整后的保险金额计算，多退少补。安装工程如果作为建筑工程的一部分同时投保，对此应掌握其保险金额只在整个工程项目的20%以内；如果超过这一百分比，则应按照安装工程一切险的费率计算保险费。对于价值超过工程项目50%的安装工程项目，应另出保险单予以承保。安装工程的保险金额通常由机器设备的价格、运费、安装费、关税等组成。

(2)工程用机械设备的保险金额可以按重置价值确定。

(3)工程项目所有人在工地上的原有财产如需投保，应在保险单上分别列明，保险金额可根据其实际价值确定。

(4)场地清理费的保险金额应由保险人和被保险人共同协商确定。但应掌握一个尺度，即一般大的工程项目的场地清理费的保险金额不超过总保险金额的5%，小的工程项目不超过总保险金额的10%。

(5)第三者责任险的保险金额即是赔偿限额，它一般由保险双方协商确定。对第三者责任保险的赔偿限额分为如下四种：一是每次事故中每个人的人身伤亡赔偿限额；二是人身伤亡总的赔偿限额；三是每次事故造成第三者的财产损失的赔偿限额；四是对上述人身和财产责任事故在保险期限内总的赔偿限额，保险费即按总限额计算。

2. 免赔额

(1)建筑工程的免赔额一般为保险金额的0.5%～2%。

(2)建筑用机械设备等的免赔额为保险金额的5%。

(3)其他各项目的免赔额是保险金额的2%。

(4)第三者责任保险对财产损失规定了免赔额，其数额按每次事故赔偿限额的1‰～2‰计算，具体由被保险人和保险人协商确定。除非另有规定，第三者责任保险一般对人身伤亡不规定免赔额。

(5)对于地震、洪水这类造成损失程度严重的自然灾害，保险人还规定了特殊的免赔额。

3. 特种危险赔偿限额

除了第三者责任保险有赔偿限额外，对于地震、洪水等巨灾损失，保险人在保险单中也要专门规定一个赔偿限额，以限制承担责任的程度。特种危险赔偿限额对赔偿采取累计的方法。赔偿限额究竟定多少，应考虑工地所处的自然地理条件、该地区以往发生此类灾害事故的记录，以及工程项目本身具备的抗御灾害能力的大小等因素。但总额可掌握在总保险金额(不包括第三者责任险中的人身伤亡部分)的50%～80%的范围。

(六)保险期限

由于各种工程项目的性质不同以及各国的保险惯例不同，在确定保险期限方面国际上还没有完全一致的做法。有的国家的保险公司仅负责工程的建造期，而有的保险公司除工程建造期外还负责其他一些过程和时期，例如，工程的试车期、考核期、工程完工后的保证期等。我国建筑工程一切险条款对保险期限的规定是："保险责任自保险工程在工地上动工或用于保险工程的材料、设备运抵工地之时起始，至工程所有人对部分或全部签发完工验收证书或验收合格，或工程所有人实际占有或使用或接收该部分或全部工程之时终止，以先发生者为准。但在任何情况下，建筑期保险期限的起始或终止不得超出本保险单明细表中列明的建筑期保险生效日或终止日。"如需扩展保险期限，必须事先征得保险人的同意，必要时还应加收保险费。

第六节　家庭财产保险

一、家庭财产保险新险种的特点

普通家庭财产保险和家庭财产两全保险都是家庭财产保险的传统险种。与寿险市场相比较，产险在产品创新方面落后。在保险业发达的国家，家庭财产保险的投保率在80%以上，而在我国即使是在上海、广州这些人均收入较高且保险市场相对活跃的城市，家庭财产险投保率也只有10%左右。全国各财产保险公司2014年家庭财产保险保费合计仅为33.7亿元，仅占产险市场份额0.45%。究其原因之一，家庭财产险的险种多年一成不变，缺乏吸引力。随着我国居民的居住条件改善，商品房普及，家庭拥有的高档耐用消费品和金银首饰不断增加，以及公民的法律意识增强，太平洋保险公司率先推出了“安居综合保险”。此后，平安保险公司推出了“新世纪系列家庭保险”，中国人民保险公司推出了“金锁”家庭财产综合保险新型家庭财产险险种。与此同时，华泰保险公司推出了我国首种投资型家庭财产险产品——“居安理财型家庭综合保险”，此类产品在日本、韩国非常流行。有些保险公司如华安和苏黎世财产保险公司在“5·12”汶川大地震前后推出涵盖地震责任或以附加险承保地震责任的家财险产品。云南省和深圳、宁波市开展了巨灾保险试点。各家财产保险公司还先后推出“住房抵押贷款综合险”。这些新型的家庭财产险产品的推出将会满足我国居民对家庭财产保险日益增大的需求。经分析，这些家庭财产保险新险种具有以下特点：

（一）保险范围扩大，有系列的附加险配套

这些家庭财产保险新险种首先都将家庭第三者责任纳入保障范围。太平洋保险公司的“安居综合保险”将家庭财产险和责任险组合，保险期内被保险房屋所附属的安装物、搁置物、悬挂物、管道等因意外事故造成倒塌、脱落、坠落、爆炸致使第三者人身伤亡或财产损失，依照法律应由被保险人及其成员承担的经济赔偿责任，保险人也负责赔偿。此外，在被保险财产发生保险事故致使被保险人无法居住时，保险人将解决被保险人临时居住的困难。平安保险公司的“新世纪系列家庭财产保险”和中国人民保险公司的“金锁”家庭财产综合保险都把家庭第三者责任保险作为附加险承保。平安保险公司的产品还将家庭饲养的宠物对第三者造成的人身伤害也列入该附加险的责任范围。其次，这些新型家庭财产保险产品都将现金、金银、珠宝、首饰列入盗抢附加险的保险责任范围。最后，除了家庭第三者责任保险和盗抢险附加险外，这些家庭财产险新险种还有众多附加险供保户选择，搭配成不同的组合，如中国人民保险公司的家用电器用电安全保险、管道破裂及水渍保险等，平安保险公司的助动车第三者责任险、有线电话意外损失险等。

（二）定额保单居多，保额大幅度提高

这些家庭财产险新险种多半采用定额保单方式销售，可以购买一份或多份，如中国人民保险公司的每份保险金额从2.5万元至45万元，每份保险费有20元、50元、100元、280元多档。华泰保险公司的“居安理财险”每份保险的保险金额为2.5万元，其中意外事故2万元，盗窃损失5 000元，可购买1～10份。两者都突破了定额保单以前规定的最多不超过10万元的限制，使保险金额大幅度提高。

（三）在财产险领域首次出现投资型产品

华泰保险公司推出的“居安理财险”在传统的家庭财产两全保险的基础上增加了投资色彩。每份保险的保险储金为1万元，保险期限分为3年期和5年期两种。保险期满后，不论在保险期内是否发生赔款，除了返还本金外，还提供本金的固定回报，其回报率高于同期的银行存款利率。华泰保险公司的“居安理财险”的推出填补了国内保险市场上财产险领域投资类产品的空白，做到了既“安居”又“理财”，一举两得。此后，中国人民保险公司于2001年12月18日推出了“人保理财——

金牛投资保障型家庭财产保险”,也受到了社会的普遍欢迎。

(四)家庭财产保险出现巨灾保险产品

中国保监会于2013年11月初批复同意深圳市开展巨灾保险试点。根据《深圳市巨灾保险方案》,实行政府统保加商业保险的“分层保障”模式。第一层次是深圳市政府为深圳居民统一向保险公司购买政府巨灾救助保险,保险责任涵盖各种自然灾害及自然灾害引发的核事故,保障内容是居民伤亡补偿及灾后居民安置费用。第二层次是设立巨灾基金,由深圳市政府拨款和社会捐助两种方式筹集资金,用于政府巨灾救助保险赔付限额之上的补偿。第三层次是居民自愿向保险公司购买储金型巨灾保险产品,提供住房等更高程度风险保障。云南省巨灾保险制度先在楚雄地区试点,保险标的为农房,保险责任是地震造成的损失,保费由财政和居民按比例分担。

此后,宁波市及四川、广东、河北等地也相继启动了巨灾保险试点,其中广东省将指数保险模式纳入巨灾保险制度设计,实现赔付与灾害级别挂钩,这在全国尚属首创。2015年4月16日,中国城乡居民住宅地震巨灾保险共同体在北京正式成立。地震共保体目前由45家符合条件的财产保险公司组成,标志着我国巨灾保险制度建设迈出了第一步。

2016年5月,中国保监会与财政部联合印发《建立城乡居民住宅地震巨灾保险制度实施方案》。运行初期,保险金额最高不超过100万元,以一款中国保险行业协会发布的、适用全国的城乡居民住宅地震保险示范条款为主,可单独作为主险或作为普通家财险的附加险,实行差异化保险费率,并建立五层损失分担机制。2016年7月1日,中国城乡居民住宅地震巨灾保险产品正式全面销售。根据破坏等级分档理赔,在Ⅰ～Ⅱ级时不予赔偿,当破坏等级为Ⅲ级(中等破坏)时按照保险金额50%确定损失,当破坏等级为Ⅳ级(严重破坏)及Ⅴ级(毁坏)时按照保险金额100%确定损失。

(五)家庭财产保险增加还贷责任

住房抵押贷款综合险的保险责任不仅包括因火灾、爆炸、台风、暴雨等灾害事故造成的房屋损失,而且增加了还贷责任,即承保被保险人(借款人)发生意外事故导致死亡或伤残,造成无法履行的还贷责任。

二、平安保险公司家庭财产保险

(一)家庭财产保险基本险

1. 投保范围

此保险承保下列家庭财产:

(1)房屋(包括房屋交付使用时已存在的室内附属设备,如固定装置的水暖、气暖、卫生、供水、管道煤气及供电设备、厨房配套的设备等);

(2)房屋装修(包括与房屋装修配套的室内附属设备,如固定装置的水暖、气暖、卫生、供水、管道煤气及供电设备、厨房配套的设备等);

(3)家庭电器、床上用品、服装、家具。

下列财产不在保险财产范围以内:金银、首饰、珠宝、货币、有价证券、票证、邮票、古玩、文件、账册、技术资料、图表、家畜、花草、树木、宠物、照相机、音像制品以及其他无法鉴定价值的财产,处于紧急危险状态下的财产,用于生产经营的财产,其他不属于第一条所列范围的财产。

2. 保险责任

由于火灾、爆炸、空中运行物体坠落、外界物体倒塌、台风、暴风、暴雨、龙卷风、雷击、洪水、冰雹、雪灾、崖崩、冰凌、泥石流和自然灾害引起地陷或下沉等原因使得在保险单上列明地址的保险财产发生损失,保险公司负责赔偿。

3. 责任免除

保险财产由于下列原因造成的损失,保险公司不负赔偿责任:(1)地震、海啸;战争、军事行为、敌对行为、暴动、罢工、没收、征用;(2)核反应、核辐射、放射性污染;(3)被保险人及其家庭成员、寄居人、雇佣人员的故意行为;(4)家用电器因使用过度或超电压、碰线、漏电、自身发热等原因所造成的自身损毁;(5)保险财产本身缺陷、保管不善、变质、霉烂、受潮、虫咬、自然磨损;(6)未按要求施工导致建筑物地基下陷下沉,建筑物出现裂缝、倒塌的损失;(7)置放于阳台或露天的财产,或用芦席、稻草、油毛毡、麦秆、芦苇、帆布等材料为外墙、棚顶的简陋罩棚下的财产及罩棚,由于暴风、暴雨所造成的损失;(8)其他不属于保险责任范围内的原因导致的损失。

4. 保险金额

保险房屋、房屋装修的保险金额由被保险人根据其购置价格或重置价值确定,并在保险单上列明。保险房屋、房屋装修的保险价值分别为其出险时的重置价值。家用电器、服装、家具、床上用品的保险金额由被保险人根据其需要,按实际价值或其他估价方式确定。

5. 赔偿处理

保险房屋、房屋装修发生保险责任范围内损失时,保险公司按照保险金额与保险价值的比例承担赔偿责任,按以下方式计算赔偿金额:

(1)全部损失。保险金额等于或高于保险价值时,其赔偿金额以不超过保险价值为限;保险金额低于保险价值时,按保险金额赔偿。

(2)部分损失。保险金额等于或高于保险价值时,其赔偿金额按实际损失计算;保险金额低于保险价值时,其赔偿金额按保险金额与保险价值比例计算。

保险的家用电器、床上用品、服装、家具遭受保险责任范围内的损失时,保险公司按照出险当时保险财产的实际价值计算赔偿,但最高不超过保险单分项列明的保险金额。

发生保险事故时,被保险人所支付的必要的、合理的施救费用的赔偿金额在保险财产损失以外另行计算,最高不超过保险金额,若受损保险财产按比例赔偿时,该项费用也按相同比例进行赔偿。

(二)家庭财产保险附加险

1. 盗抢险

(1)保险责任。被保险人存放在保险单所载明的保险地址室内的保险财产,由于遭受经公安部门确认的盗窃、抢劫行为而丢失,从案发时起 3 个月后,被盗抢的保险财产仍未查获的,丢失保险财产的直接损失,保险公司负责赔偿。

(2)保险金额。除非另有约定,本附加险关于家用电器、服装、家具、床上用品的各项保险金额,以家庭财产保险主险中对应的各分项保险金额为限。

(3)责任免除。由于下列原因造成的损失,保险人不赔偿责任:①保险财产因窗外钩物行为所致的损失;②因未锁房门致使保险财产遭受盗窃的损失;③被保险人的家庭成员、雇佣人员或寄居人盗抢或者纵容他人盗抢而造成保险财产的损失;④保险财产在存放处所无人居住或无人看管超过 15 天的情况下遭受的盗窃损失;⑤不属于主险保险单保险财产范围内的财产遭受的盗窃损失;⑥手提电话、便携式电脑所遭受的盗窃损失;⑦置放于阳台或露天的财产,或用芦席、稻草、油毛毡、麦秆、帆布等材料为外墙、棚顶的简陋罩棚下的财产及罩棚遭受的盗窃损失。

(4)赔偿处理。保险标的发生盗抢事故后,被保险人应立即向当地公安部门如实报案,并同时通知保险人,否则保险人有权拒赔。从案发时起 3 个月后,被盗抢的保险财产仍未查获,在被保险人出具盗窃事故报告、损失清单、公安部门的证明材料及保险人认为必要的其他单证后,保险公司在对应的分项保险金额内予以赔付。

2. 水暖管爆裂险

(1)保险责任。安装在被保险房屋内的水暖管因火灾、爆炸、雷击、飞行物体及其他空中运行物体坠落、高压、碰撞、严寒、高温造成水暖管爆裂,致使水暖管本身损失以及其他保险财产遭受水浸、腐蚀的损失,保险公司负责赔偿。

(2)责任免除。由于下列原因造成的损失,保险人不负赔偿责任:水暖管年久失修、腐蚀变质以及未采取必要的防护措施;被保险人私自改动原管道设计;水暖管安装、检修、试水、试压;发生水暖管爆裂损失时,应由被保险人自行负担的免赔额部分。

3. 现金、金银珠宝盗抢险

凡投保家庭财产保险,并附加盗抢险,且其盗抢保险金额超过 10 000 元人民币(含 10 000 元)的投保人,可投保本附加险。

(1)保险责任。现金和在保险单中列明的金银珠宝存放在保险单所载明的保险地址室内时,由于遭受经公安部门确认的盗窃、抢劫所致的直接损失,从案发时起 3 个月后,被盗抢的现金、金银珠宝仍未查获的,保险公司负责赔偿。

(2)除外责任。由于下列原因造成的损失,保险人不负赔偿责任:①现金、金银珠宝因窗外钩物行为所致的损失;②因未锁房门致使保险现金、金银珠宝遭受盗窃的损失;③被保险人的家庭成员、雇佣人员或寄居人盗抢或者纵容他人盗抢而造成保险现金、金银珠宝的损失;保险现金、金银珠宝在存放处所无人居住或无人看管超过 15 天的情况下遭受的盗窃损失;④发生现金、金银珠宝盗抢损失时,应由被保险人自行负担的免赔额部分。

(3)赔偿处理。赔偿处理方式同盗抢险处理方式。

4. 家用电器用电安全险

(1)保险责任。由于下列原因致使电压异常而引起家用电器的直接损毁:供电线路因遭受家庭财产基本保险责任范围内的自然灾害和意外事故的袭击,供电部门或施工失误,供电线路发生其他意外事故。

(2)责任免除。由于下列原因造成的损失,保险人不负赔偿责任:被保险人的故意行为以及违章用电、偷电或错误接线造成家用电器的损毁、家用电器超负荷运行、自然磨损、固有缺陷、原有损坏、用电过度、自身发热以及超过使用年限后的损坏,其他不属于保险责任范围内的损失。

(3)保险金额。以投保家庭财产保险家用电器的保险金额为限。

5. 家庭住户第三者责任一切险

(1)保险责任。在保险期限内,在被保险房屋内(包括被保险房屋专属的天台、庭院)因发生意外事故导致第三者的人身伤亡和财产损失,依法应由被保险人承担的责任,保险公司在本保险规定的赔偿限额内负责赔偿。对被保险人经保险公司书面同意的因上述原因而支付的诉讼费用及其他费用,保险公司亦负责赔偿,但本项费用与责任赔偿金额之和以保险单中列明的第三者责任赔偿限额为限。

(2)责任免除。由于下列损失或责任,保险公司不负赔偿责任:①被保险人租用、占用或保管的财产的损失;②被保险人的故意行为造成的第三者的人身伤害和财产损失;③无民事行为能力人、精神病人对第三者造成的人身伤害和财产损失;④燃放烟花爆竹所引起的民事损害赔偿责任;⑤被保险人未取得合法执照,饲养的宠物对第三者造成的人身伤害和财产损失;⑥因保险事故引起的任何精神索赔。

(3)免赔额。该附加险的免赔额为 200 元人民币。

(4)赔偿处理。该保险对第三者累计赔偿责任以保险单中列明的赔偿限额为限,不因被保险人数量、受伤人员数量及提出索赔的次数而改变。

6. 租房费用损失险

(1)保险责任。在保险期限内由于主险保险责任范围内的原因导致被保险人的房屋无法居住,被保险人支付的必需的、合理的租房费用。

(2)保险金额。合理的租房费用的总赔偿限额由被保险人确定,但最高不超过 3 000 元人民币。每日赔偿限额由被保险人确定,但最高不超过 200 元人民币。

(3)免赔期限。本附加险的绝对免赔期限为3天。

(4)赔偿处理。被保险人合理的租房费用以被保险人修复或重置该居所所需要的最短时间计算,如被保险人永久迁移到其他居所,则以被保险人迁移到他处所需的最短时间计算。租房费用的赔偿金额根据被保险人在前述最短时间内实际支付的租房费用确定,但在任何情况下,该项每天的赔偿金额不超过保险单列明的每日赔偿限额,总赔偿金额不超过保险单列明的该附加险的总赔偿限额。

复习思考题

1. 解释下列名词:第一损失保险赔偿方式、不定值保险、估价计算法、保险价值、人保2005年版财产保险条款、地震扩展条款、供应中断扩展条款、复制费用扩展条款、公共当局扩展条款、委托加工扩展条款,合同价格扩展条款、不使失效条款、成对或成套设备条款、抵押权条款、防洪保证条款、营业中断保险、可控保险计划、场地清理费、特种危险赔偿限额、居安理财险、盗抢险、租房费用损失险。

2. 简述财产保险业务的范围。

3. 对企业的固定资产和流动资产怎样确定保险金额?它们的保险价值分别是什么?

4. 概述财产保险的基本险和综合险的责任范围。

5. 财产保险保险费率是如何分类的?实行差别费率的主要依据是什么?

6. 对照原先的财产保险基本险条款,人保2005年版财产保险基本险条款在哪几方面做了重大改造?

7. 简述人保2005年版财产保险条款中三个主险条款的异同。

8. 概述人保2005年版财产保险条款中三类附加条款。

9. 简释营业中断保险中赔偿期间与保险期间的区别。

10. 如何确定营业中断保险的保险金额?

11. 解释计算毛利润损失的公式。

12. 建筑工程一切险中的被保险人有哪几方?一般由哪方投保?

13. 列举建筑工程一切险物质损失的主要保险项目,并分别说明它们的保险金额是怎样确定的。

14. 简述家庭财产保险新险种的特点。

第十章 责任保险

第一节 责任风险概述

一、责任风险的重要性

责任风险是指法人或公民在生产经营、业务活动以及日常生活中，因疏忽或过失造成他人人身伤害或财产损失而依法应对受害方承担经济赔偿责任的可能性。责任风险与财产风险相比具有更大的不确定性，责任风险所引起的损失可能是无上限的。在国外，法院对责任风险导致损失所做出的判决有时要涉及清理责任方的财产，这种判决还会严重地影响责任方未来的收入水平。

责任风险无论从其总数量还是从其对企业或个人带来的潜在损失程度来看，都是一种越来越重要的风险。这种风险为何会变得如此重要？根据国内外的情况来分析，主要有以下几个原因：

第一，人们的文化程度提高了，知道可以用法律来保护自己，促使过失方承担损害赔偿责任。因此，在现实生活中，我们听到或看到受害方越来越多地向责任方提出索赔。

第二，物价指数的上升导致法院对财产损失、人身伤害以及由此造成的丧失工作能力的经济赔偿额判决越来越高。

第三，现代科学技术日新月异，一方面有利于社会生产力的大幅度提高，人们的物质生活也必然会随之改善，但另一方面，潜在的责任风险导致损失的可能性和金额也在不断增加。

第四，由于法制日趋完善，许多专业人员的责任越来越大。根据法律规定，医生、律师、会计师、设计师等具有专门技术的人员在工作中因疏忽或过失而造成他人损害的，必须承担经济赔偿责任。责任方仅靠个人的经济能力通常是难以承担这种风险的。

日本有位保险学者曾经说过，保险是衡量一国科学技术和经济状况的尺度，而责任保险又是一国保险业发达与否的标志。这句话可以说是对责任风险重要性的高度概括。

二、责任风险的类型

责任风险从其产生的原因来看，大致可分为以下几种：

（一）直接责任风险

直接责任风险主要是指企业或个人因自己的行为和财产所有权或代他人保管财产而引起的责任风险。直接责任风险的产生要有一个条件，即实施过失行为的人与损害或损失之间必须有一种近因关系。一般来说，责任保险合同对过失方引起的直接责任风险是负责的。

（二）转嫁的责任风险

一个人可能会面临间接的或转嫁的责任风险。有时直接责任落在另一方，但由于你与责任方有某种特殊的关系，最终责任可能会转嫁到你的身上。例如，当一个雇员代表雇主从事活动时，雇员的过失能转嫁给雇主。美国有 39 个州通过了一种替代责任法，允许汽车驾驶人的过失责任转嫁到车主身上。车主允许他的朋友开他的汽车，车主要对其朋友的过失造成的车祸承担责任。小酒店法律也是转嫁过失责任的例子。例如，酒吧老板在一位顾客已醉的情况下继续供酒给顾客，要是这位顾客在驾车回家的路上撞伤了人，酒吧老板就要对这一伤害承担法律责任。我国《侵权责任法》第 34 条规定："用人单位的工作人员因执行工作任务造成他人损害的，由用人单位承担侵权责任。"

（三）合同责任

合同责任是指企业或个人用一份书面合同或口头合同同意承担另一方的法律责任。例如，一家企业租用一栋建筑物，租约规定建筑物的所有人对因使用该建筑物而引起的任何责任事故不负责。因此，该企业承担了一些原先无须承担的责任。

三、责任风险的法律基础

（一）成文法和普通法

成文法也称"制定法"，是指由国家明文制定并公布实施的条文形式的法，如法律、法令、条约、行政法规、地方性法规、自治法规等。普通法也称"不成文法"或"非制定法"，是指未经国家立法程序制定，但由国家认可并赋予法律效力的习惯、判例、法理等。

美国目前实施两种法，即采纳"成文法"和"普通法"。英国仍以"普通法"为主，一旦发现一条法律原则适用于一件案例中的特定事实，法律就会高度重视既定原则，并将此原则运用于今后涉及同样或相似事实的案例。

责任风险可能起因于成文法和普通法两者，然而涉及更多的还是普通法，因此，可以说普通法是责任风险的主要法律基础。这是因为责任风险通常与过失行为有关，而在国外对过失行为的处置一般不属于成文法的范畴。

（二）侵权

除了以上将法分为成文法和普通法外，法还可以分为刑法和民法两大类。责任风险与刑法的关系不大。民法所研究的行为从整体上看并不是反对社会的，而是那些导致具体个人人身伤害或财产损失的行为。显然，责任风险在很大程度上和民法有关。

一般来说，民法可分为合同法和侵权法。合同法所关心的是实施合同双方自愿承担的权利和义务。虽然签订合同可能产生的责任风险很重要，但其影响范围有限。大量重要的责任风险是由侵权引起的。侵权（tort law）是指因违反法律规定的责任而导致他人人身伤害、财产损失的不法行为，对因侵权造成的损害，各国的法律一般都规定侵权行为人要给予受害方损害赔偿金。我国《侵权责任法》第 2 条规定："侵害民事权益，应当依照本法承担侵权责任。"侵权还可细分为以下几种：

1. 过失侵权

过失侵权与责任风险密切相关，因此，保险人关心和讨论最多的也是这类侵权。

2. 故意侵权

故意侵权是一种故意损害他人或他人财产的不法行为，如殴打、非法监禁、诽谤等都属于故意侵权行为，这些行为常常会引起法律诉讼。基本责任保险保单大多将此类风险作为除外责任，如要投保则需要具体说明，并且把它们与其他责任风险分开。

3. 绝对责任或严格责任

所谓绝对责任，是指一个人不论有无过失或疏忽，凡致使他人人身伤害、财产损失或利益丧失的都要负赔偿责任。例如，美国对产品造成消费者损害之类的事故实行绝对责任。又如，世界上许多国家对核电站引起的放射性污染等损害事故也实行绝对责任。再如，一旦出现工伤事故，厂方或雇主必须依法承担责任。我国《侵权责任法》第7条对绝对责任作了这样的规定:“行为人损害他人民事权益,不论行为人有无过错,法律规定应当承担侵权责任的,依照其规定。”

2009年12月26日,全国人大常委会通过的《侵权责任法》,对产品责任、机动车交通事故责任、医疗损害责任、环境污染责任、高度危险责任、饲养动物损害责任、物件损害责任等都做出了明确规定,自2010年7月1日起施行。该法还第一次明确规定了精神损害赔偿,并对赔偿的项目和计算方式做了具体规定。该法的颁布实施为中国责任保险的发展奠定了坚实的法律基础。

(三)过失责任的原则

1. 过失的定义

民法上所说的过失是过错的一种形式,即行为人对某事情的关注未能达到有理智的人和谨慎的人在相同或相似情况下予以关注的那种程度。例如,一司机自恃驾驶技术高明,进入闹市仍不减速,结果撞伤行人。这种情况对一位有理智和谨慎的司机来说是完全可以预见的,并可以事先采取适当的措施避免事故的发生。上述司机的交通肇事可视为过失所致。要确定是否是过失,除了需注意以上提到的内容外,还应掌握:有关的法律责任存在,且行为人没有履行那种责任;损害必须是过失行为的结果,而且过失行为应该是损害的近因。

2. 对过失责任的辩护

在一般情况下,要求得到经济赔偿的一方(即原告)有责任证明可以确定过失的事实真相,以便让过失方承担赔偿责任。作为负有责任的一方(即被告)则可以向法院证明构成过失所必须具备的条件中还缺少一个或好几个,因此被告可声称没有责任。被告依法可为自己辩护的方法很多,但基本上有两种:

一种辩护方法是提出共同过失(contributory negligence),即原告对伤害事件也负有部分责任。根据普通法,即使原告对意外事故负有10%的责任,被告负有90%的责任,原告也不能获得被告的赔偿,即原告必须完全清白才能获得赔偿。但是,如果被告被认定有重大过失,或者他有最后一次明显的机会可以避免原告的过失所引起的后果,那么,共同过失的提法可以被撤销。

另一种辩护方法是,如果受害方知道有风险存在或者自愿使自己面临风险,被告就能以原告自担风险(assumption of risk)为理由达到开脱责任的目的。因为在普通法的范围内,若能证明原告自担风险,原告就无权向法院起诉。

第二节 责任保险概述

一、责任保险的产生及发展

最早的责任保险可追溯到19世纪末,其中首先问世的是雇主责任保险。1880年英国颁布的雇主责任法规定,雇主在经营业务中因过失致雇员伤害时,应负法律赔偿责任,但又规定雇主若没有过失则无须承担责任。英国在这一年就有雇主责任保险公司宣告成立。

1898年,第一张汽车保险单问世,在此之前有一种保险单专门承保因使用马车而引起的责任。由于美国于1911年和1912年制定了劳工伤害赔偿法,雇主依法承担的责任可以通过保险得到转移。原来英国法律中“没有过失便无责任”的规定被美国摒弃。此后世界上又相继出现了会计师责任保险(1923年)、个人责任保险(1932年)、农户及店主责任保险(1948年)。在1890~1900年间出现的医生职业责任保险目前在美国医务界颇为流行。

尽管责任保险与其他险种相比还年轻,但它的发展十分迅速,这是城市化、企业活动增加,尤其是制造业和交通运输业高度发展的必然结果。责任保险是当前国际上受人们广泛重视的一项业务,特别是在经济发达的国家,责任保险已成为保险公司的主要业务种类。我国在2008~2013年间,责任保险年复合增长率达到20%以上,2015年责任保险保费收入达302亿元,但占当年财产保险总保费收入只有3.59%,与国际平均水平的16%相比,差距还是显著的。

二、责任保险的种类

责任保险的种类繁多,除了保险公司根据不同行业的特点,事先拟订的不同保险合同外,还可按保户的要求专门设计出适合特殊需要的保险单。从承保的方式来看,可以把责任保险分为两类:

(一)作为各种财产保险的附加险承保的责任保险

作为各种财产保险的附加险承保的责任保险的特点是不单独出立专门的保险单。属于这一承保方式的责任保险有:汽车第三者责任、船舶碰撞责任、旅客责任、油污责任、海洋石油开发保险的油污责任、飞机保险的第三者责任和旅客责任、建筑和安装工程保险的第三者责任保险等。

(二)单独承保的责任保险

属于单独承保的责任保险主要有以下四种:

1. 公众责任保险

公众责任保险主要承保被保险人在固定场所或地点进行生产经营或从事其他活动时,由于意外事件致使第三者人身伤害或财产损失,依法应由被保险人承担的经济赔偿责任。

2. 产品责任保险

根据保险合同的规定,因产品有缺陷而使用户或消费者遭受人身伤害或财产损失,依法应由该产品的制造、销售或修理商承担的经济赔偿责任,可转由保险人负责。

3. 职业责任保险

职业责任保险的对象为各种从事专业人员,如医生、药剂师、会计师、律师、设计师、董事和高级管理人员等,保险人的责任是替上述人员承担因过失或疏忽造成他人人身伤害、财产损失而应承担的经济赔偿责任。

4. 雇主责任保险

雇主责任保险所承保的是雇主根据法律或雇佣契约对其雇员的人身伤亡应负的赔偿责任。

2006年中国保监会先后与公安部、教育部、建设部、旅游局、安监局、环保局等近10个部委联合发文,推动包括火灾公众责任保险、校方责任保险、建筑工程质量保证保险、旅行社责任保险、安全生产责任保险、环境责任保险、养老机构综合责任保险等发展。

三、责任保险合同分析

通常责任保险保单包括以下几部分内容:

(一)责任范围

责任保险中保险人承担的责任大致有两方面:

第一,被保险人因过失或疏忽造成第三者人身伤害或财产损失依法必须承担的经济赔偿责任(包括实行绝对责任条件下,被保险人不论有无过失均应承担的责任),这种责任也称为法律责任。而被保险人根据合同承担的赔偿责任则属于合同责任,在一般情况下合同责任是不在保险责任范围之内的,除非这种责任发展成了法律责任。对于有些合同责任,如果事先双方约定也可为保险人所接受。

第二,因赔偿过程中当事人双方发生争执,经协商不能解决时诉诸法律而导致的律师费用及其他事先约定经保险人同意支付的费用。

保险人承担的上述责任应由不可预料或不可抗力的事件引起,而且这些责任仅限于民法上的经济赔偿责任,对加害人的其他法律责任,如刑事责任等概不负责。

(二)除外责任

责任保险的除外责任大致包括以下几项:

(1)战争、罢工。

(2)核风险(投保核责任险的除外)。

(3)被保险人的故意行为。

(4)被保险人的家属、雇员的人身伤害或财产损失(投保雇主责任险的除外)。

(5)被保险人的合同责任。

(6)属被保险人所有或由其照管、控制的财产遭受损失。

(三)赔偿限额与免赔额

由于责任保险的标的是被保险人的民事赔偿责任,事先无法预计其可能的最大损失额是多少,所以,标的的价值没有客观依据,保险金额也难以确定。对此,责任保险的保单中均无保险金额的规定,而代之以一个当事人双方约定的责任限额(或称保险人承担的赔偿限额),此限额即为保险人可能承担的最高金额。

责任保险单中载明的赔偿限额有两种:(1)每次意外事故和同一原因引起的一系列事故的赔偿限额;(2)保险期限内累计赔款的赔偿限额。

有的责任保险只规定每次事故和同一原因引起的一系列事故的赔偿限额,不规定累计限额,即保险期间无论发生多少次索赔,只要在限额内保险人都应赔偿。

此外,责任保险单还可将赔偿限额细分为财产损失和人身伤害两个限额,一次索赔涉及人身和财产两部分的,就分别按各自的赔偿限额支付赔款。为了促使被保险人增加安全、谨慎的意识,防止和减少事故的发生,在有些责任保险的保单中还有免赔额规定。

(四)保险费率

保险人收取多少保险费,主要取决于本身承担的风险大小,责任保险也不例外。但由于责任保险有其特点,因此,保险人在厘定费率时,除考虑一般情况外,还需注重以下因素:

(1)被保险人所从事业务的性质、产品的种类以及其他可能引起意外伤害和财产损失事件发生的条件。

(2)赔偿限额和免赔额的高低。

(3)被保险人所在地或提出索赔的地区的法律对损害赔偿的具体规定。

(4)承保区域的大小。

(5)被保险人以往的赔付情况。

四、责任保险的承保方式

责任保险的承保方式分为两种:赔款发生制(claims-made form)和事故发生制(occurrence form)。

根据传统的事故发生制,只要事故发生在保险期内,被保险人在保险期内和以后任何时期都可以获得赔偿。这种承保方式给予被保险人极大的确定性,而对保险人来说极不易把握产品的成本。产品责任保险和职业责任保险都是“长尾巴”责任险种。由于美国石棉沉着病(asbestos)产品责任案的长尾巴责任和巨额的损害赔偿金,在 20 世纪 70 年代以后,赔款发生制的承保方式便开始盛行。根据最初的赔款发生制保单,保险人仅负责被保险人在保险期内提出的索赔,而不论事故发生在以前的任何年份。在保险期结束保险人能确定已付赔款和未决赔款准备金,可对其产品进行定价。在赔款发生制承保方式下,被保险人只有在保险期结束时续保才会有保险期发生事故的完全保障。表 10－1 解释了这两种承保方式的运作。

表 10－1　　**赔款发生制保单和事故发生制保单**

	事故发生制保单		赔款发生制保单*			
保单	A	B	C	D	E	F
2010	2011	2012	2013	2014	2015	2016
		事故 A				
		事故 B	→	→	→	
				事故 C	→	→
事故 D	→	→	→	→		
	事故 E	→	→	→	→	→

注：* 追溯日期是 2013 年 1 月 1 日。

事故 A 发生并报告在 2012 年，保单 B 赔付。

事故 B 发生在 2012 年，报告在 2015 年，保单 B 赔付。

事故 C 发生在 2014 年，报告在 2016 年，保单 F 赔付。

事故 D 发生在 2010 年，报告在 2014 年，因为损失发生在追溯日期之前，所以无赔付。

事故 E 发生在 2011 年，报告在 2016 年，保单 A 赔付。

与事故发生制保单相比较，赔款发生制保单使被保险人的保险责任范围留下时间缺口，为了弥补这一缺口，后来赔款发生制保单提供一项特殊条款：基本扩展条款。该条款分为两部分内容：

一是给予被保险人在保险期内发生的事故有一个保险期结束后 60 天的扩展报告期，在这一扩展报告期内提出索赔，保险人仍会赔付。

二是提供一个 5 年扩展赔偿期。如果保险期内发生的事故为被保险人和保险人均知悉，赔款发生制保单对在保险期结束后 5 年内提出的索赔仍会赔付。

五、责任保险的作用

责任保险是一种以被保险人的民事损害赔偿责任作为保险标的的保险。企业、团体组织、家庭或个人等可以将各自因疏忽、过失等行为致使他人伤害、财产损失而依法应承担的经济赔偿责任向保险人投保。责任保险之所以在不长的时间里有较大的发展，原因是多方面的，除了前面提到的因素外，很大程度上还与责任保险本身所具有的特定作用有关。责任保险的特定作用表现在以下几个方面：

（一）为被保险人承担民事赔偿责任，解决他们的后顾之忧

经济的发展、社会的进步离不开人们从事各项活动，而在这些活动中责任事故的发生是免不了的，尽管人们有时尽力去避免，但最终并不能完全避免。一旦这类事件发生并造成后果，责任方是必须依法承担经济赔偿责任的。另一方面，因为责任风险可能导致的最高赔偿额具有很大的不确定性，所以即使事先在财务上做了准备，也很难说是充分的、万无一失的。再从法院的实际判决来看，责任赔偿额一般也定得很高，尤其是在经济发达的国家，几乎高到令人吃惊的地步，因此仅靠个人的财力是根本无法承担的，即便是大企业、公司和财团，往往也会因责任赔偿而陷入财务困境，这方面的例子是很多的。有了责任保险，被保险人就可以通过缴付保险费的方法，将自己可能承担的民事赔偿责任转移给保险公司，从而达到化不确定为确定的目的。由于心理上和经济上的后顾之忧得以解除，被保险人便能安心地从事各项活动。

（二）保障责任事故中无辜者的经济利益不受侵害，维护和促进社会安定

尽管法律规定汽车事故或其他责任事故中的无辜受害者有权向责任方请求损害赔偿，但是如

果责任方没有投保有关的责任保险,也没有能力赔偿他方的经济损失,受害者的利益就无法得到保障。可见责任保险对于保护受害者的经济利益不受侵害、维护和促进社会的安定是非常重要的。

(三)有利于民事赔偿纠纷的顺利解决,保证法律的贯彻执行

各国民法大多明确规定:民事损害赔偿关系中的致害人应该承担受害人的经济损失。此外,在单行法规中还会以民法为依据,对损害赔偿的范围、条件和处理程序等作出具体的阐述。党的十一届三中全会以来,我国法制建设逐步完善,《民法通则》已经公布实施,其他单行法规也已陆续制定。根据已经颁布的法律,造成他人伤害、财产损失的肇事单位和个人要受到法律制裁,制裁分经济赔偿处罚和刑事处分两种。尽管法律已明文规定,但在实际中难免有少数负有赔偿责任的法人或公民由于种种原因而无经济能力来承担赔偿责任。因此,难以保证最终法律判决的实施。由于责任保险同其他保险一样,是一种建立在合同基础上的法律行为,当事人双方有权利和义务的关系。只要被保险人依法需承担的民事赔偿责任是由保险责任范围内的原因所致,保险人就有义务替被保险人承担经济赔偿责任,向受害方支付赔偿金。这样,责任保险就从经济上维护了法律的尊严,保证了法律的贯彻执行。由此可见,责任保险在某种意义上对完善法制建设是十分有益的。

第三节　公众责任保险

一、公众责任保险概述

(一)公众责任

法人或公民因某种违法行为(又称侵权)而损害公众利益,依法应承担的赔偿责任即称为公众责任(public liability insurance)。公众责任是民事赔偿责任的一种,它包括了除汽车、飞机引起的责任风险,以及雇主对雇员应承担的责任风险之外的所有个人、企业、团体的责任风险。我国《侵权责任法》第37条规定:“宾馆、商场、银行、车站、娱乐场所等公共场所的管理人或者群众性活动的组织者,未尽到安全保障义务,造成他人损害的,应当承担侵权责任。”这种侵权责任就属于一种典型的公众责任。

既然公众责任是一种民事责任,它就要受民法中关于损害赔偿规定的制约。我国《民法通则》根据损害结果的不同,制定了多种承担民事责任的方式。例如,责令停止侵害、恢复原状、修理更换、具结悔过、赔偿损失,其中使用较多的是经济赔偿这种方法。

(二)公众责任保险

公众责任保险是保险人对法人或公民因疏忽、过失行为致使公众利益受到损害而应承担的赔偿责任提供保障的一种保险业务。公众责任保险在国外不少国家被称为“普通责任保险”(general liability insurance)或“综合责任保险”(comprehensive liability insurance),在责任保险中它已经是一种单独承保、适用范围很广的险种。由于被保险人的情况各不相同,他们需要转嫁的风险也不完全一致。因此,为了满足各层次被保险人的多种需求,国外有些保险公司推出了一种普通责任保险总保单,在此保单中将投保人的不同要求分成若干具体的承保项目,以供投保人在投保时选择。总保单为各承保项目规定了某些通用的条件,此外还为具体的承保项目制定了特别条款和确定赔偿限额。每个承保项目的保险费分开计收。

二、公众责任保险单的主要内容

(一)保险责任

公众责任保险的保险人所承担的责任有两部分:

其一，被保险人因疏忽或过失造成第三者人身伤害、财产损毁依法应承担的经济赔偿责任。

其二，由于责任事故发生可能引起诉讼，被保险人因此而需承担支付有关费用的责任。

除了这两部分责任外，保险公司还负责责任限额外的几种额外费用。

（二）除外责任

一般而言，公众责任保险的除外责任主要有三种：

其一，不能承保的风险，例如，被保险人的故意行为所致的责任事故。

其二，不在公众责任保险范围内的风险，例如，雇主对雇员发生人身伤亡事件应负的责任。

其三，经过特别约定并加收保险费后才能承保的风险。例如，被保险人根据协议应承担的责任，如果此协议是合法的，则被保险人在该协议中应承担的赔偿责任经约定和加收保费也可承保。

（三）赔偿限额

如前所述，规定赔偿限额是责任保险的一个特征，公众责任保险也有赔偿限额。这种限额既可分为人身伤害和财产损失两部分，也可将它们合并为一个赔偿限额。有的公众责任保险单仅规定每次责任事故的限额，而不规定累计限额；有的则同时规定两种限额，即每次责任事故的限额和累计赔偿限额。但从目前国外情况来看，采用累计赔偿限额的并不多。我国保险公司承保的公众责任保险中的赔偿限额分为两种限额：一是每次事故的赔偿限额，另分别规定每次事故人身伤亡赔偿限额、每人伤亡赔偿限额和每次事故财产损失赔偿限额；二是保险单有效期内的累计赔偿限额。

（四）保费和费率

公众责任保险一般无固定的费率表可参照使用，只能根据投保对象的不同分别厘定费率。影响保险人厘定费率的因素有以下几种：

(1)被保险人所从事的业务性质及其管理水平。

(2)风险的类型。

(3)被保险人以往责任赔偿记录。

(4)赔偿限额和免赔额的高低。若赔偿限额和免赔额增减时，费率也相应地调整，但不是根据赔偿限额的增减幅度进行。

三、美国公众责任保险的几个险种介绍

（一）个人责任保险

个人责任保险是一种适用于个人和家庭需要的公众责任保险，它有两种基本保单：一种是综合个人责任保单(comprehensive personal liability policy)，另一种是农场主综合个人责任保单(farmers comprehensive personal liability policy)。

在综合个人责任保险的保险条款中，对保险人因被保险人造成他人人身伤害和财产损失应承担的责任规定了一个限额，这一限额表示保险人所承担的最高责任，而不管一次事故发生引起的伤亡人数或财产损失的程度。

由于竞争和其他一些原因，当今的房主或农场主多种险合同中包括综合个人责任和农场主综合个人责任以及火险、盗窃险和其他保险。

（二）企业责任保险

基本的普通责任保险增加承保范围后可形成约20种不同的企业责任保险，其中主要的三种是：业主(owners)、店主(landlords)和租户(tenants)责任保险(OLT)，制造商和承包商责任保险(M&C)，综合普通责任保险(CGL)。

1. 业主、店主和租户责任保险

责任保险承保被保险人造成他人(非雇佣人员)人身伤害或财产损失导致索赔而引起的损失或费用。OLT保单的责任范围是场所、经营和电梯。大多数企业的主要责任风险是在企业所在的区

域内,而有些企业的外部责任风险也占有相当比重。因此,就保险地点来说,OLT 保单中有两个,一个是在被保险场所内,另一个是在被保险场所外。

OLT 保单中所包括的基本责任也有两种,即人身伤害责任和财产损失责任。这两种责任可以有各自的赔偿限额,如承包商在自己场所外施工的责任风险。

2. 制造商和承包商责任保险

这种责任保险是为制造商和承包商提供保障,在性质上与 OLT 保单相似。然而,保险范围适用于所承保场所公众提出的索赔或被保险人的经营引起的索赔。对这些企业来说,保险范围通常包括分散的和正在更换的地点,如承包商在自己场所外施工的责任风险。

3. 综合普通责任保险

所有企业责任保险中最重要的是综合普通责任保险。由于单独承保某一种责任具有不足之处,即这种保障是不充分的,而希望得到充分保障的被保险人可能要购买许多不同的保单,即便如此仍不能保证所有风险都已被承保,因此 CGL 就应运而生。CGL 不仅包括 OLT 和 M&C 保单中对场所、经营、电梯所提供的基本责任保障,而且还扩大了责任范围,将已完工、产品、独立承包商责任风险等都包括在内。此外,CGL 保单对由于保单签发后获得的财产而引起的索赔以及对那些被保险人一无所知、列明风险的保险单中通常不承保的所谓未知风险同样给予保障。1986 年美国首次用商业普通责任保险取代了综合普通责任保险,其承保协议的保险责任分为 A、B、C 三部分:人身伤害和财产损失、人身侵犯和广告损害、场所医疗费用赔偿。

在 CGL 保单中,除外责任被减少到了最低限度。以下这些除外责任同样适用于 OLT 和 M&C 保单:(1)合同责任(列明的附加合同责任除外);(2)汽车和飞机责任;(3)场所外的水运工具责任;(4)战争责任;(5)对雇员伤害或疾病应负的责任;(6)对被保险人拥有、占用、租用、使用或保管、控制的财产造成的财产损失。对特定的被保险人还使用其他若干除外责任。

四、我国的公众责任保险

我国的公众责任保险单起初适用于各类涉外或利用外资的商店、办公楼、旅馆、公共娱乐场所、住宅楼、工厂等,它实际上是一种场所责任保险。后来,中国人民保险公司又制定了适用于所有企事业单位、社会团体、个体工商户、其他经济组织及自然人的公众责任保险条款,并设计了多种附加条款。这里介绍新的公众责任保险条款。

(一)保险责任

公众责任保险主要承保被保险人在各固定场所进行生产、营业或其他各项活动中,由于疏忽或意外事件造成第三者人身伤亡或财产损失后,依法应由被保险人承担的经济赔偿责任。

我国公众责任保险的保险责任包括三项:

(1)被保险人在保单明细表中列明的地点范围内从事生产、经营等活动以及由于意外事故造成第三者人身伤亡或财产损失,依法应由被保险人承担的民事赔偿责任。

这里的"第三者"也就是公众,是除保险人与被保险人之外的任何人,不包括被保险人的雇员。"人身伤亡",仅指受害人身体上的伤残、疾病、死亡,不包括受害人的精神伤害;"财产损失"指物质财产的损坏和丢失。

(2)事先经保险人书面同意的诉讼抗辩费用。

(3)发生保险责任事故后,被保险人为缩小或减少对第三者人身伤亡或财产损失的赔偿责任所支付的必要、合理的费用。

(二)责任免除

1. 原因免除

下列原因造成的损失、费用和责任,保险人不负责赔偿:

(1)被保险人及其代表的故意或重大过失行为；

(2)战争、敌对行为、军事行为、武装冲突、罢工、骚乱、暴动、盗窃、抢劫；

(3)政府有关当局的没收、征用；

(4)核反应、核子辐射和放射性污染；

(5)地震、雷击、暴雨、洪水、火山爆发、地下火、龙卷风、台风、暴风等自然灾害；

(6)烟熏、大气、土地、水污染及其他污染；

(7)锅炉爆炸、空中运行物体坠落；

(8)直接或间接由于计算机2000年问题引起的损失。

2. 损失、费用和责任免除

被保险人的下列损失、费用和责任，保险人不负责赔偿：

(1)被保险人或其代表、雇佣人员人身伤亡的赔偿责任，以及上述人员所有的或由其保管或控制的财产的损失；

(2)罚款、罚金或惩罚性赔款；

(3)被保险人与他人签订协议所约定的责任，但应由被保险人承担的法律责任不在此列。

3. 其他保险责任免除

下列属于其他险种保险责任范围的损失、费用和责任，保险人不负责赔偿：

(1)被保险人或其雇员因从事医师、律师、会计师、设计师、建筑师、美容师或其他专门职业所发生的赔偿责任；

(2)不洁、有害食物或饮料引起的食物中毒或传染性疾病，有缺陷的卫生装置，以及售出的商品、食物、饮料存在缺陷造成他人的损害；

(3)对于未载入本保险单而属于被保险人的或其所占有的或以其名义使用的任何牲畜、车辆、火车头、各类船只、飞机、电梯、升降机、自动梯、起重机、吊车或其他升降装置造成的损失；

(4)由于震动、移动或减弱支撑引起任何土地、财产、建筑物的损害责任，被保险人因改变、维修或装修建筑物造成第三者人身伤亡或财产损失的赔偿责任；

(5)被保险人及第三者的停产、停业等造成的一切间接损失。

以上五项分属职业责任保险、产品责任保险、建工险、利润损失险等责任范围。

4. 火灾、爆炸事故的责任免除

未经有关监督管理部门验收或经验收不合格的固定场所或设备发生火灾、爆炸事故造成第三者人身伤亡或财产损失的赔偿责任，保险人不负责赔偿；因保险固定场所周围建筑物发生火灾、爆炸波及保险固定场所，再经保险固定场所波及他处的火灾责任，保险人不负责赔偿。

5. 附加险责任免除

下列原因造成的损失、费用和责任，保险人不负责赔偿：(1)被保险人因在本保险单列明的地点范围内所拥有、使用或经营的游泳池发生意外事故造成的第三者人身伤亡或财产损失；(2)被保险人因在本保险单列明的固定场所内布置的广告、霓虹灯、灯饰物发生意外事故造成的第三者人身伤亡或财产损失；(3)被保险人因在本保险单列明的地点范围内所拥有、使用或经营的停车场发生意外事故造成的第三者人身伤亡或财产损失；(4)被保险因出租房屋或建筑物发生火灾造成第三者人身伤亡或财产损失的赔偿责任。

以上四项分属公众责任保险附加险游泳池责任保险、广告及装饰装置责任保险、停车场责任保险、出租人责任保险的责任范围。

6. 应由被保险人自行负担的免赔额

7. 其他不属于本保险责任范围内的一切损失、费用和责任

（三）赔偿限额与免赔额

1. 赔偿限额

公众责任保险的赔偿限额是保险人承担赔偿责任的最高限额，其高低一般由保险双方当事人在签订合同时根据可能发生的赔偿责任风险大小协商确定，并在保单明细表中订明。对第三者人身伤亡、财产损失和诉讼费用规定每次事故赔偿限额，并含人身伤亡每人赔偿限额，发生保险事故时在赔偿限额内赔付。另对必要的、合理的费用也规定每次事故赔偿限额，并规定了保险期限内发生多次事故的累计赔偿限额。

2. 免赔额

我国公众责任保险对第三者人身伤亡无免赔额规定，但对第三者财产损失则一般规定每次事故的绝对免赔额。即无论受害人财产损失程度如何，免赔额以内的损失不是由保险人负责，而是由被保险人自行承担。如果保险单上未有免赔额规定，保险人可以另行出单注明免赔额事项。

（四）保险费率与保险费

1. 保险费率

公众责任险的费率厘定一般要考虑以下因素：(1)被保险人的业务性质、种类和产品等产生损害赔偿责任可能性的大小；(2)赔偿限额的高低；(3)司法管辖权范围及当地法律对损害赔偿责任的规定；(4)承保区域范围的大小；(5)被保险人以往事故记录；(6)被保险人的经营管理水平。

2. 保险费

一般情况下，公众责任险像其他财产险业务那样制定固定的费率表，对赔偿限额很高或高风险行业应根据被保险人的风险情况逐笔制定承保方案和确定费率。公众责任保险的保险期限一般为1年，费率多为年费率。保险费按每次事故或累计赔偿限额所适用的业务种类费率计收。

五、我国的环境污染责任保险

从2007年起，我国开始在部分地区开展环境污染责任保险试点。2011年10月20日公布的《国务院关于加强环境保护重点工作的意见》指出，要改革创新环境保护体制机制，健全环境污染责任保险制度，开展环境污染强制责任保险试点。之后，环保部和保监会联合下发《关于开展环境污染强制责任保险试点工作指导意见》，在涉重金属企业和石油化工等高环境风险行业推进环境污染强制责任保险试点。2014年5月新修订的《环境保护法》明文规定“国家鼓励投保环境污染责任保险”。2015年全国近4 000家企业投保环境污染责任保险。各家财产保险公司先后推出环境污染责任保险，以下介绍的是华泰财产保险公司的“场所污染责任保险条款”。

我国的环境责任保险产品中，华泰的场所污染责任保险条款是与其战略合作伙伴美国ACE集团共同推出的产品，与人保和平安的环境污染责任保险条款相比较，其保险责任范围较宽，更多采用了国际上常用条款，比如没有追溯期规定，采用“发现”和扩展报告期条款。

（一）责任范围

承保范围不仅包括“新污染事故”的赔偿(责任范围A)，而且也包括对在保单签发之前“既存污染事故”的赔偿(责任范围B)。“任何此‘索赔’或发现必须于‘保险期’内或适用的‘扩展报告期’内书面报告给保险人。”换言之，该条款使用赔款发生制，并采用发现和扩展报告期。承保范围包括“补救费用”及“法律抗辩费用”赔偿。“补救费用”的范围较广，其中包括处理和控制“污染状况”至环境法律所要求的程度而发生的合理费用。

（二）责任限额和自留额

明细表中分别载明责任范围A和B的每次污染事件的责任限额和累计责任限额，以及责任范围A和B总的累计责任限额。保险人只负责赔偿自留额以上责任限额以下部分的损失。责任限额适用于“索赔”“补救费用”及“法律抗辩费用”。自留额适用于每次污染事件的“索赔”“补救费用”

及“法律抗辩费用”。每次“污染事件”是指“相同的、持续的、重复的或相关的‘污染状况’”。

(三)除外责任

与人保和平安产品不同,该种污染责任保险既承保突发性意外污染事故,又承保渐进性污染事故,所以它对除外责任规定较为严格。除外责任除了通用除外责任外,还对污染源和特殊污染物规定除外责任,共计 18 项:石棉,合同责任,弃置财产,雇主责任,外部隔离和涂层系统(“真菌”),罚款及罚金,第一方财产损失,被保险人的内部费用,故意不遵从法律等,已知状况,铅质涂料,自然产生的物质,非自有处理地点,风险实质性变更,“地下贮罐”,车辆,核能风险,战争或恐怖活动。对有一些除外责任,在“定义”条款中做了解释。

第四节 产品责任保险

一、产品责任及其法律原则

(一)产品责任的定义

产品责任是指与产品有关的制造商、批发商或零售商等各方,对产品因存在缺陷而在被使用过程中发生意外并造成用户或他人人身伤害和财产损失,依法应承担的经济赔偿责任。

在责任保险领域内,产品责任保险是发展较为迅速的险种。零售商、批发商和制造商对由离开销售和生产场所的商品的使用或消费引起的伤害被认为是负有法律责任的。

(二)产品责任的适用法律

西方国家对产品责任引起法律赔偿的处理,一开始大多参照英国普通法中关于制造商或销售商对产品应负“适当注意之责”(duty of due care)这一原则。在具体运用过程中,由于各国情况的不同,实际做法并不完全一致。归纳起来,目前国外对产品责任实行的法律制度有两种,一种是以美国为代表的实行绝对责任制,另一种是以西欧、日本为代表的实行疏忽责任制,但发展趋势是实行绝对责任制。

1. 绝对责任制

绝对责任制又称严格责任制。根据这种制度,一个人即使尽力做到适当注意以避免伤害他人,也要承担法律责任。换言之,一个人虽然没有明显的过错,但他对无辜的受害者仍需负赔偿责任。

美国是一个典型的实行绝对责任制的国家,然而它也并非最初就采用这种法律制度。1916 年以前,美国的产品责任法建立在“契约双方的关系原则”(the doctrine of privity of contract)这一基础上,以此原则作为判断产品赔偿责任的主要依据。这个原则规定:产品事故中的受害者若要提出诉讼,必须向契约的另一方提出,并按契约的规定办理。显然,这种规定对受害者是不利的。因为消费者和产品制造商或销售商之间通常不会签订书面契约,所以不可能存在契约关系。即使有这种关系,受害方也只能在规定的范围内要求赔偿。

1916 年,美国法院受理了麦克弗森因轮胎存在缺陷而破裂对别尔克汽车公司提出的诉讼。从此,美国产品责任法放弃了“契约双方的关系原则”,取而代之的是以“疏忽原则”(the doctrine of negligence)来判断产品责任事故。相比之下,疏忽原则对受害者有利些。但受害者要指控他方负有疏忽责任,还须承担举证之责:一要证明该产品在设计或制造中有缺陷;二要使该缺陷保持原状直到受害人受害之时;三要受害人对该缺陷必须是未知的,即经过简单检查也未能发现;四要证明受害人对产品的使用与该产品的用途一致。这些对受害者来说不是件容易的事。

直到 1944 年,发生埃斯科勒控告可口可乐制瓶公司一案,美国法院开始放弃“疏忽原则”,逐步转向以“严格责任制”为主。1968 年,美国产品责任法正式明确以“严格责任制”作为处理产品责任事故的依据。这样,消费者如果因使用某种产品而遭受人身伤害或财产损失,即使不能证明制造商或销售商有过失,制造商和销售商也必须承担赔偿责任,而不能以任何理由来推卸。

2. 疏忽责任制

如前所述,“疏忽责任制”比“契约双方的关系原则”进了一步,对受害者较为有利。但它还是有许多限制条件,受害者要想得到十足的赔偿仍十分困难。实行疏忽责任制的国家有西欧和日本等。虽然这些国家对产品责任实行疏忽责任制,但由于这种做法对受害者来说还有诸多不便,因此,从保护消费者的利益出发,上述国家也希望仿效美国,推行严格责任制。日本有人在 1975 年向国会提出了一项有关严格责任的法律草案,欧洲共同体理事会在 1975 年 7 月起草的关于产品责任保险的文件草案中也提到了类似的问题。

二、产品责任保险的发展简况

据记载,产品责任保险始于 1910 年,原先被称为毒品责任保险。早期的产品责任保险主要承保与人体健康直接有关的产品,如食品、饮料、药品等,以后逐渐扩展到轻纺、机械、石油、化工、电子等行业的产品。作为一种单独承保的险种,产品责任保险迄今只有近百年的历史。可是近 30 多年里产品责任保险发展迅速,业务量急剧上升,尤其在西方国家,这类业务上升的幅度更大。在业务量、索赔案及赔偿金额这三项指标方面美国居领先地位,其次是西欧和日本。

人们对产品责任保险的需求程度取决于一国的法律制度,以及律师所获报酬的高低。例如,美国实行陪审团制度,案子由陪审团审理和判决。通常陪审团较同情或偏袒消费者,因此,最终的赔偿金往往定得很高。据调查,美国石棉沉着病(asbestor)的产品责任案最终将耗费美国保险人高达 650 亿美元赔款。① 美国的律师收取的报酬直接与其辩护结果挂钩,这也加速了产品责任保险的发展。近年来人们对产品责任风险导致的包含惩罚性质的巨额赔偿十分关注,许多人将此称为一种“危机”。据估计,在 2002 年美国侵权制度平均给每个美国公民带来 721 美元的“诉讼税”②。因此,美国的许多州通过了侵权改革法案,试图限制产品责任,其余一些州正在考虑制定这种法规。

从国外产品责任保险的发展现状来看,这种保险业务在提高产品质量保障消费者的权益不受侵害方面的确具有积极的作用,但是也不可否认出现了某些偏差,法院的巨额赔偿判决就是其中之一。为了配合外贸商品出口,我国自 1980 年起也开办了产品责任保险,同时还与外国的保险公司建立了理赔代理和分保业务关系。我们在发展产品责任保险时,既研究了国际上一些新的做法和动向,吸取有益的东西为我所用,也对已经暴露出来的问题引起了重视,以免重蹈覆辙,从而保证产品责任保险在我国正常发展。

三、产品责任保险保单的主要内容

(一)投保人和被保险人

凡是因产品事故造成他人伤害或财产损失依法应承担赔偿责任的人都可以成为产品责任保险的投保人。例如,制造商、出口商、进口商、批发商、零售商以及修理商等,他们都可以投保产品责任险。投保人可以是一方、数方或有关的各方,这要视具体情况和需要而定。除了投保人是当然的被保险人外,由投保人提出并经保险人同意的其他有关各方也可作为被保险人载入保单,被保险人之间的责任一般互不追偿。

(二)保险责任范围

保险人承担的责任分为两个方面:

---

① 转引自 James S. Treischmann 等:*Risk Management and Insurance*(第 12 版),汤姆森出版公司 2005 年版,第 35 页。

② 转引自 James S. Treischmann 等:*Risk Management and Insurance*(第 12 版),汤姆森出版公司 2005 年版,第 42 页。

其一，产品发生事故致使消费者或其他任何人人身伤害、财产损失的，依法应由被保险人承担的责任。保险人在替被保险人履行赔偿责任时应掌握：(1)该产品事故必须在保险有效期内发生；(2)事故必须具有"意外"和"偶然"的性质；(3)赔偿金最高不能超过保单中规定的赔偿限额。

其二，产品事故发生后引起的诉讼、辩护费用及其他事先双方约定的费用。

(三)除外责任

产品责任保险通常将以下责任或损失列为除外责任：

(1)被保险人承担的合同责任，除非这种责任变成法律责任。

(2)不属于产品责任范围的其他法律责任，如雇主对其雇员应负的工伤责任可由劳工险或雇主责任保险负责。

(3)属于被保险人所有、照管或控制的财产的损失。

(4)被保险人未按有关法律、法规生产或销售的产品发生事故导致的责任和费用。

(5)产品本身的损失以及回收有缺陷的产品所需的费用等，这是由产品保证保险负责赔偿的。

(四)赔偿限额

产品责任保险基本上有赔偿限额的规定。赔偿限额通常由被保险人根据实际需要向保险人提出，待双方商定后在保单中具体载明。产品责任保险实行每次事故限额和保单累计限额制，即保险人对每一次产品事故规定一个最高赔偿金额，对保险有效期内的赔偿累计规定一个最高限额。产品责任保险赔偿限额的高低主要由两个因素决定：一是产品事故可能引起的损失程度，二是地区、国别。

(五)保险期限与索赔时效

产品责任保险的保险期限与一般财产保险的保险期限相同，通常为1年，到期需要继续投保的应办理续保手续。保险人对产品责任是否承担责任，除了掌握责任范围和除外责任的界限，还要看产品事故是否在保险期内发生。为了使被保险人的保险单持续有效，以获得连续不断的保险保障，保险人推出了期限较长的保险单。我国保险公司对某些出口产品也提供年限在3～5年或更长时间的责任保险。但保险费仍按年收取，而且费率可从第二年起逐年递减。

产品责任保险的索赔时效主要以保险合同中的有关规定以及产品事故发生地当局颁布的法律为依据而确定，一般以3年为限。

四、我国涉外产品责任保险

(一)保险责任范围

在保险有效期内，由于被保险人所生产、出售的产品或商品在承保区域内发生事故，造成使用、消费或操作该产品或商品的人或其他任何人的人身伤害、疾病、死亡或财产损失，依法应由被保险人负责时，保险人根据保险单的规定，在约定的赔偿限额内负责赔偿。此外，保险人也负责赔偿诉讼费用和其他约定费用。此项费用与责任赔偿金额之和以保险单明细表中列明的责任限额为限。

(二)除外责任

保险人对下列各项不负责赔偿：

(1)被保险人根据与他人的协议应承担的责任，但即使没有这种协议，被保险人仍应承担的责任不在此限。

(2)根据劳动法应由被保险人承担的责任。

(3)根据雇佣关系应由被保险人对雇员所承担的责任。

(4)保险产品本身的损失。

(5)产品退换回收的损失。

(6)被保险人所有、保管或控制的财产的损失。

(7)被保险人故意违法生产、出售的产品或商品造成任何人的人身伤害、疾病、死亡或财产损失。

(8)保险产品造成的大气、土地和水污染及其他各种污染所引起的责任。

(9)保险产品造成对飞机或轮船的损害责任。

(10)由于战争、类似战争行为、敌对行为、武装冲突、恐怖活动、谋反、政变直接或间接引起的任何后果所致的责任。

(11)由于罢工、暴动、民众骚乱或恶意行为直接或间接引起的任何后果所致的责任。

(12)由于核裂变、核聚变、核武器、核材料、核辐射及放射性污染所引起的直接或间接的责任。

(13)罚款、罚金、惩罚性赔款。

(14)保险单明细表或有关条款中规定的应由被保险人自行负担的免赔额。

(三)赔偿处理

第一,当发生本保险单承保的任何事故或诉讼时:

(1)未经保险人书面同意,被保险人或其代表对索赔方不得做出任何责任承诺或拒绝、出价、约定、付款或赔偿。在必要时,保险人有权以被保险人的名义接办对任何诉讼的抗辩或索赔的处理。

(2)保险人有权以被保险人的名义,为保险人的利益自付费用向任何责任方提出索赔的要求。未经保险人书面同意,被保险人不得接受责任方就有关损失做出的付款或赔偿安排或放弃对责任方的索赔权利,否则,由此引起的后果将由被保险人承担。

(3)在诉讼或处理索赔过程中,保险人有权自行处理任何诉讼或解决任何索赔案件,被保险人有义务向保险人提供一切所需的资料和协助。

第二,生产出售的同一批产品或商品,由于同样原因造成多人的人身伤害、疾病或死亡,或多人的财产损失,应视为一次事故造成的损失。

第三,被保险人的索赔期限,从损失发生之日起,不得超过 2 年。

(四)被保险人的义务

被保险人及其代表应严格履行下列义务:

第一,在投保时,被保险人或其代表应对投保申请书中列明的问题以及保险人提出的其他问题做出真实、详尽的回答或描述。

第二,被保险人及其代表应根据本保险单明细表和批单中的规定按期缴付保险费。

第三,保险期满后,被保险人应将保险期间生产、出售的产品或商品的总值书面通知保险人,作为计算实际保险费的依据。实际保险费若高于预收保险费,被保险人应补交其差额;反之,若预收保险费高于实际保险费,保险人应退还其差额,但实际保险费不得低于所规定的最低保险费。保险人有权在保险期内的任何时候,要求被保险人提供一定期限内所生产、出售的产品或商品总值的数据。保险人还有权派员检查被保险人的有关账册或记录并核实上述数据。

第四,一旦发生本保险单所承保的任何事故,被保险人或其代表应进行如下处理:

(1)立即通知保险人,并在 7 天或经本公司书面同意延长的期限内以书面报告提供事故发生的经过、原因和损失程度;

(2)在预知可能引起诉讼时,立即以书面形式通知保险人,并在接到法院传票或其他法律文件后,立即将其送交保险人;

(3)根据保险人的要求提供作为索赔依据的所有证明文件、资料和单据。

第五,若在某一保险产品或商品中发现的缺陷表明或预示类似缺陷亦存在于其他保险产品或商品时,被保险人应立即自付费用进行调查并纠正该缺陷,否则,由于类似缺陷造成的一切损失应由被保险人自行承担。

(五)以索赔提出为基础条款(赔款发生制条款)

赔款发生制条款是我国涉外产品责任保险特别条款之一,其内容如下:

兹经双方同意修正:

第一,本保险仅在下列条件下适用于在本保险单明细表中列明的追溯期开始后发生的事故引起的“人身伤害”和“财产损失”:

(1)由于“人身伤害”和“财产损失”引起的任何索赔,必须在本保险单有效期限内以书面形式向任一被保险人提出第一次索赔;

(2)任何被保险人在本保险单生效之日对事故的发生都不知情或不能合理预见。

第二,本批单中“任何索赔”和“全部索赔”,含义如下:

(1)任何个人或组织寻求损失补偿的“任何索赔”,在任一被保险人或公司收到书面通知后(以先收到为准),视为该索赔已经提出;

(2)同一个人在任何一次事故中因人身伤害而向任何被保险人第一次提出索赔时,即被视作“全部索赔”已经提出;

(3)任何个人或组织在任何一次事故中因财产损失而向任何被保险人第一次提出索赔时,即被视作“全部索赔”已经提出。

第五节　职业责任保险

一、医疗事故责任保险

我国早在20世纪80年代末就开办了医务人员职业责任保险。国卫医发〔2014〕42号文明确了医疗事故责任保险发展目标,到2015年年底前,全国二级公立医院参保率应当达到100%,二级公立医疗参保率应当达到90%以上。2015年,我国医疗责任保险保费收入达23.64亿元,为各级医疗机构提供风险保障506.1亿元。我国原来医疗事故处理的法律依据是国务院于1987年6月29日颁布的《医疗事故处理办法》。为了适应经济和社会发展新形势的需要,《医疗事故处理条例》于2002年9月1日开始实施,取代了原有的《医疗事故处理办法》。首先,该条例重新定义了医疗事故,扩大了医疗事故的内涵。该条例第2条规定:“医疗事故,是指医疗机构及其医务人员在医疗活动中违反医疗卫生管理法律、行政法规、部门规章和诊疗护理规范、常规,过失造成患者人身损害的事故。”其次,将鉴定主体由过去卫生行政部门设置的“医疗事故技术鉴定委员会”改为“医学会”。再次,按照该条例的规定,医疗事故的赔偿可以由医患双方协商解决,也可以由卫生行政部门调解处理,还可以通过民事诉讼途径解决。最后,医疗事故赔偿范围扩大,赔偿金额与标准更为明确。该条例第49条规定:“医疗事故赔偿,应当考虑下列因素,确定具体赔偿数额:(1)医疗事故等级;(2)医疗过失行为在医疗事故损害后果中的责任程度;(3)医疗事故损害后果与患者原有疾病状况之间的关系。”医疗事故赔偿项目包括医疗费、误工费、陪护费、残疾生活补助费、丧葬费、被抚养人生活费、精神损害抚慰金等。赔偿标准是:致人死亡的,赔偿6年当地居民平均生活费;造成患者残疾的,赔偿3年当地居民平均生活费。我国《侵权责任法》第54条规定:“患者在诊疗活动中受到损害,医疗机构及其医务人员有过错的,由医疗机构承担赔偿责任。”这表明对诊疗损害实行过错责任。《侵权责任法》第59条规定,因药品、医疗器械所致医患纠纷可以向医疗机构要求赔偿,医疗机构先行赔偿后有权向缺陷产品生产者追偿。此外,《最高人民法院关于民事诉讼证据的若干规定》中明确规定:“因医疗行为引起的侵权诉讼,由医疗机构就医疗行为与损害结果之间不存在因果关系及不存在医疗过错承担举证责任。”医疗纠纷倒举证责任的出台,使医疗事故责任保险再次升温。

2015年1月,国家卫生计生委、国家发展改革委、人社部、国家中医药管理局、中国保监会联合发布的《关于推进和规范医师多点执业的若干意见》为我国“医生集团”出现提供了政策基础。“医生集团”可能属于医院,也可能是独立的“医生组织”。“医生集团”的兴起,将为医生个人职业责任保险提供新的商机。

这里介绍中国人民保险公司于2000年1月28日开办的医疗责任保险。

(一)保险责任

被保险人在从事与其资格相符的诊疗护理工作中因过失发生医疗事故或医疗差错造成下列依法应由被保险人承担的经济赔偿责任,并由被保险人在保险有效期内首次提出索赔申请的,保险人负责赔偿:

(1)第三者(指病员)的人身伤亡;

(2)保险事故发生后并在仲裁或诉讼前经保险人书面同意的仲裁或诉讼费用(案件受理费、勘验费、鉴定费、律师费等)。

上述两项每人赔偿总金额不得超过保险单明细表中列明的每人赔偿限额。此外,保险人还负责赔偿保险事故发生后被保险人所支付的必要的、合理的费用。该保险的承保方式采取赔款发生制,即在保险有效期内提出索赔的,保险人负责赔偿,而不论医疗事故或医疗差错是发生在保险期限内,还是发生在追溯期内(保险单明细表中列明追溯期)。对于发生在保险期限内,但在保险期限后才发现并提出索赔的医疗事故或医疗差错,以及发生在追溯期以前的医疗事故或医疗差错,保险人不负责赔偿。

(二)责任免除

责任免除包括责任保险中一些共同的除外损失、费用和责任,如故意行为、战争、核事故、地震、洪水、火灾、爆炸等。责任免除还包括一些属于被保险人违法行为或违规行为所致的责任,如不合格的医务人员和未经国家有关部门许可的诊疗护理工作,伪劣药品、医疗器械或被感染的血液制品。此外,保险人对下列损失、费用和责任也不负责赔偿:

(1)被保险人的人身伤亡;

(2)直接或间接由于计算机2000年问题引起的损失;

(3)罚款、罚金或惩罚性赔款;

(4)保险单明细表或有关条款中规定的应由被保险人自行负担的免赔额;

(5)被保险人在保险单明细表中列明的追溯期起始日以前进行的诊疗护理工作中所致的赔偿责任;

(6)被保险人与病员或其家属签订的协议所约定的责任,但应由被保险人承担的法律责任不在此列;

(7)被保险人对病员的精神损害。

二、律师执业责任保险

随着我国法律制度的日益健全、律师队伍的不断扩大、公民索赔意识的逐步增强,律师执业过程中所面临的风险也日趋增加。律师在执业处理大量诉讼或非诉讼事务中,很可能因过错、过失、疏忽等而致使委托人遭受经济损失,存在着较大的民事责任风险。为了化解执业律师办案风险,减少矛盾和纠纷,提高律师事务所及其律师的社会信誉,平安保险公司在上海市司法局的帮助下,在深入调研和广泛听取司法部门、律师事务所意见和建议的基础上,按国际法律界和保险界的惯例,设计开办了“律师执业责任保险”新险种,以满足社会对这一险种的需求。

(一)保险责任

在保险期内,凡被保险人的注册执业律师,在中国境内(港、澳、台地区除外)以执业律师身份代表被保险人为委托人办理约定的诉讼或非诉讼律师业务时,由于过失行为,违反《中华人民共和国律师法》或律师委托合同的约定，致使委托人遭受经济损失，依法应由被保险人承担的经济赔偿责任，保险人负责赔偿。被保险人事先经保险人书面同意支付的诉讼费用及其他必要的、合理的费用，保险人负责赔偿。

（二）除外责任

保险人对下列行为或原因造成的委托人经济损失不予赔偿：

(1)无有效律师执业证的人员办理的委托业务；

(2)律师未经被保险人同意私自接受业务的；

(3)律师与对方当事人或对方律师恶意串通、损害当事人利益的；

(4)律师非职业行为或故意行为；

(5)以骗取保险赔偿金为目的的行为；

(6)国家法律政策、自然灾害等不可抗力；

(7)律师被指控对他人诽谤或恶意中伤，经法院判决指控成立的；

(8)不适用中华人民共和国法律的委托业务；

(9)非被保险人的注册执业律师办理的委托业务；

(10)其他不属于保险责任范围内的损失和费用。

（三）责任限额

在保险期限内，被保险人累计赔偿限额在100万～350万元范围内，具体数额由被保险人与本公司另行约定；另外，可以约定每次事故赔偿限额及免赔额。

（四）索赔期限

在赔偿处理中规定：被保险人的索赔期限，从其知道保险事故发生之日起，不得超过2年。

三、注册会计师职业责任保险

注册会计师作为现代经济活动不可缺少的组成部分，正发挥着越来越重要的作用。企业合并、分立、清算需要由注册会计师出具审计报告，固定资产抵押需要其出具验资报告，企业股票上市也需要其出具资产评估报告。此外，注册会计师还承办各种咨询、会计服务业务。但是，在注册会计师队伍发展壮大的过程中，控告注册会计师的诉讼案件也急剧增加，并有日趋上升的趋势。根据《中华人民共和国注册会计师法》等有关法律法规的规定，任何会计师事务所违反规定，给委托人、其他利害关系人造成损失的，应当依法承担赔偿责任。为此中国人民保险公司和中国平安保险公司参照国外先进经验开发了注册会计师职业责任保险，旨在以商业保险的方式转嫁注册会计师的执业风险，保障委托人和其他利害关系人的利益。

此前，我国注册会计师行业主要通过设立职业风险基金的方式抵御责任风险。随着我国市场经济的不断发展，资本市场对会计师事务所的审计质量提出了更高的要求。此外，合伙制逐渐取代有限责任公司制成为会计师事务所的主要形式，会计师事务所承担的责任风险呈现放大的趋势。2015年7月1日起施行的《会计师事务所职业责任保险暂行办法》鼓励会计师事务所在5年内尽快完成由提取职业风险基金向投保职业责任保险的过渡。目前，除“四大会计师事务所”中国成员所历来实行职业责任保险外，我国已有500家会计师事务所选择投保职业责任保险。

下面介绍平安保险公司的注册会计师执业责任保险条款。

（一）保险责任

第一，在列明的追溯期开始后，被保险人的注册会计师根据被保险人的授权承办国内注册会计师审计业务过程中，因过失行为未尽其业务上应尽之责任及义务，造成委托人及其利害关系人的直接经济损失，委托人及其利害关系人在保险期限内向被保险人提出索赔的，依法应由被保险人承担的赔偿责任，保险人根据本条款的有关规定，在约定的赔偿限额内负责赔偿。

该险种也采用赔款发生制的承保方式,并规定了追溯期,自该日期开始到保险期限截止日内,被保险人在承办国内注册会计师审计业务过程中,因过失行为导致委托人及其利害关系人的损失,保险人均负责赔偿。被保险人为依法设立的会计师事务所,委托人指与被保险人签订审计业务协议书,委托被保险人为其办理注册会计师审计业务的单位或个人,利害关系人指按照法律规定有权使用注册会计师审计报告的投资人、债权人。赔偿限额分为每次事故赔偿限额和累计赔偿限额。

第二,发生保险事故时,被保险人事先经保险人书面同意所支付的有关诉讼费用及其他必要的、合理的费用,保险人在保险合同约定的赔偿限额内负责赔偿。

(二)责任免除

对出现下列情况的,保险人不予以赔偿:

(1)被保险人的注册会计师的故意或犯罪行为;

(2)被保险人从事的注册会计师审计业务范围外的业务;

(3)被保险人的注册会计师未经被保险人授权从事的审计业务;

(4)被保险人未向保险人登记备案的注册会计师从事的审计业务;

(5)被保险人在本保险生效日期之前已经知道的可以合理预见的索赔情况;

(6)在保险单规定的追溯期之前被保险人已经与委托人签订委托合同,或实际已经进行的审计业务;

(7)战争、军事行动、核辐射;

(8)保险期限结束后委托人及其利害关系人向被保险人提出的任何索赔;

(9)计算机 2000 年问题引起的一切损失;

(10)被保险人对外担保产生的连带责任;

(11)政府行为引起的一切损失;

(12)一切罚没款;

(13)应由被保险人自行负担的免赔额。

(三)赔偿处理

保险人对每次事故的赔偿金额首先由被保险人和保险人协商确定,协商不成的以国家仲裁机关裁决或法院判决的应由被保险人偿付的金额为限,但在任何情况下都不得超过保险单列明的每次事故赔偿限额,而且在保险有效期内,总的赔偿金额不得超过保险单列明的累计赔偿限额。对诉讼费用及必要的、合理的费用的赔偿金额也规定了每次事故赔偿限额和累计赔偿限额。另外,规定了绝对免赔额为实际损失的 10%或5 000元,两者以高的为准。

(四)保险费和保险期限

保险费的计算基础为会计师事务所年业务收入总额。年业务收入总额根据投保前 12 个月收入总额确定。如被保险人提供的年业务收入低于投保前 12 个月业务收入总额的,当发生保险事故时,保险人将按比例赔偿。保险期限为 1 年,中国人民保险公司的注册会计师职业责任保险费率规章规定按基本赔偿限额和免赔额收取基本保险费,全年基本保险费＝3 000元/人×注册会计师人数,如增加赔偿限额或提高免赔额,则相应增加或减少保险费。

四、董事及高级职员责任保险

1996 年,美亚保险上海分公司承保了中国第一张“董监事及高级管理人员责任保险”保单。

2002 年 1 月 23 日,由中国平安保险公司与美国丘博保险集团合作推出中国第一个公司董事及高级职员责任保险。根据中国证监会《上市公司治理准则》第四条的规定,上市公司董事和高级管理人员在执行职务时违反法律、行政法规或者公司章程的规定,给公司及股东造成损失的,要承担民事赔偿责任,董事及高级职员责任保险应运而生。据悉,美国 98%的上市公司购买了这类保险，日本不少于80%的上市公司也进行了投保。此次国内该险种的出台，为国内公司的董事及高级职员安心工作，促进公司法人治理的结构不断完善。上海等城市一些上市公司率先为各自的董事及高级职员购买了这种保险。目前国内2 000多家上市公司中，仅有5%的公司投保了该险种，其中80%是为赴海外上市的公司，因为投保该险种是赴海外上市的必要条件。随着股票发行注册制改革即将实行，证监会对上市公司监管与违规处罚的力度不断加大，对投资者保护持续加强，对董事及高级职员责任保险的需求也将与日俱增。

（一）保险责任

董事及高级职员责任保险，承保被保险个人在以其被保险个人的身份执行职务的过程中，由于单独或共同的过错行为导致第三者遭受经济损失，依法应由被保险个人承担的经济赔偿责任，且被保险个人不能从被保险公司获得赔偿的，保险公司按本保单的约定责任赔偿。对过错行为的定义是：被保险个人在以其被保险个人的身份执行职务过程中的失职、过失、错误、与事实不符的陈述、误导股东的陈述、应作为而不作为及其他过错行为。此外，公司补偿保险、被保险个人配偶的赔偿责任、继承人或法定代理人保障、诉讼费用也属于保险责任范围，但诉讼费用包含在赔偿限额内。

（二）责任免除

对被保险个人因下列行为被提起索赔的不负责赔偿：

（1）欺诈、犯罪、恶意或故意行为；

（2）被保险董事或高级职员因获得其他交易者无法得知的内幕消息，而买卖被保险公司的证券获得不当得利的行为；

（3）为获取利益，而对政治团体、政府或军方官员、客户、债权人或债务人或其代表、利益关系人支付款项、佣金、赠与、贿赂的行为；

（4）保证或对外担保。

由上述可见，公司董事及高级职员在制定公司方针或决策时，因未能对风险做出充分、合理评估而使公司股东遭受损失，或者因未能详细审核发布内容及数据正确性，从而构成“虚假陈述”，导致第三方提出索赔，均可由保险公司在其保单的约定范围内予以赔偿。但是，欺骗上市、隐瞒收入、制造假账、虚增利润、违规关联交易、对外担保和内幕交易行为，都是故意或违法行为，都不在保险责任范围内。

第六节　雇主责任保险

中国人民财产保险股份有限公司新制定的雇主责任保险的主要条款如下：

一、保险对象范围

“三资”企业、私营企业、国内股份制公司，国有企业、集体企业以及集团或个人承包的各类企业，事业单位、社会团体、机关、学校都可为其所聘用员工投保雇主责任保险。

二、保险责任范围

于本保险有效期内，在受雇过程中（包括上下班途中），从事本保险单所载明的被保险人的业务工作而遭受意外或患与业务有关的国家规定的职业性疾病所致伤、残或死亡，对被保险人根据劳动合同和中华人民共和国法律、法规，须承担的医疗费用及经济赔偿责任，保险人在约定的赔偿限额内予以赔付。

对被保险人应付索赔人的诉讼费用以及经保险人书面同意负责的诉讼费用及其他费用，保险人亦负责在约定的分项赔偿限额内赔偿。

在本保险期限内,保险人对本保险单项下的各项赔偿的最高赔偿责任之和不得超过本保险单明细表中列明的累计赔偿限额。

三、除外责任

保险人对下列各项不负赔偿责任:

(1)战争、军事行动、罢工、暴动、民众骚乱或由于核辐射所致被保险人所聘用员工伤残、死亡或疾病;

(2)被保险人所聘用员工由于职业性疾病以外的疾病、传染病、分娩、流产以及因此而施行内外科治疗手术所致的伤残或死亡;

(3)由于被保险人所聘用员工自加伤害、自杀、违法行为所致的伤残或死亡;

(4)被保险人所聘用员工因非职业原因而受酒精或药剂的影响所发生的伤残或死亡;

(5)被保险人的故意行为或重大过失;

(6)除有特别规定外,被保险人对其承包商所聘用员工的责任;

(7)除有特别规定外,在中华人民共和国境外所发生的被保险人所聘用员工的伤残或死亡;

(8)直接或间接因计算机 2000 年问题造成的损失;

(9)其他不属于保险责任范围内的损失和费用。

四、赔偿处理

在保险有效期内,发生保险责任范围内的事件,保险人根据被保险人投保时提供的雇员名册,对发生伤、残、亡的雇员按下列标准赔偿:

第一,死亡、永久丧失全部/部分工作能力的按保单所附伤残赔偿额度表规定的百分比乘以出险员工的死亡、伤残赔偿限额赔付。

第二,暂时丧失工作能力超过 5 天(不包括 5 天)的,在此期间,经医院证明,每人/天按当地政府公布的最低生活标准赔偿工伤津贴,工伤医疗期满或确定伤残程度后停发,最长不超过 1 年。如经过医疗机构诊断确定为永久丧失全部(部分)工作能力,按 1 款确定赔付金额,与应付工伤津贴合并在赔偿限额内予以赔偿。

第三,医疗费用:保险人赔偿包括挂号费、治疗费、手术费、床位费、检查费、非自费药费部分。但不包括受伤员工的陪护费、伙食费、营养费、交通费、取暖费、空调费及安装假肢、假牙、假眼和残疾用具费用。除紧急抢救外,受伤员工均应在县级以上医院或政府有关部门或承保公司指定的医院就诊。

复习思考题

1. 试解释下列名词:直接责任风险、转嫁的责任风险、合同责任、侵权、故意侵权、过失、公众责任保险、环境污染责任保险、产品责任保险、雇主责任保险、赔款发生制、事故发生制、绝对责任制、疏忽责任制、律师执业责任保险、注册会计师职业责任保险、董事及高级职员责任保险。

2. 概述责任风险的重要性。

3. 简述责任保险的作用。

4. 概述我国公众责任保险和涉外产品责任保险的主要内容。

5. 我国《医疗事故处理条例》做了哪些主要规定?

6. 简述中国人民保险公司医疗责任保险条款中对保险人赔偿责任的规定。

7. 概述我国雇主责任保险的保险责任范围和赔偿处理方法。

第十一章
机动车辆保险

第一节 机动车辆保险发展简况

汽车出现在19世纪末，在同一时期汽车保险也相继问世。随着汽车工业迅速发展，汽车保险业务量大大增加。如今在不少国家，汽车保险的保费在非寿险保费收入中一般已达到50%左右。2015年我国机动车辆保险原保费收入为6 198.96亿元，占财产险公司保费收入73.6%。据《2014年国民经济和社会发展统计公报》，全国道路交通事故万车死亡人数为2.22人，通过2014年汽车保有量可得出当年因道路交通事故死亡人数为34 292人。万车死亡率逐年下降。随着我国交通事业的发展，各种机动车辆将不断增多。2015年我国汽车产销双双突破2 400万辆，连续七年蝉联全球第一。截至2015年12月底，全国汽车保有量1.72亿辆。因此，开办和发展机动车辆保险业务，对维护社会稳定和保障受害人的利益具有重要的意义。

机动车辆保险的基本险主要由机动车辆第三者责任保险和车辆损失险组成。2003年10月28日，我国全国人大常委会通过的《道路交通安全法》第17条规定："国家实行机动车第三者责任强制保险制度，设立道路交通事故社会救助基金。"这要求对原有的机动车辆第三者责任保险条款进行重大修订，使之与《道路交通安全法》配套，实行主要负责赔偿人身伤害的第三者责任强制保险，另有赔偿财产损失和人身伤害的商业性第三者责任保险加以补充。2006年3月28日，国务院颁布了《机动车交通事故责任强制保险条例》(以下简称《条例》)，自2006年7月1日起施行。《条例》第4条规定保监会依法对保险公司机动车交通事故责任强制保险业务实施监督管理。第23条规定，机动车交通事故责任强制保险责任限额由保监会会同国务院公安部门、国务院卫生主管部门、国务院农业主管部门规定。

2006年6月，由中国保险行业协会制定的《机动车商业保险行业基本条款》和《机动车商业保险行业基本费率表》公布，共分A、B、C三款，这三套指导性条款和费率是以中国人保、平安产险和太平洋产险三家公司的老条款和费率为基础开发出来的，供各家保险公司选用，也可以自行开发。

2007年3月，中国保险行业协会制定了新版《机动车商业保险行业基本条款》，并于2007年4月1日起正式启用。新版车险行业条款进一步扩大了覆盖范围，涵盖了车辆损失险、商业三责险、车上人员责任险、盗抢险、不计免赔率特约险、玻璃单独破碎险、车身划痕损失险和可选免赔额特约险等8个险种；新版行业条款仍然分为A、B、C三套，保障范围、费率结构、费率水平和费率调节系数基本一致，略有差异。

2012年3月8日，中国保监会下发《关于加强机动车辆商业保险条款费率管理的通知》，标志着新一轮商业车险制度改革正式启动。随后3月14日,《中国保险行业协会机构车辆商业保险示范条款》也正式向社会公布。该示范条款主要有四个特点:调整车损险承保、理赔方式,强化保护消费者利润;扩大保险责任,减少责任免除,提高车险保障水平;强化保险公司如实告知义务,简化索赔资料,提升车险服务水平;简化产品体系,优化条款体例。一旦该示范条款正式实施,多年来被广大车主诟病的“无责不赔”“高保低赔”“免责过多”等问题有望获得解决。

第二节 机动车交通事故责任强制保险

机动车交通事故责任强制保险,是指由保险公司对被保险机动车发生道路交通事故造成本车人员、被保险人以外的受害人的人身伤亡、财产损失,在责任限额内予以赔偿的强制性责任保险。根据《机动车交通事故责任强制保险条例》第5条规定,“中资保险公司经保监会批准,可以从事机动车交通事故责任强制保险业务”。保监会核准了全部22家中资财产保险公司具备从事交强险业务资格。2012年5月1日起,修改后的《机动车交通事故责任强制保险条例》正式开始施行。该条例第5条第1款中把交强险业务的经营主体由“中资保险公司”修改为“保险公司”。至此,我国交强险业务正式向外资保险公司开放。此外,修改后的条例增加了一条作为第43条:“挂车不投保机动车交通事故责任强制保险,发生道路交通事故造成人身伤亡、财产损失的,由牵引车投保的保险公司在机动车交通事故责任强制保险责任限额范围内予以赔偿;不足的部分,由牵引车方和挂车方依照法律规定承担赔偿责任。”

以下主要介绍机动车交通事故责任强制保险2008年版条款的基本内容。

一、保险责任

在中华人民共和国境内(不含港、澳、台地区),被保险人在使用被保险机动车过程中发生交通事故,致使受害人遭受人身伤亡或者财产损失,依法应当由被保险人承担的损害赔偿责任,保险人按照交强险合同的约定对每次事故在下列赔偿限额内负责赔偿:

(1)死亡伤残赔偿限额为11万元;

(2)医疗费用赔偿限额为1万元;

(3)财产损失赔偿限额为2 000元;

(4)被保险人无责时,无责死亡伤残赔偿限额为1.1万元,无责医疗费用赔偿限额为1 000元,无责财产损失赔偿限额为100元。

《侵权责任法》第49条规定,因租赁、借用等情形机动车所有人与使用人不是同一人时,发生交通事故后属于该机动车一方责任的,由保险公司在机动车强制保险责任限额范围内予以赔偿。不足部分,由机动车使用人承担赔偿责任;机动车所有人对损害的发生有过错的,承担相应的赔偿责任。此外,《侵权责任法》还规定,当事人之间已经以买卖等方式转让并交付机动车但未办理所有权转移登记,发生交通事故后属于该机动车一方责任的,由保险公司在机动车强制保险责任限额范围内予以赔偿。不足部分,由受让人承担赔偿责任。再则,《侵权责任法》第53条明确了机动车肇事逃逸属交强险责任,道路交通事故社会救助基金仅对“机动车逃逸不明”和“逃逸机动车未参加交强险”两种情形承担垫付责任。

2008年5月1日起实施的修改后的《道路交通安全法》规定,机动车一方没有过错的,承担不超过10%的赔偿责任。交通事故是由非机动车驾驶人、行人故意碰撞机动车造成的,机动车一方不承担赔偿责任。

死亡伤残赔偿限额和无责死亡伤残赔偿限额项下负责赔偿丧葬费、死亡补偿费、受害人亲属办理丧葬事宜支出的交通费用、残疾赔偿金、残疾辅助器具费、护理费、康复费、交通费、被扶养人生活费、住宿费、误工费，被保险人依照法院判决或者调解承担的精神损害抚慰金。

医疗费用赔偿限额和无责任医疗费用赔偿限额项下负责赔偿医药费、诊疗费、住院费、住院伙食补助费，必要的、合理的后续治疗费、整容费、营养费。

二、垫付和追偿

被保险机动车在下列1～3之一的情形下发生交通事故，受害人人身伤亡的丧葬费用、部分或者全部抢救费用，由社会救助基金先行垫付。救助基金管理机构有权向道路交通事故责任人追偿：

(1)抢救费用超过机动车交通事故责任强制保险责任限额的；

(2)肇事机动车未参加机动车交通事故责任强制保险的；

(3)机动车肇事后逃逸的。

经国务院同意，财政部、中国保监会、公安部、卫生部、农业部联合发布《道路交通事故社会救助基金管理试行办法》，于2010年1月1日起施行。该办法规定救助基金来源包括：按照机动车交强险保费的一定比例提取的资金；地方政府按照保险公司经营交强险缴纳营业税数额给予的财政补助；对未按照规定投保交强险的机动车所有人、管理人的罚款；救助基金孳息；救助基金管理机构依法向机动车道路交通事故责任人追偿的资金；社会捐款和其他资金。

根据2012年12月21日起施行的最高人民法院《关于审理道路交通事故损害赔偿案件适用法律若干问题的解释》(以下简称《解释》)，交强险突出对受害人利益的保护。《解释》规定，对于原属于保险人垫付抢救费用的未取得驾驶资格、酒驾、故意制造交通事故等情形，导致第三人人身损害，交强险也应予赔付，但保险人有权追偿。《解释》还规定精神损害的优先赔偿请求权等一系列增加保险公司赔付金额的条款。由于《解释》与《保险法》《机动车交通事故责任强制保险条例》存在部分不一致的情况，后者的修订已列入国务院立法规划。

三、责任免除

下列损失和费用，交强险不负责赔偿和垫付：

(1)因受害人故意造成的交通事故的损失；

(2)被保险人所有的财产及被保险机动车上的财产遭受的损失；

(3)被保险机动车发生交通事故，致使受害人停业、停驶、停电、停水、停气、停产、通信或者网络中断、数据丢失、电压变化等造成的损失以及受害人财产因市场价格变动造成的贬值、修理后因价值降低造成的损失等其他各种间接损失；

(4)因交通事故产生的仲裁或者诉讼费用以及其他相关费用。

四、保险期间

除国家法律、行政法规另有规定外，交强险合同的保险期间为1年，以保险单载明的起止时间为准。

五、投保人、被保险人的义务

第一，投保人投保时，应当如实填写投保单，向保险人如实告知重要事项，并提供被保险机动车的行驶证和驾驶证的复印件。

第二，签订交强险合同时，投保人不得在保险条款和保险费率之外，向保险人提出附加其他条件的要求。

第三，投保人续保的，应当提供被保险机动车上一年度交强险的保险单。

第四，在保险合同有效期内，被保险机动车因改装、加装、使用性质改变等导致危险程度增加的,被保险人应当及时通知保险人,并办理批改手续。

第五,被保险机动车发生交通事故,被保险人应当及时采取合理、必要的施救和保护措施,并在事故发生后及时通知保险人。

第六,发生保险事故后,被保险人应当积极协助保险人进行现场查勘和事故调查。发生与保险赔偿有关的仲裁或者诉讼时,被保险人应当及时书面通知保险人。

六、赔偿处理

被保险人索赔时,应当向保险人提供以下材料:

(1)交强险的保险单;

(2)被保险人出具的索赔申请书;

(3)被保险人和受害人的有效身份证明、被保险机动车行驶证和驾驶人的驾驶证;

(4)公安机关交通管理部门出具的事故证明,或者人民法院等机构出具的有关法律文书及其他证明;

(5)被保险人根据法律法规规定选择自行协商方式处理交通事故的,应当提供依照《交通事故处理程序规定》规定的记录交通事故情况的协议书;

(6)受害人财产损失程度证明、人身伤残程度证明、相关医疗证明及有关损失清单和费用单据;

(7)其他与确认保险事故的性质、原因、损失程度等有关的证明和资料。

因保险事故造成受害人人身伤亡的,未经保险人书面同意,被保险人自行承诺或支付的赔偿金额,保险人在交强险责任限额内有权重新核定。因保险事故损坏的受害人财产需要修理的,被保险人应当在修理前会同保险人检验,协商确定修理或者更换项目、方式和费用。否则,保险人在交强险责任限额内有权重新核定。

按照《机动车交通事故责任强制保险条例》第 29 条、第 31 条规定,保险人应当自收到被保险人提供的证明和资料之日起 5 日内,对是否属于保险责任作出核定,并将结果通知被保险人;对不属于保险责任的,应当书面说明理由;对属于保险责任的,在与被保险人达成赔偿保险金协议后 10 日内,赔偿保险金。保险公司可以向被保险人赔偿保险金,也可以直接向受害人赔偿保险金。凡是《机动车交通事故责任强制保险条款》未尽事宜,按照《机动车交通事故责任强制保险条例》执行。

《道路交通安全法》第 76 条规定:“机动车发生交通事故造成人身伤亡、财产损失的,由保险公司在机动车第三者责任强制保险责任限额范围内予以赔偿;不足部分,按照下列规定承担赔偿责任:

(1)机动车之间发生交通事故的,由过错一方承担赔偿责任;双方都有过话的,按照各自过错的比例分担责任。

(2)机动车与非机动车驾驶、行人之间发生交通事故,非机动车驾驶人、行人没有过错的,由机动车一方承担赔偿责任;有证据证明非机动车驾驶人、行人有过错的,根据过错程度减轻机动车一方的赔偿责任;机动车一方没有过错的,承担不超过百分之十的赔偿责任。

交通事故的损失是由非机动车驾驶人、行人故意碰撞机动车造成的,机动车一方不承担赔偿责任。”

自 2009 年 2 月 1 日起,我国保险业在全国范围内正式实施“交强险财产损失互碰自赔处理机制”,也就是说,当机动车之间发生轻微互碰的交通事故时,如果满足一定条件,各方车主可以直接到自己的保险公司办理索赔手续。条件是:财产损失不超过 2 000 元,各方都有责任并同意采取“互碰自赔”方式。凡涉及人员伤亡或车外财产损失的事故,以及不符合《道路交通安全法》规定的快速处理范围的交通事故,都不适用“互碰自赔”方式处理。这种处理方式与 2008 年 2 月推出的

“交强险财产损失无责赔付简化处理机制”，即无责代赔，和“交强险重大人伤事故提前结案处理机制”一起，构成覆盖全国交强险快速理赔体系。

[**例 11—1**]① 有甲、乙两车，甲车为载货汽车，乙车为小型载客汽车，在道路上发生交通事故，双方负事故同等责任，致使一名骑自行车的人（丙）受伤，并造成路产管理人（丁）遭受损失。交通事故各参与方的损失分别为：甲车车辆损失3 000元，车上货物损失5 000元；乙车车辆损失10 000元，车上人员重伤一名，造成残疾，花费医疗费20 000元，残疾赔偿金50 000元；骑自行车人经抢救无效死亡，医疗费30 000元，死亡赔偿金100 000元，精神损失抚慰金20 000元；路产损失5 000元。甲、乙两车均投保了交强险。试分别计算甲、乙两车的交强险赔款。

(1)甲车

受损财产核定金额＝乙车损失金额＋路产损失/2

＝10 000＋5 000/2＝12 500(元)＞2 000(元)

财产损失赔偿金额＝2 000 元

其中：

乙车得到的赔偿＝10 000/(10 000＋2 500)×2 000＝1 600(元)

路产管理人得到的赔偿＝2 500/(10 000＋2 500)×2 000

＝400(元)

上述计算中，路产损失由甲、乙两车各分摊一半。

医疗费用核定损失金额＝20 000＋30 000/2

＝35 000(元)＞10 000(元)

医疗费用赔偿金额＝10 000 元

其中：

乙车人员得到的赔偿＝20 000/(20 000＋15 000)×10 000

＝5 714(元)

骑自行车的人得到的赔偿＝15 000/(20 000＋15 000)×10 000

＝4 286(元)

上述计算中，骑自行车的人医疗费用由甲、乙两车各分摊一半，以下同理。

死亡伤残费用核定损失金额＝50 000＋120 000/2＝110 000(元)

死亡伤残费用赔偿金额＝110 000 元

其中：

乙车人员得到的赔偿＝50 000/(50 000＋60 000)×110 000＝50 000(元)

骑自行车的人得到的赔偿＝60 000/(50 000＋60 000)×110 000＝60 000(元)

甲车交强险总赔偿金额＝2 000＋10 000＋110 000＝122 000(元)

(2)乙车

受损财产核定损失金额＝3 000＋5 000＋5 000/2

＝10 500(元)＞2 000(元)

财产损失赔偿金额＝2 000 元

其中：

甲车得到的赔偿＝(3 000＋5 000)/(3 000＋5 000＋2 500)×2 000＝1 524(元)

路产管理人得到的赔偿＝2 500/(3 000＋5 000＋2 500)×2 000＝476(元)

---

① 摘自张侃：“交强险赔款计算详解”(上)，《中国保险报》2006 年 7 月 14 日。该例按 2008 年版交强险条款计算。

医疗费用核定损失金额＝30 000/2＝15 000(元)＞10 000(元)

医疗费用赔偿金额＝10 000 元

骑自行车的人得到的赔偿＝10 000 元

死亡伤残核定损失金额＝(100 000＋20 000)/2＝60 000(元)＜110 000(元)

死亡伤残赔偿金额＝60 000 元

骑自行车的人得到的赔偿＝60 000 元

乙车交强险总赔偿金额＝2 000＋10 000＋60 000＝72 000(元)

七、费率

根据《机动车交通事故责任强制保险条例》第 6 条至第 9 条的规定，交强险实行统一的保险条款和基础保险费率。保监会按照交强险业务总体上不盈利不亏损的原则审批保险费率。交强险业务应当与其他保险业务分开管理，单独核算。保监会应当每年对交强险业务情况进行核查，并向社会公布；根据总体盈利或者亏损情况，可以要求或者允许保险公司相应调整保险费率。被保险机动车没有发生道路交通安全违法行为和道路交通事故的，保险公司应当在下一年度降低其保险费率。在此后年度内，仍然没有发生道路交通安全违法行为和道路交通事故的，保险公司应当继续降低其保险费率，直至最低标准。反之，则提高其保险费率。保监会、国务院公安部门、国务院农业主管部门以及其他有关部门应当逐步建立有关机动车交通事故责任强制保险、道路交通安全违法行为和道路交通事故的信息共享机制。

2007 年 6 月 15 日，保监会公布了《机动车交通事故强制保险费率浮动暂行办法(草案)》(以下简称《草案》)，规定了“道路交通事故”“道路交通安全违法行为”两大类共 14 个费率浮动因素。2007 年 6 月 28 日公布的《机动车交通事故责任强制保险费率浮动暂行办法》，从 2007 年 7 月 1 日起正式实施。与《草案》相比，该办法主要做了两方面的修改：

第一，将《草案》中与道路交通事故和道路交通安全违法行为“双挂钩”，改为暂时只与道路交通事故挂钩。

第二，调整了交强险费率浮动比例。其中，上三个及以上年度未发生有责任道路交通事故的费率下浮比例由 20％提高到 30％；上两个年度未发生有责任道路交通事故的费率下浮比例由 15％提高到 20％；上一个年度发生两次及两处以上的有责任道路交通事故的费率上浮比例由 15％降低到 10％。其上下浮动最高比例为 30％，即上一个年度发生有责任道路交通死亡事故的上浮 30％。

公安部、保监会联合下发通知，自 2010 年 3 月 1 日起，将逐步实行酒后驾驶违法行为与交强险费率联系浮动制度。其中，饮酒后驾驶违法行为一次上浮交强险费率控制在 10％～15％，醉酒后驾驶违法行为一次上浮交强险费率控制在 20％～30％，累计上浮费率不超过 60％。浮动具体标准由各地根据实际情况确定。

机动车交通事故责任强制保险基础费率按机动车种类、使用性质分为家庭自用汽车、非营业客车、营业客车、非营业货车、营业货车、特种车、摩托车和拖拉机八大类和 42 个小类，费率水平全国统一。例如，家庭自用汽车 6 座以下，年保险费为1 050元，营业城市公交 36 座以上为4 250元，营业货车 2～5 吨为3 070元，摩托车 50CC～250CC(含)为 180 元。2008 年新版交强险费率有所降低(见表 11－1)，以 6 座以下家庭自用汽车为例，从每年1 050元降至 950 元。

表 11－1　　**机动车交通事故责任强制保险基础费率表(2008 版)**　　单位:人民币元

车辆大类	序号	车辆明细表	保费
一、家庭自用车	1	家庭自用汽车 6 座以下	950
	2	家庭自用汽车 6 座及以上	1 100
二、非营业客车	3	企业非营业汽车 6 座以下	1 000
	4	企业非营业汽车 6～10 座	1 130
	5	企业非营业汽车 10～20 座	1 220
	6	企业非营业汽车 20 座以上	1 270
	7	机关非营业汽车 6 座以下	950
	8	机关非营业汽车 6～10 座	1 070
	9	机关非营业汽车 10～20 座	1 140
	10	机关非营业汽车 20 座以上	1 320
三、营业客车	11	营业出租租赁 6 座以下	1 800
	12	营业出租租赁 6～10 座	2 360
	13	营业出租租赁 10～20 座	2 400
	14	营业出租租赁 20～36 座	2 560
	15	营业出租租赁 36 座以上	3 530
	16	营业城市公交 6～10 座	2 250
	17	营业城市公交 10～20 座	2 520
	18	营业城市公交 20～36 座	3 020
	19	营业城市公交 36 座以上	3 140
	20	营业公路客运 6～10 座	2 350
	21	营业公路客运 10～20 座	2 620
	22	营业公路客运 20～36 座	3 420
	23	营业公路客运 36 座以上	4 690
四、非营业货车	24	非营业货车 2 吨以下	1 200
	25	非营业货车 2～5 吨	1 470
	26	非营业货车 5～10 吨	1 650
	27	非营业货车 10 吨以上	2 220
五、营业货车	28	营业货车 2 吨以下	1 850
	29	营业货车 2～5 吨	3 070
	30	营业货车 5～10 吨	3 450
	31	营业货车 10 吨以上	4 480
六、特种车	32	特种车一	3 710
	33	特种车二	2 430
	34	特种车三	1 080
	35	特种车四	3 980

续表

车辆大类	序号	车辆明细表	保费
七、摩托车	36	摩托车 50CC 及以下	80
	37	摩托车 50CC～250CC(含)	120
	38	摩托车 250CC 以上及侧三轮	400
八、拖拉机	39	兼用型拖拉机 14.7KW 及以下	按保监产险〔2007〕53 号实行地区差别费率
	40	兼用型拖拉机 14.7KW 以上	
	41	运输型拖拉机 14.7KW 及以下	
	42	运输型拖拉机 14.7KW 以上	

注:(1)座位和吨位的分类都按照“含起点不含终点”的原则来解释。

(2)特种车一:油罐车、汽罐车、液罐车;特种车二:专用净水车、特种车一以外的罐式货车,以及用于清障、清扫、清洁、起重、装卸、升降、搅拌、挖掘、推土、冷藏、保温等的各种专用机动车;特种车三:装有固定专用仪器设备从事专业工作的监测、消防、运钞、医疗、电视转播等的各种专用机动车;特种车四:集装箱拖头。

(3)挂车根据实际的使用性质并按照对应吨位货车的 30%计算。

(4)低速载货汽车参照运输型拖拉机 14.7KW 以上的费率执行。

在实行机动车交通事故责任强制保险费率浮动办法后,最终保险费=基础保险费×(1+道路交通违法行为和道路交通事故相联系的浮动比率)。在今后的逐步实践过程中,保监会将会考虑在基准费率中加入地区差因素,甚至随人因素。

至 2015 年末,交强险开办九年半以来,累计承保亏损已达 538 亿元,虽然投资收益冲抵了部分亏损,仍然累计经营亏损 194 亿元。在投资收益的拉动下,2013 年、2014 年、2015 年交强险实现了保本微利。2015 年,机动车交强险投保率为 91.9%。

第三节　机动车商业保险行业基本条款(A 款)

如前所述,中国保险行业协会制定的 2007 年版 A、B、C 三款机动车商业保险行业基本条款可供各家保险公司选用,并且作为商业保险的机动车保险也将对境内的外资产险公司开放。其实,这三款机动车商业保险的保险责任差异不大,费率水平也相当接近。以下介绍具有代表性的 A 款即中国人民财产保险股份有限公司的 2009 年版的机动车保险行业基本条款和费率。

一、机动车第三者责任保险

(一)保险责任

保险期间内,被保险人或其允许的合法驾驶人在使用被保险机动车过程中发生意外事故,致使第三者遭受人身伤亡或财产直接损毁,依法应当由被保险人承担的损害赔偿责任,保险人依照本保险合同的约定,对于超过机动车交通事故责任强制保险各分项赔偿限额以上的部分负责赔偿。

第三者是指因被保险机动车发生意外事故遭受人身伤亡或者财产损失的人,但不包括被保险机动车本车上人员、投保人、被保险人和保险人。

(二)责任免除

第一,被保险机动车造成下列人员伤亡或财产损失,不论在法律上是否应当由被保险人承担赔偿责任,保险人均不负责赔偿:

(1)被保险人及其家庭成员的人身伤亡、所有或代管的财产损失。

(2)被保险机动车本车驾驶人及其家庭成员的人身伤亡、所有或代管的财产损失。

(3)被保险机动车本车上其他人员的人身伤亡或财产损失。

第二,下列情况下,不论任何原因造成的对第三者的损害赔偿责任,保险人均不负责赔偿:

(1)地震及其次生灾害。

(2)战争、军事冲突、恐怖活动、暴乱、扣押、收缴、没收、政府征用。

(3)竞赛、测试、教练,在营业性维修、养护场所修理、养护期间。

(4)利用被保险机动车从事违法活动。

(5)驾驶人饮酒、吸食或注射毒品、被药物麻醉后使用被保险机动车。

(6)事故发生后,被保险人或其允许的驾驶人在未依法采取措施的情况下驾驶被保险机动车或者遗弃被保险机动车逃离事故现场,或故意破坏、伪造现场、毁灭证据。

(7)驾驶人有下列情形之一者:①无驾驶证或驾驶证有效期已届满;②驾驶的被保险机动车与驾驶证载明的准驾车型不符;③实习期内驾驶公共汽车、营运客车或者载有爆炸物品、易燃易爆化学物品、剧毒或者放射性等危险物品的被保险机动车,实习期内驾驶被保险机动车牵引挂车;④持未按规定审验的驾驶证,以及在暂扣、扣留、吊销、注销驾驶证期间驾驶被保险机动车;⑤使用各种专用机械车、特种车的人员无国家有关部门核发的有效操作证,驾驶营业性客车的驾驶人无国家有关部门核发的有效资格证书;⑥依照法律法规或公安机关交通管理部门有关规定不允许驾驶被保险机动车的其他情况下驾车。

(8)非被保险人允许的驾驶人使用被保险机动车。

(9)被保险机动车转让他人,被保险人、受让人未履行本保险合同第 34 条规定的通知义务,且因转让导致被保险机动车危险程度显著增加而发生保险事故。

(10)除另有约定外,发生保险事故时被保险机动车无公安机关交通管理部门核发的行驶证和号牌,或未按规定检验或检验不合格。

(11)被保险机动车拖带未投保机动车交通事故责任强制保险的机动车(含挂车)或被未投保机动车交通事故责任强制保险的其他机动车拖带。

第三,下列损失和费用,保险人不负责赔偿:

(1)被保险机动车发生意外事故,致使第三者停业、停驶、停电、停水、停气、停产、通讯或者网络中断、数据丢失、电压变化等造成的损失以及其他各种间接损失。

(2)精神损害赔偿。

(3)因污染(含放射性污染)造成的损失。

(4)第三者财产因市场价格变动造成的贬值、修理后因价值降低引起的损失。

(5)被保险机动车被盗窃、抢劫、抢夺期间造成第三者人身伤亡或财产损失。

(6)被保险人或驾驶人的故意行为造成的损失。

(7)仲裁或者诉讼费用以及其他相关费用。

第四,应当由机动车交通事故责任强制保险赔偿的损失和费用,保险人不负责赔偿。保险事故发生时,被保险机动车未投保机动车交通事故责任强制保险或机动车交通事故责任强制保险合同已经失效的,对于机动车交通事故责任强制保险各分项赔偿限额以内的损失和费用,保险人不负责赔偿。

第五,保险人在依据本保险合同约定计算赔款的基础上,在保险单载明的责任限额内,按下列免赔率免赔:

(1)负次要事故责任的免赔率为 5%,负同等事故责任的免赔率为 10%,负主要事故责任的免赔率为 15%,负全部事故责任的免赔率为 20%。

(2)违反安全装载规定的,增加免赔率 10%。

(3)投保时指定驾驶人,保险事故发生时为非指定驾驶人使用被保险机动车的,增加免赔率10%。

(4)投保时约定行驶区域,保险事故发生在约定行驶区域以外的,增加免赔率10%。

第六,其他不属于保险责任范围的损失和费用。

(三)责任限额

每次事故的责任限额,由投保人和保险人在签订本保险合同时按保险监管部门批准的限额档次协商确定。责任限额分为5万元、10万元、15万元、20万元、30万元、50万元、100万元、100万元以上但不得超过1 000万元8档,可供选择投保。

主车和挂车连接使用时视为一体,发生保险事故时,由主车保险人和挂车保险人按照保险单上载明的机动车第三者责任保险责任限额的比例,在各自的责任限额内承担赔偿责任,但赔偿金额总和以主车的责任限额为限。

(四)保险期间

除另有约定外,保险期间为1年,以保险单载明的起讫时间为准。

(五)保险人的义务

第一,保险人在订立保险合同时,应向投保人说明投保险种的保险责任、责任免除、保险期间、保险费及支付办法、投保人和被保险人义务等内容。

第二,保险人应及时受理被保险人的事故报案,并尽快进行查勘。保险人接到报案后48小时内未进行查勘且未给予受理意见,造成财产损失无法确定的,以被保险人提供的财产损毁照片、损失清单、事故证明和修理发票作为赔付理算依据。

第三,保险人收到被保险人的索赔请求后,应当及时做出核定。

(1)保险人应根据事故性质、损失情况,及时向被保险人提供索赔须知。审核索赔材料后认为有关的证明和资料不完整的,应当及时一次性通知被保险人补充提供有关的证明和资料。

(2)在被保险人提供了各种必要单证后,保险人应当迅速审查核定,并将核定结果及时通知被保险人。情形复杂的,保险人应当在30日内做出核定;保险人未能在30日内做出核定的,应与被保险人商定合理期间,并在商定合理期间内做出核定,同时将核定结果及时通知被保险人。

(3)对属于保险责任的,保险人应在与被保险人达成赔偿协议后10日内支付赔款。

(4)对不属于保险责任的,保险人应自做出核定之日起3日内向被保险人发出拒绝赔偿通知书,并说明理由。

(5)保险人自收到索赔请求和有关证明、资料之日起60日内,对其赔偿金额不能确定的,应当根据已有证明和资料可以确定的数额先予支付;保险人最终确定赔偿金额后,应当支付相应的差额。

第四,保险人对在办理保险业务中知道的投保人、被保险人的业务和财产情况及个人隐私,负有保密的义务。

(六)投保人、被保险人的义务

第一,投保人应如实填写投保单并回答保险人提出的询问,履行如实告知义务,并提供被保险机动车行驶证复印件、机动车登记证书复印件,如指定驾驶人的,应当同时提供被指定驾驶人的驾驶证复印件。

第二,在保险期间内,被保险机动车改装、加装或者被保险家庭自用汽车、非营业用汽车从事营业运输等,导致被保险机动车危险程度显著增加的,被保险人应当及时书面通知保险人;否则,因被保险机动车危险程度显著增加而发生的保险事故,保险人不承担赔偿责任。

第三,除另有约定外,投保人应当在本保险合同成立时交清保险费;保险费交清前发生的保险事故,保险人不承担赔偿责任。

第四,发生保险事故时,被保险人应当及时采取合理的、必要的施救和保护措施,防止或者减少损失,并在保险事故发生后48小时内通知保险人。故意或因重大过失未及时通知,致使保险事故的性质、原因、损失程度等难以确定的,保险人对无法确定的部分不承担赔偿责任,但保险人通过其他途径已经及时知道或者应当及时知道保险事故发生的除外。

第五,发生保险事故后,被保险人应当积极协助保险人进行现场查勘。

第六,被保险人在索赔时应当提供有关证明和资料。引起与保险赔偿有关的仲裁或者诉讼时,被保险人应当及时书面通知保险人。

(七)赔偿处理

第一,被保险人索赔时,应当向保险人提供与确认保险事故的性质、原因、损失程度等有关的证明和资料。被保险人应当提供保险单、损失清单、有关费用单据、被保险机动车行驶证和发生事故时驾驶人的驾驶证。属于道路交通事故的,被保险人应当提供公安机关交通管理部门或法院等机构出具的事故证明、有关的法律文书(判决书、调解书、裁定书、裁决书等)及其他证明。属于非道路交通事故的,应提供相关的事故证明。

第二,保险事故发生时,被保险人对被保险机动车不具有保险利益的,不得向保险人请求赔偿。

第三,保险人对被保险人给予第三者造成的损害,可以直接向该第三者赔偿。

第四,因保险事故损坏的第三者财产,应当尽量修复。修理前被保险人应当会同保险人检验,协商确定修理项目、方式和费用。否则,保险人有权重新核定或拒绝赔偿。

第五,保险人依据被保险机动车驾驶人在事故中所负的事故责任比例,承担相应的赔偿责任。被保险人或被保险机动车驾驶人根据有关法律、法规的规定选择自行协商、或由公安机关交通管理部门处理事故未确定事故责任比例的,保险人按照下列规定确定事故责任比例:(1)被保险机动车方负主要事故责任的,事故责任比例为70%;(2)被保险机动车方负同等事故责任的,事故责任比例为50%;(3)被保险机动车方负次要事故责任的,事故责任比例为30%。

第六,保险事故发生后,保险人按照国家有关法律、法规规定的赔偿范围、项目和标准以及本保险合同的约定,在保险单载明的责任限额内核定赔偿金额。保险人按照国家基本医疗保险的标准核定医疗费用的赔偿金额。未经保险人书面同意,被保险人自行承诺或支付的赔偿金额,保险人有权重新核定。不属于保险人赔偿范围或超出保险人应赔偿金额的,保险人不承担赔偿责任。

第七,被保险机动车重复保险的,保险人按照本保险合同的责任限额与各保险合同责任限额的总和的比例承担赔偿责任。

第八,保险人受理报案、现场查勘、参与诉讼、进行抗辩、要求被保险人提供证明和资料、向被保险人提供专业建议等行为,均不构成保险人对赔偿责任的承诺。

第九,保险人支付赔款后,对被保险人追加的索赔请求,保险人不承担赔偿责任。

第十,被保险人获得赔偿后,本保险合同继续有效,直至保险期间届满。

(八)费率

机动车第三者责任保险的费率按照机动车种类、使用性质和责任限额分类,各档次费率存在一定的地区差异。费率方案中还规定了费率调整系数,根据上一保险年度的赔偿次数、承保数量、行驶区域、客户忠诚度、年度平均行驶里程等因素,实行费率浮动。费率共分为十个等级,初次投保车辆定为四级。例如,上一保险年度没有赔款的,下降一个等级;赔偿次数在两次以内的,等级不变;赔偿超过两次的,每超过一次,上升一个等级。如果上一年度赔偿三次,费率要提高10%,如果赔偿在八次以上,费率要提高100%。目前保监会规定的最大优惠系数为七折。2008年版人保财产商业机动车第三者责任险费率下调幅度为2.8%至9.5%不等,A、B、C三种条款的费率经调整后差别不大。

(九)合同变更和终止

第一,本保险合同的内容如需变更,须经保险人与投保人书面协商一致。

第二,在保险期间内,被保险机动车转让他人的,受让人承继被保险人的权利和义务,被保险人或者受让人应当及时书面通知保险人并办理批改手续。

第三,保险责任开始前,投保人要求解除本保险合同的,应当向保险人支付应交保险费5%的退保手续费,保险人应当退还保险费。

保险责任开始后,投保人要求解除本保险合同的,自通知保险人之日起,本保险合同解除。保险人按日收取自保险责任开始之日起至合同解除之日止期间的保险费,并退还剩余部分保险费。

(十)争议处理

因履行本保险合同发生的争议,由当事人协商解决。协商不成的,提交保险单载明的仲裁机构仲裁。保险单未载明仲裁机构或者争议发生后未达成仲裁协议的,可向人民法院起诉。

表 11—2　　机动车商业保险行业基本费率表(A款)上海

(中国保险行业协会制定 2007 年)

家庭自用汽车与非营业用车		第三者责任保险							机动车损失保险								车上人员责任险		盗抢险		玻璃单独破碎险	
		5万	10万	15万	20万	30万	50万	100万	1年以下		1~2年		2~6年		6年以上							
									基础保费	费率	基础保费	费率	基础保费	费率	基础保费	费率	驾驶人	乘客	基础保费	费率	国产玻璃	进口玻璃
家庭自用汽车	6座以下	692	968	1 093	1 176	1 314	1 561	2 034	593	1.41%	564	1.34%	5.59	1.33%	576	1.37%	0.42%	0.27%	120	0.41%	0.19%	0.31%
	6~10座	625	875	987	1 062	1 187	1 410	1 836	711	1.41%	677	1.34%	670	1.33%	691	1.37%	0.40%	0.26%	140	0.37%	0.19%	0.31%
	10座以上	625	875	987	1 062	1 187	1 410	1 836	711	1.41%	677	1.34%	670	1.33%	691	1.37%	0.40%	0.26%	140	0.37%	0.23%	0.37%
企业非营业客车	6座以下	671	939	1 060	1 140	1 274	1 514	1 972	368	1.22%	351	1.16%	347	1.15%	358	1.18%	0.41%	0.25%	120	0.39%	0.12%	0.22%
	6~10座	608	852	961	1 034	1 156	1 373	1 788	442	1.16%	421	1.10%	417	1.09%	430	1.13%	0.39%	0.23%	130	0.41%	0.13%	0.22%
	10~20座	725	1 015	1 145	1 232	1 377	1 637	2 131	442	1.24%	421	1.18%	417	1.17%	430	1.21%	0.40%	0.24%	130	0.44%	0.14%	0.26%
	20座以上	973	1 362	1 537	1 654	1 848	2 197	2 860	461	1.24%	439	1.18%	434	1.17%	447	1.21%	0.41%	0.25%	140	0.54%	0.15%	0.27%
党政机关、事业团体非营业客车	6座以下	530	742	837	901	1 007	1 196	1 558	285	0.95%	272	0.90%	269	0.89%	277	0.92%	0.39%	0.24%	110	0.33%	0.12%	0.22%
	6~10座	560	784	884	952	1 063	1 263	1 645	342	0.90%	326	0.86%	323	0.85%	333	0.87%	0.37%	0.22%	120	0.35%	0.12%	0.22%
	10~20座	501	701	791	851	951	1 130	1 471	342	0.95%	326	0.90%	323	0.89%	333	0.92%	0.38%	0.23%	120	0.35%	0.14%	0.26%
	20座以上	659	922	1 040	1 120	1 251	1 487	1 936	357	0.95%	340	0.90%	336	0.89%	346	0.92%	0.39%	0.24%	130	0.46%	0.15%	0.27%
非营业货车	2吨以下	915	1 282	1 446	1 556	1 739	2 066	2 692	272	1.04%	259	1.00%	256	0.99%	264	1.02%	0.46%	0.28%	130	0.50%	0.10%	0.16%
	2~5吨	1 310	1 833	2 069	2 226	2 488	2 956	3 850	351	1.35%	334	1.28%	331	1.27%	341	1.31%	0.46%	0.28%	130	0.50%	0.10%	0.16%
	5~10吨	1 448	2 027	2 287	2 461	2 751	3 269	4 256	383	1.47%	365	1.40%	361	1.39%	372	1.43%	0.46%	0.28%	130	0.50%	0.10%	0.16%
	10吨以上	1 794	2 512	2 835	3 050	3 409	4 051	5 275	253	1.79%	241	1.71%	238	1.69%	246	1.74%	0.46%	0.28%	130	0.50%	0.10%	0.16%
	低速载货汽车	778	1 089	1 229	1 323	1 478	1 757	2 287	231	0.89%	220	0.85%	218	0.84%	225	0.86%	0.46%	0.28%	130	0.50%	0.10%	0.16%
出租、租赁营业客车	6座以下	1 805	2 708	3 140	3 428	3 970	5 022	6 606	950	2.84%	941	2.82%	931	2.79%	950	2.84%	0.50%	0.31%	100	0.40%	0.19%	0.30%
	6~10座	1 096	1 644	1 907	2 083	2 411	3 050	4 012	1 232	2.74%	1 220	2.71%	1 207	2.69%	1 232	2.74%	0.42%	0.25%	90	0.36%	0.19%	0.30%
	10~20座	2 495	3 744	4 343	4 742	5 491	6 945	9 134	1 043	1.94%	1 032	1.92%	1 022	1.90%	1 043	1.94%	0.44%	0.27%	90	0.47%	0.21%	0.34%
	20~36座	3 389	5 085	5 897	6 440	7 458	9 432	12 406	917	1.83%	908	1.81%	899	1.79%	917	1.83%	0.44%	0.27%	80	0.49%	0.25%	0.42%
	36座以上	3 661	5 491	6 369	6 955	8 054	10 186	13 398	2 274	1.91%	2 251	1.89%	2 228	1.87%	2 274	1.91%	0.44%	0.27%	80	0.53%	0.27%	0.46%
城市公交营业客车	6~10座	1 185	1 778	2 062	2 252	2 607	3 297	4 337	1 046	2.28%	1 036	2.25%	1 025	2.23%	1 046	2.28%	0.43%	0.26%	60	0.39%	0.19%	0.30%
	10~20座	2 461	3 691	4 281	4 675	5 413	6 846	9 006	889	1.61%	880	1.60%	872	1.58%	889	1.61%	0.44%	0.27%	90	0.37%	0.21%	0.34%
	20~36座	2 261	3 392	3 934	4 296	4 975	6 292	8 276	785	1.52%	777	1.50%	769	1.49%	785	1.52%	0.50%	0.31%	90	0.48%	0.25%	0.40%
	36座以上	2 237	3 356	3 892	4 250	4 921	6 224	8 186	1 921	1.59%	1 902	1.57%	1 883	1.55%	1 921	1.59%	0.50%	0.31%	90	0.52%	0.28%	0.44%
公路客运营业客车	6~10座	1 057	1 584	1 838	2 008	2 324	2 939	3 866	1 188	2.63%	1 176	2.61%	1 164	2.58%	1 188	2.63%	0.43%	0.26%	60	0.40%	0.19%	0.30%
	10~10座	2 508	3 762	4 364	4 766	5 517	6 979	9 180	1 007	1.86%	997	1.85%	987	1.83%	1 007	1.86%	0.44%	0.27%	90	0.38%	0.21%	0.34%
	20~36座	3 736	5 604	6 500	7 098	8 219	10 395	13 672	886	1.76%	877	1.74%	868	1.72%	886	1.76%	0.50%	0.31%	80	0.49%	0.26%	0.43%
	36座以上	4 838	7 257	8 418	9 192	10 643	13 461	17 705	2 191	1.83%	2 169	1.82%	2 147	1.80%	2 191	1.83%	0.50%	0.31%	80	0.53%	0.28%	0.47%

续表

家庭自用汽车与非营业用车		第三者责任保险							机动车损失保险								车上人员责任险		盗抢险		玻璃单独破碎险	
		5 万	10 万	15 万	20 万	30 万	50 万	100 万	1 年以下		1～2 年		2～6 年		6 年以上							
									基础保费	费率	基础保费	费率	基础保费	费率	基础保费	费率	驾驶人	乘客	基础保费	费率	国产玻璃	进口玻璃
营业货车	2 吨以下	1 448	2 244	2 635	2 896	3 403	4 257	5 560	884	2.04%	875	2.02%	867	2.00%	884	2.04%	0.70%	0.44%	130	0.50%	0.12%	0.18%
	2～5 吨	2 409	3 733	4 383	4 817	5 660	7 081	9 248	1 079	2.10%	1 069	2.08%	1 058	2.06%	1 079	2.10%	0.70%	0.44%	130	0.50%	0.12%	0.18%
	5～10 吨	2 662	4 126	4 844	5 323	6 256	7 826	10 221	1 263	2.18%	1 250	2.16%	1 238	2.14%	1 263	2.18%	0.70%	0.44%	130	0.50%	0.12%	0.18%
	10 吨以上	3 957	6 132	7 200	7 912	9 297	11 631	15 192	2 207	2.67%	2 185	2.64%	2 163	2.61%	2 207	2.67%	0.70%	0.44%	130	0.50%	0.12%	0.18%
	低速载货汽车	1 231	1 908	2 240	2 462	2 892	3 619	4 726	752	1.74%	744	1.72%	737	1.70%	752	1.74%	0.70%	0.44%	130	0.50%	0.12%	0.18%
特种车	特种车型一	3 957	6 132	7 200	7 912	9 297	11 631	15 192	1 079	2.10%	1 069	2.08%	1 058	2.06%	1 079	2.10%	0.53%	0.35%	120	0.52%	0.07%	0.13%
	特种车型二	2 379	3 043	3 431	3 787	4 581	5 988	8 826	609	1.13%	602	1.12%	596	1.11%	609	1.13%	0.53%	0.35%	130	0.51%	0.07%	0.14%
	特种车型三	1 185	1 500	1 685	1 853	2 231	2 903	4 254	526	0.98%	521	0.98%	516	0.97%	526	0.98%	0.53%	0.35%	130	0.51%	0.08%	0.15%
	特种车型四	3 759	5 826	6 840	7 912	9 762	12 212	15 952	1 335	2.50%	1 321	2.47%	1 308	2.45%	1 335	2.50%	0.53%	0.35%	140	0.51%	0.09%	0.16%

摩托车与拖拉机		第三者责任保险							机动车损失保险		车上人员责任险		盗抢险		
		5 万	10 万	15 万	20 万	30 万	50 万	100 万	基础保费	费率	驾驶人	乘客	基础保费	费率	
摩托车	50CC 及以下	44	54	60	66	78	101	146	15	2.08%	0.50%		25	1.00%	
	50CC～250CC(含)	60	77	86	95	113	147	215	21	2.74%	0.50%		25	1.00%	
	250CC 以上及侧三轮	90	114	128	141	170	219	320	30	4.12%	0.50%		25	1.00%	
拖拉机	农用 14.7KW 及以下	94	118	132	142	156	182	236	48	1.05%	0.50%		25	1.00%	
	农用 14.7KW 以上	258	327	368	397	438	512	670	114	2.49%	0.50%		25	1.30%	
	运输型 14.7KW 及以下	227	284	317	341	374	436	566	82	1.80%	0.50%		25	1.00%	
	运输型 14.7KW 以上	372	473	531	573	632	741	967	119	2.62%	0.50%		25	1.30%	
备　注		1.挂车保险费按同吨位货车保险费的 50%计收。2.如果责任限额为 100 万元以上，则保险费＝A＋0.9×N＝(A－B)。式中 A 指同档次限额为 100 万元时的保险费。B 指同档次限额为 50 万元时的保险费；N＝(限额－100 万)/50 万元。限额必须是 50 万元的整数倍。							挂车保险费按同吨位货车对应档次保险费的 50%计收。				挂车保险费按同吨位货车对应档次保险费的 50%计收。		对于特种车，防弹玻璃等特殊材质玻璃标准保费上浮 10%。

附表 1　　车身划痕损失险

车　龄	保额(元)	新车购置价(元)		
		30 万以下	30～50 万	50 万以上
2 年以下	2 000	400	585	850
	5 000	570	900	1 100
	10 000	760	1 170	1 500
	20 000	1 140	1 780	2 250
2 年以上	2 000	610	900	1 100
	5 000	850	1 350	1 500
	10 000	1 300	1 800	2 000
	20 000	1 900	2 600	3 000

附表 2　　可选免赔额特约条款

免赔额(元)	新车购置价(元)					
	5 万以下	5 万～10 万	10 万～20 万	20 万～30 万	30 万～50 万	50 万以上
300	0.89	0.92	0.94	0.96	0.97	0.98
500	0.79	0.85	0.89	0.93	0.95	0.96
1 000	0.68	0.74	0.84	0.88	0.90	0.93
2 000	0.54	0.58	0.70	0.78	0.86	0.89

附表 3　　不计免赔率特约条款

适用险种	费率
第三者责任保险	15%
机动车损失保险	15%
车上人员责任险	15%
车身划痕损失险	15%
盗抢险	20%

二、机动车损失保险

中国人民财产保险股份有限公司的机动车损失保险条款分为家庭自用汽车、非营业用汽车、营业用汽车、特种车、摩托车、拖拉机等多种条款,但其基本内容是一致的。这里仅以家庭自用汽车损失保险条款为例介绍机动车损失保险。

机动车损失保险合同为不定值保险合同。

(一)保险责任

保险期间内,被保险人或其允许的合法驾驶人在使用被保险机动车过程中,因下列原因造成被保险机动车的损失,保险人依照本保险合同的约定负责赔偿:

(1)碰撞、倾覆、坠落;

(2)火灾、爆炸;

(3)外界物体坠落、倒塌;

(4)暴风、龙卷风;

(5)雷击、雹灾、暴雨、洪水、海啸;

(6)地陷、冰陷、崖崩、雪崩、泥石流、滑坡;

(7)载运被保险机动车的渡船遭受自然灾害(只限于驾驶人随船的情形);

(8)发生保险事故时,被保险人为防止或者减少被保险机动车的损失所支付的必要的、合理的施救费用,由保险人承担,最高不超过保险金额的数额。

机动车损失险的保险责任也可分为碰撞责任和非碰撞责任两大类。碰撞是指车辆与外界物体的意外接触,如保险车辆与其他车辆、建筑物、电线杆、树木碰撞。机动车辆意外事故大部分是由碰撞引起的,其中车辆与车辆碰撞占最大比例。因此,国内外有些保险公司把碰撞责任作为单独项目承保。物体按车辆装载规定装上保险车辆后,即视为一个整体,保险车辆所装物体与外界物体意外接触造成保险车辆损失,也属于保险责任。碰撞责任一般不追究被保险人的过失。非碰撞责任可分为两类:自然灾害,如雷击、洪水、泥石流;意外事故,如火灾、爆炸、外界物体坠落。

对于费用赔偿,在具体掌握上,应按照实际情况,根据"必要"和"合理"两个原则来处理。例如,被保险人使用自己或他人的消防设备、吊车、拖车抢救所消耗的费用及设备损失可以赔偿,但所装货物同时被施救,应剔除救货费用,或按车辆与货物价值的比例分摊施救费用。至于抢救车辆在拖运保险车辆途中发生意外事故造成损失和费用支出,如果该抢救车辆是被保险人自己的或他人义务派来抢救的,应予赔偿,如果是受雇的,则不予赔偿。施救、保护费用应与修理费用分别理算。在施救前,如果估计这三项费用相加已经达到或超过保险金额,可以按推定全损赔偿,不必进行施救。

(二)责任免除

第一,下列情况下,不论任何原因造成被保险机动车损失,保险人均不负责赔偿:

(1)地震及其次生灾害。

(2)战争、军事冲突、恐怖活动、暴乱、扣押、收缴、没收、政府征用。

(3)竞赛、测试、在营业性维修、养护场所修理、养护期间。

(4)利用被保险机动车从事违法活动。

(5)驾驶人饮酒、吸食或注射毒品、被药物麻醉后使用被保险机动车。

(6)事故发生后,被保险人或其允许的驾驶人在未依法采取措施的情况下驾驶被保险机动车或者遗弃被保险机动车逃离事故现场,或故意破坏、伪造现场、毁灭证据。

(7)驾驶人有下列情形之一者:

①无驾驶证或驾驶证有效期已届满;

②驾驶的被保险机动车与驾驶证载明的准驾车型不符;

③持未按规定审验的驾驶证,以及在暂扣、扣留、吊销、注销驾驶证期间驾驶被保险机动车;

④依照法律法规或公安机关交通管理部门有关规定不允许驾驶被保险机动车的其他情况下驾车。

(8)非被保险人允许的驾驶人使用被保险机动车。

(9)被保险机动车转让他人,被保险人、受让人未履行本保险合同第三十三条规定的通知义务,且因转让导致被保险机动车危险程度显著增加而发生保险事故。

(10)除另有约定外,发生保险事故时被保险机动车无公安机关交通管理部门核发的行驶证和号牌,或未按规定检验或检验不合格。

第二,被保险机动车的下列损失和费用,保险人不负责赔偿:

(1)自然磨损、朽蚀、腐蚀、故障。

(2)玻璃单独破碎,车轮单独损坏。

(3)无明显碰撞痕迹的车身划痕。

(4)人工直接供油、高温烘烤造成的损失。

(5)自燃以及不明原因火灾造成的损失。

(6)遭受保险责任范围内的损失后,未经必要修理继续使用被保险机动车致使损失扩大的部分。

(7)因污染(含放射性污染)造成的损失。

(8)市场价格变动造成的贬值、修理后价值降低引起的损失。

(9)标准配置以外新增设备的损失。

(10)发动机进水后导致的发动机损坏。

(11)被保险机动车所载货物坠落、倒塌、撞击、泄漏造成的损失。

(12)被盗窃、抢劫、抢夺,以及因被盗窃、抢劫、抢夺受到损坏或车上零部件、附属设备丢失。

(13)被保险人或驾驶人的故意行为造成的损失。

(14)应当由机动车交通事故责任强制保险赔偿的金额。

第三,保险人在依据本保险合同约定计算赔款的基础上,按照下列免赔率免赔:

(1)负次要事故责任的免赔率为5%,负同等事故责任的免赔率为8%,负主要事故责任的免赔率为10%,负全部事故责任或单方肇事事故的免赔率为15%。

(2)被保险机动车的损失应当由第三方负责赔偿的,无法找到第三方时,免赔率为30%。

(3)被保险人根据有关法律法规规定选择自行协商方式处理交通事故,不能证明事故原因的,免赔率为20%。

(4)投保时指定驾驶人,保险事故发生时为非指定驾驶人使用被保险机动车的,增加免赔率10%。

(5)投保时约定行驶区域,保险事故发生在约定行驶区域以外的,增加免赔率10%。

第四,其他不属于保险责任范围内的损失和费用。

(三)保险金额

保险金额由投保人和保险人从下列三种方式中选择确定,保险人根据确定保险金额的不同方式承担相应的赔偿责任:

(1)按投保时被保险机动车的新车购置价确定。本保险合同中的新车购置价是指在保险合同签订的购置与被保险机动车同类型新车的价格(含车辆购置税)。无同类型新车市场销售价格的,由投保人与保险人协商确定。

(2)按投保时被保险机动车的实际价值确定。实际价值是指新车购置价减去折旧金额后的价格。被保险机动车的折旧按月折旧率0.6%计算,不足一个月的部分,不计折旧。最高折旧金额不超过投保时被保险机动车新车购置价的80%。

折旧金额=投保时的新车购置价×被保险机动车已使用月数×0.6%

(3)在投保时被保险机动车的新车购置价内协商确定。

机动车损失保险条款中的保险期间、保险人义务与第三者责任保险条款相同。投保人、被保险人义务也与第三者责任保险条款基本相同,仅增加一项代位求偿权条款:"因第三方对被保险机动车的损害而造成保险事故的,保险人自向被保险人赔偿保险金之日起,在赔偿金额范围内代位行使被保险人对第三方请求赔偿的权利,但被保险人必须协助保险人向第三方追偿。"由于被保险人放弃对第三方的请求赔偿的权利或故意或者因重大过失致使保险人不能行使代位追偿权利的,保险人不承担赔偿责任或可以扣减或者要求返还相应的赔款。

(四)赔偿处理

第一,被保险人索赔时,应当向保险人提供与确认保险事故的性质、原因、损失程度等有关的证明和资料。要求提供的单证与第三者责任保险条款中相同。

第二,被保险人或被保险机动车驾驶人根据有关法律法规规定选定自行协商方式处理交通事故的,应当立即通知保险人,协助保险人勘验事故各方车辆、核实事故责任,并依照《交通事故处理程序规定》签订记录交通事故情况的协议书。

第三,因保险事故损坏的被保险机动车,应当尽量修复。修理前被保险人应当会同保险人检验,协商确定修理项目、方式和费用;否则,保险人有权重新核定。无法重新核定的,保险人有权拒绝赔偿。

第四,被保险机动车遭受损失后的残余部分由保险人、被保险人协商处理。

第五,保险人依据被保险机动车驾驶人在事故中所负的事故责任比例,承担相应的赔偿责任。确定事故责任比例的规定与第三者责任保险条款中的相同。

第六,保险人按下列方式赔偿:

(1)按投保时被保险机动车的新车购置价确定保险金额的:

①发生全部损失时,在保险金额内计算赔偿,保险金额高于保险事故发生时被保险机动车实际价值的,按保险事故发生时被保险机动车的实际价值计算赔偿;

②发生部分损失时,按核定修理费用计算赔偿,但不得超过保险事故发生时被保险机动车的实际价值。

(2)按投保时被保险机动车的实际价值确定保险金额或协商确定保险金额的:

①发生全部损失时,保险金额高于保险事故发生时被保险机动车实际价值的,以保险事故发生时被保险机动车的实际价值计算赔偿;保险金额等于或低于保险事故发生时被保险机动车实际价值的,按保险金额计算赔偿。

②发生部分损失时,按保险金额与投保时被保险机动车的新车购置价的比例计算赔偿,但不得超过保险事故发生时被保险机动车的实际价值。

(3)施救费用赔偿的计算方式同本条(1)、(2),在被保险机动车损失赔偿金额以外另行计算,最高不超过保险金额的数额。

被施救的财产中,含有本保险合同未承保财产的,按被保险机动车与被施救财产价值的比例分摊施救费用。

第七,被保险机动车重复保险的,保险人按照本保险合同的保险金额与各保险合同保险金额的总和的比例承担赔偿责任。

第八,保险人受理报案、现场查勘、参与诉讼、进行抗辩、向被保险人提供专业建议等行为,均不构成保险人对赔偿责任的承诺。

第九,下列情况下,保险人支付赔款后,本保险合同终止,保险人不退还家庭自用汽车损失保险及其附加险的保险费:

(1)被保险机动车发生全部损失。

(2)按投保时被保险机动车的实际价值确定保险金额的,一次赔款金额与免赔金额之和(不含施救费)达到保险事故发生时被保险机动车的实际价值。

(3)保险金额低于投保时被保险机动车的实际价值的,一次赔款金额与免赔金额之和(不含施救费)达到保险金额。

中国人民财产保险股份有限公司2006年版的《家庭自用汽车损失保险条款》称"本保险合同为不定值保险合同",并在"附则"中定义不定值保险合同是指"双方当事人在订立保险合同时不预先确定保险标的的保险价值,而是按照保险事故发生时保险标的的实际价值确定保险价值的保险合同"。因此,在不考虑交强险的情况下,机动车损失保险按照以下例子的方式进行赔偿:

[例11—2]　保险金额为80 000元,发生全部损失,出险当时车辆的实际价值为60 000元,则按实际价值60 000元赔偿。

[例11—3]　保险金额为60 000元,发生全部损失,出险当时车辆的实际价值为80 000元,则按保险金额60 000元赔偿。

[例11—4]　保险金额为150 000元,投保时新车购置价也为150 000元,发生部分损失13 700元,虽然出险时新车购置价为160 000元,仍按实际损失13 700元赔偿。

[例11—5]　保险金额为136 000元,投保时新车购置价为145 000元,发生部分损失15 000元,出险时新车购置价为150 000元,其赔款金额应为:

$$15\ 000\times\frac{136\ 000}{145\ 000}=1\ 469(\text{元})$$

2001年7月,中国人民保险公司宣布正式启动"事故车辆定损系统"。该系统除了软件外,还包括配备了笔记本电脑、数码相机等先进设备的定损包,以及配套的内部计算机系统、网络等。这一系统可对保险车辆进行远程定损,做到车辆定损标准化、程序化。

[例11—6]①　假设甲乙两车都投保了商业机动车保险,车辆损失险的保险金额和第三者责任险的责任限额都分别为20万元和10万元,并投保了车上人员、货物责任险和不计免赔率附加险,沿用[例11—1]的案情和数据计算甲乙两车商业机动车保险的赔款。

(1)甲车

得到的交强险的赔偿金额=3 000/(3 000+5 000)×1 524=571.50(元)

车辆损失险赔款金额=(甲车实际修理费用-得到的交强险赔偿金额)×50%

=(3 000-571.50)×50%=1 214.25(元)

---

① 摘编自张侃:"交强险赔款计算详解"(下),《中国保险报》,2006年7月28日。该例也是按2008年版交强险条款计算,注意商业机动车保险第三者责任险不负责精神损失抚慰金。

得到的交强险的赔偿金额=5 000/(3 000+5 000)×1 524
=952.50(元)

车上货物责任险赔偿金额=(车上货物损失一得到的交强险赔偿金额)×50%
=(5 000-952.50)×50%
=2 023.75(元)

第三者责任险赔偿金额=[(乙车方损失一乙车方得到的交强险赔偿金额)+(骑自行车人的损失一骑自行车人得到的交强险赔偿金额)+(路产管理人的损失一路产管理人得到交强险赔偿金额)] ×50%
=[(10 000+20 000+50 000-1 600-5 714-50 000)+(30 000+100 000-14 286-100 000)+(5 000-876)]×50%
=21 262(元)

(2)乙车

车辆损失险赔偿金额=(10 000-1 600)×50%=4 200(元)

车上人员责任险赔偿金额=(20 000-5 714+50 000-50 000)×50%
=7 143(元)

第三者责任险赔偿金额=[(甲车方损失一甲车方得到交强险赔偿金额)+(骑自行车人的损失一骑自行车人得到的交强险赔偿金额)+(路产管理人损失一路产管理人得到的交强险赔偿金额)]×50%
=[(3 000+5 000-571.50-952.50)+(30 000+100 000-14 286-100 000)+(5 000-876)]×50%
=13 157(元)

机动车损失保险条款中关于保险费调整、合同变更和终止、争议处理的规定与第三者责任保险条款中的相同。

(五)费率

按照车辆用途、座位数/吨位数、车辆使用年限查找基础保费和费率。其计算公式为:

保费=基础保费+保险金额×费率

机动车损失保险也实行费率浮动制度,其规定与第三者责任保险基本相同。多险种同时投保、客户忠诚度、驾驶人性别、年龄、平均年行驶里程、行驶区域、以往保险年度赔款记录等都可以成为优惠或惩罚的因素。例如,同时投保车损险和三责险,平均年行驶里程在30 000千米以内,续保,就可以享受5%、10%、10%的折扣优惠,累计后可以总共享受25%的优惠。

三、机动车车上人员责任保险

(一)保险责任

保险期间内,被保险人或其允许的合法驾驶人在使用被保险机动车过程中发生意外事故,致使车上人员遭受人身伤亡,依法应当由被保险人承担的损害赔偿责任,保险人依照本保险合同的约定负责赔偿。

(二)责任免除

被保险机动车造成下列人身伤亡,不论在法律上是否应当由被保险人承担赔偿责任,保险人均不负责赔偿:

(1)被保险人或驾驶人的故意行为造成的人身伤亡;

(2)被保险人及驾驶人以外的其他车上人员的故意、重大过失行为造成的自身伤亡;

(3)违法、违章搭乘人员的人身伤亡;

(4)车上人员因疾病、分娩、自残、斗殴、自杀、犯罪行为造成的自身伤亡；

(5)车上人员在被保险机动车车下时遭受的人身伤亡。

除上述责任免除之外，另有许多责任免除与机动车第三者责任保险条款中的相同。此外，关于保险期间、保险人义务、投保人、被保险人义务也与第三者责任保险条款中的相同。

(三)责任限额

车上人员每次事故每人责任限额和每次事故责任限额由投保人和保险人在投保时协商确定。投保座位数按照被保险机动车的核定载客数确定。

四、盗抢险条款

(一)保险责任

第一，被保险机动车被盗窃、抢劫、抢夺，经出险当地县级以上公安刑侦部门立案证明，满60天未查明下落的全车损失。

第二，被保险机动车全车被盗窃、抢劫、抢夺后，受到损坏或车上零部件、附属设备丢失需要修复的合理费用。

第三，被保险机动车在被抢劫、抢夺过程中，受到损坏需要修复的合理费用。

(二)责任免除

责任免除的情形包括：

(1)非全车遭盗窃，仅车上零部件或附属设备被盗窃或损坏；

(2)被保险机动车被诈骗、收缴、没收、扣押造成的损失；

(3)被保险人因民事、经济纠纷而导致被保险机动车被抢劫、抢夺；

(4)租赁机动车与承租人同时失踪；

(5)全车被盗窃、抢劫、抢夺期间，被保险机动车造成第三者人身伤亡或财产损失；

(6)被保险人及其家庭成员、被保险人允许的驾驶人的故意行为或违法行为造成的损失；

(7)被保险人索赔时，未能提供机动车停驶手续或出险当地县级以上公安刑侦部门出具的盗抢立案证明。

除上述责任免除外，另有许多责任免除与机动车损失保险条款中的相同。

(三)保险金额

保险金额由投保人和保险人在投保时被保险机动车的实际价值内协商确定。

实际价值按投保时同种类型车辆市场新车购置价(含车辆购置附加费)减去该车已使用月数折旧后确定。折旧按月计算，不足一月部分，不计折旧。计算公式如下：

折旧金额＝投保时的新车购置价×被保险机动车已使用月数×月折旧率

(四)赔偿处理

第一，被保险人知道被保险机动车被盗窃、抢劫、抢夺后，应在24小时内向出险当地公安刑侦部门报案，并通知保险人。

第二，被保险人索赔时，须提供保险单、损失清单、有关费用单据、《机动车行驶证》《机动车登记证书》、机动车来历凭证、车辆购置税完税证明(车辆购置附加费缴费证明)或免税证明、机动车停驶手续以及出险当地县级以上公安刑侦部门出具的盗抢立案证明。

第三，全车损失，在保险金额内计算赔偿；部分损失，在保险金额内按实际修复费用计算赔偿，但不得超过保险事故发生时被保险机动车的实际价值。

第四，保险人确认索赔单证齐全、有效后，被保险人签具权益转让书，保险人赔付结案。

第五，被保险机动车全车被盗窃、抢劫、抢夺后被找回的：

(1)保险人尚未支付赔款的，被保险机动车应归还被保险人。

(2)保险人已支付赔款的,被保险机动车应归还被保险人,被保险人应将赔款返还给保险人;被保险人不同意收回被保险机动车,被保险机动车的所有权归保险人,被保险人应协助保险人办理有关手续。

第四节　机动车商业保险部分附加险

由于机动车商业保险三款基本条款和费率差别不大,各家保险公司就把竞争的重点放在可以自主定价的附加险上。新增的附加险可谓种类繁多,保费计算方法也各异。新车险实施后,各家保险公司几乎都增加了"精神损害赔偿责任"附加险,还有数十种新型附加险,诸如涉水损失险、全车盗抢附加高尔夫球具盗窃险、救援费用特约条款、更换新车特约条款、节假日行驶区域扩展特约条款等。以下介绍的是中国人民财产保险股份有限公司2009年版的机动车保险部分附加险条款。

一、玻璃单独破碎险条款

投保了机动车损失保险的机动车,可投保本附加险。

(一)保险责任

被保险机动车挡风玻璃或车窗玻璃的单独破碎,保险人负责赔偿。

(二)投保方式

投保人与保险人可协商选择按进口或国产玻璃投保。保险人根据协商选择的投保方式承担相应的赔偿责任。

(三)责任免除

安装、维修机动车过程中造成的玻璃单独破碎。

二、机动车停驶损失险条款

投保了机动车损失保险的机动车,可投保本附加险。

(一)保险责任

因发生机动车损失保险的保险事故,致使被保险机动车停驶,保险人在保险单载明的保险金额内承担赔偿责任。

(二)责任免除

下列情况导致被保险机动车停驶的,保险人不承担赔偿责任:

(1)被保险人或驾驶人未及时将被保险机动车送修或拖延修理时间;

(2)因修理质量不合格重新返修。

(三)保险金额

保险金额按照投保时约定的日赔偿金额乘以约定的赔偿天数确定;约定的日赔偿金额最高为300元,约定的赔偿天数最长为60天。

(四)赔偿处理

全车损失,按保险单载明的保险金额计算赔偿;部分损失,在保险金额内按约定的日赔偿金额乘以从送修之日起至修复之日止的实际天数计算赔偿,实际天数超过双方约定修理天数的,以双方约定的修理天数为准。

在保险期间内,赔款金额累计达到保险单载明的保险金额,本附加险保险责任终止。

三、自燃损失险条款

投保了家庭自用汽车损失保险的机动车,可投保本附加险。

(一)保险责任

第一,因被保险机动车电器、线路、供油系统、供气系统发生故障或所载货物自身原因起火燃烧造成本车的损失。

第二,发生保险事故时,被保险人为防止或者减少被保险机动车的损失所支付的必要的、合理的施救费用。

据调查,车辆自燃的原因主要有三点:一是水箱缺水,行驶中会使发动机温度骤升,一旦超过临界点,化油器出现回火;二是油管渗漏;三是电路短路。

(二)责任免除

第一,自燃仅造成电器、线路、供油系统、供气系统的损失。

第二,所载货物自身的损失。

(三)保险金额

保险金额由投保人和保险人在投保时被保险机动车的实际价值内协商确定。

(四)赔偿处理

第一,全部损失,在保险金额内计算赔偿;部分损失,在保险金额内按实际修理费用计算赔偿。

第二,每次赔偿实行20%的免赔率。

四、火灾、爆炸、自燃损失险条款

投保了营业用汽车损失保险的机动车,可投保本附加险。

(一)保险责任

第一,火灾、爆炸、自燃造成被保险机动车的损失。

第二,发生保险事故时,被保险人为防止或者减少被保险机动车的损失所支付的必要的、合理的施救费用。

(二)责任免除

第一,自燃仅造成电器、线路、供油系统、供气系统的损失。

第二,所载货物自身的损失。

第三,轮胎爆裂的损失。

第四,人工直接供油、高温烘烤造成的损失。

(三)保险金额

保险金额由投保人和保险人在投保时被保险机动车的实际价值内协商确定。

(四)赔偿处理

第一,全部损失,在保险金额内计算赔偿;部分损失,在保险金额内按实际修理费用计算赔偿。

第二,每次赔偿实行20%的免赔率。

五、车身划痕损失险条款

投保了机动车损失保险的机动车,可投保本附加险。

(一)保险责任

无明显碰撞痕迹的车身划痕损失,保险人负责赔偿。

(二)责任免除

被保险人及其家庭成员、驾驶人及其家庭成员的故意行为造成的损失。

(三)保险金额

保险金额为2 000元、5 000元、10 000元或20 000元,由投保人和保险人在投保时协商确定。

(四)赔偿处理

第一,在保险金额内按实际修理费用计算赔偿。每次赔偿实行15%的免赔率。

第二,在保险期间内,赔款金额累计达到保险金额,本附加险保险责任终止。

六、新增加设备损失保险条款

投保了机动车损失保险的机动车,可投保本附加险。

(一)保险责任

投保了本附加险的被保险机动车因发生机动车损失保险责任范围内的事故,造成车上新增加设备的直接损毁,保险人在保险单载明的本附加险的保险金额内,按照实际损失计算赔偿。

(二)保险金额

保险金额根据新增加设备的实际价值确定。新增加设备的实际价值是指新增加设备的购置价减去折旧金额后的金额。

新增设备的折旧率以本条款所对应的主险条款规定为准。

(三)赔偿处理

每次赔偿的免赔率以本条款所对应的主险条款规定为准。

(四)其他事项

本保险所指新增加设备,是指被保险机动车出厂时原有各项设备以外,被保险人加装的设备及设施。投保时,应当列明车上新增加设备明细表及价格。

七、车上货物责任险条款

投保了机动车第三者责任保险的机动车,可投保本附加险。

(一)保险责任

发生意外事故,致使被保险机动车所载货物遭受直接损毁,依法应由被保险人承担的损害赔偿责任,保险人负责赔偿。

(二)责任免除

第一,偷盗、哄抢、自然损耗、本身缺陷、短少、死亡、腐烂、变质造成的货物损失。

第二,违法、违章载运或因包装不善造成的损失。

第三,车上人员携带的私人物品。

第四,应当由机动车交通事故责任强制保险赔偿的损失和费用。

(三)责任限额

责任限额由投保人和保险人在投保时协商确定。

(四)赔偿处理

被保险人索赔时,应提供运单、起运地货物价格证明等相关单据。保险人在责任限额内按起运地价格计算赔偿。每次赔偿实行20%的免赔率。

八、不计免赔率特约条款

经特别约定,保险事故发生后,按照对应投保的主险条款规定的免赔率计算的、应当由被保险人自行承担的免赔金额部分,保险人负责赔偿。

下列情况中,应当由被保险人自行承担的免赔金额,保险人不负责赔偿:

(1)机动车损失保险中应当由第三方负责赔偿却无法找到第三方的;

(2)被保险人根据有关法律法规规定选择自行协商方式处理交通事故,但不能证明事故原因的;

(3)因违反安全装载规定增加的；

(4)投保时指定驾驶人，保险事故发生时为非指定驾驶人使用被保险机动车而增加的；

(5)投保时约定行驶区域，保险事故发生在约定行驶区域以外而增加的；

(6)因保险期间内发生多次保险赔偿而增加的；

(7)发生机动车盗抢保险规定的全车损失保险事故时，被保险人未能提供《机动车行驶证》等证明而增加的；

(8)可附加本条款但未选择附加本条款的险种规定的；

(9)不可附加本条款的险种规定的。

九、可选免赔额特约条款

投保了机动车损失保险的机动车可附加本特约条款。保险人按投保人选择的免赔额给予相应的保险费优惠。

被保险机动车发生机动车损失保险合同约定的保险事故，保险人在按照机动车损失保险合同的约定计算赔款后，扣减本特约条款约定的免赔额。

第五节 商业车险改革试点

2015年1月，全国保险监管工作会议提出，商业车险改革是当年推出的几项重大改革之一。2月，保监会发布《关于深化商业车险条款费率管理制度的意见》。3月，保监会印发《深化商业车险条款费率管理制度改革试点工作方案》，确定黑龙江、山东、广西、重庆、陕西、青岛为改革试点地区。同月，《中国保险行业协会机动车综合商业保险示范条款(2014年版)》(以下简称综合型《示范条款》)发布。从6月1日起，在黑龙江等六个试点地区车险改革试点工作正式落地。保监会将在总结试点经验的基础上，适时将商业车险改革推向全国。自2016年1月1日起，保监会决定在天津、内蒙古、吉林等12个地区启动商业车险改革第二批试点工作。2016年4月末，北京、河北等18个地区启动商业车险第三批改革试点工作。经过一年的三批试点，全行业车险保费平稳增长，车险覆盖率逐步提升，保费水平持续下降，车险市场活力显著增强。保监会决定将商业车险改革试点推广到全国范围，2016年7月1日在全国范围实现新旧产品的切换。此次商业车险改革的要点如下：

一、建立以行业示范条款为主、公司创新型条款为辅的条款管理制度

新版商业车险综合型《示范条款》与原条款相比较，有以下几个亮点：

(一)商业车险保障范围进一步拓宽

第一，新增了冰雹、台风、暴雨等自然灾害和所载货物、车上人员意外撞击导致的车损可以获得赔偿的保险责任。

第二，新车在未上牌照的情况下发生的保险事故，转籍车辆无有效临时车牌的情况下发生的保险事故，也能获得相应的赔偿。

第三，如果出现车撞家人的情况，被保险人或司机的家人可以在第三者责任险项下获得赔付。

第四，投保了专项附加险金后，将不再扣减找不到第三方的30%绝对免赔率。

第五，倒车镜、车灯单独损坏险等三个附加险并入主险责任范围。

第六，驾驶证丢失损毁，出险后补办，或者驾驶证过期，出险后依法换证，仍可获得相应的赔偿。

(二)纠正了“无责不赔”的不合理做法

原车损险条款规定“保险人依据被保险机动车驾驶人在事故中所负事故责任比例，承担相应的

赔偿责任”,也就是说,如果被保险车辆无责,那么保险公司就不赔,由被保险人向第三方索赔,代位求偿权形同虚设。新版综合型《示范条款》对此进行了纠正,规定“因第三方对被保险机动车的损害而造成保险事故,被保险人向第三方索赔的,保险人应积极协助;被保险人也可以直接向本保险人索赔,保险人在保险金额内先行赔付被保险人,并在赔偿金额内代位行使被保险人对第三方请求赔偿的权利”,回归了保险服务的价值。

(三)矫正了保险金额的确定方式,避免了“高保低赔”问题

原来车损险的保险金额通常采用新车购置价来确定,当保险车辆发生全部损失时,保险公司仅按照车辆实际价值进行赔偿,于是就产生了“高保低赔”问题。而新版综合型《示范条款》规定“保险金额按照投保时被保险机动车的实际价值确定”,就不会出现“高保低赔”问题。被保险机动车实际价值原则上应在投保时根据新车购置价减去折旧金额后的价格上下10%的范围内。

目前试点阶段,各保险公司均选择使用新版综合型《示范条款》,今后保险公司将根据市场需求开发创新型条款,满足车主多层次、多样化的保险需求。

二、从“保额定价”转向“车型定价”,费率核算更精准

过去我国车险费率一直采用“保额定价法”,即如果两辆车的车价相同,则保额和保费基本相同。而事实上,两辆车价相同的不同品牌型号的车,即使由同一风险水平的人驾驶,所面临的车损风险也可能大相径庭,因为两种车的安全系列不同,出险受损的频率和程度不同,而且同样的车损所耗费的维修费用也可能存在的差异,这可以从2014年4月中国保险行业协会和中国汽车维修协会联合发布的国内常见的18种“整车配件零整比”系数的巨大差异看出。此后持续深入开展以“零整比”为核心的专题技术研究,陆续向社会公布更多款车型的零整比系数。

这次车险费率改革通过引入“车型定价法”,对安全等级低、零整比高、工时费高的车型厘定较高的费率,对安全等级高、零整比低、工时费低的车型厘定较低的费率,使保费与车型风险更为匹配。测算组在纯保费测算中参考美国保险事务所(ISO)先进做法,对每一款车型进行风险评分,制定了车型费率分级表。同时,对不同风险的车主厘定不同的费率,不出险或少出险的车主保费有不同程度降低,出险频率高的部分车主保费有所提高,理赔记录和交通违章都与车险费率挂钩,通过保费的“奖优罚劣”,引导车主去安全驾驶。这不仅体出了费率厘定的公平合理原则,而且有利于推动汽车生产厂里更加注意研发新技术,提升汽车发安全性,还有利于汽车生产厂家降低过高的零配件价格,促使汽车维修行业制定合理的维修工时标准。

试点改革后,新的商业车险费率由基准纯风险保费、附加费用率和费率调整系数三部分组成。通过登录中国保险行业协会的“商业车险示范条款和费率基准查询系统”,输入国产进口标示、车辆品牌型号、使用性质、初登日期、地区等信息,便可以查询相应的车损险基准纯风险保费。附加费用率由保险公司自行测算确定。此次改革中,此前影响定价的14个车险费率调整系数调整为4个。其中,费率调整系数中的无赔款优待系数,对客户连续3年没有发生赔付的,车险保费最多可比上年度优惠40%;费率调整系数中的自主核保系数和自主渠道系数在规定的浮动范围(0.85～1.15)内由保险公司自主决定。

商业车险保费的计算公式如下:

$$\text{商业车险保费}=\frac{\text{基准纯风险保费}}{1-\text{附加费用率}}\times\text{无赔款优待系数}\times\text{自主核保系数}\times\text{自主渠道系数}$$

中国保险信息技术管理有限责任公司车险业务部建立了全国车险信息平台,行业车型标准数据库和车损险纯风险保费数据库这两个核心数据库通过在车险信息平台的部署,实现了投保车型信息及纯风险保费通过平台实时返回保险公司。车险信息平台代位求偿系统正式运行增加了代位求偿的结算功能。2015年9月18日晚,中国保险信息技术管理有限责任公司实现了西藏地区车

险业务在全国车险信息平台的数据交互与分享，此举标志着全国车险信息平台完成了全国布局。

2016年6月16日，中国保险行业协会召开专家座谈会，并在中保协官网上，就《中国保险行业协会机动车损失保险示范条款(全面型)》(简称全面型《示范条款》)向社会公开征求意见。全面型《示范条款》是在综合型《示范条款》的基础上，针对家庭自用的非营利性乘用车制定的，保险责任较2015年发布的综合型《示范条款》有很大程度的扩展，它参与一切险的表述方式，明确将综合型《示范条款》中的主要附加险纳入保险责任中，责任免除中仅保留了法律法规禁止的行为、贬值损失和盗抢损失三类，并取消了免赔额和免赔率。

综合型《示范条款》详见以下附录。

附录

中国保险行业协会机动车综合商业保险示范条款

总　则

第一条　本保险条款分为主险、附加险。

主险包括机动车损失保险、机动车第三者责任保险、机动车车上人员责任保险、机动车全车盗抢保险共四个独立的险种，投保人可以选择投保全部险种，也可以选择投保其中部分险种。保险人依照本保险合同的约定，按照承保险种分别承担保险责任。

附加险不能独立投保。附加险条款与主险条款相抵触之处，以附加险条款为准，附加险条款未尽之处，以主险条款为准。

第二条　本保险合同中的被保险机动车是指在中华人民共和国境内(不含港、澳、台地区)行驶，以动力装置驱动或者牵引，上道路行驶的供人员乘用或者用于运送物品以及进行专项作业的轮式车辆(含挂车)、履带式车辆和其他运载工具，但不包括摩托车、拖拉机、特种车。

第三条　本保险合同中的第三者是指因被保险机动车发生意外事故遭受人身伤亡或者财产损失的人，但不包括被保险机动车本车车上人员、被保险人。

第四条　本保险合同中的车上人员是指发生意外事故的瞬间，在被保险机动车车体内或车体上的人员，包括正在上下车的人员。

第五条　本保险合同中的各方权利和义务，由保险人、投保人遵循公平原则协商确定。保险人、投保人自愿订立本保险合同。

除本保险合同另有约定外，投保人应在保险合同成立时一次交清保险费。保险费未交清前，本保险合同不生效。

第一章　机动车损失保险

保险责任

第六条　保险期间内，被保险人或其允许的合法驾驶人在使用被保险机动车过程中，因下列原因造成被保险机动车的直接损失，且不属于免除保险人责任的范围，保险人依照本保险合同的约定负责赔偿：

(一)碰撞、倾覆、坠落；

(二)火灾、爆炸；

(三)外界物体坠落、倒塌；

(四)雷击、暴风、暴雨、洪水、龙卷风、冰雹、台风、热带风暴；

(五)地陷、崖崩、滑坡、泥石流、雪崩、冰陷、暴雪、冰凌、沙尘暴；

(六)受到被保险机动车所载货物、车上人员意外撞击；

(七)载运被保险机动车的渡船遭受自然灾害(只限于驾驶人随船的情形)。

第七条　发生保险事故时，被保险人或其允许的合法驾驶人为防止或者减少被保险机动车的损失所支付的必要的、合理的施救费用，由保险人承担；施救费用数额在被保险机动车损失赔偿金额以外另行计算，最高不超过保险金额的数额。

责任免除

第八条　在上述保险责任范围内,下列情况下,不论任何原因造成被保险机动车的任何损失和费用,保险人均不负责赔偿:

(一)事故发生后,被保险人或其允许的驾驶人故意破坏、伪造现场、毁灭证据;

(二)驾驶人有下列情形之一者:

1. 事故发生后,在未依法采取措施的情况下驾驶被保险机动车或者遗弃被保险机动车离开事故现场;

2. 饮酒、吸食或注射毒品、服用国家管制的精神药品或者麻醉药品;

3. 无驾驶证,驾驶证被依法扣留、暂扣、吊销、注销期间;

4. 驾驶与驾驶证载明的准驾车型不相符合的机动车;

5. 实习期内驾驶公共汽车、营运客车或者执行任务的警车、载有危险物品的机动车或牵引挂车的机动车;

6. 驾驶出租机动车或营业性机动车无交通运输管理部门核发的许可证书或其他必备证书;

7. 学习驾驶时无合法教练员随车指导;

8. 非被保险人允许的驾驶人;

(三)被保险机动车有下列情形之一者:

1. 发生保险事故时被保险机动车行驶证、号牌被注销的,或未按规定检验或检验不合格;

2. 被扣押、收缴、没收、政府征用期间;

3. 在竞赛、测试期间,在营业性场所维修、保养、改装期间;

4. 被保险人或其允许的驾驶上故意或重大过失,导致被保险机动车被利用从事犯罪行为。

第九条　下列原因导致的被保险机动车的损失和费用,保险人不负责赔偿:

(一)地震及其次生灾害;

(二)战争、军事冲突、恐怖活动、暴乱、污染(含放射性污染)、核反应、核辐射;

(三)人工直接供油、高温烘烤、自燃、不明原因火灾;

(四)违反安全装载规定;

(五)被保险机动车被转让、改装、加装或改变使用性质等,被保险人、受让人未及时通知保险人,且转转让、改装、加装或改变使用性质等导致被保险机动车危险程度显著增加;

(六)被保险人或其允许的驾驶人的故意行为。

第十条　下列损失和费用,保险人不负责赔偿:

(一)因市场价格变动造成的贬值、修理后因价值降低引起的减值损失;

(二)遭受保险责任范围内的损失后,未经必要修理并检验合格继续使用,致使损失扩大的部分;

(三)投保人、被保险人或其允许的驾驶人知道保险事故发生后,故意或者因重大过失未及时通知,致使保险事故的性质、原因、损失程度等难以确定的,保险人对无法确定的部分,不承担赔偿责任,但保险人通过其他途径已经及时知道或者应当及时知道保险事故发生的除外;

(五)因被保险人违反本条款第十六条规定,导致无法确定的损失;

(六)被保险机动车全车被盗窃、被抢劫、被抢夺、下落不明,以及在此期间受到的损坏,或被盗窃、被抢劫、被抢夺未遂受到的损坏,或车上零部件、附属设备丢失;

(七)车轮单独损坏,玻璃单独破碎,无明显碰撞痕迹的车身划痕,以及新增设备的损失;

(八)发动机进水后导致的发动机损坏。

免赔率与免赔额

第十一条　保险人在依据本保险合同约定计算赔款的基础上,按照下列方式免赔:

(一)被保险机动车一方负次要事故责任的,实行5%的事故责任免赔率;负同等事故责任的,实行10%的事故责任免赔率;负主要事故责任的,实行15%的事故责任免赔率;负全部事故责任或单方肇事事故的,实行20%的事故责任免赔率;

(二)被保险机动车的损失应当由第三方负责赔偿,无法找到第三方的,实行30%的绝对免赔率;

（三）违反安全装载规定但不是事故发生的直接原因的，增加10％的绝对免赔率；

（四）对于投保人与保险人在投保时协商确定绝对免赔额的，本保险在实行免赔率的基础上增加每次事故绝对免赔额。

保险金额

第十二条　保险金额按投保时被保险机动车的实际价值确定。投保时被保险机动车的实际价值由投保人与保险人根据投保时的新车购置价减去折旧金额后的价格协商确定或其他市场公允价值协商确定。

折旧金额可根据本保险合同列明的参考折旧系数表确定。

赔偿处理

第十三条　发生保险事故时，被保险人或其允许的合法驾驶人应当及时采取合理的、必要的施救和保护措施，防止或者减少损失，并在保险事故发生后48小时内通知保险人。被保险人或其允许的合法驾驶人根据有关法律法规规定选择自行协商方式处理交通事故的，应当立即通知保险人。

第十四条　被保险人或其允许的合法驾驶人根据有关法律法规规定选择自行协商方式处理交通事故的，应当协助保险人勘验事故各方车辆、核实事故责任，并依照《道路交通事故处理程序规定》签订记录交通事故情况的协议书。

第十五条　被保险人索赔时，应当向保险人提供与确认保险事故的性质、原因、损失程度等有关的证明和资料。

被保险人应当提供保险单、损失清单、有关费用单据、被保险机动车行驶证和发生事故时驾驶人的驾驶证。

属于道路交通事故的，被保险人应当提供公安机关交通管理部门或法院等机构出具的事故证明、有关的法律文书（判决书、调解书、裁定书、裁决书等）及其他证明。被保险人或其允许的合法驾驶人根据有关法律法规规定选择自行协商方式处理交通事故的，被保险人应当提供依照《道路交通事故处理程序规定》签订记录交通事故情况的协议书。

第十六条　因保险事故损坏的被保险机动车，应当尽量修复。修理前被保险人应当会同保险人检验，协商确定修理项目、方式和费用。对未协商确定的，保险人可以重新核定。

第十七条　被保险机动车遭受损失后的残余部分由保险人、被保险人协商处理。如折归被保险人的，由双方协商确定其价值并在赔款中扣除。

第十八条　因第三方对被保险机动车的损害而造成保险事故，被保险人向第三方索赔的，保险人应积极协助；被保险人也可以直接向本保险人索赔，保险人在保险金额内先行赔付被保险人，并在赔偿金额内代位行使被保险人对第三方请求赔偿的权利。

被保险人已经从第三方取得损害赔偿的，保险人进行赔偿时，相应扣减被保险人从第三方已取得的赔偿金额。

保险人**未赔偿之前，被保险人放弃对第三方请求赔偿的权利的，保险人不承担赔偿责任。**

被保险人故意或者因重大过失致使保险人不能行使代位请求赔偿的权利的，保险人可以扣减或者要求返还相应的赔款。

保险人向被保险人先行赔付的，保险人向第三方行使代位请求赔偿的权利时，被保险人应当向保险人提供必要的文件和所知道的有关情况。

第十九条　机动车损失赔款按以下方法计算：

（一）全部损失

赔款＝（保险金额－被保险人已从第三方获得的赔偿金额）×（1－事故责任免赔率）
×（1－绝对免赔率之和）－绝对免赔额

（二）部分损失

被保险机动车发生部分损失，保险人按实际修复费用在保险金额内计算赔偿：

赔款＝（实际修复费用－被保险人已从第三方获得的赔偿金额）
×（1－事故责任免赔率）×（1－绝对免赔率之和）－绝对免赔额

（三）施救费

施救的财产中,含有本保险合同未保险的财产,应按本保险合同保险财产的实际价值占总施救财产的实际价值比例分摊施救费用。

第二十条　保险人受理报案、现场查勘、核定损失、参与诉讼、进行抗辩、要求被保险人提供证明和资料、向被保险人提供专业建议等行为,均不构成保险人对赔偿责任的承诺。

第二十一条　被保险机动车发生本保险事故,导致全部损失,或一次赔款金额与免赔金额之和(不含施救费)达到保险金额,保险人按本保险合同约定支付赔款后,本保险责任终止,保险人不退还机动车损失保险及其附加险的保险费。

第二章　机动车第三者责任保险

保险责任

第二十二条　保险期间内,被保险人或其允许的合法驾驶人在使用被保险机动车过程中发生意外事故,致使第三者遭受人身伤亡或财产直接损毁,依法应当对第三者承担的损害赔偿责任,且不属于免险保险人责任的范围,保险人依照本保险合同的约定,对于超过机动车交通事故责任强制保险各分项赔偿限额的部分负责赔偿。

第二十三条　保险人依据被保险机动车一方在事故中所负的事故责任比例,承担相应的赔偿责任。

被保险人或被保险机动车一方根据有关法律法规规定选择自行协商或由公安机关交通管理部门处理事故未确定事故责任比例的,按照下列规定确定事故责任比例:

被保险机动车一方负主要事故责任的,事故责任比例为70%;

被保险机动车一方负同等事故责任的,事故责任比例为50%;

被保险机动车一方负次要事故责任的,事故责任比例为30%。

涉及司法或仲裁程序的,以法院或仲裁机构最终生效的法律文书为准。

责任免除

第二十四条　在上述保险责任范围内,下列情况下,不论任何原因造成的人身伤亡、财产损失和费用,保险人均不负责赔偿:

(一)事故发生后,被保险人或其允许的驾驶人故意破坏、伪造现场、毁灭证据;

(二)驾驶人有下列情形之一者:

1. 事故发生后,在未依法采取措施的情况下驾驶被保险机动车或者遗弃被保险机动车离开事故现场;

2. 饮酒、吸食或注射毒品、服用国家管制的精神药品或者麻醉药品;

3. 无驾驶证,驾驶证被依法扣留、暂扣、吊销、注销期间;

4. 驾驶与驾驶证载明的准驾车型不相符合的机动车;

5. 实习期内驾驶公共汽车、营运客车或者执行任务的警车、载有危险物品的机动车或牵引挂车的机动车;

6. 驾驶出租机动车或营业性机动车无交通运输管理部门核发的许可证书或其他必备证书;

7. 学习驾驶时无合法教练员随车指导;

8. 非被保险人允许的驾驶人;

(三)被保险机动车有下列情形之一者:

1. 发生保险事故时被保险机动车行驶证、号牌被注销的,或未按规定检验或检验不合格;

2. 被扣押、收缴、没收、政府征用期间;

3. 在竞赛、测试期间,在营业性场所维修、保养、改装期间;

4. 全车被盗窃、被抢劫、被抢夺、下落不明期间。

第二十五条　下列原因导致的人身伤亡、财产损失和费用,保险人不负责赔偿:

(一)地震及其次生灾害、战争、军事冲突、恐怖活动、暴乱、污染(含放射性污染)、核反应、核辐射;

(二)第三者、被保险人或其允许的驾驶人的故意行为、犯罪行为,第三者与被保险人或其他致害人恶意串通的行为;

(三)被保险机动车被转让、改装、加装或改变使用性质等,被保险人、受让人未及时通知保险人,且因转让、改装、加装或改变使用性质等导致被保险机动车危险程度显著增加。

第二十六条 下列人身伤亡、财产损失和费用,保险人不负责赔偿:

(一)被保险机动车发生意外事故,致使任何单位或个人停业、停驶、停电、停水、停气、停产、通讯或网络中断、电压变化、数据丢失造成的损失以及其他各种间接损失;

(二)第三者财产因市场价格变动造成的贬值,修理后因价值降低引起的减值损失;

(三)被保险人及其家庭成员、被保险人允许的驾驶人及其家庭成员所有、承租、使用、管理、运输或代管的财产的损失,以及本车上财产的损失;

(四)被保险人、被保险人允许的驾驶人、本车车上人员的人身伤亡;

(五)停车费、保管费、扣车费、罚款、罚金或惩罚性赔款;

(六)超出《道路交通事故受伤人员临床诊疗指南》和国家基本医疗保险同类医疗费用标准的费用部分;

(七)律师费,未经保险人事先书面同意的诉讼费、仲裁费;

(八)投保人、被保险人或其允许的驾驶人知道保险事故发生后,故意或者因重大过失未及时通知,致使保险事故的性质、原因、损失程度等难以确定的,保险人对无法确定的部分,不承担赔偿责任,但保险人通过其他途径已经及时知道或者应当及时知道保险事故发生的除外;

(九)因被保险人违反本条款第三十四条规定,导致无法确定的损失;

(十)精神损害抚慰金;

(十一)应当由机动车交通事故责任强制保险赔偿的损失和费用。

保险事故发生时,被保险机动车未投保机动车交通事故责任强制保险或机动车交通事故责任强制保险合同已经失效的,对于机动车交通事故责任强制保险责任限额以内的损失和费用,保险人不负责赔偿。

免赔率

第二十七条 保险人在依据本保险合同约定计算赔款的基础上,在保险单载明的责任限额内,按照下列方式免赔:

(一)被保险机动车一方负次要事故责任的,实行5%的事故责任免赔率;负同等事故责任的,实行10%的事故责任免赔率;负主要事故责任的,实行15%的事故责任免赔率;负全部事故责任的,实行20%的事故责任免赔率。

(二)违反安全装载规定的,实行10%的绝对免赔率。

责任限额

第二十八条 每次事故的责任限额,由投保人和保险人在签订本保险合同时协商确定。

第二十九条 主车和挂车连接使用时视为一体,发生保险事故时,由主车保险人和挂车保险人按照保险单上载明的机动车第三者责任保险责任限额的比例,在各自的责任限额内承担赔偿责任,但赔偿金额总和以主车的责任限额为限。

赔偿处理

第三十条 发生保险事故时,被保险人或其允许的合法驾驶人应当及时采取合理的、必要的施救和保护措施,防止或者减少损失,并在保险事故发生后48小时内通知保险人。被保险人或其允许的合法驾驶人根据有关法律法规规定选择自行协商方式处理交通事故的,应当立即通知保险人。

第三十一条 被保险人或其允许的合法驾驶人根据有关法律法规规定选择自行协商方式处理交通事故的,应当协助保险人勘验事故各方车辆、核实事故责任,并依照《道路交通事故处理程序规定》签订记录交通事故情况的协议书。

第三十二条 被保险人索赔时,应当向保险人提供与确认保险事故的性质、原因、损失程度等有关的证明和资料。

被保险人应当提供保险单、损失清单、有关费用单据、被保险机动车行驶证和发生事故时驾驶人的驾驶证。

属于道路交通事故的,被保险人应当提供公安机关交通管理部门或法院等机构出具的事故证明、有关的法律文书(判决书、调解书、裁定书、裁决书等)及其他证明。被保险人或其允许的合法驾驶人根据有关法律法规规定选择自行协商方式处理交通事故的,被保险人应当提供依照《道路交通事故处理程序规定》签订记录交通事故情况的协议书。

第三十三条　保险人对被保险人给第三者造成的损害,可以直接向该第三者赔偿。

被保险人给第三者造成损害,被保险人对第三者应负的赔偿责任确定的,根据被保险人的请求,保险人应当直接向该第三者赔偿。被保险人怠于请求的,第三者有权就其应获赔偿部分直接向保险人请求赔偿。

被保险人给第三者造成损害,被保险人未向该第三者赔偿的,保险人不得向被保险人赔偿。

第三十四条　因保险事故损坏的第三者财产,应当尽量修复。修理前被保险人应当会同保险人检验,协商确定修理项目、方式和费用。对未协商确定的,保险人可以重新核定。

第三十五条　赔款计算

1. 当(依合同约定核定的第三者损失金额－机动车交通事故责任强制保险的分项赔偿限额)×事故责任比例等于或高于每次事故赔偿限额时:

赔款＝每次事故赔偿限额×(1－事故责任免赔率)×(1－绝对免赔率之和)

2. 当(依合同约定核定的第三者损失金额－机动车交通事故责任强制保险的分项赔偿限额)×事故责任比例低于每次事故赔偿限额时:

赔款＝(依合同约定核定的第三者损失金额－机动车交通事故责任强制保险的分项赔偿限额)×事故责任比例×(1－事故责任免赔率)×(1－绝对免赔率之和)

第三十六条　保险人按照《道路交通事故受伤人员临床诊疗指南》和国家基本医疗保险的同类医疗费用标准核定医疗费用的赔偿金额。

未经保险人书面同意,被保险人自行承诺或支付的赔偿金额,保险人有权重新核定。**不属于保险人赔偿范围或超出保险人应赔偿金额的,保险人不承担赔偿责任。**

第三十七条　保险人受理报案、现场查勘、核定损失、参与诉讼、进行抗辩、要求被保险人提供证明和资料、向被保险人提供专业建议等行为,均不构成保险人对赔偿责任的承诺。

第三章　机动车车上人员责任保险

保险责任

第三十八条　保险期间内,被保险人或其允许的驾驶人在使用被保险机动车过程中发生意外事故,致使车上人员遭受人身伤亡,且不属于免除保险人责任的范围,依法应当对车上人员承担的损害赔偿责任,保险人依照本保险合同的约定负责赔偿。

第三十九条　保险人依据被保险机动车一方在事故中所负的事故责任比例,承担相应的赔偿责任。

被保险人或被保险机动车一方根据有关法律法规规定选择自行协商或由公安机关交通管理部门处理事故未确定事故责任比例的,按照下列规定确定事故责任比例:

被保险机动车一方负主要事故责任的,事故责任比例为70%;

被保险机动车一方负同等事故责任的,事故责任比例为50%;

被保险机动车一方负次要事故责任的,事故责任比例为30%。

涉及司法或仲裁程序的,以法院或仲裁机构最终生效的法律文书为准。

责任免除

第四十条　在上述保险责任范围内,下列情况下,不论任何原因造成的人身伤亡,保险人均不负责赔偿:

(一)事故发生后,被保险人或其允许的驾驶人在未依法采取措施的情况下驾驶被保险机动车或者遗弃被保险机动车逃离事故现场,或故意破坏、伪造现场、毁灭证据。

(二)驾驶人有下列情形之一者:

1. 事故发生后,在未依法采取措施的情况下驾驶被保险机动车或者遗弃被保险机动车离开事故现场;

2. 饮酒、吸食或注射毒品、服用国家管制的精神药品或者麻醉药品;

3. 无驾驶证,驾驶证被依法扣留、暂扣、吊销、注销期间;

4. 驾驶与驾驶证载明的准驾车型不相符合的机动车;

5. 实习期内驾驶公共汽车、营运客车或者执行任务的警车、载有危险物品的机动车或牵引挂车的机动车;

6. 驾驶出租机动车或营业性机动车无交通运输管理部门核发的许可证书或其他必备证书;

7. 学习驾驶时无合法教练员随车指导;

8. 非被保险人允许的驾驶人。

(三)被保险机动车有下列情形之一者:

1. 发生保险事故时被保险机动车行驶证、号牌被注销的,或未按规定检验或检验不合格;

2. 被扣押、收缴、没收、政府征用期间;

3. 在竞赛、测试期间,在营业性场所维修、保养、改装期间;

4. 全车被盗窃、被抢劫、被抢夺、下落不明期间。

第四十一条 下列原因导致的人身伤亡,保险人不负责赔偿:

(一)地震及其次生灾害、战争、军事冲突、恐怖活动、暴乱、污染(含放射性污染)、核反应、核辐射;

(二)被保险机动车被转让、改装、加装或改变使用性质等,被保险人、受让人未及时通知保险人,且因转让、改装、加装或改变使用性质导致被保险机动车危险程度显著增加;

(三)被保险人或驾驶人的故意行为。

第四十二条 下列人身伤亡、损失和费用,保险人不负责赔偿:

(一)被保险人及驾驶人以外的其他车上人员的故意行为造成的自身伤亡;

(二)车上人员因疾病、分娩、自残、斗殴、自杀、犯罪行为造成的自身伤亡;

(三)违法、违章搭乘人员的人身伤亡;

(四)罚款、罚金或惩罚性赔款;

(五)超出《道路交通事故受伤人员临床诊疗指南》和国家基本医疗保险同类医疗费用标准的费用部分;

(六)律师费,未经保险人事先书面同意的诉讼费、仲裁费;

(九)投保人、被保险人或其允许的驾驶人知道保险事故发生后,故意或者因重大过失未及时通知,致使保险事故的性质、原因、损失程度等难以确定的,保险人对无法确定的部分,不承担赔偿责任,但保险人通过其他途径已经及时知道或者应当及时知道保险事故发生的除外;

(八)精神损害抚慰金;

(九)应当由机动车交通事故责任强制保险赔付的损失和费用。

免赔率

第四十三条 保险人在依据本保险合同约定计算赔款的基础上,在保险单载明的责任限额内,按照下列方式免赔:被保险机动车一方负次要事故责任的,实行5%的事故责任免赔率;负同等事故责任的,实行10%的事故责任免赔率;负主要事故责任的,实行15%的事故责任免赔率;负全部事故责任或单方肇事事故的,实行20%的事故责任免赔率。

责任限额

第四十四条 驾驶人每次事故责任限额和乘客每次事故每人责任限额由投保人和保险人在投保时协商确定。投保乘客座位数按照被保险机动车的核定载客数(驾驶人座位除外)确定。

赔偿处理

第四十五条 发生保险事故时,被保险人或其允许的合法驾驶人应当及时采取合理的、必要的施救和保护措施,防止或者减少损失,并在保险事故发生后48小时内通知保险人。被保险人或其允许的合法驾驶人根据有关法律法规规定选择自行协商方式处理交通事故的,应当立即通知保险人。

第四十六条 被保险人或其允许的合法驾驶人根据有关法律法规规定选择自行协商方式处理交通事故的,应当协助保险人勘验事故各方车辆、核实事故责任,并依照《道路交通事故处理程序规定》签订记录交通事故情况的协议书。

第四十七条 被保险人索赔时,应当向保险人提供与确认保险事故的性质、原因、损失程度等有关的证明和资料。

被保险人应当提供保险单、损失清单、有关费用单据、被保险机动车行驶证和发生事故时驾驶人的驾驶证。

属于道路交通事故的,被保险人应当提供公安机关交通管理部门或法院等机构出具的事故证明、有关的法律文书(判决书、调解书、裁定书、裁决书等)和通过机动车交通事故责任强制保险获得赔偿金额的证明材料。被保险人或其允许的合法驾驶人根据有关法律法规规定选择自行协商方式处理交通事故的,被保险人应当提供依照《道路交通事故处理程序规定》签订记录交通事故情况的协议书和通过机动车交通事故责任强制保险获得赔偿金额的证明材料。

第四十八条　赔款计算

(一)对每座的受害人,当(依合同约定核定的每座车上人员人身伤亡损失金额－应由机动车交通事故责任强制保险赔偿的金额)×事故责任比例 高于或等于每次事故每座赔偿限额时:

赔款＝每次事故每座赔偿限额×(1－事故责任免赔率)×(1－绝对免赔率之和)

(二)对每座的受害人,当(依合同约定核定的每座车上人员人身伤亡损失金额－应由机动车交通事故责任强制保险赔偿的金额)×事故责任比例 低于每次事故每座赔偿限额时:

赔款＝(依合同约定核定的每座车上人员人身伤亡损失金额－应由机动车交通事故责任强制保险赔偿的金额)×事故责任比例×(1－事故责任免赔率)×(1－绝对免赔率之和)

第四十九条　保险人按照《道路交通事故受伤人员临床诊疗指南》和国家基本医疗保险的同类医疗费用标准核定医疗费用的赔偿金额。

未经保险人书面同意,被保险人自行承诺或支付的赔偿金额,保险人有权重新核定。因被保险人原因导致损失金额无法确定的,保险人有权拒绝赔偿。

第五十条　保险人受理报案、现场查勘、核定损失、参与诉讼、进行抗辩、要求被保险人提供证明和资料、向被保险人提供专业建议等行为,均不构成保险人对赔偿责任的承诺。

第四章　机动车全车盗抢保险

保险责任

第五十一条　保险期间内,被保险机动车的下列损失和费用,且不属于免除保险人责任的范围,保险人依照本保险合同的约定负责赔偿:

(一)被保险机动车被盗窃、抢劫、抢夺,经出险当地县级以上公安刑侦部门立案证明,满60天未查明下落的全车损失;

(二)被保险机动车全车被盗窃、抢劫、抢夺后,受到损坏或车上零部件、附属设备丢失需要修复的合理费用;

(三)被保险机动车在被抢劫、抢夺过程中,受到损坏需要修复的合理费用。

责任免除

第五十二条　在上述保险责任范围内,下列情况下,不论任何原因造成被保险机动车的任何损失和费用,保险人均不负责赔偿:

(一)被保险人索赔时未能提供出险地县级以上公安刑侦部门出具的盗抢立案证明;

(二)驾驶人、被保险人、投保人故意破坏现场、伪造现场、毁灭证据;

(三)被保险机动车被扣押、罚没、查封、政府征用期间;

(四)被保险机动车在竞赛、测试期间,在营业性场所维修、保养、改装期间,被运输期间。

第五十三条　下列损失和费用,保险人不负责赔偿:

(一)地震及其次生灾害导致的损失和费用;

(二)战争、军事冲突、恐怖活动、暴乱导致的损失和费用;

(三)因诈骗引起的任何损失;因投保人、被保险人与他人的民事、经济纠纷导致的任何损失;

(四)被保险人或其允许的驾驶人的故意行为、犯罪行为导致的损失和费用;

(五)非全车遭盗窃,仅车上零部件或附属设备被盗窃或损坏;

(六)新增设备的损失;

(七)遭受保险责任范围内的损失后,未经必要修理并检验合格继续使用,致使损失扩大的部分;

(八)被保险机动车被转让、改装、加装或改变使用性质等,被保险人、受让人未及时通知保险人,且因转让、改装、加装或改变使用性质等导致被保险机动车危险程度显著增加而发生保险事故;

(九)投保人、被保险人或其允许的驾驶人知道保险事故发生后,故意或者因重大过失未及时通知,致使保险事故的性质、原因、损失程度等难以确定的,保险人对无法确定的部分,不承担赔偿责任,但保险人通过其他途径已经及时知道或者应当及时知道保险事故发生的除外;

(十)因被保险人违反本条款第五十八条规定,导致无法确定的损失。

免赔率

第五十四条 保险人在依据本保险合同约定计算赔款的基础上,按照下列方式免赔:

(一) 发生全车损失的,绝对免赔率为 20%;

(二) 发生全车损失,被保险人未能提供《机动车登记证书》、机动车来历凭证的,每缺少一项,增加 1%的绝对免赔率。

保险金额

第五十五条 保险金额在投保时被保险机动车的实际价值内协商确定。

投保时被保险机动车的实际价值由投保人与保险人根据投保时的新车购置价减去折旧金额后的价格协商确定或其他市场公允价值协商确定。

折旧金额可根据本保险合同列明的参考折旧系数表确定。

赔偿处理

第五十六条 被保险机动车全车被盗抢的,被保险人知道保险事故发生后,应在 24 小时内向出险当地公安刑侦部门报案,并通知保险人。

第五十七条 被保险人索赔时,须提供保险单、损失清单、有关费用单据、《机动车登记证书》、机动车来历凭证以及出险当地县级以上公安刑侦部门出具的盗抢立案证明。

第五十八条 因保险事故损坏的被保险机动车,应当尽量修复。修理前被保险人应当会同保险人检验,协商确定修理项目、方式和费用。对未协商确定的,保险人可以重新核定。

第五十九条 保险人按下列方式赔偿:

(一)被保险机动车全车被盗抢的,按以下方法计算赔款:

赔款=保险金额×(1-绝对免赔率之和)

(二)被保险机动车发生本条款第五十一条第(二)款、第(三)款列明的损失,保险人按实际修复费用在保险金额内计算赔偿。

第六十条 保险人确认索赔单证齐全、有效后,被保险人签具权益转让书,保险人赔付结案。

第六十一条 被保险机动车发生本保险事故,导致全部损失,或一次赔款金额与免赔金额之和达到保险金额,保险人按本保险合同约定支付赔款后,本保险责任终止,保险人不退还机动车全车盗抢保险及其附加险的保险费。

第五章 通用条款

保险期间

第六十二条 除另有约定外,保险期间为 1 年,以保险单载明的起讫时间为准。

其他事项

第六十三条 保险人按照本保险合同的约定,认为被保险人索赔提供的有关证明和资料不完整的,应当及时一次性通知被保险人补充提供。

第六十四条 保险人收到被保险人的赔偿请求后,应当及时做出核定;情形复杂的,应当在 30 日内做出核定。保险人应当将核定结果通知被保险人;对属于保险责任的,在与被保险人达成赔偿协议后 10 日内,履行赔偿义务。保险合同对赔偿期限另有约定的,保险人应当按照约定履行赔偿义务。

保险人未及时履行前款规定义务的,除支付赔款外,应当赔偿被保险人因此受到的损失。

第六十五条 保险人依照本条款第六十四条的规定做出核定后,对不属于保险责任的,应当自做出核定之日起 3 日内向被保险人发出拒绝赔偿通知书,并说明理由。

第六十六条 保险人自收到赔偿请求和有关证明、资料之日起 60 日内,对其赔偿数额不能确定的,应当根据已有证明和资料可以确定的数额先予支付;保险人最终确定赔偿数额后,应当支付相应的差额。

第六十七条 在保险期间内,被保险机动车转让他人的,受让人承继被保险人的权利和义务。被保险人或者受让人应当及时书面通知保险人,并及时办理保险合同变更手续。

因被保险机动车转让导致被保险机动车危险程度发生显著变化的,保险人自收到前款规定的通知之日起 30 日内,可以相应调整保险费或者解除本保险合同。

第六十八条　保险责任开始前,投保人要求解除本保险合同的,应当向保险人支付应交保险费金额3%的退保手续费,保险人应当退还保险费。

保险责任开始后,投保人要求解除本保险合同的,自通知保险人之日起,本保险合同解除。保险人按日收取自保险责任开始之日起至合同解除之日止期间的保险费,并退还剩余部分保险费。

第六十九条　因履行本保险合同发生的争议,由当事人协商解决,协商不成的,由当事人从下列两种合同争议解决方式中选择一种,并在本保险合同中载明:

(一)提交保险单载明的仲裁委员会仲裁;

(二)依法向人民法院起诉。

本保险合同适用中华人民共和国(不含港、澳、台地区)法律。

附加险

附加险条款的法律效力优于主险条款。附加险条款未尽事宜,以主险条款为准。除附加险条款另有约定外,主险中的责任免除、免赔规则、双方义务同样适用于附加险。

1. 玻璃单独破碎险
2. 自燃损失险
3. 新增加设备损失险
4. 车身划痕损失险
5. 发动机涉水损失险
6. 修理期间费用补偿险
7. 车上货物责任险
8. 精神损害抚慰金责任险
9. 不计免赔率险
10. 机动车损失保险无法找到第三方特约险
11. 指定修理厂险

玻璃单独破碎险

投保了机动车损失保险的机动车,可投保本附加险。

第一条　保险责任

保险期间内,被保险机动车风挡玻璃或车窗玻璃的单独破碎,保险人按实际损失金额赔偿。

第二条　投保方式

投保人与保险人可协商选择按进口或国产玻璃投保。保险人根据协商选择的投保方式承担相应的赔偿责任。

第三条　责任免除

安装、维修机动车过程中造成的玻璃单独破碎。

第四条　本附加险不适用主险中的各项免赔率、免赔额约定。

自燃损失险

投保了机动车损失保险的机动车,可投保本附加险。

第一条　保险责任

(一)保险期间内,指在没有外界火源的情况下,由于本车电器、线路、供油系统、供气系统等被保险机动车自身原因或所载货物自身原因起火燃烧造成本车的损失;

(二)发生保险事故时,被保险人为防止或者减少被保险机动车的损失所支付的必要的、合理的施救费用,由保险人承担;施救费用数额在被保险机动车损失赔偿金额以外另行计算,最高不超过本附加险保险金额的数额。

第二条　责任免除

(一)自燃仅造成电器、线路、油路、供油系统、供气系统的损失;

(二)由于擅自改装、加装电器及设备导致被保险机动车起火造成的损失;

(三)被保险人在使用被保险机动车过程中,因人工直接供油、高温烘烤等违反车辆安全操作规则造成的损失；

(四)本附加险每次赔偿实行 20%的绝对免赔率,不适用主险中的各项免赔率、免赔额约定。

第三条　保险金额

保险金额由投保人和保险人在投保时被保险机动车的实际价值内协商确定。

第四条　赔偿处理

全部损失,在保险金额内计算赔偿;部分损失,在保险金额内按实际修理费用计算赔偿。

新增加设备损失险

投保了机动车损失保险的机动车,可投保本附加险。

第一条　保险责任

保险期间内,投保了本附加险的被保险机动车因发生机动车损失保险责任范围内的事故,造成车上新增加设备的直接损毁,保险人在保险单载明的本附加险的保险金额内,按照实际损失计算赔偿。

第二条　责任免除

本附加险每次赔偿的免赔规定以机动车损失保险条款规定为准。

第三条　保险金额

保险金额根据新增加设备投保时的实际价值确定。新增加设备的实际价值是指新增加设备的购置价减去折旧金额后的金额。

车身划痕损失险

投保了机动车损失保险的机动车,可投保本附加险。

第一条　保险责任

保险期间内,投保了本附加险的机动车在被保险人或其允许的合法驾驶人使用过程中,发生无明显碰撞痕迹的车身划痕损失,保险人按照保险合同约定负责赔偿。

第二条　责任免除

(一)被保险人及其家庭成员、驾驶人及其家庭成员的故意行为造成的损失；

(二)因投保人、被保险人与他人的民事、经济纠纷导致的任何损失；

(三)车身表面自然老化、损坏,腐蚀造成的任何损失；

(四)本附加险每次赔偿实行 15%的绝对免赔率,不适用主险中的各项免赔率、免赔额规定。

第三条　保险金额

保险金额为 2 000 元、5 000 元、10 000 元或 20 000 元,由投保人和保险人在投保时协商确定。

第四条　赔偿处理

(一)在保险金额内按实际修理费用计算赔偿。

(二)在保险期间内,累计赔款金额达到保险金额,本附加险保险责任终止。

发动机涉水损失险

本附加险仅适用于家庭自用汽车、党政机关、事业团体用车、企业非营业用车,且只有在投保了机动车损失保险后,方可投保本附加险。

第一条　保险责任

保险期间内,投保了本附加险的被保险机动车在使用过程中,因发动机进水后导致的发动机的直接损毁,保险人负责赔偿:

发生保险事故时,被保险人为防止或者减少被保险机动车的损失所支付的必要的、合理的施救费用,由保险人承担;施救费用数额在被保险机动车损失赔偿金额以外另行计算,最高不超过保险金额的数额。

第二条　责任免除

本附加险每次赔偿均实行 15%的绝对免赔率,不适用主险中的各项免赔规定。

第三条　赔偿处理

在发生保险事故时被保险机动车的实际价值内计算赔偿。

修理期间费用补偿险

只有在投保了机动车损失保险的基础上方可投保本附加险,机动车损失保险责任终止时,本保险责任同时终止。

第一条 保险责任

保险期间内,投保了本条款的机动车在使用过程中,发生机动车损失保险责任范围内的事故,造成车身损毁,致使被保险机动车停驶,保险人按保险合同约定,在保险金额内在向被保险人补偿修理期间费用,作为代步车费用或弥补停驶损失。

第二条 责任免除

下列情况下,保险人不承担修理期间费用补偿:

(一)因机动车损失保险责任范围以外的事故而致被保险机动车的损毁或修理;

(二)非在保险人认可的修理厂修理时,因车辆修理质量不合要求造成返修;

(三)被保险人或驾驶人拖延车辆送修期间;

(四)本附加险为每次事故的绝对免赔额为1天的赔偿金额,不适用主险中的各项免赔率、免赔额约定。

第三条 保险金额

本附加险保险金额=补偿天数×日补偿金额。补偿天数及日补偿金额由投保人与保险人协商确定并在保险合同中载明,保险期间内约定的补偿天数最高不超过90天。

第四条 赔偿处理

全车损失,按保险单载明的保险金额计算赔偿;部分损失,在保险金额内按约定的日赔偿金额乘以从送修之日起至修复之日止的实际天数计算赔偿,实际天数超过双方约定修理天数的,以双方约定的修理天数为准。

保险期间内,累计赔款金额达到保险单载明的保险金额,本附加险保险责任终止。

车上货物责任险

投保了机动车第三者责任保险的机动车,可投保本附加险。

第一条 保险责任

保险期间内,发生意外事故致使被保险机动车所载货物遭受直接损毁,依法应由被保险人承担的损害赔偿责任,保险人负责赔偿。

第二条 责任免除

(一)偷盗、哄抢、自然损耗、本身缺陷、短少、死亡、腐烂、变质、串味、生锈,动物走失、飞失、货物自身起火燃烧或爆炸造成的货物损失;

(二)违法、违章载运造成的损失;

(三)因包装、紧固不善,装载、遮盖不当导致的任何损失;

(四)车上人员携带的私人物品的损失;

(五)保险事故导致的货物减值、运输延迟、营业损失及其他各种间接损失;

(六)法律、行政法规禁止运输的货物的损失;

(七)本附加险每次赔偿实行20%的绝对免赔率,不适用主险中的各项免赔率、免赔额规定。

第三条 责任限额

责任限额由投保人和保险人在投保时协商确定。

第四条 赔偿处理

被保险人索赔时,应提供运单、起运地货物价格证明等相关单据。保险人在责任限额内按起运地价格计算赔偿。

精神损害抚慰金责任险

只有在投保了机动车第三者责任保险或机动车车上人员责任保险的基础上方可投保本附加险。

在投保人仅投保机动车第三者责任保险的基础上附加本附加险时,保险人只负责赔偿第三者的精神损害抚慰金;在投保人仅投保机动车车上人员责任保险的基础上附加本附加险时,保险人只负责赔偿车上人员的精神损害抚慰金。

第一条 保险责任

保险期间内,被保险人或其允许的合法驾驶人在使用被保险机动车的过程中,发生投保的主险约定的保险责任内的事故,造成第三者或车上人员的人身伤亡,受害人据此提出精神损害赔偿请求,保险人依据法院判决及保险合同约定，对应由被保险人或被保险机动车驾驶人支付的精神损害抚慰金，在扣除机动车交通事故责任强制保险应当支付的赔款后，在本保险赔偿限额内负责赔偿。

第二条 责任免除

(一)根据被保险人与他人的合同协议，应由他人承担的精神损害抚慰金；

(二)未发生交通事故，仅因第三者或本车人员的惊恐而引起的损害；

(三)怀孕妇女的流产发生在交通事故发生之日起 30 天以外的；

(四)本附加险每次赔偿实行 20%的绝对免赔率，不适用主险中的各项免赔率、免赔额规定。

第三条 赔偿限额

本保险每次事故赔偿限额由保险人和投保人在投保时协商确定。

第四条 赔偿处理

本附加险赔偿金额依据人民法院的判决在保险单所载明的赔偿限额内计算赔偿。

不计免赔率险

投保了任一主险及其他设置了免赔率的附加险后，均可投保本附加险。

第一条 保险责任

经特别约定，保险事故发生后，按照对应投保的险种规定的免赔率计算的、应当由被保险人自行承担的免赔金额部分，保险人负责赔偿。

第二条 责任免除

下列情况下，应当由被保险人自行承担的免赔金额，保险人不负责赔偿：

(一)机动车损失保险中应当由第三方负责赔偿而无法找到第三方的；

(二)因违反安全装载规定而增加的；

(三)发生机动车全车盗抢保险约定的全车损失保险事故时，被保险人未能提供《机动车登记证书》、机动车来历凭证的，每缺少一项而增加的；

(四)机动车损失保险中约定的每次事故绝对免赔额；

(五)可附加本条款但未选择附加本条款的险种约定的；

(六)不可附加本条款的险种规定的。

机动车损失保险无法找到第三方特约险

投保了机动车损失保险后，可投保本附加险。

投保了本附加险后，对于机动车损失保险第十一条第(二)款列明的，被保险机动车损失应当由第三方负责赔偿，但因无法找到第三方而增加的由被保险人自行承担的免赔金额，保险人负责赔偿。

指定修理厂险

投保了机动车损失保险的机动车，可投保本附加险。

若投保了本附加险，机动车损失保险事故发生后，被保险人可指定修理厂进行修理。

释 义

【碰撞】指被保险机动车或其符合装载规定的货物与外界固态物体之间发生的、产生撞击痕迹的意外撞击。

【倾覆】指被保险机动车由于自然灾害或意外事故，造成本被保险机动车翻倒，车体触地，失去正常状态和行驶能力，不经施救不能恢复行驶。

【坠落】指被保险机动车在行驶中发生意外事故，整车腾空后下落，造成本车损失的情况。非整车腾空，仅由于颠簸造成被保险机动车损失的，不属于坠落。

【外界物体倒塌】指被保险机动车自身以外的物体倒下或陷下。

【自燃】指在没有外界火源的情况下，由于本车电器、线路、供油系统、供气系统等被保险机动车自身原因或所载货物自身原因起火燃烧。

【火灾】指被保险机动车本身以外的火源引起的、在时间或空间上失去控制的燃烧(即有热、有光、有火焰的剧烈的氧化反应)所造成的灾害。

【次生灾害】指地震造成工程结构、设施和自然环境破坏而引发的火灾、爆炸、瘟疫、有毒有害物质污染、海啸、水灾、泥石流、滑坡等灾害。

【暴风】指风速在28.5米/秒(相当于11级大风)以上的大风。风速以气象部门公布的数据为准。

【暴雨】指每小时降雨量达16毫米以上,或连续12小时降雨量达30毫米以上,或连续24小时降雨量达50毫米以上。

【洪水】指山洪暴发、江河泛滥、潮水上岸及倒灌。但规律性的涨潮、自动灭火设施漏水以及在常年水位以下或地下渗水、水管爆裂不属于洪水责任。

【玻璃单独破碎】指未发生被保险机动车其他部位的损坏,仅发生被保险机动车前后风挡玻璃和左右车窗玻璃的损坏。

【车轮单独损坏】指未发生被保险机动车其他部位的损坏,仅发生轮胎、轮辋、轮毂罩的分别单独损坏,或上述三者之中任意二者的共同损坏,或三者的共同损坏。

【车身划痕损失】仅发生被保险机动车车身表面油漆的损坏,且无明显碰撞痕迹。

【新增设备】指被保险机动车出厂时原有设备以外的,另外加装的设备和设施。

【新车购置价】指本保险合同签订地购置与被保险机动车同类型新车的价格,无同类型新车市场销售价格的,由投保人与保险人协商确定。

【单方肇事事故】指不涉及与第三者有关的损害赔偿的事故,但不包括自然灾害引起的事故。

【家庭成员】指配偶、子女、父母。

【市场公允价值】指熟悉市场情况的买卖双方在公平交易的条件下和自愿的情况下所确定的价格,或无关联的双方在公平交易的条件下一项资产可以被买卖或者一项负债可以被清偿的成交价格。

【参考折旧系数表】

车辆种类	月折旧系数			
	家庭自用	非营业	营业	
			出租	其他
9座以下客车	0.60%	0.60%	1.10%	0.90%
10座以上客车	0.90%	0.90%	1.10%	0.90%
微型载货汽车	/	0.90%	1.10%	1.10%
带拖挂的载货汽车	/	0.90%	1.10%	1.10%
低速货车和三轮汽车	/	1.10%	1.40%	1.40%
其他车辆	/	0.90%	1.10%	0.90%

折旧按月计算,不足一个月的部分,不计折旧。最高折旧金额不超过投保时被保险机动车新车购置价的80%。

折旧金额=新车购置价×被保险机动车已使用月数×月折旧系数

【饮酒】指驾驶人饮用含有酒精的饮料,驾驶机动车时血液中的酒精含量大于等于20mg/100mL的。

【全部损失】指被保险机动车发生事故后灭失,或者受到严重损坏完全失去原有形体、效用,或者不能再归被保险人所拥有的,为实际全损;或被保险机动车发生事故后,认为实际全损已经不可避免,或者为避免发生实际全损所需支付的费用超过实际价值的,为推定全损。

复习思考题

1. 试解释下列名词:机动车交通事故责任强制保险、机动车第三者责任保险、事故车辆定损系统、机动车车上人员责任保险、自燃损失险、不计免赔率特约条款、车型定价法。

2.《道路交通安全法》对我国机动车辆保险产生了什么影响?

3. 机动车交通事故责任强制保险的赔偿限额是如何规定的？在什么情形下发生交通事故，保险人要对受害人的抢救费用进行垫付和追偿？

4. 对于哪些损失，交强险不负责赔偿和垫付？

5.《机动车交通事故责任强制保险条例》对保险人的赔偿处理有哪些规定？

6. 有甲、乙两车，甲车为载货卡车，乙车为私人轿车，在道路发生碰撞交通事故，甲车车辆损失5 000元，乙车车辆损失50 000元，乙车驾驶人重伤，抢救医疗费用共计60 000元，残疾赔偿金100 000元。甲、乙两车均投保了交强险，试按[例 11—1]分别计算甲、乙两车的交强险赔款。

7. 简述交强险费率厘定的原则。

8. 列举机动车第三者责任保险和机动车损失保险共同的责任免除。

9. 机动车第三者责任保险的责任限额和机动车损失保险的保险金额分别是怎样确定的？

10. 概述机动车第三者责任保险赔偿处理的要点。

11. 机动车损失保险的保险责任分为哪两个方面？

12. 怎样理解机动车损失保险合同为不定值保险合同？

13. 试计算某辆汽车机动车损失保险在不考虑交强险的下列情况下的赔偿金额。

(1)保险金额为 100 000 元，发生全部损失，出险当时车辆的实际价值为80 000元，应赔偿多少？

(2)保险金额为 80 000 元，发生全部损失，出险当时车辆的实际价值为100 000元，应赔偿多少？

(3)保险金额为 80 000 元，投保时新车购置价也为 80 000 元，发生部分损失57 000元，出险时新车购置价为100 000元，应赔偿多少？

(4)保险金额为 46 000 元，投保时新车购置价为 60 000 元，发生部分损失15 000元，出险时新车购置价为80 000元，应赔偿多少？

14. 沿用上面第 6 题的例子，假定甲、乙两车均投保了商业机动车第三者责任保险和机动车损失保险，甲车的第三者责任险的责任限额为200 000元，机动车损失保险的保险金额为150 000元，乙车第三者责任险的责任限额为100 000元，机动车损失保险的保险金额为120 000元，再假定甲车负交通事故主责，事故责任比例为 70%，分别计算甲、乙两车保险公司的赔款。

15. 简述机动车盗抢险的保险责任以及保险金额是如何确定的。

16. 简述机动车停驶损失险的保险金额是如何确定的。在全部损失和部分损失情况下如何进行赔偿？

17. 新版商业车险综合型《示范条款》与原条款相比较，有哪些重大改进？

第十二章 信用保险、保证保险及投资保险

第一节 信用保险

一、我国开办的短期出口信用保险

在国际贸易市场上，出口商为了扩大销售采用各种手段提高竞争能力，其中一个重要手段是向买方提供商业信用，允许买方以非银行信用证方式付款，甚至延期付款。目前欧美等经济发达国家的出口贸易 85%以上都采用非信用证方式完成的，这大大增加了收汇风险。据调查，为了保障收汇的安全，世界上先后有 50 多个国家成立了出口信用保险机构。为了鼓励我国出口企业扩大出口，为出口企业提供收汇风险保障，中国人民保险公司于 1988 年开办了出口信用保险业务，设立了出口信用保险部。该公司开办的出口信用保险业务是一项政策性保险业务，不以营利为目的，并对其出口信用保险业务实行独立核算。该公司出口信用保险部首先开办了“短期出口信用综合保险”。该公司还可以向国内出口单位提供买家资信调查服务。该公司设有买家资信库，并与世界各国出口信用保险机构和专业资信公司保持联系。中国人民保险公司于 1996 年 10 月代表国家加入国际出口信用保险和海外投资保险组织——伯尔尼协会。为了强化管理、规范出口信用保险体制，经国务院批准，在 2001 年 12 月成立了统一的中国出口信用保险公司。从 2002 年至 2011 年的 10 年间，中国成为全球第一大出口国和第二大进口国。2013 年我国货物贸易进出口总值首次突破 4 万亿美元，首次位列全球货物贸易第一。2015 年该总值为 24.59 万亿元人民币。2011 年 6 月末，中投公司向中国出口信用保险公司注资 200 亿元人民币。中国出口信用保险公司目前已拥有由 43 种产品、26 种承保模式组成的项目险、贸易险等业务板块，以及包括资信评估、应收账款管理在内的完整的信用风险管理服务体系。该公司对短期出口信用综合保险业务进行了细分，增加了保单种类，允许选择投保。2015 年中国出口信用保险公司实现总承保金额 4 715.1 亿美元。其中，短期出口信用保险承保金额 3 638.8 亿美元。2013 年 1 月 8 日财政部批准中国人民财产保险公司试点短期出口信用保险，之后太平洋财产保险公司也获准经营，这意味着出口信用保险独家垄断历史终结。在人保财产经营短期出口信用险满 3 年之际重返伯尔尼协会，成为正式会员。2016 年 1 月 30 日，我国首家专业信用保证保险公司阳光渝融信用保证保险股份有限公司在重庆开业，其关键点在于“大数据＋互联网＋平台”三方面融合。

（一）适用范围

短期出口信用保险综合保险适用于在我国境内注册，有出口经营权的企业的货物出口贸易，以信用证、非信用支付方式结算，信用期限不超过 180 天的出口合同，一般是大批量的、持续的消费性

货物出口。

信用证和托收是国际贸易中最常用的支付方式。信用证是银行根据进口商的请求和指示，凭信用证规定的单据向出口商或其指定人付款，或对出口商签发的汇票予以付款和承兑；或授权另一银行对上述汇票予以议付、承兑或付款的保证书。信用证的第一还款责任人是银行，属于银行信用。托收是在出口商装运货物后，开具以进口商为付款人的汇票，连同有关单据（提单、发票等）交第三者（一般为买方所在地银行），委托其向进口商收取货款。托收分付款交单（D/P）和承兑交单（D/A）。付款交单是指进口商支付货款后才能拿到提货单。承兑交单是托收银行向进口商提示出口商开具的以进口商为付款人的远期汇票后，只要进口商签字承兑，托收银行即可将提货单等交给进口商，承兑到期后，进口商再向出口商支付货款，托收的还款责任人是进口商，属于商业信用。出口商在托收中承担的风险比信用证支付方式要大得多。赊账（O/A）是出口商装运货物后，在进口商既不付款也不承兑的条件下，将有关单据交给进口商，进口商按双方约定，在交单的 30 天、60 天或更长时间后，再向出口商支付货款。赊账也属于商业信用，出口商承担的风险更大。

（二）中国短期出口信用保险的种类

目前，中国出口信用保险公司开办的短期出口信用保险的险种包括以下几种：

1. 综合保险（comprehensive cover insurance）

该险种承保出口商所有以信用证和以非信用证为结算方式出口的收汇风险，因进口国的政治风险或进口商的商业风险而导致出口收汇的损失，则由保险人予以补偿。

2. 统保保险（whole turnover insurance）

该险种承保出口商所有以非信用证为结算方式出口的收汇风险。但其承保条件是：(1)货物、技术或服务必须从中国出口或转口；(2)结算方式为付款交单、承兑交单或赊账；(3)付款期限在 180 天以内，但可扩展到 360 天；(4)签订了明确规范的出口贸易合同。一旦因进口国或进口商的政治风险或商业风险，导致出口商按合同规定出口后无法收汇，则由保险人予以补偿。

3. 信用证保险（L/C insurance）

该险种承保出口商以信用证为结算方式出口的收汇风险。一旦出口商（受益人）依照信用证规定提交了单证相符、单单相符的单据，因进口国或进口商的政治风险或商业风险导致信用证受益人无法收汇，则由保险人予以补偿。但其承保条件是：(1)货物、技术或服务必须从中国出口或转口；(2)结算方式必须是不可撤销的跟单信用证；(3)付款期限是 180 天以内，但也可扩展到 360 天。该险种的费率相对较低。

4. 特定买方保险（specific buyer's insurance）

该险种承保出口商对一个或几个特定买方，以非信用证为结算方式出口的收汇风险。其承保条件与统保保险相同，但由于出口商是选择性投保，其保险金额较低，因而其费率相对较高。

5. 特定合同保险（specific contract insurance）

该险种承保出口商在某一特定出口合同项下的应收账款的收汇风险。它比较适合于金额较大的机电产品及成套设备等产品的出口贸易投保。与其他险种相比，该险种的承保条件较多：(1)货物、技术或服务必须从中国出口或转口；(2)出口产品必须为机电产品或成套设备等；(3)贸易合同金额超过 100 万美元；(4)货款结算方式必须是付款交单、承兑交单或赊账等；(5)贸易合同明确规范；(6)付款期限是 180 天以内，但也可扩展到 360 天。

6. 买方违约保险（insurance against buyer's break of contract）

该险种承保出口商以分期付款方式订立的合同或其他商务合同（其保险标的是出口的机电产品、成套设备以及对外工程承包或劳务合作）项下，因买方违约而遭受的出运前或出运后的收汇风险而导致的损失。与特定合同保险类似，该险种要求的条件较为严格：

(1)货物、技术或服务必须从中国出口或转口;

(2)出口产品必须以机电产品或成套设备为主,包括船舶、高新技术和对外劳务合作等;

(3)保险标的的价值中,中国制造的比重一般不低于70%,而船舶的价值中,中国制造比重不低于50%;

(4)贸易合同明确规范,且合同金额超过100万美元,其中预付款比例一般不低于15%;

(5)结算方式采用按工程或服务进程分期付款,最长付款间隔期限不超过180天。

7. 农产品出口特别保险(agricultural products export specific insurance)

该险种主要承保中国农产品在出口之后,买方办理进口通关手续之前,因进口国或地区颁布禁止进口令,提高检验检疫标准,增加检验检疫项目或突然变更许可文件等,导致中国农产品无法在进口国入关等事件,保险人对出口企业因此遭受的损失给予补偿。

8. 出口票据保险(export bill insurance)

该险种以提供出口融资的银行为被保险人,通过承保出口票据项下付款人的商业信用风险和付款人所在国的政治风险,为融资银行贴现或押汇的出口票据提供收汇安全保障,帮助出口商获得银行融资便利。

9. 海外劳务风险保障

该险种承保被保险人与境外雇主签订的《对外劳务合作合同》生效后,因政治风险和巨灾风险、境外雇主违约风险、外派劳务人员违约风险导致被保险人的经济损失,保险公司给予补偿。

(三)我国开办的短期出口信用保险综合保险

1. 保险责任

承保风险包括两大类:商业风险与政治风险。

(1)商业风险。

非信用证支付方式下包括以下情形:①买方破产或者无力偿付债务;②买方拖欠货款;③买方拒绝接受货物。

信用证支付方式下包括以下情形:①开证行破产;②开证行拖欠;③开证行拒绝承兑。

(2)政治风险。

非信用证支付方式下包括以下情形:

①买方所在国家或者地区颁布法律、法令、命令、条例或者采取行政措施,禁止或者限制买方向被保险人支付货款;

②买方所在国家或者地区颁布法律、法令、命令、条例或者采取行政措施,禁止买方所购的货物进口;

③买方所在国家或者地区颁布法律、法令、命令、条例或者采取行政措施,撤销已颁发给买方的进口许可证或者不批准进口许可证有效期的展延;

④买方所在国家或者地区,或者货款须经过的第三国颁布延期付款令;

⑤买方所在国家或者地区发生战争、内战、叛乱、革命或者暴动,导致买方无法履行合同;

⑥除本保单另有规定外,导致买方无法履行合同的、经保险人认定属于政治风险的其他事件。

信用证支付方式下包括以下情形:

①开证行所在国家或者地区颁布法律、法令、命令、条例或者采取行政措施,禁止或者限制开证行向被保险人支付信用证款项;

②开证行所在国家或者地区,或者信用证付款须经过的第三国颁布延期付款令;

③开证行所在国家或者地区发生战争、内战、叛乱、革命或者暴动,导致开证行不能履行信用证项下的付款义务;

④除本保单另有规定外,导致开证行无法履行信用证项下付款义务的、经保险人认定属于政治

风险的其他事件。

2. 除外责任

保险人对下列损失不承担赔偿责任:

(1)汇率变更引起的损失。

(2)被保险人或其代理人违约、欺诈以及其他违法行为所引起的损失,或者被保险人的代理人破产引起的损失。

(3)被保险人在发货前信用限额已被撤销、失效,或未经保险人批复信用限额,并且不适用被保险人自行掌握信用限额的买方出口所发生的损失。

(4)非信用证支付方式下发生的下列损失:

①由货物运输保险或者其他保险承保的损失;

②买方的代理人破产、违约、欺诈或其他违反法律的行为引起的损失;

③银行擅自放单、运输代理人或者承运人擅自放货造成的损失;

④被保险人向其关联公司出口,由于商业风险引起的损失;

⑤由于被保险人或者买方未能及时获得各种所需许可证、批准书或者授权,致使销售合同无法履行引起的损失;

⑥在货物出口前,被保险人知道或应当知道本保单条款项下任一风险已经发生,被保险人仍继续发货而造成的损失;

⑦在货物出口前发生的一切损失。

(5)信用证支付方式下发生的下列损失:

①因单证不符、单单不符,开证行拒绝承兑或者拒绝付款所造成的损失;

②信用证项下的单据在传递过程中延迟或者遗失或者残缺不全而引起的损失;

③虚假或者无效的信用证造成的损失;

④在被保险人提交信用证所要求的单据前发生的一切损失。

(6)本保险责任以外的其他损失。

3. 责任限额

责任限额包括最高赔偿限额和信用限额。最高赔偿限额是指在保单有效期内,保险人对被保险人可能承担赔偿责任的累计最高赔偿额。该最高赔偿限额在《保险单明细表》中列明。信用限额包括被保险人自行掌握信用限额和保险人批复的信用限额。

(1)被保险人自行掌握信用限额是保险人在《国家(地区)分类表》承保条件内自动赋予被保险人对特定买方出口或者在特定开证行开立的信用证项下的出口可能承担赔偿责任的最高限额,该被保险人自行掌握信用限额在《保险单明细表》中列明。被保险人向尚未批复信用限额的买方出口或者在尚未批复信用限额的特定信用证项下的出口,保险人按被保险人自行掌握信用限额承担保险责任,但赔偿额应按《保险单明细表》列明的赔偿比例计算。

(2)保险人批复的信用限额是保险人对被保险人向特定买方出口或者在特定开证行开立的信用证项下的出口可能承担赔偿责任的最高限额,但赔偿额应按《保险单明细表》列明的赔偿比例计算。被保险人应就本保单适保范围内的出口,按每一买方或者每一开证行,分别向保险人书面申请信用限额。经批复的信用限额对其生效日后的相应出口有效,该限额在本保单有效期内除特别注明外均可循环使用。保险人批复的信用限额生效后,被保险人自行掌握信用限额或其原批复的信用限额自动失效。

(3)自被保险人针对特定买方或者特定开证行提交《可能损失通知书》之日起,保险人对该买方或者开证行批复的信用限额及被保险人自行掌握信用限额自动被撤销。

当风险发生重大变化时,保险人有权以书面形式通知被保险人撤销或者修改信用限额。

4. 保险费

保险人根据被保险人按本保单规定申报的发票金额和《保险单明细表》列明的费率,计算保险费。

5. 可能损失、索赔和定损核赔

(1)可能损失。

①在非信用证支付方式下,被保险人应在获悉保单条款项下任一政治风险事件已经发生、买方破产或者无力偿付债务、买方拒绝接受货物等情况之日起10个工作日内,向保险人提交《可能损失通知书》。买方拖欠货款,被保险人应在应付款日后60天内向保险人提交《可能损失通知书》。

②在信用证支付方式下,被保险人应在获悉保单条款项下任一政治风险事件已经发生、开证行破产或开证行拒绝承兑等情况之日起10个工作日内,向保险人提交《可能损失通知书》。被保险人应在开证行拖欠后15个工作日内向保险人提交《可能损失通知书》。

③被保险人提交《可能损失通知书》后,应根据保险人的要求进行追偿,保险人先行承担除律师费、诉讼费、仲裁费和佣金外的追讨费用。

(2)索赔。

①被保险人应在提交《可能损失通知书》后4个月内向保险人提出索赔。

②被保险人在索赔时,应向保险人填报《索赔申请书》并同时提交《索赔单证明细表》列明的相关文件和单证。

(3)定损核赔。

保险人在受理被保险人的索赔申请后,应在4个月内核实损失原因,并将核赔结果书面通知被保险人。保险人对保险责任范围内的损失,按照《保险单明细表》列明的赔偿比例赔偿。但赔偿金额不超过保险人批复的信用限额或者被保险人自行掌握信用限额乘以上述赔偿比例之积。

6. 追偿

在被保险人委托保险人追讨的情况下,当查明被保险人所受损失属于保险人承保责任时,保险人与被保险人按照各自权益比例分摊追讨费用;保险人查明被保险人的损失不属于保险人承保责任时,追讨费用由被保险人承担。在保险人赔付后,在非信用证支付方式下,被保险人应将赔偿所涉及的销售合同项下的权益转让给保险人;在信用证支付方式下,被保险人应将赔偿所涉及的销售合同和信用证项下之权益转让给保险人。在保险人赔付后,被保险人仍有义务协助保险人向买方或者开证行追偿。追回欠款后,按照保险人和被保险人在本保单项下各自的权益比例分摊追讨费用和追回款。

7. 保险单有效期

保险单有效期为1年。只要保险人和被保险人双方均未提出解除或变更,则本保单在每一期届满时自动续转有效期1年。

二、我国开办的中长期出口信用保险

中国人民保险公司于1992年6月开始试办中、长期出口信用保险,为船舶、飞机等大型交通工具、电站、生产线等成套设备使用延期付款方式的出口提供信用保险。对这类资本性货物出口,由于其出口金额大、付款期限长、收汇风险大,将采用逐项严格审查,逐笔办理承保手续的方法。中国出口信用保险公司成立后继续办理这项业务,制定了中、长期出口信用(延付合同)保险条款,将其作为中长期出口信用保险的保单条款。

(一)适用范围

中、长期出口信用保险适用于使用银行买方信贷、卖方信贷或其他方式签订的,收汇期在1年以上但一般不超过10年,金额在100万美元以上的出口合同。出口的大型成套设备和机电产品等资本性货物或半资本性货物国产化率在70%以上，车辆、船舶和飞机等国产化率在50%以上。中长期出口信用保险主要形式有买方信贷保险和卖方信贷保险两种。

（二）买方信贷保险

买方信贷保险是中、长期出口信用保险的主要形式之一，在买方信贷项下出口信用保险机构为支持本国资本性货物出口所提供的贷款担保和信用风险的保险。买方信贷是卖方银行（贷款银行）向买方国家银行或买方提供贷款，用于支付买方现汇购买卖方的出口产品。出口买方信贷项下出口合同的完成一般涉及五个当事人：卖方（出口商）、买方（进口商）、贷款银行、借款银行、出口信用保险机构。这五个当事方通过订立以下四个合同确定相互的地位和关系：(1)卖方和买方签订商务合同确定买卖关系；(2)贷款银行与借款银行或买方签订贷款协议确定借贷关系；(3)出口信用保险机构与贷款银行签订担保协议确定担保与被担保关系；(4)出口信用保险机构与卖方签订保险合同确定保险与被保险关系。

上述合同分别确定了有关当事人的权利和义务，涉及出口信用保险的主要是担保协议和保险合同。

买方信贷保险承保借款人和担保人因政治和商业原因不能遵守协议规定偿还贷款本金和利息的风险。但下列情况保险人不承担责任：(1)被保险人违反保险单或贷款协议导致的损失；(2)被保险人的过失导致保险单或贷款协议部分或全部无效。

在买方信贷保险中，贷款银行是被保险人，投保人既可以是出口商，也可以是贷款银行，因此，两种投保人的业务程序也有所差别。

（三）卖方信贷保险

卖方信贷保险是中、长期出口信用保险的另一主要形式，是一国出口信用保险机构对卖方信贷项下本国出口商信用风险的保险。卖方信贷是卖方银行（贷款银行）为支持商品出口而向本国出口商提供的贷款。卖方信贷也涉及五个当事方：卖方（出口商）、买方（进口商）、贷款银行、出口信用保险机构、担保人。这五个当事人的关系除了与前述买方信贷相同的四个关系以外还有：(1)在卖方出运商品和贷款银行无追索地购进商务合同项下卖方开出的以买方为付款人并经买方承兑的汇票或买方开出本票后，贷款银行和买方是债权人和债务人的关系；(2)卖方信贷项下买方的担保人是贷款银行可以接受的第一流银行或其他担保人，担保人与买方的关系是担保和被担保关系；(3)贷款银行购进汇票或本票后，由于买方是第一付款人，担保人是第二付款人，故贷款银行和担保人是债权和连带债务人的关系。

卖方信贷保险和买方信贷保险的主要差异是：在卖方信贷项下出口信用保险机构承保的是卖方得到贷款前的风险，一旦卖方得到贷款，卖方就把风险转嫁给贷款银行；在买方信贷项下出口信用保险机构不仅承保贷款前的风险，而且也承保贷款后出口商遭受的信用风险。①

1. 保险责任

中、长期出口信用保险卖方信贷保险的保险责任包括以下几项：(1)进口商和担保人破产；(2)进口方自付款日起6个月仍未按合同支付货款，且担保人也未履行合同；(3)进口国颁布法律，使进口商合法欠债和改变付款货币种类；(4)进口国发生政治事件，经济困难，阻碍或延误进口方履行付款义务；(5)进口国政府政策致使合同无法执行；(6)进口国发生战争、暴乱，致使合同无法执行。

2. 承保比例

按照国际惯例，中、长期出口信用保险卖方信贷保险的承保比例一般为贸易合同总金额的

---

① 关于中、长期出口信用保险的详细规定，参见杨学进：《出口信用保险规范与运作》，中共中央党校出版社1995年版。

85%,其余15%的贸易合同金额应在贸易合同签字后,在买卖双方规定的时间内,由买方现汇支付出口商。对中、长期出口信用保险项下银行买方信贷和卖方信贷的本金和利息提供100%无条件担保。

3. 卖方信贷保险的除外责任

保险人对下列损失不承担赔偿责任:(1)出口商不履行商务合同或违反法律所导致的损失;(2)汇率变更引起的损失;(3)因进口商的罚款或惩罚性赔偿引起的损失。

第二节 保证保险

保证保险分为忠诚保证保险和确实保证(surety bond)两类。忠诚保证保险是雇员、保证人和雇主三方的合同,雇主是保证契约的持有人,常被称为被保险人,因为由他缴付保费,保证人对雇主因雇员的贪污、挪用、诈骗等不诚实行为所遭受的经济损失进行补偿。在确实保证中,如果被保证人没有履行义务,保证人则有履行该义务的连带责任。确实保证与忠诚保证保险的一个主要区别是,前者是由被保证人缴付保费。

一、忠诚保证保险

(一)种类

1. 个人保证

在个人保证(individual bond)中,只对一个指名的雇员提供保证,由他提出保证申请,保证人对他进行调查后做出是否提供保证的决定。

2. 姓名表保证

姓名表保证(name schedule bond)是扩大个人保证的范围,适用于对两个至四个雇员的保证,在契约中列出每个被保证人的姓名,并附上每人的保证金额。例如:

约翰斯,总裁……$100 000

史密斯,财务主任……$50 000

詹姆斯,出纳员……$25 000

霍尔,推销员……$5 000

当解雇被保证人或录用新的雇员时,必须办理批改手续。

3. 职位表保证

在职位表保证(position schedule bond)中不列姓名,只列出各种职位及其人数。例如,三个会计,一个出纳员,一个财务主任,两个收货员,两个装货员。因此,当一个职位上的雇员进行调动时不必通知保证人,只有当一个职位上的雇员人数发生变动时才需要办理批改手续。如果雇主没有通知某种职位上的人数变化,一旦发生损失,雇主要承担部分损失。例如,保证契约中原有四个出纳员,对每人的保证金额是250 000元,后来雇主增加了一个出纳员,但没有通知保证人,要是有一个出纳员进行贪污,保证人的赔偿责任至多是200 000元$\left(250\ 000\times\frac{4}{5}\right)$。

4. 总括保证

上述三种保证都是忠诚保证保险的早期形式,如今较少使用,广泛使用的是总括保证(blanket bond)。对某些处在特别岗位上的雇员可以使用上述三种保证作为总括保证的补充(超额保证)。在总括保证中,一个企业的所有雇员都是被保证人,新的雇员在还没有通知保证人之前就属于被保证人。这种保证可以避免因选择被保证人或职位而引起的猜疑。除了政府机构、金融机构使用特殊形式的保证契约外,总括保证适用于其他各种企业。总括保证的保费是根据企业种类、雇员人数、赔偿责任限额、总括保证的种类、免赔额等因素确定的，对年保费超过一定金额的企业，可以使用经验法厘定费率。

（二）共同特点

忠诚保证保险有下列共同特点：

1. 广义的保证

保证的范围包括雇员的任何不诚实行为，不限于列明的贪污、挪用、诈骗。

2. 持续保证

与保险单不同，只要一方不提出解约，保证契约不会在保证期末终止，它会继续生效(Good Till Cancelled)。保费每年或每隔 3 年缴付一次。

3. 对不诚实雇员保证的终止

一旦雇主发现某个被保证的雇员不诚实，对这个雇员的保证即行终止。

4. 发现期

保证契约终止后，雇主有一段时期可以调查保证契约有效时所发生的损失，在这段时期内发现某些雇员在保证期内造成的损失，雇主仍能获得赔偿。发现期一般为半年至 3 年。在总括保证中，如果对某个雇员的保证终止，对他的发现期仍在整个保证契约解除后开始。

5. 替代保证

如果一个保证契约被解除，新的保证契约将替代原保证契约的赔偿责任，但损失必须是原保证契约发现期内没有查明的损失，并且以新旧保证契约中低的限额为最高赔偿金额。替代保证(superseded surety ship)只适用于在解除原保证契约同一天就有新的保证契约替代的情况。一种特殊情况是，损失部分发生于新的契约期内，部分发生于旧的契约期内，但在旧契约的发现期未满之前发现，这两个契约应分摊赔偿责任，以新旧契约中高的限额为最高赔偿金额，而不是使用合并的限额。

6. 追偿

保证人在赔偿雇主损失之后可以向不诚实的雇员追偿。根据完全追偿条款，只要雇主没有得到全部赔偿，雇主就对追回的金额或财产享有权利，保证人应把追偿来的金额或财产交付给雇主，雇主获得全部赔偿后的多余部分归保证人所有。有些保证契约使用一种按比例追偿条款，规定保证人和雇主按各遭受损失的比例分配追回来的金额或财产。

（三）我国开办的雇员忠诚保证保险

为了适应外国投资者与我国有关单位建立合资、合作企业或建立独资企业的需要，中国人民保险公司首先开办了雇员忠诚保证保险，承保被保险人因其雇员不诚实行为而遭受的经济损失。

1. 投保方式

(1)不指名方式。把所有雇员都列入保证范围，并按工种、直接或间接经管钱物的情况分类，对每类人员分别规定赔偿责任限额。赔偿责任限额可根据企业的业务量和雇员经手钱物的数量由被保险人与保证人协商确定。

(2)指名方式。指定某些雇员为保证对象，并对每个人单独规定赔偿责任限额。

2. 赔偿方式

在发生保险事故后，保险公司在商定的赔偿责任限额内根据被保险人实际遭受的经济损失进行赔偿。由于雇员的不诚实行为不易立刻发觉，所以对雇员在保险期内从退休、离职、死亡、脱离工作岗位日期起或保险单终止后的半年或一年内的发现的损失，保险公司仍负责赔偿。雇主应在雇用所有雇员前向其先前的雇主进行查询，查清其诚实情况，这是保险公司承担保险责任的先决条件。这项查询材料应由雇主保存，在索赔时应提交保险公司。

3. 费率

费率是根据雇员是否经常与钱物接触确定，年费率一般为4‰～10‰，通常指名的保单的费率要高于不指名的保单，费率乘上相应的赔偿限额得出年保费。

二、确实保证

(一)种类

确实保证的种类很多，大致有以下几种：

1. 合同保证

保证被保证人将履行所有合同义务。这是最常用的一种确实保证，它又分为：

(1)履约保证(performance bond)。保证人向业主(工程项目所有人)保证承包商将会根据合同的要求完成工程。例如，承包商为政府桥梁管理部门承建一座桥梁，如果不能按约定价格完工，保证人将会支付额外费用，如果不能按时完工，保证人要对项目按时完工或雇佣另外一个承包商的额外费用负责。

(2)支付保证(payment bond)。保证承包商按时支付工程建造所使用的人工、材料及有关费用。履约保证经常与支付保证并为一份保证契约。

(3)投标保证(bid bond)。在建筑工程公开招标中，要求投标人提供投标保证，以保证投标人得标后会签约。如果投标人得标后不签约，招标人将会选择另一投标人，其出价一般要比原得标人高，保证人将会支付这两者的差额。投标保证的金额一般是工程合同金额的5%～20%。对没有得标的投标人会发还投标保证书。美国和加拿大的保证公司在做出履约保证和投标保证之前都要对承包商进行严格审查。大多数西欧国家使用银行担保方法，它类似于使用不可撤销的信用证。日本一般通过另一家信誉卓著的承包商来提供担保。

(4)维修保证(maintenance bond)。保证承包商在完工之后的一段时期内会纠正工程中的缺陷和调换质量有问题的材料。招标文件中有时也要求投标人提供一份维修保证书。

由上可见，合同保证一般与工程项目有关。除了银行、保险公司等机构提供这类合同保证外，我国也出现了专业的保证公司，如长安保证担保公司已为国家大剧院工程提供投标、履约、支付等保证。

2. 司法保证

这类保证在法院审判过程中广为使用，保证被保证人将履行法律规定的某些义务，一般由律师替被保证人向保证公司办理申请手续。司法保证可分为两种：

(1)受托保证。保证由法院指定的管理他人财产的人将公正地履行其职责，需要这种保证的人有监护人、遗产管理人，破产案产业管理人等。

(2)诉讼保证。分为原告保证和被告保证两类。例如，当原告扣押被告财产时要提供扣押保证(attachment bond)，保证原告败诉后将会归还被告的财产，并赔偿被告因财产被扣押所蒙受的损失。又如，保释保证，保证被告会出庭受审。

3. 执照和持照人保证

各级地方政府要求申请执照的人提供这种保证，保证持照人将遵守与其营业活动有关的法律和法规。例如，保证管道工或电工的工作符合地方建筑法令，保证司机支付通行费，保证酒店按法律规定出售酒。

4. 政府官员保证

这种保证由地方法律规定，作为就职的一项条件，它保证被选举出来的或任命的政府官员将忠于其职责，否则保证人赔偿由于他们未履行其职责所造成的经济损失。

5. 政府机构保证

这种保证由管理制造商、批发商和大的进口商的政府机构规定，保证这些企业缴纳税金、关税和严格遵守政府制定的产品标准。

（二）我国开办的履约保证保险

我国原来只有中国银行办理履约保证和投标保证等业务，即以出立银行保证书或保函方式提供担保。为了配合引进外资工作和对外承包工程，我国保险公司也开办了这类业务。我国的履约保证保险承保工程项目所有人因承包人不能按时、按质、按量交付工程而遭受的损失。保险金额一般为工程合同规定的承包人的最高赔偿限额，但不超过工程总造价的 80％或 90％，年费率为 6‰左右，可根据期限长短及其他条件在 40％的幅度内进行调整。我国保险公司在初办这项业务时，由于工程合同的内容和有关法律制度尚不够完备，原则上不主动争取这类业务，只有在外国投资者、中外合资企业或国内单位要求投保的情况下，如果不予以承保会影响工程合同签字，方可承保，并且要求具备下列条件：

(1)投资项目已得到我国有关引进外资领导机关批准，工程已列入国家计划，设备、材料、施工力量和施工计划及市政配套工程已落实。

(2)工程项目已向我国保险公司投保工程保险。

(3)承包人向我国保险公司提供可靠的反担保，或者对承包人的追偿有把握。

承保的范围以工程合同规定的因承包人方面的原因造成的工期延误损失为限，对不可抗力的自然灾害或工程项目所有人提供的设备、材料不能如期运抵工地等原因造成的工期延误损失，保险公司不予以负责。承保前应对工程的有关情况包括施工准备情况等进行调查研究。在施工期间，应经常了解工程进度及存在的问题，提出建议，督促有关当事人采取措施，以确保工程如期完工。

自 2011 年以来，上海、浙江、安徽等省市都在试点开展小额信贷保证保险业务，主要服务于“三农”和中小企业，为其提供融资便利。与贷款相关的保证保险规模的增长，是近年来信用和保证保险市场不断扩张的主要驱动力。此外，近期国际上开始流行一种交易风险保险，又称并购保证及补偿保险（W&I），承保卖方在交易买卖协议或股权购买协议中所做出的保证责任，即保证与赔偿条款可以使买方直接向保险公司索赔，而不需要首先向卖方索赔。2015 年全球并购交易量达到 5 万亿美元，中国的并购交易量为 7 350 亿美元，全球各地区对交易风险保险的需求持续增长，全球排名第一的保险经纪人达信安排了 450 份交易风险保单，保险限额总量达 112 亿美元。

第三节　投资保险

我国的投资保险现由中国出口信用保险公司经办。

一、投资保险的种类

中国出口信用保险公司目前开办了海外投资保险和来华投资保险。

（一）海外投资保险（overseas investment insurance）

该险种承保中国企业在海外的投资及其收益和为该项投资提供贷款的金融机构的贷款本金及应得利息，因投资所在国政治风险所造成的损失。这也是鼓励中国企业进行境外投资的一种保险。2011 年，中国出口信用保险公司向国机集团、葛洲坝集团等 37 家在利比亚战乱中受损的中国企业支付了赔款。中国海外直接投资在过去 10 年间呈现爆炸性的增长。截至 2012 年底，海外直接投资存量已达到 5 300 多亿美元，是仅次于美国和日本的世界第三大对外直接投资国。2015 年我国海外直接投资 1 456 亿美元，居世界第二。这为发展海外投资保险提供了很大的空间。

(二)来华投资保险(inbound investment insurance)

来华投资保险又称境内投资保险,它承保外国、中国香港、中国澳门、中国台湾地区的投资者的投资和既得收益以及为中国内地投资项目提供贷款的金融机构贷款本金及利息,因承保风险发生而遭受的损失。

二、承保的投资种类

上述两种投资保险所承保的投资包括直接投资,其中又包括股权投资(equity investment)、股东贷款(shareholder loans)等;金融机构贷款;其他经批准的投资形式。

由任何金融机构进行的旨在支持直接投资的贷款和融资交易,都可由该金融机构投保投资保险。

三、保险责任

上述两种投资保险承保下列风险:

(一)征收

征收(expropriation)是指投资所在国政府采取批准、授权或同意对投资实行强行征用、没收、国有化或扣押等行为,使投资者无法建立或经营企业或者剥夺、妨碍投资者的权益。至少连续360天丧失上述权益或至少180天影响其货币资产。

(二)战争破坏和因战争不能经营

战争破坏和因战争不能经营(war damage and inability to operate due to war)是指投资所在国参与的任何战争(无论是否宣战)和诸如国内革命、内战、叛乱、暴乱、政治性大规模骚乱或恐怖行为等类似战争的行为,造成企业有形财产的损失和因战争行为导致企业不能正常经营至少连续120天造成的损失。

(三)汇兑限制

汇兑限制(restrictions on transfer and conversion)是指投资所在国政府实施的阻碍、限制投资者将当地货币兑换为可自由兑换货币或汇出投资所在国的措施,或者使投资者必须以远高于市场汇率的价格才能将当地货币兑换为可自由兑换货币或汇出投资所在国的措施,至少连续90天不能汇兑或不得不以歧视性汇率汇兑。

(四)政府违约

政府违约(breach of contract due to government political incidents)是指投资所在国政府非法地或者不合理地取消、违反、不履行或者拒绝承认其出具、签订的与投资相关的特定担保、保证或特许权协议等。

四、除外责任

第一,被保险人的投资项目受损后造成被保险人的一切商业损失。

第二,被保险人及其代表的违背或不履行投资合同或故意违法行为导致政府有关部门的征用或没收造成的损失。

第三,被保险人没有按照政府有关部门规定的期限汇出汇款而造成的损失。

第四,原子弹、氢弹等核武器造成的损失。

第五,投资合同范围以外的任何其他财产的征用、没收造成的损失。

五、保险金额

投资保险有两个保险金额,即最高保险金额和当期保险金额。

最高保险金额是指,保险人在承诺保险期限内所承担的责任总限额。该限额在初始保险期限开始时，由被保险人选择决定，并经保险人同意。被保险人续保时，可以要求调低最高保险金额。最高保险金额还将在赔款发生后自动相应减少。对股权保险而言，最高保险金额一般应至少相当于承诺保险期内，某一保险期限中被保险人有可能遭受损失的投资与收益之和的最大值，但一般不超过投资额的 300%；对债权保险而言，最高保险金额应为贷款本金和利息之和。

当期保险金额是指当前保险期限保险人所承担的责任限额。该限额在当期保险期限开始时，由被保险人选择决定，并经保险人同意。当期保险金额也将在赔款发生后自动相应减少。对股权保险而言，当期保险金额一般应相当于当期保险期限内的投资额与预期收益之和；对于债权保险而言，当期保险金额应为当期保险期限开始时，尚未偿还的贷款本金与当期利息之和。

六、保险期限

保险期限有两个，即承诺保险期限和初始保险期限，承诺保险期限至少相当于项目的投资回收期（对于股权保险）、债权回收期（对于债权保险），通常为 3～20 年；初始保险期限一般为 3 年，此后每期为 1 年。首期届满后，投保人是否续保有自由选择权，保险人无权拒绝续保。

七、费率

保险费率主要考虑投资所在国、投资形式、保险合同期限、投资项目、投保风险等因素，按每一种投保风险分别厘定费率。保险费率约为保险金额的 0.25%～0.5%。既可投保单一风险，也可投保综合风险。

保险费＝当期保险金额×保险费率×当期年限＋（最高保险金额－当期保险金额）×15%×保险费率×当期年限

八、代位追偿权

在投资保险下，保险人一旦向被保险人赔付后，即可代位取得被保险人有关投资的一切权利，包括资产所有权、债权、索赔权等。向东道国代位追偿的权利，其依据还包括国际法关于外交保护权的一般原则。

九、赔款处理

被保险人应自获悉或应当获悉风险发生之日起 30 天通知保险人，并在该日起 18 个月内提出索赔。索赔时，被保险人应填写《索赔申请书》，并按保险人的要求提供有关详情，包括证实和支持有关索赔的真实性、有效性及索赔金额的文件、资料和信函等。

股权保险的赔偿比例为 90%，债券保险的赔偿比例为 90%～95%，保险人对不同损失，按下列时间和情况赔偿：

（1）政府有关部门征用、没收引起的投资损失，在征用、没收发生满 6 个月后赔偿；

（2）战争、类似战争行为、叛乱、罢工及暴动造成投资项目的损失，在提出财产损失证明后或被保险人投资项目终止进行 6 个月后赔偿；

（3）政府有关部门汇兑限制造成的投资损失，自被保险人提出申请汇款 3 个月后赔偿；

（4）被保险人在保单所列投资合同项下的投资发生保险责任范围内的损失时，保险人根据损失金额按投资金额和保险金额的比例赔付；

（5）追回征用、没收的款项由被保险人和保险人按各自承担损失的比例分摊。

复习思考题

1. 试解释下列名词:信用证、托收、付款交单、承兑交单、赊账、买方信贷保险、卖方信贷保险、职位表保证、总括保证、支付保证、投标保证、维修保证、海外投资保险、来华投资保险。
2. 简述我国短期出口信用保险的种类。
3. 概述我国开办的短期出口信用保险综合保险的适用范围、保险责任和责任限额。
4. 概述我国开办的中长期出口信用保险的适用范围和保险责任。
5. 忠诚保证保险有哪些共同特点?
6. 简释我国开办的履约保证保险的保险责任、承保条件和范围。
7. 分析我国开办的投资保险的保险责任范围和保险金额。

第十三章 海上保险

第一节 海上保险的种类

海上保险(ocean marine insurance)承保各种财产在海上运输过程中由于自然灾害和意外事故所引起的财产损失、费用损失及有关的责任,它兼有财产保险和责任保险两类性质。根据国际海上保险联盟(IUMI)发布的《2015 年国际海上保险报告》提供的数据,2014 年全球海上保险的保费收入为 326 亿美元,其中货物运输险保费收入占比 52%,船舶险次之,占比 24%。

一、按保险标的分类

(一)货物运输保险

货物运输保险即对运输船舶所载运的一切货物的承保。这里的一切货物是指各种可供买卖的商品。

(二)船舶保险

船舶保险是指各种类型的船舶,如货轮、客轮及其他海上作业船的保险。这里的船舶不仅指船舶本身,而且包括各种机器、设备及用具在内。

(三)运费保险

船舶保险的附加险,承保船舶受灾后所引起船东无法收回的运费损失。

上述三种险种构成海上保险的主要内容。2009 年 4 月 29 日,国务院《关于推进上海加快发展现代服务业和先进制造业,建成国际金融中心和国际航运中心的意见》发布后,中国人保、太保、平安、阳光、永安和华泰等 11 家财产保险公司先后在上海设立航运保险营运中心,上海航运保险专业化、集约化经营格局已初步形成。2014 年,我国已是全球第一大货运险市场,第二大船舶险市场。2015 年,我国船舶保险保费收入为 55.10 亿元,货运保险保费收入为 88 亿元。2015 年 12 月 25 日,我国首家专业航运保险公司东海船运保险股份有限公司在宁波市成立。2015 年上海航运保险协会代表中国保险业加入全球最大的航运保险协会组织——国际海上保险联盟,提升了我国航运保险定价权和话语权。中国(上海)自由贸易试验区于 2013 年 9 月 29 日挂牌。上海港货物吞吐量、集装箱吞吐量已多年保持世界第一的地位,上海自贸区的建设加速了上海国际航运中心的建成,从而间接推动着上海乃至全国的航运保险业务的发展。2015 年 7 月 1 日,航运保险产品注册制在上海正式实施。

(四)海上石油开发保险

海上石油开发保险是一种以海上石油开发过程中各种水上、陆上风险为责任范围的综合性保险。这一保险的保障范围包括开发的四个阶段:开发前的普查、钻探、建设和生产。保险的内容涉及固定和流动财产的物质损失、人身伤亡和经济责任的赔偿,兼有财产保险、人身保险和责任保险的性质。主要承保的风险有:气候风险、火灾风险、井喷风险、运输工具和操作作业事故风险等。

二、按保险期限分类

(一)定期保险

定期保险的保险期限通常为1年,以船舶保险为主。在规定的期限内,船舶每次航行无须通知保险公司。

(二)航程保险

保险期限是以航程的起讫来划分的,有单程、来回程和多程等保险,以货物运输保险为主。一些不定期航行的船舶和进出口的新船,也使用航程保险。

三、按特定风险分类

(一)造船保险

造船保险是承保船舶在建造、下水、试航及交船过程中所发生的毁灭损失。

(二)停泊保险

停泊保险是承保船舶在某一阶段因修理、改装或其他原因停泊港内不营运时发生的损失。停泊期间的保险费率因停留期间的风险因素比航运期间相对要少而相应降低。

四、按保险价值确定与否分类

(一)定值保险

定值保险是指保险标的的价值由双方当事人约定载明于保险单中,作为保险公司事后计算赔款的依据。如果因保险事故发生而使标的全损,保险人将按此约定价值给予补偿,不论保险标的在受损时的价值是否涨落,均不影响赔款的金额。对于部分损失,则按实际损失程度赔偿。货物运输保险与船舶保险一般均采用定值保险。当事人在投保定值保险时,可将货物出售后的预期利润计算在内,海上保险维持船货利润的作用在这种保险方法上得到了体现。

(二)不定值保险

不定值保险的概念与定值保险相对称。双方当事人在签订保险合同时不约定保险价值,只订明保险金额。在保险标的发生损失时,保险公司在保险金额限度内,根据标的损失时的实际价值进行赔偿。如果损失时的实际价值高于保险金额,赔款应按保险金额与损失时的实际价值的比例计算。如果损失时的实际价值低于保险金额,赔款则按实际损失计算。

五、按货物承保方式分类

(一)逐笔保险

逐笔保险是指由被保险人一笔一笔地向保险人申请保险,保险人按照每笔业务估计风险,确定费率,这是最为常见的方法。

(二)流动保险

流动保险是指规定一个总保险金额,即多批货物保险金额的累计总额,同时在合同中载明保险的总条件,将船名等其他细节留待以后宣布。流动保险自动地承保以总保险金额为限额的每批货物,但要求被保险人在货物一经装运后即向保险人申报货物的详情,不得漏报,也不得将部分货物向其他方投保。同时,也要求保险人必须接受承保,直到各批货物的保险金额累计达到总金额,该流动保险单才告失效。流动保险对每次装运的货物规定限额,并对同船装运的集中在某一地点的货物也有责任限额，另外还附有船舶等级条款，这样的层层限额有利于保险人分散风险。保险费是以总保险金额按一定的费率预先缴付，最终结算应缴多少保险费，多退少补。

（三）预约保险

预约保险是约定承保各次货物运送的长期保险。当被保险人每次装运货物时，须申报船名、航程、货物数量及保险金额，由保险人接受承保。

预约保险与流动保险的主要区别是没有约定的总保险金额，故保险费不必预付，待货物装运时，按实际数量计算，每月或每季结算一次。因此，预约保险免除了被保险人预先缴付保险费的负担，同时又保留了流动保险的好处，即避免逐笔商议，可以减少手续、防止遗漏，有利于降低费率。

第二节　海上保险的保障范围

海上保险是综合保险，主要承保各种灾害事故所引起的损失。下面从海上保险保障的风险、保险的损失及费用三方面来阐述其承保范围。

一、保障的风险

海上保险所保障的基本风险有：海难、火灾或爆炸、强盗或海盗行为、投弃、船长和船员的疏忽或恶意行为、战争。

（一）海难

所谓海难（perils of the seas），单指海上偶发的意外事故或灾害，不包括正常的风浪影响。最普通的海难有下列五种：

第一，沉没（sinking）。船舶大部分或全部没入水线以下，失掉了继续航运的能力。

第二，搁浅（stranding）。船舶在航行中与水底、岩礁或海岸发生接触并持有一定时期的停留。潮落不能行驶或船底触及港底称为接地（grounding）。

第三，船破（ship wreck）。由于非常风浪使船舶驱向岸边、浅滩、礁石或其他物体发生撞击导致的破漏。

第四，碰撞（collision）。一船与他船发生猛烈接触，现在的含义已为船舶与本身以外的物体冲撞。

第五，恶劣气候（heavy weather）。船舶航行海上遭遇暴风雨所致的损失。

（二）火灾或爆炸

不论在海上还是在陆上的海上保险标的，因火灾或爆炸（fire or explosion）所遭受的直接损失、间接的火烤烟熏损失，以及施救时所发生的水渍或其他损失均属保障的范围。但是，由于货物的内在缺陷导致的火灾和爆炸则属于除外责任。

（三）强盗或海盗行为

强盗或海盗行为（violent theft or piracy）是指船外人员以暴力劫夺或海盗行为所致的损失。

（四）投弃

投弃（jettison）是指货物或船舶的设备被抛弃，此种行为一般都是共同海损行为。

（五）船长和船员的疏忽或恶意行为

船长、船员或领港人员的疏忽、恶意行为（negligence or barratry of the master and mariners）致使船东或承租人蒙受的损失。

（六）战争

战争风险主要指以下三个方面：

第一，战争或由此引起的内乱，或交战国的敌对行为。

第二,由此引起的捕获、扣押、拘留、禁止或扣留(海盗除外)及其后果。

第三,遗弃的水雷、鱼雷、炸弹或其他遗弃的战争武器。保险人对战争险仅负责保险标的的灭失或损害,不负责因战争而使被保险人遭受的财务损失或支出的费用。

二、保险的损失

保险标的因所保风险导致的损失可能是全损,也可能是部分损失。

(一)全损

全损(total loss)指保险标的遭受全部损失。全损可分为实际全损(actual total loss)、推定全损(constructive total loss)、假定全损(presumed total loss)及可划分部分的全损(total loss of an apportionable part)。如何正确地把握全损的概念对保险人来说有其特定的意义。在船舶、货物等保险的险别中,有的只赔全损,不赔部分损失。如船舶保险的条件为"单独海损绝对不保"时,即使该损失是由所保风险造成的,但如属部分损失,则保险人不必赔偿。

1. 实际全损

实际全损即保险财产在物质形式或经济价值上已完全灭失,主要有下列三种情形:

(1)保险标的已遭毁灭(physical destruction)。例如,船舶与货物沉入海底无法打捞或货物被大火焚毁。

(2)保险标的属性上的毁灭(destruction of species)。标的物已不再是承保时的原物,如船舶搁浅于岩礁上受海浪冲击后已成残体,茶叶遭海水浸湿后香味全失,水泥浸海水后变成块状。

(3)被保险人已不能恢复其所丧失的所有权(loss of ownership)。例如,船舶与货物被捕获(capture)或扣押(seizure)后释放无期,或已被没收。

2. 推定全损

保险标的因实际全损不可避免而予以合理委付,或出现虽可免遭实际全损但须支付超过其本身价值的费用的情况,即可构成推定全损。下面三种情况解释了推定全损的定义:

(1)保险标的的实际全损已无法避免,或者为了避免实际全损需要花费的施救费用将超过获救后标的的价值,如船舶搁浅于多礁的海岸,而该海域又恰逢风浪季节,因而船破或船舶沉没的结果不可避免,如计划去抢救该遇难的船舶,估计需要花费 100 万元,而被救回的价值仅有 90 万元。

(2)被保险船舶受损严重,如果强行修理,其所需费用将超过该船价值。

(3)被保险货物的受损状况虽不是很严重,但如将货物整理续运,其所需费用将超过该项货物的价值。

总之,保险标的的所有权即将丧失,获得收回权所需的费用超过了丧失的权利,或保险标的的损失已经发生,抢救保险标的所花的费用超过获救后的价值,得不偿失,都构成了推定全损。

发生上述三种情况中的任何一种,被保险人都可以要求按部分损失索赔,也可要求按推定全损索赔。但要以推定全损索赔时,应先向保险人表示委付,因此委付是推定全损成立的先决条件。

委付(abandonment)是海上保险中处理保险标的损失的一种手续。被保险人在获悉可靠的受损情报后,在适当的期限内向保险人发出口头的或书面的委付通知书,声明愿意将保险标的全部权利转让给保险人,并要求保险人按全部损失赔偿。委付须经保险人的同意接受才有效,保险人的沉默并非表示默许。一旦接受了委付,保险人就接受了残余标的物所带来的一切利害关系。因此,保险人一般在接受委付前,要做仔细的调查,委付一经接受,就不得撤回。保险人拒绝接受委付并不影响他的代位求偿权。委付和代位求偿的一个很大区别是前者不仅接受权利同时也承担义务,后者则仅仅是权利的获得。

3. 假定全损

英国《海上保险法》第 58 条"船舶失踪"规定:船舶失踪并超过合理时间而仍无信息的,即构成假定全损。

4. 可划分部分的全损

当事人双方在签订合同时，将估计全损的标准缩小到保险标的任一可以划分的部分。这样，发生全损的概率就会增大，损失的赔款处理有利于被保险人。以下是保险界习惯上视作全损的情况：一张保险单所保全部货物的完全损失；一张保险单上分类货物的全部损失；装卸时整件货物的全部损失；保险货物以驳船驳运时，每条驳船货物的全部损失。

（二）部分损失

海上任何损失不是全部损失时即为部分损失。部分损失又可按其性质的不同分为单独海损(particular average)与共同海损(general average)。

1. 单独海损

单独海损即保险标的因所保风险引起的非共同海损的部分损失。依照这一定义，单独海损具有下列特点：(1)属于保险范围内的风险所引起的，即这种损失是在不可预料的情况下发生的；(2)属于某一标的单独遭受的损失，也就是说这种损失并非由共同航海中的各种财产的所有人共同分担，而是由该财产的所有人单独负担；(3)保险标的单独海损是否可以得到赔偿，由所属的保险单条款所决定。

2. 共同海损

所谓共同海损，是为了使船舶和船上货物避免共同危险，而有意且合理地做出特殊牺牲或支付特殊费用。共同海损所采取的各项措施称作共同海损行为，共同海损行为会导致牺牲和费用，处理共同海损的损失，理算共同海损的费用，叫作共同海损理算，因理算而编制的报告称理算书。共同海损行为是一种非常措施，是在正常航行中所不能做的事，但为了船货共同的安全和利益，船长可以做平常不能做的事。根据上述共同海损的定义及说明，可以将共同海损分成六个要素：

(1)船方在采取紧急措施时，确实存在危及船货共同安全的危险，任何主观臆测可能发生危险而采取的措施不能视作共同海损。这里要求的危险必须既是真实的、重大的，又是危及船货的全体利益的，但不要求危险必须是紧迫的。正如在“马基斯”一案中 Reche 法官所说的：“船舶无须处于或近于因危险所引起的灾难之中，如果船长为使其行为作为共同海损行为要等到危险达到相当严重的地步才采取行动，那是一件很糟糕的事情”。例如，船舶在大海中丢失螺旋桨，船舶和货物可能没有灾难性的紧迫危险，但危险肯定会到来，那么，抢救船货的措施可构成共同海损行为。另一方面，如船货为恶劣气候所困，但船舶未遭损坏仍能正常行驶，在此情况下，船舶驶往锚地避风，那就不属于共同海损行为，因为不存在真实的、必定降临的危险。又如，船上冷藏机发生故障，驶往附近港口修理致使船上部分冷藏货得救，由此所花的费用不得列入共同海损，因为所采取的措施仅是为了部分货物的完好安全。

(2)牺牲和费用必须是特殊性质的，并且不是根据运输合同应由船东负责的。在船舶搁浅并有危险的情况下，如为了共同安全而起浮船舶，不正常地过度开动船上机器所致机器本身的损坏，可列入共同海损。但船舶在浮动状态因使用推进机器所造成的损失，在任何情况下都不得作为共同海损得到补偿。这是因为船舶搁浅时开动机器属“不正常”使用，因而是特殊的。然而，船舶在浮动状态时，尽管航程可能有危险，即使开动机器使船舶和货物获救，也属机器的“正常”使用，其损失不能列为共同海损。

(3)牺牲或费用必须是有意做出的，有意是指人为的、有意识的行为，不是海上风险造成的意外损失。

(4)特殊的牺牲或费用是合理的。合理是指采取共同海损行为时必须谨慎，出于当时实际情况的需要，费用支出是公正合理的。

(5)损失必须是共同海损行为所造成的直接后果，不包括间接损失。

(6)牺牲或费用支出必须保全了处在共同危险的财产,或者使一部分船货获救。如经采取行动,最后船货并未得救,仍然全损,共同海损无法分摊,共同海损就没有成立的必要。

总之,上述六大要素在构成真正的共同海损行为时缺一不可,是一个完整的整体。

共同海损的种类繁多,经常碰到的类型有:投弃货物、投弃期间造成船货的损坏、扑灭火灾所引起的损失、船上器材与储存物品或货物充当燃料的损失、船舶搁浅所致的费用及损失、运费的损失、救助费用的损失、替代费用等。

共同海损成立后,为了船舶、货物等的共同安全所做的共同海损牺牲和费用必须由各受益方按照最后获救的价值共同按比例分摊,这种分摊称为共同海损分摊。

所谓最后获救价值,对船舶来说,如果船只并未受损,则是航程终止地的船舶市价;如果船只遭到损失,则是完好价值减去船舶损坏的修理费用,再加上因共同海损可以得到的补偿。对货物来说,则是目的港的完好市价或受损后的价值减去交货时支付的运费、关税、卸货等其他费用,再加上因共同海损可以得到的补偿。对运费来说,则是船只航程终止能够获得的总运费减去发生共同海损后为获取该总运费而需支出的费用,再加上因共同海损可以得到的补偿。

共同海损案件是由共损理算师处理,在我国是由国际贸易促进会办理。理算依据的规则有世界上适用的《约克—安特卫普规则(2004)》[York-Antwerp Rules(2004)],我国理算的依据是《北京理算规则》(1975 年 1 月 1 日)。发生了共同海损后,通常的做法是:经船方宣布共同海损后,船东为了保证能取得日后的共同海损分摊,对货物拥有留置权。当货主提供了按货值估算的一定比例的共同海损现金担保或书面担保后(包括银行担保或保险公司担保)方能提货,等到理算完毕,再与各分担方进行最终结算。另外,也有因货主损失巨大而要求船东提供担保的。

值得一提的是,共同海损是独立于保险而存在的,在保险单出现以前很久,就有这种制度了。共同海损的理算是一种特殊的损失补偿办法,同保险的赔偿性质不同。只是现在船舶保险和货物运输保险都承保共同海损的损失和费用,船方、货方原本应该向有关利害方支付的共同海损分摊也可由他们各自的保险公司代垫。这样,本应由船、货方之间进行的共同海损理算,转到了他们各自的保险公司之间进行,最终再由保险公司跟他们各自的船方、货方进行结算。因而,保险与共同海损有很大关系。

三、保障的费用

海上保险所保障的费用主要有救助费用(salvage charge)与施救费用(self-salvage charge)。

(一)救助费用

救助费用是指因第三者的救助行为使船舶或货物确能有效地避免或减少损失而支出的酬金。因而,救助费用的发生应具备以下条件:

第一,是第三者的行为。从法律角度来看,是对救助不负有当然义务的人,而像船长、船员对危险导致的损失则负有义不容辞的施救责任。

第二,有实际效果。即通过救助确使船舶或货物避免或减少了损失。根据海运法律,救助人可以有主张获取相应报酬的权利。

目前,各国的保险公司在保单上均注明,对保险标的发生保险责任范围内的事故所导致的救助费用给予补偿。

救助行为一般分为自动救助和契约救助。所谓自动救助,是指在航行途中发生海难时救助船不签约而先救助。随着航海事业的发展,国际上普遍采用的是契约救助。通常采用的是英国劳合社的“无效果、无报酬”(no cure, no pay)契约格式。该契约在救助前对遇难船和救助人之间的报酬、责任划分、支付办法等问题做了合理、明确的规定,使救助人的救助权得到保证,有利于救助工作的迅速进行。

海上救助与共同海损是紧密相连的，救助费用的发生往往是伴随着共同海损出现的，是为了免除船、货各方的共同危险。在实务中，船舶和货物都保了险，因此发生了救助费用往往由各自的保险人和救助船交涉。然而，救助报酬的确定并非是件易事，具体数额的弹性很大。在有救助效果的前提下，对救助船的报酬确定需考虑的主要因素有：救助船在救助工作中面临的危险程度，采取的措施和技术，救助船本身的财产价值和投入救助工作的工具数量，救助所花的时间及费用开支。最主要的是要看救助船的救助效果。

救助者在没得到酬金以前，对于尚在其管理下的救助财产拥有留置权，或要求提供担保。即使不在其管理之下，救助者也能依法享受优先受偿的权利。

保险人对救助费用的赔偿责任须同保险标的本身的赔偿责任结合起来，不得超过保险金额，而且要按保险金额与被救价值的比例承担相应的赔偿责任。

（二）施救费用

施救费用是指被保险人、代理人、受雇人或受让人在保险标的遭任何保险事故时，负有采取一切合理措施避免或减轻损失到最低限度的责任，从而进行各种施救工作并支出的费用。施救费用有两个特点：一是从事施救的主体是被保险方，二是即使施救失败也可从保险人处获得补偿。例如，船舶航海时遭遇风险，船上人员竭力抢救，支出若干费用，但施救失败，船舶全损。此时，保险人在赔付了施救费用后仍旧负责全损的损失。保险人可以对保险标的本身的赔款和施救费用的责任各有一个保额，两者相加不得超过这两个保额。这样处理的目的在于约束被保险人，鼓励他在保险标的发生事故时同未保险时一样尽力采取施救措施，其结果既能减少社会财富的无谓牺牲，又能减少保险赔款的支出。必须指出，保险标的所遭受的灾害事故损失，如果不属于保险责任范围内的原因所致，则保险公司对施救费用不予负责；同时，施救费用的支出必须是合理的。

第三节　海上货物运输保险

海上货物运输保险是目前海上保险中的主要险种，它已成为国际贸易中不可缺少的一环。

一、伦敦协会海运货物保险旧条款

关于货物运输保险单中有关保险人的承保条件，以前普遍根据国际上通用的最有影响的伦敦协会货物旧条款规定。协会货物条款（institute cargo clause）最早制定于1912年，它是为了补充或修正沿用已久的、内容陈旧的船货保险单（S. G. Policy）。为了适应法律、判例、商业、航运等方面的变化，该条款经常被补充和修订。由于在订立货物运输保险合同时双方当事人提供或需要的条件不尽相同，需要对保险责任作适当限制与区别，故该条款又划分了平安险、水渍险和一切险三种主要险别，并在这个基础上附加了其他保险。下面介绍该协会货物旧条款的主要内容。

（一）保险条款

1. 运输条款

运输条款对保险期限做了明确规定。不仅对正常运输情况下的起讫期给予明确规定，而且对非正常运输情况下的起讫期也做了规定，如由于被保险人无法控制的航程延迟、绕道、被迫卸货、改变航程的保险期限。其主要精神是按照“仓至仓”的期限负责，但货物抵达保险单载明目的港后，最长期限不得超过卸离海轮后60天。

2. 运输终止条款

运输终止条款对在被保险人无法控制的情况下因运输契约在契约所规定的承运目的地前终止而产生的保险期限责任做了规定。

3. 驳运条款

驳运条款规定在保险货物采用驳船驳运的情况下每一驳船可视作为一个单独保险单位。

4. 航程变更条款

航程变更条款规定被保险人对承载保险货物的船舶变更航程,或者对航程申报的错漏要通知保险人,按照约定计算保险费的,另议承保。所谓航程变更,即船舶在起航后自动改变保单中规定的航行目的地,它不同于改变航道。

5. 平安险、水渍险和一切险条款

6. 推定全损条款

推定全损条款规定了推定全损的实行条件。

7. 共同海损条款

共同海损和救助费用的赔付要根据运输契约,或按国外法律或按约克—安特卫普规则理算。

8. 承认船舶具备适航条件条款

承认船舶具备适航条件条款规定,如果保险货物的损失归因于船舶不适航、不适货,保险人仍予以赔偿。保险人在赔偿后,可再向船方追偿。

9. 受托人条款

受托人条款规定被保险人及其代理人在保险货物发生损失时应采取避免或减少损失的措施,如果损失的责任涉及第三方,应协助保险人行使一切追偿权利。

10. 不得减免承运人等责任条款

不得减免承运人等责任条款规定货物保了险后并不因此而减免承运人或其他受托人对货物应负的责任。

11. 船舶互有过失碰撞责任条款

船舶互有过失碰撞责任条款规定船舶发生互撞后,被保险人向他方船舶追偿到的赔款,如果根据运输契约上订有的船舶互撞条款而须退还给承运船舶时,保险人负责赔付应退还部分的赔款。

12. 战争险不保条款

13. 罢工、暴动和民变险不保条款

14. 合理措施条款

合理措施条款规定被保险人对保险货物在他能控制的情况下应采取的一切合理措施。

(二)险别的保障范围

保险险别是具体确定保险人承担责任的依据,不同的险别规定了不同的责任范围,通过比较条款内平安险(F.P.A)、水渍险(W.P.A)和一切险(all risks)三大险别的保障范围,可以发现平安险是其他险别的基础,主要承保由自然灾害和意外事故引起的全部损失,再加上船舶因搁浅、触礁、沉没、碰撞、火灾、爆炸这六种意外事故所造成的部分损失。水渍险包括平安险的各项责任,并负责由于恶劣气候、雷电、海啸、地震、洪水等自然灾害所造成的部分损失。一切险则在水渍险的基础上再加上负责因外来原因所造成的全部或部分损失。

二、伦敦协会海运货物保险新条款

协会货物条款最近一次修订完成于 1981 年,并自 1982 年 1 月 1 日起在伦敦保险市场上试用。根据伦敦保险协会的规定,旧协会条款已于 1983 年 3 月底停止使用,自 1983 年 4 月 1 日起改用新的保险单格式及协会新保险条款。

(一)新条款特点

1. 主要险别以代号命名

新条款取消了原来分一切险、水渍险和平安险的险别名称,代之以 A、B、C 的区分险别方法。

这样就避免了旧条款中出现的命名与内容不太一致和容易使人产生误解的情况。

2. 结构统一、体系完整、文字简化

新条款分八节十九条。这八节分别为承保范围、除外责任、保险期限、索赔、保险利益、减少损失、防止延迟、法律和惯例，另外加一个备注。同时，这八个部分均冠以显明的粗体字标题，因而各个险别条款的结构统一、体系完整。

3. 承保责任采用“列明风险”与“一切险减除外责任”两种规定方式

在新条款中，除了A险条款之外，其他几种险别条款对承保责任的规定，均采取“列明风险”的方式，亦即在条款的开头第一条即开诚布公地把保险人所承保的风险一一列出。在A险条款中，由于承保责任范围较广，不便把全部承保风险逐项列举，便采用“一切险减除外责任”的方式，意即除了“除外责任”项下所列风险所致损失保险人不负责任外，其他风险所致损失均予负责。这样的方式对承保责任的规定十分明确、肯定，既便于投保人选择适当的保险险别，又有利于保险人处理损失赔偿。

4. 险别责任差别扩大，险别划分合理

在旧条款中，平安险与水渍险所承保的责任范围差别很小，两者的差别仅在于保险人对列举的自然灾害所致部分损失是否负责，而且一旦发生触礁、搁浅、沉没、火灾等意外事故，就连自然灾害所致部分损失，平安险的保险人也要负责，这样两种险别的承保责任范围便会交叉重叠，两者的差别就更小了。平安险与C险比较，C险的责任范围确切明了，但小于平安险，只承保重大意外事故所致货物损失，而不承保自然灾害所致货物损失。水渍险与B险相比较，在实际保障范围方面，没有实质区别。一切险与A险比较也没有实质区别。因此，在新条款中，B险和C险两种险别的责任范围较原来的水渍险和平安险的差别扩大。

（二）承保范围和除外责任

1. 协会货物条款（ICC）A险

除了除外责任以外的一切风险所造成保险标的的损失，即采取“一切险减除外责任”方式。除外责任见表13－1。

2. 协会货物条款（ICC）B险

如前所述，B险和C险对承保范围是采用列明风险的方式。B险的承保风险是：(1)火灾、爆炸；(2)船舶或驳船触礁、搁浅、沉没或倾覆；(3)陆上运输工具倾覆或出轨；(4)船舶、驳船或运输工具同水以外的外界物体碰撞；(5)在避难港卸货；(6)地震、火山爆发、雷电；(7)共同海损牺牲；(8)抛货；(9)浪击落海；(10)海水、湖水或河水进入船舶、驳船、运输工具、集装箱、大型海运箱或贮存处所；(11)货物在装卸时落海或摔落造成整件的全损。

表13－1　协会货物条款A险除外责任

类　别	原条款号列	除外责任
一般除外责任	4.1	归因于被保险人故意的不法行为造成的损失或费用
	4.2	自然渗漏、重量或容量的自然耗损或自然磨损
	4.3	包装或准备的不足或不当所造成的损失或费用
	4.4	保险标的的内在缺陷或特性所造成的损失或费用
	4.5	直接由于延迟所引起的损失或费用
	4.6	由于船舶所有人、经理人、租船人或经营破产或不履行债务造成的损失或费用
	4.7	由于使用任何原子或热核武器等所造成的损失或费用
不适航、不适货除外责任	5.1	保险标的在装船时，如被保险人或其受雇人已经知道船舶不适航，以及船舶、装运工具集装箱等不适货
	5.2	如违反适航、适货的默示保证为被保险人或其受雇人所知悉

续表

类　别	原条款号列	除外责任
战争除外责任	6.1 6.2 6.3	由于战争、内战、敌对行为等造成的损失或费用 由于捕获、拘留、扣留等(海盗除外)所造成的损失或费用 由于漂流水雷、鱼雷等造成的损失或费用
罢工除外责任	7.1 7.2 7.3	由于罢工者、被迫停工工人等造成的损失或费用 罢工、被迫停工造成的损失或费用 任何恐怖主义者或出于政治动机而行动的人所致损失或费用

B险的除外责任与A险相比较,仅有两点不同:

(1)在A险中,仅规定保险人对归因于被保险人故意的不法行为所致损失或费用不负赔偿责任;而在B险中,则规定保险人对由于任何个人或数人故意的不法行为所致损失或费用不负赔偿责任。这意味着在B险下被保险人要获得被保险人以外的其他人(如船长、船员等)的故意非法行为所致损失的保障,就需要加保"恶意损害险"。

(2)在B险中,未把"海盗行为"列入承保范围,而在A险中"海盗行为"不属于除外责任。

3. 协会货物条款(ICC)C险

C险的承保范围较B险小,承保的风险是:(1)火灾、爆炸;(2)船舶或驳船触礁、搁浅、沉没或倾覆;(3)陆上运输工具倾覆或出轨;(4)在避难港卸货;(5)共同海损牺牲;(6)抛货。

C险的除外责任与B险完全相同。

在A、B、C险三种险别下,除上述所承保的风险外,保险人还都负责赔偿共同海损和救助费用,并根据运输合同中的"船舶互撞责任"条款由被保险人偿还船方的损失。

4. 战争险

战争险主要承保由于下列原因所造成保险标的的损失:(1)战争、内战、革命、叛乱、造反或由此引起的内乱,或交战国或针对交战国的任何敌对行为;(2)捕获、拘留、扣留、禁止或扣押,以及这些行动的后果或这方面的企图;(3)遗弃的水雷、鱼雷、炸弹或其他遗弃的战争武器。

此外,还负责共同海损和救助费用。

战争险的除外责任与A险的"一般除外责任"及"不适航、不适货除外责任"基本相同。

5. 罢工险

罢工险主要承保下列原因所造成保险标的的损失:(1)罢工者、被迫停工工人或参与工潮、暴动或民变的人所致的损失;(2)任何恐怖主义者或任何出于政治目的采取行动的人所致的损失。

罢工险的除外责任也与A险中的"一般除外责任"及"不适航、不适货除外责任"基本相同。

6. 恶意损害险

恶意损害险是新增加的附加险,它所承保的是被保险人以外的其他人(如船长、船员等)的故意破坏行动所致保险货物的灭失或损害。但是,恶意损害如果出于政治动机的人的行动,便不属于本险别的承保风险,而属罢工险的承保风险。

在以上六种险别中,A险、B险和C险与旧条款中的一切险、水渍险和平安险一样,可以单独投保。在以上六种险别条款中,除了恶意损害险以外,其他五种险别条款均包括前述的八节内容。在这八节内容中,除前三节(承保范围、除外责任和保险期限)之外,其余各节条款的内容在A险、B险、C险以及战争险和罢工险中都是相同的。

值得关注的是,协会货物条款最近又做了一次修订,联合货物保险委员会推出了2009年1月1日版本的条款。该条款扩展了保险责任起讫期,对除外责任条款删除了副标题,并做出一些条件限制，对条款中容易产生争议的文字做了修改。①

三、我国海洋运输货物保险

为了适应对外贸易发展需要，中国人民保险公司根据我国实际情况，并参照国际保险市场上的习惯做法，在 20 世纪 50 年代就制定了自己的海洋运输货物保险条款，简称“中国保险条款”(C.I.C)，以后又做了多次修订，现在使用的是 1981 年 1 月 1 日修订的条款。其内容与伦敦协会货物旧条款相似，但组织结构采取按内容性质归类的方法，进行分款、分项，层次和条理比较清楚，便于被保险人了解。我国海洋运输货物保险条款基本上分为责任范围、除外责任、责任起讫、被保险人的义务及索赔期限等几个部分。我国也采用平安险、水渍险、一切险的险别划分方法，并在此基础上根据需要附加其他险别。

(一)基本险别责任范围

1. 平安险责任范围

(1)被保险货物在运输途中由于恶劣气候、雷电、海啸、地震、洪水等自然灾害造成整批货物的全部损失或推定全损。当被保险人要求赔付推定全损时，须将受损货物及其权利委付给保险公司。被保险货物用驳船运往或运离海轮的，每一驳船所装的货物可视作一个整批。

推定全损是指被保险货物的实际全损已经不可避免，或者恢复、修复受损货物以及运送货物到原定目的地的费用超过该目的地的货物价值。

(2)由于运输工具遭受搁浅、触礁、沉没、互撞、与流冰或其他物体碰撞以及失火、爆炸意外事故造成货物的全部或部分损失。

(3)在运输工具已经发生搁浅、触礁、沉没、焚毁意外事故的情况下，货物在此前后又在海上遭受恶劣气候、雷电、海啸等自然灾害所造成的部分损失。

(4)在装卸或转运时由于一件或数件整件货物落海造成的全部或部分损失。

(5)被保险人对遭受承保责任内危险的货物采取抢救、防止或减少货损的措施而支付的合理费用，但以不超过该批被救货物的保险金额为限。

(6)运输工具遭遇海难后，在避难港由于卸货所引起的损失以及在中途港、避难港由于卸货、存仓以及运送货物所产生的特别费用。

(7)共同海损的牺牲、分摊和救助费用。

(8)运输契约订有“船舶互撞责任”条款，根据该条款规定应由货方偿还船方的损失。

2. 水渍险责任范围

除包括上列平安险的各项责任外，水渍险还负责被保险货物由于恶劣气候、雷电、海啸、地震、洪水等自然灾害所造成的部分损失。

3. 一切险责任范围

除包括上列平安险和水渍险的各项责任外，一切险还负责被保险货物在运输途中由于外来原因所致的全部或部分损失。

(二)除外责任

我国海洋运输货物保险对下列损失，不负赔偿责任：

(1)被保险人的故意行为或过失所造成的损失；

(2)属于发货人责任所引起的损失；

(3)在保险责任开始前，被保险货物已存在的品质不良或数量短差所造成的损失；

(4)被保险货物的自然损耗、本质缺陷、特性以及市价跌落、运输延迟所引起的损失或费用；

---

① 详见王莹:《2009 年伦敦协会货运险条款较 1982 年版的变化》,《上海保险》2009 年第 7 期。

(5)本公司海洋运输货物战争险条款和货物运输罢工险条款规定的责任范围和除外责任。

(三)责任起讫

其一,我国海洋运输货物保险负"仓至仓"责任,自被保险货物运离保险单所载明的起运地仓库或储存处所开始运输时生效,包括正常运输过程中的海上、陆上、内河和驳船运输在内,直至该项货物到达保险单所载明目的地收货人的最后仓库或储存处所或被保险人用作分配、分派或非正常运输的其他储存处所为止。如未抵达上述仓库或储存处所,则以被保险货物在最后卸载港全部卸离海轮后满60天为止。如在上述60天内被保险货物需转运到非保险单所载明的目的地时,则以该项货物开始转运时终止。

其二,由于被保险人无法控制的运输延迟、绕道、被迫卸货、重行装载、转载或承运人运用运输契约赋予的权限所做的任何航海上的变更或终止运输契约,致使被保险货物运到非保险单所载明目的地时,在被保险人及时将获知的情况通知保险人,并在必要时加缴保险费的情况下,保险仍继续有效。保险责任按下列规定终止:

(1)被保险货物如在非保险单所载明的目的地出售,保险责任至交货时为止,但不论任何情况,均以被保险货物在卸载港全部卸离海轮后满60天为止;

(2)被保险货物如在上述60天期限内继续运往保险单所载原目的地或其他目的地时,保险责任仍按上述第(1)款的规定终止。

(四)附加险

附加险是由被保险人根据自己的需要加保的。由于附加险承保外来原因所致损失,而外来原因又有一般与特殊之分,所以附加险也可以分为以下几类:

1. 一般附加险

(1)偷窃提货不着险(theft pilferage and non-delivery,简称 T.P.N.D)。在保险有效期内,保险货物被偷窃,以及货物运抵目的地以后,整件未交的损失,由保险公司予以赔偿。

(2)淡水雨淋险(fresh water rain damage,简称 F.W.R.D)。货物在运输途中,由于淡水、雨水以及雪融所造成的损失,保险公司都负责赔偿。

(3)短量险(risk of shortage)。负责保险货物数量短少和重量的损失。对有包装的货物的短少,必须有外包装发生异常的现象,如破口、裂袋、扯缝等。

(4)混杂、沾污险(risk of intermixture & contamination)。保险货物在运输途中,混进了杂质造成的损失。例如,矿砂、矿石等混进了泥土、草屑等因而影响货物质量。此外,保险货物因为和其他物质接触而被沾污。例如,布匹、纸张、食物、服装等,被油类或带色的物质污染因而引起的经济损失。以上的混杂或沾污损失,均由保险人负责赔偿。

(5)渗漏险(risk of leakage)。流质、半流质的液体物质和油类物质,在运输过程中因为容器损坏而引起的渗漏损失。例如,用液体装存的物质如湿肠衣,因为液体渗漏而发生腐烂、变质等损失,由保险人负赔偿责任。

(6)碰损、破碎险(risk of clash & breakage)。碰损主要是对金属、木质等货物来说,例如,搪瓷、漆木器等,在运输途中因为受到震动、颠簸、挤压等造成货物本身的凹瘪、脱瓷、脱漆、划痕等损失。破碎主要是对易碎物质来说,例如,陶器、瓷器、玻璃器具、大理石等在运输途中,由于装卸粗鲁,运输工具的颠震等造成货物本身的破裂、断碎等损失。

(7)串味险(risk of odour)。保险货物因为受到其他物品的气味影响所造成的串味损失由保险人承担。例如,茶叶、香料、药材在运输途中受到一起堆储的皮革、樟脑等异味的影响使品质受到损失。这种串味损失如果同配载不当直接有关,则船方是负有责任的,应向其追偿。

(8)受潮受热险(damage caused by sweating & heating)。保险货物因受潮、受热而引起的损失均属于保险责任。例如,船舶在航行途中,由于气温骤变,或者由于船上通风设备失灵等使水汽凝结、发潮、发热引起货物的损失，如黄豆发霉变质等。

(9)钩损险(hook damage)。保险货物在装卸过程中因使用手钩、吊钩等工具所造成的损失由保险人负责。如捆装棉布因使用手钩钩破，包装粮食因吊钩钩坏麻袋而使粮食外漏等。

(10)包装破裂险(loss for damage caused by breakage of packing)。包装破裂险是因包装破裂造成货物的短少、沾污等损失。此外，对于因保险运输过程中续运安全需要而产生的修补包装、调换包装所支付的费用，也予负责。

(11)锈损险(risk of rust)。保险人负责保险货物在运输过程中因生锈造成的损失。这种生锈只要不是原装时就存在，属于保险期限内发生的，就都予负责。一般说来，对裸装的金属块、条、板、管等不保此险，原因是这些裸装物几乎都会生锈，责任不好掌握。

(12)集装箱货物运输保险。按海洋运输货物保险责任负责，但受下列条件限制：

①集装箱完整无损，开箱后发现数量与规格与销售合同不符，保险人不予负责；

②集装箱不适货所致货损，保险人不予负责；

③放置海轮舱面的集装箱货物按舱内货物负责，但开顶式、框架式集装箱除外；

④运抵目的港后，发现集装箱有明显损坏等，应即向保单规定的检验理赔代理人申请检验。

(13)恶意损害险。保险人对被保险人以外的其他人的故意行为或恶意行为造成的损失是不予负责的，如加保此险，此类损失就可从保险人处得到赔偿。

(14)融化险。融化险是指保险人对于被保险货物在正常运输过程中由于受热融化的损失负责赔偿。但对于气温变化所致的融化除外，融化就其性质而言，在很大程度上属于货物特性所致，而对于货物特性所致的损失在各险别中都是免责的，因此对这类风险要加保本附加险。

2. 特别、特殊附加险责任

特别、特殊附加险的致损因素，往往同政治、国家行政管理、战争以及一些特殊的风险相关联。

(1)特别附加险，主要有以下几种：

①进口关税险(import duty)。进口关税险是保险人负责由于货物受损仍需按完好价值缴纳进口关税所造成的损失。

②舱面险(on deck)。在制定货物运输保险的责任范围和费率时，都是以舱内运输作为基础考虑的。如果货物装在舱面，保险人对此不能负责。但有些货物由于体积大、有毒性或者有污染性，根据航运习惯必须装载于舱面，为解决这类货物的损失补偿，就产生了附加舱面险。

③拒收险(rejection)。拒收险是承保货物在进口时，由于各种原因，被进口国的有关当局拒绝进口而没收所产生的损失。但是，在投保时被保险人必须保证持有进口所需的一切特许证或许可证或进口限额。

④黄曲霉素险(aflatoxin)。黄曲霉素是花生中含有的带毒性的菌素。如果花生中含有这一菌素的比例超过进口国家的限制标准，就会被拒绝进口，或者被没收，或者被强制改变用途。黄曲霉素险就是承保因此引起的损失，这实际上也是一种具有专门原因的拒收险。

⑤出口货物到香港(包括九龙)或澳门存仓火险责任扩展条款(fire risk extension clause for storage of cargo at destination Hongkong, including Kowloon, or Macao，简称 F.R.E.C)。我国内地出口到港澳地区的货物，如直接卸到保险单载明的过户银行所指定的仓库时，加贴这一条款，则延长存仓期间的火险责任。保险期限从货物运入过户银行指定的仓库时开始，直到过户银行解除货物权益或运输责任终止时起计算满 30 天为止。

⑥虫损险(infestation)。这一特别附加险是为了保障容易被虫蛀的动植物在正常运输途中较易发生的虫蛀风险。但被保险货物在起运港装船前必须经当地有资格的动植物检疫所检验并证明品质合格。

(2)特殊附加险，主要有以下几种：

①战争险(war risk)。战争险是指保险人承保战争或类似战争行为等引起保险货物的直接损失。

②战争险的附加费用(additional expenses of war risks)。货物如加保了战争险附加费用,则对因战争险后果所引起的附加费用,由保险人予以负责。

③罢工险(strikes risk)。罢工险是指保险人承保因罢工者、被迫停工工人、参加工潮、暴动和民众斗争的人员,采取行动造成保险货物的损失。对于任何人的恶意行为也予负责。对上述各种行为和行动所引起的共同海损牺牲、分摊和救助费用也负责赔偿。

(五)被保险人的义务

第一,当被保险货物运抵保险单所载明的目的港(地)以后,被保险人应及时提货,当发现被保险货物遭受任何损失,应立即向保险单上所载明的检验、理赔代理人申请检验。如发现被保险货物整件短少或有明显残损痕迹应立即向承运人、受托人或有关当局(海关、港务当局等)索取货损货差证明。如果货损货差是由于承运人、受托人或其他有关方面的责任所造成,应以书面方式向他们提出索赔,必要时还须取得延长时效的认证。

第二,对遭受承保责任内危险的货物,被保险人和本公司都可迅速采取合理的抢救措施,防止或减少货物的损失。被保险人采取此项措施,不应视为放弃委付的表示;本公司采取此项措施,也不得视为接受委付的表示。

第三,如遇航程变更或发现保险单所载明的货物、船名或航程有遗漏或错误时,被保险人应在获悉后立即通知保险人并在必要时加缴保险费,本保险才继续有效。

第四,在向保险人索赔时,必须提供下列单证:保险单正本、提单、发票、装箱单、磅码单、货损货差证明、检验报告及索赔清单。如涉及第三者责任,还须提供向责任方追偿的有关函电及其他必要单证或文件。

第五,在熟悉有关运输契约中"船舶互撞责任"条款的实际责任后,应及时通知保险人。

(六)索赔期限

我国海洋货物运输保险的索赔时效,从被保险货物在最后卸载港全部卸离海轮后起算,最多不超过2年。

第四节 海上运输船舶保险

海上运输船舶保险是以各种类型的船舶作为保险标的,承保船舶在海上航行或停泊期间发生各种保险事故所造成的全部或部分损失以及可能引起的责任赔偿。它与海洋运输货物保险都是海上保险的主要险种。海上运输船舶保险采用定期保险单或航程保险单,其特点是保险责任仅以水上为限,这与海洋运输货物保险可将责任扩展到内陆的某一仓库不同。

一、我国船舶保险条款

我国的船舶保险分为远洋船舶保险和国内船舶保险。我国于1972年制定了自己的远洋船舶保险条款,即中国船舶保险条款,并于1976年和1986年分别对该条款进行了修改。现介绍如下:

(一)保险责任

我国远洋船舶保险条款的险别分为全损险和一切险,另有附加险船舶战争险、罢工险。

1. 全损险

承保由于下列原因所造成的被保险船舶的全损:

(1)海上风险。一般是指由海上自然灾害和意外事故构成的海上灾难,包括地震、火山爆发、闪电等自然灾害和搁浅、碰撞、触碰等意外事故。

(2)火灾或爆炸。按传统的海上风险的理解,火灾或爆炸与海洋没有必然的联系,因此单独列为一项保险责任。

(3)来自船外的暴力盗窃或海盗行为。

(4)抛弃货物。

(5)核装置或反应堆发生的故障或意外事故。这些核装置或反应堆是指船舶航行所使用的核动力,并非用于军事目的。

(6)船员疏忽或过失所致的损失。这一条款称为疏忽条款,又称为印区玛瑞(Inchmaree)条款,即由于不可预料的疏忽或过失所造成的损失,不属于海难的范畴。我国将其作为承保责任,但其损失原因应不是由于被保险人、船东和管理人员未恪尽职责所致的。同时,也不排除保险人对有关第三者进行追偿的权利。

2. 一切险

船舶一切险除承保全损险责任范围内的风险所造成被保险船舶的全部损失外,还负责因这些风险造成的船舶的部分损失,以及碰撞责任、共同海损分摊、救助费用和施救费用。

(1)全部损失,包括被保险船舶由于遭受保险事故而造成的实际全损和推定全损。保险人对全部损失的赔偿以保险金额为限,并且不扣除免赔额。

(2)部分损失,是指保险人在保险金额的限度内负责赔偿船舶的部分损失。如果在保险期限内发生多次部分损失,只要每次损失金额不超过保险金额,保险人仍予以赔偿,但在赔付时应按每次事故扣除免赔额。

(3)碰撞责任,指被保险船舶由于航行疏忽或过失造成与其他船舶碰撞或触碰任何固定的、浮动的物体或其他物体而引起的在法律上应负的赔偿责任。但保险人对碰撞所引起的人身伤亡、疾病、清除障碍物、延迟损失或丧失使用的间接费用等不负责赔偿。碰撞责任是船舶保险扩展承保的责任,我国船舶保险碰撞责任的赔偿以被保险船舶的保险金额为限。按照国际惯例,被保险船舶与同一船队的其他船舶发生碰撞事故须承担责任时,应视同第三方船舶,由保险人予以负责。在我国条款中,保险人对碰撞责任承担赔偿金额的全部,但以保险金额为限。也就是说,保险人对碰撞责任的赔偿与船舶损失的赔偿分别计算,在另一保险金额限度内赔偿。

(4)共同海损和救助费用。保险人负责赔偿被保险船舶的共同海损、救助、救助费用的分摊部分。当被保险船舶发生共同海损牺牲时,被保险人可获得对这种损失的全部赔偿,而无须行使向其他各方索取分摊额的权利。共同海损理算应按有关合同规定或适用的法律或惯例理算,如运输合同无此规定,应按《北京理算规则》或其他类似规则规定办理。当所有分摊方均为被保险人或当被保险船舶空载航行并无其他分摊利益方时,共同海损理算应按照《北京理算规则》(第 5 条除外)或明文同意的类似规则办理,如同各分摊方不属同一人一样。如果救助费用是船舶或与船舶有关的利益方所引起的,通常列为共同海损费用,参与共同海损分摊。在核定共同海损和救助费用时,如果保险金额低于约定价值或共同海损分摊价值时,保险人要按照保险金额与约定价值或共同海损分摊价值的比例承担赔偿责任。

(5)施救费用。我国船舶一切险条款规定,当承保风险造成船舶损失或船舶处于危险中,被保险人为防止或减少损失而采取的各种措施所产生的合理费用,保险人予以赔偿。保险人对施救费用赔偿不受船舶本身损失、碰撞责任、共同海损分摊和救助费用等赔偿金额的限制,但不得超过船舶的保险金额。

(6)其他费用。包括由于船舶碰撞事故或第三者过失造成被保险船舶受损,被保险人或保险人为此而进行合理诉讼或抗辩所引起的法律诉讼等各种费用,以及为确定保险责任范围的损失而进行检验、查勘等的合理费用,均可由保险人负责赔偿。

(二)除外责任

第一,被保险船舶不适航。我国船舶保险条款规定:不适航,包括人员配备不当,装备或装载不妥,但以被保险人在船舶开航时知道或应该知道这种不适航为限。

第二,被保险人及其代表的疏忽或故意行为。船舶保险的被保险人一般是指船东或经营船舶航运的船公司,包括对船舶实际上有调动和使用权的法人代表。船东的代表主要是指行使船东权利管理船舶以及有权调度船舶的部门。船长和船员不是船东的代表。由于海上保险合同是建立在最大诚信原则的基础之上,因此,被保险人因疏忽或故意行为而使船舶受到损失,保险人不予负责。

第三,被保险人恪尽职责应予发现的正常磨损、锈蚀、腐烂及保养不周或材料缺陷,包括不良状态部件的更换和修理。

第四,战争险、罢工险的保险责任和除外责任。

(三)我国船舶保险的几项主要条款

1. 保险期限

我国船舶保险分为定期保险和航程保险。

(1)定期保险。定期保险是以保险单上载明的日期作为保险责任起讫期的保险,期限最长为一年。保险期限届满时,如果被保险船舶尚在航行途中或处于危险中或在避难港或中途港停靠,经被保险人事先通知保险人并按日比例加缴保险费后,保险责任可继续到船舶抵达目的港为止。保险船舶在延长时间内发生全损,需加缴6个月保险费。

(2)航程保险。指以船舶自启运港到目的港为保险责任起讫期的保险。其责任期限以保险单上载明的航程为准。

2. 免赔额

适用于承保风险所造成的部分损失的赔偿,而对于被保险船舶的全损、共同海损、碰撞责任、救助费用或施救费用的赔偿均不适用。免赔额应在每次事故造成的损失总额中扣除,即因保险事故造成船舶的部分损失,保险人在计算赔款时都要扣除免赔额。

3. 船舶保险海运条款

该条款是保险人对被保险人使用船舶方面所做的限制。除非事先征得保险人同意并接受修改后的承保条件和加付保险费,否则保险人对下列情况所造成的损失和责任均不负责:

(1)被保险船舶从事拖带或救助服务。但允许被保险船舶在有些情况下可以从事拖带和救助,如习惯上需要的拖带,救助处于危险中的其他船舶。

(2)被保险船舶与他船(非港口或沿海使用的小船)在海上直接装卸货物,包括驶近、靠拢和离开。

(3)被保险船舶以拆船或拆船出售为目的的航行。

4. 船舶修理招标条款

当被保险船舶遭受部分损失需要进行修理时,被保险人要像一个精打细算且未投保的船东一样,对船舶修理进行招标。船舶进行修理,首先要进行招标,并根据各修理厂投标情况,选择最有利的报价。保险人也有权对船舶的修理进行招标或要求再次招标,一旦保险人认同并接受招标,就要按照发出招标通知日期起至接受投标时为止这段时间内被保险人所支出的燃料、物料和船长、船员工资和给养总额补偿被保险人。但此项赔偿应以船舶当年的保险价值的30%为限。保险人在船舶修理招标中有权对被保险人决定的修船厂或修理地点行使否决权,或者从赔款中扣除由此而增加的任何费用。

5. 船舶保险终止条款

依据我国船舶保险条款规定,保险终止分为履约终止、变更终止和违约终止三种情况:

(1)按全损赔付后,保险双方当事人的权利义务自然消失,保险合同自动终止。

(2)船舶所属船级社被更换或船舶的等级发生变化,被注销或撤回;船舶所有权或船旗改变,或转让给新的管理部门或光船出租或被征购或征用,除非事先书面征得保险人同意,保险责任终止。但船舶有货载或正在海上,经要求可延迟到船舶抵达下一港口或最后卸货港或目的港。

(3)当货物、航程、航行区域、拖带、救助工作或开航日期等方面有违反保单特款规定时,被保险人在获得消息后,应立即通知保险人,并同意接受修改后承保条件及所需加付的保险费,保险责任仍有效;否则,保险责任终止。

6. 保费和退费的规定

在定期保险下,保费可以在订立保险合同时一次性缴清,也可以经保险人同意采取分期缴费的办法,但被保险船舶在承保期内发生全部损失,未缴部分的保险费要立即付清。在航程保险的方式下,被保险人缴付保险费的办法只能是在签订保险合同时一次缴清。定期保险在被保险船舶退保或保险终止时,被保险人缴纳的保险费的未到期部分可按净保险费的日比例计算,归还给被保险人,但不适用因被保险人违约引起的保险终止。航程保险自保险责任开始后,一律不办理退保和退费。

(四)船舶战争险、罢工险条款

我国船舶战争险和罢工险是船舶保险的附加保险,只有在投保船舶全损险或一切险后才能向保险人投保。但在国际保险市场上,船舶可以单独投保战争险。

1. 保险责任

该条款规定承保由于下列原因造成的被保险船舶的损失、碰撞责任、共同海损和救助或施救费用:

(1)战争、内战、革命、叛乱或由此引起的内战或敌对行为。由于这种原因直接造成船舶的全部损失或部分损失,保险人都予以负责赔偿。

(2)捕获、扣押、扣留、羁押、没收或封锁。

(3)各种战争武器,包括水雷、鱼雷、炸弹。

(4)罢工、被迫停工或其他类似事件。

(5)民变、暴动或其他类似事件。

(6)任何怀有政治动机的恶意行为。

2. 除外责任

该条款对于下列原因引起的被保险船舶的损失、责任或费用不予负责:

(1)原子弹、氢弹或其他核武器的爆炸。

(2)由于被保险船舶的船籍国或登记国的政府或地方当局所采取的或命令的捕获、扣押、扣留、羁押或没收。

(3)被征用或被征购。

(4)联合国安理会常任理事国之间爆发的战争(不论宣战与否)。

3. 责任终止

责任终止分为以下两种终止:

(1)保险人有权在任何时候向被保险人发出注销战争险的通知,在发出通知后7天期满时,保险责任即告终止。

(2)不论保险人是否已经发出注销通知,保险责任由于下列情况发生而即告终止:①任何氢弹、原子弹或核武器的敌对性爆炸发生;②联合国安理会常任理事国之间爆发战争(不论宣战与否);③船舶被征用或出售。

二、保赔保险

船东保障与赔偿协会,简称保赔协会(protection and indemnity association),是船东相互保险性质的组织。最老的船东保赔协会称为船东相互保障会社,成立于 1855 年,是英国"不列塔尼亚船舶保赔协会"的前身。目前世界上有 20 多家船东保赔协会,具有国际性质的大中协会共有 16 家,其中有 11 家集中在英国,北欧有 3 家,日本有 1 家,美国有 1 家。目前世界商船队的 90%以上船舶参加了国际船东保赔协会集团,其中英国 11 家保赔协会吸收了世界商船队的 80%,因此,伦敦已成为国际船舶保赔业务的中心。1984 年我国也建立了中国船东互保协会,它挂靠在民政部之下,由中国远洋运输公司代管,主要承保技术状况较好的船舶,以前只承保单一的船舶责任险,近几年已扩大至船壳机器险。

我国保赔保险的承保人主要是中国船东互保协会和人保财险。中国船东互保协会是我国唯一的保赔协会,入会总登记吨数为 3 200 万载重吨,承保我国海运船舶总吨位的 28%。2016 年 5 月 31 日,中船保商务管理有限公司在上海成立,这是我国第一家国际保赔管理公司。人保财险是我国保赔保险第二大承保人,总承保船舶吨位数为 900 万载重吨。

(一)保赔协会的性质、作用

1. 性质

保赔协会的性质不同于一般保险公司,参加协会的成员,既是保险人,又是被保险人。它与保险公司的主要区别除了承保范围不同外,还有三个区别:(1)保赔协会的赔偿责任除对油污规定最高限额外,其他赔偿责任是无限额的,而保险公司的责任限额是订明的;(2)保赔协会无股份资本,不以营利为目的,其宗旨是为会员服务,与保险公司的经营方式不同;(3)保赔协会与会员船东利害关系一致,而保险公司往往与船东发生利害冲突。

2. 作用

保赔协会一方面承保保险公司不保或超过保险公司责任范围的特殊风险,使船东不因任何重大损失而影响其财务计划,专心从事航运事业;另一方面对会员船东提供各种专业服务,特别是各种海事方面的技术指导和协助。

(二)保赔协会承保的风险

保赔协会所承保的范围很广,尤其是近年来随着航运事业的发展,新的险种也在不断增加。例如,集装箱的保赔;近海石油钻探中的船东风险责任的保赔;运费、滞期费以及代船东进行法律抗辩的保赔等。

保赔协会通常承保的风险有下列项目:船员疾病伤亡,由于船方过失所致的装卸工人、旅客或其他工作人员的伤亡,碰撞超额责任,油污和罚款,损坏码头和固定或浮动的建筑物,浪损他船或货物,拖轮合约内的船方责任,为船方服务的岸吊人员合同内的责任赔偿,触礁移船,货损货差等。

轮船公司不需要投保全部风险,可任选该公司认为需要的数种风险投保,但保赔协会一般不承保单项风险。

(三)保赔保险的收费和赔款方式

由于保赔协会的互助性质,它不是采取保险公司的固定保费形式,而是采取预付保费的形式,由会员按吨位预先交付保费,但保赔协会对某些船东也采取固定保费的形式。其赔款准备金一般采取两种形式:一是一般赔款准备金,把收来的保费用于一般赔款;二是巨额赔款准备金,提取的比例为 15%~20%,以支付大笔赔款。

第五节 运费保险

运费保险(freight insurance)是以船舶因运送货物所收取的酬金为保险标的,它的性质与货物保险、船舶保险不同,因为运费并非是具有实体的物品,而是由运输契约所产生的给付义务。

一、运费保险的范畴

货物的运送方式通常可分为计件运送和租船运送。计件运送通常采用班轮运输，计件取费，由船长或其代理人签发提单，到达目的地后，凭单提货，其收取的费用称为提单运费。租船运送对装运的货物收取费用不采取件数计算，而是以租金计算，称为租金运费。运费的缴纳按时间可分为预付运费、保付运费和到付运费。预付运费是按照一般的运输惯例，不管货主的货物损失与否，皆不退还。保付运费是指，经契约订明，无论货物是否发生危险，有无运到，运费必须照付。保付运费的性质同预付运费是一样的，即货物虽未运抵目的地，只要不是承运人的责任，货主仍须缴纳运费，只不过保付运费是在事后付的。这样，货物托运人对其支付的预付运费和保付运费具有保险利益。然而，事实上，货主可将这部分运费加入货价内，如 CIF 价格的 F 就代表了这部分运费。因此，货主对预付运费和保付运费没有单独投保运费保险的必要。到付运费是货物运抵目的地后货主才会支付的运费。当船舶发生海难，货物遭到损失，运费也会随之发生损失。在这种情况下，船东对他可能收取的运费具有保险利益，因此到付运费才是运费保险的承保标的。

二、运费保险的方式

运费保险与船舶保险密切相关，船舶保险往往把运费作为费用保障的一个部分来承保船舶的营运损失。因此，船舶本身的承保方式直接影响到运费保险的承保方式。我们知道，船舶的承保方式主要有定期和航程两种。对于定期保险来说，可以作为运费保险的运费有两种：一种是前面提到的到付运费，另一种是预期运费。预期运费是船东预期在一定时期内可能收到的运费。这是估计的收益，经保险人同意后方予以承保，但不能超过船舶价值的一定比例。对于航程保险，只有到付运费才予以承保。

伦敦协会保险条款对运费保险采取多种承保方式，有定期运费条款、航程运费条款、运费碰撞条款等，不同的条款具有不同的运费保险方式。我国的运费保险包括在船舶保险的费用保障内。

复习思考题

1. 试解释下列名词：推定全损、委付、单独海损、集装箱货物运输保险、碰撞责任条款、印区玛瑞条款、船舶修理招标条款、运费保险。
2. 共同海损构成的要素是什么？
3. 简述救助费用与施救费用的区别。
4. 试比较伦敦协会海运货物保险的新旧条款。
5. 简述我国海洋运输货物保险的基本险别的责任范围和附加险种类。
6. 试比较我国远洋船舶保险全损险与一切险的保险责任范围。
7. 船舶战争险、罢工险条款对除外责任和责任终止分别做了哪些规定？
8. 试论保赔协会的性质和作用。

第十四章 国内运输保险

第一节　国内货物运输保险

国内运输保险从其承保对象来看，可以分成国内货物运输保险和国内运输工具保险两大部分。

一、国内货物运输保险的定义、特点和作用

（一）定义

国内货物运输保险是以在国内运输过程中的货物为保险标的，在标的物遭遇自然灾害或意外事故所造成的损失时给予经济补偿。我国的国内货物运输保险主要有水路、陆路和航空货物运输保险。

（二）特点

国内货物运输保险是财产保险的一种，但它同一般的财产保险有所区别，主要有以下特点：

第一，从其承保的标的来看，动静结合、以动为主。普通财产保险是以存放在固定地点的各种财产为保险对象的，故保险财产处于相对静止状态。货物运输保险所承保的是货物从一地到另一地运输过程中所发生的损失，中途可能有停留、候运，到了目的地后也可能停仓待取，但在整个环节中运输是主要一环。因而它是动静结合、以动为主的过程。

第二，从其承保的期限来看，责任起讫以航程划分。货物运输保险的责任起讫是以约定的运输航程为准，一般不受时间限制。

第三，从其采用的保险单来看，国内货物运输保险单是定值保险单。货物运输保险的保险金额一般是以货物的购进价格加上运杂费、税款、保险费等费用，以及货物在运输途中所必须支付的费用作依据。货价和各项费用的合计总额，在没有其他特殊约定的情况下，即可作为双方认可的约定价值，一旦发生保险责任范围内的损失，即按定值保险方式处理。

第四，从其保障范围来看，国内货物运输保险的保障范围大于财产保险。普通财产保险在发生灾害事故损失时，只对保险财产的直接损失以及为减少财产损失所支付的有关直接费用负责；而货物运输保险的责任范围则比较广泛，除了保险货物的直接损失外，凡因运输工具在危难中发生卸、装、载所致的损失和费用，以及依照一般惯例应分摊的共同海损费用和救助费用均负赔偿责任。

（三）作用

国内货物运输保险出现的历史虽短，但其业务发展迅速，早已凌驾于海上保险之上。国内货物运输保险具有以下几点作用：

第一，避免货主分散精力。货物受损后，原应由责任方负责赔偿，但由于交涉过程中手续烦琐，

既花费时间和精力，又要耗费财力，不如购买保险来得方便。保险方先予以补偿，而后由保险人代位向责任方追偿经济损失，这样可以避免货主分散精力。

第二，维护货主的成本与利润。由于国内货物运输保险采用定值保险，可将税收、运杂费、保险费以及预期利润，加到购进价格上作为约定的价值，一旦发生保险责任范围内的损失，仍可以保住成本和利润。

第三，给予货主抵御自然灾害的能力。如果货物受损是由于不可抗力的事故所致，如地震、洪水等，则承运人可以免除责任，由保险公司承担赔偿责任。

第四，保险人从自身效益出发，积极地开展对货物运输的安全防损工作，客观上达到了减少社会物质财富损失的作用。

二、国内水路、陆路货物运输保险

(一)保险标的

国内水路、陆路货物运输保险是以国内水路、陆路运输过程中的货物作为保险标的的保险，它属于财产保险范畴。凡国内运输货物，无论是经铁路、水路、公路还是联合运输，均可以成为本保险的保险标的。国内水路、陆路运输保险所承保的货物，主要指商品性质的贸易货物。其中，不包括蔬菜、水果、活牲畜、禽鱼类和其他动物。我国国内水路、陆路货物运输保险条款规定：金银、珠宝、钻石、玉器、首饰、古币、古玩、古书、古画、邮票、艺术品、稀有金属等珍贵财物，非经投保人与保险人特别约定，并在保险单(凭证)上载明，不在本保险标的范围以内。

(二)保险责任和除外责任

国内水路、陆路货物运输保险分为基本险和综合险两种。保险货物遭受损失时，保险人按承保险别的责任范围负赔偿责任。

1. 基本险的保险责任

由于下列保险事故造成保险货物的损失和费用，保险人依照本条款约定负责赔偿：

(1)因火灾、爆炸、雷电、冰雹、暴风、暴雨、洪水、海啸、地陷、崖崩、滑坡、泥石流所造成的损失。

(2)由于运输工具发生碰撞、搁浅、触礁、倾覆、沉没、出轨或隧道、码头坍塌所造成的损失。

上述由于运输工具发生六种意外事故和隧道、码头坍塌造成的保险货物损失，保险公司均负赔偿责任。对这些意外事故造成的保险货物损失做以下几点说明：

①碰撞。运输工具所载货物如系泡货，而装载面积又四面越出运输工具，在不违反交通运输或航行规定并符合装载惯例的条件下，亦可按碰撞责任负责。没有发生运输工具碰撞时，运输工具本身与所载货物的碰撞，运输工具所载货物与外界物体的碰撞及货物之间的碰撞，均不属本目规定的责任。运输工具与其所属附件的碰撞，水浪拍击造成相邻停泊的碰撞及铁路编组时的驼峰溜放，也不属于碰撞责任。

②搁浅。至船舶搁置在浅滩上造成停航 12 小时以上或受损，由此造成保险货物的损失，属搁浅责任。

③触礁。船舶碰撞岸壁、码头、航标、桥墩、站台等固定物或沉船、沉树、木桩等水下障碍物造成的损失，可参照触礁责任予以负责。

④沉没。虽未构成船身沉没，然而大大超过规定的吃水标准，使应浮于水面的部分浸于水中无法继续航行，由此造成保险货物的损失，也属于沉没责任。

⑤隧道、码头坍塌。对于明洞(指为预防山区铁路受塌方等破坏，修筑的拱门形结构的防护建筑物)坍塌造成保险货物的损失，可以参照隧道坍塌责任赔偿。

(3)在装货、卸货或转载时，因遭受不属于包装质量不善或装卸人员违反操作规程所造成的损失。

(4)按国家规定或一般惯例应分摊的共同海损的费用。

(5)在发生上述灾害事故时,因纷乱造成货物的散失以及因施救或保护货物所支付的直接合理的费用。

2. 综合险的保险责任

综合险的保险责任除了包括基本险责任外,保险人还负责赔偿下列损失:

(1)因受震动、碰撞、挤压而造成货物破碎、弯曲、凹瘪、折断、开裂或包装破裂致使货物散失的损失。

这条责任中规定的"碰撞"与基本责任中规定的"碰撞"不同,前者是指运输工具中所载货物或存放在车站、码头上的货物与其他物体碰撞造成的损失,如货物与运输工具或货物与货物之间的碰撞。所谓"包装破裂致使货物散失的损失",是指按国家有关规定包装的货物,在运输过程中因包装破裂而造成散失的损失。需要对包装进行修补或调换所支出的费用,可按施救费用负责赔偿。

(2)液体货物因受震动、碰撞或挤压致使所用容器(包括封口)损坏而渗漏的损失,或用液体保藏的货物因液体渗漏而造成保藏货物腐烂变质的损失。

(3)遭受盗窃或整件提货不着的损失。

(4)符合安全运输规定而遭受雨淋所致的损失。

3. 除外责任

由于下列原因造成保险货物的损失,不论是基本险还是综合险,保险人均不负赔偿责任:

(1)战争或军事行动。

(2)核事件或核爆炸。

(3)保险货物本身的缺陷或自然损耗,以及由于包装不善所致的损坏。

(4)被保险人的故意行为或过失。

(5)全程是公路货物运输的,盗窃和整件提货不着的损失。

(6)其他不属于保险责任范围内的损失。

(三)责任起讫

保险责任的起讫期,是自签发保险凭证和保险货物运离起运地发货人的最后一个仓库或储存处所时起,至该保险凭证上注明的目的地收货人在当地的第一个仓库或储存处所时终止。但保险货物运抵目的地后,如果收货人未及时提货,则保险责任的终止期最多延长至以收货人接到《到货通知单》后的15天为限(以邮戳日期为准)。

1. 责任开始

保险责任开始,须同时具备"签发保险凭证"(需加盖投保章,并且有托运人签字)和"保险货物运离启运地发货人的最后一个仓库或储存处所"两个要件,缺一不可。例如,由铁路运输部门代办保险业务时,虽然被托运货物在运达车站前已从发货人最后一个仓库运离,但由于到达车站后铁路部门才签发保险凭证,故保险责任只能从签发了保险凭证后开始计算。

2. 中转

对于保险货物从一地运至另一地的过程中属于正常的中途运转,保险人予以负责。被保险货物在中转地停留候运期间发生的责任范围内的损失都可得到赔偿,停留时间的长短不受限制。此外,保险人对非无法控制的情况引起的不合理绕道及改道,以及由此导致的货物中转停留不予负责。

3. 责任终止

保险责任终止于被保险货物运抵该保险单上注明的目的地的收货人在当地的第一个仓库或储存处时。这是指被保险货物到达目的地收货人在当地的第一个仓库或储存处所(包括收货人所自有的、租用的、借用的或者是寄存性质的仓储处所)后,从运输工具上卸载下来,并经过搬运进入仓库或储存处所（包括露堆）存放后，该件货物的保险责任即行终止。

（四）保险金额

国内水路、陆路货物运输保险一般采取定值保险的方式承保，这是由保险标的的流动性、出险地点的不确定性，以及货物的价格在各地的不一致性决定的。

国内水路、陆路货物运输保险的保险金额通常按货价或货价加运杂费计算确定。

（五）被保险人的义务

被保险人如果不履行下述任何一条规定，保险人均有权终止保险责任或拒绝赔偿一部分或全部经济损失：

（1）被保险人在保险人签发保险凭证的同时，应按照保险费率，一次缴清应付的保险费。

（2）被保险人应当严格遵守国家及交通运输部门关于安全运输的各项规定，还应当接受并协助保险人对保险货物进行的查验防损工作，货物包装必须符合国家和主管部门规定的标准。

（3）货物如果发生保险责任范围内的损失时，被保险人获悉后，应立即通知当地保险机构并应迅速采取施救或保护措施，防止或减少货物损失。这些措施包括对未受损货物的安全防护，防止已受损货物的损失扩大，即损余货物的妥善处理等，如打捞落水货物、水渍货物的翻晒、损余货物的分类、场地的整理等。

（六）保险费率

国内水路、陆路货物运输保险的保险费率确定较为复杂。在制定保险费率时，应主要考虑货物在保险有效期间可能遭受损毁的危险程度，这需要考虑以下因素：

1. 运输工具

各种不同种类的运输工具以及各种运输工具的结构、性能和新旧程度的差异使货物在运输中所面临的风险大为不同。因此，不仅要对不同运输工具承运货物使用差别费率，而且对都是通过水路、陆路的货物，费率也要有所差别。例如，火车出事的概率小于汽车，因此，对火车使用的费率低于对汽车使用的费率。船舶吨位小的费率要高于吨位大的。对船舶来说，还有航行区域的规定，航行区域费率分为江河和沿海两种。

2. 运输方式

不同的运输方式，货物在运输中面临的风险不同，所使用的费率也应不同。例如，“直运”和“联运”相比，“直运”只使用一种运输工具，而“联运”则涉及中途变更运输工具，增加了卸载、重载等中间环节，从而增加了货物装卸过程中的危险，所以对其费率是按联运所使用的运输工具中费率最高的一种运输工具再加收0.5‰确定的，明显高于“直运”费率。相对来说，集装箱运输的保险费率较低，这是因为集装箱运输可减少货物的残损短少，风险相对较小，因此，一般按费率表规定减收50％。

3. 货物性质

货物性质是确定保险费率应考虑的一个主要因素，不同性质的货物决定它们发生意外事故和受损程度的不同。例如：易爆、易燃物品风险很大，发生损失的可能性较高，保险费率相应要高一些。我国国内水路、陆路货物运输保险费率档次表根据货物的特性，将货物分为六类，类别愈高，风险程度愈大，费率相应也就愈高。

4. 运输途程

运输途程是指货物运输所经过的路线，运输途程可能长短不等，也有可能所经过的区域的危险性大小也不同，货物在运输途中的时间长，受损的机会就大，费率就比途程较短的要高。

5. 保险险别

国内水路、陆路货物运输保险“基本险”承担的保险责任小于“综合险”，因此，综合险的费率要高于基本险，其费率档次表由基本险费率和综合险费率两部分组成（见表14—1）。一般不易损坏的物资只需投保“基本险”,而机电、服装、食品、车辆等货物,则需按它们的不同性质分类,都应投保“综合险”。

表 14—1 国内水路、陆路货物运输保险费率档次表 (按保险金额千元计算)

<table>
<tr><th rowspan="4" colspan="3">运输方式及工具
费率
货物档次
险别</th><th colspan="8">直达运输</th><th rowspan="4">联运</th><th rowspan="4">本埠运输</th></tr>
<tr><th colspan="5">水运</th><th colspan="3">陆运</th></tr>
<tr><th colspan="2">江河</th><th colspan="3">沿海</th><th rowspan="2">铁路</th><th colspan="2">公路</th></tr>
<tr><th>201 吨以上船舶</th><th>200 吨以下船舶</th><th>3 001 吨以上船舶</th><th>201～3 000 吨船舶</th><th>200 吨以下船舶</th><th>300 千米以上</th><th>300 千米以下</th></tr>
<tr><td rowspan="2">基本险</td><td rowspan="2">一类货物</td><td>省内</td><td>0.30</td><td>0.50</td><td>0.50</td><td>1.00</td><td>1.50</td><td>0.20</td><td rowspan="2">0.70</td><td rowspan="2">0.50</td><td rowspan="7">按所有运输工具中费率最高的一种确定并另加0.5‰</td><td rowspan="7">不分运输工具基本险0.1‰综合险0.5‰</td></tr>
<tr><td>省外</td><td>0.60</td><td>0.80</td><td>0.80</td><td>1.50</td><td>2.50</td><td>0.40</td></tr>
<tr><td rowspan="5">综合险</td><td colspan="2">二类货物</td><td>1</td><td>2</td><td>1</td><td>2</td><td>5</td><td>1</td><td>1.5</td><td>1</td></tr>
<tr><td colspan="2">三类货物</td><td>3</td><td>4</td><td>3</td><td>4</td><td>7</td><td>2</td><td>3</td><td>2</td></tr>
<tr><td colspan="2">四类货物</td><td>5</td><td>6</td><td>5</td><td>6</td><td>10</td><td>4</td><td>5</td><td>4</td></tr>
<tr><td colspan="2">五类货物</td><td>7</td><td>8</td><td>7</td><td>8</td><td>12</td><td>6</td><td>7</td><td>6</td></tr>
<tr><td colspan="2">六类货物</td><td>10</td><td>12</td><td>10</td><td>12</td><td>15</td><td>8</td><td>10</td><td>8</td></tr>
</table>

第二节 沿海、内河船舶保险

国内运输工具保险的标的主要分为国内船舶和机动车辆两大类。机动车辆保险在前面已介绍,这里只介绍沿海、内河船舶保险。

我国的船舶在国内运输中担负着重要任务,这是因为我国江河纵横、湖泊众多、海岸线长,可适航范围广泛,加上水上运输成本低、运量大。沿海、内河船舶保险是国内运输工具保险的主要险种。

一、沿海、内河船舶保险的基本概念

所谓沿海、内河船舶保险,就是保险公司承保对船舶有保险利益的人,由于船舶在国内运输过程中遇到自然灾害和意外事故所致的损失、费用。对船舶有保险利益的人可以是所有人、租船人或代管人。作为保险标的的船舶有各种各样的船舶,按结构分有铁壳轮船、木壳轮船、机帆船、水泥船、木船等;按用途分有客船、货船、渡船、趸船、起重船、游艇、工作船(包括测量船、挖泥船、救护船、消防船、打捞船)。在船舶保险中,不仅承保船体本身,而且一般也承保机器、设备、仪器和索具。船上的燃料、物料、给养、淡水等财产和渔船不属于此保险标的范围。

二、沿海、内河船舶保险的责任范围

沿海、内河船舶保险按保险责任范围分为全损险和一切险。

(一)全损险

全损险是承保由于自然灾害、意外事故造成保险船舶全部损失。自然灾害和意外事故主要指八级以上(含八级)大风、洪水、地震、海啸、雷击、崖崩、滑坡、泥石流、冰凌,以及火灾、爆炸、搁浅、触礁、碰撞、倾覆、沉没。对保险船舶失踪 6 个月以上仍无下落的,保险人可按推定全损赔偿。

(二)一切险

一切险是承保上述原因造成保险船舶的全部损失或部分损失以及所引起的下列责任和费用:

第一，保险船舶在发生保险责任范围内的灾害或事故时，为了抢救船舶，采取必要的施救、保护措施而造成的损失，以及由此而支出的合理的施救费用或救助费用、救助报酬保险人均负赔偿责任。

第二，碰撞、触碰责任。保险船舶在航行中发生碰撞事故，致使被碰撞船舶及所载货物遭受损失，或者被触碰的码头、港口设施及其他固定建筑物遭受损失，按照法律和保险合同规定应由被保险人承担的责任。每次碰撞、触碰责任仅负责赔偿金额的3/4，但在保险期限内一次或累计最高赔偿金额以不超过保险金额为限。

第三，共同海损分摊额。依照国家法律或规定应当由保险船舶摊负的共同海损牺牲和费用，保险人可负责赔偿。除合同另有约定外，共同海损的理算办法应按《北京理算规则》办理。

三、除外责任

保险公司对于所保船舶由于下列原因造成的损失与费用不予负责：(1)战争或军事行为；(2)船舶不适航；(3)被保险人及其代表(包括船长)的故意行为或违法犯罪行为；(4)船壳和机件的正常维修、油漆费用及其本身的损耗；(5)因保险事故引起本船及第三者的间接损失和费用，以及人员伤亡或由此引起的责任和费用；(6)清理航道和清除油污的费用；(7)浪损、座浅；(8)其他不属于保险责任范围内的损失。

2009年3月9日，《2001年国际燃油污染损害民事责任公约》对我国正式生效。自2012年7月1日起施行的《船舶油污损害赔偿基金征收使用管理办法》规定，征收对象为我国管辖水域内接收从海上运输持久性油类物质的货物所有人或其代理人，主要用于油污损害及相关费用的赔偿、补偿。

四、保险费率

制定船舶保险的费率是依照保险船舶发生损失的可能性大小及损失发生后的损害程度来确定的，一般要考虑以下几点：(1)物的因素，即船舶本身的结构、性能、设备、船龄；(2)人的因素，即船舶经营、管理人员的业务素质，技术水平；(3)船舶用途，即船舶所从事的工作的危险性大小；(4)航行区域，即船舶所行驶的区域及其航道、水流的情况，如水急道窄，其危险性则大，费用就应调高。

总之，要充分考虑可能发生危险的因素，在以往损失经验的基础上制定合理的费率，并不断地进行调整。

复习思考题

1. 国内货物运输保险与普通财产保险有何不同？
2. 简述国内货物运输保险的作用。
3. 国内水路、陆路货物运输保险基本险和综合险这两种险别在保险责任范围上存在哪些区别？
4. 在制定国内水路、陆路货物运输保险的费率时，需要考虑哪些因素？
5. 概述沿海、内河船舶保险的全损险和一切险的保险责任。

第十五章 农业保险

第一节　我国农业保险发展简况

农业保险是对种植业(农作物)、养殖业(禽、畜)在生长、哺育、成长过程中可能遭到的自然灾害或意外事故所造成的经济损失提供经济保障的一种保险。中国人民保险公司曾于 1982 年恢复试办和经营农业保险多年,并逐步形成了与农业互助合作保险分保的模式,但亏损比较严重。1985～2004 年间,中国农业保险平均综合赔付率超过 120%。中国保监会提出五种发展农业保险模式:(1)以农业互助合作保险为基础的政策性保险,在发展农村保险合作社的基础上,成立国家和地方政策性农业保险公司,主要为农村保险合作社办理再保险业务;(2)与地方政府签订协议,由商业保险公司代办农业保险业务;(3)现有商业保险公司开办农业保险业务;(4)设立专业性农业保险公司;(5)引进有专长的外资农业保险公司。2004 年 3 月 1 日中国保监会批准我国第一家农业性的股份制农业保险公司即上海安信农业保险公司筹建。以后又批准成立吉林省安华农业保险股份有限公司和我国首家相互制保险公司即黑龙江省阳光农业相互保险公司。2004 年 10 月 26 日,我国引进的首家外资农业保险公司即法国安盟保险公司成都分公司开业。

自从 2007 年实施中央财政政策性农业保险保费补贴政策以来,各级财政保费补贴合计占农业保险保费收入 80%,中国农业保险进入一个新的发展阶段。据统计,2015 年我国农业保险费收入为 374.7 亿元,比上年增长 15.1%,其中绝大部分是政策性农业保险;2014 年各级财政补贴农业保险保费为 250.7 亿元,实现农业保险保费收入 325.7 亿元。目前,中国已经成为全球第二大农业保险市场。2015 年,我国农业保险承保主要农作物 14.5 亿亩,占全国主要农作物播种面积 59%。目前开业经营的专业农业保险机构有 5 家,分别为安信农险、安华农险、阳光农业相互保险、国原保险和中原农险。从 2004 年起,连续十几年的中央一号文件都对农业保险的发展提出了具体要求。

第二节　农业保险的分类

2012 年 11 月,国务院发布的《农业保险条例》,填补了《农业法》和《保险法》未涉及的农业保险领域的法律空白,对促进农业保险事业发展意义重大。中国保监会配合《农业保险条例》自 2013 年 3 月 1 日起的实施,及时发布《关于加强农业保险条款和费率管理的通知》。其中,第 7 条第一款规定:禁止封顶赔付、平均赔付等损害农户合法权益的行为,但相互制保险条款除外。2014 年初,财政部发布《农业保险大灾风险准备金管理办法》,要求进入政策性农业保险市场的各保险机构按照规定提取“保费准备金”和“利润准备金”,以备大灾损失发生后的足额赔付。2014 年末,中国农业再保险共同体成立并运行，2015 年实际提供风险保障 1 412 亿元，目前农共体可为行业提供 2 800 亿元的承保能力。2015 年 3 月，保监会又启动全国农业保险信息化管理平台建设工作。

2015 年 2 月 28 日，中国保监会、财政部、农业部联合发布《关于进一步完善中央财政保费补贴型农业保险产品条款拟定工作的通知》(以下简称《通知》)。《通知》对保险责任、保险金额和理赔条款等方面都提出了细化要求。在保险责任方面，要求列明保险标的所在区域内的主要风险，种植业和养殖业保险的保险责任须包括地震、旱灾、政府扑杀等。在保险金额方面，要求保险金额覆盖直接物化成本或饲养成本。在赔偿标准方面，要求条款根据农作物生长期间物化成本分布比例，科学、合理地设立不同生长期的赔偿标准。原则上，当发生全部损失时，三大口粮食作物苗期赔偿标准不得低于保险金额的 40%。投保农作物损失率在 80%(含)以上应视为全部损失。此外，《通知》还规定，种植业保险及母猪、生猪、奶牛等按头(只)保险的大牲畜保险条款不得设置绝对免赔，保险公司不得主张对受损的保险标的残余价值的权利，合同另有约定的除外。再则，条款中不得有封顶赔付、平均赔付、协议赔付等约定。最后，《通知》规定，条款应将病死畜禽无害化处理作为保险理赔的前提条件。

至 2015 年 11 月，同年初在全国开展的中央财政保费补贴型农业保险产品升级改造工作已经完成，共涉及 34 个保监局辖区、15 类农作物和 6 类养殖品种，共计 738 个农业保险产品、22 家保险公司。农业保险产品升级后，显著扩大了保险责任。种植业保险责任在原有自然灾害的基础上，增加了旱灾、地震等重大灾害，以及泥石流、山体滑坡等地质灾害以及病虫草鼠害。养殖业保险责任由原来的列明式扩展到所有疾病和疫病，部分地区还结合当地实际扩展了雪灾、野兽侵袭等责任。主要粮食作物保障水平得到大幅度提高，全国大部分省市保险金额已覆盖直接物化成本，平均保障水平提高 10%～15%。同时，下调了农业保险产品费率，部分地区种植业保险费率降幅接近 50%。2016 年 1 月，财政部印发通知，加大对产粮大县稻谷、小麦、玉米三大粮食作物农业保险支持力度，中央财政对中西部和东部保费补贴比例将分别提高至 47.5%、42.5%，并相应降低产粮大县县级财政保费负担。下一步，保监会将指导制定主要农作物保险示范性条款，完善农业保险风险区划和费率浮动机制，继续发挥农业保险支农惠农的积极作用。

农业保险量多、险种多、面广，按其保险对象可划分为种植业保险和养殖业保险两大类。

一、种植业保险

(一) 生长期农作物保险

生长期农作物保险是以各种农作物(如水稻、小麦、玉米等粮食作物，棉、麻、烟叶等经济作物，饲料和绿肥作物等)为对象，以各种农作物在生长期间因自然灾害造成收获量价值或生产费用(成本)损失为承保责任的保险。

生长期农作物保险的保险金额是以亩为计算单位，保险金额的确定方法一般有三种：

第一，按平均收获量的成数确定保险金额。这是国内外农作物保险的通常做法。在以收获量价值作为保险价值时，应留给被保险人自保一定成数，以促使其精耕细作和加强作物管理。

亩保险金额＝国家收购价×前 3 年亩平均产量×承保成数(4～6 成)

第二，按投入的生产成本确定保险金额。指定额承保成本，成本包括种子、肥料、农药、作业费、排灌费、运输费等直接费用。

第三，按收入目标保障水平的成数确定保险金额。收入目标保障水平取决于投保人的历史产量和农产品的市场价格。当被保险人的实际农作物收入低于收入目标保障水平某一百分比时，被保险人获得两者差额的赔偿。

(二) 收获期农作物保险

收获期农作物保险是以粮食作物或经济作物收割(采摘)后的初级农产品为对象的保险。这是一种短期保险,保险期一般从农作物收割(采摘)进入场院后开始,到完成初加工离场入库前终止。保险责任是火灾以及雹灾、洪水、风灾等自然灾害造成农产品的损失,以及发生灾害事故时因施救、保护、整理所支付的合理费用。

(三)森林保险

森林保险是以天然林场和人工林场为承保对象,以林木生长期间因自然灾害、意外事故和病虫害造成的林木价值或营林生产费用损失为承保责任的保险。我国是一个少林的国家,森林资源十分宝贵。我国的森林保险是从 1984 年 10 月开始试办的,已经开办的险种有人工松木林保险、用材林保险、混交林保险、防护林保险等。2015 年,全国森林保险投保面积已占全国森林面积 70%。从 2009 年开始,中央财政在福建、江西、湖南三省开展森林保险保费补贴试点工作,在省级财政至少补贴 25%保费的基础上,中央财政再补贴 30%的保费,逐步在全国建立政策性森林保险体制。

(四)经济林、园林苗圃保险

这种险种承保的对象是生长中的各种经济林种,包括这些林种提供具有经济价值的果实、根叶、汁水、皮等产品,以及可供观赏、美化环境的商品性名贵树木、树苗,如桂花树、雪松、盆景。保险公司对这些树苗、林种及其产品由于自然灾害或病虫害所造成的损失进行补偿。此类保险有柑橘、苹果、山楂、板栗、橡胶树、茶树、核桃、枣树等保险。此类保险的保险金额有的以亩为计算单位,有的以株为单位,保险责任也不相同。

二、养殖业保险

(一)牲畜保险

牲畜保险可按在农业生产中的主要经济用途分役畜和产品畜两大类;按年龄、性别不同,可分为成年畜、幼畜、仔畜以及公畜、母畜。牲畜保险以役用、乳用、肉用、种用的大牲畜,如耕牛、奶牛、菜牛、马、种马、骡、驴、骆驼等为承保对象,承保在饲养使役期间因牲畜疾病或意外灾害造成的死亡、伤残以及因流行病而强制屠宰、掩埋所造成的经济损失。由于牲畜保险是一种死亡保险,因此投保的牲畜必须畜体健康。牲畜的死亡率高低对费率也有重要影响。在我国农村不少地区,牲畜仍是主要的劳动工具,近年来乳用、肉用的牲畜也有大量增加,因此,牲畜保险有着广阔的市场。

(二)家畜、家禽保险

以商品性生产的猪、羊、兔等家畜和鸡、鸭、鹅等家畜为保险标的的保险。保险责任范围主要是各种自然灾害和意外事故以及疾病、瘟疫造成家畜、家禽在饲养期间的死亡。家禽饲养量大,在非灾害事故情况下也有少量正常死亡,因此应规定一个合理的免赔额。

(三)水产养殖保险

水产养殖保险以商品性的人工养鱼、养虾、养蟹、育珠等水产养殖产品为对象的保险。在养殖过程中,凡因疾病、中毒(包括他人投毒)、盗窃、自然灾害和其他意外事故造成的水产品收获损失或养殖成本损失,保险公司负责赔偿。养鱼保险一般以淡水精养为主,因为精养所投入的资金和费用开支较多。对外荡粗养的水产品一般不宜承保。2013 年的中央一号文件提出要开展渔业保险保费补贴试点,《农业保险条例》将渔业保险纳入农业保险范畴,这对于水产养殖保险来说是个重大利好。

(四)其他养殖保险

以商品性养殖的鹿、貂、狐等经济动物和养蜂、养蚕等为保险对象,承保在养殖过程中因疫病、自然灾害和意外事故造成的死亡或产品的价值损失。养鹿、养貂等经济动物保险是死亡保险,其承保条件与牲畜保险基本相同。

第三节 农作物保险

农作物保险是种植业保险的主要险种，又分为生长期农作物保险和收获期农作物保险两大类。

一、生长期农作物保险

（一）保险标的和种类

农作物的分类有广义和狭义之分。广义的农作物通常是指林木以外人工栽培的植物，狭义的农作物仅指大田栽培的作物。生长期农作物保险的标的一般是广义的农作物。

生长期农作物保险可按以下三方面分类：

按保险标的，分为粮食作物保险、经济作物保险、园艺作物保险、绿肥及饲料作物保险。

按保险责任分为：(1)单一责任保险，即只承保一种风险，如棉花的雹灾保险、烤烟的水灾保险等；(2)混合责任保险，即以列举的方式承保两种以上的风险，如棉花雹灾保险加大风、暴雨灾害保险；(3)一切险，这里的一切险并不是指农作物面临的一切风险，其责任范围较广，但仍限于自然灾害，主要是气象灾害和病虫害。

按保险金额，分为农作物收获量保险、农作物成本保险、农作物收入保险。

（二）保险责任

自然灾害对我国农业生产影响很大，在这些灾害中旱灾对农作物造成的损失最大，占整个灾害损失的50%以上，涝灾占16.8%，风雹占8.1%，霜冻占4.5%，病虫草害占14.8%，其他占3%。从理论上讲，自然灾害都可以作为保险责任来承保。但是，由于农作物灾害的成因复杂，而且遭灾的概率大、范围广、灾情重，从我国实际情况来看，农作物保险承保“一切险”责任的时机还不完全成熟，所以在初期一般只承保单一责任和混合责任，先从低水平做起，并且尽量避免承担与人为因素有关的责任，如病虫草害。但这类灾害并不是永远不能承保的，只是时间和条件问题。目前我国保险公司在灾害较小的地区试办一揽子保险（近似“一切险”）。2009年2月26日，国务院公布的《中华人民共和国抗旱条例》明确表示，国家鼓励在易旱地区逐步建立和推行旱灾保险制度。

目前，全国政策性农业保险试点省区中，大多数将旱灾列为保险责任或附加责任。现在我国农作物保险一般是多风险保险产品，保险责任涵盖干旱、洪涝、风灾、雹灾、低温等多种自然灾害。

国元农业保险公司与国际农业发展基金、联合国世界粮食计划署和中国农科院等机构合作，于2009年5月在国内率先试点“天气指数保险”，主要针对安徽省长丰县水稻种植的旱灾风险。天气指数保险的运作特点是，以指数作为触发点，一旦发生保单约定的天气变化，即天气参数超过触发点，以致给农户造成损失，保险公司就给予相应赔偿。天气指数保险可以估测气象因素的异常变化对保险标的生长和产量的影响，从而得出灾害气象条件下，农户遭受损失多少，并以此计算保险赔款。天气指数保险可以解决商业性农业保险所面临的信息不对称和道德风险问题，并且不存在传统农业保险的理赔勘察等环节，加快赔付进程。2014年8月，国务院出台的《关于加快发展现代保险服务业的若干意见》明确提出，“开展农产品目标价格保险试点，探索天气指数保险等新兴产品和服务”。2016年中央一号文件专门提出，探索开展重要农产品目标价格保险，以及收入保险、天气指数保险试点，稳步扩大“保险+期货”试点。近年来，先后在安徽、江西、大连、福建、山西等地开展天气指数保险试点。2016年7月末，阳光农业相互保险公司分别与黑龙江省财政厅、瑞士再保险公司签订财政巨灾指数保险单及再保险合同。投保主体为黑龙江省财政厅，阳光农业相互保险公司承保，以80%的比例分保给瑞士再保险公司。保险区域为黑龙江省28个贫困县，保险险种包括干旱指数保险、低温指数保险、降水过多指数保险、洪水淹没范围指数保险。

(三)除外责任

我国生长期农作物保险的除外责任大体包括以下内容:(1)被保险人及其家属的故意行为、欺骗行为所致的损失;(2)间作、套种的非保险标的和毁种复播的农作物的损失;(3)因盗窃、他人毁坏或畜、兽、禽啃食所致的损失;(4)保险责任以外的灾害所致的损失。

(四)保险期限

生长期农作物的保险期限是根据农作物的生长期来确定的。保险期限一般从作物齐苗或移栽成活后开始,到作物按照栽培目的已达到生理成熟或工艺成熟时终止。不同种类的农作物具有不同的生长期,因此保险期限也不相同。

(五)赔偿方式

1. 保成本的赔偿方式

(1)保成本,逐日确定每亩的最高赔付额方式。某些农作物的生产成本是在农作物整个生长期中逐渐地、不断地投入到作物中去的,因此每到一日期总会有一与之相对应的投入成本,以此成本作为出险当日的最高赔付额。以这种方式赔偿:

①全部损失,按照《每日最高赔付数额表》规定的损失当日最高赔付标准赔付。

赔款=[出险当日亩最高赔付额×(1-免赔率)]×受灾面积

②部分损失,按照实际损失程度比例赔付。

赔款=[(亩受损程度-免赔率)×出险当日最高赔付额]×受灾面积

(2)保成本,分阶段确定每亩的最高赔付比例方式。按生长期的各个阶段分别确定绝产和部分损失的最高赔付比例。例如,小麦生长期可分为穗期、灌浆期、成熟期三个阶段。以这种方式赔偿:

①全部损失,按照各阶段的最高赔付比例赔偿。

赔款=[亩保额×该阶段全损的赔付比例×(1-免赔率)]×受灾面积

②部分损失,在某阶段保额的赔付比例限度内按实际损失程度赔偿。

赔款=[亩保额×该阶段部分损失赔付比例×(亩受损程度-免赔率)]×受灾面积

2. 保产量的赔偿方式

(1)保产量,以亩为单位按平均收获量的成数确定保险金额,按减收量确定赔付金额。以这种方式赔偿:

①全部损失,按保额赔付。

②部分损失,按减收量赔付。

**赔款=[(双方约定的亩平均产量-出险时的实收获量)×国家收购价
×(1-免赔率)×承保成数]×受灾面积**

如有残值,应从赔款中扣除。

(2)保产量,以亩平均产量为标准换算成产值作为保额,分阶段确定最高赔付比例。这种方式在确定保额上与保产量的第一种方式相一致,但在赔偿方式上与保成本的第二种方式相似。

3. 保收入的赔偿方式

安信农业保险公司在上海推出了一种创新型农业保险产品,既保产量损失,又保因价格波动导致的收入损失。当农作物遭受损失时,以保险当年的实际收获产量与保险期间市场平均批发单价相乘计算出农民的毛收入,再与正常年景下的收入对比,其差额部分由保险公司赔偿。2015 年 8 月 14 日,人保财产保险公司大连市分公司与相关农业机构签订首单农产品期货价格保险,并利用期货市场规避价格大幅度波动导致的赔付风险。

二、收获期农作物保险

(一) 保险标的

凡是收获后的农作物需在场院中进行晾晒、轧打、脱粒和烘烤等初步加工的各种夏秋粮食作物和经济作物可作为保险标的承保，诸如现在开展面较广的麦场夏粮火灾保险、烤烟火灾保险等。

（二）保险期限

各种农作物初级加工的时间不同，故保险期限也不同，但这种保险的期限都比较短。例如，三麦麦场火灾保险的期限从三麦登场起保，到脱粒完毕入仓（含露天屯存）止，保险期限最长不超过20天；烤烟火灾保险从烤烟入炕房起到出炕房止。收获期农作物保险的保险期限一般只有1个月左右。

（三）保险责任

1. 单项责任

单项责任只承保火灾一项，对其他如暴雨、地震等自然灾害造成的损失都不负责任。使用这种保险方式，农民只需缴付少量的保险费就可得到保障。单项责任的收获期农作物保险在我国发展很快，开展面也较为广泛。

2. 综合责任

除了承保火灾一项责任外，还同时承保其他几项责任，如遭受冰雹、龙卷风袭击所致损失和连日阴雨所造成的霉烂损失。

（四）除外责任

我国收获期农作物保险的除外责任大体包括以下内容：(1)由于被保险人及其家庭成员的故意行为造成的损失；(2)在公路上碾打保险农作物造成的损失；(3)场院内除保险农作物以外的其他财产损失；(4)被保险人违反公安、消防、气象、保险等有关部门的规定而造成保险财产的损失。

（五）保险金额

收获期农作物保险的保额一般以测定的当年平均亩产量为依据，计算公式如下：

保额＝测定的当年平均亩产量×国家收购价×承保的种植亩数

承保单项责任的，可以足额投保；承保综合责任的，一般只允许投保测定的当年平均亩产量的5～6成。

第四节　养殖业保险

在世界上许多地区，牲畜、家畜家禽和人工养殖的水产品对人类是一种重要的资源，同时也是一种重要的财富。但是，它们的生命容易受许多灾害事故的威胁，养殖业者始终面临着投资损失和未来收入损失的风险。许多国家开展了养殖业保险，最发达的地区是欧洲大陆，以保障农民或农场主的利益。本节择要介绍我国开办的数种养殖业保险。

一、牲畜保险

（一）保险标的

我国牲畜的种类及数量繁多，而且用途不一，因此，牲畜保险的对象也比较广泛，但主要以役用畜和肉用畜作为保险的标的。役用畜如牛、马、骡、驴、骆驼，乳用畜如奶牛，肉用畜如菜牛，以及种用畜，都可以作为承保对象。

（二）保险责任

牲畜保险的保险责任可分为单项责任和综合责任两种。我国目前承保的牲畜保险的责任范围比较广，属于综合责任保险，主要承保因疾病、自然灾害和意外事故这三方面原因造成的牲畜死亡损失。

这里的疾病不仅包括一般疾病、寄生虫病、传染病，而且还包括胎产、阉割；自然灾害包括洪水、淹溺、暴风雪、地震、地陷、崖崩、雹灾等；意外事故包括触电、摔跌、互斗、碰撞、窒息、野兽伤害、建筑物及其他物体倒塌等。

此外,为了防止疾病传染,经当地政府部门或畜牧部门命令和有关部门同意宰杀或掩埋的,也包括在责任范围之内。有些地方的保险公司还提供牲畜保险附加盗窃险和附加医疗险。

(三)除外责任

为了防止道德危险因素,促使被保险人爱护牲畜,合理使役,特规定多项除外责任,主要有以下几项:(1)被保险人及其家庭成员的故意行为;(2)隐瞒或谎报病情;(3)不按兽医部门的要求对牲畜进行防疫或治疗;(4)对牲畜进行不合理的使役,致使其劳累致死。

(四)保险期限

牲畜保险的起讫时间,一般从约定起保日的零时开始,到约定期满的24小时止,保险期限一般为1年。为了防止道德危险因素,提高承保质量,一般规定有20天的观察期,即在签单后的20天内,牲畜正常,保险责任从第21天开始至期满,如果在20天内牲畜发生死亡,保险人不负赔偿责任,但退还保费。

(五)保险金额

确定牲畜保险金额的基础有市场价值和评定价值。按照市场价值确定保险金额的,赔偿金额就要根据牲畜发生损失当时的市场价值来确定,但以不超过保险金额为限。按照评定价值确定保险金额的,其赔偿金额则是根据保险公司账面上最后一次评定价值来核定的,它并不是牲畜发生损失当时的实际价值。我国使用市场价值、评定价值或农牧场的账面价值来确定保险金额,并坚持"低保额、低收费"的原则,保险金额一般掌握在牲畜实际价值的70%以下。

(六)赔偿处理

我国牲畜保险的赔偿处理,一般有以下三种方式:

(1)按单位账面价值投保的牲畜,按账面价值扣除残值后赔付。

(2)由保险人与投保人双方协商评定保额的牲畜,按承保的保额扣除残值后赔付。

(3)定额投保的牲畜,即保险公司根据牲畜市场价格和畜龄分档次规定保额的,根据被保险人投保时选定的档次给予定额赔付,不扣除残值。

二、生猪保险

我国开办的家畜家禽保险主要有生猪保险,长毛兔保险,鸡、鸭保险等。这里以业务量较大的生猪保险为例加以说明。

(一)保险标的

凡全民、集体或个人饲养的肉猪、公猪、种猪、母猪均可成为保险标的。为了办好生猪保险,避免道德危险因素,还必须满足以下承保条件:

(1)无伤残、疾病、饲养管理条件适宜,并经兽医部门验体合格的生猪。

(2)仔猪从断奶分栏起保,未分栏前的不宜承保。

(二)保险责任

保险的生猪在保险期限内因下列原因所致死亡,保险人负赔偿责任:

(1)由于火灾、爆炸、地震、洪水、雷击、冰雹、龙卷风等灾害事故造成生猪的死亡。

(2)由于中毒、触电、固定物体倒塌等意外事故导致生猪死亡。

(3)因患病、瘟疫、阉割、胎产而造成的生猪死亡。

(4)为了防止传染病,经当地政府命令宰杀掩埋的生猪。

对生猪保险的保险责任全国不搞"一刀切",各地可因地制宜确定。

(三)除外责任

生猪保险的除外责任大体包括以下内容:

(1)被保险人及其家庭成员或饲养人员的故意行为。

(2)被盗、走失以及冻死、饿死是被保险人管理不善引起的,也不予负责。

(3)属于淘汰范围的宰杀。

(4)猪在出售、转让过程中,不论由于装运不妥、管理不善还是由于交通事故所造成的挤压、碰撞、中暑等死亡事故,都不负责。

(5)其他不属于保险责任范围内的死亡。

(四)保险期限

生猪保险期限主要分为两种:

(1)母猪、公猪、种猪的保险期限均为1年,期满续保。

(2)肉猪保险期限从分栏饲养起至出栏宰杀或出售时止。如中途出售,保险责任即行终止,不退还保险费。

(五)保险费

生猪保险的费率制定原理与牲畜保险相同,对保险费收取应掌握以下要点:

(1)凡投保的生猪以头计算,按头收取定额保险费。

(2)增保的生猪每头按月计收保费,不足1个月按1个月收费。

(3)保险的生猪中途退保,不退保险费。

(六)赔偿处理

生猪保险赔偿处理的要点是:

(1)被保险人在保险的生猪发生保险责任范围内的死亡后,应向保险公司提供保险单及兽医部门出具的死亡证明及其他有关证明。

(2)生猪发生保险责任范围内的死亡,保险人分别按下列方式赔付:

①肉猪。按保险人规定的单价的7成赔偿,保险人对残值处理按尸重以每500克某金额为绝对免赔额,从赔款中扣除;或者残体归被保险人,按有关规定自行处理,其残值按7成从赔款中扣除。

②公猪、母猪。按定值赔付。

安华农业保险公司于2013年5月24日在北京顺义签出全国生猪价格指数保险第一单。生猪价格指数保险是以生猪价格指数为保险责任,在保险期间内,当生猪平均价格指数低于保险责任约定的价格指数时,视为保险事故发生,保险公司按照保险合同约定负责赔偿。生猪价格指数保险以"猪粮比"为参照。"猪粮比"是指生猪出场价格与玉米批发价的比值,即卖一斤生猪可以买几斤玉米。我国目前生猪生产盈亏平衡点为"猪粮比"6∶1,低于此比例时,视为保险事故发生。之后,人保财产保险公司泰山支公司于2015年6月2日签出首单奶牛场牛奶价格指数保险。

三、水产养殖保险

我国水产资源丰富,全国可供利用的水产养殖面积约有8 238万亩,而现在的实际养殖面积仅2 000万亩左右。各地根据自己地区水产养殖的特点相继开办了各种水产养殖保险,如内塘养鱼保险、对虾养殖保险、蚌珠养殖保险等。近期天气指数保险也在水产养殖业试点推广。

(一)保险标的

水产养殖的保险标的是商品性养殖的各种水产品,如鱼、对虾、螃蟹等。由于这些水产品受自然条件的制约,自然死亡率高,其产量随着养殖条件的改善、养殖技术的提高而增加,因此,在承保时必须考虑养殖方法、养殖地点、水体环境、养殖人员的管理水平等因素。

(二)保险责任

水产养殖的保险责任分为死亡责任和流失责任两大类:

死亡责任，是指由于缺氧、疾病、他人投毒等灾害事故造成的水产品死亡。

流失责任，是指由于台风、龙卷风、暴风、海啸、洪水等自然灾害造成鱼塘、虾池的堤坝倒塌所引起的水产品流失。

(三)除外责任

水产养殖保险的保险责任 般是列举式的，既有保单一责任的，也有保综合责任的。下列原因造成的水产品损失一般作为除外责任：

(1)水产品在养殖过程中由于被保险人及其家庭成员、养殖人员的故意行为或重大失职造成的损失。

(2)水产品的自然死亡或损失。

(3)水产品在养殖过程中由于各种敌害捕食造成的损失。

此外，有的地区将水质污染列为除外责任。

(四)保险金额

水产养殖保险一般以承保的水面面积(亩或公顷)作为承保单位，然后据此计算保险金额。确定保险金额的方法主要有两种：

一是保成本。按保险标的在收获时投入的总成本(最终生产费用)的全部或部分作为保险金额，这种方法适用于养鱼、养虾等保险。

二是保产值。以市场价格或产品的销售价与产量作为确定保险金额的主要依据，一般只承保5～7成。

(五)赔偿处理

水产养殖保险因确定保险金额的方法不同而采取不同的赔偿处理方法：

一是按比例赔付方法。保成本的根据保险标的在保险期限内不同时期投入的成本不同，按保险办法中规定的不同赔付标准(不同时期的赔偿额占保额的最高比例)来计算赔款，残值从赔款中扣除。

二是保产值的赔付方法。按实际损失偿付，但以不超过保险金额为限，残值也从赔款中扣除。

复习思考题

1. 试解释下列名词：农业保险、生长期农作物保险、农作物收入保险、天气指数保险、收获期农作物保险、牲畜保险、生猪保险、生猪价格指数保险、水产养殖保险。

2. 中央财政保费补贴型农业保险产品升级改造在保险责任、保险金额和理赔方面做了哪些重大改进？

3. 概述生长期农作物保险的保险金额确定方法。

4. 概述生长期农作物保险的赔偿方式。

5. 我国的牲畜保险是怎样确定保险金额的？

第十六章
人身保险

第一节　人身保险的概念和特点

一、人身保险的概念

人身保险是以人的寿命和身体为保险标的的一种保险。当人们遭受事故或因疾病、年老，以致丧失工作能力、伤残、死亡或年老退休时，根据保险合同条款的规定，保险人对被保险人或受益人给付预定的保险金或年金，以解决病、残、老、死所造成的经济困难，是对社会保障不足的一种补充。

二、人身保险的特点

（一）定额给付性质的保险合同

大多数财产保险是补偿性合同，当财产遭受损失时，保险人按其实际损失进行补偿。但大多数人身保险，不是补偿性合同，而是定额给付性质的合同，只能按事先约定金额给付保险金。健康保险中有一部分是补偿性的，如医疗保险。在财产保险方面，大多数财产可参考其当时市价或重置价、折旧来确定保险金额，而在人身保险方面，生命价值就难有客观标准。保险公司在审核人身保险的保险金额时，大致上是根据投保人自报的金额，并参照投保人的经济情况、工作地位、生活标准、缴付保险费的能力和需要等因素来加以确定。

（二）长期性保险合同

人身保险的特点之一就是保险期限长。个别人身保险险种期限较短，有几天甚至几分钟的，如旅客意外伤害保险和高空滑车保险，则另当别论。投保人身保险的人不愿将保险期限定得过短的一个原因是，人们对人身保险保障的需求具有长期性；另一个原因是，人身保险所需要的保险金额较高，一般要在长期内以分期缴付保险费方式才能取得。

（三）储蓄性保险

人身保险不仅能提供经济保障，而且大多数人身保险还兼有储蓄性质。作为长期的人身保险，其纯保险费中大部分是用来提存准备金，这种准备金是保险人的负债，可用于投资，取得利息收入，以期用于将来的保险金给付。正因为大多数人身保险含有储蓄性质，所以投保人或被保险人享有保单质押贷款、退保和选择保险金给付方式等权利。财产保险的被保险人没有这些权利。

（四）不存在超额投保、重复保险和代位求偿权问题

由于人身保险的保险利益难以用货币衡量，因此人身保险一般不存在超额投保和重复保险问题。但保险公司可以根据被保险人的需要和收入水平加以控制，使保险金额不会高得过分。同样

代位求偿权原则也不适用于人身保险。如果被保险人的伤害是由第三者造成的,被保险人或其受益人既能从保险公司取得保险金,又能向肇事方提出损害赔偿要求,保险公司不能行使代位求偿权。

第二节 人寿保险合同的条款

关于人身保险的种类已在第六章简单介绍,本节简述人寿保险合同的条款。

一、基本选择权

(一)红利支付方式选择权

人寿保险单可分为分红保单(participating policy)和不分红保单(nonparticipating policy)。分红保单是向保单所有人支付红利的保单。红利在很大程度上表示保险公司向投保人退还部分保费。保单红利一般来自:(1)预计死亡率与实际死亡率之间的差异;(2)提留准备金后有剩余的资产利息收入;(3)预计的经营费用与实际的经营费用之间的差额。既然红利支付取决于保险公司的实际经营业绩,那就不能做出支付红利的保证。保单所有人可以选择取得红利的方式,一般有以下几种支付方式:

第一,现金。在保单有效期达到一个规定时期后,一般是1～2年,保单所有人收到红利的现金支票。

第二,减少保费。红利可用来减少下期保险费。保险公司发出一份红利通知书,列明红利金额和扣除红利后应缴的保险费金额。

第三,留存。由保险公司保存红利,让保单所有人取得利息收入。大多数保险公司规定保单所有人在任何时候可提取累积的红利。

第四,购买增额保费缴清保险(paid-up addition)。把红利用来购买保费缴清保险,以增加终身寿险的金额。

第五,购买定期寿险。实际购得的定期寿险金额取决于红利金额、被保险人的年龄和定期寿险的费率。

第六,把保单转换为保费缴清保单或两全保险。

没有一种红利支付方式适合所有被保险人,每个被保险人必须根据自己的经济情况和需要来加以选择。假如你的收入有限,就应该选择付现或减少下期保费。要是你的健康状况欠佳,那么选择购买增额保费缴清保险是有利的。如果你需要额外人寿保险,则可选择购买定期寿险。

(二)不可没收现金价值的选择权

1. 领取退保金的方式

如果购买了一份具有现金价值的保单,从精算角度来看,投保人缴付了多于保障所需要的金额,因此,在退保时,他可以取得退保金(cash surrender value),即不可没收的现金价值(nonforteiture value)。领取退保金的方式有三种可供选择:

(1)现金。在退保时,保单所有人可取得现金价值。在保险期初期,现金价值相对要小,因为保险公司尚未收回出立保单时所支出的费用。但过了一段时期后,现金价值明显增加。现金价值与准备金是两个不同概念,是分别计算的。准备金是使用均衡保费法的结果,现金价值则是副产品。在前期,现金价值低于准备金,但当保单实施了10～15年,现金价值才等于准备金。倘若被保险人不再需要人寿保险,他可以选择退还现金的方式。

(2)购买减额保费缴清保单(reduced paid-up insurance)。可把退保金作为一次缴清保费来购买减额保费缴清保单。该种保单与原保单相比较,保单面额减少,适合于那些虽需要人寿保险但不想再缴付保费的投保人。

(3)购买定期寿险。可把退保金作为一次缴清保费来购买与原保单面额相等的一定时期的定期寿险保单。倘若保单因未缴保险费而失效，而且投保人没做退保的选择，大多数保险公司会主动地把退保金转换为定期寿险。

2. 保单贷款

保单所有人有权借用现金价值，但需支付利息，保险公司也可把未付利息加入到贷款中。如果贷款在保险满期时仍未偿还，就从保单面额中扣除。保单贷款的利率较低，在法律上也不一定要求到期偿还。

3. 自动保费贷款

大多数具有现金价值的保单附有此条款。过了宽限期后，保险公司会把保单现金价值用来垫缴逾期保额，保单继续有效。这等于发放了一笔保费贷款，并按约定利率计息。为了防止过度使用保费贷款，有些保险公司对使用次数作了限制。

(三)保险金给付方式选择权

除了一次总付现金方式外，保险金还能以其他方式给付。保单所有人可在被保险人死亡之前做出选择，或者把选择权授予受益人。最为普遍的给付方式如下：

1. 由保险公司保存保险金，定期付给受益人利息

利息可按月、季、半年或一年支付。大多数保险公司保证支付一个最低利率，如果是分红保单，则支付较高利率。受益人有权提取部分或全部保险金，也有权再选择其他给付方式。

2. 按约定期限向受益人分期给付保险金及利息

如果第一受益人在未领完全部保险金之前死亡，则把其余保险金付给第二受益人。

3. 分期给付受益人一笔固定金额，直到本金和利息付完为止

4. 以终身收入方式给付保险金

主要的终身收入给付方式有以下几种：

(1)只在受益人生存期内分期给付，受益人死亡后立即停止给付。虽然这种方式提供数额较高的分期付款，但没有偿还特征或保证给付次数。

(2)附有保证给付次数的终身收入给付。如果第一受益人在未领完规定次数的保险金之前死亡，则向第二受益人给付剩余次数的保险金。

(3)偿还式年金。向受益人终身给付，如果第一受益人在未领完保险金之前死亡，则向第二受益人分期或一次支付剩余保险金。

(4)联合和最后生存者年金。即按这种方式给付保险金，本书第六章对这种年金已做说明。

由于女性有较长的平均寿命，所以女性受益人较之男性受益人领取较低的定期给付金额。同理，年龄大的受益人领取较高的定期给付金额。

5. 使用信托

如果保险金数额很大，受益人是未成年子女或不能管理自己财务的精神病患者，或者是残疾人，可把保险金付给一个受托人，如一家银行的信托部门。受托人代为管理保险金的投资，并收取一定报酬，但不保证投资收入。

二、其他重要条款

除了上述基本选择权外，人寿保险合同还规定了许多其他条款，比较重要的共同条款如下：

(一)所有权条款

人寿保险单的所有人可以是被保险人、受益人或其他人。在大多数情况下，投保人、被保险人和所有人是同一个人。根据所有权条款，在被保险人生存时，保单所有人拥有保单中的所有合同权利。这些权利包括:指定和改变受益人、退保取得现金价值、借款、领取红利、选择保险金给付方式。保单对所有权变更也做了规定,保单所有人先向保险公司填交一份表格,并作保单背书,写明新的所有人。

(二)完整合同条款

完整合同条款规定人寿保险单和作为附件的投保单构成保险双方的完整合同。在投保单上的所有陈述被看作告知而不是保证。除非它是重要的误述,否则保险公司不能用陈述来使合同无效。

(三)不可争议条款

不可争议条款(incontestable clause)规定,在保险生效 2 年之后,保险人不能对保单提出争议。换言之,保险公司不能在保单生效 2 年之后,以保单出立时的重要误述、隐瞒或欺骗为理由来对死亡给付申请提出争议。保险公司有两年时间来调查合同中的不实之处。我国《保险法》第 16 条规定:"自合同成立之日起超过两年的,保险人不得解除合同;发生保险事故的,保险人应当承担赔偿或者给付保险金的责任。"例如,某人在投保时隐瞒了患有高血压,如果他在 2 年后死亡,此时才发现隐瞒,保险公司必须给付保险金。不可争议条款的目的是使受益人免遭经济困难。既然被保险人已经死亡,受益人也就无法与保险人争辩。但也有些例外情况,如果保险公司不提出争议,就会违背公共利益。在保单生效两年后仍可拒绝给付的情况有:(1)受益人怀有谋害被保险人的意图取得保单;(2)被保险人由他人代为体格检查;(3)在取得保单时不具有保险利益。

(四)自杀条款

自杀条款规定,如果被保险人在保单出立后的 2 年内自杀,则不给付保险金,但会退还保险单的现金价值。按照法律术语解释,因为人具有强烈保护自己的天性,所以一般认为死亡是一种非故意行为。自杀的举证总是保险人的任务。自杀条款的目的是减少保险人的逆选择,避免怀有自杀意图的人购买人寿保险。

(五)宽限期

人寿保险单规定保单所有人有 28~31 天的宽限期(grace period)缴付逾期保险费。在宽限期内,保单仍有效。如果被保险人在宽限期内死亡,逾期保险费一般从保险金中扣除。

(六)复效条款

如果保单所有人在宽限期内仍未缴付保险费,并且没有实施自动保费贷款条款,保单就会失效。复效条款(reinstatement clause)允许保单所有人恢复一份失效保单的效力,但必须符合下述几项要求:(1)提供可保性证据。(2)必须补缴所欠保险费及利息。(3)必须归还所有保单贷款。(4)不曾退保。(5)保单必须在规定时期内复效。对保单所有人来说,恢复失效保单的效力较之购买新的保单有利。

(七)误报年龄

在被保险人死亡时,可能发现被保险人的真实年龄和保单上的年龄不一致。根据误报年龄条款,如果被保险人的年龄有误,保险金的给付金额是保费按正确年龄所购买的金额。例如,某人在 35 岁时投保了 20 000 元普通终身寿险,但他的年龄误报为 34 岁。如果 35 岁和 34 岁每千元保险的保险费分别是 20 元和 19 元,保险公司则会给付 $\frac{19}{20}$ 的保险金,即 19 000 元;反之,如果保单上的年龄高于实际年龄,大多数保险公司会向受益人退还多缴的保险费。

(八)指定受益人

1. 第一受益人和第二受益人(primary and contingent beneficiary)

第一受益人是在被保险人死亡时首先有权取得保险金的人。第二受益人在第一受益人死于被保险人之前情况下有权取得保险金。如果第一受益人在未领完分期给付的保险金之前死亡,则其余保险金向第二受益人给付。在许多家庭中,丈夫指定妻子为第一受益人,反之亦然,子女则被指定为第二受益人。

2. 可变更的受益人和不可变更的受益人(revocable and irrevocable beneficiary)

大多数受益人是可变更的。一个可变更的受益人意味着保单所有人保留更换受益人的权利，无须征得受益人的同意。而且，保单所有人不必征得可变更受益人的同意就能行使合同中的所有权利。相反，一个不可变更的受益人是指未征得受益人的同意就不能更换受益人。我国《保险法》第 41 条规定："投保人变更受益人时须经被保险人同意。"

3. 特定受益人和成员受益人(specific and class beneficiary)

特定受益人是指名的受益人，而成员受益人则是不指名的，只是指定某单位的成员为受益人，如被保险人的子女。

我国《保险法》第 39 条规定："人身保险的受益人由被保险人或者投保人指定。投保人指定受益人时须经被保险人同意。投保人为与其有劳动关系的劳动者投保人身保险，不得指定被保险人及其近亲属以外的人为受益人。"

按照我国《保险法》第 42 条的规定，被保险人死亡后，有下列情形之一的，保险金作为被保险人的遗产，由保险人依照《中华人民共和国继承法》的规定履行给付保险金的义务：(1)没有指定受益人，或者受益人指定不明无法确定的；(2)受益人先于被保险人死亡，没有其他受益人的；(3)受益人依法丧失受益权或者放弃受益权的。

受益人与被保险人在同一事件死亡，且不能确定死亡先后顺序的，推定受益人死亡在先。

(九)更换保单

人寿保险合同一般允许保单所有人把他们的现有保单变换为另外一种保单，这是因为个人和家庭的需要发生了变化，原保单可能不再适合。

(十)除外责任

人寿保险单规定很少的除外责任。自杀一般在头两年内作为除外责任。在战争时期，保险公司会把战争条款加入保单中，对直接由于战争造成的死亡不予给付。此外，有些保单规定航空事故为除外责任，但许多新出立的保单取消了这一限制。汽车比赛、跳伞、旅行或在有生命危险的国家居住等也可作为除外责任，或者以缴付额外保险费为条件来承保。我国《保险法》第 43、45 条规定："投保人故意造成被保险人死亡、伤残或者疾病的，被保险人故意犯罪导致其伤残或者死亡的，保险人不承担给付保险金的责任。投保人已交足两年以上保险费的，保险人退还保单现金价值。受益人故意造成被保险人死亡、伤残、疾病的，或者故意杀害被保险人未遂的，该受益人丧失受益权。"

(十一)保险费缴付

人寿保险的保险费可按年、半年、季和月缴付。除了按年缴付保险费外，使用其他缴费方式都得缴付一笔附加费，如果半年的保险费是年保费的 52%，则表明年附加费为 4%。

(十二)转让条款

人寿保险单可以自由转让。有两种转让(assignment clause)方式：绝对转让和抵押转让。绝对转让是把保单所有权转让给一个新的所有人，如把保单捐赠给慈善组织和教育机构。抵押转让是把一份具有现金价值的保单作为贷款的抵押品，只是把某些权利转让给债权人，受让方至多只能取得相当于贷款的保险金，其余保险金付给受益人。

三、附加特约

(一)免缴保险费附加特约(waiver of premium rider)

在人寿保险单中可加入免缴保险费附加特约。根据这一条款，如果被保险人在规定的年龄之前，因遭受人身伤害或疾病而完全丧失工作能力，则他在丧失工作能力期间可以免缴所有保险费，而保单继续有效。

(二)丧失工作能力收入补偿附加特约(disability income rider)

如果被保险人完全丧失工作能力,一般每月按每千元保险金额给付一定数额收入补偿保险金。例如,某人有一份 30 000 元普通终身寿险单,并附加了该项特约,每千元保险金额的收入补偿保险金为 10 元,则在完全丧失工作能力的情况下,他每月可得到 300 元收入补偿保险金。如同免缴保险费附加特约,被保险人必须符合一些规定,如被保险人必须在 55 岁或 60 岁以前完全丧失工作能力,并且有一个 6 个月的等待期。

(三)保证加保选择权(guaranteed purchase option)

保证加保选择权附加特约允许被保险人在将来某日期以标准费率增加人寿保险金额,无须提供可保性证据。被保险人一般在 40 岁以前能行使这种选择权。每次加保日期(一般每隔 3 年一次)能增加的保险金额只限于基本保单面额,而且有最低金额限制。

(四)双倍补偿附加特约(double indemnity rider)

如果由于意外事故造成被保险人死亡,就给付双倍保险金,有些保险公司甚至给付三倍保险金。该附加特约费用较低,但死亡的直接原因必须是人身意外伤害,而且死亡必须在意外事故发生后的一段时期内。

第三节　我国开办的人身保险业务主要险种

最近十几年,随着我国保险市场扩大对外开放和保险业的逐步成熟,人身保险产品开发水平不断提高,市场上涌现了众多与国际接轨的险种。例如,针对我国 2000 年就已进入老龄化社会,并且人口老龄化趋势逐年加快的现状,2011 年推出了变额年金保险产品;2014 年 7 月 1 日起在北京、上海、广州、武汉开展住房反向抵押养老保险;2015 年 4 月第一款“保险版”以房养老产品推出;对接保险业投资养老社区项目的探索医养结合的养老保险产品问世;开展个人税收递延养老保险试点。而且,我国先后设立了一批专业养老保险机构和专业健康保险机构。现将不同时期若干具有代表性的险种介绍如下。

一、定期寿险

(一)友邦康鸿五年定期趸缴保险费还本保险

1. 保险性质

友邦康鸿五年定期趸缴保险费还本保险是定期寿险结合住院医疗保险的险种。

2. 保险责任

保险责任主要有以下三项:

(1)返还趸缴保险费。以合同有效的第五个保单周年日为保单的期满日。若被保险人在保单期满日前仍然生存或在保险有效期内死亡,保险公司将返还投保人本保单的趸缴保险费。

(2)死亡及残疾保险金给付。分别规定保险金给付如下:

①在保单有效期内,若被保险人死亡,保险公司将按保险金额给付受益人保险金。保险儿童于出生 60 天至 4 足岁期间死亡,其死亡保险金给付按表 16－1 中的比例计算。

②意外事故死亡保险金给付。在保单有效期内,若被保险人遭遇保单约定的意外事故且自发生之日起 180 天内死亡,则保险公司将给付受益人等值于保单基本保额的意外事故死亡保险金。若被保险人于死亡发生前领有意外事故残疾保险金,则其意外事故死亡保险金为扣除意外事故残疾保险金后的余额。

表 16－1 保险儿童死亡保险金给付比例

死亡时被保险人年龄	给付金额占保险金的比例
不足 1 足岁	20%
满 1 足岁但不足 2 足岁	40%
满 2 足岁但不足 3 足岁	60%
满 3 足岁但不足 4 足岁	80%
满 4 足岁或以上	100%

③意外事故残疾保险金给付。在保单有效期内，若被保险人遭遇约定的意外事故且自发生之日起 180 天内致成的残疾程度为保险金给付表内所列之一者，保险公司将按给付表中所列的给付比例乘以基本保额给付意外事故残疾保险金。

④特定意外事故死亡保险金给付。在保险有效期内，若被保险人遭遇约定的特定意外事故死亡，保险公司给付特定意外事故死亡保险金。

⑤特定意外事故残疾保险金给付。在保险有效期内，若被保险人遭遇约定的特定意外事故残疾，保险公司将给付特定意外事故残疾保险金。

(3)意外事故住院给付。在保单有效期内，若被保险人符合约定的保险范围而需住院医疗，保险公司按本项目的每日住院医疗给付金额，即基本保额的 1‰乘以住院日数给付。同一住院原因的给付，最高以 180 天为限。被保险人因同一原因间歇性住院，若前次住院与后次住院日期间隔未达 90 天，则视为同一住院原因。

3. 责任免除

保险公司对因下列原因导致的死亡、伤害、残疾，不负责任。这些免除的责任也是人身保险单中通常列明的免除责任，在后面的险种介绍中对此将适当从略。

(1)投保人、受益人对被保险人故意杀害、伤害。

(2)被保险人或投保人故意犯罪或拒捕、故意自伤。

(3)被保险人或投保人服用、吸食或注射毒品。

(4)被保险人或投保人在保单生效或复效之日起两年内自杀。

(5)被保险人或投保人酒后驾驶、无照驾驶及驾驶无有效行驶证的机动交通工具。

(6)被保险人或投保人患艾滋病(AIDS)或感染艾滋病毒(HIV 呈阳性)期间。

(7)战争、军事行动、暴乱或武装叛乱。

(8)核爆炸、核辐射或核污染。

根据我国《保险法》的规定，发生上述事件时，对第(4)条，保险公司退还投保人保单的现金价值，保险责任终止；对其他情形，如果被保险人死亡，投保人已交足 2 年以上保险费的，保险公司退还保单的现金价值，未交足 2 年保险费的，保险公司扣除手续费后退还保险费，保险责任同时终止。

(二)国寿安居定期保险

我国住房制度改革的深入在很大程度上带动了抵押贷款的发展。为避免借款人过早身故或伤残导致无法偿还剩余贷款，抵押贷款保险应运而生。目前市场上的抵押贷款保险通常为定期寿险，例如，中国人寿保险公司 1999 年 6 月推出的安居定期保险和中宏保险公司推出的安居乐业保障系列—居家贷款保障计划都属于这一类型的险种。就国寿安居定期保险而言，其主要内容如下：

1. 投保条件

凡 18～55 周岁身体健康，符合中国人民银行《个人住房贷款管理办法》规定的贷款条件，向贷款人贷款购房，贷款期限届满后年龄不超过 70 周岁者，均可作为被保险人，由本人或对其有保险利益的人作为投保人投保。其中,贷款人也可为借款人投保。

2. 保险责任

(1)在保险期限内,被保险人因意外伤害导致身体高度残疾或死亡的;保险公司按保险事故发生时的保险金额给付安居保险金。

(2)被保险人在保险合同生效1年后因疾病导致高度残疾或死亡的,保险公司按保险事故发生时的保险金额给付安居保险金。

3. 保险金额和保险期限

国寿安居定期保险的保险金额逐年减少。首年的保险金额为贷款人向被保险人提供的个人住房贷款本金,以后各年递减的保险金额由合同规定。保险期限与被保险人和贷款人签订的个人住房贷款合同期间相同。

二、终身寿险

(一)老来福养老返利终身寿险

1. 保险性质

该险种由太平洋保险公司推出,具有年金保险、死亡保险和意外伤害保险相结合的性质。

2. 保险条件

该险种的投保人可以是年满18周岁,具有完全民事行为能力的人,也可以是机关、企业、事业单位和社会团体。相应地,被保险人可以是投保人的配偶、直系亲属,以及其他有抚养、扶养关系的人,也可以是投保人的成员。

3. 保险责任

在保险单有效期内,保险公司承担的保险责任包括以下内容:

(1)养老金给付。在男性60周岁、女性55周岁的保险合同生效对应日,保险公司开始给付养老保险金。领取养老金的方式有三种可供选择。

A款:保险公司每年于保险合同生效日的对应日,按保险金额的12%给付养老金,直至被保险人身故,保险合同终止。

B款:保险公司一次性给付养老金,金额为人民币18 990元(男)、人民币20 600元(女),保险合同终止。

C款:保险公司每年于保险合同生效日的对应日,按保险金额的15.4%(男)、14.1%(女)给付养老金,直至被保险人身故,保险合同终止。

养老金的领取方式在投保时选定,男性55周岁、女性50周岁以前可变更一次,此后不可以变更。趸缴保险费即期年金的首次养老金于保单生效3个月后给付,以后每年于保险合同生效日的对应日给付。

(2)意外伤害保障。分别规定给付保险金如下:

①意外伤害身故给付。被保险人在约定的养老金领取起始日前,因意外伤害身故,保险人给付保险金额的两倍予受益人,保险合同终止;选定A款投保者,被保险人在约定的养老金领取起始日后,因意外伤害身故,保险公司给付保险金额的全数予受益人,保险合同终止。

②意外伤害残疾给付。被保险人在约定的养老金领取起始日前,遭受意外伤害所致残疾,保险公司在保险金额内按《人身保险残疾程度与保险金给付比例表》的规定给付保险金,被保险人不论一次或多次遭受意外伤害所致残疾,保险公司均分别给付保险金,但每一保单年度内累计给付金额以保险金额为限。

③以上身故给付和残疾给付互不冲减,但如果被保险人遭受意外伤害致残疾后,180天内又因同一原因身故,则意外伤害身故给付中必须扣减已支付的本次意外伤害残疾给付。

(3)疾病身故给付。分别规定给付保险金如下：

①被保险人于保险合同生效或复效后2年内，因疾病身故，保险公司给付保险金额的10%及所缴保险费(不包括核保后的加费部分)，保险合同终止。

②自保险合同生效或复效2年后，保险公司根据被保险人选择的养老金领取方式给付疾病身故保险金：a. 选定A款、B款者，被保险人因疾病身故，保险公司给付保险金额的全数予受益人，保险合同终止；b. 选定C款者，被保险人在约定的养老金领取起始日前因疾病身故，保险人给付保险金额的全数予受益人，保险合同终止。

(4)重大疾病提前给付。分别规定给付保险金如下：

①保险合同生效或复效2年后，经保险公司认可的医院确诊被保险人初次身患保单中列明的7种重大疾病，并经保险公司聘请的医师根据医学及临床经验认定被保险人平均存活期间在6个月内，被保险人可申请重大疾病提前给付，金额为6个月后疾病身故保险金的50%。

②本保单中重大疾病提前给付的申请以一次为限。在被保险人全部有效保险合同中，此项给付以人民币10万元为限。重大疾病给付后不办理退保。

③重大疾病提前给付后，本保险合同的缴费标准不变，保险金额按重大疾病提前给付金与疾病身故保险金的比例减少。

④重大疾病提前给付后，如申请领取养老金，须一次退还已领取的重大疾病提前给付金，若被保险人无法退还，可以以养老金冲抵。重大疾病提前给付金退还后，保险合同的保险金额恢复至重大疾病提前给付前的标准。

(5)保险费豁免。分期缴付保险费的，在缴付保险费期间，被保险人因意外伤害事故致全残，可申请免缴以后各期保险费，保险合同继续有效。

4. 保险金额和保险费

该险种的保险金额按份计算，每份为人民币10 000元，每一位被保险人可投保一份或多份。保险费缴费标准视被保险人的性别、投保时的年龄及所选定的缴费方式而定。该险种设趸缴、限期缴费(10年、20年缴清)和年缴至男60周岁、女55周岁等缴费方式。采用年缴至男60周岁、女55周岁的，最后一次缴费日为养老金领取起始日前一个合同生效日的对应日。

(二)全家福联合寿险

1. 保险性质

该险种是由新华人寿借鉴国际保险业先进经验开发的联生保险。

2. 保险条件

凡双方年龄均在法定结婚年龄以上、60周岁以下，身体健康，能正常工作或劳动的合法夫妻，共同作为被保险人参加该保险。符合上述条件的被保险人之一可作为投保人投保该保险；经被保险人同意，其直系亲属或其他有抚养、赡养、扶养关系的人均可作为投保人为其投保该保险。

3. 保险责任

(1)被保险人之一因意外伤害导致身故或身体高残，或因疾病导致身故或身体高残，保险公司按保险单所载保险金额一次性向受益人给付保险金，保险责任终止。

(2)被保险夫妻因同一意外伤害事故导致自保险事故发生之日起180日内先后身故或身体高残，保险公司按保险单所载保险金额的双倍一次性向受益人给付保险金，保险责任终止。

在受益人申领保险金时，可获如下选择权：

(1)如被保险人的子女为受益人且未满19周岁，则可以在其所得给付金额的限度内，转化为子女抚育年金，即逐年领取生存年金直至其年满22周岁(或22周岁之前身故)时止，保险责任终止。

(2)如被保险人的配偶为受益人而且年满50周岁、未满70周岁，则可以在其所得给付金额的限度内，转化为配偶养老年金：即期逐年领取生存养老年金直至其身故，保险责任终止。

根据联生保险的性质,如被保险人离异,投保人须到保险公司办理退保,公司退还投保人保单现金价值,保险责任终止。

4. 保险金额和保险费

该险种的保险金额最低为人民币10 000元。缴费方式分为趸缴、年缴、季缴等方式。缴费期限可选择10年缴、20年缴、30年缴。

三、两全保险

(一)平安育英才两全保险

1. 保险性质

该险种是定期两全保险、定期年金保险并附加平安生命尊严提前给付条款和意外伤害险的险种。

2. 保险责任

该险种的保险责任归纳起来主要有以下三个方面:

(1)生存保险金给付。被保险人生存至下列约定领取年龄的保单生效日对应日,保险公司按表16—2中的比例给付相应的生存保险金。

表16—2 生存保险金给付比例

领取年龄	15~17周岁 (每年给付)	18~21周岁 (每年给付)	23周岁 (一次给付)	25周岁 (一次给付)
投保年龄	高中教育金	大学教育金	创业基金	婚嫁金
0~10周岁	保额的5%	保额的10%	保额的20%	保额的25%
11~15周岁	—	保额的10%	保额的20%	保额的25%

婚嫁金给付后,保险责任终止。

(2)身故保险金给付。分别规定给付保险金如下:

①被保险人于保单生效日起1年内因疾病身故,保险公司按保险金额的10%给付“身故保险金”,并无息返还所交保险费,保险责任终止。

②被保险人于18周岁的保单生效日对应日前因意外伤害事故或于保单生效日起一年后至18周岁的保单生效对应日前因疾病身故,保险公司按保险金额给付“身故保险金”,保险责任终止。

③被保险人于18周岁的保单生效对应日后至25周岁的保单生效对应日前因意外伤害事故或疾病身故,保险公司按3倍保险金额给付“身故保险金”,保险责任终止。

(3)免交保险费规定。投保时年龄不超过50周岁的投保人因意外伤害事故或保单生效1年后因病于交费期间内身故,保险公司豁免其尚未交付的保险费,保险责任继续有效。这也就是说,如果作为投保人的父母因意外伤害事故或保险责任开始1年后因病死亡,作为被保险人的青少年儿童可以免费享受本保险。

3. 保险条件

平安育英才两全保险的保险条件包括以下内容:

(1)投保人必须是被保险人的父母并且身体健康、能正常工作。

(2)被保险人的年龄限制在0~15周岁并且身体健康。由于本保险在投保时不检查投保人和被保险人的身体,因此特别要求投保人在投保时必须如实告知投保人和被保险人的身体健康状况。假如投保人在投保时故意隐瞒重要事实或故意不真实告知,保险人可以以投保人违背了最大诚信原则为由宣布合同无效。

4. 保险期限

平安育英才两全保险的保险期限从保险公司同意承保、收取首期保险费并签发保单的次日零时起至被保险人25周岁的保单生效对应日为止。因此，根据被保险人投保时的年龄，保险期限最长为25年，最短为10年。

(二)全福还本养老寿险

1. 保险性质

全福还本养老寿险是由太平洋安泰人寿保险公司推出的两全保险和终身寿险相结合的险种。

2. 保险条件

全福还本养老寿险依据投保人所选择的缴费期限的不同，接受的被保险人的投保年龄也就不同，具体情况如表16－3所示。

表16－3 缴费期限与投保年龄对应表

缴费期限	10年	15年	20年	至被保险人60周岁
投保年龄	60天～50周岁	60天～50周岁	60天～45周岁	18～50周岁

3. 保险责任的开始

与其他人身保险合同相同，全福还本养老寿险的保险责任自投保人缴付首期保险费且保险公司同意承保后开始，并溯自缴付保险费当日的二十四时起生效。保险公司以签发保险单作为承保的凭证。但在本保险中，保险公司明确规定：对于被保险人、投保人在投保人缴付首期保险费且保险公司同意承保后，保险单签发前发生的保险事故，保险公司仍负保险责任。

4. 保险责任

在保险合同有效期内，保险公司承担以下保险责任：

(1)生存给付。若被保险人至约定缴费期届满后的首个保单周年日当日24时仍生存，则保险公司给付等值于保险金额的生存保险金。

(2)祝寿金给付。若被保险人至年满80周岁的首个保单周年日当日24时仍生存，保险公司给付等值于保险金额的祝寿金，并返还保险单下已缴的保险费总额，保险合同效力终止。

(3)身故、全残给付。分别规定给付保险金如下：

①若被保险人于年满65周岁后的首个保单周年日当日24时之前身故或全残，则保险公司以保险金额的两倍为基数，按表16－4所示比例给付身故或全残保险金(若被保险人同时致成一项以上全残情形时，该给付以一项为限)，并返还本保单下已缴的保险费总额，保险合同效力终止。

表16－4 身故或全残保险金给付比例

身故或全残时被保险人的年龄	给付比例
不足1周岁	20%
满1周岁但不足2周岁	40%
满2周岁但不足3周岁	60%
满3周岁但不足4周岁	80%
满4周岁以上	100%

②若被保险人于年满65周岁后的首个保单周年日当日24时之后身故或全残，则保险公司给付等值于保险金额的身故或全残保险金(若被保险人同时致成一项以上全残情形时，该给付以一项为限)，并返还本保单下已缴的保险费总额，保险合同效力终止。

(4)意外伤害身故、全残给付。若被保险人于年满65周岁后的首个保单周年日当日24时之前因发生意外伤害事故而致使身体蒙受伤害，且自意外伤害事故发生之日起 180 天内致成身故或全残，则保险公司除上述第(1)条中的保险责任给付外，另给付等值于保险金额 3 倍的意外伤害身故或全残保险金(若被保险人同时致成一项以上全残情形时，该给付以一项为限)，保险合同效力终止。

5. 豁免保险费

若投保人投保时的年龄不超过 50 周岁，且其发生身故或全残时，被保险人的年龄也不满 18 周岁，则保险公司将豁免投保人缴付保单及其附加保单以后各期的保险费，首次豁免保险费自投保人身故或全残后的下一期开始，获豁免的保险费被视为已缴付，保单及其附加保单仍然有效。

6. 责任免除

全福还本养老寿险的责任免除条款因保险金给付不同而不同，主要分为以下三类：

(1)被保险人的身故或全残由下列原因之一所致者，保险公司不给付身故或全残保险金：①投保人、受益人对于被保险人的故意行为；②被保险人故意自致的伤害；③被保险人自本保险合同生效或复效之日起两年内自杀；④被保险人犯罪、拒捕，或服用、吸食、注射毒品；⑤被保险人患艾滋病(AIDS)或感染艾滋病病毒(HIV)；⑥战争、军事行为、暴乱或武装叛乱；⑦核爆炸、核辐射或核污染期间及由此引起的疾病。

(2)被保险人的意外伤害身故或全残由下列原因之一所致者，保险公司不负给付意外伤害身故或全残保险金的责任：①上述的①项、②项和④～⑦项；②被保险人参与殴斗或自杀的行为；③被保险人因酗酒或受酒精、毒品、管制药物的影响而导致的意外；④被保险人因无有效驾驶执照、酒后驾驶、驾驶无照或法律禁止的机动交通工具时；⑤被保险人因未遵医嘱，私自服用、涂用或注射药物所致者；⑥被保险人因整容手术或其他内、外科手术导致医疗事故；⑦被保险人因疾病、流产或分娩(但因意外事故所致者除外)所致者；⑧被保险人因从事潜水、跳伞、攀岩运动、探险活动、武术比赛、摔跤比赛、特技表演、赛马、赛车等高风险运动所致者；⑨被保险人因遭受意外伤害以外的原因失踪而被法院宣告死亡者。

(3)投保人的身故或全残由下列原因所致者，保险公司不负豁免缴付保险费的责任：①投保人因合同生效或复效之日起 30 天内首次出现的疾病、症状或之前已有的疾病、症状致成身故或全残；若变更投保人，则变更后的投保人因变更之日起 30 天内首次出现的疾病、症状或之前已有的疾病、症状致成身故或全残；②投保人故意自致的伤害；③投保人自合同生效或复效之日起两年内自杀；④投保人犯罪、拒捕或服用、吸食、注射毒品；⑤投保人患艾滋病(AIDS)或感染艾滋病病毒(HIV)；⑥战争、军事行为、暴乱或武装叛乱；⑦爆炸、核辐射或核污染期间及由此引起的疾病。

7. 保险金额及其变更

全福还本养老寿险的保险金额与基本保额相同。基本保额是指保单上载明的寿险主合同的金额。在保险合同的有效期内，投保人可依保险公司的规定增加或减少保单的基本保额，但若保单已豁免缴付保险费或已更改为减额缴清保险，则保险公司不接受基本保额的变更申请。

(三)中意福悦年年两全保险(分红型)

1. 保险性质

中意人寿在费率改革后于 2016 年 1 月推出的福悦年年两全保险，定价利率高达 3.5%，还有每年分红。生存金和分红可以自动进入附加智富锁万能账户。缴费期分 5 年与 10 年两种，保障期至被保险人 99 岁。

2. 保险条件

凡出生满 7 日以上、65 周岁以下，身体健康者均可作为被保险人，由本人或对其具有保险利益的人作为投保人，但保险期满时被保险人的年龄不得超过 99 周岁。

3. 保险责任

在保单有效期内，保险公司负下列保险责任：

(1)生存保险金。从第3个保险单周年日起，按以下方式向被保险人给付生存保险金：

①若被保险人未满61周岁，每年按照合同基本保险金额的10%给付生存保险金；

②若被保险人年满61周岁且未满99周岁，每年按照合同基本保险金额的30%给付生存保险金。

(2)满期金。被保险人年满99周岁，返还全部所交主险保费。

(3)身故保险金。分别按以下方式给付身故保险金：

①被保险人身故时未满18周岁，给付所交全部主险保费；

②被保险人已满18周岁，并且在交费期内身故，给付累计已付主险保费的120%或现金价值的较大者。如果被保险人在交费期后身故，则返还105%保费。

4. 智富锁万能账户

其门槛低，可千元起投保，生存金和分红可以自动存入，也可随时追加或领取，最低保证利率2%。

四、年金保险

(一)鸿寿养老金保险

1. 保险性质

鸿寿养老金保险是由中国人寿保险公司推出的典型的偿还式年金。在年金领取方式上，被保险人拥有选择权。

2. 保险条件

鸿寿养老金保险的被保险人必须是年满16～64周岁的身体健康者。

3. 保险责任

在保险合同有效期内，保险公司承担下列责任：

(1)被保险人于约定领取养老金年龄的生效对应日前身故，保险公司只按基本保额给付身故保险金，并无息退还所缴付的保险费，保险合同终止。

(2)被保险人于约定领取养老金年龄的生效对应日前身体高度残疾，保险公司按基本保额给付高度残疾保险金(该项保险金给付以一次为限)。若高度残疾保险金的给付发生于缴费期内，从给付之日起，免缴以后各期保险费，保险合同继续有效。

(3)被保险人生存至约定领取养老金年龄的生效对应日，可按基本保额的两倍一次性领取养老金，也可选择以下两种方式之一领取养老金：

①逐年定额领取。被保险人每年于生效对应日领取养老金，直至身故。养老金领取额按公司规定计算，若被保险人领取养老金不足10年身故，其身故保险金的受益人可一次性领取10年内其余各年的养老金。

②逐年增额领取。被保险人每年于生效对应日领取养老金，直至身故。首年养老金领取额按保险公司的规定计算，以后每年在上年领取额的基础上按首年领取额的5%增加。若被保险人领取养老金不足10年身故，其身故保险金的受益人可一次性领取10年内其余各年的养老金。

鸿寿养老金保险作为偿还式年金的一种，其突出特点在于它保证给付一定次数的养老金，在被保险人也就是年金受领人死亡后，保险公司要继续向其受益人给付剩余年金。因此，这种年金保险有利于充分保障被保险人及其受益人的利益。

(二)平安育英年金终身保险

1. 保险性质

平安育英年金终身保险的被保险人包括两种,即被保险人与连带被保险人(未成年子女),它是对被保险人的终身寿险与对连带被保险人的定期寿险和年金保险的结合,在国内保险市场上尚属首创。

2. 保险责任

从平安育英年金终身保险的保险责任来看,该险种兼有定期寿险、终身寿险和年金保险的特点,但是由于对连带被保险人的保险责任主要是年金保险的性质,所以把该险种归入年金保险类别。

(1)身故保险金(如表 16—5 所示)。

表 16—5　　身故保险金

<table>
<tr><th colspan="3">被保险人
(连带被保险人 25 周岁以前)</th><th colspan="2">连带被保险人</th></tr>
<tr><td>意外</td><td colspan="2">1 倍保额,免缴保费</td><td>25 周岁以前</td><td>保费 10%单利积累,保险责任终止</td></tr>
<tr><td rowspan="2">疾病</td><td>1 年前</td><td>10%保额,退还保费,保险责任终止</td><td rowspan="2">25～60 周岁</td><td rowspan="2">当年度保额(每年递增基本保额的 10%)</td></tr>
<tr><td>1 年后</td><td>1 倍保额,免缴保费</td></tr>
</table>

(2)生存教育保险金。连带被保险人于合同规定的各年龄的保单生效对应日仍生存,按其投保年龄及当时年龄按比例给付初中教育金、高中教育金、大学教育金、创业基金。

(3)育英年金保险金。被保险人因意外伤害事故或保单生效日起一年后因疾病于连带被保险人 25 周岁前身故,且此后每年到达保单生效对应日时连带被保险人生存,按合同规定向连带被保险人按比例给付育英年金保险金,直至连带被保险人年满 25 周岁(如表 16—6 所示)。

表 16—6　　连带被保险人给付比例

连带被保险人当时年龄	1～12 周岁	13～15 周岁	16～18 周岁	19～24 周岁	25 周岁
给付比例	10%	20%	30%	40%	300%

(4)养老年金保险金。连带被保险人于 60 周岁起,按年领取养老年金保险金,直至其身故(男 13%,女 12%),这里对女性给付比例较低是因为女性的预期寿命较长,因此领取年金的预期时间较长,相应的给付比例也较低。

3. 保险金额和保险费

在连带被保险人 25 周岁之后至 60 周岁,当年度保险金额的计算公式:

$$\text{当年度保险金额}=\text{基本保险金额}\times\left[1+0.1\times\left(\text{保单年度数}+\frac{\text{连带被保险人}}{\text{投保年龄}}-25\right)\right]$$

费率表不区分被保险人、连带被保险人的性别,仅以两者的投保年龄相区别。

(三)太平人寿"太平稳赢一生年金保险"

1. 保险性质

太平稳赢一生年金保险是一种趸缴保费即期给付终身年金。

2. 保险条件

被保险人的投保年龄必须是 18～65 周岁。保费趸缴,最低保费 50 000 元,所缴保费数为保险金额。

3. 保险责任

投保后被保险人享有以下权益:

(1)生存保险金。自合同第一个保单周年日起,每年保证返还4%保额的生存保险金,直至终身。若选择将生存保险金留存在保险公司,可享受日计息、日复利的累计生息。

(2)身故保险金。被保险人享有终身身故保障,若不幸身故,保证返还全部已缴保费。

(3)保单贷款。贷款金额最高可达合同现金价值净额的90%,贷款期间仍然享受保障利益及生存保险金累积生息。

太平人寿“太平稳赢一生年金保险”荣获由中国保险报、中保网和新浪财经共同主办的“2013年度创新保险产品”奖项。

五、人身意外伤害保险

(一)平安意外伤害保险

1. 保险责任

平安意外伤害保险的保险责任主要有以下三项:

(1)意外身故保险金。按保险金额全数给付意外身故保险金。

(2)意外残疾保险金。按残疾程度比例给付意外伤害保险金。残疾分为7个等级34个项目,各等级给付比例分别为100%、75%、50%、30%、20%和10%。同一意外事故造成两项以上残疾的,给付各项残疾保险金之和,但不同残疾项目属于同一手或同一足的,仅给付较严重项目的残疾保险金,并扣除前次已给付的残疾保险金,累计给付以意外伤害保险金额为限。自2014年1月1日起,各保险公司开始使用商业意外险领域残疾给付新标准。这份《人身保险伤残评定标准》由中国保险行业协会联合中国法医学会共同发布。新标准把伤残等级扩展增加到10个等级,共计281项伤残条目。

(3)意外伤害医疗保险金。免赔100元,给付实际支出的合理医疗费用,以意外医疗保险金额为限。

2. 责任免除

除与寿险责任免除条款相同之外,另有与意外事故风险有关的四项免责,分别是:(1)被保险人流产、分娩;(2)被保险人因整容手术或其他内、外科手术导致医疗事故;(3)被保险人未遵医嘱,私自服用、涂用、注射药物;(4)被保险人从事潜水、跳伞、攀岩、探险活动、武术比赛、摔跤比赛、特技表演、赛马、赛车等高风险活动。

此外,规定对医保制度规定的自费项目和药品免责。

3. 保险期限和保险费率

平安意外伤害保险是短期险种,保险期限为一年,期满可申请续保。投保人本人费率按职业分为6类,配偶与子女未分类,分别列示意外伤害与意外医疗费率,便于选择不同的意外伤害与意外医疗保险金额计算保费。

4. 职业或工种变更

职业或工种变更是影响意外事故风险的重要风险因素,一般的意外伤害保险都有此条款。

5. 被保险人资格变动

被保险人资格的变动是平安意外伤害保险规定的特别条款,由于投保人可为配偶与子女投保,故规定当被保险人中的配偶因离异或子女因结婚超龄(23岁)不再符合本险种对配偶与子女的定义的,中止对其的保险责任,并退还保费,以减少道德危险因素。

(二)国寿财险“个人旅游意外伤害保险”

新版“个人旅游意外伤害保险条款”在原条款基础上进行了升级,取消了单一保险金额,对意外身故残疾、意外、急重症医疗、丧葬费用三项保险责任不仅单独设置保险金额,而且单独制定费率。除基准费率外,还增加了按保险金额、被保险人数、旅行方式、销售渠道、保险组合、免赔额等调整系数,显得更为科学、合理。

"个人旅游意外伤害保险"可以单独使用,也可以与其他主险、附加险进行组合,如交通事故身故残疾、住院津贴、骨折津贴、出行紧急医疗救援、班机延误等,并给予不同保险金额、保险期间方案供投保人选择。该产品荣获"2012 年度旅游保险产品"奖项。

六、健康保险

近年来,我国商业健康保险业务发展迅速。2015 年,健康保险保费收入为 2 411.14 亿元,占人身险保费收入 15%,这归功于大病保险城乡覆盖面不断扩大。有 100 余家保险公司开办了各类健康保险业务(含人身意外伤害保险业务),其中包括人保健康、平安健康、昆仑健康、瑞福德健康这 4 家专业健康保险公司。目前我国健康保险产品仍然以疾病保险和医疗保险为主,但失能收入损失保险和长期护理保险规模很小。

2006 年,健康保险在制度建设方面取得了两项重大进展:一是《健康保险管理办法》颁布实施;二是中国保险行业协会与中国医师协会共同制定了《重大疾病保险的疾病定义使用规范》,对于 25 种重大疾病进行了严格定义,并且规定其中 6 类疾病为必保疾病。2013 年 6 月 21 日,《中国人身保险业重大疾病经验发生率表(2006—2010)编制报告》通过评审,并于 12 月 31 日起正式实施,用于法定准备金评估。2012 年 8 月,国家发改委、卫生部、财政部、人社部、民政部、保监会等六部委联合发布了《关于开展城乡居民大病保险工作的指导意见》。2013 年 3 月,保监会印发《保险公司城乡居民大病保险业务管理暂行办法》,同时认可的具有大病保险经营资质的保险公司共有 34 家。截至 2015 年 9 月底,已有 17 家保险公司在全国 28 个省、市、区开展大病保险,覆盖人口 8 亿人。2015 年 8 月 2 日,《国务院办公厅关于全面实施城乡居民大病保险的意见》提出,在 2015 年年底前实现大病保险城乡居民基本医保参保人群全覆盖。根据国务院常务会议精神,财政部、国家税务总局、保监会联合下发《关于实施商业健康保险个人所得税政策试点通知》,自 2016 年 1 月 1 日起,对全国 31 个试点城市的个人符合规定的商业健康保险支出,允许其按照 2 400 元/年的限额标准在个人所得税前予以扣除。企业投保补充医疗保险的保费支出可以在工资总额的 5%的范围内税前列支。2016 年 7 月,三批共有 16 家公司可经营个人税收优惠的健康保险业务。这一重大利好预示着商业健康保险进入发展新时代。

(一)新华人寿"康健华瑞终身重大疾病保险"

新华人寿于 2013 年 4 月推出的这款重大疾病保险产品一共涵盖 60 种疾病保障。该险种具有以下特点:

第一,终身提供 45 种疾病保障,涵盖中国保险行业协会制定的《重大疾病保险疾病定义使用规范》中列明的 25 种重大疾病,以及特别增加的 20 种重大疾病。如果发生合同所约定的 45 种重大疾病,一经确诊,公司立即给付 100%重大疾病保险金。如果被保险人在合同生效后 1 年内确诊重大疾病,给付金额为所缴保费的 1.1 倍。

第二,对合同生效 1 年以上的终身提供 15 种轻度重疾保障,经确诊初次发生后,根据疾病类别按照合同约定给付基本保险金额的 10%或 20%、30%,不减少身故和全残保障金额。

第三,特设长期护理先行定期给付,对达到条件的被保险人,公司每月给付基本保险金额的 1/120作为护理费用。如果被保险人在合同生效 1 年内符合条件,则给付所缴保费的 1.1 倍。

第四,提供双重保费豁免:被保险人因意外伤害身故或全残豁免保费;被保险人(仅适用于 50 周岁保单生效对应日之后)领取长期护理保险金期间,豁免续期保费。

该产品荣获"2013 年度健康保险产品"奖项。

(二)平安个人住院费用保险

作为费用型的个人住院费用保险,特别适合于没有任何医疗保障的人群,如学生、农民、个体户等。个人住院费用保险是一年期分项给付费用型产品，保障程度分为四档，对被保险人每次住院所发生的规定范围内的合理必要费用，在各项费用限额内给付80%。给付的住院项目包括床位费、药费、治疗费、护理费、检查费、特殊检查治疗费、手术费、相关门诊费等，以及器官移植费和相关门诊费(如表16—7所示)。

表16—7 **住院项目及费用** 单位:元

原因		项目	一档	二档	三档	四档
非器官移植	1	每天平均床位费(最多给付90天)	30	50	80	100
	2	每天平均药费(最多给付90天)	60	100	200	300
	3	治疗费	500	1 000	2 000	3 000
	4	护理费	100	250	350	500
	5	检查费	500	800	1 500	2 500
	6	特殊检查治疗费	1 500	2 000	2 500	3 000
	7	救护车费	30	30	50	50
	8	手术费	1 500	2 500	3 500	5 000
	9	相关门诊费	0	0	500	800
器官移植	1	器官移植费	30 000	50 000	80 000	100 000
	2	相关门诊费	0	0	500	800

(三)国泰康宁长期看护健康保险

1. 投保范围

凡满18周岁以上、55周岁以下，身体健康的人，可作为被保险人参加该保险。投保年龄55周岁的人交费期限为15年。

2. 保险责任

该长期护理保险金承担下列保险责任:

(1)身故或第一级残废保险金。按保险金额给付，合同终止。保险合同内附有第一级残疾程度表，相当于全残标准。

(2)长期看护复健保险金。被保险人经该保险公司指定或认可的医疗机构诊断确定符合长期看护状态的，于免责期(90天)结束的次日按保险金额的12%一次性给付长期看护复健保险金，并在符合长期看护状态的缴费期间免缴保险费。

(3)长期看护保险金。被保险人经诊断确定符合长期看护状态的，于免责期结束的次日起，在每届满半年时按保险金额的8%给付长期看护保险金。

(4)满期保险金。该保险人生存至88周岁时，按保险金额给付满期保险金，合同终止。

对于被保险人导致第一级残疾同时符合长期看护状态的，仍依照约定给付长期看护复健保险金及长期看护保险金。

3. 长期看护状态

在该保险合同条款第25条“释义”中对关键的术语“长期看护状态”做了详尽的解释:指被保险人经指定或认可的医疗机构诊断后，依诊断证明书判断符合下列两种情形之一的:

(1)时常处于卧床状态，无法在床铺周围以自己的力量步行，并符合下列四项状态中的两项以上状态的:①无法自行穿脱衣服;②无法自行洗澡及沐浴;③无法自行进食;④无法自行控制大小便或自行擦拭排泄后的大小便等。

(2)被诊断确定为器质性痴呆，在意识清醒的情形下有分辨上的障碍，需他人看护照顾的。所谓“器质性痴呆”指《国际疾病分类》第十版(ICD—10)手册编号FO0至FO7及FO9病症，且经指定或认可的医疗机构诊断确定的。

所谓"意识清醒的情形下有分辨上的障碍",指经医师诊断判定,符合下列三项分辨障碍中的两项以上的:①时间的分辨障碍:经常无法分辨季节、月份、早晚时间等;②场所的分辨障碍:经常无法分辨自己的住、居所或现在所在的场所;③人物的分辨障碍:经常无法分辨日常亲近的家人或平常在一起的人。

由上可见,国泰康宁长期看护健康保险是以长期护理保险为主险,到88周岁满期的两全保险是附加险。虽然限于客观条件,保险金给付类型属于固定保险金,而不是提供护理服务,但它对"长期看护状态"界定科学合理,便于操作,为我国开展长期护理保险作了良好的开端。此后,人保健康保险公司推出了"全无忧"长期护理保险,瑞福德健康保险公司推出了瑞福德长期护理保险。此外,人力资源和社会保障部正在进行有关建立长期护理保险制度的研究设计,并将在部分地区开展试点工作。筹资方式以个人缴费、政府补助、医保统筹基金划拨为主,建立独立的保险基金。社会保险保障长期护理的基本需求,而商业性保险将满足高端需求。

(四)大病保险

大病保险并不等于重大疾病保险,而是对高额的医疗费用补偿。据《国家六部委关于开展城乡居民大病保险工作的指导意见》(以下简称《指导意见》),大病保险的保障对象为城镇居民医保、新农合的参保(合)人。对于高额医疗费用,可以个人年度累计负担的合规医疗费用超过当地城镇居民年人均可支配收入、农民年人均纯收入为判定标准。

1. 承办方式

根据《指导意见》,大病保险采取向商业保险机构购买大病保险的承办方式,并通过政府招标选定承办大病保险的商业保险机构,承办大病保险的保费收入免征营业税,免征保险业务监管费,并试行免征保险保障基金,承办的商业保险机构要遵循收支平衡、保本微利原则。所以,大病保险是一项政策性保险,具有明显的准公共产品性质。

2. 资金来源

从城镇居民医保基金、新农合基金中划出一定比例或额度作为大病保险资金来源,城乡居民不需要再出资便可获得大病保障。开展大病保险可以市(地)级统筹,也可以探索省、市、区级统筹。

3. 报销比例

大病患者在基本医保报销后仍需个人负担合理医疗费用,再给予实际报销50%以上,而且,对医疗费用实行分段制定支付比例,原则上医疗费用越高支付比例也要越高;同时,非医保报销目录的药品、治疗项目等,只要是合规的费用,都可以报销。

实践中,由保险业主导的大病保险出现了"太仓模式""湛江模式""襄阳模式""江阴模式"等。由于各地经济发展水平、基本医疗保险补偿水平不同,由地方政府相关部门制定大病保险的筹资、报销范围、最低补偿比例,以及就医、结算管理等政策要求不一,所以各种模式也存在差异。例如,"太仓模式"在报销金额上没有封顶线,而"襄阳模式"设有封顶线,而且最高报销比例也有差异。2016年4月26日,国务院办公厅发布《关于印发深化医药卫生体制改革2016年重点工作任务的通知》,其中在医保体系方面要求,城乡居民人均政府补助标准提高到420元,较2015年人均提高40元,40元中就有10元用于大病保险基金。2016年10月19日,保监会在城乡居民大病保险创新发展情况发布会上披露,大病保险已经覆盖10.5亿城乡居民。

(五)信泰人寿莫非尔丽抗癌保险

信泰人寿推出的这款专属的抗癌保险产品充分体现了互联网保险理念,具有廉、快、专三大特色。

1. 低门槛、高保障

首次投保年龄为18～45周岁,续保可至60周岁。1元起购,客户可根据自身需求灵保投保,最高保额可达20万元。首保等待期90天,续保无等待期。买1年保1年。以30岁男性为例,缴费 160 元，即可获得最高保障 20 万元。

2. 无须体验，网络在线投保

产品简单，互联网用户可轻松一键投保，方便快捷。

3. 分别为男女三大高发癌症提供保险

其中，男性保障肺癌、肝癌、胃癌，女性保障宫颈癌、乳腺癌、胃癌。在 1 年的保险期内，等待期后首次罹患三种癌症中的任何一种，即可获赔特定癌症保险金。保险责任明晰，服务便捷，理赔轻松。

该产品荣获“2015 年度互联网保险产品”大奖。

七、投资理财类险种

随着市场竞争的加剧和中国人民银行七次降低存款利率，我国各大寿险公司的利差损逐步扩大，有必要开发新型险种以化解经营风险，增强偿付能力；另一方面，为体现保险产品保障和投资的双重功能，市场也迫切需要投资理财类险种。在这一背景下，1999 年 10 月中国平安保险公司率先在国内推出了“平安世纪理财投资连结保险”，随后友邦保险公司推出了分红险种“友邦丰盛定期两全增值寿险”，新华人寿推出了 “创世之约—投资连结型个人终身寿险”，中国太平洋保险公司则开发出了万能型“太平盛世—长发两全保险”。此外，投资理财类保险还包括泰康人寿的“世纪长乐终身分红保险”、中宏的“理财通”分红终身保障计划等。综合来看，我国人寿保险市场上的投资理财类险种主要包括投资连结保险、分红保险和万能保险三大类。2007 年 4 月 4 日，中国保监会发布通知，修订的《投资连接保险精算规定》、《万能保险精算规定》将从 2007 年 10 月 1 日起执行。该规定在保障比例、退保手续费、买卖差价、初始费用、账务管理费等方面做了修订，在强化保障功能的同时，也降低了购买成本。投连险和万能险的保障比例不得低于个人账户价值的 5%，第一年退保费依然为 10%，但以后每年均有小幅度下调。买卖差价不得超过 2%，初始费用 5 万元以上是 5%，5 万元及以下为 10%（银行保险产品趸缴型），个人代理人销售的（期缴型），第一年为 50%，以后每年降低比例。账户管理费改为收取固定费用，不得与个人账户价值挂钩。至 2013 年各家公司投连险总规模为 739 亿元，在该年有超过 7 成的投连险账户取得正收益。根据新会计准则，从 2013 年 5 月开始，保监会在往年的“原保险保费收入”之外，新增“保户投资款新增交费”“投连险独立账户新增交费”两个统计指标。“原保险保费收入”仅是指传统险及通过保障风险测试的分红险及万能险的保费收入部分。投连险、万能险的收入大多不能以“保费收入”计入保费规模统计中。

（一）平安世纪理财投资连结保险

平安世纪理财投资连结保险是一种在设计上采用固定保险保障与变动投资账户相结合的新型寿险产品。它将投保人的保费分为 “保障”和“投资”两部分，独立运作。其中，投资部分的回报率不固定，保单现金价值根据保险公司的实际投资收益确定。投资连结保险融保险与理财为一体，改变了传统寿险产品以固定利率为基础的做法，使投资人的保单利益与保险公司的投资收益直接挂钩，利益共享，风险共担，不仅增加了保险公司经营运作上的灵活性，有利于提高资金运用效益，也增加了寿险的潜在投资价值，使得保险公司的专业经验和投资渠道转为能够直接为客户提供多元化服务的重要资源，客户因而能获得更大的价值。

1. 保险性质

平安世纪理财投资连接保险是一种两全保险。

2. 保险责任

平安世纪理财投资连接保险的保险责任归纳起来，主要包括以下四个方面：

(1)身故保险金和全残保险金。被保险人在保险期间内身故，或在保险期间内且于 60 周岁的保单周年日之前发生全残，保险公司根据合同项下的投资单位价值总额或者保险金额，取两者中金额较大者,给付身故保险金。其中,投资单位价值总额根据公司收到被保险人死亡证明书或残疾鉴定书后的下一个资产评估日的投资单位卖出价和合同项下的投资单位数计算。

(2)满期保险金。被保险人在保险期满时仍生存,则自保险期满后的5年内,受益人可随时申请给付满期保险金,公司按照投资单位价值总额给付。投资单位价值总额根据公司收到满期保险金给付申请后的下一个资产评估日的投资单位卖出价和本合同项下的投资单位数计算。

(3)满期特别给付金。被保险人在保险期满时仍生存,受益人可在保险期满后的30日内,申请给付满期特别给付金。每份本保险的满期特别给付金为人民币1 880元。如逾期不申请领取,满期特别给付金将自动转入投资账户,公司按照保险期满30日后的下一个资产评估日的投资单位买入价计算相应的投资单位数。投保人在保险期满之前解除合同的,公司不负给付满期特别给付金责任。投保人在保险期满之前部分领取投资账户现金价值的,满期特别给付金将按照领取比例相应减少。

(4)豁免保险费和可保选择权。被保险人在保险期间内且于60周岁的保单周年日之前因疾病或意外伤害事故导致失能,投保人免交豁免期间内的保险费,且保险合同继续有效。在合同有效期内,经保险公司同意,投保人可在第2、4、6、8个保单周年日,选择投保本保险的一份新保险合同(以下简称"新合同")。可保选择权应于规定的保单周年日后30日内行使。逾期未行使的,视同投保人自动放弃可保选择权。新合同的保险费和保险金额按照投保人行使可保选择权时保险公司相应规定和被保险人当时的实际年龄确定。

3. 保险期间

平安世纪理财投资连接保险的保险期间分10年、15年、20年和25年四种。投保人投保时可按被保险人当时年龄选择相应的保险期间。

4. 保额、保费及保费的分配

保额由投保人和保险人在投保时协商而定。每份保单的年缴保险费为人民币1 260元。投保人投保多份本保险时,每年应缴保险费为1 260+1 200×(投保份数-1)。

在保险合同有效期内,投保人要求部分领取投资账户现金价值的,自保险公司收到部分领取申请书之日的下一个资产评估日起,保险金额按照领取比例相应减少。

投保人部分领取投资账户现金价值后,以后每年应缴的保险费为部分领取前每年应缴保险费-1 200×投保份数×领取比例。

减少后的保险费不得低于保险公司规定的最低限额。

投保人每期应缴第一份保单的保险费,按照表16-8所示进行分配。

表16-8　每期第一份保单的保险费分配　单位:元

保单年度	每期保险费	投资账户	保险保障
首年	1 260	—	1 260
次年	1 260	240	1 020
以后各年	1 260	1 056	204

投保人投保多份本保单时,对超过一份的部分,按照表16-9所示分配每份保险的保险费;对未超过一份的部分,按照投保人投保一份本保单的情形处理。

表16-9　超过一份部分的保单的保险费分配　单位:元

保单年度	每期保险费	投资账户	保险保障
首年	1 200	—	1 200

续表

保单年度	每期保险费	投资账户	保险保障
次年	1 200	240	960
以后各年	1 200	1 056	144

5. 投资账户

投资账户是保险公司为履行保险责任,依照国家政策和相关法律法规进行资金运用而设立的专用账户。它的资产以投资单位计量,每期保险费中转入投资账户的部分,均按投资单位买入价计算相应的投资单位数。保险公司有权在提前书面通知投保人的情况下,合并、设立新的投资账户,或者合并、分解投资账户中的投资单位,但投资账户的资产价值不变。

(1)投资账户的资产评估。投资账户中的资产每年由中国保险监督管理委员会认可的独立会计师事务所进行审计。保险公司至少每月对投资账户中的资产价值评估一次,并公布投资单位价格。投资账户资产在资产评估日的最高值(或最低值)等于各项投资资产最高值(或最低值)之和,加上未投资现金和其他收入,减管理费及其他扣减项目。其中,投资资产最高值不得超过该资产的市场购入价加相关税金及费用;投资资产最低值不得低于该资产的市场卖出价减相关税金及费用。

(2)投资单位价格的确定。投资账户中的投资单位价格分为买入价和卖出价。

投资单位买入价由保险公司决定,但不得高于$\frac{\text{投资账户资产最高值}}{\text{投资账户的投资单位数}}\times\frac{100}{95}$。

投资单位卖出价不得低于$\frac{\text{投资账户资产最低值}}{\text{投资账户的投资单位数}}$。

(3)投资单位数量的确定。保险公司按照保单规定,确定每期保险费转入投资账户的金额并计算相应的投资单位数,计算方法如下:

$$\text{投资单位数}=\frac{\text{每期保险费应分配计入投资账户的数额}}{\text{保险费应交日后下一个资产评估日的投资单位买入价}}$$

投保人延迟交付保险费时,投资单位的买入价为保险费实际收到日的下一个资产评估日的投资单位买入价。

(4)投资账户资产管理费。保险公司在每个资产评估日收取投资账户资产管理费,收取标准为:

$$\text{投资账户资产最高值}\times\frac{\text{距上次评估日天数}}{\text{当天月数}}\times\text{资产管理费收费比例}$$

其中,投资账户资产管理费收取比例根据投资账户资产类型确定,但每月最高不超过0.2%。

由于平安保险公司推出投资连结保险1年多后股市持续低迷,加上前期保险代理人推销时误导,引起众多客户不满。于是平安保险公司在2003年斥资20亿元,对所有投资连接保险客户进行回访,通过设立最低保本条款,允许转换险种等方式来平息"投连风波"。

(二)中宏"理财通"分红终身保障计划

2000年3月,中宏、友邦和中国人寿先后在上海市场上推出了国内首批分红保单。按照分红保单的合同约定,保险公司在每个会计年度结束后,将上一个会计年度该保险的可分配盈余,按一定比例以现金红利或增值红利的方式,分配给保户。根据我国保监会规定,保险公司应将当年度可分配盈余的70%分配给客户。分红保险的出现如同投资连结保险一样,是化解我国寿险业利差损、促进寿险业持续发展的又一大举措。

综观目前保险市场上存在的分红险种,基本情况如表16－10所示。

表 16-10　　　　分红险种基本情况

保险公司	险种名称	投保年龄	现金红利(领取形式保户可选择范围)				增值红利
			累积生息	抵缴保费	现金领取	缴清增额保险	
中国人寿	国寿分红终身	60 岁以下	√	√	√	√	(不适用次标准体)
	国寿分红	60 岁以下	√	√	√	√	(不适用次标准体)
友邦保险	年年红	60 天～50 岁	√	√	√	√	
	节节高分期给付	60 天～59 岁					√
泰康	世纪长乐	65 岁以下	√	√	√	√	
中宏保险	聪明宝宝	30 天～12 岁	√	√	√		
	理财通	12～59 岁	√	√	√		

可见,分红险种除具有一般寿险的保障功能外,还可采用累积生息、抵缴保费等各种方式参加分红。以下以中宏的“理财通”分红终身保障计划为例,分析这类险种的特点。

1. 保险性质

中宏“理财通”分红终身保障计划是一种终身人寿两全保险。

2. 保险责任

(1)生存给付。当被保险人年满 55 周岁或 60 周岁,可以得到一笔等值于总保险金额 90%的保险金额及加上未支付的红利及额外红利作为退休金。

(2)期满利益。当被保险人生存至 100 周岁时,可以得到一笔等值于总保险金额 10%及加上未支付的红利及额外红利的期满金。

(3)终身寿险。被保险人在 55 周岁或 60 周岁之前身故,中宏提供高额保障,可获得高达总保额 100%的身故赔偿金;在此之后身故,可获得总保额 10%的身故赔偿金。

(4)红利给付。每保险年度末派发红利,红利发放方式包括派发现金、抵缴保费及留存于本公司等,留存于保险公司享有额外红利。

(5)免费提供中宏恩恤援助服务。

3. 保险期限和保险费

中宏“理财通”分红终身保障计划分 A 型和 B 型两种,凡是 12～59 周岁的人士均可参加,保险期限为到 55 周岁或 60 周岁为止。投保人可选择年缴、半年缴、季缴和月缴保费,按被保险人性别和年龄计算。缴费期有 10 年、15 年、20 年、25 年、至 55 周岁及至 60 周岁。

(三)太平盛世—长发两全保险

2000 年 8 月 8 日,中国太平洋保险公司推出的太平盛世—长发两全保险是国内首创的万能型保险产品。“万能”一方面体现在产品功能上,既有灵活可调的风险保障,又有独具优势的专家理财,保障、理财两相宜;另一方面,由于灵活可变的特点,万能寿险能够适应社会各阶层人士的投保需要。同是一个险种,可以变化出千差万别的保单。

1. 投保条件和投保方式

投保人需年满 18 周岁,具有完全民事行为能力,且对被保险人具有保险利益;被保险人年龄在 16～64 周岁(含 64 周岁)之间,身体健康,能正常劳动或工作的人。投保人与被保险人可以不是同一个人，且对投保人的健康状况没有具体要求，只需年满18周岁，具有完全民事行为能力，且对被保险人具有保险利益即可；被保险人方面，因为万能寿险涉及风险保障，所以有健康要求，但投保年龄很宽，从16周岁到64周岁皆可。

2. 保险责任

在合同约定有效期内，保险人对被保险人负下列保险责任：

(1)满期给付。被保险人生存至保险期满，保险人给付满期保险金，金额为满期日被保险人个人账户余额的全数，本合同终止。

(2)身故或全残保障，分别规定给付保险金如下：

①被保险人在合同生效180天内因疾病身故或全残，保险人给付身故或全残保险金，给付金额为即时保险金额的10%与保险事故发生日个人账户余额之和；同时保险合同终止。

②被保险人因意外伤害身故或全残，或者于合同生效180天后因疾病身故或全残，保险人给付身故或全残保险金，给付金额为即时保险金额与保险事故发生日个人账户余额之和；同时保险合同终止。

3. 保险期间

万能型保险属两全保险，保险期间分10年、15年、20年、25年，以及至被保险人55周岁、60周岁和65周岁7种。保户可以根据设立账户的目的、自身年龄以及个人或家庭经济状况来设定保险期间。比如，用于养老金储备目的，可以选择至55周岁、60周岁或65周岁；用于专向基金储备目的，可以选择固定年期的方式等。

4. 保险金额和保险费

对于保险金额和保险费，其主要规定如下：

(1)保险人与投保人在投保时约定保险金额，最低为人民币10 000元。

(2)在保险期满日之前，投保人可约定定期或不定期、定额或不定额地缴纳保险费，每次缴费最少为人民币1 000元。

(3)经保险人审核同意，投保人可申请增加保险金额，但必须经被保险人书面同意；投保人可申请减少保险金额，但减少后的保险金额最低以人民币10 000元为限；保险金额的调整必须以人民币1 000元为最小调整单位，每年仅限一次。

5. 个人账户

保险人为被保险人建立个人账户，第一次缴费在扣除手续费、当季管理费用和当季保障费用(包括附加保险的保障费用)后计入个人账户，本合同生效后的续缴保险费在扣除手续费后计入个人账户。本合同承诺最低保证利率为结算日当日中国人民银行颁布的两年期居民定期储蓄存款利率(年利率均转换为日利率，下同)。每年3月31日、6月30日、9月30日和12月31为被保险人个人账户的结算日，保险人对被保险人上季个人账户余额与本季计入个人账户的保险费，按此结算日的结算利率和经过天数累积，并在扣除下季管理费用和下季保障费用后计算该日个人账户余额，直至该个人账户撤销，本合同终止。被保险人在结算日前任一日期账户余额，为其上一结算日的账户余额按上一结算日的结算利率累积到该日的本利和及本季所缴保险费扣除手续费后，按上一结算日的结算利率累积到该日的本利和之和。本合同生效满2年，投保人可向保险人申请提取部分个人账户余额(每年仅限1次)，每次最低以人民币100元为限，最高以不超过上个结算日个人账户余额的50%为限，被保险人一次领取账户余额在10 000元以上的，需有2～7天的预约期。若个人账户余额不足以支付其一年的保障费用，保险人不允许提取部分个人账户余额。若被保险人的账户余额不足以支付下季的管理费用及保障费用时，应续缴保险费。保险人在每年1月份向投保人或被保险人寄送上一年度个人账户余额对账单，以通报其账户余额和过去一年的保险金额、手续费、管理费用、保障费用、续缴保险费和提取金额等情况。

(四)瑞泰财富工程"精彩人生"投资连接保险

1. 投保条件

投保人为年龄18周岁以上,被保险人为出生15天至70周岁身体健康的人。

2. 投资条款

保险费需一次性全额缴清,不能低于50 000元。合同生效后可另行缴纳额外保险费进行投资。所缴保险费再扣除初始费用后,按投资单位价格计算购入的投资单位数量,转入所选择的投资账户进行投资。现有四种投资账户可供选择:成长型投资账户、平衡型投资账户、稳定型投资账户、避险型投资账户。可以在不同投资账户之间确定分配比例。在正常情况下,在每个工作日对投资账户价值评估一次,计算前一日的投资单位价格,并予以公布。允许部分支取投资账户价值。

3. 费用条款

从保费中收取初始费用,250 000元以下收取费用比例3%,250 000元以上为2.5%。风险保额为身故保险金与投资账户价值的差额,为投资账户价值的1%。风险保障费用为风险保额乘以以被保险人的年龄、性别确定的费率,每年从投资账户中扣除。投资账户管理费按投资账户价值的一定比例扣除,避险型为0.5%,其他账户每年不超过1.5%。另按约定收取一定的退保与部分支取手续费,从第四个保险年度开始,不收取退保和部分支取手续费。

4. 保险责任

被保险人身故保险金为投资账户价值的101%。

由上可见,瑞泰财富工程"精彩人生"投资连接保险是个纯粹的投资连接保险产品,而且该公司的投资模式在国外被称为"基金的基金",把证券投资基金作为投资对象。在产品营销上也独树一帜,不用个人代理人,委托专业机构销售。

(五)平安"智富人生终身寿险"(万能型,A/B款)

这是平安保险公司推出的首个万能保险,自2004年5月上市后,一年多内销售了近50亿元保险费,有50万人购买了智富人生终身寿险,由此促进同业的保险公司也纷纷推出了万能险。平安"智富人生终身寿险A款"安心保"的主要特色是:

1. 可自主增减基本保额

万能寿险的最大特点是具有灵活性。该万能型产品规定,终身缴费,不设最低保费年限,投保人可以根据人生各阶段不同的保障需求,在规定的范围内弹性增减基本保额,适时调整保障与投资的比重。保险金额等于保单价值的105%和基本保险金额两者的较大者。承诺给付身故保险金。

2. 投资保底

保单价值年利率不低于保证的1.75%水平,还拥有更高的获益空间。该产品自2004年5月上市一年多来,投资收益率从2.85%上升至3.35%。

3. 有持续缴费特别奖励

从保单生效3年内,持续缴费,则自第四个保单年度起,将分配2%的当期应缴保费作为特别奖励。

4. 缓期缴费,保障不变

从第二个保单年度起,只要当时的保单价值足以支付保障成本,投保人可以缓缴保险费,继续享受保险保障。

5. 保单价值,透明公开

平安公司将会通过主要媒体每月公布结算利率,也可以通过平安电话中心(95511)、平安电子商务网站(www.Pa18.com)等处查询,每年还将寄送保单年度报告,报告中记载保费缴付情况、追加和领取情况、现有保障额度、保单价值、结算利息,扣除保障成本等。

平安智富人生终身寿险B款"随心保"还具有投资理财灵活性特点,允许投保人随时追加保费和部分领取保单账户价值，而且领取时不影响既有保障。

在平安智富人生万能险上市一周年时，平安再次领先市场，推出三项万能险产品升级。升级一：保费追加权。原规定只有期缴保费5 000元以上的客户才有权追加保险费，这次推出的“特别利益”条款提供一次调整期交保险费的权利，客户可以选择将期缴保险费增加到5 000元。升级二：附加豁免保障成本定期寿险。投保该附加险，当被保险人因疾病或意外造成全残或失能的话，可以豁免主险，即万能险以及该附加险本身的保障成本，豁免期最长至被保险人 60 周岁。该附加险的保费是直接随主险的保障成本扣除的，不需要另外缴费。升级三：放宽保额限制。这是为投保智富人生终身寿险 B 款的客户提供的一项特权。原 B 款规定基本保额最低不能低于期缴保费的 2 倍，现允许在年满 60 周岁，且持有保单 5 年以上的客户将基本保险金额调整至最低 1 万元，放宽了智富人生终身寿险 B 款的基本保额限制，降低退休后保障成本的支出，加快了养老金的积累。此外，智富人生万能险允许附加的附加险多达 12 种，涵盖重疾、医疗和意外多种险种。2005 年 5 月 30 日，平安保险公司还在广州正式推出“财富人生团体年金保险（万能型）”产品。其灵活性充分体现在保费缴付和养老金领取上，企业客户可以自由选择一次性、定期或不定期、定额或不定额等缴费方式，企业退休员工可以选择趸领、年领、月领等多样化的年金领取方式，同时具有保底收益等万能险特点。

2007 年 10 月 1 日，平安人寿保险公司在全国推出了根据新的《万能保险精算规定》升级的“智盈人生万能寿险”新产品。它在“智富人生终身寿险”的基础上降低了保障成本。

（六）联众灵活理财终身寿险（万能型）

安联大众（现为中德安联）人寿保险公司在 2004 年 11 月末推出了升息后首个万能险产品“联众灵活理财终身寿险”，该产品的最低保证利息率高达 2.5%，达到了目前保监会规定的上限。

“联众灵活理财终身寿险”规定了两种保险金额类型供投保人选择：A 型为基本保险金额和保单账户价值两者中金额较大者；B 型为基本保险金额和保单账户价值之和，这更符合国际做法。A 型的保险金额是由保险金额递减的定期寿险和递增的现金价值组成，而 B 型的保险金额是由保险金额不变的定期寿险和递增的现金价值组成，当保单现金价值增加，保险金额也随着增加，更凸显其投资功能。投保人拥有在 A 型和 B 型之间相互转换的权利。如果从 A 型转换为 B 型，原来的风险净额会变成新的保险金额，再加上保单的现金价值，产生了新的死亡给付金额。如果从 B 型转换为 A 型，原来的死亡给付金额变成新的保险金额，风险净额已递减。授予投保人转换保险金给付方式的权利，这样就更能增加万能寿险的灵活性。在我国目前众多的万能寿险产品中，唯独安联大众人寿保险公司的“联众灵活理财终身寿险（万能型）”允许投保人以书面形式转换保险金额类型。

“联众灵活理财终身寿险（万能型）”条款中规定“本公司提供一种或数种理财账户供投保人购买或选择”，并允许“选择不同理财账户及保险费在期间的分配比例，并可在其后予以变更”。应该说安联大众人寿保险公司的万能寿险产品已属于变额万能寿险。

（七）平安“聚富步步高”投资连接保险

该险种是平安人寿保险公司在 2007 年 9 月推出的最新银保版投资连接保险。它为年龄 18 岁至 60 岁的客户提供三种投资账户，前一种属于稳健平衡型，后两种属于积极进取型。客户每年可以有 12 次的免费账户之间转换，初始费用为 4%，买卖差价 2%，投资账户资产管理费 1.2%，退保零收费，它是按照 2007 年 10 月 1 日起执行的中国保监会《投资连接保险精算规定》设计的。在 2007 年 11 月，平安人寿保险公司又推出了个人版“聚富年年”投资连接保险。

（八）华夏保险“红双喜全能理财保险计划”

1. 保险性质

红双喜全能理财保险计划是一个组合计划，包括主险红双喜两全保险，可选择附加金管家万能账户、附加重疾和医疗保险。

2. 主险红双喜两全保险

可以一次交费,也可分3年、5年、10年交费,保险期间为20年或30年。作为一种分红型两全保险,它配置了两种分红:一是保额分红,即保额逐年增加;二是合同期满或生效满1年后合同终止时,根据业务盈余情况额外派发终了红利。

3. 附加金管家万能账户

其特点是一次性投资,无相关费用,即无初始扣费、无保单管理费、无风险管理费,客户资金100%进入投资账户,并保证最低收益,前5年保证利率为年利率2.5%,实际结算利率预计高达5.2%,而且领取灵活,满3年退保或部分领取,无任何费用。

该产品荣获"2013年度创新保险产品"奖项。

复习思考题

1. 试解释下列名词:分红保单、增额保费缴清保险、保单贷款、自动保费贷款、所有权条款、不可争议条款、自杀条款、宽限期、复效条款、转让条款。

2. 概述人身保险的特点。

3. 简述保单红利的来源。

4. 人寿保险有哪些保险金给付方式可供选择?

5. 概述数种人寿保险附加特约的基本内容。

6. 根据友邦康鸿五年定期趸缴保险费还本保险的责任免除,试分析人身保险的三类责任免除。

7. 根据老来福养老返利终身寿险的保险责任,试分析其保险性质。

8. 全家福联合寿险的受益人在申领保险金时可获得哪些选择权?

9. 阐述平安育英才两全保险的特点。

10. 全福还本养老寿险是怎样规定保险责任开始的?

11. 鸿寿养老金保险有哪些领取养老金的方式?

12. 简释太平人寿"太平稳赢一生年金保险"的性质。

13. 平安意外伤害保险对意外残疾保险金给付做了哪些规定?

14. 根据新华人寿"康健华瑞终身重大疾病病保险"的保险责任来分析其主要特点。

15. 平安个人住院费用保险是一种费用型的医疗保险,其给付的住院项目有哪些?如何确定每项的给付金额?

16. 简述国泰康宁长期看护健康保险的主要特点。

17. 平安世纪理财投资连接保险的保险费是如何分配的?如何确定投资单位价格和投资单位数量?

18. 太平盛世—长发两全保险对保险金额和保险费是怎样规定的?它对个人账户的管理又做了哪些规定?

19. 为什么瑞泰财富工程"精彩人生"投资连接保险被称作"基金的基金"?

20. 为什么说联众灵活理财终身寿险属于变额万能寿险?

21. 为什么华夏保险"红双喜全能理财保险计划"荣获"2013年度创新保险产品"奖项?

第十七章 再保险

第一节 再保险的基本概念和特点

一、再保险的定义

再保险(reinsurance)又称分保,是保险的保险,即原保险人(primary insurer)通过签订再保险合同,支付分保费,将其承担的部分或全部风险(业务)转让给其他保险人或再保险公司,当原保险合同项下发生赔款,由再保险人按照再保险合同的规定补偿原保险人。我国《保险法》第 28 条把再保险定义为:“保险人将其承担的保险业务,以分保形式,部分转移给其他保险人,为再保险。”再保险是一种分散风险的方式,为现代保险公司普遍采用。

二、与再保险有关的几个概念

习惯上把分出自己业务的保险人称为原保险人或分出公司(ceding company),把接受再保险业务的保险人称为再保险人或分保接受人、分入公司(ceded company)。与再保险有关的还有几个概念:

(一)分保费

这是分出公司转让业务所要相应支付的一部分保费。

(二)分保手续费或分保佣金

由于分出公司承保业务有费用开支,所以分出公司要向分入公司收取一定费用,即分保手续费或分保佣金(overriding commission),作为补偿,它一般要高于分出公司的费用开支。

(三)自留额

在一般情况下,原保险人不会全部转让业务,会自留一部分责任,这自留部分的责任被称为自留额(retention)。

(四)转分保

这是指再保险人将接受的分保业务再分保给其他保险人或再保险公司,转分保(retrocession)的双方当事人分别称为转分保分出人(retrocedent)和转分保分入人(retrocession air)。

由上可见,保险是再保险的基础。对于大额保险业务,原保险人有时需要安排好分保后再予以承保,即在承保前要与再保险人协商,甚至以再保险人提出的条件为承保条件。

三、再保险合同的特点

与原保险合同相比较,再保险合同具有下列特点:

(一)再保险合同当事人都是保险人

进行分保也要签订合同,但双方均是保险人,双方都是保险行家。而且,双方的利害关系是一致的,原保险合同发生属于保险责任范围的超过自留额的损失,再保险人就要按再保险合同的规定进行补偿,即实行"共同命运"(follow the fortunes)原则。

(二)再保险合同的保险标的不是物质财产,而是原保险人所承担的责任

这一特点特别适用于非比例分保合同。

(三)再保险合同是补偿性合同

在直接保险中,除了人身意外伤害保险、疾病保险之外的人身保险都是定额给付合同,而包括寿险再保险合同的所有再保险合同都是补偿性合同。

(四)原被保险人对再保险人无权利或义务关系

再保险合同是一种单独的契约,原被保险人不是再保险合同的当事人,转分保分入人亦然。因此,原被保险人无权向再保险人提起诉讼。英国 1906 年《海上保险法》第 9 条(2)款规定:"除非保单另有约定外,原保户对再保险人无利益或权利,故保户对再保险人无权请求赔偿。"但是,可使用特约条款约定,在原保险人破产的情况下,原被保险人可以直接从再保险人处获得赔款。

(五)大部分再保险业务是国际性业务

再保险业务大量是国际性业务,在英美等一些国家也存在大量的国内再保险业务。直接保险业务一般是国内业务,也有少量如海上保险和航空保险的国际性业务。

第二节 再保险发展简史

一、再保险的形成和发展

再保险最初曾经被视为一种投机行为。由于早期对再保险的定义不明确,有时把再保险混同于重复保险。例如,在海上保险中曾出现对一次航行签发多份保单的赌博情况,于是英国议会于 1746 年明令禁止海上保险的再保险:"对大不列颠的船舶和满载货物的保险应进行管理,这些业务办理再保险是非法的,除非直接承保人要倒闭、破产或死亡。"此外,早期的承保人习惯使用共同保险,对太大的风险往往由多个承保人各承保一个份额,这就限制了再保险的发展。经过 100 多年,英国于 1864 年撤销了禁止再保险的法令。在欧洲大陆国家,如法国 1681 年路易十四法令、德国 1731 年汉堡法令、瑞士 1750 年保险法令,都准许保险人经营再保险。法国 1681 年通过的一项法令规定:"保险公司之间办理再保险是合法的,因为他们保障各自的业务。"

同直接保险一样,再保险也是从海上保险开始的。据记载,第一笔海上再保险是由一个叫 Gustar Crueiger 的保险人在 1370 年签发的一份保险单,承保从意大利热那亚(Genoa)到荷兰斯卢丝(Sluys)这一航程的海上风险。该原保险人后来把从加的兹(Cadiz)至斯卢丝这一段最危险的航程的责任分保出去,而把经由地中海这段较为安全的航程的责任自留。这种做法的原因并不是原保险人无力承保,而是使用再保险来避免他不愿承担的风险。因此,在严格意义上这还不能说是"再保险"。较为可靠的再保险最早记录是,1720 年荷兰鹿特丹保险公司将承保到西印度的海上保险向伦敦市场进行分保。所有早期的海上保险再保险都是临时分保。到 19 世纪中期才出现第一笔海上保险的合同再保险。船舶分保是以全损为基础,货物分保是以平安险(F. P. A)为基础,这种做法延续至今。

在 18 世纪,火灾保险中不使用再保险,而是采用共同保险。第一笔火灾保险的再保险是 1813 年纽约雄鹰火灾保险公司与新泽西的联合保险公司签订的再保险合同,由雄鹰公司承保联合公司的全部火险未到期业务,这是一种合同再保险。1821 年 12 月 15 日,巴黎国民保险公司与布鲁塞

尔的业主联合保险公司签订了一份再保险合同，这是一笔国际再保险业务。建立于1710年的英国太阳保险公司开始时保单的金额不超过500英镑，后在1821年取消了这一限额，原因是英国皇家交易所签发了保险金额为5 000英镑的保单，于是太阳保险公司也开始使用再保险。1838年，慕尼黑保险公司向太阳保险公司提供了第一笔海上保险再保险合同。

在19世纪末和20世纪初，合同再保险已成为火灾保险再保险的通常方式，临时分保仅用于特大保额的业务或特别危险的业务。合同再保险为开展分保交换创造了条件。早期的合同再保险是以溢额为基础的。后来劳合社的承保人希思在1890年提出了超赔再保险。1906年，希思又替旧金山的哈特福德(Hard Ford)保险公司设计了巨灾超赔再保险(责任包括火灾、地震、风暴)，承保了由于一次事件中一系列索赔超过约定金额以上的责任。

最早的人寿保险再保险出现于19世纪40年代，那时人们对人寿保险的需求有了增加，建立了许多人寿保险公司。最初的人寿保险再保险也是使用临时分保，但遇到诸多问题。例如原保险人不公布自留额；原保单中止后，再保险合同未同时解除。后来英国各家人寿保险公司签订了有关人寿保险再保险的协议，内容包括费率、自留额、退保金、额外保费、佣金率等。在19世纪后期出现了人寿保险合同再保险，使用比例分保方式。英国的商业和通用再保险公司(mercantile and general reinsurance company)首创了一种新的分保方式，即只分保下一年度的死亡风险。由于准备金会逐年增加，所以再保险金额会逐年减少，再保险费率也会随被保险人年龄增大而逐年增加，该过程持续到准备金提足为止。按照这种方式，分出公司是向再保险公司投保每年可更新的定期寿险。

19世纪后期包括汽车保险在内的意外保险(casualty insurance)迅速发展，于是也就出现了意外保险再保险。最早的意外保险再保险是1872年英国铁路旅客保险公司从一家人寿保险公司那里接受去新西兰的一船移民人身意外伤害总计超过2 000英镑的给付责任。早期的意外保险再保险大部分是临时分保和比例分保，到了20世纪初，汽车保险、公众责任保险、雇主责任保险等险种均使用超赔再保险合同。汽车保险业务的特点是：保单数量多，保险金额低，索赔频率高，并且一次事故可能造成多人伤亡和多辆车受损，适用手续比较简便的合同分保。一个例外是，雹灾保险经常使用成数分保，对自留责任还经常使用损失中止再保险，当一个季节的赔付率超过保费约定比例时，原保险人可从再保险人处得到补偿。

二、中国再保险发展概况

(一)1949年前我国的再保险业

1949年前我国的再保险基本上控制在欧美保险公司之手中。官僚资本的中国保险公司的分保后台是英国太阳保险公司，民族资本中实力较强的太平保险公司的分保后台是瑞士再保险公司。直到1928年，中国才出现第一家同业分保集团，即由上海联保、联泰、肇泰、羊城四家保险公司参加的“上海四行联合总经理处”。1933年6月，由9家华商保险公司联合在上海成立了我国第一家专营再保险业务的公司“华商联合保险股份有限公司”。① 1935年成立的由中央银行投资的“中央信托局保险部”除从事直接保险业务外，也兼营再保险业务。1937年抗日战争爆发后，许多保险公司内迁至重庆。当时在重庆有华商保险公司40余家，除了中央信托局保险部和中国保险公司与外商有分保关系之外，其他一些华商保险公司联合组织了一个“再保险集团”(后改组为“中国再保险公司”)。1946年由中央信托局参股控制的中国再保险公司在上海成立。

1947年日本发动太平洋战争后，日本侵略军占领上海，日商保险公司在上海成立了“东亚保险公司”，企图垄断中国的分保业务，但未能得逞。华商保险公司为了解决分保问题，先后筹建了太平、中国、久联、大上海和华商联合五个分保集团。抗日战争胜利后，外商保险公司卷土重来，恢复

① 参见中国保险学会、中国保险报编著：《中国保险业两百年》(1805～2005)，当代世界出版社2005年版，第105页。

了分保业务,美亚保险公司取代了英商保险公司垄断分保的地位。

(二)1949年后我国的再保险业

中华人民共和国成立后,首先对官僚资本的保险公司进行接管和清理,恢复营业后的中国保险公司负责办理对外分保。为了切断外商保险公司的分保业务来源,在上海成立了民营保险公司的“民联分保交换处”。1949年10月20日成立的中国人民保险公司主要与苏联和东欧一些国家办理分保。国内业务不办理分保,国外业务因使用外汇赔偿且风险比较集中,继续办理国际分保。1950年在台湾海峡发生海轮被蒋帮劫持事件,从伦敦市场摊还赔款70万英镑。1953年后,我国开始接受劳合社回头分保业务,并发展同其他友好国家分保业务。在国内保险业务停办时期,国外保险业务和再保险业务受到很大冲击,但没有完全停办。

在1979年恢复国内保险业务的同时,中国人民保险公司也积极开展国外保险业务和再保险业务。1980年“两伊”战争期间,我国“嘉陵江”“牡丹江”“阳春”“开平”这四艘海轮在被封锁的战区损失达1 430万美元。1981年9月26日,我国“莲花城”海轮在新加坡锚地发生爆炸,2 100万美元的货物全损。1983年中国民航发生了三次重大事故,赔款总计1 000多万美元。以上赔案均从国外摊回80%~90%的分保赔款。1990年10月2日,广州白云机场三架波音飞机撞毁,赔款9 000多万美元,从国外分保摊回赔款7 500万美元。1995年1月26日,中国太平洋保险公司承保的亚太二号通信卫星,在飞行中爆炸,造成星箭全损,保险金额1.6亿美元,2月8日,中国太平洋保险公司和国际上主要分保接受人确认了1.6亿美元的全部赔偿责任。3月17日,太平洋保险公司将全部赔款划付给香港亚太通信卫星有限公司。2002年4月15日,中国人保承保的波音767-200客机在韩国釜山坠毁,机身损失2 160万美元,通过分保摊回赔款1 875万美元。2002年5月7日,北方航空公司麦道82飞机在大连海域坠毁,机身损失1 049万美元,通过分保摊回赔款902万美元。

随着太平洋保险公司、平安保险公司、新疆建设兵团农牧业保险公司相继成立,这些公司按《保险企业管理暂行条例》的规定向中国人民保险公司办理分保。例如,1992年,太平洋保险公司承保了我国五大国际机场的机场责任险,责任限额为16亿美元,该公司向人保办理了30%的成数分保,公司自留额以上的其余部分向国外保险公司和再保险公司办理分保。

直到1996年,我国才出现第一家专业再保险公司,中国人民保险公司改制的中国人民保险(集团)公司下设中保再保险有限公司,1999年中保再保险有限公司又改组为中国再保险公司,成为独立法人,经营各类再保险业务。2001年12月,中国加入世界贸易组织(WTO),根据加入世界贸易组织的承诺,自2002年起法定分保每年降低5%,至2006年降为零。2002年9月中国保监会颁布了《再保险公司设立规定》。根据该规定,慕尼黑再保险公司和瑞士再保险公司这世界两大再保险公司获准在我国建立分公司。2003年中国再保险公司重组为中国再保险集团公司,下设产险再保险公司、寿险再保险公司和大地财产保险公司三家子公司。2006年12月上旬,中央汇金投资有限责任公司向中国再保险集团公司注资40亿美元的方案获批。2004年科隆再保险公司获准在中国开展再保险业务。2005年10月中国保监会颁布了《再保险业务管理规定》,并于同年12月1日起正式实施。该年劳合社获准在上海筹建一家再保险公司,并于2007年4月开业。2006年汉诺威再保险公司和法国再保险集团也获准在中国分别筹建一家寿险再保险分公司和产险再保险分公司。目前,全国共有再保险机构10家,其中,中资4家,外资6家。2013年,我国再保险保费收入为1 238亿元。近期,我国陆续出台一系列政策,鼓励有条件的中资金融保险集团出资设立专业再保险法人机构。2016年2月18日,太平再保险(中国)有限公司正式开业。2016年3月,人保再保险股份有限公司与前海再保险股份有限公司先后获批筹建。

1996~2005年十年期间,中国再保险公司的法定分保费收入总计1 225.7亿元。中国再保险公司依靠法定分保占据了中国再保险市场90%的份额。进入2007年,这种情况发生了根本改观,中国再保险市场变成完全的商业分保市场,而且中国再保险市场已变成完全开放和竞争的市场。

2015年，中国再保险（集团）股份有限公司总保费收入达804.34亿元（含财产险直保业务266.85亿元），税后净利润33.96亿元，在国内再保险市场上占主渠道地位，并拥有引领行业的数据和技术优势，向行业提供了风险曲线、多种承保定价系统，引入巨灾模型，实现经济资本模型的应用等。时隔28年，亚非保险再保险联合会（FAIR）再度来到中国，于2013年9月16～19日在北京召开，由中再集团承办。2016年6月3日，中再集团新加坡分公司获新加坡金融管理局批准开业，在新加坡经营财产再保险业务。2007年7月，中国保监会发布了《中国再保险市场发展规划》，明确提出鼓励社会资本投资再保险公司，支持具备条件的保险集团设立再保险公司，形成以专业再保险公司为主导，再保险集团、兼营再保险的直接保险公司、从事再保险业务的专业中介机构、自保公司以及特殊风险保险联合体等多层次、多类型、多功能主体并存，中外资再保险公司公平竞争、共同发展的再保险市场格局。

2014年11月25日，《上海市人民政府贯彻〈国务院关于加快发展现代保险服务业的若干意见〉的实施意见》发布，确立到2020年，上海地区通过建过建立区域性再保险中心、航运保险中心和保险资金运用中心，发展成为国际保险中心。要成为国际保险中心，再保险市场是一个非常重要的组成部分。上海筹建保险交易所，推动区域再保险交易，引入中外再保险机构、自保公司、再保险经纪公司，以及从事风险管理、保险理算、法律咨询等保险服务机构，大力发展跨境和离岸保险业务，利用上海自贸区平台为国内的巨灾保险等特殊风险提供再保险支持。2015年5月18日，上海保险交易所创立，首期注册资本22.35亿元，由91家发起人设立，其中保险业和机构的股权占比合计约75%。同年6月12日，上海保险交易所揭牌正式运行。

第三节 再保险的职能和作用

一、再保险的职能

（一）分散风险

再保险的基本职能是分散风险，保险公司将其承保的一部分风险通过再保险在国内或世界范围内分散，以获得其经营稳定性。由于现代科技发展，大型飞机、超级油轮、大型工程项目、石油开发、核电站、卫星发射等项目保险金额动辄数亿元、数十亿元，甚至上百亿元，洪水、飓风、地震等严重自然灾害一次造成的巨灾损失可能高达数亿元、数十亿元，甚至数百亿元，一家保险公司甚至一国的保险市场都难以承担，这就需要在国内同业间甚至国际同业间办理分保。例如，1988年北海油田钻井台沉没案损失超过20亿美元，由于办理了分保，对承保公司的财务影响不大，参加分保的公司办理了转分保，对再保险公司的影响也很小。又如，2001年“9·11”恐怖袭击事件造成400亿美元赔款，再保险的赔款就占了赔款的一半以上。2007年5月23日，美国纽约州州长埃里奥特·斯皮策宣布，瑞士再保险等7家保险公司已同意向世贸中心承租者拉里·西尔弗斯坦与地产所有者纽约与新泽西港务局赔付20亿美元。目前，全世界有一万多家保险公司，年保费收入早已突破4万亿美元，再加上积累的准备金和投资收入，形成了非常可观的保险基金，足以应对巨灾损失。

（二）为运用大数法则创造条件

保险公司是根据损失概率来确定纯费率，但必须要运用大数法则才能确保纯费率与实际损失率一致。但是，在实际保险业务中有许多因素影响大数法则的运用。

1. 费率问题

在实际保险业务经营中，费率往往由于业务竞争的影响而偏离根据大数法则制定的费率。恶性的费率竞争，促使保费收入剧减，从而不利于业务经营的稳定。

2. 业务量问题

大数法则要求必须有大量同质的风险单位存在,换言之,保险公司必须承保足够多的风险单位,这样实际损失率就不会偏离预期损失率。但是,某些险种如航空保险,在许多国家的保险市场上并没有足够数量的风险单位。因此,航空保险费率是根据国际上的损失率来制定,并且要在世界范围内进行分保,这样才能保证大数法则发挥作用。

3. 保险金额均等问题

在保险中应用大数法则的另一个条件是,每个风险单位的保险金额必须是均等的。均等的保险金额才使风险不过于集中。然而,在实际业务中,保险金额不是均等的,如各种船舶的保险金额差异就很大。这样一旦大额风险单位发生损失,就会严重影响保险公司经营的稳定性。

4. 巨灾损失问题

大数法则运用还有一个条件是,每个风险单位应单独地面临可能发生的损失。但是,在实际的保险经营中,保险公司会遇到巨灾损失问题,即多个风险单位会同时发生损失,而一家保险公司难以承担这样的巨灾损失的赔偿责任。

上述多种因素都影响大数法则在保险中的运用,但是,通过再保险可以为运用大数法则创造了条件。

二、再保险的作用

(一)业务方面的作用

1. 避免风险集中,保证业务经营的稳定性

先用以下例子予以说明。

[例 17—1] 某家保险公司承保 10 艘船舶,每艘船舶的保险金额1 000万元,年费率为 0.5%。

全年保费收入=1 000 万元×10×0.5%=50(万元)

换言之,该保险公司要收 20 年的保费才能赔偿一艘船舶的全损。事实上很难保证这 10 艘船在一年内没有一艘会发生全损。如果该保险公司把船舶的赔偿责任从1 000万元降到 10 万元,把 990 万元的责任分保给其他保险公司,那么该公司就不必担心船舶发生全损。

[例 17—2] 某家保险公司承保 100 艘船舶,但保险金额高低不一,高则 1 亿元,低则 100 万元。万一保额高的船舶沉没,这家保险公司会发生严重亏损,甚至破产。该家保险公司可以确定每艘船的自留额为 50 万元,总的自留额共计5 000万元,把超过自留额部分的责任全部分保给其他保险公司。

虽然在损失较少的年份,分出公司由于支付分保费而减少了盈利,但在损失多的年份可减少赔款,从而稳定经营,获得均衡利润。从我国对外分保情况来看,在大多数年份和大多数分保合同,分保接受人都是有盈利的。但是,在发生较大损失赔案时,均能及时摊回大部分赔款。例如,1987 年我国承保的进口货物所装载的"卡松"号轮在西班牙发生爆炸,货物推定全损3 100万美元,及时摊回2 300万美元再保险赔款。

在办理分保时,不能单纯地把质量不好的业务分保出去,因为这样会使分保接受人长期遭受亏损,致使分保关系不能持久下去。

2. 扩大承保能力,增加业务量

许多国家的保险监管部门或保险法规规定,保险公司的资本金对保费收入有一个适当比例,低于这一比例就必须进行清理。我国《保险法》第 99 条规定:"经营财产保险业务的保险公司当年自留保险费,不得超过其实有资本金加公积金总和的四倍。"通过再保险,可以突破这一限制,因为在计算自留保险费时要从保费收入中扣除分保费。因此,在不增加资本的情况下,再保险可以扩大承保能力,增加业务量。

[**例 17—3**] 如果法律规定保险公司的资本额占自留保费收入比例不得低于 10%，一家保险公司在 50 万元资本情况下运用再保险之后可使其业务量达到2 000万元。

业务	资本额	业务量	自留额	分出额	资本额占保费收入比例
(1)	50 万元	500 万元	500 万元	0	10%
(2)	50 万元	2 000 万元	500 万元	1 500 万元	10%
(3)	50 万元	2 000 万元	400 万元	1 600 万元	12.5%
(4)	50 万元	2 000 万元	600 万元	1 400 万元	8.3%

在第(1)种情况下，没有办理分保，业务量只有 500 万元，但符合自留保费与资本金比例的法律规定。在第(2)、(3)、(4)种情况下，均办理分保，自留额不等，业务量均达到2 000万元，但在第(4)种情况下，资本金与自留保费比例违反法律规定，因此必须把分出业务从 70%增加到 75%。

上例说明再保险扩大了承保能力，增加了业务量。如果没有再保险，被保险人就要向多家保险公司投保，或者由多家保险公司共保，有了分保，被保险人只要向一家保险公司投保即可。

(二)财务方面的作用

1. 提供未到期责任准备金和分摊营业费用

在计算未到期责任准备金时不能扣除营业费用，但是可以扣除分保费，即按净保费收入计提未到期责任准备金，并由分保接受人提供未到期责任准备金，即可从分保费中扣除未到期责任准备金。分保佣金率一般高于营业费用率。假定分保佣金率为 35%，营业费用率为 25%，分出 100 元保费业务，分保接受人不仅提供了 100 元保费业务的未到期责任准备金，而且还提供了 35 元的分保佣金，分摊了营业费用，扣除垫支的 25 元营业费用后分保分出人还可获得 10 元收益。

2. 提供未决赔款准备金

如果有了再保险，未决赔款准备金转由分保接受人按其所承担的责任来提供。

3. 增强财务力量

从资产对负债、资本对未到期责任准备金的比例关系两方面举例说明如下：

[**例 17—4**] 年底时资产负债情况如下：

资　产	负　债	
100 万元	30 万元 20 万元 50 万元	未决赔款准备金 未到期责任准备金 资本(包括公积金)
100 万元	100 万元	

上表中资产对负债的比例是 2∶1，该比例越大，财务力量就越强。资本对未到期责任准备金的比例是 2.5∶1，这个比例以 1∶1 适当，现大于这个比例，表明财务力量较强。

增加 20 万元保费收入业务，营业费用率为 25%，无分保，并且保费收入全部用来提供未到期责任准备金，这样未到期责任准备金增加到 40 万元。实际现金收入是：

20－20×25%＝15(万元)

从资本中支取 5 万元营业费用，资本减少到 45 万元。资产和负债的变化情况如下：

资　产	负　债
115 万元(100 万元+15 万元)	30 万元 40 万元(20 万元+20 万元) 45 万元(50 万元−5 万元)
115 万元	115 万元

这样资产(115 万元)对负债(70 万元)比例是 1.64∶1,较以前下降。资本(45 万元)对未到期责任准备金(40 万元)比例是 1.12∶1,也较以前下降,表明财务力量有所削弱。

若将所增加的 20 万元保费收入业务全部分保出去,分保佣金率为 35%,并由分保接受人提供全部未到期责任准备金 20 万元。扣除分保佣金后所付的分保费是:

20−20×35%=13(万元)

分保佣金为 7 万元,营业费用为 5 万元,分出公司有 2 万元收益,因而资产减少到 102 万元,资本增加到 52 万元。资产和负债的变化情况如下:

资　产	负　债
102 万元(115 万元−13 万元)	30 万元 20 万元(40 万元−20 万元) 52 万元(45 万元+7 万元)
102 万元	102 万元

这样资产对负债比例是 2.04∶1,较以前上升,资本对未到期责任准备金的比例是 2.6∶1,也较以前上升,表明财务力量增强。

(三)经营管理方面的作用

1. 增加可运用资金

由于收到保费与支付分保费之间有时间差,合同分保按季度或半年度结算分保费,所以,可以增加分出公司的可运用资金。

2. 增加对国际保险市场的了解

分出公司可以从国际上的专业再保险公司或再保险经纪公司处得到服务,诸如分保规划、大的赔案咨询、承保、人员培训等。有些分入业务,国外原保险人会提供原保险合同条款、承保条件、费率等资料,从中可以学习先进经验,有利于本国开办这些业务。

第四节　再保险市场

再保险在世界范围的发展,使得一些城市成为活跃的再保险市场,少数城市还成为国际再保险的中心。再保险交易在一些地方是保险人与再保险人之间的直接交易,在另一些地方则是通过再保险经纪人进行交易的。再保险交易的一个特点是一家保险公司或再保险公司既可以作为再保险的买方,又可以作为再保险的卖方。

一、再保险市场的种类

(一)国际市场

以最大的国际再保险中心伦敦市场为例,其再保险市场的组成如图 17−1 所示。

英国在 19 世纪还没有像样的再保险市场,大部分再保险业务是分到欧洲大陆国家。这种情况

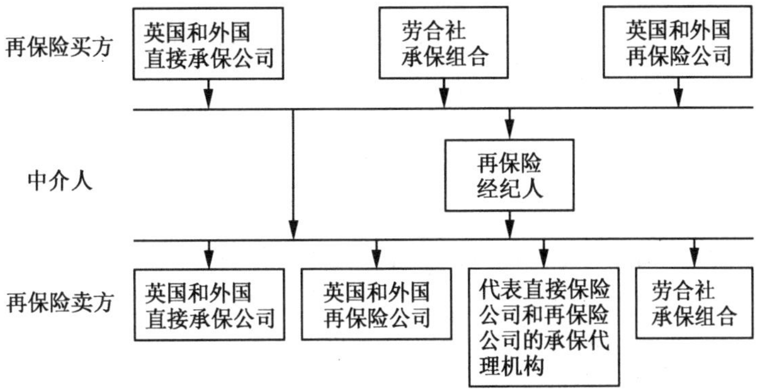

图 17—1　伦敦再保险市场的组成

在第一次世界大战爆发后有了改观，1914 年英国与德、奥匈帝国的再保险因颁布《与敌对国贸易法》而失效，这促使在英国再保险公司之间进行一系列合同再保险。战后，伦敦再保险市场才有巨大发展。伦敦之所以成为国际再保险中心是有多种原因的，其主要原因如下：

第一，伦敦有不同种类的保险人和再保险人。除了英国保险公司和劳合社外，许多大的外国保险公司和再保险公司在伦敦设有分公司或子公司。

第二，伦敦有良好的金融环境。英国实行自由汇兑制度，有发达的金融服务业，有利于再保险交易。

第三，英国政府对保险业的监管较为宽松。外国公司可以自由设立机构，保险条款和费率制定比较灵活。

第四，伦敦市场有成熟的保险经纪人制度。伦敦市场的再保险交易主要借助网络广泛的保险经纪人，而纽约、东京、苏黎世等国际市场的再保险交易主要依靠专业再保险公司。

伦敦再保险市场由劳合社市场和保险公司市场组成，过去劳合社市场占主导地位，现在这两个市场平分秋色。1999 年以前公司市场上从事再保险业务的保险公司组织主要是伦敦承保人协会(ILU)和伦敦保险与再保险市场协会(LIRMA)。1999 年，伦敦承保人协会与伦敦保险与再保险市场协会合并组成国际承保人协会(IUA)。伦敦再保险市场主要从事非寿险再保险业务，是世界巨灾风险保障中心。在非水险合同再保险方面，保险公司比劳合社更占优势，约占整个市场份额的 73%。①

(二)国内市场

为了防止外汇过多地流入国际再保险市场，许多国家有国内再保险市场。美国因保险公司众多而有巨大的国内再保险市场。有些发展中国家对国内再保险交易实行垄断，由国家再保险公司专营，并由它从事国际再保险。

二、再保险的买方和卖方

(一)买方

1. 直接保险人

直接保险人是再保险的主要买方。直接保险人需要多少再保险主要取决于本国保险市场结构，如果一个国家有许多规模小的和新的保险公司，势必需要更多再保险。自留额也是一个决定因素，自留额低势必要分出多的保险业务。

① 详见游桂云、张连勤：《伦敦再保险市场组织变化与业务发展研究》，《上海保险》2007 年第 5 期。

2. 专业自保公司

专业自保公司需要通过再保险来分散风险,已成为再保险市场的新兴力量。由于再保险的成本较直接保险的成本要低,建立专业自保公司可以绕过直接保险市场把业务分保给再保险人,合理安排自己的自保计划。专业自保公司经常使用根据分出公司损失经验制定费率的超赔再保险来分散风险。

3. 专业再保险公司

专业再保险公司(professional reinsurance company)主要是再保险的卖方,但其转分保时也是作为买方。专业再保险公司转分保的原因与直接保险人需要分保的原因相同,即专业再保险公司也不愿承担较大的风险。转分保有时也可以作为给分出公司的回头业务(分保交换)。

4. 国家保险公司和再保险公司

最早的国家再保险公司是智利在1927年设立的卡佳(CAJA)再保险公司,规定国内所有业务向该公司分保,并垄断对外所有分保。接着巴西、阿根廷等南美国家也仿效。法国在第二次世界大战后的复兴期也要求所有保险公司的直接业务的4%分给国家再保险公司。1953年设立的巴基斯坦保险公司有权强制分入10%的业务,后来该比例增加到30%。此后,有一些发展中国家也成立国家保险公司或再保险公司,如印度和埃及,对国内保险或再保险业务实行垄断经营,但由于承保能力有限,也需要把一部分业务分保出去。此外,20世纪60、70年代还出现过一些地区再保险公司,如亚洲再保险公司、非洲再保险公司、阿拉伯联盟。

5. 承保集团

设立处理直接保险和再保险业务的承保集团(underwriting pools),其主要目的是减少再保险需求,但有时仍需要从外部取得再保险来分散风险。

(二)卖方

1. 专业再保险公司

德国和瑞士是专业再保险公司的集中地,慕尼黑再保险公司和瑞士再保险公司是世界上最著名的专业再保险公司。慕尼黑再保险公司2015年经营性利润达31亿欧元;瑞士再保险公司的分保费收入的90%来自国外,于2006年6月9日完成收购安裕再保险公司后成为全球最大再保险公司,2014年净收益达35亿美元。专业再保险公司专营再保险业务,接受原保险人分来业务,同时又将接受的业务分出去。再保险业务最初是在直接保险人之间进行交易,但由于再保险交易手续烦琐,便出现专业再保险公司。最早的专业再保险公司是1852年设立的德国科隆再保险公司,其设立目的是使德国保险公司的溢额业务留在德国。瑞士再保险公司是1863年设立的。美国在1890年设立美国再保险公司。英国于1907年设立商业和通用再保险公司。

2. 劳合社

承保组合处理直接保险和再保险业务。劳合社再保险的最早记录是希思在1883年接受一家相互保险公司的合同分保,此后他又向英国在美国的保险分支机构提供分保。劳合社最初的再保险业务并不多,后来海上保险和一些新险种的再保险业务逐渐增大,特别是从美国取得了大量再保险业务(劳合社的直接保险和再保险业务有40%来自美国),再保险业务约占劳合社全部承保业务中的一半。

3. 直接保险公司

大的直接保险公司一般设有处理分入和分出业务的再保险部或再保险子公司。中小规模的直接保险公司有时使用代理机构处理分保业务。直接保险公司处理的分入业务总计比专业再保险公司略少。

4. 承保代理机构

伦敦市场有承保代理机构(underwriting agencies),代表直接保险公司和再保险公司处理再保险业务。代理协议书具体规定了授权代理人的业务类别、分保限额。承保代理机构按协议书规定从事承保和理赔事务,并负责收取保险费、计提准备金、支付赔款等事项。承保代理机构定期向委托人报告业务进展、利润或亏损情况。承保代理机构的报酬采取支付分保佣金或分享利润方法。承保代理机构一般由再保险经纪人、保险公司、再保险公司和个人承保人开办。

5. 国家保险公司和再保险公司

其分入业务主要来自分保交换业务。

6. 承保集团

由多家保险公司或再保险公司按照协议规定的比例共同承担每个成员提供的保险或再保险业务。建立承保集团的目的主要是为处理某些质量不好的业务或风险过大的业务,如核电站保险。对每一笔业务按约定比例分配保费收入和分摊赔款。集团可以由一家成员公司管理,以集团名义签发保单。此外,还有一些地区再保险集团,如 1970 年的阿拉伯航空险集团和工程险集团、1975 年的海上船舶险集团、1980 年的战争险集团。这些承保集团取得分入业务主要也是依靠分保交换手段。

三、再保险经纪人

最早的再保险经纪人安排分保的实例,是 1829 年由伦敦的再保险经纪人为巴黎联合保险公司向英国皇家交易所安排一份火险再保险合同。最初,再保险经纪人的主要业务是组织火险再保险的分保交换。有时,再保险经纪人作为承保代理机构,代表欧洲大陆的保险公司和再保险公司接受伦敦的业务。随着再保险经纪人的人数逐渐增加,在劳合社的经纪人都设立了一个再保险部或子公司,从美国接受大量再保险业务。在过去的五十多年里,主要是由在伦敦的再保险经纪人安排国际再保险业务,把大部分业务安排在伦敦市场分保。

(一)再保险经纪人的种类

再保险经纪人可以按照经营地区、规模和业务类别来分类。有些纯粹从事国内再保险经纪业务,而另一些则是在世界各地遍设分支机构的跨国公司。有些是小的合伙制企业,而另有一些则是聘用成千上万职员的大公司。有些专门从事某种业务,如石油或航空险,另有一些则从事各种再保险经纪业务。在伦敦经营的大多数再保险经纪人是大的保险经纪公司的子公司。

(二)各国的再保险经纪人

一般来说,英国大的直接保险公司都通过再保险经纪人来安排分保业务。在西欧国家,再保险经纪人的地位在各国有明显区别,荷兰的大部分再保险业务是由经纪人安排的,而德国则是专业再保险公司的故乡,由直接保险公司与专业再保险公司直接交易。在其他国家差别也很大。由国家保险公司垄断市场的国家只有国际再保险业务通过再保险经纪人。在澳大利亚,国内和国际再保险经纪人与专业再保险公司进行激烈竞争。日本的保险公司不仅使用伦敦市场的经纪人安排分保,而且还委托他们作为承保代理机构取得分保业务。

美国的再保险市场因各州把保险公司分为本州注册保险人(domestic insurer)、外州注册保险人(foreign insurer)和在任何州均未注册的保险人(alien insurer)而变得复杂。大部分普通的再保险业务都由本州注册和外州注册的再保险人办理,再保险经纪人在再保险安排中起了重要作用。但是,属于低于承保标准和特种风险的大量保险和再保险业务不能从本州注册的保险人和再保险人获得,而是由外州注册的保险人和在任何州均未注册的保险人(非认可保险人)来承保,其中伦敦劳合社获得了相当部分保险和再保险业务。所有这些剩余的直接保险和再保险业务都由专门注册的剩余业务(surplus line)经纪人来安排。

(三)再保险经纪人的作用

第一,再保险经纪人凭借其对市场的专门知识和丰富经验向客户提供有关自留额、再保险规划等方面的咨询服务，为客户安排分保规划。再保险经纪人作为保险人之间的中介人，对保险法、管理规章制度、市场做法和情况都有深入了解。

第二，再保险经纪人不是一方的代理人，必须向分出公司和再保险人双方介绍对方情况，填补分出公司和再保险人之间的信息缺口，促使双方订立再保险合同，并维持双方长期合作关系。

第三，再保险经纪人负责再保险合同的谈判和管理。一般由再保险经纪人起草合同，解释草拟的合同条款，供双方谈判，调解当事人之间的争议，并准备最后文件签署。合同签订后，由再保险经纪人管理，代理收费、支付赔款、结账等事项，处理合同展期、重新商谈条件和终止合同。

(四)再保险经纪人的佣金

再保险经纪人的佣金一般由再保险人支付，按分保费收入的一定比例计收，有时也会采用分享利润方法。如果业务难以分保，也可以由分出公司支付佣金，或者由分出公司和再保险人分摊。

成数分保和溢额分保合同的佣金率要低于超赔分保合同，因为后者分保费收入较少。在伦敦市场，成数分保和溢额分保合同的佣金率一般为1.5%～2.5%，超赔分保则为5%～15%。

第五节　再保险的种类

再保险通常的分类方法主要有两种：按责任分配形式和按分保安排方法。按照责任分配形式来分类，再保险分为比例分保(proportional reinsurance)和非比例分保(non-proportional reinsurance)。在比例分保中，再保险人接受原保险人在原保险合同中承担的责任的一个固定比例，以保险金额为基础确定自留额和分保额。在非比例分保中，只有当分出公司发生的赔款超过某个预定金额时，再保险人才负责补偿，以赔款金额为基础确定自留额和分保额。比例分保首先出现，它是从共同保险制度演变而来的。

一、比例分保

当再保险人接受一定比例责任时，因为再保险人的损失经验将尾随原保险人，所以再保险人将取得相应比例的原保险费，并从中扣除补偿原保险人管理费用的分保佣金，并且支付相同比例的赔款。比例分保分为成数分保(quota share reinsurance)和溢额分保(surplus reinsurance)两种。

(一)成数分保

成数分保是一种最为简便的分保方式：原保险人把一个固定比例的保险金额分保给再保险人，原保险人自留的业务和分出的业务将会有相同的赔付率。但是，成数分保可以有最高限额规定。例如，分保最高限额为100万元，自留20%，分出80%，原保险金额200万元。

1. 特点

成数分保有以下特点：(1)双方共命运。不论盈亏，利益一致。(2)手续简便。保险费和赔款都按比例分配和分摊，账务简化。(3)支付分保费较多，分保佣金率也较高。

2. 适用性

成数分保适用于下列情况：(1)新公司和小公司，新险种和特种业务。若分出公司缺乏经验，使用成数分保则具有合伙经营性质。(2)保额和质量比较均匀的业务，如粮食运输保险业务。(3)分保交换和集团分保。

(二)溢额分保

原保险人只把超过其自留额部分的金额(溢额)分给再保险人，再保险人的损失经验可能与原保险人有明显不同。溢额分保的最高限额总是分出公司的自留额的一个倍数。因此，溢额分保也归类为比例分保。这种自留额称作"线"(line)，最高限额以"线数"表示，一般不超过10"线"。如果一份溢额分保合同不能满足分出公司的需要，就可以有多份溢额分保合同。

[例 17—5] 一家保险公司对某一类业务确定其自留额为10 000元，取得了第一份溢额分保(10 线)和第二份溢额分保(5 线)，然后接受 5 笔业务，每笔业务的保险金额在9 000元与160 000元之间。业务分布情况如下：

单位：元

业务	原保险金额	自留额	分给第一溢额分保	分给第二溢额分保
1	9 000	9 000	—	—
2	15 000	10 000	5 000	—
3	75 000	10 000	65 000	—
4	150 000	10 000	100 000	40 000
5	160 000	10 000	100 000	50 000

了解了自留额、线数和合同最高限额以及数份溢额分保之后，就可以按比例计算分保费和摊回赔款。

1. 特点

溢额分保具有以下特点：(1)具有灵活性。可以根据业务的不同性质、种类和质量确定自留额。例如在火灾保险中，拥有防火建筑物的工厂的自留额要比木屋商店的高，这是因为前者不仅损失概率低，而且损失程度也相对小。(2)双方利益不一致。(3)再保险人以纯益佣金(profit commission)作为分出公司分出赢利业务的酬报。(4)手续烦琐，要对每笔业务确定自留额，要逐笔计算分保费和赔款，管理费用较高。

2. 适用性

溢额分保适用于保额和质量不够均匀的业务，如责任保险、货运险、工业火险，也可用作分保交换。

(三)成数和溢额混合分保

成数分保和溢额分保可以混合使用，以成数分保的限额的若干线数作为溢额分保的最高限额，净自留额是分出公司的自留额，总自留额是分出公司和成数分保人自留额的总和。

[例 17—6] 某家保险公司对一笔火险业务的净自留额是10 000元，如果在市场上接受一笔250 000元火险业务，可以混合使用成数分保和溢额分保。确定总的自留额是25 000元，先订立一份成数分保合同，自留其 40%即10 000元，成数分保其 60%即15 000元。然后，再取得一个 10 线的溢额分保，即溢额分保的最高限额等于总自留额的 10 倍。

在上述例子中，成数分保对总自留额提供保障，溢额分保对超过自留额的溢额提供保障。若无成数分保，分出公司则需要 25 线数的溢额分保。

二、非比例分保

在非比例分保中，分出公司承担约定限额以下的赔款责任，再保险人则承担超过分出公司赔款责任以上部分的赔款责任，再保险人的赔款责任可以有最高限额，也可以无最高限额。非比例分保可以用来对付责任累积和巨灾风险问题，加上其管理简便和费用节省，较之传统的比例分保使用得更广泛。非比例分保分为以下两种：

(一)超赔分保

超赔分保(excess of loss reinsurance)的定义如同非比例分保。它一般适用于很大的危险单位和大批业务发生的损失。

[例 17—7] 某家保险公司承保火险业务,自己设定的赔款责任为 150 万元,估计一幢豪宅的最高赔偿责任为 500 万元,它就需要一个超过 150 万元后的 350 万元的超赔分保。若被保险人先后提出三次索赔,分出公司和再保险人的分摊赔款情况如下:

索赔次数	赔款金额	分出公司自留	从再保险人处的补偿
第 1 次	50 万元	50 万元	—
第 2 次	250 万元	150 万元	100 万元
第 3 次	550 万元	200 万元	350 万元

安排超赔分保经常要使用层次(layers)。

[例 17—8] 一家保险公司可以对其汽车保险业务分别安排三个层次的超赔分保:

业务	一次事故的 自留额 10 000 元	再保险人承担 责任下限	再保险人 承担责任上限
1	第一个超赔层次	10 001 元	25 000 元
2	第二个超赔层次	25 001 元	100 000 元
3	第三个超赔层次	100 001 元	500 000 元

[例 17—9] 价值为 500 亿元的一家大型石化企业集团,其最大可信损失(MPL)是 100 亿元,如果考虑到巨灾风险,则最大可信损失为 300 亿元,分出公司承保全部风险,但想把自己的责任限制在一次事故 5 亿元,就可以购买以下层次的超赔分保:

(1)超过 5 亿元自留额以上的 95 亿元超赔分保(承保最大可信损失)。

(2)超过 100 亿元以上的 200 亿元超赔分保(承保巨灾风险)。

(3)超过 300 亿元以上的 200 亿元超赔分保(承保 MPL 误差风险)。

超赔分保有两种形式:险位超赔分保和事故超赔分保。

1. 险位超赔分保(excess of loss per risk cover)

险位乃是危险单位。一个危险单位是指处于危险独立存在状态的一个单位。我国《保险法》第 100 条把"危险单位"定义为一次保险事故可能造成的最大损失范围。中国保监会于 2006 年印发了《关于印发财产保险危险单位划分方法指引的通知》,对不同企业的财产和风险规定了不同的危险单位划分方法。通俗地举例说,海上保险以一艘船舶为一个危险单位,汽车保险以不在停车场的一辆汽车为一个危险单位,火灾保险以一幢孤立的建筑物为一个危险单位。如果周围有建筑物,无多大间距,且无防火门窗,有延烧危险状态存在,则可把数幢建筑物视作一个危险单位。险位超赔分保是以每个危险单位发生的赔款作为计算自留额和分保额的基础。例如,一笔50 000元保险金额的业务,分出公司对每个险位赔款的自留额是10 000元,再保险人的赔款责任是每个险位超过10 000元以上的40 000元。险位超赔分保允许分出公司自留保费收入中的较大份额,可以作为比例分保的替代品,但这两种方式会导致不同的赔付率和净利。

[例 17—10] 假定原保费是1000 000元,代理人佣金率和费用率分别是 15%和 20%,在第一年赔款总额为500 000元,但只有 10 次索赔超过自留额10 000元,再保险人险位超赔分保总的补偿是150 000元,现与这笔业务 80%的成数分保比较如下(单位:元):

原保费收入		成数分保 1 000 000		险位超赔分保 1 000 000
代理人佣金	150 000		150 000	
费用	200 000		200 000	
分保费	800 000		200 000	
扣除分保佣金 40%	(320 000)	830 000	—	550 000
		170 000		450 000
总的赔款	500 000		500 000	
扣除再保险补偿	(400 000)	100 000	(150 000)	350 000
净利		70 000		100 000

由于巨灾原因，现在在财产保险中对险位超赔分保普遍使用一次事故限额。

［**例 17—11**］ 某家保险公司有一份超过15 000元以上35 000元的险位超赔分保合同。如果在一次事故中有 4 个险位全部损毁，每个险位保险金额50 000元，分出公司自留额为15 000元，再保险人每个险位超赔责任是35 000元，但规定这份险位超赔分保合同一次事故限额105 000元，则分摊赔款如下：

项　目	金　额
全部赔款	50 000 元×4=200 000 元
分出公司自留	15 000 元×4=60 000 元
险位超赔分保	35 000 元×4=140 000 元
但超出一次事故限额，再保险人只付	105 000 元
分出公司增加赔款责任	35 000 元

2. 事故超赔分保(excess of loss per event cover)

它对一次事故引起的累计损失提供保障，再保险人的责任按照分出公司的多份保单一次事故总的自留额确定。

［**例 17—12**］ 某家财产保险公司承保航空旅客人身意外伤害保险。一次空难会使许多旅客丧生，总计赔款金额极大。为了对付这种巨灾，该公司购买事故超赔分保，把每次事故总计赔款超过一定金额以上部分分保给再保险人。假如该公司确定在一次事故中自留给付 3 名旅客死亡保险金，每名旅客保险金为 40 万元，并估计一次事故中最大可信损失为 100 名旅客。因此，安排的事故超赔分保是超过 120 万元以上的3 880万元。

当一次事故中有许多个危险单位发生损失，那么这种事故超赔分保又称为巨灾超赔分保(catastrophe excess of loss reinsurance)。地震、暴风、碰撞等灾害事故常会引起巨灾损失。从事巨灾超赔分保的再保险人必须对最大可信损失做出估计，自留额可用最大可信损失的一个百分比表示，该比例愈接近 1，再保险人的风险就愈小。由于一次事故的定义与再保险人的责任有重大关系，所以巨灾超赔分保合同中都有“时间条款”，把一次事故的时间限制在多少天或小时之内。对地震、台风规定为 72 小时，对森林火灾则规定更长时间。在火险和水险的巨灾超赔分保合同中常有一项恢复责任条款(reinstatement clause)，规定损失发生后为了恢复保险金额所缴付的分保费。这一缴费可以按金额的比例计算，还可以再按时间的比例计收。

[**例 17－13**] 每次事故超过50万元的100万元的超赔分保合同，从1月1日生效，为期1年。假如在3月31日的一次事故中造成总计75万元赔款，其中25万元由再保险人补偿。如果要恢复保险金额，先按金额比例计算，应缴付$\frac{25}{100}$或25%的年分保费。如再按时间比例计收，则应缴付75%的25%的年分保费。

(二)损失中止分保或赔付率超赔分保

损失中止分保或赔付率超赔分保(stop loss or excess of loss ratio reinsurance)是以一定金额或赔付率为计算自留额和分保额的基础。当分出公司一年的总计净赔款超过一定金额或赔付率时，由再保险人补偿其超过部分，但有金额或赔付率的上限，或者以两者中金额低的为准，而且经常要求分出公司负担一定比例的超赔部分，一般是5%或10%。分出公司的自留额一般以一年赔付率表示，该自留的赔付率一般高得使分出公司无利可图。例如，一份赔付率超赔分保合同负责一年内赔付率70%至110%之间净赔款(扣除其他再保险人的补偿)的90%。

[**例 17－14**] 财产保险公司在进行分保规划时，一般会使用多种再保险，某家保险公司的一种财产保险业务分保规划如下：

(1)60%的成数分保，最高分保限额1 000万元。

(2)用原保费的5%对共同账户(分出公司与成数分保人)进行事故超赔分保：超过300万元以上的1 000万元的超赔分保。如果原保费收入为4万元，那么分出公司的自留保费收入是：1.6万元减去事故超赔分保的保费，即原保费收入×5%×40%＝800(元)，为1.52万元。

(3)再购买一份赔付率超赔分保合同：超过自留保费100%以上的50%的自留保费的赔付率超赔分保合同，即超过1.52万元以上的0.76万元。

因此，如果自留损失(扣除成数分保和事故超赔分保的补偿)总计为1.9万元(125%的自留保费收入)，那么该赔付率超赔分保会支付0.38万元(25%的自留保费收入)。如果自留损失达到2.66万元(175%的自留保费收入)，那么该赔付率超赔分保只会支付0.76万元(50%的自留保费收入)，由分出公司另自负25%的自留保费收入损失，即0.38万元，分出公司的全部自留损失为1.9万元。

非比例分保的超赔分保和停止损失或赔付率超赔分保这两种形式有其共同特点：对分出公司的大额赔款提供保障，在分保限额内是100%的保障。由于再保险人对频繁发生的小额损失不负责赔偿，因此分出公司可自留较高比例的保费收入。分出公司不必对每笔业务都确定自留额、分配保费和分摊赔款，因此，管理费用较低。但是，非比例分保的费率厘定较为复杂，要根据业务的损失经验加上判断来厘定费率。

三、安排分保的方法

再保险按照安排分保的方法，可分为临时分保(facultative reinsurance)、合同分保(treaty reinsurance)和预约分保(facultative obligatory reinsurance)。

(一)临时分保

临时分保是最先使用的分保方法，最初用于直接保险人之间安排分保。“临时”意味着是提供双方选择的，分出公司不一定提供分保业务，再保险人也不一定接受分保业务。再保险人如同直接保险中的共同保险人，依靠其承保技术和判断，检查业务质量、原保险合同条款和条件，决定是否接受分保。

临时分保的优点是：(1)具有灵活性，适用于安排特定风险业务，使小型保险公司可以接受超过其承保能力以上的业务，如水壩保险和大型工业设施保险；(2)与关系好的公司使用临时分保，可以取得回头业务，并保证有合理的自留保费收入；(3)可以使用临时分保分出超过合同分保限额以上部分的业务，或合同分保除外的业务。

临时分保也有不少缺点：(1)分出公司要向再保险人公布原保险业务的详细情况，有可能向竞争对手泄露商业秘密；(2)分出公司要等到有足够的再保险人来接受分保时才能承保业务；(3)谈判、文件和账务处理的管理费用较高，续转时需要重新谈判；(4)分保佣金率低，一般无纯益佣金。使用合同分保可以克服上述缺点。

临时分保的传统做法是：由分出公司或其经纪人准备一张分保条(slip)，简述原保险金额、承保的损失原因、保费、自留额、条件和其他分保情况。分保条送交再保险人后，如果再保险人接受分保会表明分保的比例。分出公司也可以用电话要约，再保险人可口头承诺或拒绝分保。现在一般采用"要约和承诺"条，由分出公司一式两份，再保险人承诺签字后退回一份副本给分出公司。之后，分出公司向再保险人提供原保单和详细说明书，由再保险人签发再保险单。在经常有临时分保业务的公司之间，可以省略签发再保险单，而由再保险人准备一份承保条，经分出公司同意构成再保险合同。分出公司再送交再保险人一式二份的分保明细表(bordereaux)，由再保险人签收后退回一份。分保明细表提供分出公司关于分保的账务信息。

(二)合同分保

分出公司和再保险人按照合同条件分出和接受分保业务，但受合同规定的限额限制。因此，一旦合同成立，直接保险人能自动获得分保，而且再保险人必须接受分保。合同分保因其无选择性的特点而使管理费用降低，已取代临时分保成为再保险业务安排的主要方法。

合同分保方法使再保险人的分入业务具有确定性，但放弃了选择分保业务的权利。因此，在订立合同分保之前，再保险人要了解分出公司的所有业务情况和管理情况，以确保合同分保在长期会产生合理的利润。

合同分保的基本做法是：由分出公司决定其所需要的分保合同，与为首的再保险人商谈，规定协议的条款和细节，随后公布，由分出公司和每个再保险人签署。合同分保一般是长期的、自动续转的，除非一方按合同规定的期限提前发出解约通知(一般提前3～6个月)。再保险人会注意账户变化，每年编制统计报表，显示经营结果，确定是否继续参加合同分保。

(三)预约分保

预约分保是介于临时分保和合同分保这两种方法之间的安排分保方法。如同合同分保一样，预约分保由再保险人与分出公司签订合同，再保险人按合同条件(风险类型、险种、国家等)规定必须接受分保，但分出公司无义务分出属于合同范围的业务。换言之，再保险人对分保业务无选择权，而分出公司有选择权。这种方法对分出公司具有很大的灵活性。因此，分出公司必须坚持诚信原则，以便再保险人获得均匀的业务。

预约分保方法常用来分保成数分保和溢额分保所剩余部分的业务。直接保险人可使用预约分保补充合同分保，或对不寻常的风险进行分保。由于预约分保对再保险人较为不利，因此再保险人在签订合同前要详细了解分出公司的业务性质和承保标准、分出业务规模是否合理，在合同中可限制承保地区范围，规定除外责任。

第六节 再保险合同条款

再保险合同是规定分出公司和再保险人的权利和义务的书面协议。再保险合同条款不仅规定了再保险的责任范围，而且也规定了再保险业务的交易方法及同再保险经营有关的其他事项。再保险合同条款也可以分为比例分保合同和非比例分保合同两种。不过，不论是比例分保合同还是非比例分保合同，它们都有一些共同的内容和条款。本节主要讨论非寿险分保合同。

一、再保险合同的共同条款

再保险合同无标准的格式和条款。大的再保险公司都有一套事先准备好的合同条款,供签订再保险合同使用。如果再保险是由经纪人安排,则由保险经纪人提供合同条款。每份再保险合同都有下列共同的内容和条款:

(1)对再保险合同双方的情况说明。

(2)合同起讫期。在合同终止日期分出公司有终止或续转合同的选择权,另规定在特殊情况下当事人立即终止合同的权利。

(3)业务条款。该条款规定再保险的种类、原保险的种类、地区范围和分保限额等。

(4)除外责任。标准的除外责任如战争和核风险。

(5)保费条款。该条款规定分保费的计算原则,包括分出公司可以从再保险人处取得补偿的税金和其他费用。

(6)佣金条款。该条款规定分保佣金从分保费中扣除。在比例分保情况下,规定再保险人应支付的纯益佣金。

(7)赔款条款。该条款规定分出公司如何向再保险人发出赔款通知,以及再保险人如何摊回赔款。

(8)账务处理条款。该条款规定账务如何处理和结清。

(9)仲裁条款。该条款规定在发生争议的情况下,解决争议应遵循的程序,内容包括仲裁庭的设立、仲裁人指定、司法管辖权、仲裁费用分摊、仲裁地等。

(10)检查账册。再保险人或其代表有权在任何适当时候或提前给予通知的情况下检查分出公司与分保业务有关的账册或记录,费用由再保险人自己承担。分出公司应再保险人要求须提供与分保业务有关的账册或记录。

(11)修改。该条款规定,修改或增加再保险合同条款可使用附约(addendum)或信件交换形式,这构成双方协议中一个不可分割的一部分,对双方都有约束力。

(12)错误和遗漏(errors and omissions)条款。该条款规定分出公司或再保险人任何非故意的延迟、错误或遗漏行为不能免除另一方责任,除非违反诚信原则。在发现之后必须立即更正。

(13)无偿付能力。若分出公司无偿付能力,不会减少再保险人的合同责任。

(14)中介人。若分保业务通过经纪人安排,合同中要包含这项条款,载明中介人的名称、地址以及通过中介人处理的事项。

(15)合同终止条款。该条款规定处理合同终止和责任自然终止的事项,如通知对方。

(16)货币条款。当合同使用两种或多种货币承保时,该条款规定缴付分保费和支付赔款的货币,以及结算所使用的汇率。

其他再保险合同条款则根据分保种类制定。例如,溢额分保合同有分保明细表条款。

二、比例分保合同条款

(一)业务条款

该条款除了规定再保险的种类外,还必须明确规定以下几点:

1. 原保险的种类

再保险一般是分保同一险种的业务。如果分保数种不同险种业务,对每种保险业务应分别规定自留额和分保限额,甚至要分别设置账户。

2. 地区范围

当分出公司仅在一国内经营,就不存在地区范围问题。当分出公司跨国经营,既接受国内业务又接受国外业务，就必须决定是否在世界范围内分保某类保险业务，或者对不同地区的保险业务分别安排分保。

3. 再保险人的责任

对于成数分保来说，再保险人的责任是明确的。对于溢额分保，再保险人的分保限额是以分出公司自留额的一定倍数(线数)表示。若有数个再保险人参与一份分保合同，每个再保险人的份额一般以分出溢额的一定比例表示。

(二)承保方针改变通知

分出公司的承保方针规定承保业务的地区、险种、金额和标准等。该条款规定，在再保险合同期，分出公司应通知再保险人影响分保业务的承保方针的改变。

(三)分保明细表

在合同分保的早期，再保险人要求分出公司使用分保明细表定期通知分出业务，分出公司每周要准备原始分保明细表，每月填制正式的分保明细表。鉴于编制分保明细表的费用问题，后来使用分保明细表已明显减少，代之以季度账表和大额赔款的个别通知。使用分保明细表仅限于新公司或新业务的层次较高的溢额分保。

(四)原条款、条件

该条款说明分保合同遵守原保险合同的条款和条件，向再保险人缴付的分保费是以分出公司所收取的费率为基础。

(五)赔款通知与合作

分出公司仍保留理赔权，但要及时向再保险人发出赔款通知，以便再保险人了解赔款性质、估计可能的成本和通知转分保接受人。对于大额赔款，再保险人对计算未决赔款准备金行使某些控制权。

(六)赔款支付

对于分出公司的小额赔款，再保险人通过季度账户处理和结清。对于分出公司的大额赔款，再保险人则要单独处理，在分出公司发出赔款通知后 15 天内支付或应分出公司要求立即支付。

(七)未到期责任准备金和未决赔款准备金

该条款规定，分出公司可以保留一部分分保费作为再保险人支付其债务的担保，一般是以分保费中的未到期责任准备金来表示。同时规定了提留未到期责任准备金占分保费的比例；再保险人何时可以提取未到期责任准备金；在终止合同情况下对未到期责任准备金的处理；如何支付再保险人未到期责任准备金的利息。

未到期责任准备金一般为分保费的 35%或 40%，在第一年度积累，到下一年度由分出公司按季度归还再保险人，以下举一个简单例子予以说明：

表 17-1　　分出公司提留未到期责任准备金　　单位:元

年度	季度	分保费	以 40%比例提留未到期责任准备金	归还再保险人未到期责任准备金	未到期责任准备金总额
第一年度	1	80 000	32 000	—	32 000
	2	120 000	48 000	—	80 000
	3	110 000	44 000	—	124 000
	4	130 000	52 000	—	176 000
第二年度	1	120 000	48 000	32 000	192 000
	2	115 000	46 000	48 000	190 000
……	……	……	……	……	……

未决赔款准备金是根据在某个评估日期100%的未决赔款提留，一般是按年或季度提存或调整，在理赔时可动用。该条款规定再保险人以现金形式向分出公司存入未决赔款准备金，分出公司以约定利率支付再保险人未决赔款准备金利息，再保险人可动用未决赔款准备金支付现金赔款。

未到期责任准备金和未决赔款准备金也可以由再保险人向分出公司存入证券或提供不可撤销信用证的方式来提留。

（八）未了责任转移

当一个分保合同终止时，一般仍会有一些分保业务号次或单项业务有效，再保险人可以继续负责到原保险到期为止（自然终止），或者经双方同意解除未到期的分保业务号次，将它们转移给新的再保险人（结清），以上是处理未了责任的两种方式。如果使用自然终止方式，分出公司需要记录。如果分出公司有多份分保合同，管理上会有困难。所以除了水险和航空险以外，一般均采用结清方式。一般分出公司有结清未了责任的选择权。未了责任分为未满期保费和未决赔款两部分。当分出公司有一个新的再保险人来承担未了责任，未满期保费是以付给原再保险人前12个月的分保费的一个比例表示，未决赔款也以某评估日期评估的未决赔款的一个比例表示。

1. 未满期保费

当分出公司要求结清未满期业务，就有权取得未满期保费。计算未满期保费的理想方法是再保险人按比例（日）计算退费：

$$\text{退费} = \sum \frac{Ui}{Ti}Pi$$

式中：U 表示保单未到期天数，i 表示分保业务号次，T 表示保险期天数，P 表示分保费－分保佣金。

2. 未决赔款

在分保合同终止时，再保险人仍要负责若干未决赔款，因为有些赔案最终完成理赔需要数月或数年时间。而且，分出公司仍有权保留未决赔款准备金，直到最终付清赔款为止。因此，在比例分保合同中有一项条款规定：在合同终止日期再保险人要支付相当于未决赔款责任的对价或允许分出公司保留相当于已知未决赔款的未到期责任准备金。未决赔款责任的对价一般以结清日期评估的未决赔款的一个比例表示，由双方协商而定，双方可以保留检查的权利，以及根据情况修改约定的比例。

如果由一个新的再保险人来承担未了责任，则由原再保险人向新的再保险人支付未满期保费和未决赔款的对价。

（九）货币和汇率条款

如果使用多种货币进行分保，合同必须有一项条款规定对每种货币分别设账和理算。如果所有货币都兑换为一种货币，那么就必须规定以什么日期的汇率为准，如以分出公司入账的日期为准。

（十）分保佣金

分保佣金是用来弥补分出公司取得和管理分保业务所发生的费用，是由再保险人支付给分出公司的佣金。分保佣金以分保费的一定比例表示。实际支付的分保佣金可以大于或小于分出公司的费用开支。由于超赔分保的分保费较少，故一般不支付分保佣金。比例分保的佣金率高低取决于多种因素：

第一，分保种类和安排方法。临时分保使再保险人支出较多管理费用，而且风险大于一般水平，因此分保佣金率低于同类业务的合同分保。由于成数分保的赔付率较高，所以其分保佣金率高于溢额分保。

第二，分保费是以原总保费为基础计算还是要对其另作扣除。例如，水险分保费计算要扣除取得新业务的费用，故其分保佣金率较低。

第三，分出公司取得业务和管理业务的费用开支。

第四，以往分保业务的赔付数据。

（十一）纯益佣金

在大多数分保合同中，再保险人除了向分出公司提供分保佣金外，还根据再保险人的利润情况向分出公司支付纯益佣金，这实际上是分出公司与再保险人分享利润。在该条款中规定了计算再保险人利润的公式，利润是再保险人会计年度内的收支差额：

收入＝分保费收入＋上年末未到期责任准备金＋上年末未决赔款准备金

支出＝本年度再保险人支付的赔款和理赔费用＋分保佣金＋税金＋本年末未到期责任准备金＋本年末未决赔款准备金＋再保险人的管理费用

纯益佣金一般为10%～20%的再保险人利润。由于再保险人业务的结果逐年发生波动，所以一般不按一年的结果计算纯益佣金。常用的对付业务结果波动的方法有以下几种：

一是三年平均法。这是最常使用的方法。第一年按该年的利润计算纯益佣金。第二年是按第一年和第二年的平均利润计算纯益佣金。第三年则是按三年的平均利润计算。以后各年按本年和上两个年度的平均利润计算。如果三年合计是亏损，则不计纯益佣金。

二是消除亏损（滚转）法。即把一年的亏损借记下一年度的账户，从而减少下一年度利润或增加下一年度亏损，亏损一般滚转到以后两个会计年度。这种方法适用于业务结果波动不大可能在三年内抵消的险种，如责任保险业务。事实上，如果分出公司发生大的赔款，为取得纯益佣金起见，分出公司会寻找另一个再保险人。

以上两种方法是固定纯益佣金率，另有浮动的纯益佣金率。

三是滑动的纯益佣金率。即纯益佣金率按再保险人的利润率确定。例如：

利润率	纯益佣金率
5%以下	20%
5%～10%	25%
10%以上	40%

四是累进纯益佣金率。例如，再保险人利润60 000元，则：

10 000×20%＝2 000元

10 000×25%＝2 500元

4 000×40%＝16 000元

60 000　　20 500元

三、非比例分保合同条款

非比例分保合同条款的内容在很大程度上是与比例分保合同条款相同的。

（一）业务条款

该条款规定了下列内容：

第一，再保险人接受分保的原保险业务种类和金额。

第二，分出公司的净自留额（赔付率超赔分保是以赔付率表示）。

第三，合同是否以每个险位、事故或损失中止安排。险位超赔分保是以每个险位每次损失为基础，并设有最高限额。事故超赔分保是以一次保险事故引起的累计损失为基础，也设有最高限额。损失中止分保是以每年的总计损失为基础，设有年度累计损失限额。

第四，超赔分保的赔付率下限和上限。

第五，分出公司是否参与最高限额内的赔款分摊，如巨灾超赔分保可以要求分出公司分摊最高限额内 5%～10%的赔款。

(二)合同起讫期

该条款规定再保险合同期限,有固定期限,也有不定期的附有注销条款的长期合同。此外,该条款还须规定再保险合同是使用赔款发生制的还是签发和续转制(issued and renewed)的。例如,职业责任保险的再保险使用赔款发生制居多,雇员忠诚保证保险和盗窃保险常用签发和续转制再保险。

1. 赔款发生制

在使用赔款发生制的情况下,在再保险合同终止后不存在未了责任问题,只负责在保险期限内发生的赔款,因此期满保费(已赚得保费)是计算超赔分保的分保费基础。对使用赔款发生制的再保险合同,双方可以协议再保险人仍负责合同终止后仍有效原保单的"自然终止"责任,但应规定这一扩展责任的时间限制以及应追加再保险人的分保费。

2. 签发和续转制

在使用签发和续转制的情况下,再保险人负责分出公司在再保险期限内签发和续转的所有保单发生的赔款。因此,再保险人对再保险合同期满后仍有效的原保单在以后发生的赔款继续负责。同样,在海上保险和航空保险业务中,再保险人把合同终止前起航和起飞的船舶和飞机的责任扩展到到达下一港口和机场为止。

(三)保费条款

该条款规定分出公司怎样和在何时缴付分保费,以及缴付多少分保费。若是固定分保费,只要规定金额和应付日期就行。若是按赔付率调整的分保费,则应规定:(1)使用期满保费还是承保保费(全部保费收入)计算分保费;(2)使用净保费收入(总保费－退保费－分保费)还是总保费收入净额(净保费收入－原保险代理人佣金、经纪费、税金等)计算赔付率;(3)是否预付、分期或趸缴分保费;(4)何时调整分保费。

(四)责任恢复条款

该条款规定:(1)恢复保险金额的程度是以恢复每次损失的分保限额的次数还是以金额表示;(2)责任恢复是否要追加分保费以及怎样计算;(3)责任恢复是否适用于所有类别的分保业务。

(五)赔款通知和理赔

该条款规定赔款在何时和怎样通知再保险人。对于财产险的索赔,只要分出公司认为再保险人要分摊赔款就要通知。对于第三者责任险,当不易估计赔款变化时,当索赔金额达到 50%免赔额就应通知。分出公司的理赔对再保险人有约束力。不过,再保险人在责任保险的赔案中有协助分出公司理赔的责任。该条款还规定再保险人在何时支付赔款,一般是收到赔款超过分出公司自留额的损失证明时。

(六)定义条款

1. 最后净赔款(ultimate net loss)

再保险人的责任一般与最后净赔款相关。对这个概念的一般定义为:分出公司实际支付的赔款(包括法律费用和理赔费用)扣除损余和基本再保险补偿后的余额。赔付率超赔分保的最后净赔款是以"赔付率"表示。

2. 净自留业务(net retained lines)

该条款规定,超赔分保只对分出公司净自留业务部分提供分保,即它不包括任何比例分保、其他临时分保或合同分保部分。如果是对共同账户的超赔分保,该条款也同样适用。

3. 未到期责任准备金和未决赔款准备金

非比例分保合同较少使用这一条款,因为大多数非比例分保合同是使用赔款发生制,再保险人在保险期满时赚得了全部分保费,无未了责任。再说超赔分保的分保费要比分出公司的保费收入少得多，由分出公司提留全部准备金无多大困难。

4. 损失事件(loss occurrence)

对于事故超赔分保，按照分保种类、原保险业务的性质对一次损失事件给出不同定义。巨灾超赔分保合同一般规定由一次事件引起的所有损失为一次损失事件，并进一步对风暴、地震和洪水等巨灾规定一个时间限制，对暴乱规定时间和地区限制。时间限制一般是72小时。责任保险业务的超赔分保的一次损失事件的含义较物质财产损失保险复杂。例如，产品责任保险的索赔可能会延续数年，一般以制造或销售一批有缺陷产品所引起的所有索赔为一次损失事件。由于财产损害责任索赔可能并不是由被保险人一个单独疏忽行为引起的，而是由其经营的累积影响造成的，因此一般规定在一个场所在一年时间内由被保险人经营引起的所有索赔为一次损失事件。

(七)指数条款

责任保险的超赔分保合同常使用指数条款，规定与再保险挂钩的指数、指数开始使用的日期、损失日期的定义、指数化计算的方式。如果只把分出公司自留额指数化，再保险人只要赔付自留额与分保限额合计数与指数化的自留额之间的差额。

复习思考题

1. 试解释下列名词：分保佣金、自留额、转分保、“共同命运”原则、专业再保险公司、承保集团、比例分保、非比例分保、成数分保、溢额分保、线数、超赔分保、层次、险位超赔分保、事故超赔分保、时间条款、损失中止分保、赔付率超赔分保、临时分保、分保条、分保明细表、合同分保、预约分保、错误和遗漏条款、未了责任、货币和汇率条款、纯益佣金、责任恢复条款、“签发和展期制”、最后净赔款、净自留业务、损失事件、指数条款。
2. 简释再保险合同的特点。
3. 试论我国再保险发展的现状和对策。
4. 概述再保险的职能和作用。
5. 分析伦敦之所以成为国际再保险中心的原因。
6. 简述再保险市场买卖双方的组成。
7. 再保险经纪人在再保险交易中起了哪几方面的作用？
8. 试举例说明如何混合使用成数分保和溢额分保。
9. 请为一家资产价值700亿元的大型海运企业集团的船舶保险业务设计多层次的超赔分保。
10. 试举例说明对财产保险业务如何使用多种再保险进行分保规划。
11. 临时分保和合同分保各有哪些优缺点？
12. 怎样处理比例分保合同的未了责任？
13. 分保佣金率高低取决于哪些因素？
14. 计算纯益佣金有哪几种方法？
15. 为什么非比例分保合同很少使用未到期责任准备金和未决赔款准备金条款？

第十八章 保险市场及其监管

第一节 保险市场概述

一、保险市场的概念

作为现代市场体系的一个组成部分，保险市场是保险交换关系的总和。随着科技进步和保险业的发展，保险交换的方式和形态都有了很大的变化，从最初的劳埃德咖啡馆到今天的网上保险交易，保险市场的内涵不断丰富，外延大大扩展，但其本质仍然是通过市场机制的作用，实现保险资源的合理配置，达到促进经济发展、稳定社会生活的目的。

二、保险市场的构成要素

保险市场的构成要素可分为主体和客体两大部分。保险市场的主体是指与保险供求有关的组织和人员，包括保险人、投保人和保险中介人；保险市场的客体是指保险市场中的交易对象，即保险公司提供的各种保险产品。

（一）保险市场的主体

1. 保险人

保险人是在保险市场上出售各种保险产品的各种保险经营机构，它是保险市场上的供给方。保险人一般为法人，但也存在自然人保险人（如以前的劳合社社员）。

2. 投保人

投保人是保险市场的需求方，又称“要保人”。被保险人或受益人作为投保人本身，或与投保人有关的利益方，对投保行为和保险需求有着不可忽视的影响，因而也是保险市场主体的组成部分。

3. 保险中介人

保险中介人是为提高保险市场效率、降低交易成本服务的专门组织或个人。保险中介人包括保险代理人、保险经纪人、保险公估人、保险信用评级机构等。

（二）保险市场的客体

保险市场的客体即具体的保险产品，它是保险市场上供求双方交易的对象。根据保险标的的不同，可将保险产品分为财产保险和人身保险两大类。保险产品还可以分为商业保险、社会保险和政策性保险。此外，根据实施形式的不同，保险产品还可分为强制保险和自愿保险两大类。

三、保险市场的分类

根据保险经济活动的内容、空间和环节的不同，保险市场可分为不同种类。

(1)根据保险环节的不同,保险市场可分为原保险市场与再保险市场。

(2)根据经营内容的不同,保险市场可分为财产保险市场和人身保险市场(西方国家则分为寿险市场和非寿险市场)。

(3)根据保险活动空间的不同,保险市场可分为国内保险市场和国际保险市场。国内保险市场又可分为地区性的保险市场和全国性的保险市场。保险人由于经营国外保险业务而形成的市场则是国际保险市场。国际保险市场也可分为区域性的国际保险市场和全球性的国际保险市场。

(4)根据组织形式和承保方式的不同,保险市场可分为保险公司市场、保险经纪公司市场和"劳合社"市场。

四、保险市场的特征

作为现代市场经济的有机组成部分,保险市场除遵循商品交换的一般规律外,还具有其自身的特点。

(一)市场交易的对象是风险本身

由于认识能力所限和信息不对称,任何市场交易都存在风险,保险市场也不例外。一般商品市场的交易对象本身并不蕴含风险,市场上的风险来自于交易行为,且交易既可能招致损失,也可能带来盈利,因而是一种动态的经营风险。同样,保险市场的交易行为也存在经营风险。除此之外,保险市场交易实际上是形成一种风险集聚与分散的机制,即交易对象是风险本身。可见,风险的存在是保险市场形成和发展的前提,没有自然灾害和意外事故导致损失的可能性,就不可能形成保险需求。可以说,保险市场是直接经营风险的市场,这一特点决定了其交易行为和方式的特殊性。

(二)保险市场是一种特殊的期货市场

由于保险市场交易的对象是风险,而风险的发生具有不确定性,所以交易的结果并不能完全由保险合同确定,而是在相当程度上取决于风险发生的情况,保险双方的损益是根据实际风险情况执行保险合同的结果。换言之,保险人是否履约取决于保险合同约定的事故是否发生,只有当约定的保险事故发生,保险人才对被保险人进行经济赔偿或给付。可见,保险交易在某种程度上具有期货交易的性质,保险市场是一种特殊的期货交易市场。

(三)保险市场产品的成本在交易结清后才能确定

由于保险合同的射幸性(即合同当事人一方的履约义务有赖于偶然事件的发生),决定了保险产品的成本在交易完成之前是无法确定的。在一般商品交易中,合同的签订往往意味着交易的完成,而保险合同的达成则意味着交易的开始,故保险交易的完成或结清,往往需要较长的时间,尤其是一些责任险种,其追溯期很长,保险双方的权利义务关系要在保险合同期满后多年才能了结,更增加了保险产品成本计算的困难。

五、现代保险市场的特点

(一)全球保险市场一体化

现代经济的发展使各国之间的经济联系日益密切,使全球投资、贸易呈现一体化的趋势,这必然导致国际保险市场的一体化。具体地说,国际保险市场一体化趋势的产生与发展,源于以下因素:

1. 贸易和投资一体化

随着国际贸易和投资的不断发展,国与国之间经济技术合作与交流的日益密切,国际经济一体化趋势日益明显。保险作为现代经济发展的稳定器,必然要为贸易和投资一体化服务,从而形成统一的国际保险市场。

2. 巨灾风险的威胁

人类对自然资源的掠夺性开发和使用,造成了生态环境的急剧恶化,各类自然灾害频繁发生,且损失金额越来越大。而自然灾害基本上是一种地理风险,因此需要在更大的区域内分散和转移风险,也就产生了在国际范围内进行再保险的必要。此外,科学技术的进步使人类的活动空间不断增加,新兴产业不断产生,既增进了人类的福利,也带来了许多新的巨灾风险。核能源的利用,卫星、航天飞机的发射……无不意味着要承担巨大的风险。这类风险可能造成的损失显然已超出少数几个保险人的承保能力和赔付能力范围。因此,为了分散自身风险,保障自身业务的稳定,原保险人也需要在国际市场上进行分保或进行共保。保险业务的国际化,以及共同的经济利益关系,使世界各国的保险人紧密联系在一起,加深了国际保险市场的一体化趋势。

3. 现代通信技术提供的便利

现代计算机和通信技术的发展,大大提高了信息的传递和处理效率,使得人类能在更大程度上克服空间距离对经济活动的不利影响,更好地在全球范围内开展经济交流与合作。近年来,先进的电子技术不断应用于保险业务,使得各国的保险人能迅速有效地进行经营管理,核保、承保、核赔、理赔的速度大为提高,从而为国际再保险和跨国保险公司的活动提供了极大的便利,从技术上为国际保险市场的一体化提供了支持。可以预计,现代信息技术的发展,将进一步深化国际保险市场的一体化趋势,使世界保险市场联成一个有机的整体。

4. 有关法规的完善

世界贸易组织和欧共体等区域性经济合作组织近年来通过的一系列法案,也为保险市场一体化铺平了道路。如 1997 年 12 月 13 日,世界贸易组织的 102 个成员达成协议,统一开放包括银行、保险、证券及其他相关服务的服务贸易,其中 61 个国家承诺允许外资保险公司在合资企业中拥有过半数的股权,这一协议使各国保险市场的开放程度进一步扩大。在保险市场一体化方面迈出实质性步伐的是欧洲共同体。1990 年生效的欧共体第二号非寿险指令,放松了对占全部非寿险保费收入 20%的海上保险、航空保险、一般运输保险和信用保证保险等领域跨境经营的限制;1992 年 11 月,欧共体又颁布指令,放宽了对汽车保险跨境经营的限制;1994 年 7 月实施的第三号寿险及非寿险指令,又取消了原来实行的保费及保单条款须经事先批准的条款,并开始建立在共同体内可自由经营保险业务的单一保险市场,允许保险服务主体自由设立公司和提供服务,客户也可自由选择保险公司投保。欧共体单一保险市场的形成必将加快全球保险市场一体化的进程。

(二)保险市场的竞争更为激烈

20 世纪 90 年代以来,国际保险市场供给能力明显过剩,市场的竞争更加激烈,竞争不仅存在于保险企业之间,而且也存在于保险业与银行业之间。这种竞争可以在保险公司数目的变化上得到反映,一方面在竞争中处于不利地位的保险公司被迫关闭,宣布破产;另一方面,公司并购业务迅速增长。激烈的竞争,促使各保险公司不断推出新的保险产品和引进新的经营方式,使保险产品的内涵日益丰富,互联网保险、银行保险等新的营销方式应运而生,而以降低成本和扩大市场占有率为目的的并购也极大地改变了国际保险市场的结构。

(三)保险市场并购风起云涌,混业经营日益普遍

由于保险市场的竞争日趋激烈,各保险公司为了求得生存和发展,纷纷采用兼并手段来降低成本,改善资本和产品结构,扩大市场。在这一兼并浪潮中,银行与保险公司的强强联合引人注目,1997 年瑞士信贷银行与温特图尔保险公司的合并即为一例。合并后的瑞士信贷—温特图尔集团自有资产达 230 亿瑞士法郎,经营资产额高达 7 000 亿瑞士法郎,仅次于美国的富达集团和法国的 AXA-UAP 集团,为世界第三大银行保险集团,其抵御风险的能力大大增强。近年来,世界金融业更是兼(合)并成风,跨行业、跨地域的特大金融并购案层出不穷,银行、证券、保险相互联手,形成了众多巨型“金融百货公司”。

英国于1986年10月颁布了《金融服务法》，日本于1994年开始了金融改革，两国率先进行的金融法律制度的改革，确立了银行业、证券业、保险业之间参股和业务渗透的合法性。而在美国，长期以来，联邦法官和监管机构一直在不断削弱《1933年银行法》。同时，由于欧、日取消跨界经营限制，在一定程度上削弱了美国金融业的国际竞争力，且美国金融业的构成已发生巨大变化，商业银行的资产大减，对华尔街无法产生决定性影响，因此经过长达6年的讨论，美国国会于1999年11月通过了《金融服务现代化法案》，推倒了分割银行、证券、保险业之间的“格拉斯—斯蒂格尔墙”，正式结束了美国银行业、证券业和保险业分业经营的历史。

（四）保险市场与资本市场的联系更加密切

现代金融市场是由货币市场、资本市场、保险市场、外汇市场、信托市场等部分组成的，由于经营同一交易标的——货币，都具有融资和投资功能，因此这些市场之间存在着密切的联系。现代保险业面临的挑战，促使保险公司更深地介入资本市场，从而使保险市场与资本市场的联系更加密切：一方面，为减轻承保业务利润减少的不利影响，保险资金需要到资本市场投资，以获得理想的投资回报；另一方面，为扩大承保能力，增加资本金，保险公司须通过资本市场筹集资金。此外，随着生态环境的恶化、财富的增长和集中以及人类活动领域的扩大，出现了越来越多的巨灾风险，保险公司或再保险公司可通过购买保险期货或发行巨灾债券的方式来处理这类风险，也加深了资本市场与保险市场的联系。

第二节　保险的组织形式

保险的组织形式是指保险供给主体采用何种产权结构，以保证其职能的正常发挥。

一、我国保险的组织形式

我国《保险法》第6条规定：“保险业务由依照本法设立的保险公司以及法律、行政法规规定的其他保险组织经营，其他单位和个人不得经营保险业务。”我国的保险公司，除原先的中国人民保险公司、中国人寿保险公司、中国再保险公司、新疆兵团财产保险公司为国有独资公司之外，其他中资保险公司几乎都采取股份有限公司形式。如今，中国人民保险公司、中国人寿保险公司、中国再保险公司和中华联合财产保险公司（前身是新疆兵团财产保险公司）先后完成了股份制改造。只有政策性保险公司的中国出口信用保险公司是国有独资公司。

（一）国有独资公司形式

国有独资公司是指国家授权投资的机构或者国家授权的部门单独投资设立的经营保险业务的有限责任公司。

（二）股份有限公司形式

股份有限公司，是由一定数量以上的股东出资组成的，其全部资本分为等额股份，股东以其所持股份为限对公司承担责任，公司以其全部资产对公司的债务承担责任的企业法人。我国《保险法》第94条规定：“保险公司，除本法另有规定外，适用《中华人民共和国公司法》。”国外大部分保险公司都采用股份有限公司形式，国内的保险股份有限公司的组织机构和经营方式基本与国外相同。

在我国设立外资参股的保险公司，或者中外合资保险公司、外商独资保险公司、外国保险公司在我国境内设立分公司，适用《保险法》的规定，法律、行政法规另有规定的，适用其规定。从2002年2月1日起我国实施《外资保险公司管理条例》，并在2004年颁布了《实施细则》。2013年8月1日起施行修改后的《外资保险公司管理条例》。

（三）相互保险组织

我国的《保险法》虽经两次修改，但没有明确相互保险组织的法律地位，只在农业、渔业等部门试点,于2005年在黑龙江省设立了首家阳光农业相互保险公司。近期,倡导“人人为我,我为人人”理念的相互保险迅速崛起。2015年1月23日,中国保监会印发《相互保险组织监管试行办法》,该文件称相互保险是“具有同质风险保障需求的单位和个人,通过订立合同成为会员,并缴纳保费形成互助基金,由该基金对合同约定的事故发生所造成的损失承担赔偿责任,或者当被保险人死亡、伤残、疾病或者达到合同约定年龄、期限等条件时承担给付保险金责任的保险活动”。该办法所称相互保险组织是指,“在平等自愿、民主管理的基础上,由全体会员持有并以互助合作方式为会员提供保险服务的组织,包括一般相互保险组织及专业性、区域性的相互保险组织等组织形式”。对不同的组织形式分别规定了初始运营资金和一般发起会员数的要求,初始运营资金由主要发起会员负责筹集,可以来自他人捐赠或借款,但必须以实缴货币资金形式注入。全年保监会收到相互保险组织申报项目共计20余家,发起成员中不乏金融机构身影。2016年6月下旬,保监会批复设立汇友建工财产相互保险社、众惠财产相互保险社和信美人寿相互保险社。

二、国外私营保险的组织形式

由私人投资经营保险的机构是国外保险组织的主要形式,一般分为股份有限公司和相互保险公司两种形式,另外还有一些非公司制的合作组织形式和劳合社。

(一)股份保险公司

股份保险公司类似于其他产业的股份公司。公司是现代企业典型的组织形式,它由发起人根据《公司法》和《保险业法》设立,法律具体规定了公司发起人的人数、公司债务的限额、发行股票的种类、税收、营业范围、公司的权力、申请程序、公司执照等。国外的公司组织由三个权力集团组成。

1. 股东

股东是公司的所有人,股票是所有权证书。在股东大会上,股东选举董事会,并对公司的重大决策,如公司合并、解散,进行投票表决。由于不少公司的规模较大,大多数股东不会出席股东大会,公司向每个股东发给一份由股东签署的代理投票的委托书。

2. 董事会

董事会是公司组织的主要统治集团,它受股东的委托执掌决策大权,并对重大过失、欺诈、使用公司资产为个人目的而损害公司利益的行为向股东负责,但对正常业务判断错误不负直接责任。董事会主要负责宣布派息方针,决定收益留存的比例和股息的支付方式,并决定扩大和缩减经营规模、任免高级管理人员。

3. 高级经理人员

高级经理人员由董事会任命,负责贯彻和执行企业的经营方针,并向董事会负责。董事会一般任命一个总裁、一个执行副总裁和一些负责各部门的副总裁,以及任命公司秘书长和财务主任。这些高级经理人员是公司的代理人,有权以公司的名义签约。各国保险监管机构对高级经理人员的任职资格都有相应要求。

公司与独资经营企业和合伙企业的主要区别是,公司负有限责任,即股东承担的最大损失不超过他们的投资额,债权人向公司清算债务时不能逾出公司的资产范围。

(二)相互保险公司

相互保险公司也是一种公司组织形式,但是一种非营利公司,没有股东,公司为保单持有人(投保人)拥有。因此,投保人具有双重身份,既是公司所有人,又是公司的顾客,而股份保险公司的股东并不一定是公司的顾客。相互公司的投保人作为所有人能选举董事会,由董事会任命公司的高级管理人员,投保人并能以取得“红利”的形式分享经营成果。如果公司的赔付和费用开支比预计的小,投资收入比预计的大,则投保人取得的红利就会增加。在相互人寿保险公司中,如果死亡率、营业和投资收入理想,分配的红利实际上是退还多余的保险费。因为最初收取的保险费含有一个

“安全系数”,所以红利并不表示投保人新的所得,不必缴纳所得税,有别于股份保险公司股东所取得的股息。如果公司发生亏损,就要减少红利分配,或者通过向投保人追收保险费、减少公积金来弥补亏损。

虽然相互保险公司名义上为投保人所有,但实际上董事会和高级管理人员控制了公司的全部事务。由于投保人很多,而且分散在不同地区,许多投保人不了解相互公司的性质,也不关心董事会的选举,管理部门通过代理投票委托书实际控制了公司。相互保险公司与股份保险公司的区别也正在缩小,许多股份人寿保险公司也出售分红的保险单,有些相互保险公司也办理不分红的保险。不少相互保险公司最初是以股份公司形式设立,后来再通过退股相互公司化,美国保德信、大都会人寿保险公司的情况都是如此。日本“保险业法在昭和十四年(1939 年)进行修改时,按照美国纽约州保险法,确认股份有限公司(株式会社)以参考相互公司(相互会社)的形式来变更其组织结构”;“战后在日本,许多人寿保险公司均以相互会社的形式重新办理业务,现今 20 家公司中就有 16 家采用了相互会社的形式”。① 可见,相互公司在资本主义国家的人寿保险中占有特别重要的地位。

尽管相互保险公司在公司治理结构、纳税、专业保障等方面有着一定的优势,但保单持有人和顾客合二为一的身份却限制了公司资本金和承保能力的扩大,因而在美国保险市场,激烈的竞争迫使一些相互保险公司转制为上市股份公司,如保德信、大都会、恒康人寿这些大公司,但 2014 年相互保险公司仍占有全球保险市场 27.1%的份额,在发达国家占有 31%的市场份额。

(三)非公司的合作保险组织

上述相互保险公司是一种合作保险,保险合作社则是一种非公司组织形式的相互保险。合作社组织形式分为消费者合作社和生产者合作社两大类,保险合作组织也不例外。以下列举美国的几种非公司的合作保险组织形式:

1. 相互保险社(reciprocal exchange)

按其纯粹的组织形式,每个社员为其他社员提供保险,每个社员又同时获得其他成员提供的保险,即社员交换保险承诺,体现了“我为人人,人人为我”。可用一个简单例子说明其经营原则:假定 1 000 个各拥有价值 10 000 元财产的人结成一个相互保险社,每个社员承保其余 999 人的财产。如果一个社员的财产全部损毁,其余 999 人会补偿他的损失,每人给他 10.01 元。这样的组织一般由一个代理人管理,负责接收新的社员、赔付损失、收取保险费、安排再保险和投资等。代理人通常是一家公司,按保险费和投资收入取得一定比例的报酬。纯粹的相互保险社为每个社员开立单独账户,记入保险费和利息收入,扣除分摊的赔付和费用份额,当一个社员退出时,他可以提取其账户贷方余额。美国约有 50 个这样的保险合作组织,大多数规模较小,但也有几个规模很大,如洛杉矶的农民保险合作社和专门经营汽车保险的联合服务汽车保险协会。

2. 互助共济保险组织(fraternal insurers)

互助共济保险组织专向一个社会组织的成员提供人寿和健康保险,如联谊会、宗教、慈善、共济会等社会团体,许多互助共济保险组织以种族为联合的基础,如美国的波兰民族同盟、挪威后裔。自然这类保险组织所提供的人寿和健康保险只占美国全部人寿和健康保险业务的极小部分,约为 1%~2%。

3. 美国的蓝十字会和蓝盾医疗保险组织(Blue Cross and Blue Shield)

蓝十字会和蓝盾是美国非营利医疗保险组织,它们以州或社区为经营范围。蓝十字会提供住院费用保险,蓝盾则提供非住院的内外科医疗费用保险。这两种组织是由在特定地区的医生、医院和其他医疗服务提供者组成的独立团体,向参加者提供医疗保险,与商业性保险公司的医疗保险比

---

① [日]国崎裕著:《人寿保险》,中国金融出版社 1986 年版,第 155 页。

较,前者具有下列特点:(1)非营利组织,享有税收优惠,而商业性保险公司要缴纳联邦和州的所得税,以及州的保险费税;(2)不以现金方式给付保险金,而保险公司则直接向被保险人给付保险金;(3)与当地的医院签订提供医疗服务的合同,而保险公司没有这种合同关系;(4)较少使用免赔额、等待期、共同保险等限制性条款,因此,它们收取的保险费要比保险公司高。然而,从 20 世纪 90 年代中期开始,蓝十字会和蓝盾医疗保险组织与商业性保险公司的差别减少,大多数蓝十字会和蓝盾医疗保险组织已全部或部分变成营利组织。

4. 美国的保健团体(health maintenance organizations)

保健团体也是一种健康保险合作组织,向成员提供综合的医疗和保健服务。美国的保健团体在 20 世纪 70 年代以后得到迅速发展,到 21 世纪初,全美国有超过8 000万人参加各种形式的保健团体。其主要特点是:(1)主要对成员提供医疗和保健服务,对非成员以另外标准收费;(2)拥有医疗设施和配备医务人员,但有些保健团体租借医疗设施,并与医生或医院签订医务合同;(3)提供综合的医疗和保健服务,并贯彻以预防为主的方针,对成员定期进行体格检查,尤其重视产妇和幼儿保健;(4)成员按月缴付一笔固定的保险费,并且每年有一次是否继续参加该团体的选择权;(5)每个成员在保健团体内选择一个“看门人”(gatekeeper),由该医生负责协调该病人的所有医疗服务。如果需要经“看门人”核准可把病人转给其他专业医生或当地医院接受治疗。因此,“看门人”在控制医疗成本方面起了非常重要的作用。

(四)劳合社

本书第二章曾概述了伦敦劳合社的简史和运作方式,这里着重介绍英国劳合社的组织形式。劳合社是一个社团组织,它是根据《1871 年劳合社法》中关于“社团和法人组织条款”成立的。劳合社不承保业务,只是向社会提供保险交易场所和有关的服务。劳合社的经营活动受 1871～1982 年的《劳合社法》和《1982 年保险公司法》管辖,并实行自我监管制度。

1. 三权分立机构

劳合社设理事会、市场委员会和监管委员会,各司其职。

(1)理事会。在《1982 年劳合社法》颁布之前,劳合社由其社员选举产生的一个理事会管理社内事务,行使社团权利,并监管和指导保险交易。随着 1993 年 1 月 1 日劳合社市场委员会和监管委员会的成立,理事会的权利和职能有所分散,但其最高地位并未受到影响,仍负责制订或审批章程、入社费、罚金、预算等,并处理另两个委员会未达成一致意见的问题,对社团事务负有首要责任。

(2)市场委员会。市场委员会负责制订市场战略,并提供主要的服务项目。

(3)监管委员会。监管委员会负责制定劳合社市场的监管条例,并担负监管市场的职能,以保护其社员的利益。

2. 劳合社下属部门

劳合社在理事会、市场委员会和监管委员会下设 8 个部门。

(1)财务。财务部门负责劳合社的财务和税收事项,向贸易工业部呈报财务报表,对外公布财务报告。

(2)营销和公众事务。营销和公众事务部门负责发展国内外业务,下设市场部、国际部、通信部。

(3)服务监管。服务监管部门主要负责对承保代理人和经纪人的监管,处理承保批准和客户投诉,提供法律咨询和进行诉讼。

(4)运作。运作部门负责签单和理赔事务,提供计算机和电信服务。

(5)人力资源和辅助服务。人力资源和辅助服务部门负责社内人事、培训、养老金和物业管理。

(6)政策及规划。政策及规划部门负责劳合社的战略规划,协调理事会、市场委员会和监管委员会三方面的关系,并任命和管理劳合社的代理商。

(7)中央服务中心。中央服务中心使用中央数据库处理所有承保组合的信息资料。

(8)未结清年度项目。未结清年度项目部门负责接管和处理劳合社历年积累的亏损。

3. 劳合社经纪人

在劳合社一般不准投保人和承保人直接签订保险合同，而是由劳合社经纪人替投保人寻找承保组合(underwriting syndicate)。所有劳合社经纪人必须在保险经纪人注册委员会登记注册，并遵守劳合社经纪人业务守则。申请成立劳合社经纪公司须符合一系列条件。

4. 劳合社社员

社员必须向劳合社签订一份保证书，保证遵守《劳合社法》及有关规定，每个社员至少缴存150万英镑的保证金。社员对其承保的业务负无限责任，相互之间无连带责任，要以自己的全部私人财产作为抵押来承担无限责任。但从1993年1月1日起，劳合社建立了一种"停止损失方案"(stop loss scheme)，若社员4年内的全部净损失超过其保费收入的80%，则超过部分由该方案下的基金来偿还，但社员必须按规定比例向该基金缴付一定费用。自1995年以来，社员还可将其无限责任通过分保转移给作为有限责任的法人组织的社员。每个社员必须将保费和投资收入存入保费信托基金，该基金3年结算一次。如果社员的信托资产及私人财产不足以支付赔款，就从中央资源中提取资金偿还债务。中央资源由中央基金和劳合社资产组成，社员须对中央基金每年缴费一次。1994年以前，劳合社的社员都是个人社员。但是，从1994年开始，劳合社允许有限责任公司进入，并成为其社员。因此，公司社员数量不断增加，个人社员数量剧减，2006年公司社员承保的市场份额占90.3%。①

5. 承保组合

每个社员(个人承保人)可以参加一个或几个承保组合，各承保组合具有各自的专业特色，并授权一个牵头承保人制定费率，在承保组合内每个承保人承保一定份额，并向牵头承保人支付一定佣金。随着承保组合的发展，众多个人承保人指定一个承保代理机构或代理人代理其承保和管理事务。

第三节　保险市场的需求与供给

市场经济是以市场机制的作用为基础来配置资源的，而市场机制实际上就是价格与供求之间相互调节的耦合过程。市场的运行，表现为供求关系的变动，供求之间从适应到不适应的变动过程，也就是市场状况的主要内容。因此，分析保险市场的需求与供给，对于提高市场效率、促进保险业的发展具有重要的意义。

一、保险需求

需求是指有支付能力的需要，即在一定时期和一定价格水平上，消费者愿意而且能够购买的商品数量。保险需求则是指在特定时期和一定保险费率水平上，投保人在保险市场愿意而且能够购买的保险商品的数量。保险需求的产生，源于风险的客观存在和人们对风险所致经济损失承受能力的有限性。故保险需求实际上是投保人对保险保障的需求，这可以用投保金额或保费收入加以计量。保险需求是一个总体概念，指在一定时期内社会公众和组织对各种保险商品的需求总和。

二、影响保险需求的因素

(一)风险状况

"无风险，无保险"，风险的客观存在是保险需求产生的前提条件。风险越大，对保险的需求强

---

① 转引自游桂云、张连勤:《伦敦再保险市场组织变化与业务发展研究》,《上海保险》2007年第5期。

度越大。只有当风险超过投保人自身的承受能力时,才会产生对保险的需求,而且只有“频率低、损失大”的风险使用保险方式处理才具有经济上的合理性和技术上的可行性。总之,投保者面临的风险情况对保险需求的数量和结构都有着重要的影响。

(二)保险费率

保险费率即保险商品的价格,而商品的需求一般与价格呈反向变动关系,保险商品也是如此。当保险费率上升时,保险需求量减少;保险费率下降时,保险需求量增加。

(三)消费者的收入水平

消费者收入越多,支付能力越强,对保险产品的需求越大;消费者的收入水平越低,对保险产品的需求越小。

(四)互补品与替代品的价格

互补品即使用功能互补的两种或两种以上的产品,其需求量一般呈同向变动关系。如汽车保险是汽车的互补品,附加险是基本险的互补品,所以,汽车价格的升降,会引起汽车保险需求量的减少或增加;而基本险费率的增减,也会引起附加险需求量的减少或增加。

替代品是指使用功能在一定程度上可相互替代的产品,替代品之间需求量一般呈反向变化。如铁路货物保价运输是铁路货物运输保险的替代品,储蓄是某些人寿保险产品的替代品。所以,铁路货物保价运输费率的增减会增加或减少铁路货运险的需求,而存款利率的升降会减少或增加某些寿险产品的需求。

(五)人口状况

保险业的产生和发展依赖于社会环境,其中人口状况又是影响保险市场需求的重要因素,主要表现在以下两个方面:

1. 人口总量影响市场需求总量

一国的人口总量构成了保险尤其是人身保险需求的潜在市场,在其他影响因素既定的条件下,人口规模越大,保险市场需求总量越大。

2. 人口构成影响保险需求的结构

人口构成分为以下三种结构:

(1)年龄结构。由于不同年龄的人口面临的风险具有不同的特点,故人口的年龄结构会影响保险需求的结构。比如老年人口的特点是生理机能不断下降,收入来源减少,所以老龄人口越多,对社会保险和商业健康保险的需求越大;而青少年人口面临意外伤害的可能性相对较大,故对意外伤害保险的需求也较强烈。可见,人口的年龄构成对保险需求的险种结构有着重要的影响。

(2)职业结构。不同的职业,面临的风险不同。从事危险职业的人越多,对相应险种意外伤害保险、雇主责任保险的需求就越大;专业人员(如律师、医生、建筑师等)所占比例越大,对职业责任保险需求越大。

(3)素质构成。人口素质主要体现在人口的受教育程度,一般来说,文化程度越高,对保险这一处理风险的方式认同度越高,人们的保险需求越强。反之,文化程度较低者,往往侥幸心理越强,而对保险持排斥态度,其保险需求也较弱。

三、保险需求弹性

保险需求弹性是指保险需求对其影响因素的变动的反应程度,可用弹性系数加以衡量,即:

$$E_d=\frac{\Delta D/D}{\Delta F/F}$$

式中:D 表示保险需求量,ΔD 表示保险需求变动量,F 表示影响保险需求的因素的指标值,ΔF 表示影响保险需求指标的变动量。

在影响保险需求的因素中，保险费率和消费者收入水平具有最重要和直接的影响，且容易量化，因而对保险需求弹性的研究主要集中在费率弹性和收入弹性及交叉弹性方面。

(一)保险需求的费率弹性

保险费率与保险需求之间的关系如图 18－1 所示。

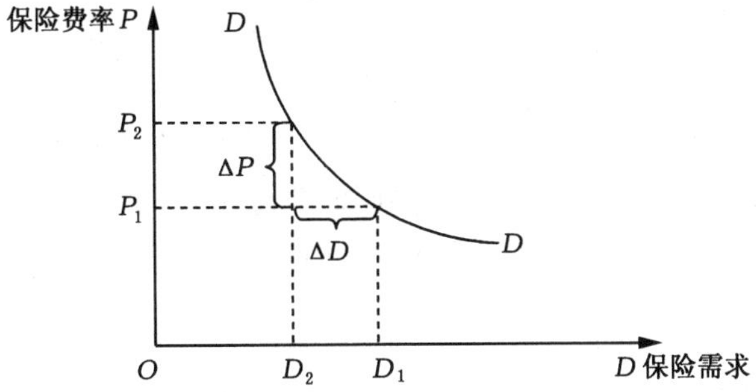

图 18－1 保险费率与保险需求之间的关系

从图 18－1 中可以看出，保险费率的变动方向与保险需求相反。

保险需求的费率弹性即其价格弹性，反映了保险需求对费率变动的反应程度。由于保险需求与费率存在反向变动关系，所以保险需求弹性为负值，用公式可表示为：

$$E_p=\frac{\Delta D/D}{\Delta P/P}$$

式中：D 表示保险需求量，ΔD 表示保险需求变动量，P 表示保险费率，ΔP 表示保险费率变动量。

(二)保险需求的收入弹性

保险需求与消费者收入呈同向变动关系，如图 18－2 所示。

保险需求的收入弹性是指保险需求对消费者收入变动的反应程度，用公式可表示为：

$$E_i=\frac{\Delta D/D}{\Delta I/I}$$

式中：D 表示保险需求量，ΔD 表示保险需求的变动量，I 表示消费者收入，ΔI 表示消费者收入的变动量。

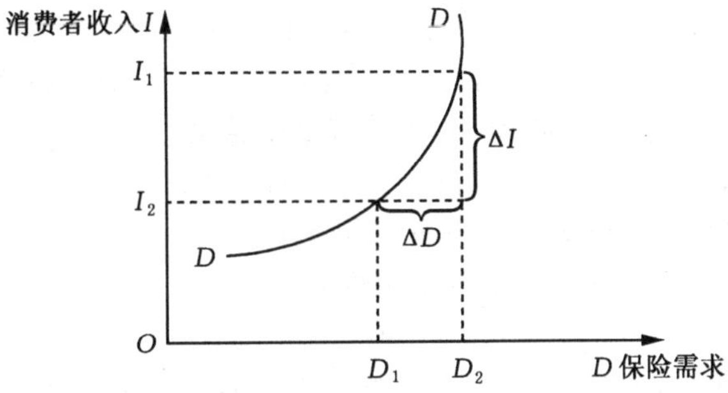

图 18－2 保险需求与消费者收入之间的关系

保险需求随消费者收入的增加而增加，故保险需求的收入弹性 $E_i>0$，并随消费者绝对收入水平、险种的不同而不同。根据需求层次理论，人的需求满足是顺序递进的，只有当低层次的需求满足以后，才能顾及较高层次的需求，而生存较安全是更低层次的需求，因此，只有当消费者的温饱问题解决以后，才能更多地考虑保险的需要。

(三)保险需求的交叉弹性

保险需求的交叉弹性是指某一保险产品的需求对相关的其他产品价格变化的反应程度,其大小取决于产品间的替代程度和互补程度。其计算公式为:

$$E_r=\frac{\Delta D/D}{\Delta P_r/P_r}$$

式中:D 表示保险需求,ΔD 表示保险需求变动量,P_r 表示相关的其他产品的价格,ΔP_r 表示相关产品价格变化量。

由于保险产品需求与替代品价格呈同向变化,故对替代品的交叉价格弹性 $E_r>0$;而保险产品需求与互补品的价格变动呈反向关系,故互补品间的交叉价格弹性 $E_r<0$;当 $E_r=0$ 时,意味着相关的其他产品的价格变化对保险产品的需求没有影响,即保险产品与其不存在相关关系。

四、保险供给

供给是指在一定时期和价格水平上,生产者愿意并且能够提供的商品数量。保险供给则是指在特定时期和一定保险费率水平上,市场上各家保险企业愿意并且能够提供的保险商品的数量。保险供给可以用保险市场上的承保能力来表示,它是各个保险企业的承保能力之总和。

五、影响保险供给的因素

在现代市场经济条件下,保险供给是适应保险需求而产生的,保险需求是制约保险供给的基本因素。在保险需求既定的条件下,保险供给还受下列因素的影响。

(一)保险费率

一般认为,产品供给者的目标是要实现利润最大化,而产品价格的上升有助于实现这一目标。因此,价格上升,供给会增加;同样,保险费率提高,也会刺激保险供给的增加。反之,则保险供给减少。

(二)保险产品成本

保险费是由期望损失、风险加成和附加保费三部分构成的,即保险费率一般采用成本加成法定价。在某一费率水平上,保险产品的成本越高,则利润率越低,从而产品的供给减少;保险产品的成本越低,则利润率越高,保险供给就会增加。影响保险产品成本的因素包括业务结构、营销方式、准备金规模、预定利率、通货膨胀率等,这些因素的变化都会影响保险供给水平。

(三)相关的其他产品价格

两种产品之间的相关性有两种情况:一是互补,即需将两种产品结合起来才能满足某种需求;二是替代,即满足某种需求可以选择另一种产品。当某种产品的替代品价格上升时,这种产品的生产者就会转向其替代品的生产,从而减少了这种产品的供给量;当某种产品的互补品价格上升时,该产品也会随之涨价,从而增加这种产品的供给量。同样,当某一险种产品的替代险种费率上升时,保险公司就会转向涨价的险种,相应地减少原有险种的供给;当某一险种的互补险种费率上升时,会导致这一险种费率上涨,保险人就会增加供给量。

(四)保险技术

保险产品的开发与供给,是以风险处理技术的发展为前提的,因而保险技术对保险供给有着极其重要的影响。一方面,由于技术水平的限制,保险企业无法设计出相应的保险产品来满足多方面的保障需求,需求不能导致相应的供给;另一方面,保险技术的进步,也可能使原来不可保的风险转化为可保风险,或降低风险处理的成本,导致保险供给的增加。

(五)市场监管

由于保险经营的特殊性,各国都对保险市场进行监管,而其核心则是保险公司偿付能力的监管,并在相应的法规中加以明确,如我国《保险法》规定:“经营财产保险业务的保险公司当年自留保险费，不得超过其实有资本金加公积金总和的四倍。”即保险供给的规模受制于资本金和公积金水平。由此可见，即使有时保险费率上升，保险供给也不一定会增加。

（六）政府政策

为了实现特定的政策目标，政府可以对有关保险产品（如农业保险）给予税收优惠和补贴，这类政策也会增加保险供给。

六、保险供给弹性

在影响保险供给的众多因素中，费率处于重要地位，它与保险供给的关系如图 18－3 所示。

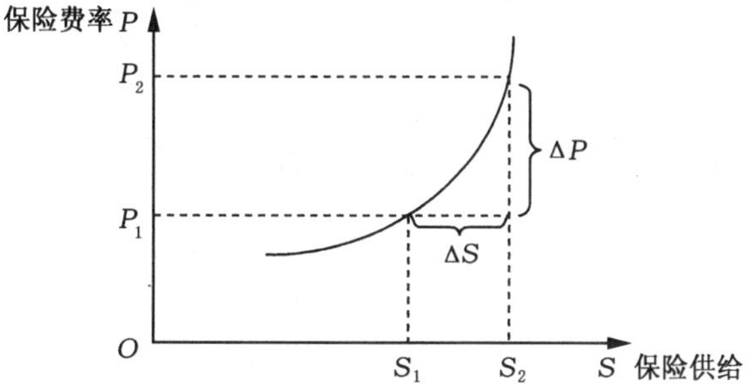

图 18－3 保险费率与保险供给之间的关系

保险供给弹性是指保险供给对其影响因素的变动的反应程度。由于费率的重要影响，故实践中以供给的价格弹性系数来分析保险供给弹性，其计算公式为：

$$E_s = \frac{\Delta S / S}{\Delta P / P}$$

式中：S 表示保险产品供给量，ΔS 表示保险产品供给变化量，P 表示保险费率，ΔP 表示保险费率变化量。

由于保险产品的供给与保险费率同向变化，因此保险供给弹性系数为正数。

七、保险市场的均衡

在保险商品的需求和供给函数既定的情况下，在某一费率水平上，保险企业愿意供给和消费者愿意购买的保险商品的数量将相等，费率也不再有变动的趋势，则保险市场就处于均衡状态。这种使得需求量恰好与供给量相等的费率，称为均衡费率，与均衡价格相应的供求量即为均衡销售量。

保险市场的均衡包括总量均衡和结构平衡，前者是指市场总供给或承保能力总规模与全体消费者各类保障需求总量间的平衡，后者则是指保险供给的结构与保险需求的结构相适应。

保险市场的均衡状态可用图 18－4 加以说明。

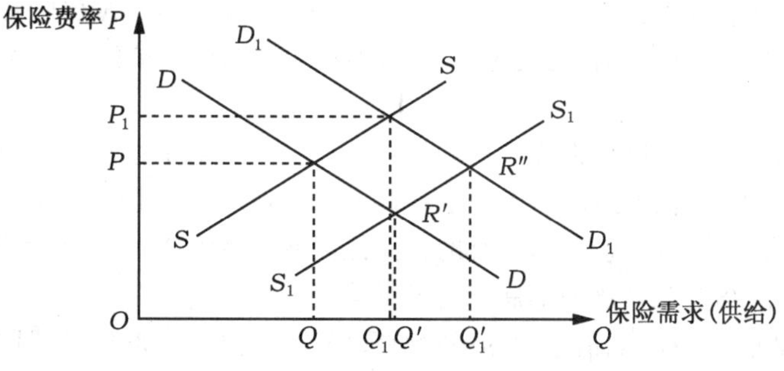

图 18－4 保险市场的均衡

在图 18－4 中,假设 DD 与 SS 是某险种原来的需求曲线与供给曲线,则由此决定的均衡费率是 OP,均衡销售量是 OQ。

假设供给情况不变,由于收入提高或替代品价格上升等因素的作用,需求曲线向右上移动至 D_1D_1。显然,由 D_1D_1 和 SS 所决定的均衡费率,将由 OP 上升为 OP_1,均衡销售量则由 OQ 增为 OQ_1。

在假定需求状况不变,但由于保险技术进步和税收优惠的作用,使供给情况发生了变化,供给曲线向右下方移至 S_1S_1 的位置,S_1S_1 与 DD 交于 R' 点。可见,DD 与 S_1S_1 所决定的均衡费率比 OP 低,而均衡销售量 OQ' 则比 OQ 高。

此外,当需求和供给都增加时,即需求曲线 DD 移至 D_1D_1,供给曲线 SS 移至 S_1S_1,均衡交易量将增加很多,新的均衡费率则可能高于也可能低于原来的均衡费率。

第四节　保险市场的监管

保险市场监管,是指政府通过法律和行政手段对保险市场参与者的监督管理。像其他具有公共性的行业一样,为提高效率、维护公平、保持稳定,各国政府对保险市场均实行严格的监管。我国《保险法》的颁布和实施,为完善保险市场监管、促进保险业健康发展提供了法律保证。

一、保险市场监管的目标和方式

(一)保险市场监管的目标

1. 保证保险人具有足够的偿付能力

保险业是经营风险的行业,保险产品是保险人在约定事故发生时对投保人进行经济补偿的承诺,即保险人交付保费的对价。但缴费在前,赔付在后,一旦保险人偿付能力不足甚至破产,就会使被保险人在保险事故发生时不能得到补偿,从而极大地损害了投保人和被保险人的利益。因此,保证保险人具有足够的偿付能力是保险市场监管的核心内容和首要目标。为保证保险人具有足够的偿付能力,各国保险法规对保险公司的最低资本金、资本充足性、保证金及各项责任准备金的提取、业务分保、偿付能力的计算标准等都做出了明确的规定。

2. 防止欺诈

作为一个特殊行业,防止保险市场的欺诈具有特别重要的意义,而欺诈可能产生于各市场主体和其他组织和个人。保险的复杂性,使得保单本身就是一份很复杂的合同。如果缺乏监管,保险人就可能通过玩弄技巧和误导等方式对被保险人进行欺诈。此外,保险经营具有很强的专业性,一般消费者难以分辨保险人的实力和经营状况,也使得保险人利用虚假广告蒙骗消费者成为可能。投保人方面的欺诈,是指投保人利用自己在信息方面的优势谋取不当利益,如投保人隐瞒对于签订保险合同具有重要影响的事实,伪造或故意夸大保险事故的损失以谋取赔款等。因此,为保护投保人和保险人的利益,各国政府都设立专门机构对保险市场进行监管。各国保险法和刑事法规对保险市场主体和社会其他方面的欺诈行为规定了具体的处罚措施,以维护保险市场的有序运转。

3. 确保保险费率合理

由于保险产品定价的特殊性,保险产品的价格——费率是基于大量的历史统计资料进行计算的,统计资料越齐全,则计算精度越高,费率也越接近于客观水平。正因为这样,保险费率的厘定不适用“反垄断法”。保险市场的费率监管,有助于保证保险交易的公平,也可使各保险人在同等费率下就保险服务的质量、保险延伸服务等展开公平竞争。

近年来,中国保监会在研究、借鉴国际保险监管经验的基础上,形成了我国现代保险监管体系的基本理论,把偿付能力监管、公司治理结构监管和市场行为监管作为我国保险监管体系的三大支柱。中国保监会自2009年1月1日起对保险公司、保险专业中介机构正式实施分类监管制度。根据保险公司的风险程度，把保险公司分为四类，将保险专业中介机构分为三类，并相应采取不同的监管措施。2013年3月21日，中国保监会在京召开发布会，正式发布保险监管核心价值理念和保险行业核心价值理念。保险监管核心价值理念是“为民监管、依法公正、科学审慎、务实高效”。

(二)保险市场监管的方式

在不同的历史阶段和不同的市场结构条件下，各国监管保险市场的方式有所不同，概括起来有以下三种：

1. 公示管理

所谓公示管理，是指政府不直接干预保险企业的经营活动，仅把其资产负债、营业结果及其他相关事项予以公布，由社会公众自己判断其经营状况。至于保险企业的组织形式、保险合同的格式和内容、保险资金的运用，均由保险人自主决定，政府不加过问。这是国家对保险市场最为宽松的一种管理方式，有利于保险企业在宽松的环境中自主经营和自由发展，但保险经营的复杂性会妨碍公众对保险企业的经营状况做出合理判断，从而难以对保险人进行有效监督。采用这种监管模式的国家必须具备一定的条件，如经济发达，保险市场较为成熟，保险企业具有一定的自我约束能力，国民文化水准较高，具备一定的判断和选择能力。1994年以前，英国曾采用这一监管方式，但20世纪六七十年代许多保险公司的破产，表明这一方式难以有效地保护投保人的利益，因而为一些国家所放弃。

2. 规范管理

规范管理也称准则主义或形式监督主义，它是指国家规定保险企业经营的基本准则，要求保险企业遵守的一种监管方式。在这种方式下，政府对于最低资本金要求、资产负债表审查、保险资金运用、信息披露、处罚等重要事项均加以明确，但对保险企业的经营则不加干预。由于保险业的特殊性，许多法规难以适用于所有保险企业，因此形式上合法而实质上不合法的行为时有发生，但规范管理仅涉及保险经营形式上的合法性，未触及保险企业经营的实质内容。荷兰自1922年以后采用这一监管方式，目前仍也有不少国家采用。

3. 实体管理

实体管理也称许可主义，是指国家制定完善的保险监管规则，法律赋予监管机关较大的权力，监管机构对保险市场进行全方位的监督管理。在这种方式中，国家通过有关法规明确保险企业设立、经营乃至破产所应遵循的原则和制度，监管也贯穿保险企业设立和发展的全过程。我国《保险法》第85条规定：“保险公司应当聘用专业人员，建立合规报告制度。”实体管理是最为严格的监管方式，产生于瑞士，为当今大多数国家所采用，我国也采用该种方式。但在保险市场秩序良好的国家，对原来较为严格的监管方式有着放松的趋势。

二、保险市场的监管机构

在世界各国，保险监管职能主要由政府依法设立的保险监管机关行使。虽然立法和司法部门也在一定程度和范围内对保险市场进行监管，但对保险市场的监管主要是由政府监管机构承担的，即政府会委托某一职能部门来负责对保险市场的监管，如财政部、中央银行、贸易工业部、保险管理局等。保险公司也会在政府支持下，成立行业协会、同业公会等组织，协调行业内部关系，进行自我约束、自我管理。

英国是现代保险的重要发祥地，政府对保险市场的监管机构原来是贸工部，贸工大臣对合格的保险组织颁发营业许可证，并有权请求法院对有欺诈行为的公司裁决停业。随着金融服务业的一体化，英国于2000年通过了《金融服务及市场法案》，根据该法案成立了金融服务监管局，对金融业实行统一的监管，该局下设保险监管部。同时，英国的保险人和保险经纪人也成立行业公会。这种社团组织的行业公会对维护保险市场正常秩序、加强行业自律发挥了重要作用。1985年成立的英国保险公会(ABI)是由原先已经存在的许多保险行业组织合并而成,其400多名公司会员的保费收入占英国保险费收入的97%。该公会下设财产险、寿险和年金、投资三个部门,并通过其媒体政治事务部、欧洲及国际部对外代表英国保险业。①

美国保险市场的监管机构主要由各州的州政府负责,一般在州政府内设保险署,保险署是由保险监督官负责的。大多数州的保险监督官由州长任命,个别州由选举产生。由各州监督官组成的全国保险监督官协会,负责协调各州保险立法与监管活动,并有权检查保险公司。

日本保险监管机构是大藏省,在大藏省的银行局设有保险部和保险审议会,前者具体负责对私营保险公司的行政监管工作(其中,保险第一科负责监管人寿险业务,第二科负责监管财产险业务),后者则是一个咨询机构。1998年,日本成立了金融检察厅,接管了大藏省的部分监管工作。

我国香港特区立法会于2015年7月10日通过《2014年保险公司(修订)条例草案》,订明成立独立的保险业监管局,此举符合国际保险监督联合会的规定,即保险监管机构应在财政和运作上独立于政府及业界。

根据我国《保险法》的规定,中国保险市场的监管机构的主要职责包括:(1)审批保险公司的设立、变更和终止;(2)核定保险公司的业务范围;(3)依法对保险公司的偿付能力、资金运用、经营活动进行监督管理;(4)审批主要险种的保险条款和费率,并对其他险种的条款和费率备案;(5)对保险代理人、保险经纪人、保险公估人等中介机构实施监管;(6)对违反保险法规的行为实施行政处罚。1998年1月18日,中国保险监督管理委员会成立,我国保险市场的监管职能由中国人民银行转移至保监会。

在各国保险市场上,保险行业的自律组织——行业协会因其特有的协调功能而在监管中发挥着重要作用。在我国,除中国保险行业协会外,有三家以上保险公司分公司的地区也可以成立地区保险行业协会。

三、保险市场监管的原则

考虑我国的社会经济条件和保险业发展特点,保险市场监管应遵循以下原则:

(一)依法监管原则

保险监管机构必须以法律(包括行政法规)为依据履行监管职能,即在法律授予的权限内,按照法律规定的内容和程序进行监管。也就是说,保险公司必须依法接受保险监管机构的监管,而监管机构也必须依法进行监管,才能保持监管的权威性、严肃性和一贯性,进而达到监管的有效性,促进保险业的发展。

(二)适度竞争原则

从理论上讲,市场竞争越充分,则交易效率越高,因而完全竞争的市场模式被认为是最理想的市场结构。然而,自发的市场并不等于健全的市场,市场失灵也会导致资源配置失误。同时,保险经营的特殊性要求保险企业具有相当的规模,所以,保险市场不宜完全放开,否则无序竞争会导致盲目降低费率、变相退费等恶性手段的出现,危及保险企业自身的偿付能力和整个保险业的稳定。可见,为了维持保险市场的稳定发展,保险监管必须遵循“管而不死、放而不乱”的原则,着力创造和维护适度竞争的市场环境。

(三)公开性原则

与保险企业有关的法律应当向社会公布,各保险企业的业务经营和财务状况等信息,包括资产负债情况、盈亏状况、偿付能力状况、资本金变动等情况,应当向社会披露。保险监管机构对保险企

---

① 中国保监会:《国际保险监管研究》,中国金融出版社2003年版,第166页。

业的违规、违法行为的处罚，凡不涉及其商业机密的，也应向社会公布。为此，保险监管机构应建立相关的信息披露制度，明确披露的内容、方式、口径及时限。这样，既可发挥公众和舆论的监督作用，又可为投保人选择提供依据，改善保险市场的信息不对称情况。

（四）不干预保险企业自主经营原则

不干预保险企业自主经营的原则是依法监管原则的合理引申。保险企业（包括国有独资保险公司）是自主经营、自负盈亏的独立企业法人，它有权在法律允许的范围内，独立地开展经营。保险监管机构对保险企业的监管必须依法进行，凡法律允许保险企业自主决策的、属于保险企业经营自主权以内的事项，就应由其自己决策，监管机构可以通过制定政策加以引导，但不得直接干预。如果保险监管机构干预了保险企业正当的、合法的经营，就是一种越权行为，也是不合法的行为。坚持不干预保险企业自主经营的原则，有利于保险企业的发展，也使监管机构可以集中精力管好该管的事，并避免承担不必要的责任。

四、保险市场监管的内容

鉴于保险市场各要素的不同作用和地位，各国均把保险监管的重点放在对保险人的监督管理方面，而对保险人监管的具体内容也因各国经济体制、保险业发展状况、社会背景的不同而有所不同，但概括起来主要有以下五个方面：

（一）机构监管

国家对保险机构的监管主要体现在对保险机构组织形式、设立条件、经营范围、解散和清算的管理等方面，其依据是保险业法。

1. 保险机构的组织形式

对于保险机构的组织形式，各国要求不同，如日本有株式会社（股份有限公司）、相互会社（相互公司）以及互济合作社三种组织形式，英国除股份有限公司和相互保险公司之外，还允许劳合社采用保险组织形式，我国台湾的保险机构组织形式包括股份有限公司和合作社两类。

2. 保险机构的设立

根据我国《保险法》的规定，设立保险公司或保险公司设立分支机构必须经中国保监会批准。

申请设立保险公司，应当具备下列条件：

(1)主要股东具有持续盈利能力，信誉良好，最近3年内无重大违法违规记录，净资产不低于人民币2亿元；

(2)有符合《保险法》和《公司法》规定的章程；

(3)保险公司设立的注册资本不低于人民币2亿元；

(4)保险公司的董事、监事和高级管理人员必须符合中国保监会规定的任职资格；

(5)保险公司应当聘用经保险监督管理机构认可的精算专业人员，建立精算报告制度；

(6)有健全的组织机构和管理制度；

(7)具有与其业务规模和人员数量相适应的营业场所、办公设备；

(8)法律、行政法规和中国保监会要求具备的其他条件。

开业申请批准后，保险公司持保监会颁发的《经营保险业务许可证》向工商行政管理机关办理注册登记手续，领取营业执照后即可营业。

3. 经营范围

经营范围监管，是指政府通过法律或行政命令，规定保险机构所能经营的业务种类和范围，一般表现在两个方面：一是金融业间（银行、保险、证券、信托业之间）的兼业问题，即是否允许保险人兼营保险以外的金融业务，或非保险机构经营保险业务；二是保险业内不同业务的兼营问题，即同一保险人是否可以同时经营性质不同的保险业务。自美国颁布实施《1933年银行法》以后，世界上大部分国家均实行银行业、证券业和保险业之间分业经营、分业监管的体制,禁止混业经营。进入20世纪80年代以后,英国、日本、美国先后通过法案,取消或放宽了跨行业经营的限制。但多数国家仍实行严格的分业经营制度。关于保险业务兼营,多数国家禁止保险公司同时从事性质不同的保险业务,但具体规定随各国保险类别的划分标准不同而不同。然而保险监管机构对业务范围的监管,一般执行"产寿险分业经营的原则",即同一保险人不得同时兼营财产保险与人寿保险业务,其原因在于财产保险与人寿保险的风险基础不同,导致财产保险与人寿保险的经营技术、承保手续、费率厘定、准备金计提、保险金给付、资金运用迥然不同。为避免业务混乱,保证偿付能力,有必要实施产寿险分业经营。但是,这一原则也有例外:英国《保险公司法》规定,同一保险公司不得同时经营长期业务(人寿保险、长期健康保险和年金)和一般业务(财产保险、意外伤害保险和短期健康保险),但1982年之前成立的公司可以以会计独立为条件,同时兼营长期业务和一般业务;日本1996年《保险业法》规定,保险公司可以通过设立子公司的形式兼营其他保险业务。此外,各国一般不限制保险公司同时经营原保险和再保险业务,也允许再保险人同时经营人寿再保险和财产再保险业务,我国也是如此。在我国,由于历史原因,《保险法》颁布前成立的保险公司曾被允许经营所有险种的业务。《保险法》第95条规定,保险公司的业务范围包括:(1)财产保险业务,包括财产损失保险、责任保险、信用保险、保证保险等保险业务;(2)人身保险业务,包括人寿保险业务、健康保险业务、意外伤害保险业务等保险业务。

《保险法》还规定:保险人不得同时兼营财产保险业务和人身保险业务。原兼营各种保险业务的中保集团、太平洋保险公司和平安保险公司已先后通过设立子公司的形式完成了分业经营。但是,考虑到意外伤害保险、短期健康保险在风险特点、经营技术、保险期限等方面更接近于财产保险,《保险法》又规定:"经营财产保险业务的保险公司经国务院保险监督管理机构批准,可以经营短期健康保险业务和意外伤害保险业务"。

4. 解散和清算

一些国家的公司法、破产法对公司解散和清算的规定基本上都适用于保险业。当保险公司因违反法律或负债过多而被停业或解散时,政府应加以监督和管理,以保护被保险人、受益人或债权人的权益。当某些保险公司经营状况每况愈下无法挽救之时,保险监管机构将公司的大多数业务进行转让,或将其财产卖出,或让实力雄厚的公司将其兼并,以避免破产。于2014年6月1日正式施行的中国保监会的《保险公司收购合并管理办法》允许两家或两家以上的保险公司并购,进一步鼓励境内外各类优质资本特别是民间资本投资保险业。然而,如果公司到了不得不破产的地步时,保险监管机构应负责对公司资产进行清算,并向法院申请接管该公司或勒令其停业。公司一旦破产,其资产就应在债权人之间进行分割,了结保险企业的债权债务关系,保护各方当事人的利益,并最终取消其法人资格。我国《保险法》第三章"保险公司"第89~93条对该问题做了以下规定:

(1)保险公司因分立、合并需要解散,或者股东会、股东大会决议解散,或者公司章程规定的解散事由出现,经国务院保险监督管理机构批准后解散。保险公司应当依法成立清算组,进行清算。经营有人寿保险业务的保险公司除因分立、合并或者被依法撤销外,不得解散。

(2)保险公司有《中华人民共和国企业破产法》第二条规定情形的,经国务院保险监督管理机构同意,保险公司或者其债权人可以依法向人民法院申请重整、和解或者破产清算;国务院保险监督管理机构也可以依法向人民法院申请对该保险公司进行重整或者破产清算。

(3)经营有人寿险保险业务的保险公司被依法撤销或者被依法宣告破产的,其持有的人寿保险合同及责任准备金,必须转让给其他经营有人寿保险业务的保险公司;不能同其他保险公司达成转让协议的,由国务院保险监督管理机构指定经营有人寿保险业务的保险公司接受转让。

(4)保险公司依法破产的,破产财产在优先清偿破产费用和公益债务后,按照下列顺序清偿:①所欠职工工资和医疗、伤残补助、抚恤费用,所欠应当划入职工个人账户的基本养老保险、基本医疗保险费用,以及法律、行政法规规定应当支付给职工的补偿金;②赔偿或者给付保险金;③保险公司欠缴的除第①项规定以外的社会保险费用和所欠税款;④普通破产债权。

破产财产不足以清偿同一顺序清偿要求的,按照比例分配。

(5)保险公司依法终止其业务活动,应当注销其经营保险业务许可证。

从 2005 年 1 月 1 日起,我国《保险保障基金管理办法》正式施行。保险保障基金是由保险公司缴费形成,在保险公司被撤销、被宣告破产等情形下,用于向保单持有人或者保单受让公司等提供救济的法定基金。截至 2016 年 2 月末,保险保障基金余额已达到 815 亿元。据保监会 2007 年 5 月 29 日在官方网站公告,保险保障基金首次动用,用来接手新华人寿 3 个股东 22.53%股份,并成为其第一大股东。2009 年 11 月,中国保险保障基金有限责任公司又将其持有的新华人寿 38.815%的股份一次性整体转让给中央汇金投资有限责任公司。中国保险保障基金有限责任公司是根据中国保监会、财政部、中国人民银行于 2008 年 9 月联合发布修订后的《保险保障基金管理办法》成立的,负责基金的筹集、管理和使用。

(二)业务监管

保险业务监管主要包括保险条款和费率的监管、经营行为监管、再保险监管等内容。

1. 条款监管

保险条款是保险人与投保人关于双方权利与义务的约定,是保险合同的核心内容。保险业的专业性使得条款中的术语很难为一般公众所理解。同时,保险合同条款是一种格式条款,即保险条款是由保险人单方面拟定的,为保护被保险人的利益,各国保险监管机构对于保险条款都进行比较严格的监督和管理。我国《保险法》第 114 条规定:"保险公司应当按照国务院保险监督管理机构的规定,公平、合理拟订保险条款和保险费率,不得损害投保人、被保险人和受益人的合法权益。"在保险条款的监管中,各国保险监管机构一般要求保险条款内容完整,明确保险标的、保险责任与责任免除、保险期限、保险价值与保险金额、保险费及缴费方式、保险赔款及保险金给付办法、违约责任和争议处理等内容。此外,监管机构还对条款的表达方式进行监管,要求保险条款通俗化,用词准确,表述清晰;投保人有疑问时,保险人须做出客观解释,不得误导消费者。对保险条款的监管,主要是根据不同险种的重要性和技术特点,以审定条款或报备的方式实施的。其具体规定在国与国之间有所不同,但一般原则是涉及面广、与大众关系密切的险种如汽车第三者责任险条款须由监管部门审查批准,其他险种条款事后报备即可。

2. 费率监管

各国保险监管机构对保险费率监管的目标是保证:(1)费率的充足性,即费率必须充分反映实际损失和经营成本,不能因费率过低而影响保险公司的偿付能力;(2)费率的合理性,即保险公司不能因追求过高利润而使用损害消费者利益的高费率;(3)无歧视性,即费率只能以风险为基础,相同的风险不得使用差别费率。因费率计算基础不同,各国对人寿保险和财产保险的费率监管采用不同的方式。对于寿险费率,只要公司没有使用歧视性规定,则多数国家并不直接控制其费率。虽然各公司费率因竞争而略有高低之差,但制定寿险费率的数理基础是相同的,监管机构只要规定统一生命表及所依据的利率,并规定其提存准备金的计算方法,这样即便由各公司自定费率,差别也不会太大,监管机构只需加以间接控制即可。而对于财产保险,多数国家的费率监管要远比寿险费率严格。

我国《保险法》第 136 条规定:"关系社会公众利益的保险险种、依法实行强制保险的险种和新开发的人寿保险险种等的保险条款和保险费率,应当报国务院保险监督管理机构审批。"保险公司拟订的其他险种的保险条款和保险费率应当报保险监督管理机构备案。中国保监会可以委托保险行业协会或保险公司拟订主要险种的基本保险条款和保险费率。保险公司拟订的其他险种的保险条款和保险费率,应由总公司报中国保监会备案。中国保监会对报备的条款和费率自收到备案申请文件之日起30日内未提出异议的,保险公司可以使用该条款和费率。此外,人身保险公司拟订的长期人身保险条款保单预定利率不得高于中国保监会制定的相关标准,使用的生命表应当经过中国保监会批准。

2004年,中国保监会改革了保险产品的监管方式,除了法定保险产品、机动车辆保险产品、投资型保险产品、理财型保险产品、分红型保险产品、短期健康保险产品、保险期1年以上的保证保险产品、信用保险产品等外,大部分财产保险和人身保险产品均实行事后备案管理制度。2016年3月,中国保监会印发《关于开展财产保险公司备案产品自主注册改革通知》,将备案类产品转变为公司在行业协会建立的注册平台进行自主、在线、实时产品注册,要在2016年7月底前完成平台搭建、制度建设、联调测试等各项工作。

中国保监会针对"高现金价值"万能险产品业务运行中产生的一系列问题,为了防范风险,自2014年2月以来就发布了一系列规范"高现金价值"产品的通知。

3. 经营行为监管

经营行为监管的目的在于防止不正当竞争和反欺诈。保险公司间的不正当竞争具有很大的破坏性,往往会危及保险公司的稳定经营和被保险人的利益,因此,各国保险监管当局均以反不正当竞争法和有关保险法规为依据对保险公司的经营行为进行监管。各国保险监管机构均有权检查保险企业的业务状况,并可随时或定期派员实地检查各保险企业的业务经营及财务状况,并予以指导或纠正。

4. 再保险监管

对再保险业务进行监管,有利于保险公司分散风险,保持经营稳定,但各国因经济发达程度和保险公司实力不同而采取不同的方式。一般而言,经济发达国家的保险业比较发达,保险市场比较成熟和完善,保险公司自律能力比较强,因此,国家对再保险很少直接干预,一般也没有法定的再保险规定。相反,发展中国家保险业较为落后,保险公司实力不强,其自我约束机制也不完善,国家为了控制保险公司的经营风险,并防止保费过度外流,都对法定再保险做出了规定。我国《保险法》和《保险公司管理规定》规定:经营财产保险业务的保险公司当年自留保险费不得超过其实有资本金和公积金总和的四倍。保险公司对每一危险单位所承担的责任超过其实有资本金加公积金总和的10%的部分应当办理再保险;保险公司应当按照保险监督管理机构的有关规定办理再保险。2002年,中国保监会颁布了《再保险公司设立规定》,2005年10月14日又公布了《再保险业务管理规定》,对优先境内分保提出了具体要求,应当向中国境内至少两家专业再保险公司发出要约,并且要约分出的份额之和不得低于分出业务的50%。2008年12月3日,中国保监会发布了《保险公司偿付能力报告编报规则第15号:再保险业务(征求意见稿)》,将创新再保险业务纳入偿付能力监管范畴,以是否转移重大保险风险为标准,将再保险业务分为转移重大保险风险和未转移重大保险风险的再保险业务。再将转移的风险是否已经发生为依据,将转移重大保险风险的再保险业务分为预期再保险业务和追溯再保险业务。对这三类业务采用不同的监管措施,即允许按照会计准则中规定的原则正常认可预期再保险业务的损益、递延认可追溯再保险业务产生的收益和不认可未转移保险风险业务的损益。

(三)财务监管

保险公司的财务监管即对其资产负债情况的监管,包括以下内容:

1. 资产认定监管

由于不同的国家使用不同的会计准则,甚至规定保险业适用不同于一般行业的会计准则,因此,资产认定标准和监管方式有所区别。例如,在美国非保险企业实行一般会计准则(GAAP),保险企业实行法定会计准则(SAP)。保险监管机构认定保险公司资产时要做必要的扣除,如从总资产扣除低值易耗品和家具等,而其他行业认定资产时则不做这类扣除。

2. 资金运用监管

承保和投资业务是现代保险业的两大支柱,在保险市场竞争日趋激烈、巨灾事故频繁发生的情况下,资金运用对保险公司资产的保值增值、偿付能力的维持和增强,具有十分重要的意义。因此,各国监管当局都把保险资金运用监管作为资产监管的主要内容。由于经济体制、金融市场、保险公司管理水平不同,各个国家对保险资金运用的监管方式和内容也不尽相同,但都强调安全性、流动性和营利性相结合的原则,且都包括可运用资金的范围和比例、资金投向及限度等内容。在国际上,保险资金运用的监管可分为两大类:一类是以英国为代表的宽松型监管,主要由保险公司自己管理自己;另一类是以美国为代表的严格型监管,一般通过立法来规定保险公司资金运用的方式与限额。在英国,保险市场监管比较倚重各种行业组织,这些组织在保险资金运用方面也发挥着重要的自律作用,国家对保险公司的资金运用不作具体规定,只要保险公司满足最低偿付能力标准,并依法按时将有关财务报表呈交监管部门,就可自行确定投资项目和范围。美国各州都通过法律约束保险公司的投资行为,但各州的规定略有不同。如资金投向方面,有些州仅规定许可的投资品种;有些州则不仅列举允许投资的领域,而且明确禁止涉足的领域;有些州则仅列举禁止投资的范围。在各种投资工具的比例限额等方面,州与州之间也存在差别。除种类与比例管理外,美国的"自由投资条款"还允许各寿险公司在总资产的2%以内自由办理投资业务。美国对保险资金运用的严格管理,确保了保险公司的偿付能力。纽约州在1929～1933年大萧条期间,没有发生一起寿险公司破产案即是个明证。

我国《保险法》也就保险公司的资金运用做了规定:保险公司的资金运用必须遵守法律、法规以及中国保监会的有关规定,必须稳健、遵循安全性原则,并保证资产的保值增值;除经中国保监会批准,保险公司的资本金、公积金、各项保险责任准备金,应当在中国境内运用,且限于银行存款、买卖债券、股票、证券投资基金份额等有价证券、投资不动产、国务院规定的其他资金运用方式。近年来,随着我国金融市场的完善和监管水平的提高,对保险资金运用的限制有所放宽。国务院先后批准保险资金进入同业拆借市场,通过证券投资基金间接进入证券市场,并逐步提高有关公司入市资金的比例,购买商业银行次级债券和可转换公司债券,允许保险外汇资金在严格监管的前提下在境外运用,并且《保险机构投资者股票投资管理暂行办法》已获国务院批准,允许保险资金直接入市。这些措施对于增强保险公司的偿付能力,推动民族保险业的发展将产生积极作用。

2002年12月,中国保监会宣布取消一批行政审批项目,其中包括保险公司投资证券投资基金的投资比例核定、保险公司购买中央企业债券额度的审批、保险公司在境外运用资金审批等。2006年11月,中国保监会发布了《关于加强保险资金风险管理的意见》。

3. 准备金监管

准备金是履行未来债务的资金准备,如果计提不充足,就不能保证被保险人及时得到赔偿和给付。可见,准备金的提取直接关系到保险公司未来的偿付能力,因而各国监管机构均把对保险准备金的监管作为负债监管的核心内容。在各国的保险法规中,都有准备金提取的明确规定,且内容大体一致。

我国《保险法》规定:保险公司提存的各项保险责任准备金必须真实、充足。保险公司应当根据保障被保险人利益、保障偿付能力的原则,提取各项责任准备金。保险公司提取结转责任准备金的具体办法由保险监督管理机构制定。保险公司应当按照已经提出的保险赔偿或者给付金额提取未决赔款准备金,对已经发生保险事故但尚未提出的保险赔偿或者给付应当提取已发生未报告赔款准备金。此外,为保证保险企业的财务稳定性,保险公司应按有关法律、行政法规和会计准则提取公积金和保障基金。保险公司从税后利润中提取公积金,用于弥补公司亏损,或者转为增加公司资本金。

2009年12月22日,财政部发布《保险合同相关会计处理规定》(以下简称《规定》),就保险混合合同分拆、重大保险风险测试、保险合同准备金计量等问题做出相关规定:一是对既有保险风险又有其他风险的保险混合合同,在能够单独计量和区分时应当首先进行分拆,分别确定为保险合同和其他合同进行处理。该《规定》实施后,产险公司保费收入规模基本不变,寿险公司保费收入会有所下降。二是对不能单独计量或区分的保险混合合同,应当进行重大风险测试,测试重点是发生合同约定的保险事故是否可能导致保险人支付重大附加利益。支付重大附加利益的,认定为保险合同,收取的保费确认为保费收入,反之不确认为保费收入。三是要求以合理的估计金额为基础计量保险合同准备金。这样就分离了会计规定与监管要求,保险合同准备金计量从监管精算规定回归公认会计原则。该《规定》实施后,以往新销售保单对当年利润贡献为负的局面将得以改观,因新销售保单计提的准备金降低,保险公司的净资产和净利润均有增长。

(四)偿付能力监管

保障保险人的偿付能力是保险监管最根本的目标,保险公司偿付能力监管是保险监管的核心内容,保险监管各方面的工作都是围绕确保保险公司的偿付能力不低于某一水平而展开的。我国《保险法》第138条规定:"国务院保险监督管理机构应当建立健全保险公司偿付能力监管体系,对保险公司的偿付能力实施监控。"所谓偿付能力,是指保险公司清偿到期债务的能力,即认可资产与负债的差额。由于各国保险法规对认可资产和负债的规定不同,使保险公司偿付能力标准也因国家而异。在英国,分别以保费收入和赔款支出为基础计算偿付能力,以其中较低的数额作为最低偿付能力标准,保险公司的认可资产(按市场价值而非账面价值估值)减负债之差不得低于这一标准。此外,经营长期业务的保险公司,须在负债责任金额之上保持一个能够用于赔偿的最低保障额度,最低保障额度由欧盟规定,其水平应保持在:责任金额的4%、1%或0%(取决于担保的程度)加死亡风险资本额的0.3%。

美国保险监督官协会(NAIC)于1992年和1993年先后对人寿保险公司和财产保险公司实行了风险资本(risk-based capital)方法,它是根据保险公司面临的不同风险水平来规定所需的最低资本金,将保险公司实际的资本总额与计算出来的风险资本总额加以比较,根据不同的结果,分别采取不同的偿付能力监管措施。欧盟从20世纪70年代开始就在成员国中间实施统一的偿付能力额度监管。欧盟于2001年5月又正式启动了"偿付能力Ⅱ"项目,目的是设计出一套更有效的偿付能力监管制度,建立一个双资本要求标准,鼓励保险公司利用内部模型,设置经济资本的资本配置要求。

我国《保险法》第101条规定:"保险公司应当具有与其业务规模和风险程度相适应的最低偿付能力。保险公司的认可资产减去认可负债的差额不得低于国务院保险监督管理机构规定的数额,低于规定数额的,应当按照国务院保险监督管理机构的要求采取相应措施达到规定的数额。"在2001年《保险公司最低偿付能力及监管指标管理规定》及对其进行修正的2003年《保险公司偿付能力额度及监管指标管理规定》中对此做了进一步明确。

2008年7月,中国保监会发布了《保险公司偿付能力监管规定》,此后又发布了一系列《保险公司偿付能力报告编报规则》,首次提出要建立以风险为基础的动态偿付能力监管体系,并要求保险公司建立完善的内部偿付能力管理体系。《保险公司偿付能力监管规定》还明确了各保监局在偿付能力监管中应当履行的六项职责,并且明确了偿付能力充足率是指保险公司的实际资本与最低资本的比率。其中,实际资本是指认可资产与认可负债的差额,最低资本是指应对资产风险、承保风险等风险对偿付能力的不利影响,依据中国保监会的规定而应当具有的资本数额。最低资本评估标准是上述最低偿付能力规定。根据保险公司偿付能力状况分为三类:不足类公司(偿付能力充足率低于100%的公司),充足Ⅰ类公司(偿付能力充足率在100%~150%的公司),充足Ⅱ类公司(偿付能力充足率高于150%的公司)。对于不同类别公司,根据不同情形分别采取监管措施。

2012年4月8日,中国保监会发布《关于印发〈中国第二代偿付能力监管制度体系建设规划〉

的通知》,将用3～5年的时间形成一套既与国际接轨,又与我国保险业发展阶段相适应的第二代偿付能力监管制度。将充分借鉴国际先进经验,以风险导向为基本原则,采用国际通行的"三支柱"整体框架,把体现以风险为基础的定量监管与定性监管相结合。2013年5月,中国保监会主席项俊波签发了《中国第二代偿付能力监管制度体系整体框架》,它作为"偿二代"建设的顶层设计,明确了"偿二代"的总体目标,确立了"三支柱"框架体系,制定了"偿二代"建设的若干基本技术原则。该《整体框架》由制度特征、监管要素和监管基础三大部分构成。制度特征包括统一监管、新兴市场、风险导向兼顾价值三大特征;监管要素包括定量资本要求、定性监管要求、市场约束机制三个支柱;监管基础是指公司内部偿付能力管理。2014年是"偿二代"建设的关键一年,先后形成产险公司、寿险公司"偿二代"标准体系,并开展整体测试。在此基础上,保监会将修订《保险公司偿付能力管理规定》和偿付能力报告体系。2015年2月13日,保监会正式发布"偿二代"的17项监管规则,以及《关于中国风险导向的偿付能力体系过渡期有关事项的通知》。在过渡期内,现行偿付能力监管制度("偿一代")和"偿二代"并行。2015年3月23日,保监会主席项俊波宣布从当日起正式进入"偿二代"试运行期。同年6月17日,项俊波出席国际保险监督官协会(IAIS)在澳门举行的执委会会议上宣布,经过3年时间的建设,中国基本建成了新的以风险为导向、符合中国市场化改革需要,具有国际可比性的第二代偿付能力监管体系。2016年2月,中国保监会发布《关于中国风险导向的偿付能力体系正式实施有关事项的通知》,决定自2016年1季度起,保险公司只向保监会报送"偿二代"报告,停止报送"偿一代"报告。

(五)保险中介人监管

保险中介人是指保险代理人、保险经纪人和保险公估人等,他们充当保险人与投保人之间的桥梁,为相当一部分的保险交易充当了媒介,在保险市场上发挥着重要的作用,因而对中介人的监管也是保险监管的重要内容。

1. 保险代理人监管

各国对保险代理人的监管一般采用资格管理制度,即要求代理人通过考试取得执业资格。如美国和加拿大均有严格的保险代理人考试制度,考试合格才能从事代理业务。美国除考试外,还要求保险代理人接受再教育,即每年参加由保险公司组织的培训,时间一般为50个工作时。此外,各国还就保险代理行为做出了规定,如代理人必须在授权范围内开展业务,越权代理造成的损失由代理人负责,代理人必须履行及时通报的义务等。我国曾建立了保险代理人资格考试制度,报考保险代理人要求具有初中以上文化程度。2013年5月修改的《保险专业代理机构监管规定》规定:各种组织形式的保险专业代理机构的设立必须有符合规定的公司章程,注册资本不少于规定金额,以有限责任公司形式和股份有限公司形式设立的,其注册资本均不少于人民币5 000万元,同时删去了保险专业代理公司增设分支机构不受注册资本限制的旧规定;必须有至少1/2的持证代理人员,有符合要求的营业场所,有符合任职资格的高级管理人员。保险专业代理机构在办理工商登记之日起20日内缴存保证金,或按保监会的规定投保职业责任保险。各类保险代理人在业务活动中,不得利用行政权力、职务或者职业便利以及其他不正当手段强迫、引诱或者限制投保人投保或转换保险人。

2. 保险经纪人监管

各国都十分重视对保险经纪人的监管,并就保险经纪人的从业资格、执业管理做了详尽的规定。我国《保险法》对保险经纪人做了原则性的规定,实际上已宣布采用保险经纪人制度,而《保险经纪人管理规定(试行)》和《保险经纪公司管理规定》的颁布实施,则为我国保险经纪人制度的建立进一步奠定了法律基础。在2013年5月颁布的《保险经纪机构监管规定》中,明确规定保险经纪人的组织形式为有限责任公司和股份有限公司,其设立必须经保监会批准,其注册资本不得少于人民币5 000万元,具有符合规定的固定的营业场所、具有符合任职资格规定的高级管理人员和不低于员工总数的 1/2 的持证员工;从事保险经纪业务的人员必须参加保险经纪人员资格考试并取得《保险经纪人员资格证书》,报考保险经纪人和公估人要求具有高中以上文化程度;保险经纪机构在办理工商登记之日起 20 日内缴存保证金,或按保监会的规定购买职业责任保险;保险经纪机构必须按规定向中国保监会定期报送业务和财务报表;在保险经纪活动中,经纪人必须遵守国家的有关法律、行政法规,遵循自愿、诚实信用和公平竞争的原则,不得损害委托人利益,不得兼营保险代理业务,不得使用不正当竞争手段和挪用或侵占保险费、赔款、保险金。

3. 保险公估人监管

世界各国对保险公估人都实施严格的监管,要求保险公估人员必须通过专门的资格考试,取得资格证书;保险公估人必须经保险监管机构审核批准,并向有关部门申请注册;具有法律规定的最低资本金;必须缴存一定数额的保证金或投保规定金额以上的职业责任保险。2009 年 9 月颁布的《保险公估机构监管规定》规定:保险公估机构的组织形式为合伙企业、有限责任公司或股份有限公司,中国保监会依法对保险公估人实施监督管理;保险公估机构的注册资本不低于人民币200万元;具有符合任职资格规定的高级管理人员,持证员工不得低于员工总数的 2/3,有符合规定的固定营业场所等;保险公估机构只能在核定的经营区域内从事保险公估业务,其业务范围限于对保险标的承保前的检验、估价及风险评估和对保险标的出险后的查勘、检验、估损及理算;在开展业务时,保险公估机构必须严格遵守国家的有关法律、行政法规,坚持客观、公平、公正的原则,不得有弄虚作假、与客户串通等行为,不得向当事人出具虚假的公估报告。该规定还要求保险公估机构在办理工商登记之日起 20 日内缴存营业保证金,未经批准不得动用,或按保监会的规定购买职业责任保险。2015 年 12 月,保监会对《保险公估机构监管规定》进行修改,取消注册资本最低限额,明确注册资本认缴制。

2015 年 5 月召开的第十二届全国人大常务委员会第十四次会议决定,对《保险法》等五部法律中有关行政审批、工商行政登记前置审批或者价格管理的规定做出修改。此次《保险法》修正案重点集中在取消保险销售从业人员、保险代理、保险经纪、保险公估等从业人员的资格核准等行政审批事项上。同年 8 月 18 日,中国保监会官网接连公布《中国保监会关于保险中介从业人员管理有关问题的通知》和《中国保监会关于取消和调整一批行政审批事项的通知》,内容多涉及保险中介机构和从业人员资格审批事项,诸如取消保险专业代理机构和保险经纪机构分立、合并、变更组织形式、设立分支机构及解散退出审批、保险销售从业人员和保险经纪从业人员资格核准,废止《关于保险公估从业人员资格考试有关工作的通知》。保险代理机构和保险经纪机构设立审批改为工商登记后置审批。2015 年三季度,保监会下发《关于深化保险中介市场改革的意见》,提出要建设一个包含龙头型保险中介机构、区域性专业代理机构和独立个人代理人群体在内的分层次的保险中介体系。这是第一次明确提出要发展独立个人代理人队伍。独立代理人是指同时独立为一家或者多家保险公司代理保险业务,不隶属任何保险公司,解决了保险营销员的法律地位问题,避免了双重征税。

五、保险行业的自律管理

(一)保险行业自律的作用

保险行业自律是指保险行业通过协会或同业公会制定行业规范,要求协(公)会成员共同遵守,从而达到自我管理、自我约束的目的。通过行业组织的横向协调,行业自律能弥补政府行为的不足,协助政府对保险业的监督。例如,英国政府认为必须对保险经纪人进行管理时,保险经纪人同业就主动成立了行业自律组织——保险经纪人(注册)委员会。在日本,民间的保险公会组织有"损害保险赔偿协会"和"人寿保险人协会"等。协会定期召开会议,互相交流经营经验,商讨形势,以便统一步骤,协调经营方针,维护保险市场秩序并改善经营成果。各保险协会或同业公会下设各专业小组,对不同专业进行更具体、更细致的研究,进一步规范业务的做法,在业务管理上增进协调和统一。有效的行业自律机制可以使保险市场既充满活力,又保持良好的市场秩序;同时,还可以避免国家过分强制性的干预。

行业自律在保险市场监管中的作用主要表现为以下几个方面:(1)代表会员对议会或政府的有关保险业管理立法施加直接或间接的影响;(2)协调会员在市场竞争中的行为规范;(3)制定统一的保单和条款;(4)制定最低保险费率标准,避免破坏性竞争,政府亦往往以这种保险费率标准为其监督和管理的依据。

鉴于行业自律的独特优势,各国政府都十分重视发挥行业组织在保险监管体系中的作用。

(二)香港保险同业公会

我国香港地区的保险界非常注重"自律管理"方式,并且取得了较好的效果。目前,香港有11个保险同业组织,它们是香港保险联会、香港保险总会、香港寿险总会、华商保险公会、水险公会、火险公会、意外险公会、寿险公会、医疗保险公会、再保险论坛和经纪人公会,以上同业组织由各专业保险公司根据所需自由参加。公会会员公司必须依照所加入公会制定的费率、条款及其章程,出立保险单。根据习惯,公会会员公司不得接受非公会会员公司的分保业务。行业自律使同业营业运作有章可循,违章受罚,协调相互间的营运活动。

(三)中国保险行业协会

中国保险行业协会于2000年11月16日成立,它是向民政部门登记注册的社团法人,由具有法人地位的国有保险公司、股份制保险公司和中外合资保险公司组成,其职责是:(1)制定保险行业共同遵守的行业自律规则;(2)督促会员贯彻执行各项金融法规、政策,辅助国家保险监管部门实施国家对保险业的监督和管理;(3)规范同业间的竞争,协调各会员之间的矛盾和争议,接受保险当事人的咨询;(4)代表保险人利益沟通与保险监管部门及其他政府部门的联系,反映保险人的共同愿望和建议;(5)促进中国保险业和国外保险业联系和交往;(6)组织对中国保险业发展的调查研究和信息交流活动;(7)初审保险条款和保险费率;(8)接受保险监管部门委托办理的事项。协会下设寿险、产险、中介、精算师四个工作委员会。

2013年12月26日,我国专业性航运保险社团组织——上海航运保险协会正式成立。协会包括航运保险中心、财产保险公司、保险经纪公司及保险公估公司等31家会员单位。协会致力于我国航运保险专业化建设,包括条款制度、解释、定价机制、风险管理技术研究、人才培训、行业自律等方面的建设。

复习思考题

1. 试解释下列名词:蓝十字会和蓝盾、保健团体、承保组合、保险需求弹性、保险需求交叉弹性、保险供给弹性、保险市场的均衡、保险公司偿付能力、风险资本方法、第二代偿付能力监管制度、中国保险行业协会。
2. 简述我国《保险法》对保险公司的组织形式的规定。
3. 概述保险市场的构成要素和特征。
4. 试论现代保险市场的主要特点。
5. 比较股份保险公司与相互保险公司在组织形式上的主要区别。
6. 分析劳合社组织形式的特点。
7. 概述影响保险市场需求和供给的因素。
8. 试论保险市场监管的目标、原则和方式。
9. 概述保险市场监管的主要内容。
10. 简述我国对保险公司偿付能力监管的进程。
11. 分析保险行业自律的作用。

第十九章 风险管理

第一节 风险管理的兴起

风险管理(risk management)起源于20世纪50年代的美国。20世纪50年代早期和中期，美国大公司发生的数次重大损失促使高层决策者认识到风险管理的重要性，其中的一次工业灾难是1953年8月12日通用汽车公司在密歇根州利佛尼的一个汽车变速箱工厂因火灾损失了5 000万美元，它是美国历史上损失最为严重的15次重大火灾之一。自第二次世界大战以来，技术至上的长期信仰受到挑战。当人们利用新的科学和技术知识来开发新的材料、工艺过程和产品时，也面临着技术是否会导致生态平衡破坏的问题，1979年3月28日发生的三里岛核电站爆炸事故、1984年12月3日美国联合碳化物公司在印度博帕尔市经营的一家农药厂发生毒气泄漏重大事故都说明了这一点。由于社会、法律、经济和技术的压力，风险管理运动在美国迅速开展起来。

在以往的六十余年内，对企业的人员、财产和自然、财务资源进行适当保护已形成一门新的管理学科，这门学科在美国被称为风险管理，风险管理已被公认为管理领域内的一项特殊职能。从本质上讲，风险管理是应用一般的管理原理去管理一个组织的资源和活动，并以合理的成本尽可能减少意外事故的损失和它对组织及其环境的不利影响。在20世纪六七十年代，美国许多主要大学的工商管理学院都开设了风险管理课程，传统的保险系把教学重点转移到风险管理方面，保险仅作为一种风险筹资的工具加以研究，有的工商管理学院把保险系改名为风险管理和保险系。美国大多数大企业把风险管理的任务分配到一个专职部门。虽然企业的人事部门单独或部分地管理雇员的福利计划，但就它处理社会保险金、养老金、医疗保险金、死亡和残疾的抚恤金等而言，这些仍属于风险管理的职能。从事风险管理工作的人员被称为“风险经理”(risk manager)，大多数企业的风险经理是“风险和保险管理学会”(RIMS)这一全国性职业团体的会员。该学会的宗旨是传播风险管理知识，并出版一份月刊，定期举行全国性的学术会议。

20世纪70年代，风险管理的概念、原理和实践已从它的起源地美国广泛传播到加拿大和欧洲、亚洲、拉丁美洲的一些国家。在欧洲，成立于1973年的日内瓦协会(又名保险经济学国际协会)协助建立了“欧洲风险和保险经济学家团体”，该学术团体的会员都是英国和其他欧洲国家大学的教授，每年聚会一次讨论风险管理和保险学术问题。英国大学开设风险管理课程已有三十多年历史，日本的一些大学也开设了风险管理课程。我国在恢复国内保险业务后也开始重视风险管理的研究，国务院国资委制定了《中央企业全面风险管理指引》，明确指出企业应该结合自己的实际情况，编制风险评估、风险策略、风险监控及预警流程，明确风险管理目标、原则、内容和方法。2006年1月6日，经国务院国有资产监督管理委员会商业技能鉴定中心批准，“风险管理师职业资格认证管理委员会”(CCRM)在北京成立。同年12月10日，举行了首届风险管理师认证考试，标志着我国风险管理事业进入了正规化阶段。“风险管理师”进入2015年《中华人民共和国职业大典》，意味着风险管理从业者获得了国家的认同。中国注册风险管理师协会多年来致力于培养中国风险管理师。

第二节　风险管理的范围和目标

一、风险管理的定义

关于风险的含义已在本书第一章做了解释。风险管理可以定义为有关纯粹风险的管理决策，其中包括一些不可保的风险，处理投机性风险一般不属于风险管理的范围，它由企业中其他管理部门负责。企业所有活动大致上可分为六类：一是技术活动，包括生产、制造、更新改造；二是商业活动，包括买卖和交换；三是财务活动，寻求资本最优化使用；四是安全活动，对财产和人员的保护；五是会计活动，包括财务报表、成本核算和统计资料；六是管理活动，包括计划、组织、指挥、协调、控制。由此可见，风险管理，即安全活动，是企业管理的主要职能之一，而且也是企业所有管理部门的一个共同责任。然而，对大企业来说，设置专职的管理纯粹风险的部门是合理的。

二、风险管理的范围

风险管理既是一门艺术也是一门科学，它提供了系统地鉴别和估算企业所面临的损失风险的知识，以及对付这些风险的方法，但风险管理人员还在很大程度上依靠直觉判断和演绎法作出决策，科学的、使用数量方法的风险管理仍处在初级阶段。在美国，专职的风险经理的职责范围包括以下内容：

第一，鉴别和估算风险，决定是否投保。如果决定投保，则拟订免赔额、保险限额，办理投保和安排索赔事务。如果决定自担风险，则设计自保管理方案。

第二，损失管理工程。设计安全的机械系统和操作程序，以防止或减轻灾害事故造成的财产损失。

第三，安全保卫和防止雇员工伤事故。

第四，雇员福利计划，包括安排和管理雇员团体人身保险。

第五，损失统计资料的记录和分析。

显然，从这些活动中可以看出，风险经理是企业经理队伍中的重要一员。据《财富》杂志对美国500家最大公司的一次调查，84%的公司是由中层以上的经理人员负责风险管理，他们通常是企业的高级财务主管人员，而且大多数风险经理是专职的。然而，并非所有风险经理都介入上述所有活动，如大多数企业由人事部门主管雇员福利计划，有些企业依靠外界提供损失管理工程的咨询服务，少数企业的风险经理只限于从事购买保险，又被称为保险经理。

三、风险管理的目标

(一)风险管理不应与保险和安全管理相混淆

风险管理着重鉴别和估算纯粹风险，而保险只是对付纯粹风险的一种方法。风险管理中言及保险，主要是从企业或家庭的角度讲怎样购买保险。在现代风险管理计划中，也广泛使用避免风险、损失管理、转移风险和自担风险等方法。如今，美国大多数大公司、政府单位和教育机构都有了自己的风险管理计划。

风险管理也不等同于安全管理，虽然安全管理或损失管理是风险管理的重要组成部分，但风险管理的过程包括在鉴别和估算风险之后对风险管理方法进行选择和决策。

总之,风险管理的范围大于保险和安全管理。

(二)风险管理的目标可以区分为损失发生之前目标和损失发生之后目标

1. 损前目标

(1)经济目标。企业应以最经济的方法预防潜在的损失。这要求对安全计划、保险以及防损技术的费用进行财务分析。

(2)减轻企业和人员对潜在损失的烦恼和忧虑。

(3)遵守和履行外界赋予企业的责任。例如,政府法规可以要求企业安装安全设备以免工人遭受工伤。同样一个企业的债权人可以要求贷款的抵押品必须被保险。

2. 损后目标

(1)企业生存。在损失发生之后,企业至少要在一段合理的时间内能部分恢复生产或经营。

(2)保持企业经营的连续性。这对公用事业尤为重要,这些单位有义务提供不间断的服务。

(3)收入稳定。保持企业经营的连续性便能实现收入稳定的目标,使企业保持生产持续增长。

(4)社会责任。尽可能减轻企业受损对其他人和整个社会的不利影响,因为企业遭受一次严重的损失灾难转而会影响到雇员、顾客、供货人、债权人、税务部门以至整个社会的利益。

为了实现上述目标,风险管理人员必须鉴别风险、估算风险和选择适当的对付损失风险的方法。

第三节 鉴别风险

一、潜在损失风险的类型

风险管理的第一步是鉴别本企业所面临的所有纯粹损失风险。风险经理一般要设法鉴别下列五种类型的潜在损失:

(1)财产的物质性损失。

(2)因财产损失而引起的收入损失和其他营业中断损失。

(3)因企业损害他人而引起的责任诉讼导致企业遭受损失。

(4)因欺诈、犯罪和雇员不忠诚行为对企业造成的损失。

(5)因企业高级主管人员的死亡和丧失工作能力对企业造成的损失。

二、鉴别纯粹风险的方法

风险经理可以使用保险公司、风险和保险管理学会及保险出版机构提供的潜在损失核查清单,来鉴别本企业所面临的各种纯粹风险。此外,还可以使用下列方法鉴别风险:

第一,对企业财产和生产经营进行定期或经常性的实地检查,及时发现事故隐患。

第二,使用内容广泛的风险分析征求意见表,收集在生产和经营第一线的人员对损失风险的意见。

第三,编制生产和经营的流程图,分析每个环节中的潜在损失风险。它可以描述从原材料入库到制成品出售给顾客的全部经营过程,也可以描述单个制造过程:原材料从供货商的仓库运输到制造厂,经过储存、制造、包装等阶段,再把制成品搬运到自己的仓库。现代的安全系统工程使用故障树分析(fault tree analysis)等方法详细描述生产和经营过程中的事故因果关系,可以用来进行定性和定量分析。

第四,使用财务报表、以往的损失报告和统计资料鉴别重大的损失风险。例如,按会计科目分析重要资产的潜在损失及其原因。

第五，进行合同分析，工程合同、销售合同和租赁协议等通常规定所发生的某种损失应由合同的哪一方承担责任，即可鉴别合同责任风险。

第六，请保险公司、保险代理人和经纪人提供风险鉴别咨询服务，包括分析企业外部环境的风险因素。

第四节 风险估算和概率分布

一、风险估算的原理

在鉴别损失风险之后，下一步是估算和度量损失风险对企业的影响。这包括估计潜在的损失频数(loss frequency)和损失程度(loss severity)。损失频数是指一定时期内损失可能发生的次数，损失程度是指每次损失可能的规模，即损失金额大小。

对损失频数的测定可以估算某一风险单位因某种损失原因受损的概率，如可以估算一栋建筑物因火灾受损的概率，也可以估算几栋建筑物因火灾受损的概率；或者估算某一风险单位因多种损失原因受损的概率，其概率高于因单种损失原因受损的概率。单个风险单位同时遭受几种损失的概率相对遭受一种损失的概率要低。在得不到精确资料的情况下，可以对损失频数进行粗略估计，如分为几乎不会发生、不大可能发生、频度适中、肯定发生等。

对损失程度的测定可分为每次事故可能造成的最大可能损失(maximum possible loss)和每次事故可能造成的最大可信损失(maximum probable loss)。最大可能损失是估计在最不利情况下可能遭受的最大损失额。最大可信损失则是估计在通常情况下可能遭受的最大损失额，如考虑到消防设施等其他因素的火灾损失。后者的值通常小于前者。最大可信损失对风险估算很有价值，但也最难估计。

风险经理必须估计每种损失风险类型的损失频数和程度，并按其重要性分类排队。风险图(risk mapping or profiling)是以矩阵形式排列各种类型的损失风险，并以损失频率和损失程度来分类，再说明每种类型的损失风险有否保险保障。风险经理之所以要估算潜在的风险，是为了今后能选择适当的对付损失风险的方法，损失频数和程度不同的风险需要采用不同的方法对付。损失频数与损失程度比较，对损失程度的估计更为重要。巨灾能使一个企业毁灭，然而其损失频数很低。相反，某些损失风险，如汽车损坏，损失频数很高，但每次损失的金额相对较小。汽车碰撞损失的机会大于因碰撞而被起诉的机会，但汽车责任风险的潜在损失程度大于自己汽车受损的程度。当然对损失频数的重要性也不可忽视。此外，对损失的时间性也要加以区别，持续 20 年的每年 1 000 元的损失就不如立即发生一次20 000元损失那么严重，这是由于货币具有时间价值。损失频数乘上平均的损失程度得出预计的平均损失总额，它可以用来与企业缴付的保险费进行比较，为购买保险提供依据。

二、风险估算的概率分布

对损失风险的估算可应用概率分布的知识。虽然一般企业难以取得所需的损失数据，也不易进行解释，但它正在成为现代风险管理的一种手段，至少它有助于人们对损失风险估算的认识，对决定选择何种风险管理手段也有参考价值。

损失风险的估算涉及三种概率分布：每年的损失总额(或季、月)，每年损失发生的次数(损失频数)，每次损失的金额(损失程度)。

下面试举一个简单的例子加以说明。

一家企业拥有一支 5 辆汽车的车队，每辆车的价值为10 000元，请估算该车队因碰撞事故而遭受车辆损失的风险。这需要估算以下三种概率分布：

(一)每年因碰撞事故可能遭受的车辆损失总额

假设该车队每年的车辆损失总额的概率分布如表 19—1 所示。

表 19—1 **每年车辆损失总额概率分布**

损失总额(元)	概　率
0	0.606
500	0.273
1 000	0.100
2 000	0.015
5 000	0.003
10 000	0.002
20 000	0.001
	1.000

根据这一分布，该车队不受损的概率为 0.606，受损概率为 0.394，损失等于或超过 5 000 元的概率为 0.006。该表至少有三种用途：帮助确定损失总额等于或超过保险费的概率；如果该车队自担风险，确定能造成财务困难的损失总额的概率；确定最大可能损失和最大可信损失。假定保险费为 500 元，该车队风险自担限额为5 000元，就能计算前两种概率。最大可能损失可定为50 000元，最大可信损失是20 000元。

根据这个分布还可计算损失总额的期望值，它也能反映损失频数和损失程度。

$$E(X)=\sum_{i} X_i P_i$$
$$=0\times0.606+500\times0.273+1\ 000\times0.100+2\ 000\times0.015+5\ 000\times0.003$$
$$+10\ 000\times0.002+20\ 000\times0.001=321(\text{元})$$

两个不同的概率分布可能有相同的期望值，但它们的变差有别。如果该车队能确知每年将会发生的损失，就没有变差或风险，可以把损失作为业务费用开支。如果变差大，把潜在的损失风险转移给保险公司才是明智的策略。统计学经常使用标准差来估计这种变差，即期望值的离散程度。以上面的概率分布为例，标准差计算过程如表 19—2 所示。

表 19—2 **标准差的计算**

(1)	(2)	(3)	(4)	(5)
损失额	损失额－期望值	(损失额－期望值)^2	概率	(3)×(4)
0	0－321	$(-321)^2$	0.606	62 443
500	500－321	$(179)^2$	0.273	8 747
1 000	1 000－321	$(679)^2$	0.100	46 104
2 000	2 000－321	$(1\ 679)^2$	0.015	42 286
5 000	5 000－321	$(4\ 679)^2$	0.003	65 679
10 000	10 000－321	$(9\ 679)^2$	0.002	187 366
20 000	20 000－321	$(19\ 679)^2$	0.001	387 263
				799 888
标准差$=\sqrt{799\ 888}=894$(元)				

假设基本条件相同，期望值和标准差将随风险单位增加而增加。如果该车队的车辆增至20辆，期望值将增加4倍，而标准差只增加2倍($\sqrt{4}$)。因此，不确定性或风险相对减少，大数法则在保险经营中的意义也源于此种数理。

概率分布的建立可根据历史资料，通过观察一个长时期内不同的损失额在相同条件下出现的次数可估算出每种结果的概率，但要根据汽车修理费用上升、汽车数量增加等变化对损失额作些调整。也可以使用理论概率分布估算损失风险。最重要的理论概率分布是正态分布，但它不适用于上面这个例子，因为正态分布只适用于存在许多风险单位的情况，在大多数情况下，它不是一个令人满意的近似值。

（二）每年碰撞事故发生的次数

估计每年事故发生次数的理论概率分布是泊松分布。根据这一分布，事故发生 r 次的概率是：

$$\boldsymbol{P(r)=\frac{M^{r}e^{-m}}{r!}}$$

式中：M 表示平均数，e 表示 2.718 28，$r!$ 表示 $r(r-1)(r-2)\cdots1$，r 表示事故发生次数。

沿用上例，假设该车队每两年发生一次碰撞事故，平均数 m 是 0.5，根据这个公式可得出下面的概率分布：

碰撞事故发生的次数	概率
0	$\frac{(0.5)^{0}e^{-0.5}}{0!}=\frac{1\times0.606\ 5}{1}=0.606\ 5$
1	$\frac{(0.5)^{1}e^{-0.5}}{1!}=\frac{0.5\times0.606\ 5}{1}=0.303\ 3$
2	$\frac{(0.5)^{2}e^{-0.5}}{2!}=\frac{0.25\times0.606\ 5}{2\times1}=0.075\ 8$
3	$\frac{(0.5)^{3}e^{-0.5}}{3!}=\frac{0.125\times0.606\ 5}{3\times2\times1}=0.012\ 6$
⋮	⋮ ⋮ ⋮

（以上合计 0.998 2）

泊松分布假设碰撞事故发生的次数是无限的，但在这个例子中超过三次事故的概率就很小，只有0.001 8。据研究，应用泊松分布要满足两个条件：至少要有50个单独面临损失的风险单位；每个风险单位受损概率相同，并小于十分之一。显然，上面的例子并不符合这两个条件。

（三）每次碰撞事故所造成的车辆损失

根据历史资料，可以假设如表19—3所示的一个概率分布。

表19—3　每次事故损失额概率分布

每次事故损失额(元)	概　率
500	0.900
1 000	0.080
5 000	0.018
10 000	0.002
	1.000

根据这一分布，可以计算出每次事故损失额超过特定数值的概率、期望值和标准差。对数正态分布曲线能适当描述这种每次事故损失额的概率分布。

如果损失发生次数的概率分布和每次损失金额的概率分布已知(如表19—4所示)，也可以得出损失总额的概率分布。

表 19—4　　损失发生次数和每次损失金额的概率分布

损失发生次数	概　率	每次损失金额(元)	概　率
0	0.80	500	0.90
1	0.15	1 000	0.10
2	0.05		

(1)发生一次损失金额为 500 元的概率＝0.15×0.90＝0.135

(2)发生一次损失金额为 1 000 元的概率＝0.15×0.10＝0.015

(3)发生二次损失金额为 500 元的概率＝0.05×0.90×0.90＝0.040 5

(4)发生二次损失金额为 1 000 元的概率＝0.05×0.10×0.10＝0.000 5

(5)发生一次损失金额为 500 元和一次损失金额为 1 000 元的概率＝0.05×(0.90×0.10)＋(0.10×0.90)＝0.009

(6)没有发生损失的概率是 0.80。

因此,损失总额的概率分布如表 19—5 所示。

表 19—5　　损失总额的概率分布

损失总额(元)	概　率
0	0.800 0
500	0.135 0
1 000	0.015 0 0.040 5 } 0.055 5
1 500	0.009 0
2 000	0.000 5
	1.000 0

倘若损失发生次数和每次损失金额有更多可能的结果,计算损失总额的概率分布就会相当麻烦,但可借助于计算机程序。

三、估计每年事故发生次数的另外两个理论概率分布

前面曾使用泊松分布估计每年事故发生次数的概率分布,这里再使用另外两个理论概率分布来估计每年事故发生次数:二项分布和正态分布。在有些情况下,二项分布比泊松分布更为适用。虽然正态分布在很少情况下提供近似值,但只要使用得合理,它将是一种简便方法。

(一)二项分布

假定:(1)一个企业有 n 个单独面临损失的风险单位(如汽车、仓库、人);(2)每个单位在一年至多遭受一次事故损失;(3)任何一个单位在该年遭受一次事故损失的概率是 P。

按照二项分布,该企业在一年内遭受 r 次事故损失的概率是:

$$\frac{n!}{r!\ (n-r)!}P^r(1-P)^{n-r}$$

$P^r(1-P)^{n-r}$ 表示特定的 r 个单位将遭受一次事故损失,而其余 $n-r$ 个单位不遭受一次事故损失的概率(合成概率)。$\frac{n!}{r!\ (n-r)!}$ 表示能从 n 个单位中找出 r 个单位遭受一次事故损失的方式。例如,在上文中使用的一支 5 辆汽车的车队例子中,第 1 辆和第 2 辆汽车将遭受事故损失,而

第3、4、5辆汽车不遭受事故损失的概率是$P^2(1-P)^3$。该车队能以$\frac{5!}{2!\times(5-2)!}$,即以10种方式遭受二次事故损失:

汽车1和汽车2　汽车2和汽车3　汽车3和汽车4　汽车4和汽车5
汽车1和汽车3　汽车2和汽车4　汽车3和汽车5
汽车1和汽车4　汽车2和汽车5
汽车1和汽车5

因此,该车队将遭受两次事故损失的概率是$10P^2(1-P)^3$。

假定$P=\frac{1}{10}$,则该车队事故发生次数的概率分布如表19—6所示。

表19—6　事故发生次数概率分布

事故发生次数	概　率
0	$(5!/0!\times5!)\times(1/10)^0\times(9/10)^5=0.590\ 49$
1	$(5!/1!\times4!)\times(1/10)^1\times(9/10)^4=0.328\ 05$
2	$(5!/2!\times3!)\times(1/10)^2\times(9/10)^3=0.072\ 90$
3	$(5!/3!\times2!)\times(1/10)^3\times(9/10)^2=0.008\ 10$
4	$(5!/4!\times1!)\times(1/10)^4\times(9/10)^1=0.000\ 45$
5	$(5!/5!\times0!)\times(1/10)^5\times(9/10)^0=0.000\ 01$
	1.000 00

至少发生一次事故的概率约为0.41(1—0.590 49),发生多于一次事故的概率约为0.08(1—0.590 49—0.328 05)。

期望值和标准差能用通常方法计算,但有一种更简便的方法,统计学家已证明二项分布的期望值是$n\times P$,标准差是$\sqrt{nP(1-P)}$。因此,该车队事故发生次数的期望值是$0.5\left(5\times\frac{1}{10}\right)$。换而言之,该企业平均每两年遭受一次事故损失。标准差是$0.67\left(\sqrt{5\times\frac{1}{10}\times\frac{9}{10}}\right)$。相对平均数的风险是$1.34\left(\frac{0.67}{0.5}\right)$,相对风险单位数的风险是$0.134\left(\frac{0.67}{5}\right)$。

尽管从二项分布得出的事故发生次数的概率分布是非常有价值的,但人们还是要估计P。两个面临相同情况的人可能做出不同的估计。例如,一个人估计发生一次事故的概率是0.15,另一个人对它的估计是0.05,真正的未知数可能是0.10。显然,对P的估计错误会影响到整个概率分布的有效性。但即使是粗略的概率分布,总比完全没有信息资料要好。P值可以通过仔细分析企业的历史经验数据和其他补充资料来估计。

根据二项分布来更详细地分析风险也是有意义的。按照标准差与风险单位数相比较的公式:

$$\text{风险}=\frac{\sqrt{nP(1-P)}}{n}=\sqrt{\frac{P(1-P)}{n}}$$

当损失可能性是0或1时,风险是0,这与风险的定义相一致。而且,当损失可能性是0.5时,风险处在其最大值。这一结论可用直觉验证。假如一个人对一件有两种结果(损失或者没有损失)的事情的最终结果感到最不确定时,可能性就是50∶50。

对这种风险估算来说,风险随着风险单位数增加而减少,但风险减少不与单位数增加成比例。例如,当风险单位数从n_1增加到n_2,其他不变,与n相关的风险从$\sqrt{\frac{P(1-P)}{n_1}}$减少到

$\sqrt{\frac{P(1-P)}{n_2}}$。把 n_1 风险单位的风险与 n_2 风险单位的风险加以比较，可得：

$$\frac{\sqrt{P(1-P)/n_1}}{\sqrt{P(1-P)/n_2}}=\sqrt{\frac{n_2}{n_1}}$$

假设 $n_1=4, n_2=16$，则 $\sqrt{\frac{n_2}{n_1}}=2$。因此，风险随着风险单位数增加而减少，但只是与相对增加数的平方根有关。n 从 100 增加到10 000在减少风险方面比从 10 000 增加到 100 000 更为有效，虽然后者的绝对数增加大得到多。

只要每个风险单位每年至多遭受一次事故损失，不论 n 值的大小，二项分布都是适用的。如果每个风险单位每年可能遭受多次事故损失，则泊松分布更为适宜。

(二)正态分布

如果一个企业至少有 25 个风险单位，P 大于 1/10，正态分布就非常近似于二项分布，习惯上就假定它为正态分布，因为这样较容易确定事故发生次数在一定值域的概率。以下举例说明：假设一个企业有 100 个风险单位，每个单位发生一次事故的概率是$\frac{1}{10}$，事故发生次数的期望值是 $100\times\frac{1}{10}=10$。事故发生次数的标准差是：

$$\sqrt{nP(1-P)}=\sqrt{100\times\frac{1}{10}\times\frac{9}{10}}=3$$

求事故发生次数在 4～16 的概率。

利用正态分布公式：

$$\begin{aligned}P(a<x<b)&=P\left(\frac{a-u}{\sigma}<z<\frac{b-u}{\sigma}\right)\\&=\Phi\left(\frac{b-u}{\sigma}\right)-\Phi\left(\frac{a-u}{\sigma}\right)\end{aligned}$$

得：

$$\begin{aligned}P(4<x<16)&=P\left(\frac{4-10}{3}<z<\frac{16-10}{3}\right)=P(-2<z<2)\\&=\Phi(2)-\Phi(-2)\end{aligned}$$

查标准正态表，得：

$$\begin{aligned}P(4<x<16)&=(0.500\,00+0.477\,25)-(0.500\,00-0.477\,25)\\&=(0.977\,25-0.022\,75)=0.954\,50\end{aligned}$$

由此可知，该企业事故发生次数在 4～16 的概率为 95.45%，事故发生次数超过 16 次的概率约为 2.3%。当风险单位数增加，概率的精确性会变得欠重要。

第五节　对付损失风险的主要方法

在估算风险以后，风险经理必须选择最适当的对付损失风险的方法或综合方案。对付风险的方法分为两大类：一是改变风险(risk control)的措施，如避免风险、损失管理、转移风险；二是风险补偿或筹资(risk financing)的措施，对已发生的损失提供资金补偿，如保险和包括自保方式在内的自担风险。选择风险管理的方法主要步骤如下：(1)若有可能，则尽可能避免风险；(2)采用适当的损失管理措施；(3)选择最优的风险自担和风险转移相结合的方案。以下简述对付损失风险的主要方法。

一、避免风险

避免风险有两种方法:一是完全拒绝承担风险,二是放弃原先承担的风险。换言之,避免风险是不取得某种损失风险或消除现存的损失风险。例如,一个企业不在洪水区域建造工厂就可以避免洪灾损失。又如,一个企业可以停止生产某种极毒产品。然而,这种方法的适用性很有限。首先,避免风险会使企业丧失从风险中可以取得的收益。其次,避免风险方法有时并不可行,例如,避免一切责任风险的唯一办法是取消责任。最后,避免某一种风险可能会产生另一种风险,某企业以铁路运输代替航空运输就是一例。风险经理必须权衡得失。

二、损失管理

对不能避免的风险应考虑适当的损失管理措施。损失管理计划分为防损计划和减损计划。防损计划旨在减少损失发生频数,或消除损失发生的可能性,建造防火建筑物、质量管理、驾驶技术考核、颁布安全条例、提供劳动保护用品、检查通风设备、产品设计改进等均是减少损失频数的措施。减损计划可再分为尽可能减轻损失后果计划和损后救助计划,两者均设法控制和减轻损失程度,轮换使用机器设备、限制车速、安装自动喷水灭火系统和防盗警报系统、对工伤者及早治疗、建立内部会计监督、限制保险柜内的现金数量等均是减轻损失程度的措施。上面有一些损失管理措施既是防损措施又是减损措施。

损失管理的技术传统上分为工程管理和人为因素管理两种方法。有些管理措施同时涉及这两方面的管理。工程管理方面强调事故的机械或物的因素,如有缺陷的电线、高速公路交叉口设计不当。但现代的损失管理越来越重视人为因素,过失是许多火灾的重要原因,人的不安全行为,如超速操作、注意力分散、滥用设备、安全装置失灵等,是工伤事故的主要原因。根据多米诺骨牌理论,人身伤害意外事故是由以下五个骨牌相继倒下造成的:(1)引起人们以特定方式行事的社会环境;(2)个人对特定情形没有做出适当反应;(3)不安全行为或存在物质危险因素;(4)意外事故;(5)人身伤害。损失管理的重点应放在第三步。近年来,对人为因素的重视已扩大到对易出事故的个人进行心理研究。损失管理还包括损失管理方案的可行性研究,要比较损失管理的成本和效益。

财务和会计中使用的资本预算决策技术可应用于损失管理的决策。现举一个例子予以说明:

某家工厂安装一个喷水灭火系统,以便在发生火灾的情况下保护其厂房。该系统需花费600 000元,使用年限为15年,无残值。安装了此系统后保险人每年会减少保险费63 000元。风险经理估算该系统每年会减少财产损失和人身伤害损失共计80 000元,并估计该系统每年的维修费用为3 000元。再假设利息率为10%,税率为40%。

为了分析安装该系统的成本和效益问题,应比较安装该系统的现金流入的税后现值与该系统所需的现金支出和维修成本的现值。如果现金流入的现值减去现金支出的现值(净现值)是正数,则安装该系统的决策是合理的。

表19—7 **安装喷水灭火系统的净现值分析** 单位:元

年 度	第0年	第1~15年
安装成本	600 000	
损失减少		80 000
保费减少		63 000
维修费用		—3000
税前现金流量		140 000

续表

年　度	第0年	第1～15年
折旧		－40 000
应税节余		100 000
税收		－40 000
税后收入		60 000
折旧		40 000
税后现金流量		100 000

例中,安装成本是一项现金流出,损失减少和保险费减少是现金流入,维修费用也是现金流出。由于折旧是一种非现金的费用,在确定税收负债时应予以扣除,但要加回到现金流量中以确定现金流入。在15年里每年的现金流量相同,以10%利息率复利计算在15年每年末1元的现值系数是7.606 0。因此:

现金流入的现值＝100 000×7.606 0＝760 600(元)

净现值(NPV)＝760 600－600 000＝160 600(元)

由于净现值是正数,所以该项损失管理措施投资的决策是合理的。

损失管理是风险管理的一项重要职能,但企业的风险管理部门只是从事这方面活动的一个部门,其地位也许只是一个商议和咨询部门。美国大公司的安全委员会成员包括劳动管理部门、设备管理部门、安全管理部门、医疗部门、防火部门和风险管理部门的经理,由他们一起共同制订损失管理方针。

三、非保险方式的转移风险

在风险管理中较为普遍使用的非保险方式转移风险的方法有合同、租赁协议中使用转移责任条款(hold harmless agreement)。例如,一家公司在与某建筑承包商签订新建厂房的合同中可以规定,建筑承包商对完工前厂房的任何损失负赔偿责任。又如,计算机的租赁合同可以规定租赁公司对计算机的维修、保养、损坏负责。再如,一个出版商在出版合同中可以加入转移责任条款,规定作者对剽窃行为自负法律责任。其他非保险方式的转移风险包括组成股份有限公司、财产在不同行业或地区分散、套期保值(hedging)交易等。

四、自担风险

自担风险是指企业使用自有资金或借入资金补偿灾害事故损失。自担风险分为被动的和主动的,即无意识、无计划的和有意识、有计划的。当风险管理人员没有觉察到所面临的风险,或者觉察到风险的存在,但没有制定对付风险的决策,这样的自担风险是被动的。当风险管理人员觉察到风险存在,并相应采取了对付风险的方法。这种自担风险是主动的。自担风险或保留风险的方法适用于下列情况:一是在其他对付损失风险的方法不可取得的情况下,如企业因战争造成的财产损失可归入自担风险;二是在最大可信损失并不严重的情况下,如一个企业拥有一支庞大的车队,如果汽车停放在多个场所,不太可能同时受损,企业对车损险可以采取自保方式;三是在损失能被较精确地预测的情况下,如劳工工伤的索赔就属这类可预测的损失风险。

企业的风险经理在决策时经常在保险或自担风险方法中选择,损失管理与自担风险有着更密切的关系。下列因素有利于企业自担风险:(1)自担风险的管理费用比保险公司的附加费用低;(2)预期的损失比保险人估计的数字低;(3)最大可能损失和最大可信损失低,企业的财力在短期内能够承受;(4)保险费的支付和损失赔偿在相当长时期内延续,导致机会成本大量增加,并且企业有着高收益的投资机会;(5)企业内部具有自保和损失管理的优势。至于企业自担风险的水准则要根据财务状况、近年的损失资料以及保险费用而定。风险经理应确定单次意外事故和每年总的损失风险的自担水平。作为一般规则,企业每年自担风险最高额应为公司纳税前年收入的5%。自担风险的财务补偿方式可采用当年净收入的直接补偿、设立专用基金、借入资金,以及建立专业自保公司。

专业自保公司一般是由母公司为保险目的而设立和拥有的保险子公司,它主要向其母公司和子公司提供保险服务。2015年全世界已有90多个国家共设立7 000多家专业自保公司,年保费规模超过890亿美元,占全球财产险保费的10%。《财富》全球500强企业中80%的企业设立了专业自保公司。美国500家最大企业中已有90%的企业建立了专业自保公司,其业务量占美国财产保险3成份额,设在百慕大的有900余家专业自保公司。其主要原因是当地具有有利外资的环境,资本要求和税收均比较低。专业自保公司的主要优点有以下几个方面:(1)减少企业的保险费用。专业自保公司较商业性保险公司以更经济的办法提供保险业务。(2)容易参加再保险。这是因为许多再保险公司只与保险公司交易而不与被保险人打交道。(3)企业盈利的一项来源。专业自保公司除了向母公司及子公司提供保险外也向其他单位提供保险业务。(4)税收考虑。向专业自保公司缴付的保险费可从公司应税收入中扣除。专业自保公司把保险费收入几乎全部用来提存赔款准备金,而提取赔款准备金可以获得税前扣除,而且不会显示利润,因此也可以不缴纳所得税。后来美国内税局(IRS)对此提出质疑,经过法院判决形成一个规则,除非专业自保公司有大量无关联的业务(一般占20%～35%),否则向专业自保公司缴付的保险费不能作税前扣除。在美国佛蒙特、夏威夷、南卡罗来纳三个州颁布法律鼓励在本州建立专业自保公司。

自保是自担风险的特殊方式,它必须具有商业性保险公司的某些特点:一是必须有大量同质的风险单位存在,从而可以根据大数法则较精确地预计损失;二是损失必须由专用基金或专业自保公司补偿。

自保既有优点,也有不足之处。其主要优点是节省保险费开支,保险公司除了赔付损失外,还要支付理赔、代理人和经纪人的佣金、税收等费用,而且要保留一定的利润。其次,自保增加企业对防损工作的内在动力。其主要不足之处是企业有可能遭受高于保险费支出的损失。尤其在短期内,企业受损的可能性难以捉摸。另外,企业有可能增加费用支出,如聘请安全工程师和防损专家,保险公司则以低廉的收费向企业提供防损服务。

五、保险

在风险管理中,风险经理经常使用保险这一重要工具。企业的保险计划主要分为以下四个方面:

(一)选择保险的范围

企业的保险需要可以根据轻重缓急分为基本的、合意的和适用的保险三种。基本的保险包括那些有法律或合同规定的保险项目,如劳工保险,还包括那些威胁企业生存的巨灾损失保险,责任保险也属于这一范畴。合意的保险是补偿那些能造成企业财务困难但不会使企业濒临破产的损失。适用的保险则补偿那些使企业感到不便的小额损失。风险经理还要决定是否使用免赔额及其大小。免赔额可以消除小额索赔及其理赔费用,从而降低保险费。免赔额在本质上是一种自担风险的形式。大多数风险管理计划结合使用自担风险和商业保险。另外一种自担风险的技术是购买超额损失保险(excess insurance)。一个经济实力雄厚的大企业可以自担大部分的损失风险。根据超额损失保险计划,保险公司只赔偿实际损失超过企业自担金额以上的那部分损失。自担限额可按最大可信损失确定。例如,对一家价值为2 500万美元的工厂可以确定单次火灾损失的自担限额为100万美元,这100万美元被看作最大可信损失。该自担限额实际上是一种金额很高的免赔额。

选择一个特定的免赔额水平是风险自担与风险转移相结合的方式。以下举例说明免赔额水平的决策过程:

某家商场在100个城市开设分店,每家分店的价值都是1 500 000元,使用相同的火灾保险费率。表19—8显示该商场以往12个月内的火灾损失数据,并与以往数年的数据相吻合。

表19—8　　某家商场的火灾损失

日　期	金额(元)
2007年1月30日	20 000
2007年3月17日	300 000
2007年5月30日	10 000
2007年7月4日	25 000
2007年11月12日	45 000
	400 000

由表19—8可以确定,每次平均损失是80 000元,损失的中位数是25 000元,标准差是110 000元,损失频率是100家分店每年5次发生火灾。该商场想在该年度自留不超过100 000元的火灾损失,这实际上是要一个等于100 000元的日历年度总计免赔额。为此,风险经理必须确定一个每次事故免赔额水平。这个问题可以使用数理统计方法解决。

由于该商场拥有多于50个损失风险单位,损失概率小于10%,因此泊松分布适用于模拟其火灾损失。在这个例子中,相比平均损失,中位数是一个中心趋势的更好度量。换言之,损失分布图是偏斜的。使用泊松分布和每年5次的损失频率,损失概率如表19—9所示。

表19—9　　使用泊松分布的损失概率($m=5$)

损失次数	损失概率
0次或以上	1.000 0
1次或以上	0.993 3
2次或以上	0.959 6
3次或以上	0.875 3
4次或以上	0.735 0
5次或以上	0.559 5
6次或以上	0.384 0
7次或以上	0.237 8
8次或以上	0.133 4
9次或以上	0.068 1
10次或以上	0.031 8

使用泊松分布的公式:

$$P=\frac{m^r e^{-m}}{r!}$$

不发生损失的概率是：

$$P=\frac{(5^0e^{-5})}{1}=0.006\ 7$$

因此，一次或以上损失的概率是 1－0.006 7＝0.993 3。如果该商场选择每次事故免赔额是10 000元，据表 19－9 的损失概率，其免赔损失等于或大于100 000元（10×10 000）的机会是0.031 8，免赔损失等于或大于90 000元（9×10 000）的机会是0.068 1。如果该商场把每次事故免赔额水平提高到20 000元，那么 5 次免赔损失就会超过总计免赔额100 000元，而 5 次或以上损失的概率是0.559 5，因此，这一免赔额水平是不可接受的，应该降低每次事故的免赔额水平。通过重复上述过程可选择一个可以接受的每次事故免赔额。

一旦选择了一个适当的每次事故免赔额，还应该把因免赔额而取得的保险费减少进行比较。假设该商场采用每次事故10 000元免赔额相对于不使用免赔额减少保险费5 000元，而采用5 000元免赔额只减少保险费4 500元。仅仅减少 500 元保费而要承担每次事故额外免赔损失5 000元，显然是不合算的，况且表 19－9 显示 5 次或以上的损失概率是0.559 5。

（二）选择保险人

风险经理必须选择一家或数家保险公司。有几项重要因素必须考虑，这包括保险公司的财务实力，所提供的风险管理服务，以及保险的费用。保险公司的财务实力由下列因素决定：投保人盈余的大小、承保和投资的结果、未偿债务的准备金、保险种类和管理质量。风险经理可从几种商业出版物判定一个保险公司的财务实力，美国最重要的出版物是“贝斯特保险报告”（Best’s Insurance Reports），它对各保险公司的经济实力做了分类评级。A. B. Best 公司是美国一家专门从事保险公司评级的信用评级机构。保险公司提供的风险管理服务包括协助鉴别风险、损失管理和理算。风险经理还必须考虑某保险公司是否愿意提供合意的保险责任范围。如果其他因素相同，风险经理自然偏好以低价投保。许多风险经理从几家保险公司竞争性的保险费出价中以最低廉的价格获得保险。

（三）保险合同条件谈判

如果使用印制好的保险单、批单和附属保险单，风险经理与保险公司必须对这些文件达成一致意见，以此作为合同的基础。如果使用特约保险单，合同条款的语言和文义必须清楚。如果投保人是大企业，企业可与保险公司就保险费进行谈判。即使保险费不可商谈，风险经理也应该设法使本企业纳入一个低费率的承保类别。

（四）定期检查保险计划

风险经理必须检查索赔是否及时得到了赔偿，评估保险公司损失管理服务的质量，以便决定是否还要继续购买这家公司的保险。

下面用一个简单例子说明风险经理如何针对不同类型的风险（如表 19－10 所示）选择适当的对付损失风险的方法。

表 19－10　　对不同类型风险的风险管理方法

损失风险的类型	损失频数	损失程度	风险管理方法
1	低	小	自担风险
2	高	小	自担风险
3	低	大	风险转移
4	高	大	避免风险

注：使用每种风险管理方法均应结合损失管理措施。

对第 1 种类型的损失风险采用自担风险的方法最为适宜。对第 2 种类型的风险应该加强损失管理,并辅之以自担风险和超额保险。保险方法最适用于对付第 3 种类型的损失风险,损失程度严重意味着巨灾可能性存在,而低的损失概率表明购买保险在经济上是承担得起的。这种类型的损失风险包括火灾、爆炸、龙卷风、责任诉讼等。风险经理也可以结合使用自担风险和商业保险来对付这类风险。对付第 4 种类型的损失风险,最好的方法是避免风险,因为自担风险的办法不可行,也难以取得商业保险,即使能取得也得缴付高额保险费。

为了对损失风险实行有效的管理,风险经理必须编制阐述风险管理目标和防治损失的风险管理方针书以及内容详细的工作手册。由于风险管理涉及企业内部各个职能部门,所以风险管理部门必须与会计、财务、销售、生产和人事等部门合作,以实现风险管理的目标。

第六节　风险管理决策的预期效用法

虽然美国企业的风险管理尚未广泛使用数量方法,但理论界正在探索把一般的管理数学方法运用到风险管理决策中,如资本预算、现金流量分析、博弈论、线性规划。这里仅介绍一种比较流行的预期效用法,但必须注意它的适用性。

一、预期效用法的概念

在不确定情况下做决策的一种重要方法是预期效用法,它可用来选择恰当的风险管理方法,目的是把预期的效用损失减少到最低限度。预期效用损失计算与预期货币损失计算的一个区别是,以效用指数代替货币金额。这里使用的效用概念反映决策者对风险的态度以及对财富某种增加或减少满意程度的变化。借用美国一位管理权威的话来说,这种效用反映了"在一种特定情况下对风险、利润和损失态度的一种不可分解的混合"。①

一个人对风险的态度实际上是其效用函数形状的基本决定因素,该函数如图 19－1 所示。

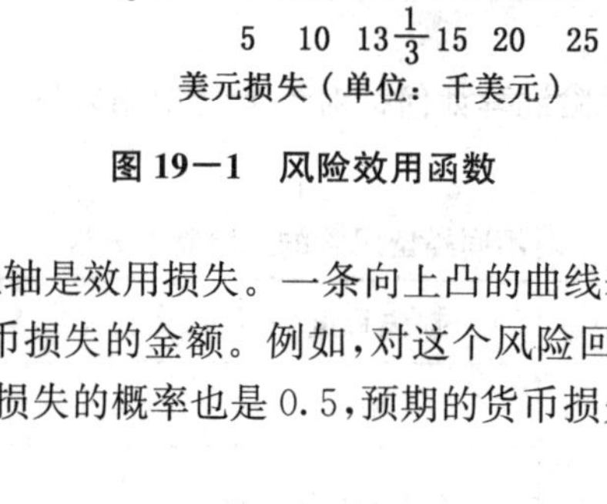

图 19－1　风险效用函数

横轴是潜在的货币损失,纵轴是效用损失。一条向上凸的曲线表示风险回避者,即这个人为了避免风险宁愿支付多于预期货币损失的金额。例如,对这个风险回避者来说,将会发生 20 000 美元损失的概率是 0.5,不会发生损失的概率也是 0.5,预期的货币损失是 10 000 美元。使用该图计算预期的效用损失:

0.5×0 美元的效用损失＋0.5×20 000 美元的效用损失＝0.5×0＋0.5×0.63＝0.315

这一效用损失相当于 13 333 美元损失。因此,根据这一模型,这个人的不确定状况等于13 333

① 罗伯特·施莱夫:《企业决策的概率论和统计学》,麦克劳—希尔出版公司 1959 年版,第 42 页。

美元损失。换言之,这个风险回避者宁愿支付超过预期的货币损失,但最多不超过 13 333 美元的金额来把风险转移给其他人。一个具有线性效用函数的人(对风险态度是中性的人)会至多支付预期的货币损失 10 000 美元金额来消除这不确定性,一个有向下凹函数的人(敢于冒风险者)会保留不确定性。除非转移风险的费用小于某个值,否则这个值肯定小于预期的货币损失。实际的效用函数要比上述三种情况复杂。

二、预期效用法应用前的准备工作

为了应用预期效用法,需要进行下列工作:

第一步,计算一个人的效用函数。计算方法如下:

(1)不论决策如何,对可能发生的最大损失确定负效用指数为 1。①

(2)不论决策如何,对可能发生的最好情况确定效用指数为 0。

(3)问这个人为了转移概率为 0.5 的最大损失风险所愿支付的最高金额,另外,只有一种没有损失的结果。由于这一定的支付金额具有与不确定状况期望值相同的效用指数,因此它的效用指数是:

0.5×最大损失的效用指数+0.5×没有损失的效用指数=0.5×1+0.5×0=0.5

(4)再问这个人为了转移概率为 0.5 上面所答应支付金额的风险所愿支付的最高金额,另外,只有一种没有损失的结果。这个支付金额的效用指数是:

0.5×0.5+0.5×0=0.25

(5)再问这个人为了转移概率为 0.5 上面所答应支付金额的风险所愿支付的最高金额,另外,只有一种没有损失的结果,这个支付金额的效用指数是:

0.5×0.25+0.5×0=0.125

(6)继续询问,直到这个人的回答提供了足够得出其效用函数的点。一般而言,最后回答的金额应该接近最低的保险费或美元损失。

(7)把这些点画成曲线图。

第二步,针对研究中的每种风险管理方法,列出可能的美元损失及其概率。

第三步,使用曲线图把每种方法可能的美元损失变换为效用指数值。

第四步,计算预期的效用损失。

第五步,选择预期效用损失最小的风险管理方法。

三、预期效用法的应用

举例说明这种方法如何应用。假定一个风险管理人员有一栋建筑物,其最大可保的损失是 10 万美元,没有不可保的损失。这个风险管理人员必须在以下三种方法中做出选择:

第一,自担风险。

第二,部分保险。至多赔偿该建筑物一半价值的损失,保险费是 640 美元。

第三,全部保险。保险费是 710 美元。

这些可供选择的方法、可能的建筑物损失,以及可能使用的方法和可能的建筑物损失合计给企业带来的损失总额可以矩阵形式汇总(如表 19—11 所示)。

---

① 后面省略"负"字,但要注意,这里所讨论的效用指数实际上是指效用指数的丧失。

表 19－11　　　　建筑物损失　　　　单位:美元

金　额	0	500	1 000	10 000	50 000	100 000
概　率	0.800	0.100	0.080	0.017	0.002	0.001
方　法						
自担风险	0	500	1 000	10 000	50 000	100 000
部分保险	640	640	640	640	640	50 640
全部保险	710	710	710	710	710	710

根据表中数据,应用预期效用法得出下列结果:

(一)效用函数

(1)设 100 000 美元损失的效用指数是 1。

(2)设没有损失的效用指数是 0。

(3)问这个风险管理人员为了转移概率为 0.5 的 100 000 美元损失风险所愿支付的最高金额。假定回答是 60 000 美元。因此,这60 000美元的效用指数是 0.5。

(4)再问这个风险管理人员为了转移概率为 0.5 的 60 000 美元损失风险所愿支付的最高金额。假定回答是 35 000 美元。因此,这35 000美元的效用指数是 0.25。

(5)再问这个风险管理人员为了转移概率为 0.5 的 35 000 美元损失风险所愿支付的最高金额。假定回答是 20 000 美元。因此,这20 000美元的效用指数是 0.125。

(6)假定继续询问,得出的结果如表 19－12 所示。

表 19－12　　　　效用函数推导过程　　　　单位:美元

可能损失	概率	最大转移费用	最大转移费用的效用指数
(1)	(2)	(3)	(4)
100 000	0.5	60 000	0.5
60 000	0.5	35 000	0.25
35 000	0.5	20 000	0.125
20 000	0.5	11 000	0.062 5
11 000	0.5	6 000	0.031 2
6 000	0.5	3 500	0.015 6
3 500	0.5	2 000	0.007 8
2 000	0.5	1 100	0.003 9
1 100	0.5	600	0.002 0
600	0.5	350	0.001 0

(7)由表 19－12 的第(3)栏和第(4)栏得出的效用函数如图 19－2 所示。

(二)对每种方法列出可能的损失金额

使用上面的效用函数把每种损失金额再变换为效用指数值。这里使用线性插值法。例如,500 美元的效用指数是 350 美元的效用指数加上 350 美元和 600 美元效用指数之间差额的$\frac{15}{25}$,即 0.001 6

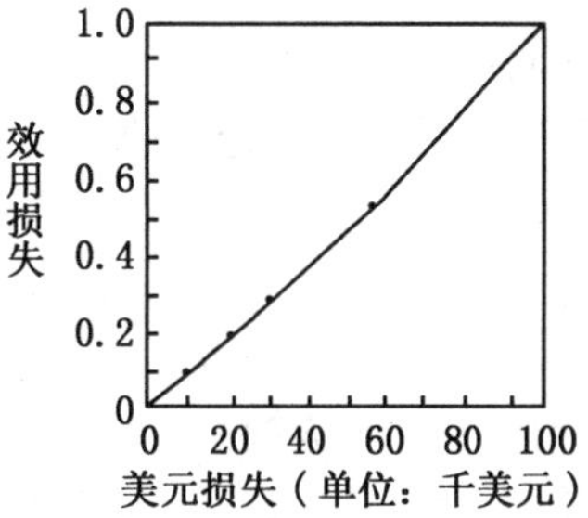

图 19—2 效用函数

$[0.0010+\frac{15}{25}\times(0.0020-0.0010)]$。最后计算每种可供选择方法的预期效用损失(如表19—13、表 19—14、表 19—15 所示)。

表 19—13 **自担风险**

可能损失(美元)	效用指数	概率	预期效用损失	预期货币损失(美元)
0	0.000 0	0.800	0.000 00	0
500	0.001 6	0.100	0.000 16	50
1 000	0.003 5	0.080	0.000 28	80
10 000	0.056 3	0.017	0.009 57	170
50 000	0.400 0	0.002	0.000 80	100
100 000	1.000 0	0.001	0.001 00	100
			0.011 81	500

表 19—14 **部分保险**

可能损失(美元)	效用指数	概率	预期效用损失	预期货币损失(美元)
640	0.002 2	0.999	0.002 20	640
640+(100 000−50 000)	0.406 4	0.001	0.000 41	51
			0.002 61	691

表 19—15 **全部保险**

可能损失(美元)	效用指数	概率	预期效用损失	预期货币损失(美元)
710	0.002 4	1.0	0.002 40	710

(三)选择预期效用损失最小的方法

在上述例子中,购买全部保险是最佳决策。这不是一种按照最低预期货币损失的决策,如果按照这个标准,风险管理人员应该不购买保险。购买全部保险的预期货币损失之所以高,是因为保险人在估计预期损失时必须加入费用开支和利润,预期效用法认识到被保险人愿意支付高于预期损失的金额来转移风险。

由于不能很精确地确定效用函数,风险管理人员在预期效用损失差别小的情况下,不应该过多依靠这种方法做出风险管理决策。预期效用法也不限于使用在保险和自担风险之间的选择,也可以把非保险方式的转移风险和损失管理包括在可供选择的方法中,而且还可以考虑选择混合方案,如损失管理和自担风险、损失管理和保险。

此外,在美国风险管理决策理论中还流行一种担忧法(worry method),用来解释企业和个人为什么明知保险费包括了附加费用、利润和意外准备金,高于长期平均的损失,仍愿意以购买保险来代替自担风险,其主要原因是保险能为企业和个人解除后顾之忧。担忧法把保险方法的担忧值设为零,而把其他风险管理方法的担忧值设为不等的数值,通过计算和比较得出有利于保险人的风险管理决策,即购买保险。担忧法和预期效用法一样充满主观心理因素,在风险管理的实践中难以具体使用。

第七节 非传统风险转移和整体化风险管理

一、非传统风险转移的定义

非传统风险转移(alternative risk transfer)是创新地将保险市场与资本市场相结合的风险管理方法,它是为实现风险管理目标在保险市场和资本市场之间转移风险的产品、渠道和方案。为了制定最优的基于非传统风险转移的风险管理计划,经常结合使用多种产品、工具和方案。

(一)产品

它包括下列产品:(1)保险与再保险产品;(2)多风险产品;(3)保险连接证券;(4)应急资本工具;(5)保险衍生品。

(二)工具

它包括下列工具:(1)专业自保公司和风险自留集团;(2)特殊目的再保险人;(3)百慕大变换人;(4)保险人拥有的资本市场子公司。

二、非传统风险转移的起源和背景

一般认为,在 20 世纪 60 年代末期和 70 年代初期越来越多地使用自保基金、风险自留和专业自保公司这些技术和工具,这标志着使用非传统风险转移方法的开始。20 世纪八九十年代,风险筹资产品注重风险和现金流量的时间选择而不是转移,各种有限风险计划(finite risk programs)迅速出现。到了 90 年代中后期和 21 世纪,风险管理技术又掀起了新的浪潮,多风险产品、应急资本工具、证券化和保险连接的衍生品不断涌现,这些推进了企业风险管理。

有些非传统风险转移方法在性质上是全球化的,而有些则锁定在某些国家或地区。例如,风险自留集团和多触发条件产品(multi-trigger products)在美国特别流行,但在欧洲和亚洲却十分罕见。相反,专业自保公司则在全球普及,在多个地方设有专门服务专业自保的税收优惠的管辖区。保险连接证券同样如此,从 20 世纪 90 年代末就有全球发行人在各地积极活动。

非传统风险转移产品和方案是以量身定做为特征,旨在实现很特殊的风险管理目标,因此有时定做该产品和方案是一个耗费时日的过程。

三、资本市场证券和证券化

当资本市场工具和战略应用于可保风险,非传统风险转移市场就从该市场独特的广度和深度中受益匪浅。资本市场的产品和服务可分为三类:资本市场证券和证券化、应急资本工具和保险衍生品。

(一)保险连接证券

银行在20世纪90年代中期开始采用证券化技术发行同保险事件有关的债券。这种保险连接证券类似于其他证券化的、为了转移风险和增加承保风险能力发行注明保险风险的证券。早期的尝试是立足于把与飓风、地震有关的风险证券化。虽然这些仍然是保险连接证券业务的核心,但近年来还出现了一些其他风险证券化,包括气温、残值、人寿保险单取得新业务成本、汽车保险、劳工赔偿等。

保险公司或再保险公司发行这类证券,投资银行是主要的安排者,根据指定保险事件造成的损失来偿付利息和本金。如果损失超过预定的限额,保险人或再保险人无须支付投资者利息。如果按照无本金保障方式安排,一部分或所有本金也能推迟支付甚至取消,这样证券发行人就把风险转嫁给资本市场上的投资者。这一机制的重要性在于为保险与资本市场搭桥,使得保险人或再保险人轻易获得投资者的巨额资本供给。投资者之所以乐于持有这种证券,有两个原因:一是期望获得高于一般债券的利息;二是巨灾风险与市场风险之间无统计上的相关性,可以从整体上分散风险。据统计,1997～2013年全球保险连接证券累计发行量达548.61亿美元,2014年总共发行42只巨灾债券,达76.43亿美元,创历年新高,目前总规模近600亿美元。

保险连接证券市场可以根据指数、补偿和参数触发条件分为巨灾债券和非巨灾风险证券两大类。巨灾债券可以按照飓风、地震和其他低损失频率、高损失程度的自然灾害细分,每种巨灾债券或份额又可以安排单种或多种损失原因。非巨灾风险证券可以按照气温、残值、抵押贷款违约、贸易信用等细分。

(二)结构特点

以下就发行工具、触发条件和份额(trenches)这几个方面论述其共同特点。

1. 发行工具

发行保险连接证券一般通过设立一个特殊目的机构(SPV)来发行。这个特殊目的机构负责与分出公司签订再保险合同,并取得再保险保费。除了签订再保险合同,特殊目的机构也向投资者发行证券,把再保险保费收入转交给受托人投资,并安排必须支付投资者的息票支付掉期。特殊目的的机构的结构如图19—3所示。

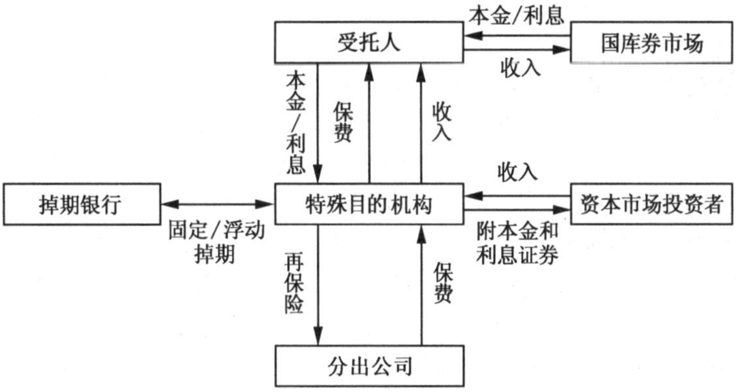

图19—3 特殊目的机构作为发行保险连接证券的工具

2. 触发条件

每种保险连接证券都有一种决定分出公司可中止利息和本金支付(暂时中止或永久中止)的触发条件。触发条件可以采取下列形式之一:

(1)补偿触发条件。当保险人在预定的业务部分遭受的实际损失达到一定水平时,中止利息和本金支付。

(2)指数触发条件。当一个认可的第三方指数(行业损失指数)达到某种界限时中止利息和本金支付。

(3)参数触发条件。当特定的损失参数如地震的震级、飓风的风速达到某一标准时中止利息和本金支付。

3. 份额

保险连接证券以多种份额发行,允许投资者选择他们认为最合适的风险和回报水平。例如,套期保值基金可以购买低信用级别和高风险的份额,而投资基金、银行和保险公司的投资账户偏好较高信用级别的份额。可以以组合方式安排份额,以反映不同水平的利息和本金的延迟支付。虽然每种无担保的份额都存在风险,即除非由第三方提供担保,否则无本金和利息保障。本金和利息无保证的份额风险大,自然其回报也高,通常其利率比伦敦银行同业拆放利率(LLBOR)高 250～750 个基点。表 19—16 说明了典型的保险连接证券中份额的例子。

表 19—16　　保险连接证券中的份额

份　额	风　险	资信级别
A	信用担保: 无利息支付和本金偿还损失	最高
B	利息支付损失	高
C	利息支付损失 本金偿还延迟	中等
D	利息支付损失 本金偿还部分损失	低
E	利息支付损失 本金偿还损失	最低

(三)巨灾债券

巨灾债券是通过发行收益与指定的巨灾损失(包括地震、飓风、洪水等)相连接的债券,将保险公司或再保险公司承担的部分巨灾风险转移给资本市场上的债券投资者。第一份巨灾债券在 1994 年由汉诺威再保险公司发起,巨灾债券至今仍然是保险连接证券发行市场上的主要形式,而且其保险责任范围还在不断扩大。

为了便于解释保险连接证券的实际运用,下面举一个巨灾债券的例子。

瑞士再保险公司 SR 地震基金:指数触发条件。1997 年瑞士再保险公司建立了 SR 地震基金,它是一种偿付与加利福尼亚地震有关的 1.37 亿美元的多份额债券,由设在开曼群岛的一家再保险公司发行。这笔交易旨在作为保险人已签订的转分保合同的套期交易,它是基于一个两年期内(1 年损失进展期)因加利福尼亚地震遭受的巨大可保损失,由财产索赔事务所(PCS)指数确定减少份额的本金,例如:损失超过 185 亿美元,减少 33%份额的本金;损失超过 210 亿美元但不到 240 亿美元,减少 66%份额的本金;损失超过 240 亿美元,份额的本金全部丧失。头两个份额中,一个是 40%的本金有保证的,另一个是本金有一定保证。第三个份额是次投资级别,其 100%的本金有风险。还有一种份额是没有被评级的,如果 PCS 指数损失超过 120 亿美元,其本金将完全丧失。

2015 年 7 月 1 日,中国第一只以地震风险为保障对象的巨灾债券在境外市场成功发行。该债券由中再产险作为发起人,发行机构是设在百慕大的特殊目的机构 Panda Re,募集金额 5 000 万美元，债券期限为3年。中再产险是以再保险转分的方式，将其所承保的部分中国内地地震风险分保给 Panda Re，再由它在境外资本市场发行巨灾债券融资，触发条件是补偿触发条件。

四、整体化风险管理

(一)整体化风险管理的概念

整体化风险管理(integrated risk management)又称企业风险管理(enterprise risk management)，是把企业不同的纯粹风险和金融风险或财务风险并入单个多年期计划的风险管理过程。由于它提供了风险管理的新方法，它已经引起企业和中介机构的注意。整体化风险管理是将企业所有风险，包括纯粹风险和金融风险或财务风险综合起来加以管理。多种调查表明，北美和欧洲的一些大公司已使用整体化的方法来管理风险，尽管目前已经执行整体化风险管理计划的还是少数。

传统的风险管理是考虑每种风险并分别加以管理，其最终方案是一系列各种保险单、金融衍生品和其他损失筹资工具。这是一种不讲究效率的风险管理方法，导致成本过高、超额保险、过度套期交易、资本管理不善，偏离企业价值最大化目标。而整体化风险管理消除了保险责任范围的缺口，风险组合的净风险减少并趋于稳定，降低成本、改善资本和行政管理的效率，其最终目标是企业价值最大化。图19－4提供了整体化风险管理的一个例子。

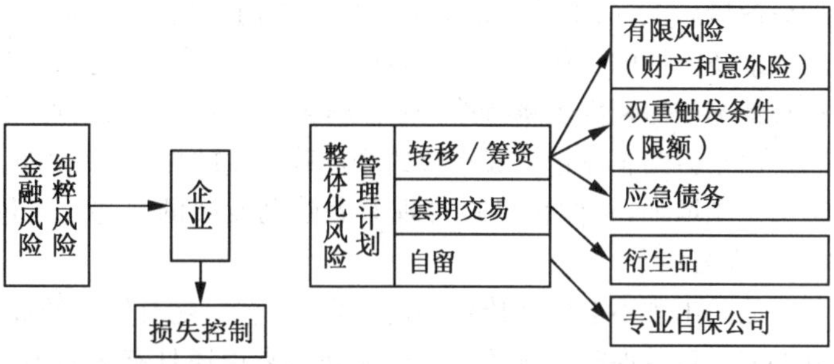

图19－4 整体化风险管理的一个例子

(二)制定整体化风险管理计划

整体化风险管理计划一般是由企业与来自保险或银行业的专家一起制定的。下面提供一份该计划的蓝图：

1. 识别风险

该计划以识别会影响企业的所有风险来源为开端。

2. 分别识别风险

对每种风险必须分别识别，以便进行风险分析。

3. 分别识别风险的定量分析

为了确定每种分别识别的风险对企业总体风险及现金流量和资产负债表的影响，必须进行定量分析。

4. 风险关联图

通过关联分析可以使企业确定每种风险来源怎样相互影响，其最终结果是编制显示特定风险来源如何影响企业经营总体的关联图，然后可以用来分析风险相互依存性。在整体化风险管理中，经常使用的一种估算风险方法是风险价值(value at risk，简称 VAR)。VAR 度量在给定时期和给定置信水平下某投资组合的预期最大损失。VAR 方法最初是由银行用来分析金融风险，但后来越来越多地被其他企业用来评估整体风险。VAR 方法编制单一风险和各种组合风险的概率分布，估计在各种概率水平上的风险，以及对企业的整体影响。使用 VAR 方法的一个明显优点是它考虑了不同种类风险之间的关联作用,得出风险对企业的净影响。

5. 减少风险成本

有了图示的风险相互依存的信息后,企业可考虑使用分散化技术来减少其总的风险成本。

6. 制定一份整体化计划

企业的最终目的是制定一份低风险成本的整体化风险管理计划,否则就不能增加企业价值。假设一家企业通过与专业顾问合作完成了一份计划。计划的主要内容如下:设立一家专业自保公司自留某些核心业务风险;设计了一份承保财产和意外风险、利息率风险、信用风险和环境责任风险的综合保单;使用衍生品合同完全规避货币风险;安排一种应急资本工具来获得损后筹资。由此可见,整体化风险管理计划非常灵活,在编制计划时存在的障碍很少。

7. 计划的贯彻执行

一旦计划制定,就必须在企业内部加以贯彻执行。

8. 计划的监督检查

风险管理过程是动态的,它是受内部事件的影响。这要求对整体化风险管理计划的检查也必须是动态的。

(三)整体化风险管理的发展前景

各种调查表明:在北美洲、欧洲、亚洲的许多公司的高级管理人员接受整体化风险管理的观念,但大多数仍停留在理论或概念上,而不是处在实践阶段。他们迟疑不决的态度不难理解。整体化风险管理过程开始前的准备阶段的工作是复杂的,需要投入配备资源,进行细微分析,甚至要求公司结构发生变动。这种情况在短期内仍将持续,但保险经纪人和其他风险管理顾问的介入会推动整体化风险管理发展。由于会给企业带来成本节约和经营效益的提高,从中期来看,对各种非传统风险转移产品的需求会急剧增加,整体化风险管理有着强劲发展的趋势。不过,在可以预见的将来,这种发展仍然局限于大公司。

非传统风险转移产品的出现不会取代传统的商业保险,它只是对传统的商业保险无法提供有效解决方案时的一种补充。目前保险市场的传统产品相对来说还具有吸引力,并以较低的价格水平提供保单,再保险市场对地震、飓风等自然灾害的承保能力仍然是充足的。只有当传统保险产品价格升高且某些保险产品变得不容易获得时,非传统风险转移产品才会显现其真正价值。因此,除了专业自保公司之外的其他非传统风险转移产品在整个财产和意外保险市场上只占据一小块地盘。非传统风险转移产品是整体化风险管理的重要工具,是根据整体化风险管理的需要而开发出来的。因此,整体化风险管理代表着风险管理发展的新方向,但它尚未形成相对完整的理论和方法体系,一时难以取代传统风险管理的理论和方法。纯粹风险依然是风险管理的主要对象,保险仍将是风险管理的重要手段。

复习思考题

1. 试解释下列名词:风险管理、损失频数、损失程度、最大可能损失、最大可信损失、避免风险、损失管理、非保险方式的转移风险、转移责任条款、自担风险、自保、非传统风险转移、保险连接证券、巨灾债券、整体化风险管理。

2. 简述风险管理与保险和安全管理的相互关系和区别。

3. 概述风险管理的范围、目标和基本步骤。

4. 试用二项分布的标准差与风险单位数相比较的公式来分析风险。

5. 解释企业在什么情况下可以采用自担风险方法。哪些因素有利于企业自担风险?自保有哪些优点和缺点?

6. 设立专业自保公司有哪些优点？

7. 企业保险计划主要有哪些内容？

8. 怎样根据损失风险的类型选择适当的对付损失风险的方法？

9. 下表是某企业每年因火灾可能遭受的财产损失总额的概率分布。

损失总额(元)	概　率
0	0.800
500	0.150
1 000	0.030
5 000	0.010
10 000	0.007
25 000	0.002
50 000	0.001
	1.000

试计算：

(1)损失等于和超过保险费 1 000 元的概率，损失等于和超过自担限额 10 000 元的概率；

(2)假定该企业财产价值为 15 万元，最大可能损失和最大可信损失；

(3)损失总额的期望值和标准差。

10. 假定某企业每年火灾发生次数的概率分布和每次火灾损失金额的概率分布如下，求每年火灾损失总额的概率分布。

损失发生次数	概　率	每次损失金额	概　率
0	0.70	10 000	0.80
1	0.20	20 000	0.20
2	0.10		

11. 根据本章所述的例子，说明使用预期效用法进行风险管理决策的过程。

12. 试从发行工具、触发条件和份额三方面论述保险连接证券运作的共同特点。

13. 概述制定整体化风险管理计划的基本步骤。

14. 分析整体化风险管理的发展前景。

第二十章 财产与责任保险的费率和准备金

第一节　费率厘定的准则

保险费率大多由政府有关部门监管，尤其是财产和责任保险费率，因此，费率厘定必须遵守有关法律规定。费率厘定也必须注重业务准则。

一、法律准则

(一)费率适当

费率适当是指费率必须足以赔付所有损失和支付所有费用，否则保险公司会破产和倒闭，投保人在经济上也将蒙受损失。然而，费率适当准则因保险公司并不预知其实际成本而难以处理。

(二)费率收取不能过分

费率收取不能过分是指费率不应高得使投保人缴付的保费多于他们获得保障的实际价值，过高的费率不符合公众的利益。这一规定旨在保护被保险人的利益。

(三)禁止不公平待遇

禁止不公平的待遇是指实行费率计算上的公平，对类似的风险单位应收取相同的费率，对不同的风险单位应收取不同的费率。假如对两种截然不同的风险单位收取相同的费率，这被认为是不公平的待遇。

二、业务准则

(一)简明

简明是指费率制度应该容易被人理解，推销人员只要花很少时间就能报出保险费。这对个人保险市场尤为重要，因为小额保险费不允许在准备保费报价上花费大量时间和开支。此外，也应该使企业保险的投保人懂得其保险费是如何确定的，以便他们在减少保险费用上采取积极措施。

(二)稳定

费率在短期内应该保持稳定，否则保户会求助于政府来控制费率。

(三)反应灵敏

反应灵敏是指费率应该对变化的损失风险和经济状况及时做出反应。例如，当城市规模扩大，汽车保险的费率应该提高，以反映交通事故增多的事实。如果通货膨胀引起责任损害赔偿金增加，责任保险的费率也应该反映这个趋势。

(四)鼓励防损

费率厘定也应该鼓励防损活动，以便减少损失频数和程度。有些费率厘定方法给予注重防损的被保险人强有力的经济刺激。

（五）意外损失准备金

费率厘定是根据过去的损失数据估计将来的索赔和费用支出，即使使用完整的数据和先进的计算方法也不能保证这种估计完全正确。首先，许多因素会影响损失频数和程度，有些是无法预料的，如通货膨胀、法律变化。其次，虽然大数法则是费率厘定的基础，但没有足够多的风险单位数目使实际损失与预期损失相等。最后，保险人掌握的统计数据经常不足以预测将来。因此，费率计算中一般要包括一个意外损失准备金(contingency reserve)，以便对付未预料到的损失，这个准备金一般占总保险费的5%～20%。

第二节 费率厘定的方法

费率是每单位保险的价格。损失风险单位(exposure unit)是保险定价中使用的计算单位。例如，在火险中，损失风险单位是100元保险金额；在产品责任险中，它是1 000元销售额；在汽车碰撞险中，它是一辆汽车被保险一年。净费率是指费率中需要赔付损失和支付理赔费用的部分。附加费率(loading)是指因费用、利润和意外损失准备金需要必须加到净费率的部分。因此，毛费率由净费率和附加费率构成。毛保费是毛费率与损失风险单位数的乘积。例如，火险的毛费率是每100元是0.1元，50万元保险金额的毛保费是500元。

费率厘定的方法主要有以下三种：

一、判断法

判断法(judgement rating)是对每个保险标的分别评价，费率在很大程度上取决于承保人的判断。当损失风险形式多样且多变，不能使用分类法时，或者当不能取得可信的损失统计资料时，就会采用这种方法。例如，宇航员在做首次月球登陆飞行时购买了人寿保险，但当时没有外层空间的死亡损失数据，只能使用判断法厘定费率。在海上运输保险和一些内陆运输保险中也广泛使用判断法，这是因为各种船舶、港口、货物和危险水域的情况错综复杂，各不相同。

二、分类法

分类法(class rating)是把具有类似特征的损失风险置入同一承保类别，收取相同费率。今日使用的大多数费率是分类的费率。收取的费率反映该类别的平均损失经验数据。分类法是基于这种假设：被保险人将来的损失很大程度上是由一系列相同因素决定的。例如，在人寿保险中，基本的分类因素是年龄、性别和健康状况。因此，年龄和性别相同的健康者被置入同一承保类别，收取相同的人寿保险费率。分类法的主要优点是便于应用，保险费能很快查到。正因为如此，分类法对个人保险业务尤为适合。分类法通常又称为手册法(manual rating)，各种费率在费率手册中载明。

确定分类费率有以下两种基本方法。

（一）纯保费法(pure premium method)

纯保费的计算公式是：

$$纯保费=\frac{已发生的损失和理赔费用}{损失风险单位数}$$

已发生的损失包括会计期所有已付赔款和同一时期已发生但尚未赔付的损失准备金。假定在汽车碰撞保险中，某承保类别的50万辆汽车在一年期内已发生的损失和理赔费用合计为3 000万元，则使用上式计算的纯保费是60元。

$$纯保费=\frac{30\ 000\ 000}{500\ 000}=60(元)$$

下一步是加上附加费用、承保利润和意外损失准备金。附加费用一般包括佣金、期初承保费用、管理费和保费税。附加费用、承保利润和意外损失准备金一般以毛费率的一个百分比表示,被称为费用率(expense ratio)。计算毛费率的公式是:

$$毛费率=\frac{纯保费}{1-费用率}$$

假定费用率是40%,毛费率则是100元。

$$毛费率=\frac{60}{1-0.40}=100(元)$$

(二)损失率法(loss ratio method)

按照损失率法,要把实际的损失率与预期的损失率加以比较,然后对费率做相应的调整。实际损失率是已发生的损失和理赔费用与已赚得保费(earned premiums)的比率。预期损失率是保费中预定用来赔付的比例,它等于(1－费用率)。假定某险种已发生的损失和理赔费用是80万元,已赚得保费为100万元,因而实际损失率是0.8,再假设预期损失率是0.7,结果是费率应提高14.3%。

$$费率调整比例=\frac{A-E}{E}=\frac{0.8-0.7}{0.7}=14.3\%$$

式中:A表示实际损失率,E表示预期损失率。

如果实际损失率大于预期损失率,则保险人无法取得预定的利润;反之,则取得的利润大于预定的利润。损失率法实际上是一种调整旧的费率方法。

三、增减法

增减法(merit rating)是根据损失经验数据对分类的费率做向上或向下的调整。它是基于这种假设:一个特定的被保险人的损失经验数据会与其他被保险人的损失经验数据明显不同。增减法费率的计算方法主要有以下三种:

(一)表定法(schedule rating)

按照表定法,对每个风险单位分别计算费率,首先对每种风险单位确定一个基本费率,然后再根据客体特征做增减修正。表定法是基于这种假设:被保险人某些经营和操作的客体特征将影响被保险人将来的损失。对大的厂房、商业办公大楼和公寓的火灾保险普遍使用表定法,每栋建筑物按下列因素分别计算费率:

1. 建筑结构(construction)

一栋建筑物可用木板、砖或耐火的材料建造。对木屋收取的费率自然要高于砖屋和防火的建筑物。对高层建筑物也要收取较高费率,这是因灭火困难所致。

2. 占用(occupancy)

火灾的概率在很大程度上受其占用情况影响。例如,焊接发出的火星能迅速酿成火灾,建筑物内堆放的易燃品使火势难以控制。

3. 消防(protection)

消防是指城市供水和消防的质量,也包括建筑物内安装的消防设施。美国保险事务所拟订了一份市政防火的分类表,根据城市供水和消防的质量把市镇分为1～10级,级别数愈高,消防质量愈差。表定法也考虑了私人或单位的消防设施,对于安装火灾报警器、灭火机、自动喷水灭火系统和配备看管人员的保户以费率优惠。

4. 周围环境风险(exposure)

周围环境风险又称险位,指被保险的建筑物受邻近建筑物着火而遭殃的可能性。来自周围建筑物的火灾损失风险愈大,收取的费率也就愈高。

5. 保养(maintenance)

保养是指建筑物的管理和保养。如果油腻的破布散满地上,就要提高费率。

表定法的主要优点是识别建筑物出险的客体特征,从而使保险费能反映被保险人的损失经验。此外,表定法也能促进防损工作。然而,表定法也有几个不足之处:首先,它需要较高的管理费用;其次,由于同业间的竞争,给予保户不合理的费率优惠,表定法有可能失效;最后,如果人为因素在造成损失方面起主导作用,表定法并非是一种有效的方法,如劳工保险。

(二)经验法(experience rating)

经验法是根据以往的损失经验调整分类的费率。经验法最显著的特点是,被保险人以往的损失经验被用来确定下一个保险期的保险费,一般使用以往3年的损失经验数据确定下一个保险期的保险费。假如被保险人的损失经验数据低于同类别的平均数字,就降低对被保险人收取的分类费率;反之,就提高费率。在确定费率调整幅度时,实际的损失经验数据要根据置信系数(credibility factor)修正。

[**例20—1**]　假定一个零售企业购买了用经验法厘定费率的普通责任保险单,年保险费是3万元,预期的损失率是30%,再假设以往3年的实际损失率是20%,置信系数是0.29,该企业的保险费将减少9.67%。

$$保费调整比例=\frac{A-E}{E}\times C=\frac{0.20-0.30}{0.30}\times 0.29=-9.67\%$$

因此,下一个保险期新的保险费调整为27 099元。

可见,经验法对减少损失有经济刺激,但一般只限于较大企业使用,因为它们有较高的保费额和可靠的经验数据。在普通责任保险、劳工保险、企业汽车责任保险和团体健康保险中经常采用经验法计算费率。

(三)追溯法(retrospective rating)

根据这种方法,由被保险人在本保险期内的损失经验决定该期实际缴付的保险费。保险人规定了最低保费和最高保费。如果在本保险期内实际损失额小,则被保险人缴付最低保费;如果实际损失额大,被保险人则缴付最高保费。实际缴付的保险费一般在最低和最高保费额之间,具体数额取决于被保险人在本期的损失经验。劳工保险、普通责任保险、汽车责任和车损险、盗窃和玻璃保险经常使用追溯法计算保险费。

图20—1简要说明了追溯法的应用。$ABCD$ 表示追溯法的保费。AB 表示最低保费额,适用于索赔金额不超过 H 的被保险人。CD 表示最高的保费额,适用于索赔金额等于或超过 G 的被保险人。BC 表示保费随索赔金额变化(B 和 C 之间)。EF 表示标准保费,即使用分类法确定的保费。可见,追溯法对防损有很大的经济刺激作用。

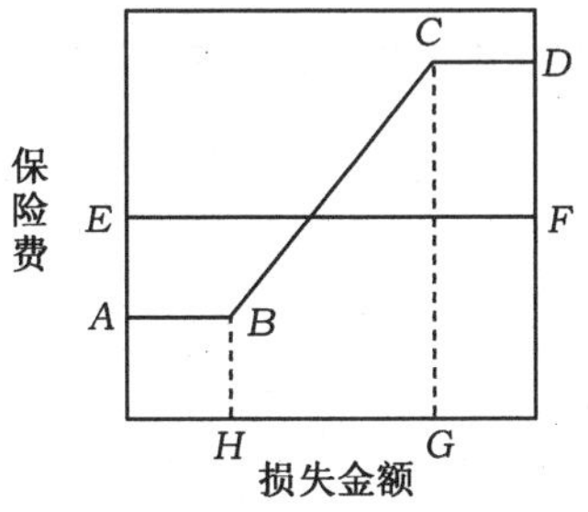

图20—1　追溯法的应用

基本的追溯法费率厘定公式如下:

$$R=(BP+CL)(LCF)TM$$

式中:R 表示该年度应付追溯保险费;BP 表示基本保费,旨在补偿保险人处理业务的固定成本;L 表示被保险人实际遭受损失;LCF 表示损失变换系数,旨在补偿保险人的可变成本,如理赔费用;TM 表示税收乘数,旨在反映向保险人征收的保险费税。

基本保费随被保险人业务规模增加而减少收取比例,损失变换系数和税收乘数是一个固定比例。上述公式要受最低保费和最高保费限制。

在追溯法费率计划中,被保险人缴付标准保费(手册保费×经验修正系数),即要考虑被保险人实际损失经验,如果损失高于预期,标准保费会提高;反之,标准保费降低。标准保费是一种初始保费,可以根据被保险人的损失经验调整。在下一个保单年度,由保险人确定上一年度赚得的保费,并进行调整。大约在第一个保单年度 9 个月后对第一年保费进行追溯调整。该调整是根据第一个保单年度的已报告的损失,如果损失经验好于预期,一部分第一年标准保费便会退还给被保险人。在初次调整之后,每隔 12 个月再进行调整,如果损失经验坏于预期,被保险人要向保险人增缴保费。如果在这一年度被保险人未发生损失,保险人仍赚得最低保费。如果在这一年度被保险人遭受重大损失,被保险人至多缴付最高保费,保险人仍会赔付超过最高保费部分以上的损失。追溯法费率保单的有效期往往为 10～20 年。

如表 20—1 所示,被保险人的标准保费是 1 000 000 元,但表20—2显示保险人赚得保费合计数只有833 425元,被保险人可获得此差额。表 20—3 显示了保险人赚得保费的实际计算。

表 20—1　　追溯法费率计划的参数

项　目	数　值
最高保费	1 500 000(元)
最低保费	350 000(元)
标准保费	1 000 000(元)
基本保费	100 000(元)
损失变换系数(LCF)	1.10
保费税收系数(PTF)	1.05(元)

表 20—2　　保费人赚得的保费　　单位:元

时　间	金　额
第一年	388 750
第二年	231 000
第三年	115 500
第四年	57 750
第五年	28 875
第六年	11 550
合　计	833 425

表 20—3　保险人赚得保费的计算　单位:元

时　间	金　额
第一年1月1日	缴付标准保费＝1 000 000　确定第一年赚得保费
第二年9月30日	第二年损失×LCF×PTF＋基本保费＝250 000×1.1×1.05＋100 000＝388 750
第三年9月30日	第三年损失×LCF×PTF＝100 000×1.1×1.05＝231 000
第四年9月30日	第四年损失×LCF×PTF＝100 000×1.1×1.05＝115 500
第五年9月30日	第五年损失×LCF×PTF＝50 000×1.1×1.05＝57 750
第六年9月30日	第六年损失×LCF×PTF＝25 000×1.1×1.05＝28 875
第七年9月30日	第七年损失×LCF×PTF＝10 000×1.1×1.05＝11 550

第三节　费率厘定的基本概念

本节解释保险费率计算过程中使用的一些基本概念,有助于加深对费率厘定方法的理解。

一、趋势系数

由于费率计算所根据的过去统计数据并不能精确反映费率使用时期的情况,即收集经验数据时期与新费率使用时期存在明显的时差,所以要使用趋势系数(trend factors)来调整过去的损失数据,使之较精确地反映将来费率使用期的情况。传统的方法是假定过去的损失频数和程度的变化趋势将继续到可以预见的将来。例如,过去每年平均索赔金额增加159元,那么假设将继续每年增加159元。这种方法被称为线性趋势系数,将来年份的平均索赔金额或索赔频数可用方程式估计:

$$Y_x = a + bx$$

式中:a,b 为常数,可使用线性回归分析统计方法估计;Y 表示平均索赔金额或索赔频数;x 为以年表示的预计的年份。

假设 a 是1 341元,b 是159元,若估计今后第五年的平均索赔金额,则:

Y_5＝1 341 ＋159×5＝2 136(元)

也可以使用指数趋势系数进行调整,假定平均索赔金额或索赔频数每年增加一个百分比,使变化率持续加速,而不像线性趋势系数中保持不变。

$$Y_x = a(b^x)$$

或

$$l_n Y_x = l_n a + x(l_n b)$$

使用指数趋势系数势必高估将来的平均索赔金额和索赔频数。实际的平均索赔金额和索赔频数可能有升有降,但这两种方法都只适用于上升趋势的预测。国外也有人研究使用经济计量模型来代替这种简单的趋势预测方法,对有些险种也使用价格指数进行趋势分析。

上一节中提到的纯保费法和损失率法一般要使用趋势系数进行调整,而究竟选择线性趋势系数还是指数趋势系数则取决于实际趋势的形状。

二、经验期

经验期是为费率厘定目的收集经验数据的时期。例如,对某险种的1987年的费率可以根据1982年、1983年、1984年的已发生损失,已赚得保费和损失风险单位计算,这3年构成了费率计算的经验期。经验期的长短可根据对经验数据稳定性的估计来确定,对易受巨灾损失的险种,如地震保险,要使用较长的经验期。

三、统计期

费率厘定的经验数据来源一般是保险公司的会计记录,会计记录一般又是以一个日历年度为基础,从会计记录收集的统计数据被称为日历年度统计资料,根据这些统计资料可计算已发生损失和已赚得保费。

$$EP=UP^1+WP-UP^2$$
$$IL=LR^2+PL-LR^1$$

式中:EP 表示该年已赚得保费,UP^1 表示年初未到期责任准备金,WP 表示该年保费收入,UP^2 表示年末未到期责任准备金,IL 表示该年已发生损失,LR^1 表示年初赔款准备金,LR^2 表示年末赔款准备金,PL 表示该年已付赔款。

使用已发生损失和已赚得保费的数据能计算实际损失率,再使用上节所提及的损失率法可对费率进行调整。

使用日历年度统计资料的优点是便于取得,因为它们是会计记录的副产品。其缺点是不够精确,它并不考虑损失发生的日期或保单签发的日期。如果该年的赔款准备金是因上年发生的损失增加,这一增加会出现在本年的已发生损失。一般来说,这种统计期适用于财产险的费率计算,不适用于某些责任保险。

为了克服日历年度统计资料的缺陷,也有使用保险单年度统计资料和日历—事故年度统计资料。保险单年度是由 1 月 1 日到 12 月 31 日出立的所有保险单组成,如果所有保险单均以一年期出立,则一个保险单年度会延续两个日历年度。如在某年度 12 月 31 日签发的保单,其保险期要在下年度 12 月 31 日结束。因此,某保险单年度的损失统计资料是由该年签发保单已付赔款和估计的未决赔款准备金组成。日历—事故年度统计资料是日历年度统计资料与保险单年度统计资料的折中,在计算已赚得保费方面与使用日历年度统计资料没有区别,区别在于计算已发生损失。已发生损失是日历年度发生的保险事故所引起的所有索赔的合计数,有一些在当年赔付,另外一些放在年末未决赔款准备金中,以后的准备金变化仍计入该日历—事故年度中已发生的损失。

四、置信系数

置信系数(credibility factor)表示对所取得的统计数据的可信程度。例如,如果经验期所赚得保费大得足以使实际损失率偏离预期损失率不超过 2.5%的概率为 95%,就可假定经验数据 100%可信。一般来说,风险单位愈多,所赚得保费愈多,置信系数就愈大。置信系数的值域在 0 与 1 之间。上一节中的经验法就使用了置信系数对经验数据进行了修正。

使用置信系数的一个公式是:

$$PP=PP_i(Z)+PP_P(1-Z)$$

式中:PP 表示替给定被保险人 i 厘定的纯保费;PP_i 表示根据被保险人以往损失经验厘定的纯保费;PP_P 表示根据被保险人所属的最大群体以往损失经验厘定的纯保费;Z 表示应用到被保险人以往损失经验的权(置信系数),Z 的数值范围为 0～1。

当 Z 值增加,应用到被保险人以往损失经验的置信系数增加。如果 Z 值增加到等于 1,则对被保险人收取的纯保费完全根据被保险人本人的以往损失经验厘定。当被保险人有大量同质风险单位,足以根据自己的以往损失经验厘定纯保费,就会出现 Z 等于 1 的情况。

[**例 20－2**] 假设某雇主的劳工赔偿保险单以往的损失率是 70%,而该雇主所在行业的预期损失率是 60%,使用 0.60 的置信系数计算该雇主下一年度的劳工赔偿保险单的纯保费所依据的

损失率。

$PP=0.70\times0.60+0.60(1-0.60)=0.42+0.24=0.66$

五、稳定系数

调整经验数据的另一种方法是使用统计学中的均方差公式确定一个稳定系数。

［例 20—3］　假设一个五年期的损失率分别为 0.21、0.19、0.23、0.18、0.24，则其算术平均数为 0.21，与中位数相等，使用均方差公式：

$$a=\sqrt{\frac{\sum(X-M)^2}{N}}$$

式中：X 表示各年的损失率；M 表示算术平均数；N 表示观察次数。

表 20—4　　方差的计算

年　份	损失率 $X(\%)$	偏差 $X-M$	偏差的平方 $(X-M)^2$
1	0.21	0	0
2	0.19	−0.02	0.000 4
3	0.23	+0.02	0.000 4
4	0.18	−0.03	0.000 9
5	0.24	+0.03	0.000 9
$N=5$	$\sum X=1.05$	0	$\sum(X-M)^2=0.0026$

均方差$=\sqrt{\dfrac{0.0026}{5}}=0.023$

均方差与算术平均数相比较的偏差系数是：

$\dfrac{0.023}{0.21}\times100\%=10.95\%$

在实际工作中，在损失率平均值基础上再加上一个 10% 的稳定系数，就可以促使经营稳定。以千元表示的损失率平均值为 2.1‰，则：

净费率＝2.1‰×(1＋10%)＝2.31‰

附加费率也可以按业务经费总开支与保费收入总额的比例确定，假定它是 20%，则：

毛费率＝2.31‰×(1＋20%)＝2.76‰

第四节　费率厘定的实例

一、火灾保险

在 19 世纪，火灾保险业务竞争加剧，为了合理分摊损失，建立了较为细致的火险费率分类制度。随着建筑结构、占用、防护等因素变得复杂，费率分类制度也趋于完备。对小型建筑物一般采用分类法厘定费率，对大型工业和商业建筑物则采用表定法。

城市消防级别是火灾保险费率分类的基础，火险费率直接随财产所在地区的消防级别变化。城市消防级别的评定要考虑以下几个因素：

第一，供水系统，如每天用水高峰时间能否保证救火供水、水泵的电源是否可靠、自来水总管道的大小和分布、消防龙头安装的数量。

第二，消防部门，如消防人员的纪律和训练方法，消防设备的质量、能力和保养，道路状况。

第三,消防服务通信设施,如人员质量、设备可靠性、电话服务网和无线电系统质量。

第四,火灾安全管理措施,如城市关于电力、危险品、建筑物、供暖和通风设备安装的法规。

第五,气候条件,如大风、高温、干燥、大雪等气候条件都会影响火灾损失和救火工作。

大多数工业和商业建筑物的火灾保险费率还要考虑建筑结构、占用、防护和周围环境风险因素,对存在的缺陷加费,对有利防火的因素减费,这些都需要有经验的承保人和工程师给出判断。例如,对没有高于屋顶的护墙加费,这是因为护墙能阻止屋顶上的火势蔓延。又如,对建筑物与邻近建筑物之间的距离远或邻近建筑物的面墙没有门窗减费。

这里以美国保险事务所(insurance service office)制定的一种商业火险费率计算表(commercial fire rating schedule)为例说明建筑物保险费率的计算。基本费率和加减费都以分数表示,最后把累计的分数变换为金额,大约有 350 种建筑物变换系数,取决于城市消防、建筑类别和占用性质。表 20—5 就是一个简单的例子。

表 20—5　建筑物保险费率的计算　单位:美元

基分		50
建筑结构加分		
六英寸的黏土砖墙		60
不易燃的幕墙		20
易燃的地面和屋顶		290
未经修正的基本建筑物评分		420
室内财产易燃系数		×1.1
基本建筑物评分		462
第二次建筑物结构加分:		
面积和高度	33%	
易燃屋顶面积	10%	
	43%	199
占用性质加分	50%	231
未考虑周围环境风险的建筑物评分		892
周围环境风险加分		70
考虑周围环境风险后的评分		962
消防级别系数		×0.5
总的建筑物评分		481
内部防护措施减分		
灭火设备	3%	−14
看守人员	7%	−34
最后建筑物评分		433
用 1 000 除		0.433
建筑物变换系数		×1.02
80%共同保险建筑物费率		0.442

对一栋建筑物的费率厘定一般不考虑损失经验数据，即不使用经验费率，因为一栋建筑物的火灾不频繁，损失数据也缺乏可信性。然而，许多企业拥有多栋建筑物，而且可能分布在不同地区，这就可以考虑使用经验法，并根据保费数额和财产价值的分散程度实行减费。

二、海上运输保险

海上运输保险的费率厘定要考虑许多因素，主要依靠承保人通过定期的损失率分析来判断。保险船舶的构造和保养是基本因素，这点可以参考劳合社船级社等组织出版的资料。其他要考虑的主要因素有航线、港口、货物、船长和船员的素质、季节等。

三、汽车保险

这里再以美国私用汽车保险为例说明汽车保险费率厘定的要素。私用汽车保险分为责任险和车损险两部分。根据美国保险事务所使用的方法，责任险使用两年的日历—事故年度统计资料，车损险使用两年的日历年度统计资料，这是因为责任险理算的时间较长，而车损险理赔迅速。对这两年的统计数据可使用不同的权，例如，对责任险最近一年的数据以 85%加权，对上一年以 15%加权，车损险分别为 70%和 30%。对最近的数据给予较大的权重是因为它更能反映目前的情况。确定费率的主要因素如下：

(一)区域

基本费率在很大程度上由汽车使用和停放的区域决定。每个州划分费率区域，如大城市、郊区和农村地区。根据每种区域的损失数据计算基本费率，因城市交通拥挤，城市汽车驾驶人缴付的保险费一般高于农村地区。在确定基本费率之后，再根据其他因素进行调整。

(二)驾驶人的年龄、性别和婚姻状况

年龄之所以成为一种要素，是因为年轻驾驶人在车祸中占有较高比例。一般而言，女性 25 岁以下，男性 30 岁以下，被视作年轻人。性别也是一个重要因素，年轻未婚的女性驾驶人比同一年龄未婚男性驾驶人发生的事故要少。同样，已婚使驾驶人开车更为谨慎，年轻已婚的男性驾驶人比同一年龄未婚男性驾驶人发生的事故要少。目前美国使用七种驾驶人的分类，费率一般随驾驶人的年龄增大而降低。

(三)汽车用途

汽车用途分为 5 种：(1)娱乐使用；(2)距离在 15 英里以内的上下班；(3)距离在 15 英里以外的上下班；(4)公务；(5)农业使用。农业使用的汽车费率最低，其次是娱乐使用，上下班和公务使用的费率最高。

(四)驾驶人的教育

如果一个驾驶人通过了驾驶教育课程的考试，他就能得到费率优惠，一般减少 10%的保险费。

(五)对学习成绩好的学生的费率优惠

根据优秀学生的出色智力有助于汽车安全驾驶的假设，对他们的费率给予折扣优惠。

(六)汽车数量和种类

对拥有多辆汽车的车主实行费率优惠，这是根据拥有两辆汽车的人不会比只拥有一辆汽车的人出车更为频繁的假设。新车的保险费高于旧车，对赛车收取最高保险费。

(七)个人驾驶记录

对汽车意外事故和违反交通规则计分，并相应收取附加保费。

汽车保险一般使用分类法厘定费率。首先从费率手册中查出每种保险责任范围的基本保费。责任保险和医疗费用赔付的基本保费取决于区域、保单限额这两个因素。车损险基本保费取决于区域、汽车购置价值、车龄、免赔额等因素。然后再把基本保费乘上费率系数。为了确定费率系数，

要把被保险人分入某一类别。根据年龄、性别、婚姻状况、汽车用途、驾驶人的教育等因素的不同组合,可把被保险人分为数十种乃至数百种类别。此外,再根据汽车性能和驾驶记录的分数把被保险汽车分成多种类别。假定基本保费合计为100美元,基本费率系数是2.30,第二费率系数是0.40,则:

保费=(2.30+0.40)×100=270(美元)

保险公司还可以根据汽车是否配备空气袋、驾驶态度的心理测试、拥有车辆数等因素给予保费折扣。

商用汽车的费率厘定与私用汽车类似。基本费率系数取决于车辆吨位、行驶范围和距离、汽车用途等。第二费率系数只适用于危险性较大的行业。保险公司对拥有一定数量以上汽车和保费超过一定数额的保户实行费率优惠,甚至可以采用经验法或追溯法来厘定费率。此外,保险公司再根据对保户的管理、设备、雇员、安全方面情况的判断,在25%的幅度内增减保险费。

近期在欧美汽车保险市场出现了一种基本驾驶行为的保险(usage based insurance,简称UBI)产品,这是一种车联网保险。UBI从简单安装OBD设备(UBI产品的数据采集、分析、解读的关键设备之一)按里程付费起步,手机应用和前装市场的崛起奠定了它的发展基础。除了定价,UBI在帮助驾驶人改善驾驶行为、控制风险、理赔、服务等方面也有许多优点。截至2015年底UBI用户约有1 200万。

第五节　我国财产保险的费率厘定

一、纯风险损失率表

根据中国保监会《关于规范非车险市场经营行为有关问题的通知》(保监发〔2006〕17号)精神,中国保险行业协会财产保险工作委员会协调、组织人保、太保、平安和华泰四家公司的业务、精算和产品开发人员,组成行业四个项目组,在慕尼黑再保险和瑞士再保险等中外资公司专业人员的支持下,进行了道路建筑安装工程、地铁、电厂和商业楼宇四个试点项目的“纯风险损失率表”研究制定工作。经广泛征求各财产保险会员公司意见,并呈报中国保监会备案,将四个项目的“纯风险损失率表”制定结果予以公布,并于2006年7月11日起试行。以下以商业楼宇纯风险损失率表为例予以说明:

(一)商业楼宇纯风险损失率表整体框架

商业楼宇纯风险损失率表主要分为“纯风险损失率表”和“风险调整因子表”两部分。

纯风险损失率表包括六类风险因素所分别对应的损失率:火灾、爆炸(不同行业类型和建筑类型所分别对应的损失率);台风、洪水、暴雨(不同地区和建筑结构所分别对应的损失率);地震、海啸(不同地区和建筑结构所分别对应的损失率);其他自然灾害;意外事故;盗窃、抢劫、恶意破坏及其他人为事故。

风险调整因子表包括三方面的调整因素:楼宇的自身风险;保护性机制、措施;承保条件。

(二)商业楼宇纯风险损失率表制定基础

1. 数据基础

测算数据引用了国内公司近十年的承保及赔付数据,损失率是根据各类保险标的的平均费率及赔付率选择确定。

2. 资料引用

“行业类型”分类标准引用的是国家统计局的《国民经济行业风险等级》(手册);“地区”分类标准引用的是道路建筑安装工程纯风险损失率表中的地区分类;台风、洪水、暴雨及地震、海啸等自然灾害风险因素，因商业楼宇与道路建筑安装工程面临的风险相差不大，因此参考道路建筑安装工程纯风险损失率表的分类标准。

(三)商业楼宇纯风险损失率表使用说明

1. 纯风险损失率表

纯风险损失率表中的风险包含火灾、爆炸，台风、洪水、暴雨，地震、海啸，其他自然灾害，意外事故，盗窃、抢劫、恶意破坏及其他人为事故。其中，火灾、爆炸的纯风险损失率按楼宇的使用性质和建筑类型分别确定；台风、洪水、暴雨的纯风险损失率按区域和楼宇的建筑结构分别确定；地震、海啸的纯风险损失率按区域和楼宇的建筑结构分别确定。

纯损失率＝预期赔款损失÷每万元保险金额

预期赔款损失是指：最终赔款损失(已决赔款 ＋ 未决赔款，包括直接理赔费用)；平均赔款损失，即同类商业楼宇的平均预期赔款损失。

由于纯风险损失同保险标的的大小有一定的关系，标的大则损失率趋势小，而标的小则损失率趋势大，因此：

最终纯风险损失率＝纯风险损失率×保额因子

2. 风险调整因子表

使用商业楼宇纯风险损失率表时，应考虑影响楼宇风险的其他因素，如受自然灾害侵袭的可能性、损失记录和安全设施等。个体楼宇的损失率可根据这些风险因素上下浮动。

3. 费率

费率为“预期赔款损失”加上公司费用成本(包括间接理赔费用)、承保利润和损失率波动成本，再除以每万元保额。费率应按风险因素分别计算，将各个风险因素费率加总可得到楼宇的总费率。

商业楼宇纯风险损失率表反映了不同性质保险项目的风险差异性。基于纯风险损失率表厘定的承保费率，基本符合承保人对商业楼宇承保的主观判断，在现有条件下基本具备科学性和可操作性。在试行中行业项目组还将不断积累经验和数据，不断进行损失率的修正工作。

二、财产保险定价系统

中国保险行业协会在 2006 年 7 月份下发了四大项目的财产险条款费率指引，规定自 8 月 11 日以后，包括电厂、公路、地铁、楼宇在内的重大项目保险，将以不低于该费率指引标准进行承保。以下以商业楼宇财产险费率表为例说明财产保险定价系统。

(一)商业楼宇财产保险主险费率表

1. 保费的计算公式

保险费＝保险金额×基准费率×保额调整系数×个体风险调整系数

各主险费率按照以下分类费率表得出：

基本险基准费率：(1)

综合险基准费率：(1)＋(2)＋(6)

一切险基准费率：(1)＋(2)＋(3)＋(4)＋(6)

地震、海啸扩展条款基准费率：(5)

2. 费率表

各分类费率表如下：

(1)火灾、爆炸费率。该费率表的分类标准是行业和建筑等级。

表 20—6　　**火灾、爆炸基准费率表**　　每万元保额

代码	使用性质	建筑等级			
		防火建筑	不可燃建筑	可燃建筑	易燃建筑
J	金融业				
J6800	银行业	1.60	1.92	2.40	4.80
J700	保险业	1.60	1.92	2.40	4.80
J6900	证券业	1.60	1.92	2.40	4.80
J7100	其他金融活动	1.76	2.11	2.64	5.28
L	租赁商务服务业				
L7300	租赁业	2.24	2.69	3.36	6.72
L7400	商务服务	2.24	2.69	3.36	6.72
L7410	企业管理服务	1.76	2.11	2.64	5.28
L7420	法律服务	1.60	1.92	2.40	4.80
L7430	咨询与调查	1.76	2.11	2.64	5.28
L7439	其他专业咨询	2.24	2.69	3.36	6.72
L7440	广告业	2.24	2.69	3.36	6.72
L7450	知识产权服务	2.08	2.50	3.12	6.24
L7460	职业中介服务	2.24	2.69	3.36	6.72
L7480	旅行社	2.40	2.88	3.60	7.20
L7491	保安服务	2.24	2.69	3.36	6.72
L7490	其他服务	2.40	2.88	3.60	7.20
I	住宿和餐饮业				
I6600	住宿业	2.56	3.07	3.84	7.68
I6610	旅游饭店	2.72	3.26	4.08	8.16
I6620	一般旅馆	2.72	3.26	4.08	8.16
I6620—1	星级旅馆	2.24	2.69	3.36	6.72
I6690	其他住宿服务	2.72	3.26	4.08	8.16
I6700	餐饮业	3.20	3.84	4.80	9.60
I6710	正餐服务	3.20	3.84	4.80	9.60
I6720	快餐服务	3.52	4.22	5.28	10.56
I6730	饮料及冷饮服务	3.04	3.65	4.56	9.12
M	科研技术服务业				
M7500	研究与试验发展	3.20	3.84	4.80	9.60
M7600	专业技术服务	2.88	3.46	4.32	8.64

续表

代码	使用性质	建筑等级			
		防火建筑	不可燃建筑	可燃建筑	易燃建筑
M7700	科技交流和推广服务	2.56	3.07	3.84	7.68
N	水利环境和公司管理业				
N7900	水利管理业	2.41	2.89	3.62	7.23
N8000	环境管理业	2.20	2.64	3.30	6.60
N8010	自然保护	2.20	2.64	3.30	6.60
N8021	城市环卫管理	2.37	2.85	3.56	7.11
N8022	水污染治理	2.37	2.85	3.56	7.11
N8100	公共设施管理	2.41	2.89	3.62	7.23
O	居民服务和其他服务业				
O8220	托儿所/养老院/保健服务	2.34	2.81	3.51	7.03
O8240	理发美容	3.13	3.75	4.69	9.39
O8230	洗染服务	3.19	3.83	4.79	9.58
O8250	洗浴服务	3.63	4.35	5.44	10.89
O8270	殡葬服务	3.94	4.73	5.91	11.83
O8280	摄影扩印服务	3.20	3.84	4.80	9.60
O8290	其他居民服务	3.13	3.75	4.69	9.39
O8311	汽车、摩托车维护和保养	3.63	4.35	5.44	10.89
O8316	电器修理	3.84	4.61	5.76	11.52
O8317	钟表珠宝维修	2.88	3.46	4.32	8.64
O8318	装潢家具维修	2.88	3.46	4.32	8.64
O8319	其他日用品维修	3.84	4.61	5.76	11.52
O8320	保洁服务	3.84	4.61	5.76	11.52
P	教育				
P8410	学前初等中等教育	2.27	2.73	3.41	6.82
P8440	高等教育	2.27	2.73	3.41	6.82
P8490	其他教育	2.63	3.15	3.94	7.89
P8491	图书馆和信息中心	2.24	2.69	3.36	6.72
Q	卫生社会保障和福利				
Q8510－1	医院卫生院	3.13	3.75	4.69	9.38
Q8510－2	妇幼保健活动	3.06	3.67	4.59	9.17
Q8570	疾病防控活动	3.06	3.67	4.59	9.17

续表

代码	使用性质	建筑等级			
		防火建筑	不可燃建筑	可燃建筑	易燃建筑
Q8511	疗养院	2.56	3.07	3.84	7.68
Q8590	其他卫生活动	3.20	3.84	4.80	9.60
Q8600	社会保障业	2.56	3.07	3.84	7.68
Q8700	社会福利业	2.56	3.07	3.84	7.68
R	文化体育和娱乐业				
R8810	新闻出版业	2.56	3.07	3.84	7.68
R8900	广播电视影像制作	3.20	3.84	4.80	9.60
R8931	电影制作和发行	3.84	4.61	5.76	11.52
R8933	电影放映	3.20	3.84	4.80	9.60
R9010	文艺创作与表演	2.56	3.07	3.84	7.68
R9020	艺术表演场馆	2.99	3.58	4.48	8.96
R9040	文物与文化保护	3.20	3.84	4.80	9.60
R9050	博物馆纪念馆	2.24	2.69	3.36	6.72
R9110	体育组织	2.56	3.07	3.84	7.68
R9120	体育场馆	3.37	4.05	5.06	10.11
R9210	室内娱乐活动	3.69	4.42	5.53	11.06
R9220	游乐园	3.20	3.84	4.80	9.60
R9230	休闲、健身活动	3.20	3.84	4.80	9.60
R9200－1	其他休闲娱乐	3.84	4.61	5.76	11.52
F	交通运输和邮政业				
F5521	机场	2.41	2.89	3.62	7.23
F5700	运输服务业	2.90	3.48	4.35	8.71
F5900	邮政业	3.20	3.84	4.80	9.60
F5990	其他寄递服务	3.84	4.61	5.76	11.52
G	信息传输计算机服务和软件业				
G6010	电信业	2.56	3.07	3.84	7.68
G6020	互联网服务	2.56	3.07	3.84	7.68
G6040	卫星传输服务	2.56	3.07	3.84	7.68
G6030	广播电视传输服务	2.56	3.07	3.84	7.68
G6100	计算机服务	2.56	3.07	3.84	7.68
G6200	软件业	2.56	3.07	3.84	7.68

续表

代码	使用性质	建筑等级			
		防火建筑	不可燃建筑	可燃建筑	易燃建筑
S	公共管理和社会组织				
S9300	中国共产党机关	2.20	2.64	3.30	6.60
S9400	国家及政府机关	2.20	2.64	3.30	6.60
S9490	公安局、消防局	1.97	2.37	2.96	5.91
S9500	人民政协和民主党派	1.92	2.30	2.88	5.76
S9600—1	群众团体及社会团体	2.00	2.40	3.00	6.00
S9600—2	宗教组织	2.60	3.12	3.90	7.80
S9600—3	其他团体组织	2.20	2.64	3.30	6.60
K	房地产业	1.92	2.30	2.88	5.76
H	批发和零售业	3.54	4.25	5.31	10.63
T	国际组织	1.92	2.30	2.88	5.76

注:①当楼宇具有多种使用性质时,默认以基准费率最高者的使用性质为准。

②一般情况下,建筑物按火灾风险等级可分为:防火建筑、不可燃建筑、可燃建筑和易燃建筑。

③建筑物等级的确定不受建筑物所属行业的影响。

从表 20—6 中可以看出,商业楼宇的火灾基准费率最高为 2‰左右,最低为 0.16‰,平均水平为 0.5‰。以上费率是根据国内产险公司近十年的承保及赔付数据得出的。

(2)其他自然灾害费率,为 0.57(每万元保额)。

(3)意外事故费率,为 0.86(每万元保额)。

(4)盗窃、抢劫、恶意破坏及其他人为事故费率,为 0.57(每万元保额)。

(5)地震、海啸费率。地震、海啸费率表的分类标准是地区和建筑结构,见表 20—7。

表 20—7　　地震、海啸费率表　　每万元保额

分　区	地震、海啸				
	建筑结构				
	钢结构	钢筋混凝土	混合结构	砖木结构	其他结构
一类区	0.29	0.33	0.37	0.73	1.10
二类区	0.73	0.82	0.91	1.83	2.74
三类区	1.10	1.23	1.37	2.74	4.11
四类区	1.32	1.48	1.65	3.29	4.94
五类区	2.19	2.47	2.74	5.49	8.23

(6)台风、暴雨费率。该费率表的分类标准是地区和建筑结构,见表 20—8。

表 20—8　　每万元保额

地区分类	地　区	房屋结构				
		钢结构	钢筋混凝土	混合结构	砖木结构	其他结构
一类地区	北京 青海 宁夏 天津	0.46	0.69	1.14	2.06	3.43
二类地区	陕西 山西 内蒙古 辽宁 大连 吉林 黑龙江 上海 厦门 广东 深圳 山东 青岛 河南 重庆 海南 甘肃 新疆 西藏	0.57	0.86	1.43	2.57	4.29
三类地区	浙江 江苏 宁波 福建 湖北 河北 贵州 云南 四川	0.69	1.03	1.71	3.09	5.14
四类地区	安徽 湖南 广西 江西	0.86	1.29	2.14	3.86	6.43

3. 保额调整系数

按保险金额的大小对费率进行调整,见表 20—9。

表 20—9　　保额调整系数表

保额(元)	保额系数
2 千万以下	1.15
2 千万～7 千万	1.05
7 千万～2 亿	1.00
2 亿以上	0.90

4. 个体风险调整系数

按照楼宇的自身风险、保护性机制和措施以及承保条件分别对费率进行调整,见表 20—10。

表 20—10　　个体风险调整系数表

项　目	系　数
楼宇的自身风险	
1. 正常交通情况下消防队到达楼宇的时间	
5 分钟以内	0.95
6～15 分钟	1
16～30 分钟	1.05
30 分钟以上	1.1
2. 损失记录	
好	0.9
一般	1
较差	1.15
保护性机制/措施	
1.自然灾害	
有防范措施(效率高)	0.85
有防范措施(效率一般)	1

续表

项　目	系　数
无防范措施	1.15
2.安全意识	
好	0.8
一般	1
3.安全措施	
有有效的安全设施	0.85
有安全设施	1
无安全设施	1.15
承保条件	
1.免赔额	
1 000 元以下	1.2
1 000～4 000 元	1.1
4 000～8 000 元	1
8 000～20 000 元	0.9
20 000 元以上	0.8
2.扩展或限制承保责任范围	
增加了较大的标的范围或扩展了列明附加险之外的保险责任	1.05～1.2
使用标准条款	1
减小了标的范围或限制了列明附加险之外的保险责任	0.9

个别楼宇的风险调整因子包括三方面的因素：楼宇的自身风险（消防设施和损失记录）、保护性措施、承保条件（免赔额和承保责任范围）。

对个体风险调整系数另做以下说明：

（1）个体楼宇的费率可依据以上风险特征上下浮动，但每项系数的浮动不应超过本表的规定范围，且总体下浮范围不应大于 40%。

（2）各调整系数之间为连乘关系：

个体风险调整因子＝楼宇的自身风险系数×保护性机制/措施系数×承保条件系数

（二）商业楼宇财产保险附加险费率表

1. 扩展类

扩展类附加条款的费率可分为以下几种情况：

（1）附加保费为主险保费的一定比例。

（2）附加险费率为主险费率的一定比例。

（3）单独费率。使用单独费率又分为以下几种情况：

$$\text{附加保费} = \sum \begin{matrix}\text{保险单上载明保险标的}\\\text{对应的保险金额}\end{matrix} \times \text{基准费率} \times \text{保额调整系数} \times \text{个体风险调整系数}$$

$$\text{附加保费} = \text{保险单上载明的累计赔偿限额} \times \text{基准费率} \times \text{个体风险调整系数}$$

$$\text{附加保费} = \sum \text{保险单上载明保险标的对应的保险金额} \times \text{基准费率} \times \text{保额调整系数}$$

（4）地震扩展条款。对地震扩展条款采用单独费率表，费率分类标准是建筑结构和地区，见表 20－11、表 20－12。

表 20—11　　费率分类标准(建筑结构)

分区	建筑结构				
	钢结构	钢筋混凝土	混合结构	砖木结构	其他结构
一类区	0.003	0.003	0.004	0.007	0.011
二类区	0.007	0.008	0.009	0.018	0.027
三类区	0.011	0.012	0.014	0.027	0.041
四类区	0.013	0.015	0.016	0.033	0.049
五类区	0.022	0.025	0.027	0.055	0.082

表 20—12　　费率分类标准(地区)

地区	省　份
一类区	黑龙江 吉林 贵州 湖北 湖南 江西 浙江 宁波 广东 深圳 广西
二类区	内蒙古 山东 青岛 河南 安徽 福建 厦门 江苏 上海 重庆
三类区	山西 陕西 辽宁 大连 海南
四类区	北京 天津 河北 宁夏 甘肃 青海 四川
五类区	新疆 西藏 云南

2. 限制类

对限制类附加条款的费率是减去相应扩展条款的保费,但减费的程度可由保险人酌情考虑。

3. 规范类

此类条款的目的是规范主险条款、避免争议,因此不需收费。

理论上,财产保险费率是每一保险金额单位应缴纳保险费的比率。它由纯费率和附加费率两部分构成。其中,纯费率等于保额损失率加稳定系数,附加费率用于保险业务经营的支出和适当的利润。上述商业楼宇财产险费率表是纯费率部分,它由保险行业协会根据国内财产保险公司近十年的承保和赔付数据测算得出纯风险损失率表的基础上得出。除了考虑火灾、爆炸,台风、洪水、暴雨,地震、海啸这三大类风险以外,还给出了意外事故、其他自然灾害、人为事故的费率。此外,还给出了保额调整因子,因为纯风险损失与保险标的的大小有一定的关系,标的大则损失率趋小,标的小则损失率趋大,所以,根据保险金额的大小,费率系数可以在 0.9～1.5 的范围内浮动。最后,根据楼宇自身风险的不同特点制定个体风险的调整系数,包括消防队到达楼宇的时间、以往的损失记录、保护性措施等。在纯费率的基础上加上公司经营成本、承保利润、损失率波动成本等组成的附加费率就得到总的费率。

由上述可见,由于我国引进非寿险精算技术,财产保险的费率厘定开始与国际接轨。以建筑物费率厘定为例,以纯风险损失率(平均损失率)为基本费率,然后根据个体风险的特征加以调整。其中,火灾保险的费率厘定分别考虑了占用性质、建筑结构、防护措施等因素,采用了费率厘定的分类法和个别风险法。一切险的费率是把各险别的费率相加,使投保人清楚费率是怎样厘定的。

第六节　财产和责任保险准备金

财产和责任保险公司的资产负债表右方一般由未决赔款准备金(loss reserves)、未到期责任准备金(unearned premium reserves)和投保人盈余(policyholders surplus)三大项目组成。未决赔款准备金和未到期责任准备金是主要的负债项目,这是由财产和责任保险业务经营的独特性质所决定的。保险人现在收取的保险费是为了赔付将来发生的损失,这就使保险人承担了某种责任或负债。投保人的盈余是资产和负债的差额,即保险公司的全部资本和盈余,或称为资产负债表的资本净值,这个项目也起着保护投保人利益的作用。

一、未决赔款准备金

在理论上,某日的未决赔款准备金是赔付所有已发生但尚未赔付的损失金额。如果损失发生后能立即得到赔付,也就不存在提存未决赔款准备金问题。事实上,损失发生的时间与最终赔付的时间存在间隔,这就产生了保险人的流动负债——未决赔款准备金。它不仅包括了保险人已知的(已经报告的)赔款,而且也包括未知的(尚未报告的)赔款。未决赔款准备金对第三者责任险具有特别重要的意义,因为从提出索赔到最终赔付之间有相当长的时间间隔,而财产损失的索赔一般能在较短时期内解决。财产和责任保险公司的财务状况有赖于对未决赔款准备金的估计,严重低估未决赔款准备金将导致高估保险人的经济实力,削弱赔付能力。未决赔款准备金的估计不能单靠精算师和会计师的计算,它是一种非常复杂的估计,还需要高级管理人员的判断。估计是否恰当只能由时间来做出判定,即把未决赔款准备金与将来的实际赔款作比较。估计当前的未决赔款准备金要借鉴以往未决赔款准备金的财务记录,使用财务年报上的明细表衡量以往未决赔款准备金提存的实绩。

未决赔款准备金的估计分为两种:已经报告但仍在理算的索赔和已发生但尚未报告的索赔。对第一种未决赔款准备金只要估计需要赔付的金额,对第二种未决赔款准备金则要估计索赔的次数和索赔金额。

(一)估计已经报告但仍在理算的未决赔款准备金方法

估计已经报告但仍在理算的未决赔款准备金一般有以下四种方法:

1. 逐案估计法(individual estimate method)

在理赔过程中,保险公司一般都建立理赔档案,记录有关索赔的事实和数据。当损失报告了保险人后,由理赔人员计算准备金,并在理赔档案中记录。把这些逐案估计的数字汇总,并进行修正,可得出估计的未决赔款准备金。这种方法能用于各险种,但对索赔金额确定和因索赔次数太少或索赔金额之间差额太大而难以估算可信的平均赔付金额的险种最为适合,如财产和保证保险。

2. 平均估值法(average value method)

未决赔款准备金能根据索赔的平均值估计,一般是根据保险公司以往的损失经验数据计算平均值,再根据对将来赔付金额的预测进行修正,把这一平均值乘上未决赔案数目就估计出已经报告的未决赔款准备金。这种方法对索赔次数多、索赔金额差异小、赔付迅速的险种最为适合,如汽车车损险。

3. 赔付率法(loss ratio method)

通过使用一个选择时期假定的赔付率(损失赔付与已赚得保费的比率)来估计未决赔款准备金,把估计的最终赔付额减去已付赔款和理赔费用得出未决赔款准备金。

本期未决赔款准备金＝预定赔付率×已赚得保费－已付赔款和理赔费用

赔付率法容易理解和便于应用,但存在假定的赔付率经常与实际的赔付率出入很大的缺陷。

4. 表式估值法(tabular value method)

表式估值法只适用于赔付额取决于寿命、受益人再婚和其他一些偶然因素的索赔,如劳工保险中的长期全部丧失工作能力和遗属金给付。它之所以被称为表式估值法,是因为估计保险金给付期需要使用死亡率、发病率和再婚率表。

(二)估计已经发生但尚未报告的未决赔款准备金方法

已经发生但尚未报告的未决赔款准备金(incurred but not reported)简称 IBNR 赔款准备金。估计 IBNR 赔款准备金要比估计已经报告的赔款准备金复杂,它必须同时估计尚未报告的索赔次数和金额两者,不可能采用逐案估计法。估计一般是先根据以往的经验数据,然后再根据当前的情况进行修正,如考虑风险单位的增加、索赔程序的变更、理赔费用的增加、索赔频数和金额大小变化。目前,世界上大多数非寿险精算师在提存 IBNR 赔款准备金时,都采用链梯法或损失进展三角形法(the chain-ladder or loss development triangle method)。在采用该种方法计算 IBNR 赔款准备金时,有三个步骤:(1)根据现有损失数据计算逐年损失进展系数;(2)根据逐年损失进展系数得出预期最终损失;(3)再把预期最终损失减去已付赔款得出总的 IBNR 赔款准备金。①

根据国家税务总局关于保险公司准备金支出企业所得税税前扣除有关问题的通知,已发生已报案未决赔款准备金,按最高不超过当期已经提出的保险赔款或者给付金额的 100%提取;已发生未报案未决赔款准备金,按不超过当年实际赔款支付额的 8%提取。

二、未到期责任准备金

在理论上,未到期责任准备金表示保险人在解除所有保险合同情况下所需要退还被保险人的未满期保险费。保险人在保险期一开始就收取了全部保险费,但赔偿责任要在整个保险期内履行,因而在保险期结束之前不能把全部保险费作为已赚得的保费。也可以把这种准备金看作为保单未到期前还需要赔付尚未发生的损失和费用开支,因此它可以作为再保险金额的基数。计算未到期责任准备金的方法主要有以下三种。

(一)每月按比例分摊法

每月按比例分摊法(monthly prorate metheod)是一种普遍使用的简便方法。这种方法假定全年的承保业务量平均,再假设承保的当月内保费的有效天数是 15 天,因此,把 1 年分为 24 个半月。对 1 年期的保单,在承保的第一个月末赚得$\frac{1}{24}$的保费,即$\frac{23}{24}$是未到期的责任准备金,以后每个月已赚得保费的比例是按月再加$\frac{2}{24}$,即$\frac{3}{24}$,$\frac{5}{24}$,$\frac{7}{24}$,…,$\frac{23}{24}$。在年末计算未到期责任准备金时,1 月份开出的保单按$\frac{1}{24}$提存,并以此类推,12 月份开出的保单以$\frac{23}{24}$提存。如果保险期为 6 个月,承保的月末赚得$\frac{1}{12}$的保费,未到期责任准备金为$\frac{11}{12}$的保费。如果保险期为 3 年,承保的月末赚得$\frac{1}{72}$的保费,未到期责任准备金为$\frac{71}{72}$的保费。保险期限愈长,承保的月末赚得的保费愈少。

(二)逐日计算法

逐日计算法(daily method)是根据有效保单的天数计算未到期责任准备金,需要使用计算机。计算公式是:

$$\text{未到期责任准备金}=\frac{\text{剩余的未到期天数}}{\text{保险期天数}}\times\text{有效保单的保费}$$

① 许谨良:《财产保险原理和实务》,上海财经大学出版社 2004 年版,第二十二章第三节。

对个人保险来说，这种方法与每月按比例分摊法没有多大区别，因为个人保险的月内承保业务量比较平均。但对企业保险来说，因保险单一般在月初生效，这种方法将会减少未到期责任准备金。

需要说明的是，每月按比例分摊法是假定保费、损失和费用在保险期内平均分布，但实际情况并非如此，大多数承保费用、佣金和保单出立费用都在保险期初支出，这可能导致在早期发生承保亏损。但这是一种会计亏损，而不是现金亏损，原因是过高估计了未到期责任准备金，这多余的部分在年度财务决算时可转入投保人盈余中。美国实行这种保险会计制度，但州保险管理部门并不想对此加以纠正，原因是希望保险公司保持偿付能力。

（三）年平均估值法

假定一年中所有保险单是逐日开出的，而且每天开出的保单数量和保险金额大体均匀，以 1 年保险期为例：

未到期责任准备金＝保费收入总额×50%

即 1 月 1 日零时开出到第二年 1 月 1 日零时满期的保险单不需要提取准备金，而从 1 月 2 日零时开出到第二年 1 月 2 日零时满期的保险单应提取一天准备金，1 月 3 日零时开出的保险单提取两天准备金，其余类推。12 月 31 日零时开出到第二年 12 月 31 日零时满期的保险单提取 364 天准备金。因此，提取未到期责任准备金的天数为：

$$\frac{1+364}{2}=182.5(\text{天})$$

即 1 年的一半天数，可用 50%表示。

2004 年 12 月 15 日，中国保监会颁布了《保险公司非寿险业务准备金管理办法（试行）》。该办法规定，未到期责任准备金应当采用$\frac{1}{24}$法（每月按比例分摊法）或$\frac{1}{365}$法（逐日计算法）计提。对已发生但尚未报告的未决赔款，准备金应当根据险种的风险性质、分布、经验数据等因素采用全连梯法、案均赔款法、B-F 法等合适的方法。

三、投保人盈余

按照美国法定的会计术语，财产和责任保险公司的全部资本和盈余被称为“投保人盈余”。这一术语似乎用词不当，但体现了该会计账户起着保护投保人利益的作用。

在美国保险财务年报上，这个项目由五种盈余基金组成：

一是特别盈余基金（special surplus fund）。由于保险公司的赔付率波动很大，特别盈余基金起着“非常损失准备金”作用。

二是已缴资本（capital paid-up）。已缴资本是指已发行的普通股的面值或无面值股票的设定价值。

三是股本溢价（超面值的实收资本）和缴入公积金总额（cross paid-in and contributed surplus）。股本溢价和缴入公积金总额是股票销售价超过股票面值和股东缴款形成的基金。

四是未分配基金（unassigned fund）。未分配基金代表利润留存净额，又称“未指定用途的盈余”，也可以用作额外的赔款准备金。

五是库存股票（treasury stock）。

由此可见，投保人盈余除了作为扩大经营规模的资金来源外，也起着附加准备金作用。这些盈余并非闲置资金，与准备金一样，它可用于各种投资，以投资收入增加盈余额。

四、我国财产保险准备金管理的现状

中国保监会已于 2004 年 12 月发布了《保险公司非寿险业务准备金管理办法（试行）》，并于

2005 年 2 月 2 日颁发了《实施细则(试行)》,其主要规定如下：

(一)准备金种类

保险公司非寿险业务准备金包括未到期责任准备金、未决赔款准备金和中国保监会规定的其他责任准备金。

1. 未到期责任准备金

未到期责任准备金,是指在准备金评估日为尚未终止的保险责任而提取的准备金,包括保险公司为保险期间在 1 年以内(含 1 年)的保险合同项下尚未到期的保险责任而提取的准备金,以及为保险期间在 1 年以上(不含 1 年)的保险合同项下尚未到期的保险责任而提取的长期责任准备金。

2. 未决赔款准备金

未决赔款准备金,是指保险公司为尚未结案的赔案而提取的准备金,包括已发生已报案未决赔款准备金、已发生未报案未决赔款准备金和理赔费用准备金。

3. 已发生已报案未决赔款准备金

已发生已报案未决赔款准备金,是指为保险事故已经发生并已向保险公司提出索赔、保险公司尚未结案的赔案而提取的准备金。

4. 已发生未报案未决赔款准备金

已发生未报案未决赔款准备金,是指为保险事故已经发生但被保险人尚未向保险公司提出索赔的赔案而提取的准备金。

5. 理赔费用准备金

理赔费用准备金,是指为尚未结案的赔案可能发生的费用而提取的准备金。其中,为直接发生于具体赔案的专家费、律师费、损失检验费等而提取的为直接理赔费用准备金,为非直接发生于具体赔案的费用而提取的为间接理赔费用准备金。

(二)准备金提取方法

其一,未到期责任准备金的提取,应当采用下列方法之一:(1)$\frac{1}{24}$法(以月为基础计提);(2)$\frac{1}{365}$法(以天为基础计提);(3)对于某些特殊险种,根据其风险分布状况可以采用其他更为谨慎、合理的方法。

未到期责任准备金的提取方法一经确定,不得随意更改。保险公司在提取未到期责任准备金时,应当对其充足性进行测试。当未到期责任准备金不足时,要提取保费不足准备金。

其二,对已发生已报案未决赔款准备金,应当采用逐案估计法、案均赔款法以及中国保监会认可的其他方法谨慎提取。

其三,对已发生未报案未决赔款准备金,应当根据险种的风险性质、分布、经验数据等因素采用至少下列两种方法进行谨慎评估提取:(1)链梯法;(2)案均赔款法;(3)准备金进展法;(4)B-F 法等其他合适的方法。

其四,对直接理赔费用准备金,应当采取逐案预估法提取;对间接理赔费用准备金,采用比较合理的比率分摊法提取。

其五,对含投资或储蓄成分的保险产品,其风险保障部分按照上述方法提取未到期责任准备金和未决赔款准备金。

其六,保险公司提取的各项准备金不得贴现。

(三)准备金的报告

保险公司应当定期向中国保监会报送由保险精算负责任人签署的准备金评估报告。

报告应当包括以下内容:(1)报告的目的;(2)声明报告所采用的方法是否符合保险监管部门的规定;(3)对准备金提取的精算评估意见;(4)对准备金评估的详细说明;(5)对报告中特定术语及容

易引起歧义概念的明确解释。

保险公司应当按照业务险种或类别提取准备金，并分别按再保前、再保后报告准备金提取结果。

复习思考题

1. 试解释下列名词：禁止不公平待遇、意外损失准备金、损失风险单位、净费率、附加费率、趋势系数、经验期、保险单年度、置信系数、纯风险损失率表、保额调整系数、个体风险调整系数、未决赔款准备金、已经发生但尚未报告的未决赔款准备金、损失进展三角形法、未到期责任准备金、理赔费用准备金。

2. 简述判断法、分类法和增减法的主要特点，并举例说明这些方法分别适用于哪些险种的费率厘定。

3. 使用表定法厘定火灾保险费率要考虑哪些因素？请给出具体解释。

4. 经验法和追溯法的主要区别是什么？为什么这两种费率厘定方法都能促进保户重视防损工作？

5. 对照我国财产保险和机动车辆保险，美国火灾保险和汽车保险的费率厘定有哪些可供借鉴的经验？

6. 计算下列各题：

(1)假定100万辆汽车在一年内已发生的损失和理赔费用为3 000万元，费用率为20%，计算毛费率。

(2)假设某险种一个五年期的损失率数据分别是：0.31，0.29，0.33，0.28，0.34，使用均方差公式确定一个稳定系数。再假设附加费率是20%，计算根据损失率平均值确定的毛费率。

(3)若使用每月按比例分摊法，列出每个月开出的一年期保险单在年末已赚得保费的比例和应提取未到期责任准备金的比例。

7. 简释商业楼宇纯风险损失率表的整体框架。

8. 概述商业楼宇财产保险的定价系统。

9.《保险公司非寿险业务准备金管理办法(试行)》对未到期责任准备金和未决赔款准备金的提取方法做了怎样的规定？

第二十一章 人寿保险的费率和准备金

第一节 复利和现值

人寿保险费率厘定的基本原则是，收取的净保费加上利息等于保险人今后应给付的保险金或年金。人寿保险的保费是由净保费和附加费用两部分组成，计算净保费要考虑死亡率和投资的利息收入，生命表和现值表是基本工具。本章首先介绍与现值表有关的利息概念。

一、货币时间价值

如果你向银行借款，你在以后必须偿付本金和利息。因此，今天手中的100元要比一年后得到的100元具有更大价值，这100元能用来投资取得利息收入。经济生活中的利息存在使货币具有时间价值。

二、复利

人们一般熟悉单利(simple interest)，即设借款额100元，年利率6%，则一年后本金和利息合计的偿付额应为：

$P(1+i)=100\times1.06=106$(元)

假如一笔一年期的200元借款，月利率为1%，利息按月复利(compound interest)计算：

第一个月　　1.01×200

第二个月　　$1.01\times1.01\times200$

第三个月　　$1.01\times1.01\times1.01\times200$

⋮　　　　　　⋮

第十二个月　$(1.01)^{12}\times200=225.36$

在第十二个月末你要偿付本金和利息225.36元。按复利计算本金和利息的公式是：

$$F=P(1+i)^n$$

式中：F表示偿付额(本金加利息)，P表示借款额，i表示每个时期的利息率，n表示时期数。

三、现值

上面讨论的是计算将来的值(复利终值)，适用于储蓄、投资和借款的本利计算，但许多问题需要计算复利终值的现值(present value)，即n年后的本利之和已知，其现值(本金)多少？例如，你打算一年后购买一台价格为600元的收录机，银行存款的年利率假如为5%，你现在需要存多少钱？

使用上面的公式，计算如下：

$$F=P(1+i)^n$$

$$P=\frac{F}{(1+i)^n}=\frac{600}{1.05}=571.43(\text{元})$$

四、年金

年金是指一系列的定期支付或取得相同金额。

［例 21－1］ 你打算连续 3 年在年末向银行存款1 000元，年利率假如为 5%，在第一年末存的1 000元有两年利息收入，在第二年末存的1 000元只有一年利息收入，在第三年末存的1 000元，因刚存就取款，没有利息收入。

$$\begin{aligned}F&=1\,000(1.05)^2+1\,000(1.05)+1\,000\\&=1\,102.50+1\,050+1\,000=3\,152.50(\text{元})\end{aligned}$$

可用公式表示年金和复利终值的关系：

$$\boldsymbol{F=A[(1+i)^{n-1}+(1+i)^{n-2}+\cdots+(1+i)+1]}$$

［例 21－2］ 如果你想现在存入一笔款以满足以后 3 年每年提取 2 000 元的需要，年利息率假如仍是 5%，试问你应存款多少？

为第一年提取 2 000 元现需要存款：

$$P_1=2\,000\times\frac{1}{1.05}=2\,000\times0.952\,4=1\,904.80(\text{元})$$

为第二年提取 2 000 元现需要存款：

$$P_2=2\,000\times\frac{1}{(1.05)^2}=2\,000\times0.907\,0=1\,814(\text{元})$$

为第三年提取 2 000 元现需要存款：

$$P_3=2\,000\times\frac{1}{(1.05)^3}=2\,000\times0.863\,8=1\,727.60(\text{元})$$

$$P=1\,904.80+1\,814+1\,727.60=5\,446.40(\text{元})$$

可用公式表示年金和现值的关系：

$$\boldsymbol{P=A\left[\frac{1}{1+i}+\frac{1}{(1+i)^2}+\cdots+\frac{1}{(1+i)^n}\right]}$$

人寿保险公司的资金用于投资，而且把收到的投资利息再用于投资，因此人寿保险的资金应以复利计算。典型的人寿保险的给付金额确定，要通过计算保险金的现值来确定净保费，或者说，要从保险金中扣除利息后计算得出应缴的净保费。为了计算方便，把 1 元的今后各年按不同利率计算的现值编列成表，该表称为现值表。

第二节 生命表

除了利息外，人寿保险的净保费计算还必须考虑死亡概率。前面所讲的年金属于一种确定年金，即必须要支付的年金，而年金保险中的生存年金是依生存为给付条件，人寿保险的死亡保险是依死亡为给付条件。生命表或死亡表(mortality table)是根据对死亡人数的观察资料编制而成的，人寿保险公司使用的生命表则是根据被保险人的死亡统计资料编制。我国目前使用的生命表是《中国人寿保险业经验生命表(2000～2003)》。第三版生命表的修订于 2014 年 3 月开启。2016 年 4 月 22 日，中国精算师协会在京召开了中国人身保险业第三套经验生命表行业暨国际评审会。第三套生命表区分不同死亡风险的人群，编制保障类、储蓄类和养老类三类生命表。自项目启动以来历时两年,先后完成数据收集、数据校验和清洗,生命表编制和审议修订等工作。同年 7 月 27 日,第三套经验生命表审定会在北京召开,一致通过了第三套生命表的编制结果。这里以美国 1958 年保险监督官标准普通生命表为例说明其原理。该表是根据对美国 1950～1954 年间人寿保险被保险人死亡统计资料的研究编制而成的,曾为美国许多人寿保险公司所使用(如表 21－1 所示)。

表 21－1　　1958 年保险监督官标准普通生命表

年龄	年初生存人数(L_x)	年内死亡人数(D_x)	年龄	年初生存人数(L_x)	年内死亡人数(D_x)
0	10 000 000	70 800	50	8 762 306	72 902
1	9 929 200	17 475	51	8 689 404	79 160
2	9 911 725	15 066	52	8 610 244	85 758
3	9 896 659	14 449	53	8 524 486	92 832
4	9 882 210	13 835	54	8 431 654	100 337
5	9 868 375	13 322	55	8 331 317	108 307
6	9 855 053	12 812	56	8 223 010	116 849
7	9 842 241	12 401	57	8 106 161	125 970
8	9 829 840	12 091	58	7 980 191	135 663
9	9 817 749	11 879	59	7 844 528	145 830
10	9 805 870	11 865	60	7 698 698	156 592
11	9 794 005	12 047	61	7 542 106	167 736
12	9 781 958	12 325	62	7 374 370	179 271
13	9 769 633	12 896	63	7 193 099	191 174
14	9 756 737	13 562	64	7 003 925	203 394
15	9 743 175	14 225	65	6 800 531	215 917
16	9 728 950	14 983	66	6 584 614	228 749
17	9 713 967	15 737	67	6 355 865	241 777
18	9 698 230	16 390	68	6 114 088	254 835
19	9 681 840	16 846	69	5 859 253	267 241
20	9 664 994	17 300	70	5 592 012	278 426
21	9 647 694	17 655	71	5 313 586	287 731
22	9 630 039	17 912	72	5 025 855	294 766
23	9 612 127	18 167	73	4 731 089	299 289
24	9 593 960	18 324	74	4 431 800	301 894
25	9 575 636	18 481	75	4 129 906	303 011
26	9 557 155	18 732	76	3 826 895	303 014
27	9 538 423	18 981	77	3 523 881	301 997
28	9 519 442	19 324	78	3 221 884	299 829
29	9 500 118	19 760	79	2 922 055	295 683
30	9 480 358	20 193	80	2 626 372	288 848
31	9 460 165	20 718	81	2 337 524	278 983
32	9 439 447	21 239	82	2 058 541	265 902
33	9 418 208	21 850	83	1 792 639	249 858
34	9 396 358	22 551	84	1 542 781	231 433

续表

年龄	年初生存人数 (L_x)	年内死亡人数 (D_x)	年龄	年初生存人数 (L_x)	年内死亡人数 (D_x)
35	9 373 807	23 528	85	1 311 348	211 311
36	9 350 279	24 685	86	1 100 037	190 108
37	9 325 594	26 112	87	909 929	168 455
38	9 299 482	27 991	88	741 474	146 997
39	9 271 491	30 132	89	594 477	126 303
40	9 241 359	32 622	90	468 174	106 809
41	9 208 737	35 362	91	361 365	88 813
42	9 173 375	38 253	92	272 552	72 480
43	9 135 122	41 382	93	200 072	57 881
44	9 093 740	44 741	94	142 191	45 026
45	9 048 999	48 412	95	97 165	34 128
46	9 000 587	52 473	96	63 037	25 250
47	8 948 114	56 910	97	37 787	18 456
48	8 891 204	61 794	98	19 331	12 916
49	8 829 410	67 104	99	6 415	6 415

表 21—1 中只显示男性的死亡概率，15 岁以上的女性死亡概率比男性推前 3 岁，即女性 22 岁的死亡率与男性 19 岁相同，0～14岁女性死亡率则在完整的表中列明。该表并不精确反映预计的被保险人死亡人数，为了使准备金留足，死亡率比预计的提高 20%。

表 21—1 从 1 000 万人在 0 岁生存开始，L_x 栏表示年龄 x 的生存人数，D_x 栏表示在达到 $x+1$ 年龄之前死亡人数。0 岁的 1 000 万人预计有 70 800 人在达到 1 岁前死亡，$D_x=L_x-L_{x+1}$。年龄 X 的人在一年内死亡的概率可以 Q_x 表示，$Q_x=\frac{D_x}{L_x}$，每千人的死亡率是 1 000Q_x。生命表的终端年龄 ω 是 99 岁，假设 $\omega+1$，即 100 岁的生存人数为零，$L_{100}=0$。

[**例 21—3**]　试求一个 20 岁男性生存到 50 岁的概率，1 000 个 20 岁男性生存到 50 岁的人数。

$$\frac{L_{50}}{L_{20}}=\frac{8\ 762\ 306}{9\ 664\ 994}=0.906\ 6$$

1 000×0.906 6=907(人)

[**例 21—4**]　试求一个 20 岁男性在达到 50 岁之前的死亡概率，1 000个 20 岁男性在达到 50 岁之前的死亡人数。

$$\frac{L_{20}-L_{50}}{L_{20}}=\frac{9\ 664\ 994-8\ 762\ 306}{9\ 664\ 994}=0.093\ 4$$

1 000×0.093 4=93(人)

注意：我们求出了一个男性生存到 50 岁的概率，也能直接得出其死亡概率，1−0.906 6=0.093 4，即生存率+死亡率=1。

以 P_x 表示生存率，以 Q_x 表示死亡率，可得：

$$P_x=\frac{L_{x+1}}{L_x},\quad Q_x=\frac{D_x}{L_x}$$

$$P_x+Q_x=\frac{L_{x+1}}{L_x}+\frac{D_x}{L_x}=\frac{L_x}{L_x}=1$$

第三节 一次缴清净保费计算

人寿保险单能以一次缴清保费方式购买,也能按年、半年、季、月分期缴付保险费方式购买。虽然寿险单较少是以一次缴清保费方式购买,但这种方式奠定了所有人寿保险保费计算的基础。

一次缴清净保费或趸缴保费被定义为将来死亡给付金的现值,它与复利的总和将足以给付所有死亡保险金。在计算一次缴清净保费时,只考虑死亡率和投资收入。当计算毛保费时,再考虑保险公司的附加费用。

一次缴清净保费计算基于三种基本假设:(1)保险费在保险期年初缴付;(2)在保险期年末给付死亡保险金;(3)在该年内死亡率一致。人寿保险公司在计算保险费时一般假定了一个利息率,这里我们假定年利率为2.5%。2013年8月2日,保监会发布了普通型人身保险费率政策改革方案,不再执行2.5%预定利率上限限制,交由保险公司按照审慎原则自行决定,同时将3.5%作为基准评估利率,产品定价利率若超过3.5%的则需要保监会审批。2015年2月又放开了万能型人身保险的最低保证利率;同年10月1日起,保险公司有权自行决定分红保险的预定利率,至此人身保险费率市场化改革整体完成。2016年9月,保监会有关事项通知中又将万能保险责任准备金评估利率下调至3%。

定期保险的一次缴清净保费比较容易计算,保险期只是一个特定的时期或到一个载明的年龄,如果被保险人在这特定时期内死亡,保险人给付保险单面额,如果被保险人在保险期内仍生存,则保险人不必做任何给付。

首先让我们使用每年可更新定期保险(yearly renewable term insurance)加以说明。假定一份1 000美元的每年可更新定期保险单出立给一个年龄35岁的人,每年的净保险费计算公式如下:

每年净保险费=死亡概率×保险金额×1美元的现值

通过查阅表21—1的生命表,可以得知一个年龄35岁的人在该年的死亡概率是$\frac{23\ 528}{9\ 373\ 807}$,把这个数乘上1 000美元即可得出保险人为了在年末给付死亡保险金必须从每个投保人取得的金额。然而,既然保险费是预付的,死亡保险金在年末给付,所需的金额能以一年的利率贴现。从表21—2可找到2.5%利率的1美元的现值是0.975 610。因此,年龄35岁的一次缴清净保费是2.45美元$\left(\frac{23\ 528}{9\ 373\ 807}\times 1\ 000\times 0.975\ 610\right)$。

表21—2　　以各种复利计算的1美元现值表(摘录)

年　末	2%	$2\frac{1}{2}$%	3%
1	0.980 392	0.975 610	0.970 874
2	0.961 169	0.951 814	0.942 596
3	0.942 322	0.928 599	0.915 142
4	0.923 845	0.905 951	0.888 487
5	0.905 731	0.883 854	0.862 609
6	0.887 971	0.862 297	0.837 484
7	0.870 560	0.841 265	0.813 092
8	0.853 490	0.820 747	0.789 409
9	0.836 755	0.800 728	0.766 417
10	0.820 348	0.781 198	0.744 094
11	0.804 263	0.762 145	0.722 421

续表

年　末	2%	$2\frac{1}{2}\%$	3%
12	0.788 493	0.743 556	0.701 380
13	0.773 033	0.725 420	0.680 951
14	0.757 875	0.707 727	0.661 118
15	0.743 015	0.690 466	0.641 862
16	0.728 446	0.673 625	0.623 167
17	0.714 163	0.657 195	0.605 016
18	0.700 159	0.641 166	0.587 395
19	0.686 431	0.625 528	0.570 286
20	0.672 971	0.610 271	0.553 676

假如 9 373 807 人都预付 2.45 美元保险费，这些金额与利息的合计数将足以给付所有死亡保险金。

如果保险单在下一年更新，年龄 36 岁的人一次缴清净保费的计算如下：

$$\frac{24\ 685}{9\ 350\ 279}\times 1\ 000\times 0.975\ 610=2.58(\text{美元})$$

以后各年的保险费以同样方式计算。

这里再考虑一个向年龄 35 岁的人出立保险金额1 000美元的 5 年定期保险单例子。在这个例子中，如果被保险人在 5 年期内任何时候死亡，保险公司必须给付死亡保险金。但是，死亡保险金在死亡发生的年末支付，而不是在 5 年期末。因此，每年的保险费用必须分别计算，然后，再合计得出一次缴清净保费。

第一年保险费用的计算与上面的例子完全一样。下一步是计算第二年的保险费用，年龄 36 岁的死亡概率是$\frac{24\ 685}{9\ 373\ 807}$。要注意每年的死亡概率的分母不变。既然给付第二年死亡保险金所需的金额有两年不需要动用，它能以 2.5%的利率贴现两年。从表 21－2 得知，两年末 1 美元的现值是 0.951 814。因此，第二年的保险费用是：

$$\frac{24\ 685}{9\ 373\ 807}\times 1\ 000\times 0.951\ 814=2.51(\text{美元})$$

其余 3 年的保险费用按相同程序计算（如表 21－3 所示）。

表 21－3　　　　一次缴清净保费计算

年龄	死亡概率	保险金额（美元）	以 2.5%利率计算的 1 美元的现值（美元）	保险费用（美元）
(1)	(2)	(3)	(4)	(2)×(3)×(4)
35	$\frac{23\ 528}{9\ 373\ 807}$	1 000	0.975 610	2.45（第 1 年）
36	$\frac{24\ 685}{9\ 373\ 807}$	1 000	0.951 814	2.51（第 2 年）
37	$\frac{26\ 112}{9\ 373\ 807}$	1 000	0.928 599	2.59（第 3 年）
38	$\frac{27\ 991}{9\ 373\ 807}$	1 000	0.905 951	2.70（第 4 年）

续表

年龄	死亡概率	保险金额(美元)	以2.5%利率计算的1美元的现值(美元)	保险费用(美元)
(1)	(2)	(3)	(4)	(2)×(3)×(4)
39	$\frac{30\ 132}{9\ 373\ 807}$	1 000	0.883 854	2.84(第5年)
				13.09

如果保险人向9 373 807人各收取13.09美元一次缴清净保费,这些金额与利息的合计数将足以给付5年期内所有死亡保险金。

在计算终身人寿保险单的一次缴清净保费时,我们使用与上述五年定期保险单相同的方法,但计算过程要持续到生命表的结束年龄99岁。在这个例子中,向35岁的人出立的一份1 000美元终身人寿保险单一次缴清净保费是420.13美元。

第四节 净均衡保费计算

大多数人寿保险单并不是以一次缴清保费方式购买,因为这需要一大笔现金。分期付款是一种更为方便的保险费缴付方式。假如保险费按年缴付,必须把一次缴清净保费转换为每年净均衡保费。每年净均衡保费不能简单地把一次缴清净保费除以保费缴付的年数得出,这样会使保费不足。其原因有二:第一,一次缴清净保费是基于全部保费在保险期初缴付的假设,倘若分期缴付保险费,有些被保险人会较早身故,保险公司会丧失这些被保险人将来缴付的保费;第二,分期缴付保险费减少了利息收入。因此,对保险费和利息的减少必须做数学调整。

$$\text{每年净均衡保费}=\frac{\text{一次缴清净保费}}{\text{保费缴付期 1 美元期首给付年金的现值}}$$

这里需要对期首给付年金(life annuity due)做一些解释,每年保险费缴付类似于生存年金(life annuity),除了被保险人缴付这一点不同外,生存年金给付和保险费缴付两者在一个特定的人终身期或一个规定期给付或缴付方面是相似的,两者在死亡时都停止给付或缴付,除非年金具有偿还特征,而且两者都使用复利。两者的主要区别是:保险费是立即到期缴付的,而第一次年金给付是与购买年金日期相隔一个给付期。因此,按年缴付保险费等于一个常规生存年金加上一个立即给付。为了区别保险费缴付与年金给付,我们称这个保险费缴付系列为期首给付年金。

这里首先考虑一个5年定期保险单的每年净均衡保费例子,对一个年龄35岁的人出立1 000美元保险金额的这种保单。从上例中已知一个35岁的人5年定期保险单的一次缴清净保费是13.09美元,现在要计算1美元5年定期期首给付年金的现值。就第一年而言,1美元保费是立即缴付的。对第二年,我们必须确定35岁的人将在36岁仍生存的概率,这些人将会第二次缴付1美元。查阅表21-1得出的这个生存概率是$\frac{9\ 350\ 279}{9\ 373\ 807}$,用这个分数乘以1美元,其乘积再使用一年利率贴现,得出第二次缴付1美元的现值,其余3年的计算程序相同。

35岁: 1(美元)

36岁: $\frac{9\ 350\ 279}{9\ 373\ 807}\times1\times0.975\ 610=0.973\ 161$(美元)

37岁: $\frac{9\ 325\ 594}{9\ 373\ 807}\times1\times0.951\ 814=0.946\ 918$(美元)

38 岁：$\frac{9\ 299\ 482}{9\ 373\ 807}\times 1\times 0.928\ 599=0.921\ 236$(美元)

39 岁：$\frac{9\ 271\ 491}{9\ 373\ 807}\times 1\times 0.905\ 951=\underline{0.896\ 062}$(美元)

1 美元保险费缴付系列的现值＝4.737 370(美元)

即 1 美元 5 年定期期首给付年金的现值是 4.74 美元。因此：

每年净均衡保费$=\frac{13.09}{4.74}=2.76$(美元)

对 35 岁的人出立 1 000 美元终身人寿保险单的每年净均衡保费是以类似方式计算，但计算要持续到生命表的结束年龄。因此，我们必须先计算从 35 岁到 99 岁 1 美元终身期首给付年金的现值，该值是 23.77 美元，一次缴清净保费是 420.13 美元，每年净均衡保费则为 17.67 美元。

计算毛保费要把附加费用加到净均衡保费中去。附加费用必须包括营业费用、意外损失准备金，以及股份人寿保险公司的利润。如果保单是分红保单，附加费用还要包括红利保证金。

第五节　人寿保险准备金

人寿保险的保单准备金是人寿保险公司的主要负债项目。

一、准备金的性质

一年定期保险的净保费正好足以给付年末的死亡保险金，这一保费有时称为自然保费。随着年龄增大，除 10 岁以下的儿童外，死亡概率逐渐上升，因此一年定期保险的保险费也应该逐步提高。采用均衡保费可以避免保费上升趋势，图 21－1 把不同年龄的一年定期保险的保费与终身寿险的均衡保费做比较：均衡保费起初高于定期保险保费，后来变为低于定期保险保费。

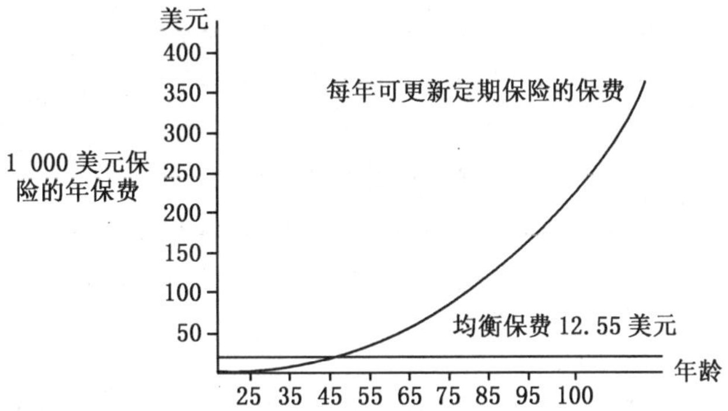

图 21－1　每年可更新定期保险的保费与均衡保费的比较

按照人寿保险的均衡保费计划，在合同早期缴付的保险费高于死亡保险金，而在后期缴付的保险费不足以给付死亡保险金，这早期超额或多余的保险费必须保持用于将来给付，于是就产生了准备金。保险公司保持的准备金加上将来的保险费和利息收入将足以给付将来的所有死亡保险金。

二、准备金的定义

准备金可以定义为将来给付保险金的现值与将来净保费收入的现值之间的差额。一次缴清净保费等于将来给付保险金的现值。一次缴清净保费能被转换为一系列每年分期缴付，然而一旦做出第一次分期缴付，情况就发生变化，将来给付保险金的现值与将来净保费收入的现值不再相等。

因死亡日期日益逼近,将来给付保险金的现值将随着时间推移而增加,而将来净保费收入的现值则会减少,这两者之间的差额是准备金。这能用图 21—2 加以说明,图 21—2 显示了在年龄 35 岁开出的一份终身人寿保险单的准备金变化情况。在保险期开始时,一次缴清净保费等于将来给付保险金的现值和将来净保费收入的现值。将来给付保险金的现值随着时间推移而增加,而将来净保费收入的现值随着时间推移而减少,准备金是两者之间的差额。在年龄 100 岁时,准备金等于保单面额。倘若被保险人活到那时,就向他给付这笔保险金。

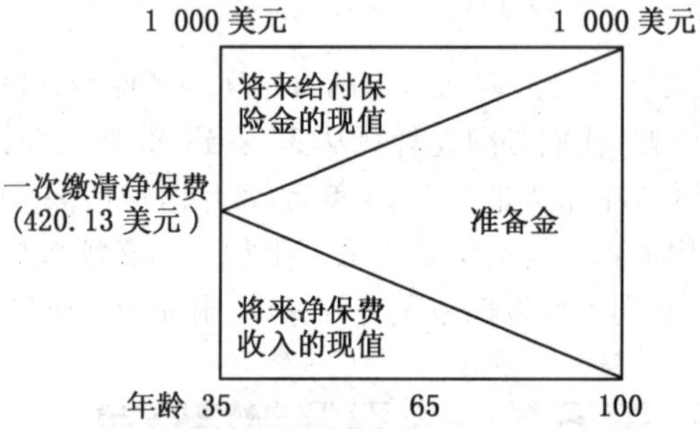

图 21—2　预期的准备金——终身寿险

三、准备金的种类

准备金既能以追溯法探究,也能以预期法探究。如果参考以往的经验数据计算准备金,该准备金则称为追溯的准备金(retrospective reserves)。追溯的准备金的计算公式是:

年末准备金=净保费总收入+利息收入-死亡保险金给付

[例 21—5]　对 20 岁男性出立 10 年期的两全保险单,保险金额为1 000美元,年净保费为 87.98 美元,年利率为 2.5%,并假设发出这种保单9 664 994份。先计算第一年年末准备金:

年净保费总收入=9 664 994×87.98=850 326 172.12(美元)

计入利息后的基金=850 326 172.12×1.025=871 584 326.42(美元)

由生命表得知 D_{20}=17 300,则:

死亡保险金给付=17 300×1 000=17 300 000(美元)

年末准备金=871 584 326.42-17 300 000=854 284 326.42(美元)

第一年末的生存人数等于第二年初的生存人数,L_{21}=9 647 694,因此每个生存者的准备金是:

$$\frac{854\ 284\ 326.42}{9\ 647\ 694}=88.55(\text{美元})$$

第二年初的准备金等于第一年末的准备金和第二年净保费总收入的合计数,加上它的利息收入,再减去第二年的死亡保险金给付,便得出第二年末的准备金,其余类推。

预期的准备金(prospective reserves)是将来给付保险金的现值与将来净保费收入的现值的差额,如果使用相同的精算假设,这两种方法得出相同的年末准备金数额。①

准备金也能根据估值的时间来分类。期末准备金或年末准备金被用来确定退保金,以及为确定红利起见判定风险净额(net amount at risk,指保单面额与其准备金的差额)。期初准备金是一个保单年度开始时的准备金,它等于上年期末准备金加上本年净平准保费,保险公司可使用期初准备金来确定红利。最后,平均准备金是期末准备金和期初准备金的平均数,它在财务年报上用来表

① 使用预期法计算准备金相当复杂,要按公式以换算表数值代入。换算表是把有规律的数值预先算好,编列成表,以便计算人寿保险费率和准备金。

示公司的准备金负债。

以上只是用简单的例子说明如何应用生命表和现值表计算寿险费率和准备金，着重阐明其一般原理和概念，至于具体厘定各种寿险和年金保险的费率远比这里所讲的复杂，属于寿险数学和精算课程范围。

复习思考题

1. 试解释下列名词：货币时间价值、年金、现值表、生命表、一次缴清净保费、每年净均衡保费、期首给付年金。

2. 试用死亡率和利息概念解释人寿保险费率厘定的基本原则。

3. 简述人寿保险准备金的产生和定义。

4. 计算下列各题：

(1)一个人向银行借款 400 000 元购买住宅，计划在 25 年后一次偿付全部本金和利息，利息按月复利计算，年利率为 15%，则他共支付多少利息(使用按复利计算本金和利息的公式)？

(2)如果一个人在退休前存入银行一笔款，以满足以后五年每年提取1 000元退休生活费的需要，年利率为 3%，则他要存款多少(借助现值表计算)？

(3)试求一个 20 岁的女性在达到 50 岁之前的死亡概率和生存到 50 岁的概率。

(4)试求一个 25 岁男性在 60 岁与 70 岁之间的死亡概率，1 000个 25 岁男性在这段时期预计的死亡人数。

(5)计算向 25 岁男性出立保险金额1 000元的一年定期保险单的一次缴清净保费，年利率为 2.5%。再计算向 25 岁男性出立保险金额1 000元的五年定期保险单的一次缴清净保费。最后，根据上面得出的一次缴清净保费计算每年净均衡保费。

(6)根据本章第五节使用追溯法计算年末准备金的例子，继续计算第二年末的准备金和每个生存者的准备金。

第二十二章 保险经营

第一节 保险营销

保险公司的业务经营活动可分为保险营销(insurance marketing)、承保、理赔、防损和投资等几个主要环节,而其中保险营销的最终目的是为保险公司组织、争取和获得保险业务。因此,保险营销是保险经营活动中最基本的工作,是保险公司所有经营活动的先导。一般而言,保险营销职能部门是负责制定一套策略和计划,以获得和留住客户。但广义的保险营销包括保险市场需求的调查、保险市场细分、目标市场选择、保险产品的开发和设计、保险营销策略和计划、保险推销策略、销售渠道及售后服务等。保险营销活动并不是一个职能部门所能完成的,它需要各个职能部门相互配合。就产品设计和售后服务而言,保险营销职能部门只能起到配合相关职能部门的作用。狭义的保险营销即保险销售,它仅仅是广义保险营销过程的一个阶段。本节仅阐述狭义的保险营销活动。

一、保险宣传

保险宣传或推广是保险销售的开路先锋。我国保险业务之所以能在较短时间内得到迅速恢复和发展,就是因为大力开展了多种形式的保险宣传。保险公司一般设有一个营销部,既搞宣传,又搞销售,有的公司则单独设立一个宣传部。开展宣传工作是销售的重要环节,只有让更多的人了解和认识保险,才能吸引更多的企业、家庭和个人投保,从而扩大保险的影响,提高保险的社会地位。

(一)保险宣传的方式

保险宣传的方式有多种多样,诸如广告宣传,召开各种座谈会,放映保险故事影片,举办文艺演出,电台、报刊和网上播放或登载保险知识系列讲座,印发宣传材料和宣传品,保险销售人员宣传,设立咨询站等。在我国保险宣传工作中,要借助经济界、理论界、新闻界的力量,使保险宣传工作社会化。

(二)心理学在保险宣传中的应用

保险宣传要在心理学的一般原理指导下,去探究保险需求心理的要素。美国心理学家马斯洛曾把人们的需要划分为五个层次:生理的需要、安全的需要、爱和归属的需要、尊敬的需要和自我实现的需要。参加保险就是属于"安全的需要"。俗话说:"天有不测风云,人有旦夕祸福。"参加保险可以化险为夷。然而,人们存在的依赖心理和侥幸心理会抑制保险需求。保险的侥幸心理一般与收入水平和财产价值成反比。收入水平低、财产价值小,侥幸心理就大;反之,侥幸心理就小。在保险宣传中,要把握人们的心理,区别不同对象,采用不同方法,使宣传具有针对性和实用性。例如,在开展农村保险中,除了要消除侥幸心理外,还要破除部分农民相信菩萨、回避谈论死亡和灾害的迷信心理。

在保险宣传中，还要防止出现逆反心理。依靠党政领导宣传保险作用是必要的，但如果借助行政手段把自愿保险变成强制保险，就会在人们中间引起逆反心理。在宣传中说“保险公司救了我们企业”之类的过头话也会产生逆反心理。不仅要宣传保险的作用，也要宣传怎样索赔和理赔。保险宣传要讲究趣味性、实用性和知识性，案例宣传最能激发人们的保险需求心理。

(三)公共关系学在保险宣传中的应用

公共关系学是一门新兴学科，主要研究社会组织与公众的沟通，把公共关系作为一项管理职能，及时准确地掌握各类公众的信息，向组织提供咨询，并把组织已形成的决策及有关信息传达给公众，以谋求公众的理解和支持，使组织在公众中树立良好形象。近年来，公共关系部作为一个职能部门已出现在宾馆、贸易公司及其他一些单位，有些保险公司也设立了公共关系部。

保险销售人员与公众直接交往，也要掌握公共关系学的原理。首先要注意自我形象设计，无论服饰还是言谈举止，都要给人庄重可信感，还要重视业务素质的提高，做到知己知彼，给人留下知识渊博的印象。在宣传方法上，要循序渐进，从客户的利益出发，鼓励投保，即使对方态度冷淡，也要耐心讲解保险道理，破除对保险的种种疑虑。为了保护消费者权益，销售人员切忌销售误导。2012年保险消费者投诉同比增长200%以上，其中销售误导、退保和理赔纠纷仍是投诉重点。2015年，保监会、保监局接收各类涉及消费者权益的投诉30 204件，同比增长8.25%。保险销售人员宣传是一项艰巨细致的工作，为了争取一家大企业投保，销售人员多次上门，做反复动员也是屡见不鲜的。除了宣传之外，还要注意市场反馈，善于收集公众的信息，向公司提供有关经营决策的建议。

处理好保险公司与公众的关系不只是保险销售人员的任务，它同承保、理赔、防损、投资等经营环节都有密切关系。修订不适时的条款和费率，重视防灾防损工作，从事增加公众福利的投资，提高保险从业人员的职业道德水平，都有利于保险公司在社会公众中树立良好形象，从而也有利于扩大保险宣传的社会影响。

二、保险销售的渠道

保险公司经营成功的一个关键是要有一支强大的销售队伍。保险销售的渠道很多，但可归并为两大渠道：直接销售和通过代理人和经纪人销售。

(一)直接销售

直接销售是指保险公司依靠自己的业务人员去争取业务，这适合于规模大、分支机构健全的保险公司。在我国，中国人民保险(集团)公司和中国人寿保险(集团)公司在全国各地都设立了分支机构，这为直接销售创造了有利条件。我国城市的企业财产保险多半都使用直接销售，各分支机构都设有营业部门，直接承办各种保险业务。在国外，许多保险公司也利用自己的分支机构招揽业务。例如，美国保德信保险公司和许多汽车保险组织也广泛使用直接展业方法。此外，有些保险公司还通过邮件、报刊、电台、电视、电话、互联网推销保险业务，公众可上网或打电话索取投保单，无须同保险公司人员直接接触就能办完投保手续，但这种方法多半适合于个人保险业务。近几年来，专属保险销售公司渐成气候。专属保险销售公司是指把保险公司的销售部门分离出去，单独建立一个专属的销售公司，在财务、人力、信息等方面实行独立管理。

对许多保险公司来说，单靠直接销售是不足以争取到大量保险业务的，在销售费用上也是不合算的。如果保险公司单靠直接销售，就必须配备大量销售人员和增设机构，大量工资和费用支出势必会提高成本，而且销售具有季节性特点，在淡季时，人员会显得过剩。因此，国内外大的保险公司除了使用直接销售外，还广泛地利用保险代理人和保险经纪人销售。

(二)保险代理人销售

国内外大多数保险公司设立一个代理部或营销部，由该部门负责招聘、培训和监督保险代理人。保险代理人和保险人订立代理合同,在规定的职权范围内为保险人招揽业务,并按招揽的业务量取得佣金。我国保险代理可分为专业代理和兼业代理,前者专门从事保险代理业务,后者则是由轮船公司、旅行社、银行、邮政、汽车企业等机构代办保险公司的一些业务。我国保险公司广泛采用兼业代理来开展业务,例如,铁路运输部门代办国内铁路货物运输保险,外贸部门代办出口货物运输保险,汽车企业代办机动车辆保险,银行和邮政机构代理人身保险,给予代理机构或个人一定的报酬。

我国的保险代理机构大多是兼业代理,截至2015年底,兼业代理机构有21万余家,2014年实现保费收入7 008.9亿元,占全国保费总收入34.6%。兼业代理的优点是:代理机构可依靠本身业务来为保险公司推广业务,与投保人联系密切,便于提供防损等有关服务,不需要新设机构,可节约销售费用。其缺点是兼业代理人对保险业务不够熟悉,影响业务的质量。在保险业发达的国家里,广泛使用专业代理,保险代理人是专门职业者,他们对保险的某个领域具有专门知识,一些教育机构为保险代理人提供职业教育计划。近年来,我国的寿险业务,特别是个人寿险业务,已广泛使用专业代理人来推销业务。截至2016年第二季度末,全国个人保险代理人即保险营销员共有564.92万人,2014年实现保费收入7 662.9亿元,占全国保费总收入37.9%。近年来,我国开始建立一些专业保险代理机构,但其财产保险业务普遍大于人身保险业务,而且其实现保费收入远不如个人代理和兼业代理。2014年底,保险专业代理机构有1 764家,实现保费收入967.9亿元,占全国保费总收入4.8%。出现了像泛华企业集团2015年保险销售规模突破100亿元的保险专业代理机构。2015年9月18日,中国保监会印发《关于深化保险中介市场改革的意见》,其中提到要推进独立个人代理人制度。独立代理人可以代理一家或多家保险公司的产品,相当于个体工商户,独立代理人制度将有望解决保险营销员身份不明和双重纳税的问题。

此外,各保险公司在全国共设立保险营销服务部26 789个。按照保监会《保险公司营销服务部管理办法》的规定,营销服务部是"由保险公司或者保险公司分支机构设立的对保险营销人员进行管理,为客户提供保险服务的机构"。

(三)保险经纪人销售

在国外,保险人也广泛使用经纪人销售,这在本书第八章中已做论述,我国《保险法》对保险经纪人制度做了原则性规定,而且在许多省市出现了一些保险经纪公司。保险经纪人是投保人的代理人,对保险市场和风险管理富有经验,能为投保人制订风险管理方案和物色适当的保险人。然而,由于历史原因以及缺乏专家型、客户风险管理顾问人才,保险经纪人在我国依然属于"弱势群体",2014年全国保险经纪机构有445家,实现保费收入为504.5亿元,占全国保费总收入2.5%。

三、保险推销诀窍

保险推销是一门艺术,推销人员不仅要掌握保险知识、熟悉保险市场,而且要懂得推销诀窍。西方国家保险公司非常重视推销人员的培养,推销员要学习推销技术课程。这里概述西方国家保险推销的一些诀窍。

推销最基本的诀窍是产品要适合客户的需要。在保险推销中,发现了客户的需要之后,就应该加紧办理,以免丧失销售机会。在续保时,尤其要注意这一点。当客户对是否需要还不清楚时,推销员要向客户说明所要推销的保险单怎样能够满足他的需要。此外,推销员也要设法为客户提供咨询和风险管理服务,以便树立良好的商誉,这实际上是一种间接的推销方法。

与客户面谈有两种方法:一是先用书信或电话联系,然后进行约会;二是未做约定就去拜访。虽然后一种方法难度较大,最好两人同行,但它是一种磨炼推销本领的方法,也有可能招揽到业务。

推销员在登门拜访之前,必须知道该客户需要某种保险,而且自己的保险单能满足这种需要。当客户表示,这种保险单能满足自己需要时,推销员应予以赞扬,并说明该种保险单怎样能满足他的需要;如果客户不表示自己有这种需要,推销员就要凭自己所掌握的信息,假定客户存在这种需要,这种假定越准确,客户接受的可能性就越大。要是客户对交谈下去感到不耐烦,推销员应该让他提出自己的问题和需要。

在交谈中,推销员有两种提问方式:一是提非针对性的问题,客户可以任意回答,目的是使客户交谈下去;二是提针对性问题,要求客户做出明确回答。提非针对性的问题可以了解客户的需要,并帮助他解决问题。提针对性问题要是客户所感兴趣的问题,这需要从事先调查、交谈和观察中发现线索。例如,可以提一个客户以前遭受灾害事故损失的问题。一般来说,最初的提问应该是非针对性的,使气氛轻松活跃,当客户停止交谈,就应该转向提针对性问题,当气氛再度活跃时,应该再转向提非针对性问题,推销员要有这种转换提问方式的机智。

在交谈中,推销员要善于观察客户的反应。客户的反应有许多种:(1)毫无异议地同意保险单适合自己的需要。这可视作一种协议,实现了推销的目的。(2)表示怀疑。推销员应该提供数字、事实、证明书等证据,证明保险合同会按所介绍的方式履行。如果客户对证据不满意,就应该分析原因,寻找另外的证据。(3)无动于衷。这意味着客户对推销的保险单不感兴趣,推销员应该说明保险单符合客户需要之处。(4)表示拒绝。拒绝不外乎两种原因,一种是因为误解,另一种是因为保险单或提供的服务存在缺陷。如果是误解,就应该立即作解释,予以澄清;如果确定存在缺陷,就应该强调优点明显多于缺点,特别要强调那些客户已承认的优点。(5)态度不明朗。例如,说"我不太清楚,让我再考虑一下",或者说"我与朋友商量一下,请下周再打个电话给我"。遇到这种情况,推销员要再提出一系列问题,以摸清原因和真实意图,如果无法判定,只好作罢。

保险推销的诀窍自然远不止这些,也没有固定的模式,它取决于不同的险种和推销对象。

四、互联网保险

近年来,随着互联网、大数据、云计算、移动终端的兴起和广泛运用,互联网保险方兴未艾。互联网保险彻底改变了传统保险业提供产品和服务的方式。若从技术角度对互联网保险概念进行界定,互联网保险是利用互联网技术和移动通信技术为客户提供保险产品和服务的新型商业模式。互联网将渗透到保险全产业链,改造保险运行的全流程。互联网保险的价值在于普惠,投保人可通过互联网投保和申请理赔,不受时间、空间的限制,相比传统渠道更便捷,价格更低廉,使保险产品信息披露更充分,促进保险更普及。现阶段,我国互联网保险的发展仍集中在产品销售和部分标准化操作网络化上,即将线下产品转移到网上销售,增加销售渠道,另将部分柜面服务或现场服务转化为网络自助服务,实现流程的网络化。

(一)我国互联网保险销售渠道发展的三个阶段

1. 萌芽阶段(1997～2005年)

1997年,我国第一家保险网站——中国保险信息网建立;当年11月,该网站为新华人寿促成了第一份保险电子商务保单。2000年,太保、平安、泰康等保险公司纷纷建立自己的电子商务平台,进行在线销售。但总体上这一时期网络保险信息平台的作用主要体现在信息发布上,不能视为独立的销售渠道。

2. 渠道探索阶段(2005～2012年)

2005年4月1日《中华人民共和国电子签名法》实施,人保财险随之签发了第一份全流程电子保单。之后几年,阿里巴巴等电子商务平台的兴起,为中国互联网保险市场带来新一轮发展热潮,涌现了一批以保险中介和保险信息服务为定位的保险网站。但这一阶段网络保险的保费规模很小。

3. 创新发展阶段(2013年至今)

2013年被称为"互联网保险元年"。这一时期,各保险公司纷纷依托官方网站、门户网站、保险

第二节 保险承保

承保(underwriting)又称核保,是保险经营的重要环节。在保险公司的组织形式出现之前,承保人(underwriter)也就是保险人。承保可简单地定义为对被保险人的选择,由承保人决定接受或拒绝投保。

一、业务选择

承保工作的基本目标是为保险公司安排一个安全和盈利的业务分布和组合。为此,承保人必须避免逆选择。承保人应该选择那些损失将不会超过在费率构成中假设的损失数据的被保险人。然而,在同一承保类别中每个保险标的的风险情况并非一模一样,有些会高于平均损失,有些则会低于平均损失,承保人必须选择一组能够适当平衡的被保险人,即低于平均损失的被保险人能够抵消高于平均损失的被保险人,以便保险费收入足以支付所有赔款和费用。

业务选择可分为对"人"的选择和对"物"的选择。人寿保险的被保险人本身就是保险对象,人和标的的选择是一致的,人寿保险的业务选择就是对被保险人的选择,承保人绝不会选择患有不治之症的被保险人。财产保险的直接对象是物,但拥有或控制财产的被保险人会影响到标的的风险大小,因而除了对"物"的选择之外,还存在着对"人"的选择问题,例如,要考虑被保险人的经济能力、安全管理和道德危险因素。

二、承保的步骤

(一)制定承保方针

保险公司一般设有专职的承保部门,由它制订与公司目标相一致的承保方针和编制承保手册,承保手册具体规定承保的险种、进行营销的地区、所使用的保险单和费率厘定计划,以及可以接受的、难以确定的和拒保的业务,还包括保险金额、需要得到上一级承保人批准的业务等。承保手册起到了向保险推销人员和代理人传达公司承保方针的作用。保险代理人在不同程度上负有承保责任,他们是最初的承保人。

(二)取得和评价承保信息

承保人在决定是否接受投保时要对投保人做出评价。评价需要得到有关的信息,信息的种类随险种而定。例如,在火灾保险中,承保人必须同时考虑财产的客体特征和投保人的个人特征。客体特征包括建筑结构、占用性质、防护质量、险位。危险单位(险位)是一次保险事故可能造成的最大损失范围。危险单位划分是评估可能最大损失的基础。以此为据,保险公司可以确定自身在特定项目上自留风险比例,并安排好所需的各项再保险。2006 年中国保监会下发了财产保险危险单位划分方法指引的通知。投保人的个人特征中的道德危险因素和因投保而放松防损工作的心理危险因素特别值得警惕。承保人可从投保单、代理人的报告、实地检查报告等取得信息。在人寿保险中,体格检查是承保人的重要信息来源。

(三)做出承保决策

在承保人对有关信息进行评估后,要做出承保决策。

第一,接受投保,出立保险单。

第二,有条件地接受投保。例如,要求投保人安装警报器等安全设施。又如,如果投保人低于承保标准,则减少保险金额,或者使用较高的免赔额或较高的费率。只有投保人接受这些限制性条件,保险公司才会出立保险单。

第三,拒绝承保。如果投保人明显低于承保标准,就对投保申请予以拒绝。

在承保过程中，承保人还要确定适当的保险范围、保险金额、保险条件和费率。承保人还要进行监督，对于被保险人违反合同基本条件，承保人可终止合同或不予以续保。此外，还要使用再保险来分散风险。

作为参谋职能，承保部门除了制订承保方针和编制承保手册之外，还要分析损失和保险费的经验数据，修订费率计划，研究保险责任范围和保单格式，设计新的保险品种，负责承保人的教育和培训。

美国保险业为了加强对承保人和保险代理人的职业教育，由美国学院、美国财产和责任保险学会分别制订特许的寿险承保人和特许的财产和意外保险承保人教育计划，通过规定课程考试的从业人员可分别取得 CLU 和 CPCU 资格证书。英国保险业也有类似的 CII 职业教育计划。

三、承保管理

承保管理是承保人对保险合同订立过程的管理，从一项保险业务的洽谈、投保，到签单、收取保险费都属于承保管理的范围。投保单是保险合同的重要组成部分，也是不可缺少的原始单证，承保人必须对投保单进行审核。首先，投保人对保险标的必须具有保险利益；其次，投保单上的保险标的的内容必须与实际情况相符，保险财产的存放或坐落地点也应载明；再次，要根据保险条款的规定，核定保险范围和确定保险金额，避免超额保险和不足额保险；最后，承保人要按保险公司的费率表和有关规定准确和合理地厘定费率。在投保单审核之后，由签单员缮制保险单，再由复核员按签单要求进行复核和登记，并把投保单、保险单和批单副本装订成册，交专人保管，以便今后查找，使理赔工作能顺利进行。

第三节 保险理赔

理赔（claim settlement）是指保险的赔偿处理，它体现了保险的补偿职能，是保险人履行保险责任和被保险人或受益人享受保险权利的具体表现。理赔是对承保质量的检验，对业务选择不严格会导致赔案增多、赔款增加，而承保手续不齐全则会增加理赔工作的难度。通过赔偿处理，也可发现防灾防损工作中存在的问题和漏洞，作为加强和改进防灾防损工作的依据。理赔工作的质量好坏还关系到保险公司的声誉，从而影响到展业。

一、理赔原则

（一）重合同、守信用

保险人和被保险人之间的权利和义务关系是通过保险合同建立起来的。在处理赔案时，要重合同、守信用，即按照保险合同中的条款规定办事。保险合同对保险责任、赔偿处理和被保险人义务等做了原则规定，理赔人员要严格遵守合同条款，恪守信用，既不准任意扩大保险责任范围，也不能有惜赔思想。

（二）实事求是

保险合同条款对赔偿责任做了原则规定，但实际情况错综复杂，在许多情况下，要根据条款精神并结合具体情况来处理赔偿，既要有原则性，也要有一定的灵活性。例如，在出口货物运输保险中，由于外国保险公司与我国竞争激烈，对国外的一些信誉好、保额大、赔款少的老客户所提出的索赔可适当做些通融赔款，这样既能巩固同老客户的业务关系，也有利于争取新客户。

（三）主动、迅速、准确、合理

“主动、迅速、准确、合理”是理赔工作的八字方针，也是理赔质量的重要标准。主动、迅速是指主动了解受灾受损情况，及时赶赴现场查勘，迅速赔偿损失，热情为被保险人提供服务。准确、合理是指分清责任,抵制欺诈性索赔,准确定损,赔款合情合理。这要求理赔人员熟悉保险条款,具有保险标的方面的知识,并且掌握查明损失原因和估算损失的方法。理赔质量好坏直接影响到保险的社会效益和自身的经济效益。

二、理赔程序

理赔程序要根据险种、具体案情而定,但有以下共同的程序:

(一)损失通知

保险单上载明了有关损失通知的条款,规定被保险人应立即或尽快把损失通知保险人,以便保险人及时调查,否则损失原因的证据有可能丧失。通知一般采用书面方式,有时也可以使用口头通知,凡重大的损失和有疑问的索赔必须用书面通知。美国标准火险单规定:被保险人必须立即给予保险人有关损失的书面通知,但实际上,被保险人在损失发生后立即打电话通知保险代理人,也就遵守了这项规定。我国财产保险条款规定被保险人立即通知保险人,在接到通知后,再请被保险人填写出险通知书。财产保险损失通知的内容一般包括被保险人的姓名或名称、地址、保单号码、出险日期、出险原因、受损财产项目和金额等。责任保险损失通知内容还包括责任事故发生的时间和地点、受害人、证人等。

(二)索赔调查

保险公司在接到损失通知后,下一步是对索赔进行调查。

1. 调查前的准备工作

理赔人员首先必须审查损失发生时保单是否有效,即损失是否发生在保单有效期内。如果保单失效,就不必受理。其次,要审查索赔人在索赔当时有无保险利益,即索赔人是否有权取得赔偿。例如,货物在运输途中发生海损,但运输单据包括保险单据已从发货人转到收货人手中,这时发货人已无权索赔。在初步确定赔偿责任后,要根据损失通知编号立案,把保单副本同损失通知书核对,为现场查勘做好准备工作。

2. 现场查勘

现场查勘主要核查损失是否属于保险责任范围。具体地说,要查明出险的地点、时间和原因。如果理赔人员赶赴现场后,灾情尚未消除,应先配合被保险人组织抢救,并协助做好受损财产的保护和整理工作。查勘出险地点是核实出险地点是否与保单载明的财产地点相符。例如,在货物运输保险或船舶保险中,出险地点要在保单载明的航线和行驶区域。查明出险时间是核实出险时间是否在保险有效期限内,即损失是否发生在保险责任起讫时间内。对投保时已出险或期满后未办续保手续的均应拒绝理赔。对那些未及时通知损失,事后补报的索赔人,更应仔细核实出险时间。不仅向当事人、现场目击者了解出险时间,而且要向公安消防或有关部门核实。调查出险原因是查明损失是否由保险责任内的损失原因造成的,而确定损失原因往往是一项复杂细致工作。在企业财产保险理赔中,要对同出险有关的风力、风向、水位、流速、室内外火源和电源以及安全管理情况等作详细调查,以便分清直接原因和间接原因,自然因素和人为因素,找出主要原因。对技术性问题,有时还要依靠专家提供咨询服务,或请保险公估机构或有关部门做出技术鉴定。我国的火灾损失和交通事故目前一般由当地公安消防和交通管理部门负责调查损失原因,并向保险公司提供书面证明。尽管如此,保险公司的理赔人员仍应协同公安部门调查损失原因,并进行复查。对于不够公安部门立案标准的损失和其他一些灾害事故造成的损失,则由保险公司理赔人员自己调查损失原因。

3. 近因原则

损失原因调查的复杂性不只是技术因素,损失有可能由几个原因或一连串原因造成的。那么,哪个原因是出险的真正原因呢?英国《1906 年海上保险法》第 55 条规定,只有近因(proximate cause)才是所要考虑的唯一原因。近因是指存在多个损失原因情况下,而且损失的因果关系不曾中断,对造成损失起支配作用的损失原因,不一定是时间上最近的原因。这可用一个案例解释:“在第一次世界大战期间,一艘轮船被敌潜艇用鱼雷击中,但仍拼力驶向哈佛港。由于船的损坏情况十分严重,该港担心它会沉在码头泊位上,而且当时起了大风,遂命令该船驶向外港。在那里,船底触礁,终至沉没。这条船只保了海上一般危险,没保战争险。法庭判损失的近因是被鱼雷击中。虽然在时间上最近的原因是海上风险,但船在中了鱼雷后,始终没有脱离危险,因此,被鱼雷击中是处于支配地位和起决定作用的损失原因。”[①]这个近因属于除外责任,保险人不予赔偿沉船损失。近因原则是西方保险市场所遵循的重要保险原则之一。英美保险界普遍认为,要理解和掌握近因原则,最好的方法莫过于运用案例法。我国理赔人员在调查损失原因时,尤其是涉外保险业务,也有必要应用近因原则解决疑难赔案。

(三)核定损失和赔偿金额

为了核定财产损失和赔偿金额,被保险人必须按保险公司规定的表式提交损失清单和各项施救、保护、整理费用清单,并根据需要向保险公司提供有关财务账册和单证。理赔人员要查对账册,受损财产不止一项时,应分项理赔,对受损财产进行盘点和逐项估损。对不能逐项估损的财产,可采用分类平均估损的方法。美国的保险公司在赔付之前,一般要求被保险人填报一份损失证明书(proof of loss)。例如,根据房主保险单,损失证明书要表明损失发生的时间和原因、被保险人和其他人对受损财产的权益、承保该损失的其他保险、在保险期内财产所有权或占有情况的变化,以便保险公司确定其赔偿金额。

赔偿计算方式因保险合同种类而异,具体方法在本书第九章已介绍。

(四)结案

在核定损失和赔偿金额之后,理赔人员要编制赔款计算书。对损余物资的处理,一般应协议作价给被保险人,并从赔款中扣除。必要时损余物资也可归保险公司处理。保险公司负责偿付的施救、保护、整理费用,应与赔偿金额分别计算,但费用偿付金额以不超过保险金额为限。在结案时,还需注意追偿。如果损失应由第三者负赔偿责任,被保险人在取得赔偿后应填具权益转让书,把对第三者责任方的要求赔偿权利转让给保险人。在海上运输保险中,保险人按推定全损赔付时,被保险人必须将有关保险标的的一切权益委付给保险人。委付意味着不仅有关标的的权益发生转移,而且有关标的的一切义务也同时转移。

根据我国财产保险赔偿处理办法,保险财产遭受部分损失后,保险单继续有效,但保险金额要相应减少,不退还保险费。国外财产保险的赔偿处理办法则有所不同。例如,美国标准火险单的大多数附属保单规定,如果在保险期内发生多次损失,保险金额一般不因损失赔偿而减少。我国机动车辆保险条款规定,车损险一次赔款等于保险金额全数时,车损险的责任即行终止,第三者责任险在赔偿以后,保险单继续有效,直至保险期满。

在支付赔款之前,理赔人员应根据赔款权限取得上级的审批。在支付赔款之后,应清理有关赔案的所有文件和单证,以及现场照片和录音等,归档保管,以便日后查阅。

以上是以财产保险为例介绍理赔的一般程序。至于人身保险,如果被保险人在保险有效期内,发生保险责任范围内的死亡或伤残,受益人或被保险人应填交“给付保险金申请书”。经办人员根据保险条款及有关死亡、伤残的证明进行调查核实,填写调查报告表,经审批后按约定的保险金额或伤残程度给付保险金,具体的给付手续也相当复杂。

三、理赔机构

理赔不外乎保险公司直接理赔和委托代理机构理赔两种方式。保险公司一般都设有理赔部门

---

① [英]哈罗德·A. 特纳:《海上保险原理》,中国金融出版社 1987 年版,第 66 页。

和配备专职的理赔人员。保险代理人通常也有一定的理赔权力,但有最高理赔的限额。保险代理人理赔有迅速、减少理赔费用等优点。此外,国外保险市场上还有许多专业理赔机构或理算组织。诸如货物运输险、船舶险一类的国际保险业务,单靠保险公司自己的理赔人员去处理发生在世界各地的赔案,在经济上是不合算的。英国的劳合社检验理赔代理人就是遍布世界各地有影响的代理人。我国保险公司在世界各国主要港口都委有检验理赔代理机构。美国的专业理赔机构有以下几种:

(一)独立理算师

保险公司在某些地区使用独立理算师(independent adjustor),这些地区因索赔金额太少,不宜设立分支机构。独立理算师向保险公司提供理算服务,以收取服务费为报酬。

(二)理赔事务所

理赔事务所(adjustment bureau)是由保险公司资助的理赔组织。理赔事务所雇用的理赔人员都受过专门训练。当某一地区发生巨灾损失时,保险公司通常需要理赔事务所提供服务。在美国有一些大的理赔事务公司,如通用理赔事务所、承保人理赔事务公司。通用理赔事务所是世界上最大的理赔组织,建立于 1906 年,雇员5 500人,其中理赔人员3 000人,共有 6 500 个分支机构,专为美国东北部地区的保险公司服务,从事财产和责任保险的理赔。承保人理赔事务公司则为美国中西部的保险公司服务。

(三)公共理算师

公共理算师(public adjustor)代表被保险人,根据理赔金额收取服务费。在损失情况复杂、需要技术性服务情况下,或者在被保险人和保险人不能解决理赔争端的情况下,被保险人可以聘请公共理算师。

为了开拓保险市场,完善和发展保险中介组织,我国也已建立了保险公估人制度。中华人民共和国成立后第一家公估行——上海东方公估行,于 1993 年 3 月 18 日成立。其经营的业务范围是:对保险标的物的价值进行鉴定,对受损标的物进行检验、鉴定及估算残值,调停保险当事人之间对受损标的物的处理和理赔争议。

四、理赔工作中的职业道德问题

职业道德是指人们在履行其职业职责时,从思想到行动所应遵循的道德原则和行为准则。保险的职业道德可概括为“热爱本职,钻研业务;礼貌待人,热诚服务;信守合同,笃守信誉;廉洁奉公,不徇私情”。保险的职业道德要贯穿到保险经营的各个环节。理赔工作是一项富有技术性的工作,例如,搞好机动车辆保险的理赔,要懂得汽车构造和性能,能分析机械事故,并掌握汽车修理和保养知识,这就需要理赔人员刻苦钻研业务知识。理赔工作又是一项服务性工作,一旦接到报案就要迅速赶赴现场,及时处理赔案,并根据情况预付部分赔款(一般在估损金额的 50%幅度内掌握),还要主动提供防灾防损建议和服务,这需要理赔人员具有热诚服务的工作态度。理赔工作是实现保险的经济补偿职能,要坚持理赔原则,严格遵守条款,做到不滥赔、不惜赔,严禁以权谋私、收礼受贿。在实际工作中,人情赔付、以赔谋私的现象并不罕见,损害了保险公司的声誉,因此,还需要加强廉洁奉公的职业道德教育。

第四节 保险防损

一、开展保险防损工作的必要性

人类的历史在某种意义上也是与各种灾害事故做斗争的历史。在自然经济为主的历史阶段,各种自然灾害是人类的主要敌人。随着社会化大生产和科学技术的迅速发展,人类还遇到各种工业意外事故。1984 年 12 月 3 日发生的"博帕尔惨案"是历史上最大的工业事故。在印度中部博帕尔市近郊的美国联合碳化物公司在印度的子公司,因毒气泄漏造成2 000余人死亡,10 多万人受伤。至于各种交通事故更是频繁发生。自中华人民共和国成立以来,各种灾害事故每年平均造成的经济损失达数千亿元。2014 年和 2015 年,全国各类自然灾害造成的直接经济损失分别达3 373.8亿元和2 704.1 亿元。1976 年唐山大地震造成直接经济损失 200 亿元。1987 年 5 月,东北大兴安岭特大火灾造成直接经济损失 5 亿元左右,保险赔款 1.2 亿元。2008 年,全国各类自然灾害造成直接经济损失 11 752 亿元,其中四川汶川大地震就造成直接经济损失高达 8 451 亿元,保险赔款仅 16.6 亿元。2013 年 9 月 4 日韩国 SK 海力士无锡工厂发生大火,最终确认保险赔款 9 亿美元,很可能是亚洲保险史上的最大赔案。2013 年雅安地震、台风"菲特",保险赔款分别是 9 亿元和 34.59 亿元。2015 年 6 月 1 日晚,在长江中游发生的"东方之星"客船沉没事故,相关保险金额近亿元。2015 年 8 月 12 日晚,天津滨海新区发生直接经济损失达 68.66 亿元的特大爆炸事故。据中再产险公司于 2015 年 9 月更新的财产险风险曲线,近两年我国财产保险业重大赔案发生频率显示上升趋势。

资本主义国家的保险公司为了增加利润,历来重视防损工作。1893 年美国芝加哥哥伦比亚区发生了一场大火,一些保险公司聘请了一个专家调查火灾原因,结果发现是电器毛病造成的火灾,并提出了纠正措施。于是这些保险公司继续请他研究与电有关的火灾,并提供设施,从而形成了后来著名的"承保人实验所"(Underwriters Laboratories,简称 UL)。这个组织是在美国保险业的长期资助下而成名的,虽然现已独立,但它是美国检验电器和其他产品符合安全标准的几个权威机构之一,它的缩写"UL"现已成为美国公认的安全标记。UL 公司在世界许多国家和地区设有代理检验机构,在我国的北京、上海、广州、深圳、大连等城市也设有其海外检验中心。在保险业发达的国家里,目前保险公司的防损活动已扩大到向企业提供收费的风险管理服务领域。

维护生命和财产安全,减少社会财富损失是我国保险经营的基本目标之一,是提高保险的社会效益和经济效益的重要途径。我国保险防损工作正在实行"五个转变",即从兼职防灾转向专职防灾,从检查型转向服务型,从依靠专家指导转向与提高自身技术相结合,从被动分散应付转向主动集中管理,从单一原因分析转向项目风险管理。各家保险公司陆续设立了防灾机构,配备了专职防灾人员,并通过岗位技术培训,编写各种防灾实务手册,提高防灾人员的业务素质。

保险防损也是广大保户对保险公司提出的要求,有的企业领导说:"我们每年把几万元保险费交给你们,并不只是想得到保险赔款,而且还想得到你们在安全生产方面的指导和帮助。"在多家办保险的情况下,加强保险防损工作也是增强竞争地位的有力手段,因为企业更愿意向能够帮助他们解决安全生产问题的保险公司投保。

二、保险防损职能部门

保险防损工作是由保险公司内的一个专门职能部门负责的。在美国财产和责任保险业,保险公司的总部设有一个损失管理部(loss control department),或称安全和工程部,由该部门负责防损工作的管理事务,其中包括制定防损工作的方针和目标、招聘和培训人员、对防损工作业绩进行评价,还负责研究防损和减损技术、对地方办事处提供技术援助等。地方办事处的防损人员则主要负责检查被保险人的场所,取得物质、道德和心理危险因素方面的承保信息,对个人保险业务也提供一些防损服务。近年来,我国各家保险公司的防灾工作的重点放在交通事故、火灾和水灾的预防工作上,积极配合公安部门认真贯彻《道路交通安全法》,减少交通事故发生率,大力推广防火安全承包责任制,使火灾损失得到有效控制,并继续加强防洪防汛工作,减轻水灾损失。

三、防损与营销、承保、理赔的关系

保险防损工作应贯穿于保险营销、承保和理赔等经营环节,它们有着相辅相成的关系。在营销工作中,要宣传保险防损工作和所能提供的安全管理服务,使社会各界意识到"防灾勿忘保险,保险尤需防火",防灾防损是保险工作的主要内容之一。防损工作做得好,可降低赔付率,减少保户保费支出,有利于改善保险在社会中的形象,从而可以促进销售。在承保工作中,要由防损人员对保险标的进行检查,提供场所、机器设备、生产操作等方面的安全管理情况,这是承保的重要信息来源,有利于提高承保工作的质量。对发现的不安全因素,提出纠正措施,并把它作为承保的一项条件,这样就有可能使一些本来不合格的业务转变为可以接受的业务,扩大承保面。在理赔工作中,熟悉保险标的的防损人员要向理赔人员提供技术援助。在复杂的赔案中,调查出险原因和核定损失时还经常需要专职防损工作人员到现场参加调查,并总结事故经验教训,提供防灾防损建议。由此可见,防损工作直接影响营销、承保和理赔工作的质量,它是保险经营的一个中心环节。

四、保险防损工作的主要内容

保险防损工作可分为两个方面:一是配合专业防灾和安全管理部门开展经常性的社会防灾防损活动;二是通过自身的业务活动,把防灾防损工作贯穿于整个保险经营中。

首先,从参与社会防灾防损工作方面而言,我国保险公司历来比较重视,积极配合公安消防、交通管理、防洪和防震等部门开展防灾防损宣传,会同有关部门进行联合安全检查,组织安全竞赛活动,并按保险费收入提取防灾基金,赠与有关部门作为开展防灾防损活动的经费补助,用于添置防灾防损设备和安全奖励。从国外经验来看,以美国为例,保险公司还拨款资助有关防损的研究项目,如财产和责任保险公司资助汽车和高速公路的安全设计,人寿保险公司资助人工肢体研制和人类工程学研究。

其次,从保险公司本身业务而言,在条款设计、费率厘定、承保检查、赔偿处理、损失统计资料研究分析等工作中,都要贯彻保险与防损相结合的原则。具体内容如下:

(1)在条款设计方面,要订明被保险人防灾防损的义务。在我国财产保险条款中规定,"被保险人应当遵守国家有关部门制定的保护财产安全的各项规定";"对安全检查中发现的各种灾害事故隐患,在接到安全主管部门或保险人提出整改通知书后,必须认真付诸实施。"在机动车辆保险条款中规定:"被保险人及其驾驶人员应当做好保险车辆的维护、保养工作,保险车辆装载必须符合规定,使其保持安全行驶技术状态",并且还都规定被保险人有抢救和保护受损财产的义务,因施救和保护受损财产所支出的费用,保险人也负责补偿。对未进行抢救和保护而加重财产损失部分,保险人可不负赔偿责任。如果被保险人不履行条款规定的义务,保险人有权终止保险责任或拒绝赔偿。在除外责任中也有防止道德危险因素的规定,对被保险人的故意行为所造成的损失,保险人不负赔偿责任。

(2)在费率厘定方面,也实行区别对待,把费率与保户的防损工作挂钩,可根据投保单位的安全生产情况和赔款情况在一定范围内实行浮动费率。此外,企业财产保险对无赔款单位实行返还一定比例保费。机动车辆保险还按被保险人在事故中的责任大小分别规定了免赔率,以增强驾驶人员的安全行车责任心。

(3)在承保检查方面,要对建筑结构、电源、易燃品和易爆品的贮存和保管、生产工艺流程的危险部位(如锅炉、电焊),以及消防设施和安全管理制度进行全面检查,提出整改建议。例如,对高层建筑建议安装自动喷水灭火系统,并且对以往灾害事故情况进行登记,建立防灾防损档案。

(4)在赔偿处理方面,要坚持现场查勘制度,并对众多赔案进行综合分析,摸清灾害事故发生的规律,提出有关防灾防损措施的建议,供保户和有关部门参考。

(5)在损失统计资料研究分析方面，要对长期积累的大量统计数据加以整理和分析，提出研究报告。

第五节 保险投资

本书第四章和第五章对保险的投资职能是如何形成的，以及投资在保险经营中的重要地位已论述，这里不再重复。随着我国金融体制改革的深化，资金和资本市场已经形成，短期资金市场颇具规模，长期资本市场也趋于成熟，这为我国保险公司合理运用资金提供了有利环境。

一、保险资金运用的原则

(一)安全性

保险可运用的资金大部分来自各种准备金，它们是资产负债表上的负债项目，特别是人寿保险，保险金给付的责任是以固定金额表示的，这要求保险投资在证券种类或项目选择上注意安全性。以证券投资为例，一般来说，债券投资比股票投资更安全。债券是债务的凭证，是保证还本付息的，而股票是无期限的所有权凭证，预期收益大，风险也大。尽管主要资本主义国家的股份制经济很发达，但保险投资均以债券投资为主，而且法律对保险公司的股票投资均有所限制。但是，投资总要承担一定风险。分散投资，即“不要把你所有的鸡蛋放在一只篮子里”，是减少投资风险的有效方法之一。例如，可以在证券的种类、到期日、地区和产业上实行投资分散。

在正式实施以风险为导向的偿付能力监管制度下，资本要求将跟随具体资产风险的高低而变化，保险资金进行权益类投资需要提取的最低资本最高，其次是另类投资，再次是固定收益类投资。这要求保险投资管理必须更加关注资产负债管理、战略资产配置、投资风险管理。从 2016 年 1 月 1 日起开始施行中国保监会发布的《保险资金运用内部控制指引》，旨在增强保险资金运用的合规性、安全性。

(二)收益性

所有投资都要考虑收益性。保险投资的目的之一也是为了提高自身的经济效益，使投资收入成为保险公司收入的一个重要来源，以增强赔付能力、降低费率和扩大业务规模。人寿保险的投资收益高于预定利息率部分还可以用于红利分配。显然，投资在改善保险经营和加强在同业中的竞争地位方面具有重大意义。但是，收益和风险往往是成正比的，收益率高，风险也大，这要求保险投资把风险限制在一定程度内来实现收益最大化。投资是要计算成本的，投资收益不仅要高于银行存款的利息收入，而且还要能弥补投资管理费用，对所承担的投资风险也要有一定报酬，否则就没有冒风险的必要了。

(三)流动性

流动性是指在不损失价值的前提下把资产立即变换为现金的能力，又称变现性。财产和责任保险合同一般是短期合同，而且理赔较为迅速，赔付率变动也较大，应特别强调流动性原则。因此，国外财产和责任保险投资的相当部分是商业票据、短期国库券和其他货币市场短期票据。人寿保险一般是长期合同，而且保险金给付金额比较固定，在时间上的间隔、源源不断的保险费和投资收入能提供一定的流动性，因此国外人寿保险投资的相当部分是长期的不动产抵押贷款。

(四)公共性

保险可运用资金来自广大保户，它把分散的资金聚集成巨额基金，再投回经济中，这种投资还应该体现公共性原则。公共性原则要求保险投资还要考虑社会效益，增进公共福利，以扩大保险的社会影响和提高保险业的声誉。购买市政建设债券、公用事业部门发行的债券和发放不动产抵押贷款等被认为是体现了保险投资的公共性原则。

二、保险资金运用的风险及其管控

随着我国保险资金运用范围大幅度放开,保险资金运用中存在着更多种风险。作为“偿二代”全面风险管理体系的重要组成部分,如何加强保险资金运用风险的管理成为一项重要课题。因此,在提高保险投资收益率的同时如何降低投资风险,是我国保险资金运用所面临的一项重要任务。

(一)保险资金运用中存在的风险类型

1. 资产规模不匹配风险

保险负债的特性要求资金运用在期限、成本、规模上与其较好地匹配,以满足偿付能力的要求。一般而言,寿险资金应投资于与其长期性、安全性特点相匹配的资产,而产险资金则应投资于与其短期性、流动性特点相匹配的资产;如违反这一原则,将会使得保险业面临资产负债不匹配风险。

2. 流动性风险

如果保险公司持有的资产的流动性较差,在面临赔付时就不得不以低价变卖一部分资产,或到市场上筹集高成本的资金以应对赔付之需,这就是流动性风险。

3. 市场风险

市场负险包括利率风险、汇率风险、权益价格风险、房地产价格风险、境外资产价格风险等。所谓利率风险,是指市场利率波动给保险公司的资产和负债价值造成影响的风险。从资产端看,当利率上升时,固定收益类资产的价格下跌;当利率下降时,固定收益类资产价格上升。可见,利率高低直接影响保险资金运用的收益率。从负债端看,寿险公司对利率敏感性较强:当利率下降时,具有保证利率的保单计提的责任准备金会增加,负债会增加,将出现利差损;当利率大幅度上升时,寿险公司将面临退保压力,会导致保费流失。

4. 信用风险

信用风险又称违约风险,是指交易对方不能履行合约而给保险公司带来损失的可能性。银行存款、企业债券投资、回购业务及结算过程中都存在信用风险。

5. 委托—代理风险

在现有保险资金运用模式下,保险公司将部分或大部分资金委托给保险资产管理公司和基金公司等机构运作,由于双方信息不对称,就会产生受托人不以委托人的利益最大化目标行事的风险。

6. 操作风险

操作风险是指保险公司在资金运用的过程中由于信息系统或内控机制失灵而造成意外损失的风险。操作风险管理传统上归于后台管理工作。

按照“偿二代”2 号规则的规定,市场风险、信用风险等量化风险的最低资本计量主要采用 VaR 方法;操作风险、委托—代理等难以量化风险的最低资本计量主要采用定性分析方法。

(二)对保险资金运用风险的管控措施

1. 资产负债管理

资产负债管理存在两种模式:资产导向型模式和负债导向型模式。从理论上来说,负债导向型模式要优于资产导向型模式,因为在前一种模式下保险公司的效益目标与保险客户的利益保持一致。发达资本市场国家大多采用负债导向型模式。然而,在我国目前的投资环境下,证券市场投资品种不多,投资品种结构和期限结构不合理,金融衍生品市场规模也有限,不宜采用纯粹负债导向型模式。资产导向型模式要求在可投资资产已经限定的情况下,负债现金流与资产现金流相适应,实行这种模式显然会造成市场规模萎缩。根据现阶段的情况,保险公司资产负债管理模式应当是资产导向型与负债导向型相结合的方式,即负债管理应当以资产为基础,不能纯粹以市场为导向,应当兼顾公司的投资管理能力。

2. 流动性风险控制

流动性风险可以分为两类：一类是资产流动性风险，即因资产头寸过大或交易机制不完善，使投资者无法及时交易而造成损失的可能性；另一类是因资金周转问题所导致不能及时偿还到期债务而造成损失的可能性。保险公司资产池中有相当多的资产是固定收益类资产，而这类资产会有较大的流动性风险。控制流动性风险的基本手段是根据负债流动性要求制定相应的资产配置方案。另外一个手段是限制流动性较差的资产比例，即实行流动性额度管理。

3. 市场风险控制

要求保险公司建立市场风险限额管理、内部流程等制度，制定市场风险定量和定性监测标准，采用情景分析、在险价值和压力测试等方法监测市场风险。利率风险管理分为基于资产方、负债方的管理，以及资产负债管理。基于资产方的管理主要是通过资产的重新配置以及金融衍生品来对冲利率风险。基于负债方的管理主要是审慎的准备金管理、负债证券化及再保险。基于资产负债管理是以资产负债相匹配为目标来确定具体的投资策略和保险产品的设计策略。当前发达国家市场上的许多寿险公司采用缺口管理、久期匹配、凸性匹配、现金流测试等资产负债管理技术。

4. 信用风险控制

保险公司信用风险管理的主要内容是管理交易对方的信用风险，建立信用评级系统，并进行信用评级，出具信用分析报告和建议等。在信用风险度量的基础上，根据信用评级结果制定符合公司风险回报要求的信用风险限额分配计划，实施风险控制。目前，我国已有几家信用评级机构定期对企业债券进行信用评级，可作为保险公司投资决策参考。

5. 建立完善的法人治理结构

保险资产管理公司要从制度上安排与建立制衡机制和有效的组织激励机制，在机制上解决委托—代理风险问题，最大限度地减少信息不对称，实现平衡的法人治理结构。例如，借鉴大多数国外保险资产管理公司的经验，实行有限合伙人下的明星基金经理制。

6. 制定严密的资金运用内部控制制度

这些制度要涵盖所有投资领域、投资品种、投资工具及运作的每个环节和岗位，并要使每个人都清楚自己的职责权限和工作流程，做到令行禁止，保证公司董事会制定的投资目标和策略能够顺利实现，从而降低公司资金运用的操作风险。

三、保险资金运用的方式

从国外情况来看，美国、加拿大、日本、英国、德国、法国、荷兰、瑞典、比利时、意大利和瑞士这11个国家的保险投资资金占世界保险资金投资总额的90%，其保险资金通常投资在以下项目：债券和贷款、抵押贷款、股票、房地产。而寿险公司的投资应有别于非寿险公司的投资。人寿保险投资的基本原则是本金的安全性，由于负债是长期的，适合做长期投资，相对来说，流动性对人寿保险投资欠重要，因此，人寿保险投资对象大多是高级别的债券和不动产抵押贷款。财产和责任保险投资的基本原则是流动性，购买政府债券和其他短期票据符合流动性原则，因为它们容易在证券二级市场上转让。

目前，我国保险公司可运用资金增长较快，截至2015年12月底，我国保险业总资产已达12.4万亿元，当年资金运用收益率达7.56%。我国《保险法》第106条规定：保险公司的资金运用，限于在银行存款、买卖债券/股票/证券投资基金份额等有价证券、投资不动产和国务院规定的其他资金运用形式。截至2015年12月底，我国保险资金11.18万亿元运用余额中，银行存款占21.78%，债券占34.39%，证券投资基金和股票占15.18%，其他投资占28.65%。截至2016年3季度末，保险公司资金运用余额为12.83万亿元。

随着我国保险投资可运用资金的增加，投资渠道必将逐步拓宽，保险资金运用更趋专业化。

2004年2月2日国务院发布的《关于推进资本市场改革开放和稳定发展的若干意见》明确表示："支持保险资金以多种方式直接投资资本市场,使基金管理公司和保险公司为主的机构投资者成为资本市场的主导力量。"2003年和2004年,中国人民保险(集团)公司和中国人寿保险(集团)公司已先后成立了资产管理公司,为保险资金直接投入股市做准备。2006年,泰康、太保等5家保险资产管理公司和友邦保险资产管理中心相继成立,加上前期成立的平安、太平保险资产管理公司,以及后期成立的安邦、生命、光大永明保险资产管理公司等,共计22家保险资产管理公司,管理着中国保险业90%的资产,以集中管理和专业化运作为导向的保险资金运用体制初步形成。在过去的8年间,保险资产管理公司还积极参与了企业年金管理方面的工作,已获得企业年金基金投资管理人资格的21家机构中,保险系管理机构占7家。今后保险资产管理公司还将以投资管理机构的身份参与基本养老保险基金的运营。2004年10月,经国务院批准,中国保监会联合证监会发布《保险机构投资者股票投资管理暂行办法》,允许保险机构投资者直接投资股票市场,投资金额最高不超过其上年末总资产规模的5%,这意味着我国保险公司资金运用渠道拓宽取得突破。2007年7月又把保险资金投资股市比例调高至占上年末总资产的10%,通过购买基金间接入市的比例由原来的15%降为10%。2006年6月25日,《国务院关于保险业改革发展的若干意见》出台,保险资金的投资渠道涵盖了从金融投资到实业投资、从债权投资到股权投资、从境内投资到境外投资等各个方面,开启了保险资金运用的新局面。保监会发布《保险资金间接投资基础设施项目试点管理办法》和《关于保险机构投资商业银行股权通知》,修订了《保险机构境外投资管理暂行办法》,允许保险机构运用自有外汇或购汇进行境外投资,允许境外投资占总资产的比例为15%。

自2012年7月以来,中国保监会又陆续发布了保险资金投资债券、委托投资管理、投资股权和不动产、保险资产配置管理、投资有关金融产品、基础设施债权投资管理、境外投资管理、参与金融衍生产品交易、参与股指期货交易等9项规范性文件,保险投资运作空间进一步增大,几乎囊括保险业所有能预期的投资工具。

2013年以后,保险资金用作另类投资规模迅速增长。截至2016年6月,保险另类投资规模已达42 986.18亿元,占保险业投资总资产的34.22%,超过了债券投资余额。保险另类投资的主要标的包括不动产、非上市股权投资、风险投资等。自2012年,保监会开放了45个国家和地区的不动产、非上市股权投资,中国平安、中国人寿、安邦保险等先后投资海外不动产,分别将英国劳合社大楼、伦敦金丝雀码头某办公楼90%的股权、美国纽约华尔道夫酒店等收入麾下。截至2015年底,保险资金境外投资总额达360亿美元。太平洋保险与平安保险资产管理公司成为首批参与上海旧区改造的保险资产管理公司,分别与上海土地储备中心、上海城建投资开发总公司、上海久事公司签署债权投资协议,资金注册规模合计600亿元。2009年,泰康人寿在北京启动全国首个养老社区项目,以后又有合众、新华、太保、国寿、平安等公司开展养老社区项目投资,投资总金额达数百亿元。

2014年2月19日,中国保监会正式发布《关于加强和改进保险资金运用比例监管的通知》,将保险资金运用的形式整合为流动性资产、固定收益类资产、权益类资产、不动产类资产和其他金融资产共五类资产,对权益类资产、不动产类资产、其他金融资产、境外投资的账面余额,分别规定不高于保险公司上季末总资产的30%、30%、25%、15%。为了配合保险投资新政实施,首家保险系统基金管理公司——国寿安保基金管理有限公司于2013年11月6日成立。2014年12月31日,中国保险业首家私募股权基金合源资本有限公司获批,次年3月正式开业。

2015年6月24日召开的国务院常务会议确定设立中国保险投资基金。该基金采用有限合伙制,规模为3 000亿元,首期募集1 000亿元,主要向保险机构募集,并以股权、债权方式开展直接投资或作为母基金投入国内外各类投资基金,主要投向棚户区改造、城市基础设施、重大水利工程、中西部交通设施等建设,以及"一带一路"和国际产能合作重大项目等。中保投资有限公司于2016年

1月初成立，落户在上海自贸区。截至2016年10月，已签约项目有1 050亿元，储备项目入库17个。2016年9月，保监会发布《关于保险资金参与沪港通试点的监管口径》，标志着保险资金参与“沪港通”开闸。

复习思考题

1. 试解释下列名词：专属保险销售公司、营销服务部、互联网保险、承保、危险单位、理赔、近因原则、公共理算师、承保人实验所、流动性。

2. 概述保险销售的渠道。

3. 为什么保险机构与第三方电子商务平台合作是互联网保险的主要经营模式？

4. 互联网保险将对传统保险业产生哪些影响？

5. 简述现行互联网保险监管制度的要点。

6. 在业务选择中怎样避免逆选择？

7. 承保人对投保人给出评价后，可做出哪些决策？

8. 理赔工作应遵循哪些原则？

9. 简述理赔程序。

10. 论述营销、承保、理赔、防损工作之间的相互关系。

11. 在保险条款设计、费率厘定、承保检查、赔偿处理、损失统计资料研究分析等方面，怎样贯彻保险与防损相结合的原则？

12. 为什么保险资金运用要符合安全性、收益性、流动性、公共性四大原则？财产保险投资与人寿保险投资在运用这些原则时有何区别？

13. 评析我国保险投资新政，并展望保险资金运用的前景。

参考文献

1.[美]乔治·E. 雷歇德:《保险学原理》,斯科特·福雷斯曼出版公司1982年版。

2.[美] C. 阿瑟·小威廉斯和理查德·M.海因斯:《风险管理和保险》(第4版),麦克劳—希尔出版公司1981年版。

3.[美]里格尔、米勒、威廉斯:《财产和责任保险原理和实务》(第6版),普伦蒂斯·霍尔出版公司1976年版。

4.[美]伯德·L.韦伯等:《保险公司经营》第Ⅱ卷(第2版),美国财产和责任承保人学会1981年版。

5.[美]考密克·L.布雷斯林和特里·E.特罗克赛尔:《财产和责任保险会计和财务》,美国财产和责任承保人学会1978年版。

6.[美]罗伯特·锡赛尔等:《财务数学》,霍顿—米夫林出版公司出版1982年版。

7.[美]休伯钠、小布莱克:《人寿保险》(第10版),普伦蒂斯—霍尔出版公司1982年版。

8.[英] R.L.卡特:《再保险》,克劳沃出版公司1979年版。

9.[英]埃里克·班克斯:《非传统风险转移:通过保险、再保险和资本市场的整体化风险管理》,约翰·威利 & 桑斯出版公司2004年版。

10.[美]詹姆斯·S. 特里思查曼等:《风险管理和保险》(第12版),汤姆森公司2005年版。

11.[美]乔治·E. 雷歇德:《风险管理和保险原理》(第11版),普伦蒂斯—霍尔出版公司2011年版。

12. 中国人民保险公司教育处:《保险培训教材选编》(第一辑),中国金融出版社1985年版。

13. 庄咏文:《保险法教程》,法律出版社1986年。

14. 王永明、刘凤珠:《财产保险》,中国金融出版社1985年版。

15. 中国人民保险公司、中国保险学会:《保险参考资料》之九、之十一。

16. 胡炳志、陈之楚:《再保险》,中国金融出版社2006年版。

17. 王和:《工程保险》(上册),中国金融出版社2005年版。

18. 姚新超:《国际贸易保险》,对外经贸大学出版社2006年版。

19.[美]道弗曼(Dorfman,M. S.)著,齐瑞宗等译:《当代风险管理与保险教程》(第7版),清华大学出版社2002年版。

20. 王和:《财产保险教程》,中国财政经济出版社2006年版。

21. 陆荣华:《美国商业普通责任保险》,中国金融出版社2010年版。

22. 孟辉:《财产保险》,上海财经大学出版社2013年版。

23. 王玉玲:《责任保险》,首都经济贸易大学出版社2014年版。

24. 魏华林、林宝清:《保险学》,高等教育出版社2011年版。

25.《中国保险报》(2015.1～2016.10)各期。